Friedhelm Nyssen, Ludwig Janus (Hg.):
Psychogenetische Geschichte der Kindheit

Reihe »edition psychosozial«

Friedhelm Nyssen, Ludwig Janus (Hg.):

Psychogenetische Geschichte der Kindheit

Beiträge zur Psychohistorie der Eltern-Kind-Beziehung

Psychosozial-Verlag

Die Deutsche Bibliothek – CIP-Einheitsaufnahme

Psychogenetische Geschichte der Kindheit :
Beiträge zur Psychohistorie der Eltern-Kind-Beziehung /
Friedhelm Nyssen ; Ludwig Janus (Hg.). – Giessen:
Psychosozial-Verl., 1997
(Reihe „Edition psychosozial")
ISBN 3-930096-98-6

Friedrichstraße 35, 35392 Gießen
Tel.: 0641/77819, Fax: 0641/77742

Satz: Psychosozial-Verlag
Umschlaggestaltung nach einem Reihenentwurf des
Ateliers Warminski, Büdingen.
Umschlagabbildung: Seuse, attackiert von Dämonen und Tieren; 2. Hälfte des
14. Jahrhunderts (Bibliothèque nationale et universitaire, Strasbourg).
Zur psychohistorischen Relevanz des Titelbildes
siehe den Beitrag von Ralph Frenken.
ISBN 3-930096-98-6

Inhaltsverzeichnis

Vowort der Herausgeber

Historisch variierende „Modi der Eltern-Kind-Beziehung“ und aus diesen resultierende „Persönlichkeitstypen“ und „Psychoklassen“ konstituieren historisch je spezifische Gesellschaften – so die psychohistorische These von Lloyd deMause. Ihr liegt das wissenschaftstheoretische Prinzip des sogenannten „methodologischen Individualismus“ zugrunde, demzufolge Gesellschaft sozusagen von unten her, aus individualpsychischen Einheiten, aufgebaut ist. Inhaltlich gesehen bildet die „Geschichte der Kindheit“ die Basis der Psychohistorie.

Während die Psychohistorie in der BRD relativ wenig Beachtung gefunden hat, gilt dies nicht für die „psychogenetische Geschichte der Kindheit“, formuliert in dem bekannten Essay von deMause: „Evolution der Kindheit“. Er erschien in den USA erstmalig 1974, in der BRD 1978 in dem von deMause zusammen mit anderen Kindheitshistorikern herausgebrachten Buch „Hört ihr die Kinder weinen“. Insbesondere in der Literatur zur Geschichte der Familie und zur Kindesmißhandlung werden die kindheitshistorischen Thesen von deMause diskutiert, vorab seine These vom „Alptraum Geschichte der Kindheit“, wonach Kinder in der Vergangenheit häufiger als heute mißhandelt wurden. Davon geht zumindest deMause aus, nachdem er historische Quellen psychoanalytisch im Kontext seiner spezifischen Begriffsentwicklung mit Hilfe der bereits erwähnten „Modi der Eltern-Kind-Beziehungen“ interpretiert.

In dem vorliegenden Band sind Beiträge von AutorInnen zusammengestellt, die unterschiedliche Problemgegenstände – „Frühgeburtlichkeit des

Menschen", „Pubertätsriten", „weibliche Beschneidung", „Kindersterblichkeit und Kindesmord", „Kindheit und Ökonomie", etc. – behandeln, dabei aber alle gemeinsam haben, daß sie ihr jeweiliges Arbeitsgebiet sozusagen als Testgelände für deMause' Aussagen zur Geschichte der Kindheit benutzen. Was können die Thesen und Begriffe der „psychogenetischen Theorie" leisten, wenn sie auf diesem Gebiet angewendet werden? Dabei wird deutlich, daß der psychogenetische Aspekt, oder anders ausgedrückt: daß die Analyse der Eltern-Kind-Beziehungen unerläßlich ist, wenn wir die Kette von Pathologien, als die sich Geschichte auch darstellt, verstehen wollen. Zugleich wird aber auch ein breites Spektrum von Zustimmung und Kritik gegenüber der psychogenetischen Kindheitsgeschichte sichtbar.
Für die abschließende Zusammenstellung der Beiträge zu diesem Band danken wir Ralph Frenken.

Die Herausgeber

EINLEITUNG

Ralph Frenken

Das Thema „Geschichte der Kindheit" beschäftigt alle Autorinnen und Autoren des vorliegenden Bandes und stellt damit eine Art vermittelndes Band zwischen den ansonsten sehr unterschiedlichen Interessengebieten dar. Philippe Ariès[1] und Lloyd deMause[2] dürfen wohl als die bekanntesten und nach wie vor wichtigsten Autoren gelten, die sich mit den historischen Quellen zum Gegenstand Geschichte der Kindheit auseinandergesetzt haben. Beide exponierten in ihren Arbeiten Themen, die äußerst kontrovers diskutiert wurden und werden. Vor allem die Frage nach der *affektiven Qualität* der Beziehungen von Erwachsenen zu Kindern und insbesondere der Eltern-Kind-Beziehungen im Laufe der Geschichte gibt immer wieder Anlaß zu wissenschaftlicher Auseinandersetzung. Diese Frage kann nicht als endgültig beantwortet gelten; zu viele komplexe Probleme bei der Auswahl der zulässigen theoretischen Argumentationsformen, der wissenschaftlichen Methoden und der unterschiedlichen empirischen Herangehensweisen der beteiligten wissenschaftlichen Disziplinen konvergieren wohl in der Frage nach dem Gegenstand Kindheit in seinem historischen Wandel.

So sind auch die Einzelbeiträge des vorliegenden Bandes als *Versuche* anzusehen, den komplexen Gegenstand Kindheit aus den verschiedenen Perspektiven zu betrachten, dabei Erkenntniswege und deren Problematiken zu diskutieren sowie – im besten Fall – neue Erkenntnisse zu beschreiben. Die Einflüsse auf die Kindheit sind vielfältig; daher können Einzeluntersuchungen immer nur einen Teil – manchmal nur einen kleinen Teil – der möglicher-

[1] Ariès, Philippe (1984). Geschichte der Kindheit. (6. Auflage). München: Deutscher Taschenbuch Verlag. (Französische Originalausgabe: Ariès, Philippe (1960). L'enfant et la la vie familiale sous l'ancien régime. Paris: Plon.)

[2] DeMause, Lloyd (1989). Hört ihr die Kinder weinen: eine psychogenetische Geschichte der Kindheit. (6. Auflage) Frankfurt am Main: Suhrkamp. (Originalausgabe: deMause, Lloyd (1974). The history of childhood. New York: Psychohistory Press.)

weise relevanten Bedingungen erfassen. Diese Beschränkung jeder erfahrungswissenschaftlichen Vorgehensweise, bezeichnete Pongratz für den Fall psychologischer Untersuchungen in prägnanter Kürze als *Aspektivität und Komplementarität:*

> *„Der Begriff Aspekt hat eine subjektive und eine objektive Bedeutung: Im subjektiven Sinne benennt er den Standort des Beobachters, von dem aus er auf einen Sachverhalt blickt. Mit Aspekt ist aber auch die von einem bestimmten Gesichtspunkt aus angeblickte Seite eines Forschungsobjekts gemeint. 'Komplementarität' besagt, daß die Aspekte eines gemeinsamen Bezugsgegenstandes einander ergänzen, nicht ausschließen müssen."*[3]

Die Eigenschaften der Aspektivität und Komplementarität gelten m. E. ohne Einschränkung auch für die Untersuchung historischer Phänomene, zumal hinsichtlich der damit zusammenhängenden psychischen Sphäre.
Es gilt im weiteren, denjenigen Aspekt der Geschichte der Kindheit genauer einzugrenzen, der den gemeinsamen Bezug der hier vertretenen Autoren lieferte. Allen hier vorliegenden Beiträgen ist gemeinsam, daß sie den Gegenstand Kindheit als eingelagert in ein *Beziehungsgeschehen* ansehen, in dem Erwachsene und Kinder mit- und gegeneinander agieren. Dieses Beziehungsgeschehen weist offensichtlich häufig dramatische bzw. traumatische Aspekte auf, zumindest stimmen in dieser Hinsicht alle hier vertretenen Autoren überein.
Erwachsenen-Kind- bzw. Eltern-Kind-Beziehungen sind generell als *asymmetrisch* anzusehen. Kinder liefern natürlich einen wichtigen Beitrag zur Realisierung dieses Beziehungsgeschehens und sind niemals etwa nur passive Empfänger elterlichen Beziehungsagierens. Aber sie sind im Vergleich mit Erwachsenen keineswegs gleichberechtigte Interaktionspartner, sondern erweisen sich bei Konflikten als physisch und psychisch unterlegen. Somit stellen Kinder die fragileren Beziehungspartner dar, und im Falle von kleineren und größeren Entgleisungen des Beziehungsgeschehens drohen vornehmlich ihnen Traumatisierungen. Sie befinden sich damit generell in einer Situation, die erheblich prekärer ist als die der erwachsenen Beziehungspartner.
Allen AutorInnen stellte sich somit die Aufgabe – in Abhängigkeit von den jeweiligen Ausgangsfragestellungen – das Problem, zu beurteilen, ob ein historischer Wandel der Kindheit mit einem Wandel der Formen oder sogar

[3] Pongratz, Ludwig J. (1984). Problemgeschichte der Psychologie. München: Francke, S. 7.

des Ausmaßes von Traumatisierungen der Kinder einhergeht. Diese Form der Gegenstandsexponierung ist mitverantwortlich für die Tatsache, daß der psychogenetische Ansatz von deMause, innerhalb dessen die Annahme einer verbreiteten Traumatisierung von Kindern einen zentralen Theoriebestandteil darstellt, bei allen hier vertretenen AutorInnen eine gewisse Rolle spielt. Die jeweilige Beurteilung dieses Ansatzes, d. h. die graduelle Akzeptanz oder Verwerfung der darin enthaltenen Hypothesen, wird von jedem Autor individuell vorgenommen. DeMause war sicher der erste Wissenschaftler, der bei der historischen Untersuchung des Gegenstandes Kindheit den Begriff der Traumatisierung zum Mittelpunkt seiner Analysen erhob. Seine Konzentration auf diesen Aspekt der historischen Beziehungserfahrungen von Kindern wurde häufig kritisiert; die Quellenauswahl wurde entsprechend als selektiv bezeichnet. Es bleibt aber eine Tatsache, daß das historische Material eine derartig reichhaltige Selektion und damit eine Dokumentation von kindlichen Traumata erst möglich macht. Bei allen theoretischen Differenzen zwischen so unterschiedlichen AutorInnen wie deMause, Ariès, Elisabeth Badinter, Edward Shorter, Erna Johansen, David Hunt u. a. besteht doch deren Gemeinsamkeit darin, daß ihre empirischen Befunde, die auf dem Studium historischer Quellen basieren, erstaunlich häufig auf physische und psychische Verletzungen der Kinder hinweisen. Eine weitere Bearbeitung, Dokumentation und vor allem eine wissenschaftliche Erklärung dieses Phänomens scheint nach wie vor geboten und wird z. T. innerhalb des vorliegenden Bandes weitergeführt.

Die Beiträge des vorliegenden Bandes lassen sich grob in vier Themenbereiche einteilen. Ludwig Janus beschäftigt sich mit der „*Urgeschichte der Kindheit*" und liefert im ersten Abschnitt des vorliegenden Bandes eine Reflexion über psycho-biologische Ursachen einer kollektiven Verbreitung von entgleisenden Eltern-Kind-Beziehungen. Er zieht dazu die Ergebnisse evolutionsbiologischer Untersuchungen heran.

Mit *Kindheit in außereuropäischen Kulturen* beschäftigen sich im zweiten Abschnitt des Buches die Beiträge von Peter Jüngst und Nina Simone Becker. Jüngst untersucht vor allem die Bedeutung von Initiationsriten in „einfachen" Gesellschaften. Bei diesen rituellen Handlungen kommt es z. T. zu massiven Überschreitungen der körperlichen und auch der sexuellen Integrität der Initianden – meist Jugendlichen im Pubertätsalter – durch Erwachsene. Während Jüngst vorwiegend die Initiation von männlichen Jugendlichen thematisiert, beschäftigt sich Becker mit der weiblichen Beschneidung, einer Praxis, die nach neueren Schätzungen an etwa 80 Millionen Mädchen ausgeführt wurde.[4] Becker analysiert die Ursachen dieses Phänomens, das mit massiven psycho-physiologischen Folgeproblemen für die Mädchen verbunden ist.

Allgemein-theoretische Diskussionen der psychogenetischen Theorie der Geschichte der Kindheit im Kontext verwandter Ansätze finden sich im dritten Abschnitt dieses Bandes. Edmund Hermsen beleuchtet die Werke und das wissenschaftliche Umfeld von Ariès und deMause in gegenseitigem Kontrast und zeigt im Fall von Ariès auf, wie seine Thesen von eigenen Kindheitserfahrungen beeinflußt wurden. Jutta Pivecka konzentriert sich auf eine kritische Darstellung des Werks von deMause und geht dabei auch auf seine späteren Arbeiten zur Psychohistorie ein. Pivecka kritisiert an der psychogenetischen Theorie von deMause Aspekte, die sie als ungerechtfertigt „idealistisch", d. h. vor allem als utopistisch ablehnt. Friedhelm Nyssen erarbeitet eine Synthese aus der psychogenetischen Theorie von deMause einerseits und dem historisch-demographischen Ansatz von Arthur E. Imhof andererseits. Im besonderen geht er der Frage nach, welche Ursachen die große Kindersterblichkeit in der Vergangenheit hatte. Uta Ottmüller wendet familientherapeutische Einsichten zu stabilen Loyalitätsbindungen zwischen Eltern und Kindern auf Phänomene aktueller politischer Phänomene an. Wolfgang Prieß untersucht das Spannungsverhältnis zwischen dem Wandel der familialen Sphäre und dem gleichzeitigen Veränderungen der kollektiven Sphäre, inbesondere die Auswirkungen ökonomischer Entscheidungen.

Der vierte Abschnitt des vorliegenden Bandes besteht aus Beiträgen, die empirische Untersuchungen zur Geschichte der Kindheit thematisieren. Mein Beitrag besteht in einer empirischen Überprüfung des psychogenetischen Ansatzes anhand von Rekonstruktionen historischer Eltern-Kind-Beziehungen. Dabei liefern fünf der ältesten deutschen Autobiographien das Quellenmaterial. Nyssen stellt innerhalb einer kurzen Rezension Hartwig Webers neuestes Buch über Kinderhexenprozesse vor. Webers Untersuchung basiert auf der Transkription und der Analyse von Gerichtsakten des 17. Jahrhunderts aus dem Raum Württemberg. Weber zeigte, wie kulturelle und familiale Prozesse ineinandergriffen, damit es zur Verhaftung, Untersuchung und teilweise auch zur Hinrichtung von Kinder als Hexen kam. Ottmüller beschäftigt sich in ihrem Beitrag mit physiologisch und psychisch dysfunktionalen Pflegepraktiken in bezug auf

[4] Nach Hosken, F. P. (1982). Women and health: female circumcision. WIN News, 7 (2), 34; zitiert nach Lightfoot-Klein, Hanny (1993). Das grausame Ritual: sexuelle Verstümmelung afrikanischer Frauen. Frankfurt am Main: Fischer, S. 9.

Kleinstkindern auf dem Lande im 19. Jahrhundert. Sie geht dabei der Frage nach, welche familialen und außer-familialen Bedingungen für das Bestehen bestimmter Praktiken – etwa der häufig anzutreffenden Überfütterung der Babys mit Getreidebrei – verantwortlich zu machen sind.

Eine Untersuchung des Gegenstands Geschichte der Kindheit und insbesondere der damit verbundenen emotionalen Aspekte auf seiten der beteiligten kindlichen und elterlichen Beziehungspartner scheint noch immer, auch 23 Jahre nach dem Erscheinen des Buches von deMause, relevant. Wenn das Gebiet möglicher wissenschaftlicher Fragestellungen und Beantwortungsversuche zu diesem Gegenstand wenigstens in Umrissen aufgezeigt werden konnte, ist ein wichtiges Anliegen der AutorInnen des vorliegenden Bandes deutlich geworden.

I

Zur „Urgeschichte der Kindheit“

Psychobiologische Wurzeln der Geschichte der Kindheit

Ludwig Janus

Einleitung

In seinem Buch „Hört Ihr die Kinder weinen“ (1979) hat deMause Grundannahmen zur Geschichte der Kindheit in dem Sinne entwickelt, daß es eine Evolution der Eltern-Kind-Beziehung gibt, die eine unabhängige Quelle historischen Wandels ist und deren Ursprung „in der Fähigkeit der jeweils nachfolgenden Elterngeneration liegt, sich in das psychische Alter ihrer Kinder zurückzuversetzen und die Ängste dieses Alters, wenn sie ihnen zum zweiten Mal begegnen, besser zu bewältigen, als es ihnen in der eigenen Kindheit gelungen ist“ (deMause 1979, S. 14). Damit ist gesagt, daß es einen affektiven und verhaltensmäßigen Lernprozeß zwischen den Generationen gibt. Dieser Lernprozeß ist individuell und kollektiv zugleich. Er findet zwischen den persönlichen Eltern und Kindern statt, aber im Medium von Gruppen.

Dabei sind einige biologische Besonderheiten in der menschlichen Entwicklung von Bedeutung, die diese Lernprozesse fördern. Zunächst ist dies einmal die im Vergleich zu den nichtmenschlichen Primaten längere Kindheit. Die Ursache hierfür ist eine Verzögerung der Entwicklungsvorgänge in dieser Zeit, was man als Neotenie bezeichnet hat (Montagu 1991). Die Schimpansen, unsere nächsten Verwandten, werden mit ca. acht Jahren geschlechtsreif, wir brauchen dazu erheblich länger.

Dazu kommen noch die Beobachtungen Freuds zum „zweizeitigen Ansatz der Sexualität“ beim Menschen. Wir werden gewissermaßen zweimal erwachsen, einmal in der ödipalen Phase, wo wir uns mit unserer geschlechtlichen Identität und unserer Position in der Gruppe zu beschäftigen beginnen, und dann zum zweiten Mal in der Pubertät, wo sich mit der Ausreifung der

Sexualität das Erwachsenwerden, unsere geschlechtliche Identität und unsere Position in der Gruppe eindeutig bestimmen. Um diesen „zweizeitigen Ansatz der Sexualität“ zu erklären, hatte Freud (1937, S. 180) vermutet, wir stammten von einem Affen ab, der mit fünf Jahren geschlechtsreif war.
Dieser zweimalige Ansatz zum Erwachsenwerden ermöglicht im Verein mit der Verlängerung der Kindheit den von deMause entdeckten affektiven Lernprozeß zwischen den Generationen. In ähnlichem Sinne hatte auch schon der amerikanische Psychoanalytiker Eissler (1978) vermutet, daß der Mensch ohne den von Freud sogenannten „zweizeitigen Ansatz der Sexualität“, also der ödipalen Phase und der Pubertät, nicht über die Erfindung von Faustkeilen hinausgelangt wäre. Das Kind ist mit 10 bis 12 Jahren vor der Pubertät schon ein kleiner Erwachsener, hat also das Wissen der Gruppe und die sozialen Regeln verinnerlicht. Durch die biologischen Reifungsvorgänge der Pubertät ist es gezwungen, seine in der ödipalen Phase gefundene Ausgangsidentität noch einmal weitgehend zu transformieren. In diesem Transformationsprozeß, der von der Pubertät bis zur jungen Elternschaft reicht, finden die neuen Entscheidungen zum Verständnis der eigenen Geschlechtlichkeit und der Rolle in der sozialen Gruppe in einer kritischen Revision der eigenen im bisherigen Leben gemachten Erfahrungen statt. Dabei können bedrohliche Kindheitserfahrungen modifiziert und korrigiert werden (Blos 1962, S. 23). Hier wachsen Motivationen wie etwa „meine Kinder sollen es einmal besser haben“, „dies werde ich mit meinen Kindern ganz anders machen“ oder auch „dies hat mir gut getan und wird auch meinen Kindern gut tun“. Es handelt sich also bei diesem Neuorientierungsprozeß von der Pubertät bis zur jungen Elternschaft um einen sehr affektiven und ganzheitlichen Lernprozeß. Die Ergebnisse und Schlußfolgerungen werden dann im neuen Elternverhalten und in neuen Verhaltensentwürfen in der Gruppe umgesetzt. In diesem Sinne schreibt Erdheim: „... so ist die Adoleszenz eine der Voraussetzungen dafür, daß der Mensch Geschichte macht und die überkommenen Institutionen nicht nur überliefert, sondern auch ändert“ (Erdheim 1988, S. 197).
Dieser Lernprozeß ist der Hintergrund für die Grundaussage von deMause, daß sich die Eltern-Kind-Beziehungen im Laufe der Geschichte dramatisch verbessern: „Die Geschichte der Kindheit ist eine Kette von immer engeren Beziehungen zwischen dem Erwachsenen und dem Kind...“ (deMause 1979, S. 15). Daraus folgt nun die zunächst befremdliche Aussage, daß es für die Eltern-Kind-Beziehung in der frühen Menschheitsgeschichte den Ausgangspunkt einer sehr mangelhaften Eltern-Kind-Beziehung gab, von dem aus her es zu der in der Geschichte zu beobachtenden Verbesserung der Kinderfürsorge

und insbesondere einer Zunahme von reflexiver Verantwortlichkeit den Kindern gegenüber gekommen ist. DeMause drückt dies so aus: „Die Kehrseite der Hypothese, die Geschichte sei durch eine allgemeine Verbesserung der Kinderfürsorge gekennzeichnet, besteht darin, daß – je weiter man in der Geschichte zurückgeht – die Eltern immer weniger in der Lage sind, den sich entwickelnden Bedürfnissen der Kinder zu entsprechen" (deMause 1979, S. 15). Diese Aussage wird durch die historischen Befunde, wie sie in dem Buch von deMause vorgelegt wurden, in breiter Weise gestützt (siehe dazu auch die Quellendiskussion zu deMause von Nyssen (1984)). Sowohl, wenn auch sehr unterschiedlich, in den Stammeskulturen wie auch besonders in den frühen Hochkulturen werden die kindlichen Grundbedürfnisse, die wir heute zu kennen meinen, in breitem Ausmaß nicht befriedigt. Im Gegenteil waren Mißhandlungen der verschiedensten Art bis hin zum Kindesmord fester Bestandteil dieser Kulturen.

Auf der anderen Seite gibt es die ebenso begründete Hypothese, daß es gerade die größere Familiarität und Prosozialität des Menschen ist, die sein Überleben in den Eiszeiten und seinen Erfolg als Art ermöglicht haben. Ein Element hiervon ist die im Vergleich zu den Primaten größere Fürsorge für die Kinder, die ein Regulativ für die im Vergleich zu den nichtmenschlichen Primaten größere Hilflosigkeit der menschlichen Neugeborenen ist (Trevathan 1990).

Wir befinden uns also in einer verwirrenden Situation – auf der einen Seite die bedrückenden Befunde zur Gewalt gegen Kinder in der menschlichen Geschichte und auf der anderen Seite die überzeugenden und bewegenden Beispiele mütterlicher und elterlicher Liebe zu den Kindern. Eine Klärung dieser widersprüchlichen Beobachtungen und Befunde will dieser Beitrag versuchen. Eine Orientierung ist dabei die Aussage von deMause: „Was den Eltern in der Vergangenheit fehlte war nicht die Liebe, sondern eher die emotionale Reife, die nötig ist, um das Kind als eine eigenständige Person anzuerkennen" (DeMause 1979, S. 35). Die Zunahme an „emotionaler Reife" der Eltern oder, anders ausgedrückt, an reflexiver Verantwortlichkeit und der Fähigkeit zu bewußter emphatischer Identifikation im psychohistorischen Prozeß ist der entscheidende neue Gesichtspunkt, den deMause in die Diskussion eingebracht hat.

Damit ergibt sich ein wichtiger Bezug der Geschichte der Kindheit zur gesamtgesellschaftlichen Geschichte. Die Ausbildung und die Differenzierung ethisch-moralischen Verhaltens in der Geschichte der Menschheit ist es, die uns von den nichtmenschlichen Primaten unterscheidet, wie Lethmathe (1994, S. 37) die hierher gehörige biologische Literatur zusammengefaßt hat. Ein Beispiel hierfür wäre die Anerkennung der Person des anderen als eigen-

ständige und gleichberechtigte Person, wie sie als historische Errungenschaft in der Französischen Revolution in Europa erkämpft wird und seitdem in den sich ausbildenden Demokratien und rechtsstaatlichen Gesellschaften umgesetzt wird. Vielleicht müßte man anmerken, daß es sich bei diesem Anerkennen des anderen als eigenständiger Person um ein „bewußtes Anerkennen" handelt. Denn natürlich wurde der andere als eigenständige Person auch vor der Französischen Revolution anerkannt, aber ebenso natürlich wurde er auch mißbraucht und benutzt, wie dies in den historischen Theokratien, den antiken Sklavengesellschaften und mittelalterlichen Feudalgesellschaften ganz selbstverständliche gesellschaftliche Verfassung war, und wie wir nur allzu leidvoll erfahren haben, bis in unsere Zeit hinein in den totalitären Regimen weiterlebte. Die Voraussetzung für diesen historischen Wandel ist, wie deMause entdeckt hat, der genannte Lernprozeß in der Generationenfolge, dessen Hintergründe dieser Beitrag besser verstehen will. Natürlicherweise kann es sich hierbei nur um Vermutungen handeln. Doch sind in den letzten Jahren so viele neue Erkenntnisse über die Bedingung der Frühentwicklung des Kindes und über die Bedingung der Eltern-Kind-Beziehung gemacht worden, daß solche Überlegungen durchaus möglich sind, während früher zu diesen Fragen eine Art Resignation in dem Sinne bestand, daß man solche Phänomene wie Kindstötungen oder Mißhandlungen einfach als „Eigenarten" der jeweiligen Kultur hinnahm und nicht weiter hinterfragte. Und die Frage, gibt es ein Lernen in der Geschichte oder durch die Geschichte, verblieb in philosophischer Abstraktheit.
Was sind nun die neuen Einsichten, die hier ein neues Fragen erlauben? Zum einen haben wir von der Paläoanthropologie immer genauere Aussagen zur Stammesgeschichte des Menschen und zum anderen hat die Psychologie der frühen Entwicklung durch die Säuglingsforschung und die Pränatale Psychologie neue Erkenntnisse gewonnen, die durch den Nachweis der vorsprachlichen Erinnerungssysteme von den Neurowissenschaften her unterstützt werden (Literatur bei Share 1994, Schachter u. Tulving 1994).

Biologische Voraussetzungen

Eine wesentliche Änderung in der menschlichen Frühentwicklung im Vergleich zu den nichtmenschlichen Primaten besteht darin, daß diese, wie man etwas holzschnittartig verkürzend sagen kann, als Kleinkinder geboren werden und die Menschen entwicklungsmäßig unreifer als Babys. Die Babyzeit ist also eine stammesgeschichtliche Neubildung im Zusammenhang mit der Entwicklung zum Homo sapiens. Die Interpretation, die der Biologe Portmann (1969) gab, daß es sich bei der Babyzeit eigentlich um eine extrauterine fötale Entwicklungszeit handelt, wird heute auch noch weithin akzeptiert (Gould 1992). Man kann den Zusammenhang auch so ausdrücken, daß man sagt, daß die Tendenz zu einem progressiven Hirnwachstum und der vorgegebene Durchmesser des Geburtskanals dazu führten, daß ein Teil der eigentlich fötalen Entwicklung im ersten Lebensjahr außerhalb des Mutterleibes erfolgte. Diese „extrauterine Frühzeit" (Portmann) oder Babyzeit verlängerte sich im Laufe der Menschheitsentwicklung kontinuierlich. Sie umfaßt beim Homo erectus, wie man vermutet hat, einige Monate und beim Homo sapiens dann ein gutes Jahr. Im Laufe der Entwicklung zum Menschen wurden die Kinder also immer unreifer geboren.

Die sich entwickelnde Sozialität und Familiarität des Menschen sind gewissermaßen biologische Kompensationen der neuen Situation der hilflosen Jungen. Diese Zusammenhänge werden in der Regel nur auf einer biologischen Ebene verhandelt, ohne daß psychologische Gesichtspunkte im engeren Sinne mit einbezogen werden. Die Beobachtungen der Pränatalen Psychologie zur eigenständigen Bedeutung früher vorsprachlicher Erfahrungen und der Möglichkeit früher grundlegender Verhaltens- und Beziehungsprägungen erlauben aber auch eine psychologische Gewichtung dieser sogenannten Frühgeburtlichkeit des Menschen. Hierfür spricht auch, daß Psychotherapeuten der verschiedensten Richtungen recht einheitlich die frühe Hilflosigkeit des Säuglings und seine Störbarkeit und Verletzbarkeit als Ursache von späteren Verhaltens- und Beziehungsstörungen benannt haben. Nachdem Freud die Verletzbarkeit des kleinen Kindes beschrieben hatte, wurde von seinem Schüler Adler sofort die Konsequenz gezogen, daß die Verletzbarkeit des Säuglings, seine Hilflosigkeit und Ohnmachtserlebnisse von noch grundlegenderer Bedeutung für die Ich-Entwicklung sind. Dies wurde von anderen Schülern wie Ferenczi und insbesondere Rank weiter ausgebaut, bis schließlich Fodor (1949) auch die Bedeutung vorgeburtlicher Traumatisierungen in seinen Psychotherapien nachweisen konnte. Durch die moderne Säuglingsforschung (Cramer 1989) wurde auch deutlich, daß in der vorsprachlichen Zeit im Umgang mit dem Säugling und letztlich auch dem Kind vor der Geburt grundlegende Erfahrungen weitergegeben werden. Man hat hierfür den Ausdruck des „Generationentransfers" geprägt (Janus 1995 a). All dies spricht dafür, die Auswirkungen der Frühgeburtlichkeit einmal systematischer zu bedenken, insofern hier eine wesentliche Ursache der Labilisierung der Eltern-Kind-Beziehungen in der frühen Menschheitsentwicklung gelegen sein könnte.

Psychologische Auswirkungen der Frühgeburtlichkeit

Die Ergebnisse der modernen Säuglingsforschung und der Pränatalen Psychologie machten immer deutlicher, daß wir von unserem Sprach-Ich her in einer systematischen Weise die Bedeutung vorsprachlicher Erfahrung für unser Lebens- und Selbstgefühl unterschätzen. Wenn man dem nachgeht, wird auch deutlich, daß die sogenannte „Sehnsucht nach dem Ursprung" des Menschen ganz konkrete Wurzeln in der Sehnsucht des Säuglings und des Kindes nach der vorgeburtlichen Sicherheit hat. Es war die Einsicht Ferenczis, daß die Säuglingsfürsorge wesentlich den Zweck hat, diese „Sehnsucht nach dem Ursprung" zu befriedigen. Er schreibt: „Beobachtet man aber das sonstige Benehmen des Neugeborenen, so bekommt man den Eindruck, daß es von der unsanften Störung der wunschlosen Ruhe, die es im Mutterleibe genoß, durchaus nicht erbaut ist, ja, daß es in diese Situation zurückzugelangen sich sehnt. Die Pflegepersonen erkennen instinktiv diesen Wunsch des Kindes, und sobald es durch Zappeln und Schreien seiner Unlust Ausdruck verleiht, bringen sie es geflissentlich in eine Lage, die der Mutterleibssituation möglichst ähnlich ist. Sie legen es an den warmen Körper der Mutter oder wickeln es in weiche, warme Decken oder Polster ein, offenbar, um ihm die Illusion des Wärmeschutzes durch die Mutter zu verschaffen. Sie schützen sein Auge vor Licht, sein Ohr vor Schallreizen und verschaffen ihm die Möglichkeit, die intrauterine Reizlosigkeit weiter zu genießen; oder sie reproduzieren die leisen und rhythmisch-monotonen Reize, die dem Kinde auch in utero nicht erspart geblieben sind (die Schaukelbewegungen beim Gehen der Mutter, die mütterlichen Herztöne, das dumpfe Geräusch, das von außen doch ins Körperinnere dringt), indem sie das Kind wiegen und ihm monoton-rhythmische Wiegenlieder vorsummen" (Ferenczi 1913, S. 68).

Man könnte sagen, daß Rank (1924) und Graber (1924) in der Hervorhebung der Geburt als eines sensiblen und belastenden Entwicklungspunktes, der als Trennungsängstlichkeit (Rank) oder Ambivalenz (Graber) weiter erhalten bleibt, etwas von den psychologischen Folgen der zu frühen Geburt erfaßt haben. Die entscheidende Konsequenz der Frühgeburtlichkeit scheint die zu sein, daß – wie Ferenzci dies im Ansatz beschrieben hat – urtümliche Bedürfnisse aus der vorgeburtlichen Zeit das nachgeburtliche Verhalten wesentlich mitbestimmen. Und die Befunde zur Reinszenierungstendenz vorsprachlichen Verhaltens in den verschiedenen Therapien, insbesondere denen, die mit einem nichtsprachlichen Setting arbeiten, belegen, daß diese vorgeburtliche, wie auch die geburtliche und frühe nachgeburtliche Bedürfnis- und Erfahrungswelt lebenslang als eine Art Hintergrundsfilm erhalten bleibt. Um es systematischer zu sagen, ist es ein Spezifikum des Menschen, durch zwei Motivationssysteme im Erleben und Verhalten bestimmt zu sein. Zum einen ist dies das instinktiv vorgegebene Motivationssystem aus unserem Primatenerbe, wie es die Ethologie (Eibl-Eibesfeld 1986, Morris 1994) umfassend beschrieben hat. Zum anderen ist unser Lebens- und Selbstgefühl wesentlich auch durch frühkindliche Bedürfnisse bestimmt und hier eben insbesondere durch aus der vorgeburtlichen Zeit stammende Bedürfnisse nach primärem Schutz und ewigem Genährtwerden. Die Situation wird dadurch kompliziert, daß die vorsprachliche Erfahrungs- und Bedürfniswelt nur sehr unvollständig und indirekt in unserem Sprachich repräsentiert ist.

Es war Rank (1924, 1932), der in systematischer Weise gezeigt hat, wie die menschliche Kulturbildung dadurch gekennzeichnet ist, daß sie in einer realsymbolischen Weise in den künstlerischen Gestaltungen und auch in den technischen und sozialen Erfindungen etwas von der Primärsituation wiederherzustellen sucht. In ganz ähnlichem Sinne hatte Winnicott (1949, S. 168) vermutet, daß das „Geistig-Seelische" seine Wurzeln in der Sehnsucht des Säuglings nach einer vollkommenen Welt hat, die er sich im Übergangsraum kompensatorischer Phantasien zu erschaffen sucht.

Die totemistischen und animistischen Kulturen der Vorzeit sind erfüllt von magischen Annahmen von nährenden Kräften in Form des Mana, von hilfreichen Kräften, die von Totems ausgehen, und von heiligen Räumen, deren pränatalen Charakter, die Pränatale Psychologie entschlüsseln konnte (Janus 1990, S. 332 ff., Dowling 1990). In den modernen Psychotherapien häufen sich die Belege dafür, daß nicht nur die Geburt auf einer affektiven Ebene erfahren wird, sondern ebenso dafür, daß die Zeit im Mutterleib zu unser aller Urerfahrung gehört. Mystische Seile verbinden in den frühen Mythologien Himmel und Erde und garantieren den Bestand der Welt. Der Pränatalen Psychologie gelang es, hierin eine symbolische Projektion der primären Nabelschnurerfahrung zu entschlüsseln (Janus 1990, S. 241).

Die Annahme ist also, etwas formelhaft verkürzt ausgedrückt, daß das magische Erleben, das den Menschen in der Frühzeit bestimmte, wesentlich durch die Projektion vorgeburtlicher Wirklichkeitserfahrung und Bedürfnishaftigkeit in die Welt als Ganzes begründet ist. Die Biologen legen nahe, daß die Tiere und auch wir selbst von unserer instinktiven Ebene her nur das von der Welt wahrnehmen, was den instinktiven Bedürfnissen entspricht. Alles andere ist ausgeblendet. Das Besondere des Menschen ist, daß neben dieser instinktiven nachgeburtlichen Wahrnehmung gewissermaßen ein zweiter Film vorgeburtlicher Bedürfnishaftigkeit mitläuft. Man kann es so ausdrücken, daß dem magischen Erleben die ganze Welt zum Mutterleib wird, und es um eine durch Mana oder totemistische Kräfte vermittelte Sicherung und Kräftigung des einzelnen und der Gruppe geht, wie dies auch noch in der ägyptischen Mythologie in den Bildern des allumschließenden Götterpaares Nut und Nun unmittelbar lebendig ist. Wie in der vorsprachlichen Zeit die Mutter und die anderen Beziehungspersonen, wurde im magischen Erleben die Welt als Teil des eigenen Selbstes erlebt. Oder wieder anders ausgedrückt, der Makrokosmos der äußeren Welt ist eine Widerspiegelung und Wiederkehr des Mikrokosmos der vorgeburtlichen Zeit. Und wie es das Bestreben des Föten ist, sich in eine positive und harmonische Beziehung zur Mutter zu versetzen, so ist es das zentrale Bestreben etwa des Yogi, sich mit dem Kosmos insgesamt in eine positive Beziehung zu setzen. Die späteren Entwicklungen zum mythischen und monotheistischen Weltbild hin sehe ich als weitere Ausgestaltungen dieses Grundzusammenhangs (Janus 1994). Hier soll jedoch nur die Frage nach den Gründen der Störung der frühen Mutterbeziehung in der frühen Menschheitsgeschichte interessieren, wozu ich nun zurückkehren will.

Psychosoziale Folgen der Frühgeburtlichkeit

Um noch einmal neu anzusetzen, ist also die wesentliche Folge der Frühgeburtlichkeit, daß der Mensch nach der Geburt durch zwei Motivationsebenen bestimmt ist, zum einen die Ebene des instinktiven Primatenverhaltens, zum anderen die Ebene tranceartiger fötaler Bedürfnisse, aus denen heraus die Welt als Megauterus erlebt wird, der primäre Sicherheit gibt und ewige Nährung (Wasdell 1993, 1995, Crisan 1996). Die negative Folge hiervon kann sein, daß es zu einer Konfusion der Ebenen kommt, also im konkreten Fall instinktives mütterliches Verhalten durchkreuzt ist durch magische Verhaltensweisen, die primäre Sicherheit wiederherstellen sollen, wie etwa bestimmte Waschungen, Ernährungsvorschriften, Verstümmelungen bis hin zu Tötungen, rigide Mutter-Kind-Trennungen usw. Diese Tendenz zu einer Konfusion der Ebenen wird dadurch verstärkt, daß aus evolutionsbedingten Gründen die menschliche Geburt ein Grenzereignis mit traumatischen Aspekten ist und mit stärksten Ohnmachts- und Notgefühlen verbunden sein kann (Janus 1991, S. 59, Schwartz 1964, Müller 1990, Abitol 1996). Die Sterblichkeit von Kindern und Müttern bei der Geburt war immer erschreckend hoch. Gräberfunde der Jungsteinzeit belegen etwa, daß die Sterblichkeitsrate der Frauen zwischen 14 und 40 Jahren wegen der Geburten 26 % höher als die der Männer war. Die Sterblichkeitsrate der Mütter bei der Geburt lag bei 6 % (Schlosser u. Cierny 1996). Dazu kommt noch die Belastung der frühen Eltern-Kind-Beziehungen durch die in den historischen Gesellschaften immer sehr hohe Säuglingssterblichkeit, so etwa in Teilen Bayerns noch um 1900 50% (Ottmüller 1991, S. 18). Dies alles mag der Grund dafür sein, daß sich viele magischen Praktiken auf ausagierte und ritualisierte spontane prä- und perinatale Regressionen der Mutter in Hilflosigkeitssituationen zurückführen lassen. Die sicherheitgebenden Handlungen würden also Einzelelemente der vorgeburtlichen oder geburtlichen Situation wiederholen. Deutlich scheint mir dies bei den verschiedenen Eintauchritualen, die die Verbindung zur vorgeburtlichen Wasserexistenz wieder herstellen sollen, wie auch bei den verschiedenen Wickelungen, die etwas von der vorgeburtlichen Enge der Uterussituation wiederbeleben sollen. Auch die verschiedenen Verstümmelungen, wie etwa Beschneidungen, lassen sich als projektives Ausleben schmerzlicher prä- und perinataler Erfahrungen am Kind verstehen. Diese magischen Rituale sind zum einen Teil harmlos, zu einem anderen Teil in verschiedenem Ausmaß destruktiv in bezug auf die realen instinktiven Bedürfnisse des kleinen Kindes, wie wir sie heute zu kennen glauben. Beispiele aus Indianerkulturen sind etwa die Kaltwasserbäder und Schwitzkuren bei den Ifaluks und die Weggabe und die Wickelungen der Säuglinge bei den Tepoztlanern, wie Renggli (1974) sie beschrieben hat. Wenn solche Rituale destruktiv für die natürlichen Bedürfnisse des Kindes sind, kommt es zu einer frühen Dämonisierung der Eltern-Kind-Beziehung, die sich in den Generationen dadurch vererbt, daß so traumatisierte Eltern wiederum die eigenen Kinder dämonisieren und entsprechende Abwehrrituale ausbilden. Dies wäre also eine wesentliche Erklärung für die groben Verzerrungen und destruktiven Modalitäten in den geschichtlich frühen Eltern-Kind-Beziehungen, wovon die Gift-Container-Funktion, wie deMause (1996) sie beschrieben hat, nur ein hervorgehobenes Beispiel wäre. Eine konstruktive Gegenkraft, wie deMause sie beschrieben hat, liegt in der „Fähigkeit der jeweils nachfolgenden Elterngeneration, sich in das psychische Alter ihrer Kinder zurückzuversetzen und die Ängste dieses Alters, wenn sie ihnen zum zweiten Mal begegnen, besser zu bewältigen, als es ihnen in der eigenen Kindheit gelungen ist“ (deMause 1979, S. 14), d. h. den anfangs erwähnten kollektiven Lernprozessen in der Generationenfolge. Anders ausgedrückt, die Schäden, die durch die Konfusion der Motivationsebenen als psychosoziale Folge der Frühgeburtlichkeit und der traumatischen Aspekte der Geburt auftreten, finden ein Gegengewicht in den prosozialen Eltern-Kind-Gefühlen und den dadurch motivierten Lernprozessen. Dieser Schluß findet, wie schon erwähnt, auch durch biologische Beobachtungen eine Unterstützung, daß die Menschen in der Evolution die größere Hilflosigkeit ihrer Kinder durch eine stärkere Entwicklung von prosozialen Mutter-Kind- und Eltern-Kind-Verhaltensweisen kompensiert haben (Trevathan 1990).

Affen sind dem Kleinkindstadium ihrer Kinder entsprechend sehr viel weniger „mütterlich“, bzw. elterlich pflegend und fürsorglich wie Menscheneltern. Wir können also in der Evolution des Menschen ein Wechselspiel von Kräften von destruktiven Verzerrungen als Folge der Frühgeburtlichkeit und traumatischer Aspekte der Geburt und kompensatorischen sozialen Entwicklungen annehmen.

Ein weiterer wichtiger Faktor in diesem Kräftespiel über die beschriebenen emotionalen Mechanismen hinaus dürften aber die kognitiven Möglichkeiten sein, die den Menschen geholfen haben, aus den groben Verzerrungen ihrer magischen Handlungen wieder herauszufinden. Es gibt ja von biologischer Seite neuerdings vermehrt die Überlegung, daß die erstaunliche Entwicklung des Großhirns beim Menschen nicht durch die technischen Erfindungen vorangetrieben wurde, sondern durch die Herausforderung und Notwendigkeit der sozialen Erfindungen, der Notwendigkeit der Balancierung der sozialen Beziehungen durch Einsichten (Fox 1972).

So können wir vermuten, daß die magisch-irrationale Tötung der erstgeborenen Kinder, wie es sie in altorientalischen Gesellschaften gegeben hat, zum einen einer ritualisierten Regression in Geburtsangst und geburtstraumatisch bedingter Aggressivität entstammt, zum anderen aber auf die Dauer in der Einsicht in die offensichtliche Absurdität und Schädlichkeit einer solchen Tötung ein Gegengewicht gefunden hat. Man kann es auch sogar so sehen, daß die Folgen solcher magisch-affektiv determinierter Praktiken auf der anderen Seite im wahrsten Sinne des Wortes Anlaß zum Nachdenken waren und hierin Kompensationen fanden. Viel spricht auch dafür, daß solche irrational-magischen und grausamen Praktiken ein Korrektiv in dem im Prinzip liebevollen Säugetier- und Primaten-Muster für die Mutter-Kind-Beziehung finden (Schiefenhövel u. Schiefenhövel 1996, S. 279). In diesem Sinne, daß kulturbedingte „Hypertrophien“ im genetischen Erbe ein begrenzendes Korrektiv finden, äußert sich auch Wilson (1979, S. 80). Katalysator für diese in der Generationenfolge sich vollziehenden Lernprozesse ist, wie erwähnt, der Prozeß der Identitätsreorganisation in der Adoleszenz, der eine Neukombi-

nation innerer Orientierung und Zielsetzung erlaubt (Janus 1996, S. 66), was auch einen Neuentwurf der eigenen Elternidentität einschließt.
Dieses Wechselspiel von destruktiven und konstruktiven Kräften in der Geschichte der Entwicklung der Menschheit läßt sich auch auf anderen Ebenen beobachten, worauf noch kurz eingegangen werden soll, weil hier ebenfalls Bezüge zu den Bedingungen der frühen Eltern-Kind-Beziehung bestehen.

Die Abgleichung zwischen Frühsozialisation und wirtschaftlich-ökologischen Bedingungen

Am Beispiel der Indianergesellschaften Nordamerikas hat Erikson (1966) gezeigt, wie die Gestaltung der Frühsozialisation in Korrespondenz zu den wirtschaftlich-ökologischen Bedingungen eines Stammes erfolgt. So wird bei den Sioux durch sadistische Abstillrituale eine frühe Aggression der Mutter gegenüber vorgeprägt, die dann in den Pubertätsinitiationen in einen Jagdtrieb auf Bisons umfunktioniert wird. Dabei geht meine Interpretation noch darüber hinaus, daß in den von Erikson eindringlich beschriebenen sadistischen Abstillritualen mit dem Aufschlagen der Köpfe auf Steine schmerzliche und traumatische Geburtselemente mit ausagiert werden, so daß es zu einer Kontamination zwischen Abstillwut und Geburtswut kommt, die dann in der Jagdwut eine wirtschaftlich-ökologisch sinnvolle Ausgestaltung findet.
Ein Beispiel für eine vollständig andere Abgleichung zwischen Frühsozialisation und ökologisch-wirtschaftlichen Bedingungen ist der Fischerstamm der Yurok, die ihren Lebensunterhalt aus dem Fang von Fischen bestreiten, die jährlich einmal in großen Schwärmen den Fluß heraufkommen. Die übrige Zeit des Jahres besteht wesentlich in einem Warten auf das Auftauchen der Fischschwärme. Diese passiv-sehnsuchtsvolle Lebensgestaltung hat ihr Pendant in der merkwürdigen Gestaltung des Stillens, das verzögert nach 10 Tagen beginnt – vorher gibt es Nußsuppe aus einer winzigen Muschel – und verfrüht mit 6 Monaten beendet wird. Diesen Nahrungsentzugssituationen ist offenbar sogar noch eine vorgeburtliche Prägung durch Hungerrituale der Mutter während der Schwangerschaft vorgeschaltet. Durch diese Praktiken wird eine depressiv-sehnsuchtsvolle Lebenseinstellung vorgeprägt, die in subtiler Weise auf die wirtschaftlich-ökologischen Bedingungen der Yurok abgestimmt ist. Solche Zusammenhänge scheinen mir bisher bei

ethnoanalytischen Untersuchungen zu wenig berücksichtigt und lassen manche zunächst sehr irrational erscheinenden frühkindlichen Umgangspraktiken doch sinnvoller erscheinen.
Man könnte sich hier ein Wechselspiel vorstellen zwischen bestimmten wirtschaftlich-ökologischen Bedingungen, die den Erwachsenen bestimmte Verhaltensweisen abverlangen, die wiederum vorsprachlich im „Generationentransfer" (Janus 1995 a) weitergegeben werden und sich in einem Wechselspiel zwischen Frühsozialisation und sozialer Wertbildung stabilisieren.

Auswirkungen der Grossgruppenbildung

Im Gefolge der frühen Erfindungen von Ackerbau und Viehzucht kommt es im Rahmen der neolithischen Revolution zu den menschenspezifischen Großgruppenbildungen der frühen Hochkulturen. Diese Großgruppenbildungen treiben die Kulturevolution entscheidend voran. Von dem Verhaltensforscher Morris (1969) sind diese Großgruppen als „Super-Tribes" beschrieben worden. Dadurch ergeben sich zwei Bezugsrahmen, den der alten persönlichen Gruppe von Bekannten (Stammesgruppe) und der persönlich unbekannten Mitglieder des „Super-Tribes". Die Verbundenheit mit dem „Super-Tribe" wird wesentlich durch Trancemechanismen und magische Projektionen primären Schutzes und primärer Aufgehobenheit bewirkt. Die gemeinsame Sprache ist ein weiteres Band, das seine Kraft meiner Vermutung nach aus der Urkonsonanz mit der schon vorgeburtlich gehörten „Muttersprache" bezieht. Die Gemeinsamkeit im Sprachraum stellt so etwas wie eine Urvertrautheit her.
Man könnte es nun so sehen, daß das Wechselspiel zwischen konstruktiven und destruktiven Kräften sich auf der Ebene der frühen Hochkulturen im Vergleich zu den Stammeskulturen enorm verschärft. Zum einen gewinnen destruktive Verzerrungen durch die Autorität gesellschaftlicher Normen eine erhöhte Durchschlagskraft, wie rituelle Kindesopferungen zeigen. Zum anderen gibt es in den neuen Großgruppen mehr Möglichkeiten zu sozialem Austausch und dadurch auch zum Wirksamwerden von emotionalen und kognitiven Gegenkräften.
Dazu kommt eine größere Dynamik der Ich-Entwicklung, wie sie sich in den sozialen Inszenierungen um die Gottkönige herum vollzieht. Die Seelenkräfte des Menschen in den Stammeskulturen waren in den Projektionen auf die konkrete Naturwelt in Form von totemistischen Einflüssen und Mana-Kräften

weitgehend verstreut. Die Dynamik in den frühen Theokratien sehe ich wesentlich durch ein projektiv-retrojektives Wechselspiel zwischen größerer gesellschaftlicher Organisation und größerer Selbstorganisation bestimmt. Grandiose Ich-Anteile gewinnen in den Gottkönigen konkrete Gestalt und werden dann wieder zum eigenen Ich-Erleben in Bezug gesetzt. Am Anfang ist nur der Pharao ein Osiris und verfügt damit über ein göttliches Ich und einen eigenen Willen. Schließlich ist jeder Ägypter ein Osiris oder verfügt, christlich ausgedrückt, über eine unsterbliche Seele. Diese größere innere und äußere Organisiertheit hat zur Folge, daß sich destruktive Arrangements mit großer Wirkung durchsetzen können, wie etwa in den schon genannten Kindstötungen und anderen destruktiven Praktiken wie etwa Beschneidungen. Zum anderen setzen sich auch konstruktive Entwicklungen in sehr rascher Zeit in großen Gruppen um.

In Analogie zu den wirtschaftlich-ökologischen Bedingungen und ihren Auswirkungen auf die Frühsozialisation und Charakterologie könnte man auch von einer sozial-ökologischen Auswirkung der Bildung der Super-Stämme auf die Frühsozialisation und Charakterologie und Ich-Bildung sprechen. Wir sind ganz Teil dieses psychohistorischen Prozesses. Doch scheint sich mit der Verbesserung der Mutter-Kind-Beziehungen seit dem 18. Jahrhundert (deMause 1979, Shorter 1986) und den korrespondierenden demokratischen Entwicklungen eine neue Stufe in der Organisation der Super-Stämme auszubilden, die eine konstruktivere Balance zwischen instinktiven Bedürfnissen und kulturellen Gestaltungen ermöglicht.

Retrospektive auf die Affengesellschaften

Heute gibt es eine große Literatur der Verhaltensbiologen zum Verhalten von Affen und Menschenaffen, wo einerseits die sehr liebevollen Beziehungen zwischen Mutter und Kind in den ersten Jahren beschrieben werden (z. B. Hess 1996) und andererseits auch eine dramatische Häufigkeit von Infantiziden und massiven Mißhandlungen (z. B. Itani 1982, Nishida 1985, Hamai 1992, Hess 1996). Am klärendsten fand ich die ausgewogene Diskussion des Infantizids bei Affen bei DeWaal und Lanting (1997, S. 118). Typisch ist wohl ein merkwürdig unverbundenes Nebeneinander von fürsorglichem Verhalten und Tötungen: „In der Combe-Schimpansengruppe hatten Mutter Passion und Tochter Pom über einen längeren Zeitraum wenigstens drei Babys der eigenen Gruppe getötet. Beide Schimpansinnen wurden aber weder gemieden, noch wurde ihr Verhalten sozial sanktioniert, im Gegenteil: eine Schimpansenmutter groomte Passion friedlich, obwohl diese ihr eine Stunde vorher das Baby geraubt und aufgefressen hatte" (Lethmate 1994, S. 36). Vergleichbare Beispiele finden sich bei deWaal (1997, S. 108). Besonders drastisch sind die Berichte von Sommer über die indischen Tempelaffen: „In Jodhpur ist Infantizid so häufig, daß jedes Weibchen wahrscheinlich eines oder mehrere Kinder dadurch verliert" (Sommer 1996, S. 202). Wegen der gefühlsmäßigen Widerstände hat sich die Erforschung und das Wahrnehmen von Kindstötungen im Tierreich erst allmählich etabliert. Sommer hat die Literatur hierzu zusammengestellt (Sommer 1996, S. 201). Kritisch merkt er zu dem Widerstreben an, diese Forschungen zu rezipieren: „Berichte über Kindstötungen wurden von Skeptikern gerne angezweifelt. Zwar tragen die ihre Einwände aus dem Armlehnstuhl heraus vor – ohne selbst je versucht zu haben, unter Freilandbedingungen ihrer Kriterien „sauberer" Datenaufnahme gerecht zu werden. Gleichwohl qualifizieren sie die aus Freilandbeobachtungen gezogenen Schlüsse als „Mythos" ab ... Das Verdrehen der Verhältnisse im Stile gewiefter Strafrechtverteidiger ist umso grotesker, als meine Fotografien die entsprechende Veröffentlichung in der Fachzeitschrift „Primates" begleiten" (Sommer 1996, S. 183). Für das besondere Ausmaß von Infantizid bei den Tempelaffen, die vor allem von den Männern ausgehen, diskutiert Sommer verschiedene konkurrierende Ursachen, insbesondere den „Egoismus der Gene" – fremde Babys werden besonders von den Männchen getötet – und sozialen Streß durch Überbevölkerung. Insbesondere letzteres Argument könnte für die Verzerrungen in den frühhistorischen Eltern-Kind-Beziehungen mitverantwortlich sein. So sind wir gewissermaßen die einzige Tierart, die sich ihren komfortablen Zoo selbst baut, der einerseits einen im Vergleich zu den Jäger- und Sammlergesellschaften sozialen Streß durch Überbevölkerung bedeutet und gleichzeitig durch veränderte Ernährungsgewohnheiten, insbesondere eiweißreichere Kost, eine Abnahme des Geburtenabstandes von früher 4-5 Jahren auf mögliche 1-2 Jahre (Stanley 1992). Allein diese Faktoren würden einiges von den Verzerrungen in den frühen Eltern-Kind-Beziehungen erklären. Insbesondere das für uns heutige kaum nachvollziehbare Ausmaß von Kinderopferungen in den frühen Hochkulturen, wie sie beispielsweise für Karthago bezeugt sind (Moscati 1996, S. 221). Das Töten von Kindern der anderen Gruppe, wie es in frühantiken Kriegen verbreitet war, könnte Wurzeln in unserem Primatenerbe haben, wo solches Töten der Babys der fremden Gruppe belegt ist (Hess 1996, Goodall 1996). Mit Recht vermutet deMause: „Krieger in früheren Kulturen standen diesem Primatenverhalten noch näher als wir heute, wo man annimmt, daß das Töten von Kindern mehr eine ungewollte Konsequenz des Krieges ist und nicht sein eigentliches Ziel" (deMause 1994, S. 248).

Die Einbeziehung dieser evolutionsbiologischen Zusammenhänge scheint mir von gründsätzlicher Bedeutung (Hamilton 1964, Wickler u. Seibt 1977, Dawkins 1996). Es handelt sich hier um eigenständige Tiefenschichten der Motivation aus den Mechanismen der Genreproduktion, die sonst oft bizarr erscheinendes Verhalten wie etwa Kindstötungen erklären können. Das bekannteste Beispiel ist das des Löwen, der die ihm genetisch fremden Jungen eines Vorgängers tötet, was für die rasche Reproduktion seiner Gene von Vorteil ist. Diese Tiefenmotivationen aus der Genselektion stehen oft quer zu anderen Verhaltenselementen. Sie erklären sich "einfach" dadurch, daß auf die Dauer nur die Löwen überlebt haben, die dieses für ihre Genreproduktion vorteilhafte Verhalten gezeigt haben. In unserem Zusammenhang ist besonders die Trivers-Willard Hypothese bedeutsam, die besagt, daß es bei guter Recourcenlage für die Genreproduktion von Vorteil ist, in die Söhne zu investieren, weil dann eine weitere Streung möglich ist, während es bei schlechter Recourcenlage für eine effektive Reproduktion sinnvoll ist, in die Töchter zu investieren, bei denen eine zwar geringere aber dafür sicherere Reproduktion möglich ist (Trivers u. Willard 1973, Hrdy u. Judge 1993). Diese Hypothese kann die sonst so unverständlichen Tötungen von weiblichen Neugeborenen in den Oberschichten von manchen Kulturen erklären,wie dies die Ethnologin Dickeman (1979) am Beispiel von indischen und chinesischen Gesellschaften zeigen konnte. Ein anderer Beleg für die Tivers-Willard Hypothese sind die Untersuchungen von Betzig und Turke (1986) an dem kleinen Indianerstamm der Ifaluk.

Darüber hinaus gilt, daß unterschidliches Elternverhalten in vielen Einzelheiten durch die Evolutionsbilogie erklärt werden kann, wie zum Beispiel die größere elterliche Investition von Männern bei unsicherer Vaterschaft in die Nachkommen der Schwester, weil hier eine relative Verwandtschaft sicher ist (Wickler u. Seibt 1977, S. 349). Die Evolutionsbiologie verlangt also von uns eine ganz ungewohnte Betrachtungsweise, eröffnet aber wirklich neue Einsichtsebenen, wodurch auch das Zusammenspiel von genetischer Evolution und Kulturevolution zugänglich werden kann (Laland, Kumm u. Feldman 1995).

Kollektive Lernprozesse in der Menschheitsgeschichte

Wir wissen aus der Psychotherapie, daß sich affektive Lernprozesse über szenische Wiederholungen vollziehen. Besonders deutlich ist dies in Kinderpsychotherapien, wo traumatische, nicht integrierte Erfahrungen im therapeutischen Spiel reinszeniert werden und auf diese Weise nachträglich integriert werden können. Das gleiche gilt auch für die Therapie von Erwachsenen, wo sie sich im szenischen Prozeß von Übertragung und Gegenübertragung reinszenieren und dadurch einer nachholenden Integration zugänglich werden. In diesem Sinne lassen sich, wie schon angedeutet, gesellschaftliche Prozesse als Reinszenierungen früher Erfahrungen, Wünsche und Ängste verstehen, wobei dann die Inszenierung der vorangehenden Generation der Ausgangspunkt von schöpferischen Lernprozessen und Neuentwürfen der nachfolgenden Generation sind. Diese Dynamik des historischen Wandels ist bisher kaum erforscht. Sie findet auf mehreren Ebenen statt, einmal in den konkreten gesellschaftlichen Inszenierungen und gleichzeitig im Prozeß der schöpferischen Ich-Ideal-Veränderung im kreativen Prozeß von Künstlern, wie ich ihn an anderer Stelle ausführlich beschrieben habe (Janus 1990, S. 184). Das Verdienst von deMause ist es, den basalen Wurzelgrund dieser Dynamik in den frühen Eltern-Kind-Beziehungen entdeckt zu haben. Voraussetzung dazu ist der eingangs beschriebene zweizeitige Ansatz der Sexualität, wie Freud es ausdrückte, oder der zweifache Ansatz der Autonomieentwicklung in der ödipalen Phase und in der Pubertät. Junge Erwachsene gewinnen in der Krise des Adoleszenzprozesses (Janus 1996) die Möglichkeit eines Neubeginns, oder, wie es traditioneller Weise heißt, einer „zweiten Geburt". Die Auseinandersetzung mit den überkommenen Idealen kann dann in der weiteren „Krise der Elternschaft", in der Wiederbegegnung mit eigenen Kindheitserfahrungen im Umgang mit dem eigenen Kind umgesetzt werden. Um diese Prozesse besser zu verstehen, bedarf es einer Zusammenführung der getrennten Gebiete der Kognitionswissenschaften, der Entwicklungspsychologie, der Evolutionsbiologie, der Ethologie, der Kulturwissenschaften und der Psychotherapie, wie sie in der Psychohistorie ansatzweise versucht wird. Eine zentrale Bedeutung hat dabei die Auseinandersetzung mit der eigenen vorsprachlichen Erfahrung und hieraus resultierender Widerstände, wie sie in den Geisteswissenschaften heutzutage noch ganz unüblich ist.

Eine besondere Bedeutung für die enorme Transformationsdynamik in den Hochkulturen dürfte die Entwicklung der Schrift haben, die vielleicht nur mit der der Entwicklung der Sprache am Anfang der Menschheitsentwicklung vergleichbar ist. Hierdurch wird der Lernprozeß in der Generationenfolge in einer ganz ungeahnten Weise dynamisiert und beschleunigt. Die nachfolgende Generation hat über die Literatur ganz neue innere Auseinandersetzungsmöglichkeiten mit den Lösungen der vorangehenden Generation durch gewissermaßen symbolische und imaginäre Reinszenierungen in den literarischen Werken. Ganz konkret läßt sich etwa an dem Schrifttum um Geburt und Schwangerschaft zeigen, wie sich das allgemeine Verhalten in diesem Bereich in relativ kurzen Zeiten verändern kann. Willkürlich herausgegriffene Beispiele sind die Veränderung im Umgang mit Schwangerschaft und Geburt in Schweden im 18. Jahrhundert durch die damals erfolgende Ausbildung im Schreiben und Lesen (Imhof 1990), die Veränderung der amerikanischen Kindererziehung durch das Erziehungsbuch des Kinderarztes Spock (1946) oder der heute sich vollziehende Übergang zu einem neuen Umgang mit Schwangerschaft und Geburt (Janus 1995 b).
Eine Bestätigung finden diese Überlegungen darin, daß auch in der Soziologie neuerdings die Bedeutung von kollektiven Lernprozessen als Motor der Kulturevolution thematisiert und untersucht wird (Eder 1985, Miller 1986). Man kann sich eigentlich wundern, daß diese Zusammenhänge in ihrer vollen Bedeutung erst jetzt im Ansatz erkannt werden. Der nächste Schritt der Forschung wäre eine Zusammenschau affektiver und sozialer Lernprozesse mit dem Ineinandergreifen von individueller und kollektiver Ebene. Bisher beschränken sich die Soziologen noch weitgehend auf die mehr kognitiv orientierten Ableitungen von Piaget zum moralischen Lernen. Die Psychotherapeuten wiederum blenden die kollektive Ebene weitgehend aus und sind in ihren Erkenntnismöglichkeiten durch eine merkwürdige Spaltung zwischen Fokussierung auf kognitive Lernprozesse (Verhaltenstherapie) und Fokussierung auf affektive Lernprozese (verstehende Psychotherapie) behindert. Die vielschichtige Dynamik von Lernprozessen kann vieles vom evolutiven Charakter der Menschheitsgeschichte und die erstaunliche Zunahme der Komplexität kultureller Gestaltungen im Laufe der Geschichte erklären. In der Erforschung dieser Zusammenhänge hat möglicherweise die Entdeckung des evolutiven Charakters der Geschichte der Kindheit eine paradigmatische Bedeutung, indem sie die affektive Dynamik des Lernens in der Generationenfolge erstmals offenlegt. Erst hierdurch wird die kreative Dynamik in den individuellen und kollektiven Ich- und Wir-Idealveränderungen zugänglich (Janus 1990, S. 184).

Abschliessende Bemerkungen

Die Überlegungen zu den Ursachen der groben Verzerrungen der Mutter-Kind-Beziehung und Eltern-Kind-Beziehung am Anfang der Menschheitsgeschichte haben uns viele Zusammenhänge berühren lassen. Darum will ich abschließend noch einmal auf die gestellte Frage nach dem Grund für die Verzerrungen in den frühen Beziehungen beim Menschen zurückkommen.
Den entscheidenden Faktor sehe ich in den psychosozialen Folgen der Frühgeburtlichkeit, die zu einem Erhaltenbleiben von fötalen Motivationen und Verhaltensweisen in der nachgeburtlichen Zeit führt. Dies hat zur Folge, daß es zu unterschiedlichen Konfusionen zwischen den beiden Verhaltensebenen, des instinktiven Verhaltens und der fötalen Hintergrundsmotivation, kommen kann. Dadurch wird das instinktive Eltern-Kind-Verhalten in unterschiedlichem Ausmaß verzerrt, was durch die Folgewirkungen der traumatischen Aspekte der Geburt noch verstärkt wird. Eine andere Quelle von Verzerrungen sind dann die Folgen von wirtschaftlichen und sozialen Erfindungen, die das primäre Gruppenleben umgestalten. Eine wieder andere, noch nicht im einzelnen verfolgte Quelle von Verformungen ist die Tatsache, daß die vorsprachliche Erfahrung, Motivation und Bedürftigkeit auf der sprachlichen Ebene immer nur unvollständig repräsentiert ist, und daß von daher eine breite Tendenz zur Reinszenierung von vorsprachlichen Inhalten lebenslang besteht. Eine weitere Quelle von Verformung besteht darin, daß unser in komplexer Weise handlungsfähiges Ich überhaupt erst ein Produkt einer langen psychohistorischen Evolution ist. Das durch ein magisch-mythisches Erleben determinierte projektive Ich in den frühen Stammes- und Hochkulturen erlaubte kein kognitiv-emotional abgestimmtes Verhalten in unserem Sinne.
Trotz dieser offensichtlichen Nachteile der Frühgeburtlichkeit, wurde durch die magische Projektion fötaler Motivation und Beziehungsbedürftigkeit auf die ganze Welt der Handlungs- und Kognitionshorizont weit über den Rahmen der instinktiven Primatenbedürfnisse hinaus erweitert. Diese Projektion früher Mütterlichkeit auf den ganzen Lebensraum und die Konkretisierung dieser Projektion in staatlichen und religiösen Institutionen ermöglichte eine enorme Erweiterung wechselseitiger Identifikation in Großgruppen und förderte dadurch solidarisches Verhalten, was die Evolutionsbiologen den „milden Altruismus" nennen (Wilson 1979, S. 148). Dies alles bot einen Spiel- und Entwicklungsraum für vielschichtige Lernprozesse und neue kreative Gestaltungen, wie wir sie in den menschlichen Kulturbildungen vorfinden.

Diese Projektion des mütterlichen Urraums auf die ganze Welt ist auch ein Grund für eine Zweideutigkeit im Verhältnis des Menschen zur Welt. Einerseits hat dieses Verhältnis etwas von „Wahnsinn", die ganze Welt sei auf den Menschen ausgerichtet und auf ihn bezogen, zum anderen ergibt dieser „Wahnsinn" eine Ausweitung des Interesses, der Neugier und der affektiven und kognitiven Verstehens- und Lernmöglichkeiten auf alle Bereiche der Welt, wobei gleichzeitig die projektive Verzerrung das Movens ist, kognitiv genauer hinzuschauen und hinzufühlen und dadurch immer neue Seiten der Welt zu entdecken, wenn man so will, unser Verhältnis zur Welt immer mehr zu verwissenschaftlichen. In dieser Sicht erscheint der psychohistorische Entwicklungsprozeß wie ein autotherapeutischer Individuations- und Differenzierungsprozeß im Medium von kollektiven Reinszenierungsprozessen, die kreative Vorstellungs- und Lernprozesse ermöglichen. Die Formel Freuds für den therapeutischen Prozeß, „wo Es war, soll Ich werden", gewinnt in diesem Veständnis eine kollektive psychohistorische Dimension.

Literatur

Abitol, M. M. (1996): Birth and Human Evolution. Bergin a. Garvey, Westport.

Betzig, L. L., Turke P. W. (1986): Parental Investment by Sex on Ifaluk. Ethology and Sociobiology 7: 29-37.

Blos, P. (1962): Adoleszenz. Klett-Cotta, Stuttgart 1978.

Cramer, B. (1989): Frühe Erwartungen. Kösel, München.

Crisan, H. (1996): Das Ich und seine zwei Welten. In: Janus L (Hrsg.) Psychohistorie, Pubertät und Identität. Textstudio Gross, Brahmsstr. 1, 69118 Heidelberg.

Dawkins, R. (1996): Das egoistische Gen. Rowohlt, Reinbek.

deMause, L. (1979): Hört ihr die Kinder weinen? Suhrkamp, Frankfurt.

deMause, L. (1994): Die Geschichte der Kindheit ist ein Alptraum, aus dem wir gerade erst erwachen. In: H. Häsing u. L. Janus (Hrsg.): Ungewollte Kinder. Rowolt, Reinbeck.

deMause, L. (1996): Restaging Early Trauma in War and Social Violence. Int J of Prenatal and Perinatal Psychology and Medicine 8: 171-212.

deWaal, F., Lanting, F. (1997): Bonobo – the Forgotten Ape. Univ. of California Press, Berkely.

de Waal, F. (1997): Der gute Affe. Hanser, München.

Dickeman, M. (1979): Female Infanicide, Reproductive Strategies and Social Stratification: A Preliminary Model. In: Evolutionary Biology and Human Behavior. Duxbury Press, North Scituate, Massachusetts.

Dowling, T. (1990): The Roots of the Collective Unconscious. In: L Janus (Hrsg.): Das Seelenleben des Ungeborenen. Centaurus, Pfaffenweiler. Kopie über Textstudio Gross, Brahmsstraße 1, 69118 Heidelberg.

Eibl-Eibesfeldt, J. (1986): Die Biologie des menschlichen Verhaltens. Piper, München.
Eder, K. (1985): Geschichte als Lernprozeß. Suhrkamp, Frankfurt.
Erikson, E. (1966): Kindheit und Gesellschaft. Klett Cotta, Stuttgart.
Ferenczi, S. (1913): Entwicklungsstufen des Wirklichkeitssinnes. In: S Ferenczi: Bausteine zur Psychoanalyse, Band I. S. 62-83. Huber, Bern, 1964.
Fodor, N. (1949): The Search for the Beloved. A Clinical Investigation of the Trauma of Birth and Prenatal Condition. University Books, New York.
Fox, R. (1972): Allaince and Constraint: Sexual Selection and the Evolution of Human Kinship Systems. In: Campell B (Ed.): Sexual Selection and the Descent of Man. Aldine, Chicago.
Freud, S. (1937): Der Mann Moses und die monotheistische Religion. GW XVI. Fischer, Frankfurt 1961.
Goodall, J. (1996): Ein Herz für Schimpansen. Rowohlt, Reinbek.
Gould, S. J. (1992): Human Babies as Embryos. In: S J Gould: „Ever since Darwin". Norton, New York.
Graber, G. H. (1924): Die Ambivalenz des Kindes. Internationaler Psychoanalytischer Verlag, Leipzig, Wien und Zürich.
Hamai, M., a. o. (1992): New Records of Within-Group Infanticide and Cannibalism in Wild Chimpanzees. Primates 33: 151-162.
Hamilton, W. D. (1964): The genetical theory of social behavour. J. theor. Biol. 7: 1-35.
Hrdy, S. B., Debra, S. J. (1993): Darwin and the Puzzle of Primogeniture. Human Nature 4: 1-45.
Imhof, A. (1990): Geschichte sehen. Beck, München.
Itani, J. (1982): Intraspecific Killing Among Non-Human Primates. J. Social. Biol. Stud. 5: 361-368.
Hess, J. (1996): Menschenaffen. Mutter und Kind. Reinhardt, München.
Janus, L. (1990): Die Psychoanalyse der vorgeburtlichen Lebenszeit und der Geburt. Centaurus, Pfaffenweiler.
Janus, L. (1991): Wie die Seele entsteht (Reprint bei Mattes, Heidelberg 1997).
Janus, L. (1994): Pränatale Psychologie und die Geschichte der Entwicklung der menschlichen Kultur. In: L Janus (Hrsg.) Die psychohistorische Dynamik von Gewalt in Vergangenheit und Gegenwart. Textstudio Gross, Brahmsstraße 1, 69118 Heidelberg.
Janus, L. (1995 a): Wege des Generationentransfers in der Geschichte der Kindheit. In: L Janus (Hrsg.) Psychohistorie und Geschichte der Kindheit. Textstudio Groß, Bahmsstraße 1, 69118 Heidelberg.
Janus, L. (1995 b): Überlegungen zu einer neuen Kultur im Umgang mit Schwangerschaft und Geburt. In: W. Schiefenhövel u. a. (Hrsg.) Gebären. VWB, Berlin.
Janus, L. (1996): Psychoanalytische Überlegungen zur „zweiten Geburt". In: W. Aschoff (Hrsg.) Pubertät. Vandenhoeck und Ruprecht, Göttingen.
Laland, K. N., Kumm, J., Feldman, M. W. (1995): Gene-Culture Coevolutionary Theory. Current Anthropology 36: 131-158.
Lethmate, J. (1994): Die Besonderheiten des Menschen. In: W Schiefenhovel u. a. (Hrsg.) Vom Affen zum Halbgott. Thieme, Stuttgart.
Miller, M. (1986): Kollektive Lernprozesse. Suhrkamp, Frankfurt.
Montagu, A. (1991): Zum Kind reifen. Klett-Cotta, Stuttgart.
Morris, D. (1969): The Human Zoo. Corgi Books, London.
Morris, D. (1994): Das Tier Mensch. VGS, Köln.

Moscati, S. (1996): Die Karthager. Belser, Stuttgart.
Müller, D. (1990): Natural Birth – Hope and Reality. Triangle 29: 189-204.
Nishida, T. (1985): Within-Group Cannibalism by Adult Male Chimpanzees. Primates 26: 274-285.
Nyssen, F. (1984): Die Geschichte der Kindheit bei L. deMause – Quellendiskussion. Peter Lang, Frankfurt.
Ottmüller, U. (1991): Speihkinder – Gedeihkinder. Edition discord, Tübingen.
Portman, A. (1969): Biologische Fragmente zu einer Lehre vom Menschen. Schwabe, Basel.
Rank, O. (1924): Das Trauma der Geburt. Fischer, Frankfurt 1988.
Rank, O. (1932): Art and Artist. Norton, New York.
Renggli, F. (1974): Angst und Geborgenheit. Rowohlt, Reinbek.
Schacter, L. D., Tulving E. (Eds.): Memory Systems. Bradford Book, Cambridge, Massachusetts.
Schiefenhövel, S., Schiefenhövel, W. (1996): Am evulutionären Modell - Stillen und frühe Sozialisation bei den Trobriandern. In: Gottschalk-Batschkus C. E., Schuler, J. (Hrsg.): Ethnomedizinische Perspektiven zur frühen Kindheit. VWB, Berlin.
Schlosser, S., Cierny, J. (1996): Sterne und Steine. Wiss. Buchgem., Darmstadt.
Schwartz, P. (1964): Geburtsschäden bei Neugeborenen. Gustav Fischer, Jena.
Share, L. (1994): If someone speaks, it get's lighter. Analytic Press, Hillsdale.
Shorter, E. (1986): Die große Umwälzung in den Mutter-Kind-Beziehungen vom 18. – 20. Jahrhundert. In: J. Martin, A. Nitschke (Hrsg.): Zur Sozialgeschichte der Kindheit. Alber, Freiburg.
Sommer, V. (1996): Heilige Egoisten. Beck, München.
Spock, B. (1946): Säuglings- und Kinderpflege. Ullstein, Frankfurt 1978.
Stanley, A. (1992): The Creation of Patriarchy Revisited. Mentalities 7: 13-25.
Trevathan, W. (1990): The Evolution of Helplessness in the Human Infant and its Significance for Pre- and Peri-Natal Psychology. Prenatal and Perinatal Psychology 4: 267-280.
Trivers, R. I., Willard, D. E. (1973): Natural Selection and Parental Ability to Vary the Sex Ratio of Offspring. Science 179: 90-91.
Wasdell, D. (1993): Pränatale und Perinatale Wurzeln von Religion und Krieg. Centaurus, Pfaffenweiler.
Wasdell, D. (1995): Birth Time and the Dynamics of Social Systems. Int J of Prenatal and Perinatal Psychology and Medicine. 7: 475-481.
Wickler, W., Seibt, U. (1977): Das Prinzip Eigennutz. Hoffmann und Campe, Hamburg.
Wilson, E. O. (1979): Biologie als Schicksal. Ullstein, Berlin.
Winnicott, D. W. (1949): Die Beziehung zwischen dem Geist und dem Leibseelischen. In: Von der Kinderheilkunde zur Psychoanalyse. Fischer, Frankfurt 1985.
Wright, R. (1996): Diesseits von Gut und Böse. Limes, München.

II

Formungen und Verformungen von Kindheit in aussereuropäischen Kulturen

Initiationsriten, Aggressivität und Territorialität in unterschiedlichen Gesellschaften und raumzeitlichen Kontexten

Peter Jüngst

1. Vorbemerkung

Konflikte um Grenzen und territoriale Auseinandersetzungen werden in den Sozialwissenschaften weithin als das Produkt unterschiedlicher ökonomischer Interessen und des Kampfes um Kontrolle über Ressourcen und Menschen verstanden (Sack 1986). Weniger Beachtung finden die jeweiligen psychosozialen Voraussetzungen von Kollektiven, die daran mitwirken, daß Konflikte erst zu manifest-kriegerischen mit teilweise einschneidenden Auswirkungen auf territoriale Begrenzungen eskalieren, und auch die sozialisatorischen Prozesse, die den jeweiligen Kollektiven Individuen bereitstellen, entsprechende existentielle Situationen möglichst in ihrem Sinne zu bewältigen, werden kaum in den Zusammenhang eben jener territorialen Auseinan-

dersetzungen gestellt. Die vorgelegte Studie geht diesen Fragen am Beispiel „einfacher" Gesellschaften nach, indem sie die Ausbildung territorial verorteter aggressiver Männerbünde in „einfachen" Gesellschaften als Ergebnis einer Abfolge spezifischer sozialisatorischer Formen begreift, deren Generierung freilich wiederum durch ökonomisch-territoriale und bevölkerungsmäßige und darüberhinaus auch gesellschaftlich-organisatorische „Zwänge" begünstigt wird. In diesem Zusammenhang gilt mein besonderes Augenmerk den psychosozialen Funktionen der gerade in kriegerischen Ethnien prononciert ausgebildeten Initiationsriten, die – soviel sei hier schon vorweg als These formuliert – das in solchen Gesellschaften im Übermaß „hergestellte" Aggressionspotential im Binnenfeld der Gruppe – jedenfalls in seinen „vernichtenden" Anteilen – einigermaßen ruhig zu stellen suchen, um es stattdessen – und dies durchaus auch in gesellschaftlich „produktiver" Weise – nach außen zu richten.
Mit diesen Zielsetzungen ist die vorliegende Studie im unmittelbaren Umkreis jener Problemfelder angesiedelt, die Lloyd deMause in seinen psychohistorischen Studien behandelt. So hat deMause mit seiner „Geschichte der Kindheit" nicht nur das Tabu durchbrochen, die Kindesmißhandlungen unserer Zivilisations- und Kulturgeschichte zum wissenschaftlichen Untersuchungsgegenstand zu machen, sondern zugleich eine „psychogenetische Theorie der Geschichte" vorgelegt, die von der Voraussetzung ausgeht, „daß die zentrale Antriebskraft historischen Wandels weder in der Technologie noch in der Ökonomie zu finden ist, sondern in den ‘psychogenen' Veränderungen der Persönlichkeits- oder Charakterstruktur, die sich aufgrund der Generationenfolge der Interaktionen zwischen Eltern und Kindern ergeben" (deMause 1977, S. 14; s. auch ders. 1988). Hinweise und Belege für diese seine „evolutionistische psychologische Theorie" sucht er aus Untersuchungen zur Geschichte der Kindheit vor allem seit der Antike zu gewinnen.
Die vorgelegte Studie beschäftigt sich mit ganz anderen, nämlich außereuropäischen Gesellschaften, die – wenn auch vor noch nicht allzu langer Zeit „intakt" – zivilisationsgeschichtlich einem Bereich lange vor der von deMause untersuchten Periode zugeordnet werden könnten.[1] An diesen „einfachen" Gesellschaften glaube ich verdeutlichen zu können, daß – unabhängig von der Frage der Gültigkeit von deMause's Thesen für die von ihm behandelte Periode „moderner" Zivilisationsgeschichte – durchaus ein Zusammenhang zwischen gesellschaftlich-ökonomischen Wandlungen und Veränderungen gewisser Persönlichkeitsstrukturen wahrscheinlich gemacht werden kann in dem Sinne, daß spezifische Formen gesellschaftlicher Verfaßtheit und gesellschaftlich-ökonomischen Umgangs mit der Umwelt „modale" Persönlichkeitsstrukturen in beträchtlichem Ausmaß determinieren.

Vorausschicken will ich dieser Studie zudem, daß ihren Ausgangspunkt zunächst nicht – wie bei deMause – der geschichtlich variierende elterliche Umgang mit der Kindheit bildet, sondern der gesellschaftsspezifische Umgang mit der Pubertät des männlichen Heranwachsenden, wie er sich in den verbreiteten initiatorischen Riten artikuliert. Gerade an diesen „rites de passage" vermittelt sich recht unmittelbar das „Interesse" jeweiliger Gesellschaften an der Formung, ja man mag angesichts vieler initiatorischer Praktiken gar sagen, Formierung der in den „Erwachsenen"-Status eingeführten Novizen. Zugleich suche ich aber auch darauf aufmerksam zu machen, daß die „rigideren" unter diesen Initiationsriten für jene Formierung auf in der frühen Kindheit implantierte übermäßige Ambivalenzen zurückgreifen. Zu deren „Erklärung" konzentriert sich diese Studie nicht auf die Frage etwaiger manifester Kindesmißhandlungen (wie sie bei deMause im Vordergrund stehen), scheinen doch die prononciert „symbiotischen" frühen Beziehungsformen vieler „einfacher" Gesellschaften aus unserer eurozentrischen Sicht eher „paradiesische" Momente aufzuweisen. Bestimmte Aspekte des inneren Erlebens von Kindern und Heranwachsenden in jenen Gesellschaften suche ich vielmehr als Ausdruck gesellschaftlich unterschiedlich angelegter triangulärer und darin aufgehobener dualer Bezüge sowie spezifisch gearteter Gruppenkontexte zu begreifen, wobei jene übermäßigen Ambivalenzen als „Produkt" psychosozialer Konstellationen von Gesellschaften verstanden werden, die eine ausgeprägte szenisch-räumliche Separierung der Geschlechter aufweisen.

2.

Thesen zur „Herstellung" gesellschaftlicher Aggressivität

Initiationen von Knaben bzw. männlichen Jugendlichen sind, wenn wir u.a. dem Ethnopsychoanalytiker Erdheim folgen, in „einfachen" bzw. „kalten" Gesellschaften verbreitet und auch in den „heiß" gewordenen, durch soziale Statusunterschiede gekennzeichneten Gesellschaften (Levy-Strauss 1975 und Erdheim 1984) finden wir gewisse Rituale, die wir als stufenweise gegliedertes initiatorisches Geschehen begreifen können. All diesen (in sich freilich sehr unterschiedlichen) initiatorischen Formen wird von Erdheim die Funktion zugesprochen, die in der Pubertät reaktivierten präödipalen und ödipalen

Turbulenzen und damit das gleichsam revolutionäre Potential der Jungen zu bändigen und diese möglichst der fraglosen Autorität der Alten und den von ihnen vertretenen Normen zu unterwerfen. Gerade dieser Mechanismus der Unterwerfung soll es sein, der „einfache" Gesellschaften „einfriert" bzw. „geschichtslos" werden läßt in dem Sinne, daß sie kaum – oder nur sehr langsam – gesellschaftliche Veränderungen durchzumachen pflegen. Dabei sind es, wie Erdheim in Anlehnung an Reik (1919) formuliert, schmerzhafte Rituale wie Beschneidungen, aber auch andere unmittelbar auf den Körper zielende Eingriffe (vgl. Müller 1984, S. 202 und Müller 1992), die den Initianden traumatisieren, d.h. seine Ichkräfte partiell außer Kraft setzen. In diesem Sinne greift die Initiation nach Erdheim „die ganze ödipale Situation auf, stellt die inzestuösen Wünsche und die – wohl in der Beschneidung zum Höhepunkt kommenden – Kastrationsängste in den Vordergrund und spielt sie, gestützt von der sadistischen Tendenz der Väter, voll aus". „Die Angst vor den alten Männern und vor der realen Gewalt, die sie einsetzen, durchmischt sich mit den Ängsten vor den Phantasmen der Kindheit: der fressenden Mutter, des kastrierenden Vaters, die sich in die Gestalten der Hexe und des Zauberers verwandeln ... Die Autorität der alten Männer stützt sich wesentlich auf dieses Gemisch innerer und äußerer Angstquellen, die das Denken mit einer Hemmung belegen und die Realitätskontrolle, insbesondere in bezug auf die Autorität, beeinträchtigen" (Erdheim 1984, S. 291).

Nun ist es allerdings auffällig, daß keineswegs alle Initiationen „einfacher" oder „kalter" Gesellschaften solchen rigiden Praktiken entsprechen, vielmehr viele solcher Gesellschaften existieren, in denen während der Initiation kein unmittelbarer körperlicher Eingriff durch Angehörige des Kollektivs auf die Initianden erfolgt; ja es gibt sogar eine Reihe von „einfachen" Gesellschaften, in denen sich keine, oder nur wenn man diesen Begriff „dehnt", Äquivalente einer Initiation finden lassen. Von daher stellt sich die Frage, ob das Vorhandensein unterschiedlich „rigider" Formen der Initiation ein gleichsam zufälliges Geschehen darstellt oder ob sich gewisse gesellschaftliche und, wenn wir aus einer am psychoanalytischen Paradigma orientierten Perpektive sprechen, psychosoziale Konstellationen bezeichnen lassen, unter denen sich spezifische Formen der Initiation je vorzugsweise ausgebildet haben.

Einen wichtigen Hinweis für eine solche Differenzierung liefern, so meine ich, schon die statistischen Angaben der interkulturellen Studie von Whiting u.a. (1958)[2] zu 55 „einfachen" Gesellschaften. Sie deuten darauf hin, daß in jenen Fällen, in denen eine besonders enge Mutter-Kind-"Symbiose"[3] bei gleichzeitig geringer Präsenz des Vaters in der frühen Sozialisation festgestellt werden kann, rigide Initiationsriten praktiziert werden.[4] Dabei stellt sich freilich die

Frage, wie dieser empirisch-statistische Zusammenhang inhaltlich zu verstehen ist.[5] An anderer Stelle habe ich – auch in Anlehnung an andere Autoren[6] – schon die These zu belegen gesucht, daß mit der Separierung geschlechtsspezifischer Lebensbezüge, die ja auch in die Untersuchung von Whiting u.a. als ein wesentliches statistisches Ausgangsdatum mit eingeht, die Primärsozialisation mehr oder weniger ausschließlich in den Händen mütterlicher Bezugspersonen verbleibt mit sich daraus ergebenden spezifischen Auswirkungen auf Erlebensstrukturen des heranwachsenden Kindes im Sinne eines verstärkt „symbiotischen" bzw. dualistischen Bezogenseins. Dabei modifizieren freilich – je nach der Ausprägung psychosozialer Basiseinheiten (wie „Kernfamilie", „erweiterte Familie", „ganzes Haus", „Clan" etc.) – weitere weibliche Bezugspersonen (sowohl des Kindes als auch der Mutter) sowie die psychischen Qualitäten der mütterlichen Arbeitswelt diese Beziehung bzw. schwächen sie in ihrer Ausschließlichkeit ab.[7] Aber auch unter solchen Bedingungen bleibt für das heranwachsende Kind zunächst die Erfahrung einer dominant mütterlich-weiblichen Welt.

Infolge der Bedeutsamkeit jener Beziehungs- und Erlebensstrukturen für die Interaktionsbezüge innerhalb von Gruppen und zwischen Gruppen seien einige sozialisatorische „Kernpunkte" entsprechender Gesellschaften hier kurz in thesenartiger Form skizziert: In ihnen setzt sich offenbar die Tendenz durch, daß die mütterlichen Bezugspersonen, insofern sie aufgrund der Separiertheit ihrer Lebensbezüge zum gegengeschlechtlichen Partner nur sehr eingeschränkte Beziehungen zu unterhalten vermögen, kompensatorische Strebungen insbesondere auf die heranwachsenden Knaben richten, die sich hierfür aufgrund ihrer Gegengeschlechtlichkeit anbieten. Nicht zuletzt wechseln, wenn wir Slater/Slater (1965; vgl. auch Chodorow 1985, S. 137 ff) folgen wollen, mit jenem „verführerischen" Verhalten auch Momente feindseliger Abwertung – Ausdruck überstarker Ambivalenzen gegenüber dem anderen Geschlecht.[8] Unter solchen Bedingungen sind die heranwachsenden Jungen einem latenten Wechselbad von auf sie gerichteten Strebungen ausgesetzt, die zwischen Aspekten der Überverwöhnung, der Überforderung (als Partnerersatz) und manipulativer Bemächtigung, aber auch gelassener Zuwendung oszillieren. Die Trennung der Lebensbezüge der Geschlechter bringt es zudem tendenziell mit sich, daß der Junge keine allmähliche Herauslösung aus dieser ambivalenten Dualität mit der mütterlichen Welt im Sinne einer „Individuierung" und prozeßhaften Verarbeitung eben dieser antagonistisch besetzten Gefühlsströmungen erfährt. Einen wesentlichen Bestandteil jenes – angesichts des Angewiesenseins auf die Mutter – eher verborgenen Gefühlsantagonismus dürfte – auch im Falle lang andauernder Zugewandtheit und beträchtlicher Kontinuitäten psychosozialer Einbindung für das Kind – eine (jedenfalls latente) „basale" Aggressivität bilden, die letztlich auf die „Vernichtung" (Winnicott 1979) des mütterlichen Objekts bzw. für dieses stehender „Imagines" gerichtet ist.[9] Ohne die Möglichkeit einer allmählichen Ablösung, die auf der unverrückbaren Objektkonstanz einer mütterlichen Bezugsperson aufbaut, ist die Chance des Kindes gering, sich „Vorformen von Sachlichkeit im Sinne eines realitätsnäheren Erlebens anderer als einer gut wie böse umgreifenden menschlichen Gestalt" (Minden 1988, S. 148) anzueignen. Aus dem latenten Wechselbad von Zuständen der Verwöhnung und tendenziellen Verschmelzung sowie Gefühlen des Verschlungen- und Überwältigt-Werdens wird der Junge erst recht spät mehr oder weniger abrupt gerissen und damit gleichsam „gerettet". „Rettend" erweist sich hierbei zunächst weithin vor allem die Kindergruppe, die mit der „Entwöhnung"[10] freilich zugleich basalmütterliche Bedeutungen zu übernehmen beginnt, sodann aber das früher oder später einsetzende Dazwischentreten des Vaters (bzw. anderer männlicher Bezugspersonen). Zugleich allerdings spitzt diese Art der „Rettung", wie sie zunächst in der „Entwöhnung" ihren ersten Ausgang nimmt, die latenten Ambivalenzen gegenüber der mütterlichen Bezugsperson in besonders dramatischer Weise zu.

In einer sekundären und auch tertiären Sozialisation, die die Grundform dieser „Rettung" fortschreibt und modifiziert, wird der Junge sich später von jenen Subjekten, die er als personalisierte Mutter-Imagines erlebt, fernhalten und sich in die homoerotisch getönte Sicherheit der bereitstehenden Institutionen der Männergemeinschaft flüchten. Zugleich bleibt jedoch jene unaufgelöste Ambivalenz gegenüber Frauen als personalisierten Mutter-Imagines bestehen, d.h. sie stellt ein Potential wie auch immer gearteter Virulenzen für die zwischengeschlechtlichen[11] sowie generell für die gesellschaftlichen Bezüge bereit.

Hingewiesen werden muß in diesem Zusammenhang freilich auch darauf, daß die skizzierten „basalen" Komponenten „vernichtender" Aggressivität gerade im Falle der Separierung geschlechtsspezifischer Lebensbezüge durch prononcierte Aspekte „ödipaler" Aggressivität „ergänzt" werden mögen (deren Verarbeitung zudem durch das Ausmaß der zuvor schon in der Dualität zur Mutter erworbenen latenten Ambivalenzspannung erschwert werden dürfte). Wenn wir u.a. der Argumentation und den Belegen von Spiro (1993) in seiner Studie zum Ödipus-Komplex bei den Trobriandern folgen, so vermag in Gesellschaften, die durch „überenge" und lang andauernde Mutter-Kind-Bezüge gekennzeichnet sind, mit der Beendigung jener „paradiesischen" Bezüge durch die Väter ein verstärktes Maß „ödipaler" Aggressivität aufzuscheinen, das – jedenfalls unbewußt – nicht nur an der Mutter (infolge ihrer Frustrierung symbiotischer und inzestuöser Wünsche im Gefolge ihrer Zuwendung zum Vater), sondern auch am Vater als „Störenfried“ der Mutter-Kind-“Symbiose“ (vgl. auch Whiting u.a. 1958), vor allem aber an seiner Rolle als übermächtiger sexueller Konkurrent festgemacht wird.[12]

Jene ödipale Aggressivität erfährt sicherlich durch den „Sadismus“ der „väterlichen“ Figuren noch eine weitere Zuschärfung, auch wenn jener Sadismus, wie er sich insbesondere in initiatorischen Riten artikuliert, zugleich der direkten Umsetzung jener Aggressivität entgegenwirkt.[13] Dabei dürfte es sich nicht nur um den „Neid“ und die Bedrohungsgefühle der „alternden“ Männer auf die sich entwickelnden Potenzen der Jungen handeln (einen Aspekt, den vor allem Bosse (1994) am Beispiel ethnischer Gruppen am Sepik in Neu-Guinea betont)[14], sondern auch um die Wut und Eifersucht der „Väter“ ob der Nähe der Jungen zu jenen frühen Zuständen und Repräsentanten paradiesischen Erlebens (s. u.a. Spiro 1982, S. 169f.; s. auch Herskovits 1958a und b). Zudem mochte, indem die Jungen es nicht besser als die Älteren haben durften, zugleich der angesichts des Schicksals der Jungen anklingende Schmerz um die eigenen Leiden abgewehrt, d.h. in Umkehrung eigenen traumatischen Erlebens diesen zugefügt werden.[15]

Mit der solchermaßen induzierten Aggressivität[16] hat das Kollektiv umzugehen und vor allem hat es dem allzu offenen Druchbruch dieser Aggressivität im gesellschaftlichen Binnenfeld entgegenzuwirken, indem es diese im Verlauf der sekundären und tertiären Sozialisation in gesellschaftlich vorgegebene Bahnungen kanalisiert, formiert, d.h. – in ihren „vernichtenden“ Anteilen – vor allem nach außen richtet,[17] wo sie zugleich in gesellschaftsspezifischem Sinne „funktional“, d.h. häufig vor allem kriegerisch, eingesetzt werden kann.

3. Zu den „Mechanismen“ rigider Kollektivinitiationen bei der Kanalisierung psychischer Ambivalenzen

Das angenommene Muster der Separierung geschlechtlicher Lebensbezüge als ein Grundmodus zur „Herstellung“ gesellschaftlich formierter Aggressivitätsbereitschaft scheint in ausgeprägter Weise für sehr unterschiedliche historisch faßbare Kriegergesellschaften wie Spartaner und Azteken (Jüngst 1995a), aber auch zahlreiche „einfache“ bzw. „kalte“ Gesellschaften zuzutreffen, ob sie sich nun auf Neuguinea, in Südamerika oder in Schwarzafrika befinden. Dabei werden, so lautet hier eine erste These für die Fälle entsprechender „einfacher“ Gesellschaften, die in der Pubertät aufkochenden übergroßen Ambivalenzen, wie sie aus der ausgeprägten Geschlechterseparierung eine besondere Zuschärfung erfahren haben, mittels rigider Initiationsriten in Schach gehalten und zugleich „kanalisiert“.[18] Bei solchen „einfachen“ Gesellschaften geht es u.a. darum, das Überhandnehmen aggressiver Strebungen im Binnenverhältnis des jeweiligen Kollektivs zu verhindern. Dabei wird eine entsprechende „Hemmung“ freilich nicht nur durch körperlich-seelische Traumatisierungen und eine damit verbundene Unterwerfung unter die Autorität der „alten Männer“ gestützt. Als weiteres wichtiges Moment befördern Initiationen solcher Gesellschaften auch die psychische Anbindung der Jungen an die Gesamtheit des jeweiligen Männerkollektivs, wobei auf die übermäßigen symbiotischen Wünsche und Abhängigkeitsbedürfnisse zurückgegriffen werden kann, die sich ja gleichsam als Pendant der basalen Aggressivität begreifen lassen.[19]

In Anlehnung an eine u.a. von Erdheim (1984) für „kalte“ bzw. „einfache“ Gesellschaften entwickelte Konzeptualisierung kann man wohl davon ausgehen, daß im Verlauf der Initiation auf das Männerkollektiv als übermächtige Ganzheit vor allem basale Phantasien einer existentiell versorgenden und kontrollierenden Imago übertragen werden. „Die Verwandtschaftsgruppe“ (bzw. das Männerkollektiv - P.J.) „rückt im psychischen System“ (mehr oder weniger P.J.) „an die Stelle der frühen Mutter. Wie einst die Mutter hat sie nun für den Schutz und für die Bedürfnisse des Individuums zu sorgen; zieht sie sich aus irgendwelchen Gründen zurück – etwa weil es ein Tabu verletzt hat, oder als verzaubert gilt – so kann es elend wie ein von der Mutter verlassener Säugling zugrunde gehen“ (Erdheim 1984, S. 292; s. auch Fornari 1974, S. 133 ff). Die lang andauernde Kontinuität verläßlichen Aufgehobenseins und bergender Präsenz in der mütterlich-weiblichen Welt dürfte – nach dem (mehr oder weniger abrupten) Verlust eben dieser Welt[20] – phantasmatisch auf die Gruppe bzw. das Männerkollektiv transferiert werden.[21]

Bewerkstelligt wird dieser Transfer u.a. durch speziell ausgelegte „rites de passage“ (van Gennep 1909), die nach einem vorherigen symbolischen Tod den Initianden eine „Wieder- oder Neugeburt“ suggerieren. Die auf diese Weise vom Männerkollektiv okkupierte weibliche Schöpfungspotenz (s. u.a. Reik 1919, Kap. 2 und 3; Jones 1972; Brain 1977; Dumont du Voitel 1994) kann einmal als Reflex der zugeschärften Ambivalenzen der männlichen Mitglieder solcher Gesellschaften gegen das weibliche Geschlecht interpretiert werden. Zugleich aber läßt die angeeignete Schöpfungspotenz die Mitglieder umso abhängiger vom Männerkollektiv werden. Aufgrund dieser basalen Bindung wiederum vermag das Männerkollektiv in Zukunft mittels seiner durch Riten und sonstige gemeinsame Aktivitäten gekennzeichneten Präsenz der immer wieder drohenden unmittelbaren Regression der Söhne auf die direkte Mutter-Kind-Ebene gegenzusteuern und damit deren prekäre männliche Geschlechtsidentität zu stabilisieren (s. u.a. Ottenberg 1988).

Die Vorgänge einer symbolischen „Wieder- oder Neugeburt" selbst können einer zur Initiation gehörenden und mehr oder weniger ausgeprägten Seklusionsphase zugeordnet werden, die bei Pflanzergesellschaften im Mittel 6 bis 12 Monate andauern soll (Müller 1984, S. 200f). In dieser Phase erfolgen nicht nur jene psychisch-physisch traumatisierenden Eingriffe in den Körper und werden Gefühle extremen Verlassen- und Verlorenseins evoziert, sondern die Initianden werden auch – ausgehend von diesen basalen Stadien äußerster „Todes"nähe – Kindern gleich intensiv mit Nahrung versorgt und „aufgepäppelt"[22], Vorgänge, die basal getönte identifikatorische Prozesse wesentlich erleichtern dürften.[23] Über eine solche Reaktivierung früher familialer Sozialisationsstrukturen gelingt offenbar die Verknüpfung gesellschaftlicher Normen mit frühen Repräsentanzen der ersten Bezugspersonen (Erdheim 1984, S. 292). Auf diese Weise werden den Jungen Unterordnung sowie Grundsätze der Moral und religiösen Tradition eingeschrieben sowie die Identifikation mit der männlichen Rolle und – verbunden mit dieser – auch jenes männliche „Wissen", das vor den Frauen geheim gehalten werden muß und, wie zahlreiche mythische Vorstellungen belegen, auf der phantasmatischen Ebene erst die Herrschaft über dieses gefürchtete, aber zugleich meist erheblich abgewertete Geschlecht garantieren soll (z.B. Müller 1984, S. 205f).[24]

Insofern sichern entsprechende Initiationen nicht nur die Unterwerfung der Jungen unter die Alten, sondern sie suchen zugleich die Internalisierung einer spezifisch-"männlichen" (letztlich freilich wohl immer labilen) Identität sicherzustellen, beinhaltete doch das lange Verbleiben in einer mütterlich-weiblichen Welt die Problematik einer nicht bzw. unzureichend erfolgten Ablösung sowie einer übermäßigen Identifikation mit dem anderen Geschlecht und dies vielfach gerade in Gesellschaften, in denen, wie wir noch sehen werden, um des gesellschaftlichen Überlebens willen betont „maskuline" Qualitäten verlangt werden (s. auch Segall u.a. 1990, S. 280). Entsprechend sind die Überwindung der Abhängigkeit von der mütterlichen Welt (Chodorow 1985) und, wenn wir u.a. schon Burton/Whiting (1961) folgen, die „Desidentifikation" vom „mütterlich-weiblichen" Leitbild (vgl. auch Greenson 1968, Munroe u.a. 1981 sowie Jüngst 1995a, S. 29f) angesagt und damit im Sinne eines kompensatorischen Bemühens die Errichtung einer (über-) betonten „Männlichkeit"[25], die vor allem in der Identifikation mit den männlich-"väterlichen" Vorbildern erworben wird. Jene „Männlichkeit" gelangt in akzentuierten Idealisierungen von Werten wie „Mut", „Tapferkeit" und „Ehre" sowie Unerschütterlichkeit in Gefahr und Schmerz zum Ausdruck und muß sich jedenfalls auch schon im fraglosen Ertragen all der während der Initiationsphase zugefügten Leiden bewähren. Die Mühen, eine solch angestrengte (latent freilich labile) Männlichkeit auch in Zukunft zu erfüllen, dürften zugleich auch den Kampf darum spiegeln, nicht wieder „den Weg zurück zur Fusion mit der Mutter und den Freuden der Kindheit" (Gregor 1985, S. 178; vgl. auch Gilmore 1991, S. 103ff) einzuschlagen.[26]

4. Zur Tarierung und Kanalisierung gesellschaftlich „hergestellter" Aggressivität in Pflanzergesellschaften mittels rigider Kollektiv-Initiationen

Hier stellt sich nun vor allem die Frage, was passiert mit den „vernichtenden" Anteilen jener Aggressivität, die im Binnenverhältnis (mehr oder weniger) unterdrückt, jedoch durch den „Sadismus" der „alten Männer" und des in ihrem Auftrag handelnden Kollektivs verstärkt und angesichts der basalen Abhängigkeit vom Kollektiv in Entsprechung früher „paranoid-schizoider" Spaltungsprozesse wohl noch weiter zugeschärft werden? Als wesentliches Mittel zur Abfuhr jener Aggressivität dient in solchen Gesellschaften, so lautet hier die zweite These, die Bereitstellung von – jedenfalls phantasmatisch – außerhalb der Gruppe angesiedelten Auffangbehältern. Ihnen können – in möglichst gesellschaftlich „produktiver" Weise – die „vernichtenden" Teile des enormen Aggressivitätsvolumens zugeführt werden, wobei jene internalisierten Werte betonter Männlichkeit einen tragenden Handlungsrahmen bereitstellen.[27] Als entsprechende „Auffangbehälter" mögen Objekte kollektiver Jagdbemühungen dienen, vor allem aber auch die Feinde der jeweiligen

Gruppe, die in ritueller Form – oder als real eingeladene (Tuzin 1980) – in der Initiation selbst präsent sein können.
In diesem Zusammenhang sind die statistischen Ergebnisse einer „cross-cultural study" von 54 „autonomous, or nearly autonomous, locality groups" (Young 1965, S. 43 und S. 63 ff) aufschlußreich, die eine hohe Korrelation zwischen rigiden Kollektivinitiationen (s. auch Young 1962, S. 386) und kriegerischen bzw. anderen nach außen gerichteten mehr oder weniger „aggressiven" Aktivitäten[28] entsprechender „solidarischer" Männerkollektive nahelegen. Diese Aussagen scheinen eine durchaus sinnvolle Ergänzung in den Ergebnissen einer umfangreichen interkulturellen Studie zu „108 societies" von Paige/Paige (1981) zu finden. Sie beinhaltete u.a. die Feststellung, daß ein besonders rigider Aspekt von Initiationsriten, nämlich Beschneidungs- (d.h. hier Zirkumzisions)-Praktiken (vgl. Harrington 1968) sich in erster Linie in „fraternal interest groups" von Gesellschaften finden lassen, die sich im Zusammenhang mit der Verfügung über größere ökonomische Ressourcen herausgebildet haben. Zu deren dauerhafter Sicherung und Verteidigung trachten sie – gemäß Paige/Paige – die Aufspaltung der Gruppe mittels der an den Jungen praktizierten Initiationsriten (und damit der möglichst fraglosen Unterwerfung der einzelnen unter das Primat der Alten und insbesondere der „Ältesten" – so P.J.) zu verhindern.[29]
Die Nutzung größerer ökonomischer Ressourcen, die Paige/Paige als Anlaß verstärkter Verteidigungsleistungen und damit als „causa" für das Primat der Gruppe und ihrer Ältesten betrachten, steht freilich zugleich durchweg mit der Herausbildung verdichteter Populationen und komplexerer gesellschaftlicher Organisationsformen in Verbindung. Zunehmende Bevölkerungsverdichtungen und komplexere Organisationsformen erhöhen jedenfalls gesellschaftliche Konfliktpotentiale, so wie sie auch die Suche nach Mechanismen ingang setzen, die der „Einfrierung" solcher Konflikte bzw. deren „Abführung" in geeignete „Behälter" gelten. In diesem Zusammenhang sei auf die Aussage von Müller verwiesen, der im Hinblick auf die Initiationen von Pflanzergesellschaften ausführt, daß „das Zusammenleben einer großen Menge von Menschen auf engerem Raum, die intensivere Nutzung der natürlichen Ressourcen, die gestiegenen Möglichkeiten zur Ansammlung von beweglichem wie unbeweglichem Besitztum, die daraus resultierenden komplizierteren Eigentumsverhältnisse u. a. mehr ... differenziertere Formen der Sozialorganisation und entsprechend komplexere Kontrollsysteme erforderlich" machten, „die wiederum zu einer Verstärkung des innergesellschaftlichen Konfliktpotentials führten und so auch zu einer Verschärfung des Generationenkonflikts beitragen mußten" (Müller 1987, S. 110). Und dabei

wird in vielen Pflanzergesellschaften die „männliche Alterspyramide" zu jener maßgeblichen Struktur, die über „ausgeklügelte, auf Gegenseitigkeit beruhende Mechanismen der Macht- und Güterverteilung ... die sozioökonomische Basis der Stabilität" sicherstellt (Erdheim 1984, S. 289; vgl. auch Meillassoux 1960 und Kramer und Siegrist 1978).

Zugleich gilt offenbar fast durchweg für Pflanzergesellschaften, daß sie eine prononcierte szenisch-räumliche Separierung von Geschlechterbezügen aufweisen,[30] wobei die Frauen – neben ihren „familialen" Aktivitäten im engeren Sinne – vor allem in zentralen Bereichen der landwirtschaftlichen Produktion tätig sind. Die Männer erledigen in der Landwirtschaft insbesondere kraftaufwendige Aufgaben wie Rodungs- und Erdarbeiten und arbeiten auch ansonsten vielfach von den Frauen getrennt. Die Geschlechtertrennung findet auch darin ihren Ausdruck, daß die Männer häufig unterwegs sind, indem sie der Jagd oder kriegerischen Unternehmungen nachgehen, so wie sie überhaupt für den Außenbereich zuständig sind. Im übrigen konzentrieren sie ihre lebensräumlichen Aktivitäten in Formen ausgeprägter „Männerbündelei" häufig auf ein für sie reserviertes „Männerhaus" (so vor allem in Melanesien, im Amazonasraum, teils auch in Assam (Müller 1984, S. 143 und 148; Whiting/Whiting 1975)) oder sie bewohnen auch, wie insbesondere bei afrikanischen Gruppen[31], von den Frauen getrennte Hütten (Müller 1984, S. 143).[32] Kennzeichnend für die szenisch-räumliche Separierung von Männern und Frauen ist zudem, daß sie bei den Pflanzern „praktisch immer, ob daheim oder in der Öffentlichkeit, getrennt voneinander 'essen', die Männer gegebenenfalls auch im Männerhaus, ihrem 'Club' sozusagen" (Müller 1984, S. 156). Die vielfach in solchen Gesellschaften zu beobachtende kriegerische Orientierung der Männerkollektive auf das Draußen dürfte – jedenfalls u.a. – mit den spezifischen produktiven und reproduktiven Voraussetzungen von Pflanzergesellschaften in Verbindung stehen. Letztere weisen – im Vergleich zu einfachen Sammler- und Jägergesellschaften – Tendenzen zu einer weit stärkeren Bevölkerungsdynamik auf (s. u.a. Festinger 1985, S. 104ff; Johnson/Earle 1987), sodaß damit Konkurrenzsituationen um dauerhaft oder zeitweise nutzbare Territorien eine erhebliche Zuschärfung erfahren können. Unter solchen Gegebenheiten lassen sich kriegerische Orientierungen durchaus als „funktional" im Sinne des Überlebens der Gruppe interpretieren. Insofern mag man für viele solcher Gesellschaften von einem Bündel spezifischer aufeinander bezogener Produktions- und Reproduktionsaspekte und damit auch sozialisatorischer Momente sprechen. Sie lassen sich u. a. fassen als (im Vergleich zu einfachen Sammlern und Jägern) höhere Ortsstabilität und Bevölkerungsdichte, höhere gesellschaftliche Komplexität, beträchtlicher zwischengesellschaftlicher Konkurrenzdruck um Ressourcen, ausgeprägte Separierung geschlechtsspezifischer Lebensbezüge und sich daraus ergebende sozialisatorische Problematiken für die heranwachsende junge Generation, die lange in der mütterlich-weiblichen Welt verbleibt.[33] Gerade unter solchen Bedingungen erscheinen die skizzierten sozialpsychologischen Implikationen rigider kollektiver Initiationsriten[34] wie Fixierung von Autoritäten, Sicherung unhinterfragter kollektiver Bezüge sowie die Kanalisierung vorhandener Aggressivitätspotentiale insbesondere nach außen als durchaus sinnvoll für die Gruppenpersistenz.[35]

5. Individualinitiationen bei „einfachen" Gesellschaften – zu Besonderheiten von psychosozialen Konstellationen und Geschlechterbezügen

Trotzdem ist die innerhalb solcher Kontexte jeweils konkrete Umsetzung initiatorischer Riten zweifellos sehr unterschiedlich (s. u. a. Ottenberg 1994). Wenn wir Rosen (1988), Ottenberg (1988 u. 1989) und auch Herdt (1989) folgen wollen, dürfte sie u.a. abhängig sein von den, wie ihre Beispiele zeigen, jeweils spezifischen Bedingungen der Primärsozialisation und den in ihnen aufgehobenen besonderen psychischen Problematiken, die in den initiatorischen Riten aufgegriffen werden, zum anderen aber auch von den jeweiligen kulturellen Zusammenhängen und den strukturellen Prinzipien, die eine Gesellschaft und damit die Rollen erwachsener Männer in jeweils besonderer Weise bestimmen.[36]

Jene Prinzipien wiederum können nur dadurch überdauern, daß sie – trotz ihrer jeweils kulturspezifischen Ausformung – immer auch darauf ausgerichtet sind, ein längerfristiges Überleben in gegebenen ökologischen und gesellschaftlichen Umwelten zu ermöglichen. In diesem Zusammenhang erweist sich als aufschlußreich, daß eine Reihe von Pflanzergesellschaften nachgewiesen werden können, die keine entsprechend rigidisierten Initiationspraktiken aufweisen, bei denen vielmehr entsprechende Riten einen – jedenfalls vordergründig – „weicheren" Charakter besitzen. Dabei denke ich u.a. an nordamerikanische Indianerstämme, für die weithin[37] eine spezifische Art von

Individualinitiation kennzeichnend war. Wenn die bisher skizzierten Initiationen, die unter Anleitung der Ältesten unmittelbar auf den Körper zugreifen, in der Regel für eine mehr oder weniger ausgeprägte Alterskohorte kollektiv durchgeführt werden, handelt es sich bei jenen Indianerstämmen um Individualinitiationen, die (s. u.a. Eliade 1988, S. 120ff) vor allem die Ertragung von Einsamkeit und Hunger fernab vom Gruppenkollektiv anläßlich der Suche nach einem persönlichen Schutzgeist beinhalteten.[38] Man mag vermuten, daß in solchen Gesellschaften die absolute Fixierung der Autorität der Älteren u.a. deshalb nicht notwendig gewesen war, weil im Falle drohender Auseinandersetzungen mit eben jenen den Individuen genügend alternative Möglichkeiten der Aggressionsabfuhr offenstanden. Hier ist u.a. an die bei jenen Stämmen noch sehr bedeutende Stellung der Jagd[39] gegenüber dem Bodenbau zu denken und vor allem eine recht individualisierte Kriegsführung, die in Räumen insgesamt doch extrem geringer Bevölkerungsdichte häufig über erhebliche Distanzen durchgeführt wurde.[40] Entsprechend vermochte der einzelne im Falle von Konflikten kompensatorisch auf die Jagd zu gehen oder einem kriegerischen Unternehmen zu folgen, d.h. dem direkten Austrag von potentiellen Konfliktsituationen im Vorfeld auszuweichen. Dies traf auch für die als besonders kriegerisch geltenden Irokesen zu, für die ja zugleich eine extreme Separierung von Geschlechterbezügen nachgewiesen werden kann. Offenbar bot sich ihnen genügend Gelegenheit, sozialisatorisch „hergestellte" Aggressivität im bodenvagen Umherschweifen bei jägerischen, händlerischen und kriegerischen Unternehmungen zu absorbieren, wobei letztere zwei bis drei Jahre dauern mochten und Entfernungen von 3000 bis 4000 Kilometern überbrücken konnten (Jüngst/Otto 1995). Im übrigen spielte bei den Irokesen (wie auch bei vielen anderen nordamerikanischen Stämmen) die Evozierung von Visionen in der Einsamkeit der individuellen Seklusion eine bedeutsame Rolle (Benedict 1922 und 1923, S. 32ff). Sie sollte eben jenen persönlichen Schutzgeist – in Gestalt eines Vogels oder eines sonstigen Tieres – (Hartmann 1979, S. 148-152; Hultkrantz 1986) offenbaren, d.h. die Aneignung einer gewissermaßen auf die eigene Biographie und Individualität ausgerichteten parentalen Imago ermöglichen. Dieser Vorgang kann u.a. als gesellschaftlich gefördertes Bemühen der Mitglieder solcher Stämme interpretiert werden, sich von allzu engen Abhängigkeitsbindungen an die Älteren (vgl. Barnouw 1950, S. 56 und Hallowell 1955, S. 104 und 277 am Beispiel der Ojibwa) bzw. an die Gruppe zu lösen. Zugleich war dies ein Geschehen, das als Fähigkeit der Mitglieder nordamerikanischer Indianergesellschaften interpretiert werden mag, einen gewissen Kontakt zum eigenen Unbewußten und den darin schlummernden Potentialen von (freilich kulturell geprägter) Selbstverwirklichung, aber auch an Flexibilität und „Kreativität" zu wahren bzw. herzustellen. Eine solche individuelle „rite de passage" dürfte jedenfalls vorbereitet haben auf das Aushalten-Müssen von Einsamkeit in der Wildnis – auf die langen Absenzen bei der Jagd und im Krieg. D.h. sie hat eine Bewährungsprobe für entsprechende psychische und physische Anforderungen bereitgestellt, die – auch um des eigenen Überlebens willen – ein hohes Maß an Eigenständigkeit, Entschlußfreudigkeit, Mut und Ausdauer sowie Reaktionsfähigkeit gegenüber unerwarteten Situationen bedingten. Eine mehr oder weniger ausgeprägte Unterwerfung unter absolute Autoritäten, wie sie rigidisierte und zugleich kollektive Initiationsriten implizieren, wäre für solche Anforderungen gesellschaftlich eher kontraproduktiv gewesen, hätte sie doch wohl zu einschneidende Beschränkungen wichtiger Ich-Kräfte bedeutet.

Im übrigen möchte ich generell für Pflanzergesellschaften, in denen sich der Bodenbau erst in den Anfängen befindet oder zumindest noch recht extensiv vorgenommen wird und zugleich die Jagd eine bedeutsame Rolle spielt, die These aufstellen, daß bei ihnen kollektive Initiationsriten weniger häufig auftreten bzw. auch weniger rigide praktiziert werden. Vor allem die letztere Aussage wird jedenfalls auch durch die interkulturelle Studie von Paige/Paige (1981) nahegelegt, derzufolge Beschneidungen im Falle von Pflanzergesellschaften mit extensiveren Bewirtschaftungsformen weniger häufig praktiziert werden. Gleichsam als intervenierende Variable ist ja gerade bei solchen Gesellschaften, soweit sie sich den Organisations- und Lebensformen einfacher Sammler und Jäger annähern (s. Johnson/Earle 1987), zudem an spezifische Sozialisationspraktiken zu denken, die auf veränderten triangulären Konstellationen aufbauen – und, wie am Beispiel eben einfacher Sammler- und Jägergesellschaften noch skizziert werden soll, als solche geringere Potentiale zur „Herstellung" basaler und ödipaler Aggressivitäten beinhalten dürften.[41]

Dort freilich, wo entsprechende Gesellschaften längerfristig unter starkem Druck konkurrierender Gruppen um Ressourcen stehen und diesem Druck auch nicht auszuweichen vermögen, scheinen, wie insbesondere Beispiele aus Melanesien (s. u.a. Herdt 1984, S. 56) nahelegen, auch extensiv und unter ökologisch prekären Bedingungen wirtschaftende Pflanzergesellschaften eine Tendenz zur Ausprägung rigider Kollektivinitiationen und mit ihnen korrespondierender geschlossener kriegerischer Solidargemeinschaften der Männer aufzuweisen, zumal, wenn in ihrem räumlichen Umfeld mehr oder weniger ähnliche rituelle Praktiken „erfolgreich" zur Anwendung gelangen.[42]

Eine besondere Stellung hinsichtlich der Durchführung von Initiationsriten nehmen egalitär strukturierte Sammler- und Jägergesellschaften ein. Bei einigen von ihnen lassen sich überhaupt keine Initiationsriten nachweisen; bei der Mehrzahl von ihnen werden jedoch „Individualinitiationen" praktiziert (bzw. soweit die bei ihnen vorhandenen Initiationen auch kollektive Anteile aufweisen, sind diese meist relativ kurz gehalten und wenig rigide ausgeprägt). So mußte bei vielen dieser Gesellschaften, bei denen die Jagd eine größere Rolle spielte, der Herangewachsene ein größeres Stück Wild – z. B. eine Antilope, einen Elch, einen Bär oder ein Schwein erlegen, worauf ein Festessen folgen mochte für die Angehörigen der Lagergemeinschaft. Zusätzlich mußte der junge Mann sich bestimmten Riten unterziehen, die in manchen Fällen (z.B. bei Buschmännern und Tasmaniern) auch schmerzhafte Einschnitte beispielsweise zwischen den Augen und an den Oberarmen oder auf der Brust beinhalteten (Müller 1984, S. 171f). Mag man diese Schnitte u.a. als vorsorgliche Dämpfung gegenüber dem narzißtischen Überschwang des Jugendlichen bei seinem ersten großen Jagderfolg interpretieren, so ging es bei dieser Art von Initiation jedenfalls nicht darum, die Jungen im Kontext fortwährend evozierter regressiver Befindlichkeiten den „Alten" und ihren Sitten und Normen fraglos zu unterwerfen.[43]
Im Vergleich zu den Initiationsriten gerontokratisch ausgerichteter Pflanzergesellschaften fällt der primär leistungsbezogene und damit auch ökonomische Charakter solcher Initiationsriten ins Auge. Der junge Jäger muß sich der Aufgabe gewachsen zeigen, die langwierige, schwierige und gefährliche Jagd eines für die Fleischversorgung wichtigen Tieres zu Ende zu bringen. Damit war ein wichtiger Nachweis für seine Fähigkeiten erbracht, existentielle Aufgaben zu bewältigen, die im Rahmen des Lebenszusammenhangs der Gruppe anfielen. Zugleich hatte er eigenständiges Handeln und individuelle Entschlußkraft nachgewiesen, wie sie für die wildbeuterische Lebensführung in hohem Maße erforderlich waren (vgl. Barry u.a. 1959, Van Leeuwen 1978 u. Segall u.a. 1990).[44] Die (wenn wir vor allem vom australischen Raum absehen[45]) damit entfallende Fixierung eines hierarchischen Verhältnisses zwischen alt und jung bei entsprechenden Sammler- und Jägergesellschaften korrespondierte offenbar weithin mit einer geringeren szenisch-räumlichen Separierung der Geschlechterbezüge zwischen Mann und Frau. Bei vielen solcher Gruppen handelt es sich um „Überflußgesellschaften" (Sahlins 1972), in denen ein relativ geringer Zeitaufwand für die Erwirtschaftung des Nahrungsbedarfs erforderlich war (s. u.a. Harris 1989, S. 90f). Präsenzen der Männer am Lagerstandort gingen offenbar weithin mit einer intensiveren Teilnahme der Väter am Sozialisationsprozeß der Kinder einher (Katz/Konner 1981; Hewlett

1991, S. 134ff und Hiatt 1994) wie auch partnerschaftlicheren und zugleich wohl „gelungeneren“ Bezügen zu ihren Ehefrauen.[46] Offenbar kam es bei jenen Gesellschaften in weit geringerem Ausmaß zur Einpflanzung jener tiefgreifenden Ambivalenzen gegen das andere Geschlecht, wie sie sich bei den Pflanzergesellschaften vor allem als Folge der räumlichen Separierung der Geschlechter darstellen. Im übrigen zeigen vorhandene Untersuchungen für einfache Sammler- und Jägergesellschaften wie z. B. die Kung (Marshall 1976; Draper 1978; vgl. auch Shostak 1982, Sbrzesny 1976 und West/Konner 1976) und die Mbuti (Turnbull 1961 und 1978)[47], daß Erwachsene beiderlei Geschlechts gegen sie gerichtete tätliche Aggressionen gelassen tolerieren und zugleich den Kindern einen hohen Grad altersgemäßer Autonomie bei der Erforschung ihrer Umwelt zugestehen. Es sind dies sozialisatorische Umgangsformen, die durchaus in Einklang zu stehen scheinen mit jenen relativ unbelasteten triangulären Beziehungen, wie wir sie aufgrund der geringeren Separierung der partnerschaftlich gearteten Ehen annehmen können. Inwieweit hinzukommende spezifische „Techniken“ der Aggressionskontrolle, die in solchen Gesellschaften zweifellos auch vorhanden sind (Draper 1978), sich nicht zugleich auf eben die besonderen Qualitäten der in solchen Gesellschaften vorhandenen triangulären Beziehungsstrukturen zurückführen lassen bzw. mit ihnen in Verbindung stehen, kann hier nicht diskutiert werden. Hingewiesen werden sollte in diesem Zusammenhang aber doch darauf, daß in den genannten Gesellschaften in geringem Maße offen aggressive Vorbilder zur Verfügung stehen, mit denen sich die heranwachsenden Kinder identifizieren könnten.

Verbleibende „übermäßige“ Ambivalenzen, deren Ausmaß nicht zuletzt wohl durch die plötzliche „Entwöhnung“ nach einer lang andauernden Stillphase und die Ersetzung durch den Nachfolger, das jüngere Geschwister, mitbedingt war, bedeuteten in solchen im übrigen vergleichsweise wenig kriegerischen Gesellschaften (s. u.a. Helbling 1987, Johnson/Earle 1987 und Harris 1989, S. 213ff; eine kritische Replik zu divergierenden „soziobiologischen“ Annahmen s. bei van der Dennen 1990)[48] insofern keine unzumutbare Belastung für die kleinen Gemeinschaften, als sie nicht nur in der Jagd agiert werden konnten, sondern wie z. B. Mary Douglas (1974) ausführt, die Angehörigen der jeweils nur lockeren Gruppen sich im Konfliktfall durch Trennungen aus dem Wege zu gehen vermochten. Eine institutionelle Einbindung in eine Altershierarchie war in solch lockeren Gruppen, die für ihr Überleben keinen permanenten Zusammenhang brauchten, nicht notwendig, ja sie wäre – auch angesichts der immer vorhandenen Möglichkeit ökologischer Krisen und der damit erforderlichen Bereitschaft und

Fähigkeit zur Dispersion der Gruppe – möglicherweise sogar problematisch gewesen.

Greifen wir angesichts der skizzierten sozialen Bezüge und kaum vorhandenen (bzw. wenig ausgeprägten) kollektiven Initiationsriten vieler Sammler- und Jägergesellschaften nochmals auf die einleitend skizzierten Aussagen von Mario Erdheim zurück, der die Initiation vor allem als einen Mechanismus der Unterwerfung begreift, der die Jungen „einfacher" Gesellschaften der fraglosen Autorität der Alten und den von ihnen vertretenen Normen unterwirft. Insbesondere dieser Mechanismus der Unterwerfung soll es sein, der nach Erdheim „einfache" Gesellschaften „einfriert" bzw. „geschichtslos" werden läßt in dem Sinne, daß sie kaum – oder nur sehr langsam – gesellschaftliche Veränderungen durchzumachen pflegen. Dabei führt Erdheim die Tendenz zu jenen (freilich „eingefrorenen") Veränderungen auf die soziale Asymmetrie zwischen den Generationen und den Geschlechtern in den betreffenden Gesellschaften zurück. Diese Veränderungen gelte es zu verhindern, würden doch sonst die durch „ausgeklügelte, auf Gegenseitigkeit beruhende(n) Mechanismen der Macht- und Güterverteilung", die durch die „männliche Alterspyramide" reguliert werden (Erdheim 1984, S. 289), gefährdet. „Eingefroren" wird deshalb nicht nur die gegen die Väter gerichtete Aggressionsbereitschaft der Jungen, sondern auch, wenn man Erdheims Ausführungen am Beispiel der Veränderungen „heißer" Gesellschaften folgt, jenes schöpferische Potential, das die in der Adoleszenz reaktivierten inneren Ambivalenzen und die sich neu konstituierenden „Strategien" zur Umsetzung lebensgeschichtlich erworbener Wunschreservoire beinhalten.

Die in der vorliegenden Studie genannten verschiedenen gesellschaftlichen Konstellationen, in denen differierende Formen initiatorischer Kollektivpraktiken vorhanden oder gar abwesend sind, können mit solchen Aussagen nur teilweise in Übereinstimmung gebracht werden. Dies trifft insbesondere auf jene „einfachen" Sammler- und Jägergesellschaften zu, in denen wir keine oder zumindest wenig rigidisierte initiatorische Praktiken finden und die durchaus in dem von Erdheim gemeinten Sinne „geschichtslos" sind und dies, wenn wir an ihre mangelnde „Entwicklungsdynamik" denken, in sicherlich höherem Maße als die „fortgeschritteneren" und vergleichsweise ökonomisch-organisatorisch „dynamischeren" Pflanzergesellschaften. Wohl besteht in diesen Sammler- und Jägergesellschaften nicht jenes prononcierte Gefälle zwischen den Generationen und Geschlechtern, das zu Konflikten führen könnte und deshalb über initiatorische Praktiken möglichst „abgekühlt" und als eine nicht hinterfragbare Ordnung in den Körper der Initianten eingeschrieben werden muß. Andererseits scheinen in vielen jener Gesellschaften nicht nur erhebliche Freiheitsgrade des einzelnen gegenüber der jeweiligen Gruppe auf, sondern die Gruppenmitglieder besitzen auch – im Vergleich zu den insgesamt „regulierteren" Pflanzergesellschaften – offenbar einen unmittelbareren Zugang zu ihren jeweiligen Reservoiren an Wünschen und Aggressionen und daraus resultierenden Strebungen, wie sie sich etwa in der szenisch-räumlichen Aufspaltung von Gruppen umzusetzen vermögen. Doch scheint dieser Zugang in ihnen keineswegs jene gesellschaftlichen Veränderungen in Gang zu setzen, die man als Resultat der mangelnden „Einfrierung" adoleszenter Selbstbehauptungs- und Kreativitätspotentiale erwarten könnte. Dies mag u.a. daran liegen, daß, wenn wir der oben skizzierten Argumentation folgen, jene Gesellschaften angesichts ihrer spezifischen sozialisatorischen Formen einerseits wohl ein geringeres Ausmaß an destruktiver, letztlich auf „Vernichtung" früher Bezugspersonen ausgerichteter Aggressivität in die adoleszente Dynamik einbringen, andererseits angesichts der lockeren Organisationsgefüge „überschießende" Aggressivität ohne allzu rigide psychosoziale Ritualisierungen aufgefangen werden kann.

Ein wohl entscheidender psychodynamischer Aspekt für das geringe Ausmaß gesellschaftlicher Veränderungen im Falle von „einfachen" Jäger- und Sammlergesellschaften mag jedoch mit den Aussagen u.a. von Johnson und Earle (1987) angesprochen sein, die auf die ausreichende Effizienz der Ökonomien einfacher Jäger- und Sammlergesellschaften hinweisen. Solange die jeweiligen Populationsdichten nicht überhand nähmen, sei in entsprechenden Ethnien den einzelnen Individuen und Familien ein hohes Maß an Unabhängigkeit und Selbständigkeit garantiert, das erst im Falle von Bevölkerungsverdichtungen und einhergehender Entwicklung kollektiver Organisationsformen Einschränkungen erfahre. In diesem Zusammenhang sei auch nochmals daran erinnert, daß es sich bei einem beträchtlichen Teil „einfacher" Sammler- und Jägergesellschaften um „surplus"-Gesellschaften im Sinne von Sahlins (1972) handelt, d.h. die Mitglieder betreffender Gesellschaften pflegen – im Gegensatz etwa zu diversen Pflanzergesellschaften – einen vergleichsweise geringen Arbeitsaufwand für ihre Reproduktion einzusetzen und dabei durchaus eine ernährungsmäßig ausreichende und die Erfüllung sozialer Bedürfnisse garantierende Perpetuierung der jeweiligen Gruppe zu ermöglichen. Insofern mag man von einer auch die unmittelbar psychischen Bedürfnisse der Mitglieder solcher Gesellschaften optimierenden „Lustökonomie" sprechen, die im Falle einer „Höherentwicklung" grundsätzlich gefährdet wäre.

Göttin Artemis Orthia gipfelte (Jüngst 1995, S. 19ff), oder an die „Offiziers- und Priesterschulen“ der Azteken, in denen die Jungen in eine separate Männerwelt eingeführt und zugleich ihren sadistischen Ritualen und Anforderungen unterworfen wurden (Jüngst 1995, S. 22ff). Für beide Gesellschaften sind ausgesprochene Separierungen geschlechtlicher Lebensbezüge der entsprechenden sozialen Gruppen kennzeichnend.
Des weiteren kann wohl davon ausgegangen werden, daß sämtlichen spezialisierten Kriegerkasten, wie sie sich im Kontext jeweiliger staatlicher bez. semistaatlicher Herrschaft ausbildeten, initiatorische Momente recht rigiden Charakters anhafteten, die im Verlauf der Ausbildung zum Krieger das Subjekt zu ergreifen suchten (s. u.a. McCarthy 1994). Im Sinne gesellschaftlicher Funktionalität waren entsprechende Praktiken auch deshalb besonders notwendig, weil gerade im Falle des Nachwuchses von Kriegerkasten wohl immer ein Übermaß implantierter Ambivalenzen bewältigt werden mußte, treffen doch in solchen Fällen die oben skizzierten Ausgangsbedingungen zur Herstellung individueller und kollektiver Aggressivität – nämlich eine ausgeprägte Separierung der Geschlechterbezüge – in mehr oder weniger systematischer Weise zu. Es sei hier nur an das Rittertum erinnert, wie es im Rahmen des europäischen Feudalismus zur Entfaltung gelangte und zu dem der französische Historiker Duby ausführt. „Die Söhne verließen damals (12. Jhdt.) das Vaterhaus schon früh, sie absolvierten ihre Lehrzeit woanders, und alle bis auf den Ältesten sollten ihr Zuhause nie mehr wiedersehen, es sei denn durch einen glücklichen Zufall. So wurden sie, nach acht, zehn Jahren, von ihrer Mutter, ihren Schwestern, von den Frauen ihres Blutes getrennt, in deren Mitte sie bis dahin gelebt hatten und die ihnen am Herzen lagen ... Ein doppelter Bruch mit dem Geburtshaus, mit der weiblichen Welt des Kinderzimmers. Und ein sehr abrupter Wechsel in eine andere Welt, die Welt der Kavalkaden, der Pferdeställe, der Waffenlager, der Jagden, der Hinterhalte und der Männerstreiche“ (Duby 1984, S. 82; Übersetzung nach Badinter 1993, S. 244f). Analog führt Badinter für die britischen Eliten des 19. Jahrhundert aus: „Im neuzeitlichen England wurden nach wie vor die Kinder der Oberschicht, wie die Knaben in Ostafrika oder auf Neuguinea, in zartem Alter ihrer Mutter und dem Zuhause entrissen. Sie wurden auf die berühmten Public Boarding Schools geschickt, wo sie von den Älteren außerordentlich grausamen Mutproben unterworfen wurden, zu denen körperliche Gewalt, Terror und Demütigung gehörten“. Zudem war das „englische Schulwesen ... berühmt für seine außerordentliche Strenge, die obligatorischen Mannschaftsspiele, eine durchwegs militärische Ausbildung und Disziplin, karge Kost, kurz: für spartanische Verhältnisse“ (Badinter, 1993, S. 99).

Im übrigen wurden und werden in ausgebildeten staatlich organisierten Gesellschaften Teilfunktionen der Initiationen durch Einrichtungen übernommen „wie Tempelschulen, Gymnasien (bzw. Didaskaleien und Palästren), das Katechumenat bei den Frühchristen, später dann die Kloster-, Stifts- und Pfarrschulen, im Islam die Koranschulen und andere, private wie öffentliche Institute. Sie alle standen so gut wie ausnahmslos nur den Knaben offen" (Müller 1984, S. 230). Letztlich können auch unseren heutigen Schulen initiatorische Funktionen zugerechnet werden, nur daß in ihnen die Initianden und Prüflinge nicht nur Wochen und Monate isoliert und über das Normensystem ihrer Gesellschaft belehrt werden, sondern „mittels der Schule über viele Jahre hinweg" (Meder 1993, S. 49; s. auch Flügel 1939 und Erdheim 1984). Im Detail kann hier auf jene Entwicklungen freilich nicht näher eingegangen werden. Holzschnittartig zu ihnen hier nur soviel: ihre Eingriffe in das körperlich-seelische Erleben waren und sind sicherlich – unserem Verständnis nach – „weicher", wenn sie von den Betroffenen wohl auch gleichfalls weithin existentiell empfunden sein dürften. Zugleich sind sie wohl auch subtiler (s. Jüngst/Meder 1990, S. 465ff), galt und gilt es doch die Jungen auf immer komplexere, und zugleich offenbar immer widersprüchlichere Lebensaufgaben vorzubereiten, als dies in jenen noch wenig arbeitsteilig angelegten „einfachen" Gesellschaften der Fall gewesen war. Freilich dürften solche initiatorischen Praktiken in den heutigen städtisch orientierten Industriegesellschaften, wo sich mit der geminderten Bedeutung der Väter – und partiell der Mütter (so u.a. König 1993) – die Frage nach der „Herstellung" und – auch territorialen – Einbindung individueller und kollektiver Aggressivitäten in einer wohl ganz andersartigen und möglicherweise noch problematischeren Weise stellt (s. u.a. Rauchfleisch 1992, S. 19ff), vielfach ihren Zweck verfehlen. Ob in ihrer Aggressivität überbordende Jugendbanden ihre eigenen Männerbünde inszenieren, die ihre Territorien zu verteidigen und auszuweiten suchen, ob Konflikte in räumlich-sozialen Problemzonen eskalieren oder der alltägliche Konkurrenzkampf auf den Straßen seine allzu häufigen Opfer findet, überall ist jedenfalls auch „überschießende" Aggressivität beteiligt, die mit den vorhandenen psychosozialen Mechanismen der Ruhigstellung und „Kanalisierung" kaum mehr in gesellschaftlich akzeptable Bahnen gebannt zu werden vermag.

SCHLUSSBEMERKUNG

Setzen wir die Aussagen dieser Studie in Beziehung zu den Annahmen und Thesen von deMause, so tritt in Differenz zu diesen vor allem die Bedeutsamkeit der jeweiligen gesellschaftlich-ökonomischen Verfaßtheit für sozialisatorische Prozesse und damit auch psychosoziale Strukturierungen gesellschaftlicher Gruppen ins Blickfeld, die hier aufgezeigt wird am Beispiel spezifischer Gestaltungselemente der frühen Kindheit und dem Rückbezug auf diese im gesellschaftlichen Umgang mit der Adoleszenz. Dabei wurde als wichtiges Bestimmungselement, das den Einfluß gesellschaftlich-ökonomischer Verfaßtheiten auf die jeweiligen sozialisatorischen Mechanismen vermittelt, die besondere Relevanz unterschiedlicher triangulärer Ausgangssituationen hervorgehoben, die offenbar – im Verein mit der Art und Weise der „Entwöhnung" – in variierendem Ausmaß Potentiale „vernichtender" Aggressivität in die Subjekte implantieren, die später in je spezifischer Weise „kanalisiert" und „formiert" mehr oder weniger manifest wirksam zu werden vermögen.

Im übrigen könnte die Berücksichtigung jener triangulären Ausgangspositionen zur Differenzierung und inhaltlichen Ergänzung der von deMause herausgestellten Begriffe der „projektiven Reaktion/projective reaction" und der „Umkehr-Reaktion/reversal reaction" herangezogen werden, mit denen er die psychischen Reaktionen der Erwachsenen auf die Kinder zu benennen sucht. So legen die Aussagen dieser Studie nahe, daß bei Einbeziehung gesellschaftlich differierender triangulärer Konstellationen Unterschiede in den Bezügen der mütterlichen Bezugsfiguren gegenüber ihren Söhnen konzeptionell klarer gefaßt werden können, so wie sich auch die spezifischen Bezüge der kleinen und heranwachsenden Knaben gegenüber ihren Eltern eher in komplexere Erklärungszusammenhänge einordnen lassen. Letztlich dürfte eine Fokusierung auf das je gesellschaftlich-kulturell spezifische „Dreiecks"verhältnis auch die darin aufgehobenen variierenden wechselseitigen Übertragungen und psychosozialen Festschreibungen der Beteiligten in den Blick geraten lassen, die mit dem Begriff der „reaction" eher außen vorbleiben. Freilich konnten im Rahmen dieser Studie entsprechende Unterschiede, wie sie als „modale" zwischen Gesellschaften und intragesellschaftlich wohl auch zwischen sozialen Gruppen vorhanden sind, nur „idealtypisch" angezeigt werden, so insbesondere in der Differenz von Pflanzergesellschaften mit hoch verdichteten „symbiotischen" Zügen der Mutter-Kind-Dyade bei gleichzeitiger beträchtlicher Absenz der Väter zur offenbar „gelungeneren" Triangulation vieler

„einfacher" Sammler- und Jägergesellschaften, wie sie sich jeweils im Rahmen spezifischer Bedingungen von Produktion und Reproduktion konstelliert haben.
Mit diesen Aussagen soll nicht negiert werden, daß den in den Pflanzergesellschaften so ausgeprägten rigiden kollektiven Initiationsriten im Sinne von deMause ein Mangel an Empathie von Seiten der älteren Generationen eignen dürfte, der, indem er intergenerativ fortgeschrieben wird, auch zur Fortschreibung eben der Initiationsriten beiträgt. Ausbildung und Persistenz solcher Riten sind jedoch, wie diese Studie zu zeigen versucht hat, vor allem im Zusammenhang mit spezifischen gesellschaftlich-ökonomischen Bedingungen und in diese eingelagerter psychosozialer und „familialer" Bezüge zu sehen. Im übrigen mag man anhand der Aussagen dieser Studie über die Sammler- und Jägergesellschaften zu der Vermutung gelangen, daß es aufgrund spezifischer Produktions- und Reproduktionsbedingungen offenbar schon in der „Vorgeschichte" des „homo sapiens sapiens" Gesellschaften gegeben hat, deren sozialisatorische „Mechanismen" ein Ausmaß von Geschlechteregalität, ausgeglichenen Bezügen zwischen jung und alt sowie erhebliche Freiheitsgrade und subjektive Entfaltungsmöglichkeiten des einzelnen gegenüber der Gruppe implizierten,[52] wie wir sie – ausgehend von ganz andersartigen zivilisatorisch-gesellschaftlichen Kontexten – wohl erst in unserer heutigen Zeit einzuholen beginnen.
Abschließend sei noch angemerkt, daß zu einer umfassenderen Konzeptionalisierung des hier vorgetragenen Ansatzes auch die jeweils besondere trianguläre Einbettung und Entwicklung der Beziehung beider Elternteile zur Tochter in den hier angesprochenen Gesellschaften gehört und dies nicht zuletzt, weil diese, wie aufzuzeigen wäre, mittels intergenerativer Fortschreibung in das Verhältnis der erwachsenen Frauen zu ihren männlichen Partnern und Kindern einfließen dürfte.

Literatur

Bacon, u.a. : A Cross-cultural Study of Correlates of Crime. In: Journal of Abnormal and Social Psychology 1963, S. 291-300

Badinter, E.: Die Identität des Mannes. München 1993

Bargatzky,Th.: Einführung in die Ethnologie. Hamburg 1985

Barnouw, V.: Acculturation and Personality among the Wisconsin Chippewa. American Anthropological Association. Memoir 72. 1950

Barry, H., Child, I., Bacon M.: Relation of Child Training to Subsistence Economy. In: American Anthropologist 1959, S. 51-63

Benedict, R.: The Vision in Plains Culture. In: American Anthropologist 1922, S. 1-23

dies.: The Concept of the Guardian Spirit in North America. Memoirs of the American Anthropological Association, Nr. 29, Menasha 1923

dies.: Child Rearing in Certain European Countries. In: American Journal of Orthopsychiatry 1949, S. 342-3

Bern, J.: Ideology and Domination: Toward a Reconstruction of Australian Aboriginal Social Formation. In: Oceania 1979, S. 118-132

Biocca, E.: Yanoama. The Narrative of a White Girl Kidnapped by Amazon Indians. Dutton 1971

Blanck, R. und G.: Jenseits der Ich-Psychologie. Stuttgart 1989

Bleibtreu-Ehrenberg, G.: Mannbarkeitsriten. Zur institutionellen Päderastie bei Papuas und Melanesiern. Frankfurt 1980

Bohle, B.: Ritualisierte Homosexualität – Krieg – Misogynie-Beziehungen im und um den Männerbund: Beispiele aus Neuguinea. In: Völger, G./v. Welck (Hg.): Männerbande, Männerbünde. Zur Rolle des Mannes im Kulturvergleich. Köln 1990, S. 285-298

Bosse, H.: Der fremde Mann. Jugend, Männlichkeit, Macht. Eine Ethnoanalyse. Frankfurt 1994

Boyer, B.: On Man's Need to Have Enemies: A Psychoanalytic Perspective. In: Journal of Psychoanalytic Anthropology 1986, S. 101-120

Brain, J.: Sex, Incest, and Death: Initiation Rites Reconsidered. In: Current Anthropology 1977, S. 191-208

Broude, G.: Protest Masculinity: A Further Look at the Causes and the Concept. In: Ethos 1990, S. 103-122

Burbank, V.: Aboriginal Adolescence. Maidenhood in an Australian Community. New Brunswick 1988

Burton,R./Whiting,J.: The Absent Father and Cross-Sex-Identity. In: Merrill-Palmer Quarterly 1961, S. 85-95

Chagnon, N.: Life Histories, Blood Revenge and Warfare in a Tribal Population. In: Science 1988, S. 985-992

ders.: Die „Yanomamo“. Leben und Sterben der Indianer am Orinoko. Berlin 1994

Chisholm, J.: Putting People in Biology: Toward a Synthesis of Biological and Psychological Anthropology. In: Schwartz, Th. u.a. (Hg.): New Directions in Psychological Anthropology. Cambridge 1992, S. 125-149

Chodorow, N.: Being and Doing: A Cross-Cultural Examination of the Socialisation of Males and Females. In. Gornick,V./Moran,B. (Hg.): Woman in Sexist Society. London 1971, S. 173-197

ders.: Das Erbe der Mütter. Psychoanalyse und Soziologie der Geschlechter. München 1985
Cohen, Y.: The Transition from Childhood to Adolescence: Cross-Cultural Studies of Initiation Ceremonies,Legal Systems, and Incest Taboos. Chikago 1964a
ders.: The Establishment of Identity in a Social Nexus: The Special Case of Initiation Ceremonies and Their Relation to Value and Legal Systems. In: American Anthropologist 1964b, S. 529-552
Dederen, J.: Initiation in Venda Culture. In: Wiener Völkerkundliche Mitteilungen 1987, S. 9-36
van der Dennen, J.: Primitive War and the Ethnological Inventory Project. In: van der Dennen, J./Falger, V. (Hg.): Sociobiology and Conflict. London 1990, S. 247-263
Dentan, R.: The Semai. A Nonviolent People of Malaya. New York 1968
ders.: Notes on Childhood in a Nonviolent Context: The Semai Case. In: Montagu, A.: Learning Non-Aggression. The Experience of Non-Literate Societies. New York 1978, S. 94-143
Devereux, G.: Realität und Traum. Psychotherapie eines Prärieindianers. Frankfurt 1985
Douglas, M.: Ritual, Tabu und Körpersymbolik. Frankfurt 1974
Draper, P.: The Learning Environment for Aggression and Anti-Social Behavior among the !Kung. In: Montagu, A. (Hg.): Learning Non-Aggression. The Experience of Non-Literate Societies. New York 1978, S. 31-53
Draper, P. und Harpending, H.: Father Absence and Reproductive Strategy: An Evolutionary Perspective. In: Journal of Anthropological Research 1982, S. 225-273
Duby, G.: Guillaume le Maréshal ou le meilleur chevalier du monde. Fayard 1984
Dumont du Voitel, W.: Macht und Entmachtung der Frau. Eine ethnologisch-historische Analyse. Frankfurt 1994
Eliade, M.: Das Mysterium der Wiedergeburt. Versuch über einige Initiationstypen. Frankfurt 1988
Ember,M.: Warfare, Sex Ratio and Polygyny. In: Ethnology 1974, S. 197-205
ders.: Alternative Predictors of Polygyny. In: Behaviour Science Research. 1984, S.1-23
Erdheim, M.: Die gesellschaftliche Produktion von Unbewußtheit. Eine Einführung in den ethnopsychoanalytischen Prozeß, Frankfurt 1984
ders.: Die Zukunft der Ethnopsychoanalyse. In: Heinemann,E./Krauß, G. (Hg.): Beiträge zur Ethnopsychoanalyse. Der Spiegel des Fremden. Nürnberg 1992, S. 11-25
Erikson, E.: Childhood and Society. New York 1950
Festinger, L.: Archäologie des Fortschritts. Frankfurt 1985
Flügel, J.: The Examination as Initiation Rite and Anxiety Situation: In: Intern. J. Psychoan. 1939, S. 273-286
Fornari, F.: The Psychoanalysis of War. London 1974
Friedl, E.: Women and Men. An Anthropologist's View. New York 1975
Gennep, A. van: The Rites of Passage (1909). Chikago 1972
Gfäller, G.: Welterfahrung und Ich-Entwicklung. Ein gruppenanalytischer Beitrag zur Weiterentwicklung der psychoanalytischen Theorie des Ichs. In: Grupenpsychotherapie und Gruppendynamik 1986, S. 58-57
Gilmore, D.: Anthropology of the Mediterranean Area. In: Annual Review of Anthropology 1982, S. 175-205
ders.: Mythos Mann. Rollen, Rituale, Leitbilder. London 1991
Gottschalk, H.: Gegenüberstellung der Theorien Peter Jüngsts bezüglich der Initiationsriten

6.

Anmerkungen zu initiatorischen Praktiken in semistaatlichen und staatlichen Gesellschaften

Es bleibt die Frage offen, warum rigide Kollektivriten der Art, wie sie sich in Pflanzerkulturen finden, aber bei egalitär strukturierten Sammlern und Jägern offenbar kaum anzutreffen sind, sich auch nicht in staatlich organisierten Gesellschaften, so auch schon nicht mehr in den alten Hochkulturen (Müller 1984, S. 230; s. auch Jensen 1933, S. 15ff und Schlegel/Barry 1980, S. 712)[49], nachweisen lassen. Zunächst kann man wohl davon ausgehen, daß auf Stammes- bzw. Clanebene veranstaltete kollektive Initiationsriten, die den Zusammenhalt lokaler Gruppen und die Autorität lokaler „Ältester" und Sippenoberhäupter in besonderer Weise stärken, disfunktional zu den Machtansprüchen der jeweiligen staatlichen Zentralen gewirkt haben würden.[50] Einbindungs- und Disziplinierungsfunktionen auch in den frühen staatlichen Gesellschaften wurden nicht nur durch die äußere Präsenz staatlicher Gewalt, beginnende Bürokratisierung und soziale Stratifizierung ausgeübt, sondern auch mittels einer durchgehenden Kanonisierung von Glaube und Kult (Müller 1984) und wohl nicht zuletzt durch die symbolische Generierungsmacht materieller Produktionen wie Tempeln und anderer mächtiger Baukomplexe (s. u.a. Harris 1989, S. 241 und Jüngst/Meder 1992). Zugleich mag man auch die Frage stellen, ob die Vollbauernschaften, die sich unter dem Schutz zentral geleiteter Kriegereliten auszubilden vermochten, mit einer Verringerung szenisch-räumlicher Separierungen von Geschlechterbezügen und entsprechenden Auswirkungen auf die Sozialisation der Jungen einhergingen. Zumindest wohnten nun beide Geschlechter durchweg zusammen (wobei räumliche Separierungen freilich innerhalb des Gebäudes ihre Fortsetzung finden mochten) und auch die längeren Absenzen der Männer bei der Jagd und im Krieg begannen meist zu entfallen.[51]

Bei genauerer Prüfung bestimmter „Übergangsgesellschaften" lassen sich allerdings Praktiken mit initiatorischem Charakter nachweisen, die offenbar aus einer noch recht geringe Zeit zurückliegenden tribalen Vergangenheit herrühren, in der Durchführung aber Institutionen anvertraut sind, die mittlerweile auf die zentrale Autorität des Staates bzw. seiner Machtträger ausgerichtet sind. Gedacht sei hier beispielsweise an die Agoge der spartanischen Homoioi, die in der rituellen Geiselung der Jungen zu Ehren der mütterlichen

und ihres Zusammenhangs mit gesellschaftlicher Aggressivität mit den Forschungen Hans Bosses zur Initiation in Papua-Neuguinea. Msch. Manuskr.. Frankfurt 1996/97
Greenson, R.: Dis-identifying from the Mother: Its Special Importance for the Boy. In: International Journal of Psychoanalysis 1968, S. 370-389
ders.: Psychoanalytische Erkundungen. Stuttgart 1982
Gregor, T.: Anxious Pleasures. Chikago 1985
Hallowell, A.: Culture and Experience. Philadelphia 1955
Hames,R.: Variation in Paternal Care among the Yanomamö. In: Hewlett, B. (Hg.): Father-child Relations. Cultural and Biosocial Contexts. New York 1992, S. 85-110
Harrington, C.: Sexual Differentiation in Socialisation and Some Male Genital Mutilations. In: American Anthropologist 1968, S. 951-956
Harris, M.: Kulturanthropologie. Frankfurt 1989
Hartmann, H.: Die Plains- und Prärieindianer Nordamerikas. Berlin 1979
Headland,T./Reid,L.: Hunter-Gatherers and Their Neighbours from Prehistory to Present. In: Current Anthropology 1989, S. 43-6
Helbling, J.: Theorie der Wildbeutergesellschaft. Eine ethnosoziologische Studie. Frankfurt 1987
Herdt, G.: Guardians of the Flutes. Idioms of Masculinity. New York 1981
ders.: Fetish and Fantasy in Sambia Initiation: In: Ders. (Hg.): Rituals of Manhood. Male Initiation in Papua New Guinea. Berkeley 1982
ders.: Ritualized Homosexual Behavior in the Male Cults of Melanesia, 1862-1983: An Introduction. In: Ders. (Hg.): Ritualized Homosexuality in Melanesia. London 1984, S. 1-82
ders.: Aspects of Socialisation for Aggression in Sambia. Ritual and Warfare. In: Anthropological Quarterly 1986, S. 160-164
ders.: Father Presence and Ritual Homosexuality: Paternal Deprivation and Masculine Development in Melanesia Reconsidered. In: Ethos 1989, S. 326-370
Herskovits, M./Herskovits, F.: Sibling Rivalry, the Oedipus Complex, and Myth. In: Journal of American Folklore 1958a, S. 1-15
dies.: Dahomean Narrative: A Cross-Cultural Analysis. Evanston 1958b
Hewlett, B: Intimate Fathers. University of Michigan Press 1991
ders. : Father-child-Relations. Cultural and Biosocial Contexts. New York 1992a
ders. : Husband-Wife Reciprocity and the Father-Infant Relationship among Aka Pygmies. In: Ders. (Hg.): Father-child Relations. Cultural and Biosocial Contexts. New York 1992b, S. 153-17
Hiatt, L.: Indulgent Fathers and Collective Male Violence. In: Heald,S./Deluz,A. (Hg.): Anthropology and Psychoanalysis. An Encounter through Culture. London 1994, S. 171-207
Hultkrantz, A.: The American Indian Vision Quest: A Transition Ritual or a Device for Spiritual Aid? In: Transition Rites. Cosmic, Social and Individual Order. Rom 1986, S. 29-43
Janus, L.: Die Psychoanalyse der vorgeburtlichen Lebenszeit und der Geburt. Pfaffenweiler 1989
Jensen, A.: Beschneidung und Reifezeremonien bei Naturvölkern. Stuttgart 1933
Johnson, A./Earle, T.: The Evolution of Human Societies. From Foraging Group to Agrarian State. Stanford 1987

Jones, E.: Eine psychoanalytische Studie über den heiligen Geist. In: Spiegel, J. (Hg.): Psychoanalytische Interpretationen biblischer Texte. München 1972, S. 200-211

Jüngst, P.: Psychosoziale Kompromißformen in der portugiesischen Agrarrevolution. Überlegungen zur intra- und interpsychischen Dynamik alentejanischer Landarbeiter. In: Vester, M. (Hg.): Unterentwicklung und Selbsthilfe in europäischen Regionen. Hannover 1993, S. 248-269

ders.: Gesellschaftliche Aggressivität und die Separierung geschlechtsspezifischer Lebensbezüge – Überlegungen und Fallbeispiele zu den psychosozialen Implikationen der systematischen Nichtpräsenz der Männer. In: Urbs et Regio, Bd. 62, Kassel 1995a, S. 5-61

ders.: Psychodynamik und Stadtgestaltung – Zum Wandel präsentativer Symbolik und Territorialität von der Moderne zur Postmoderne. Stuttgart 1995b

ders.: Initiationsriten und gesellschaftliche Aggressivität – Zur Kanalisierung psychischer Ambivalenzen in der Adoleszenz in unterschiedlichen Gesellschaften und raumzeitlicher Kontexte. In: Janus, L. (Hg.): Psychohistorie, Pubertät und Identität, Tagungsdokumentation der 10. Jahrestagung der Deutschen Gesellschaft für Psychohistorische Forschung vom 15.-17. März 1996, Heidelberg 1996.

Jüngst, P./Meder, O.: Psychodynamik und Territorium. Zur gesellschaftlichen Konstitution von Unbewußtheit im Verhältnis zum Raum: Bd. I: Experimente zur szenisch-räumlichen Dynamik von Gruppenprozessen: Territorialität und präsentative Symbolik von Lebens- und Arbeitswelten. Urbs et Regio, Bd. 54, Kassel 1990

dies.: Psychodynamik und Territorium. Zur gesellschaftlichen Konstitution von Unbewußtheit im Verhältnis zum Raum: Bd. III: Territorialität und präsentative Symbolik der römischen Welten und die psychosoziale Kompromißfähigkeit ihrer Eliten. Urbs et Regio, Bd. 58, Kassel 1992

Jüngst, P./Otto. A.: Ein kriegerisches „Matriarchat". Zur Separierung geschlechtsspezifischer Lebensbezüge und zur Herstellung und Kanalisierung von Aggressivität bei den Irokesen. In: Urbs et Regio, Bd. 62, Kassel 1995, S. 62-85

Kakar, S.: Kindheit und Gesellschaft in Indien. Frankfurt 1988

Keesing, R.: Introduction. In: Herdt, G. (Hg.): Rituals of Manhood. Male Initiation of Papua New Guinea. Berkeley 1982, S. 1-43

Kitahara, M.: A Cross-Cultural Test of the Freudian Theory of Circumcision. In: International Journal of Psychoanalytic Psychotherapy, 1976, S. 535-546

Knauft,B.: Reconsidering Violence in Single Human Societies. Homicide among the Gebusi of New Guinea. In: Current Anthropology 1987, S. 457-499

ders.: Violence and Sociality in Human Evolution. In: Current Anthropology 1991, S. 391-428

Knauss, W.: Trennung und Gewalt im kulturellen Wandel. Gruppenanalytische Gespräche mit High School Studenten vom Sepik (Papua Neuguinea). In: Curare. Zeitschrift für Ethnomedizin 1987, S. 117-126.

König, H.: Auf dem Weg zur elterlosen Gesellschaft. In: Zepf, S. (Hg.): Die Erkundung des Irrationalen. Göttingen 1993, S. 114-153

Kramer, F./Sigrist, C.: Gesellschaften ohne Staat. Bd. 1. Gleichheit und Gegenseitigkeit. Frankfurt 1978

Lee, R.: Art, Science or Politics? The Crisis in Hunter-Gatherer-Studies. In: American Anthropologist 1992, S. 31-51

Levinson, D./Malone, M.: Toward Explaining Human Culture: A Critical Review of the

Findings of Worldwide Cross-Cultural Research. HRAF Press 1980
Lévy-Strauss, C.: Das Feld der Anthropologie. In: Strukturale Anthropologie II. Frankfurt, S. 11ff
Lidz, T./Lidz, R.: Oedipus in the Stone Age. In: Journal of the American Psychoanalytic Association 1984, S. 507-527
dies.: Oedipus in the Stone Age. A Psychoanalytic Study of Masculinization in Papua New Guinea. Madison 1989
Lipp, W.: Männerbünde, Frauen und Charisma. In: Völger, G./v. Welck, K.(Hg.): Männerbande – Männerbünde. Zur Rolle des Mannes im Kulturvergleich. Bd. 1. Köln 1990
Lourandos, H.: Intensification and Australian Prehistory. In: Price, D./Brown, J. (Hg.): The Emergence of Cultural Complexity. Orlando 1985, S. 385-423
Marshall, L.: The Kung of Nyae Nyae. Cambridge 1976
deMause, L.: Evolution der Kindheit. In: Ders.: Hört ihr die Kinder weinen? Eine psychogenetische Geschichte der Kindheit. Frankfurt 1977, S. 1-111
ders.: On Writing Childhood History. In: The Journal of Psychohistory 1988, S. 135-171
McCarthy, B.: Warrior Values: A Socio-Historical Survey. In: Archer, J. (Hg.): Male Violence. London 1994, S.,105-119
Mead, M.: Male and Female. William Morrow 1949
Meder, O.: Prüfung als Ritual oder: Zurichtung durch Zugerichtete. In: Pädagogik/Beiheft 1993, S.47-51
Meillassoux, C.: Versuch einer Interpretation des Ökonomischen in den archaischen Subsistenzwirtschaften (1960). In: Eder, K. (Hg.): Seminar: Die Entstehung von Klassengesellschaften. Frankfurt 1973, S. 31-68
von Minden, G.: Der Bruchstück-Mensch: Psychoanalyse des frühgestört-neurotischen Menschen der technokratischen Gesellschaft. München 1988
Morgan, J.: The Life and Adventures of William Buckley: Thirty-Two Years a Wanderer amongst the Aborigines of the unexplored Country round Port Philip. Seaford 1979
Morton, J.: Mama, Papa and the Space Between: Children, Sacred, Objects, and Transitional Phenomena in Aboriginal Central Australia. In: The Psychoanalytic Study of Society 1989, Bd. 14, S. 191-225
Muensterberger, W.: Versorgung durch mehrere „Mütter" – interkulturelle Betrachtungen. In: Psyche 1980, S. 677-693
Müller, K.: Die bessere und die schlechtere Hälfte: Ethnologie des Geschlechterkonflikts. Frankfurt 1984
ders.: Das magische Universum der Identität. Frankfurt 1987
ders.: Initiationen. In: Müller, K./Treml, A.(Hg.): Ethnopädagogik. Sozialisation und Erziehung in traditionellen Gesellschaften. Eine Einführung. Berlin 1992, S. 61-82
Munroe, R. u.a.: Male Sex Role Resolutions. In: Munroe, R. u.a.: Handbook of Cross-cultural Human Development. New York 1981, S. 611-632
Murdock, G./White, P.: Standard Cross-Cultural Sample. In: Ethnology 1969, S. 329-369
Nippold, W.: Individuum und Gemeinschaft bei niederen Sammlern und Jägern. Braunschweig 1965
Norbeck, E. u.a.: The Interpretation of Data. In: American Anthropologist 1962, S. 463-485
Ottenberg, S.: Oedipus, Gender and Social Solidarity: A Case Study of Male Childhood and Initiation. In: Ethos 1988, S. 326-352

ders.: Boyhood Rituals in an African Society. Seattle 1989
ders.: Initiations. In: Bock, P. (Hg.): Handbook of Psychological Anthropology. Westport 1994, S. 351-377
Paige, K./Paige, J.: The Politics of Reproductive Rituals. Berkeley 1981
Parin, P. u.a.: Die Weißen denken zuviel. Psychoanalytische Untersuchungen bei den Dogon in Westafrika. München 1963
Parin, P. u.a.: Fürchte Deinen Nächsten wie Dich selbst. Psychoanalyse und Gesellschaft am Modell der Agni in Westafrika. Frankfurt 1971
Precourt, W.: Initiation Ceremonies and Secret Societies as Educational Institution. In: Brislin, R. u.a.: Cross-Cultural Perspectives on Learning. New York 1975, S. 231-250
Rauchfleisch, U.: Allgegenwart von Gewalt. Göttingen 1992
Reik, T.: Die Pubertätsriten der Wilden. In: Ders.: Probleme der Religionspsychologie. Leipzig 1919, S. 59-131
Robarchek, C./Robarchek, C.: Cultures of War and Peace: A Comparative Study of Waorani and Semai. In: Silverberg, J./ Gray, J. (Hg.): Aggression and Peacefulness in Humans and Other Primates. New York 1992, S. 189-213
Rohner, R.: They Love me, they love me not. A Worldwide Study of the Effects of Parental Acceptance and Rejection. New Haven 1975
ders.: World wide Tests of Parental Acceptance-Rejection Theory. An Overview. In: Behaviour Science Research 1980, S. 1-21
Roland, A.: In Search of Self in India and Japan. Princeton 1988
Rose, F.: Australian Marriage, Land-Owning Groups, and Initiations. In: Lee, R./De Vore, J. (Hg.): Man the Hunter, Chikago 1979, S. 200-208
Rosen, L.: Male Adolescent Initiation Rituals: Whiting's Hypothesis Revisited. In: Boyer, L./Grolnick, S. (Hg.): The Psychoanalytic Study of Society. Bd. 12, Hillsdale 1988, S. 131-155
Ross, M.: The Limits to Social Structure: Social Structural and Psychocultural Explanations for Political Conflict and Violence. In: Anthropological Quarterly 1986a, S. 171-76
ders.: Cross-Cultural Theory of Political Conflict and Violence. In: Political Psychology 1986b, S. 427-469
ders.: Social Structure, Psychocultural Dispositions, and Violent Conflict: Extensions from a Cross-cultural Study. In: Silverberg, J./Gray J. (Hg.): Aggression and Peacefulness in Humans and Other Primates. Oxford 1992, S. 271-294
Sack, R.D.: Human Territoriality: Its Theory and History. Cambridge 1986
Sahlins, M.: Stone Age Economics. New York 1972
Sanday, P.: Female Power and Male Dominance. London 1981
Sbrzesny, H.: Die Spiele der !Ko-Buschleute. München 1976
Schlegel, A.: Cross-Cultural Comparisons in Psychological Anthropology. In: Bock,P. (Hg.): Handbook of Psychological Anthropology. Westport 1994, S. 19-39
Schlegel, A./Barry, H.: The Evolutionary Significance of Adolescent Initiation Ceremonies. In: American Ethnologist 1980, S. 696-715
Schmidt, W.: Das Mutterrecht. Wien 1955
Schweizer, T.: Lineare Strukturmodelle in der Ethnologie: Ein Test von Whitings Theorie der Pubertätsriten (Teil II). In: Sociologus 1978, S. 141-173
Segall, M.: Aggression in Global Perspective: A. Research Strategy. In: Goldstein A./Segall, M. (Hg.): Aggression in Global Perspective. New York 1983, S. 1-43

ders.: Psycho-cultural Antecedents of Male Aggression. Some Implications Involving Gender, Parenting, and Adolescence. In: Dasen P. u.a. (Hg.): Health and Cross-cultural Psychology. Towards Applications. Newbury 1988a

ders.: Cultural Roots of Aggressive Behaviour. In: Bond, M. (Hg.): The Cross-Cultural Challenge to Social Psychology. Newbury Park 1988b, S. 208-217

Segall, M. u.a.: Human Behavior in Global Perspective. New York 1990

Shostak, M.: Nisa erzählt. Hamburg 1982

Slater, P.: The Glory of Hera: Greek Mythology and the Greek Family. Boston 1968

Slater, P./Slater, D.: Maternal Ambivalence and Narcissism: A Cross-Cultural Study. In: Merrill-Palmer Quarterly of Behavior and Development 1965, S. 241-260

Smole, W.: The Yanoama Indians. A Cultural Geography. Austin 1976

Spiro, M.: Oedipus in the Trobriands. Chikago 1982 (Neuauflage 1993)

Staewen, C.: Kulturelle und psychologische Bedingungen der Zusammenarbeit mit Afrikanern: Ansatzpunkte für eine komplementäre Partnerschaft. München 1991

Stanek, M.: Geschichten der Kopfjäger. Mythos und Kultur der Iatmul auf Papua-Neuguinea. Köln 1982

Stein, H.: Developmental Time, Cultural Space. Norman 1987

Stephens, W.: The Oedipus Complex. Cross-Cultural Evidence. New York 1962

Stevenson,M.R./ Black, K.N.: Paternal Absence and Sex-Role Development: A Metaanalysis. In: Child Development 1988, S. 793-814.

Strathern, A.: Male Initiation in New Guinea Highlands Societies. In: Ethnology 1970, S. 373-379

Turnbull, C.: The Forest People. New York 1961

ders.: The Politics of Non-Aggression. In: Montagu, A. (Hg.): Learning Non-Aggression. The Experience of Non-Literate Societies. Oxford 1978, S. 161-221

Turner,V.: Das Ritual. Struktur und Anti-Struktur. Frankfurt 1989

Tuzin, D.: The Voice of the Tambaran. London 1980

Van Leeuwen, M.: A Cross-Cultural Examination of Psychological Differentiation in Males and Females. In: International Journal of Psychology 1978, S. 87-122

Volkan, V.: Cyprus – War and Adaptation. A Psychoanalytic History of Two Ethnic Groups in Conflict. Charlottesville 1979

Walsh, M./Scandalis, B.: Institutionalized Forms of Intergenerational Male Aggression: In: Nettleship, M. u.a. (Hg.): War, Its Causes and Correlates. Paris 1975, S. 135-155

Weiss, F.: „Magendaua". In: Morgenthaler, F. u.a.: Gespräche am sterbenden Fluß. Ethnopsychoanalyse bei den Iatmul in Papua-Neu-Guinea. Frankfurt 1984

dies.: Mutterschaft und frühe Kindheit bei der Iatmul in Papua Neuguinea. In: Der Weg ins Leben. Mutter und Kind im Kulturvergleich. Frankfurt 1990

West, M./Konner, M.: The Role of the Father: An Antropological Perspective. In: Lamb, M. (Hg.): The Role of the Father in Child Development. Madison 1976, S. 185-217

White, D./Burton, M.: Causes of Polygyny: Ecology, Economy, Kinship and Warfare. In: American Anthropologist 1988, S. 871-887

Whiting, B.: Sex Identity and Physical Violence: A Comparative Study. In: American Anthropologist 1965, S. 123-140

Whiting, J.: Sorcery, Sin and the Superego: a Cross-cultural Study of some Mechanism of Social Control. In: Jones, M. (Hg.): Nebraska Symposium on Motivation. Lincoln 1959, S. 174-195

Whiting, J. u.a.: The Function of Male Initiation Ceremonies at Puberty. In: Macoby, E. u.a. (Hg.): Readings in Social Psychology. New York 1958, S. 359-370

Whiting, J./Whiting, B.: Aloofness and Intimacy of Husbands and Wives: A Cross-Cultural Study. In: Ethos 1975, S. 183-207

Winnicott, D.W.: Von der Kinderheilkunde zur Psychoanalyse. München 1976

Woodburn, J.: Hunters and Gatherers Today and Reconstruction of the Past. In: Gellner, E. (Hg.): Soviet and Western Anthropology. London 1980, S. 95-117

ders.: Egalitarian Societies. In: Man 1982, S. 431-451

Young, F.: The Function of Male Initiation Ceremonies: A Cross-Cultural Test of an Alternative Hypothesis. In: The American Journal of Sociology 1962, S. 379-391

ders.: Initiation Ceremonies. A Cross-Cultural Study of Status Dramatization. Indianapolis 1965

Zerries, O./Schuster, M.: Mahekodotedi. Münster 1974

Anmerkungen

1 Zur Frage der Vergleichbarkeit vorgeschichtlicher und rezenter Sammler- und Jägergesellschaften s. u.a. Johnson/Earle 1987, Headland/Reid 1989, Knauft 1991 und Lee 1992.

2 Die von Whiting u.a. festgestellten statistischen Bezüge sind später kritisiert und modifiziert, aber nicht prinzipiell wiederlegt worden (s. z.B. Norbeck u.a. 1962, Kitahara 1976, Schweizer 1978 und Schlegel/Barry 1980; vgl. auch Ottenberg 1994, Segall u.a. 1990 (s. 257f u. 281) und Jüngst 1995a).

3 In der genannten Studie gekennzeichnet durch langes Stillen, Schlafen des Kindes im Raum der Mutter bei gleichzeitiger Abwesenheit des Vaters sowie länger andauerndem Sexualverbot für die Mutter nach der Geburt.

4 Bei den wenigen Fällen, wo dies gemäß dieser Studie nicht zutraf, verließ (abgesehen von einer von Whiting u.a. (1958) anderweitig begründeten Ausnahme) der Sohn in der Adoleszenz die Wohnstätte der Mutter und Schwestern.

5 Whiting selbst hat diesen Zusammenhang zunächst vor allem mit der in entsprechenden Gesellschaften erhöhten ödipalen Problematik und der Notwendigkeit, diese ruhig zu stellen erklärt, später dann mit der sogenannten „status envy"-These (dem Neid auf jene Personen, die in der Wahrnehmung des Kindes Güter und Ressourcen kontrollieren) und in Verbindung damit einer zunächst starken Identifikation mit der Mutter, die dann jedoch zu Gunsten der Etablierung einer betonten Identifizierung mit männlich-"väterlichen" Vorbildern aufgegeben wird (Burton/Whiting 1961; s. auch Munroe u.a. 1981, S. 615f).

6 So Whiting u.a. 1958; Stephens 1962; Slater/Slater 1965 und Spiro 1993; vgl. auch Slater 1968, Levinson/Malone 1980, Lidz/Lidz 1984, Chodorow 1985 und Ross 1986b.

7 Daß gerade eine übermäßige „Abschwächung" der Mutter als kontinuierlicher Bezugsperson zugunsten mehrerer (angeblich umfassende Versorgung garantierender und multiple Identifikationsmöglichkeiten bietender) weiblicher Betreuungspersonen nicht idealisiert werden darf, vielmehr eine eigene Problematik in sich bergen mag, deutet Muensterberger (1980, S. 689) in folgender Aussage an: „Die Grundzüge sind ganz

klar: Die emotionalen Auswirkungen einer mehr oder weniger regelmäßigen intimen Betreuung durch verschiedene Personen scheinen in unbewußte und schließlich unstabile Objektrepräsentanzen und -besetzungen einzugehen. Die grundlegende These, wie sie sich für mich darstellt, klingt fast zu platt: Mutterersatzfiguren führen zu unstabilen Beziehungen" (Muensterberger 1980). Zugleich mag, wenn man den Ausführungen von Muensterberger folgen will, in der „Aufzucht" der Kleinkinder durch mehrere „Mütter" ein noch problematischeres Potential im Hinblick auf Spaltungen früher Imagines sowie eine noch stärkere Abhängigkeit von Gruppenbezügen vorhanden sein, als dies für lang andauernde Mutterkind"symbiosen" in dem hier skizzierten Sinn der Fall sein dürfte. Freilich mögen – und auch hierzu macht Muensterberger Ausführungen – eben jene „unstabilen Beziehungen" in besonderer Weise in vorherrschende soziokulturelle Bezüge eingebettet und damit im Sinne der spezifischen Gruppenkultur durchaus auch „funktional" sein.

8 Zu letzterem Aspekt gerade in „Vater-abwesenden" Gesellschaften s. auch Draper und Harpending 1982 und Chisholm 1992 (S. 163ff), der bei den zu jungen Frauen gereiften Töchtern aufgrund verschiedener Indizien eine Disposition zur Abwertung von Männern und Männlichkeit sowie zu einer andauernden Suche nach immer neuen Sexualpartnern vermutet, die freilich durch diverse soziale „Zwänge" in männerdominierten Gesellschaften ruhiggestellt werde.

9 Dies heißt freilich nicht, daß jene Aggressivität unmittelbar manifest werden muß. Vielmehr lassen sich gerade Studien aus „einfachen" Kulturen mit separierten Geschlechterbezügen, aber auch aus Haushalten aus westlichen Gesellschaften, die durch die Abwesenheit der Väter gekennzeichnet sind (vgl. u.a. Whiting/Whiting 1975 und Munroe u.a. 1981), dahingehend interpretieren, daß angesichts der Dominanz der mütterlichen Welt die gegen sie gerichtete Aggressivität zunächst eher latent gehalten wird und stattdessen eine Identifikation mit eben dieser Welt überwiegt. So beschreibt beispielsweise Mead (1949, S. 93f) die kleinen Jungen der durch szenisch-räumliche Geschlechterseparierungen charakterisierten Iatmul in Neu Guinea als „surprisingly feminine, willowy, giving very little premonition of the bombast and high, headstrong behavior that will characterize them as adults. Their identification has been, inevitably, first with women" (1949, S. 95). Im übrigen wird jene mit der frühen „Symbiose" zusammenhängende Aggression zugunsten offenbar einer gewissen Idealisierung dieser Phase häufig kaum gesehen, auch wenn z.B. der gerade in Gesellschaften mit langandauerndem postnatalen Sexual-Taboo weit verbreitete Hexenglaube (vgl. Whiting 1959) entsprechende Verdrängungs- und Verschiebungsleistungen nahelegt.

10 Eine Reihe von ethnopsychoanalytisch orientierten Autoren verbindet erst mit dieser Phase die eigentliche Generierung von (freilich bald unterdrückten) Wut- und Haßgefühlen gegenüber der Mutter und damit generell ablehnender Gefühle gegenüber Frauen. So vermutet Knauss für Jugendliche vom Sepik in Papua-Neu-Guinea, „daß tendenziell alle Jungen die Enttäuschung über ihre individuellen Mütter im Zusammenhang mit der abrupten Abstillphase verleugnen. Seine Schlußfolgerung ist, daß die kindliche Wut über die Abstillung dabei auf die 'böse Brust' und später generell auf die Frauen verschoben und die Frau dadurch gefährlich wird, wobei gleichzeitig die eigene Mutter als 'gutes Objekt' erhalten bleiben kann" (Bosse 1994, S. 153f.; s. auch Knauss 1987). Mit dem Hinweis, daß entsprechende vielfach sehr abrupte Abstillungen (vgl. u.a. Segall 1983, S. 20) häufig auf dem Höhepunkt der ödipalen Phase erfolgen, benennt Devereux (1985,

S. 168) am Beispiel der in den Prärien lebenden Schwarzfußindianer einen weiteren Aspekt: „Der Knabe hatte simultan mit drei Arten von Feindseligkeit fertig zu werden: seinem ödipalen Haß auf den Vater, seiner Geschwisterrivalität und seiner doppelten Enttäuschung durch die Mutter. Vieles deutet darauf hin, daß die stärkste dieser feindseligen Rührungen gegen die Mutter gerichtet war, indem diese den Sohn zunächst glauben gemacht hatte, daß er ihr einziger Liebling war, um sich dann doch wieder ihren sexuellen Bedürfnissen hinzugeben, ihn mit seinem Vater zu 'betrügen' und ihm ein Geschwister zu bescheren, das heißt, einen Rivalen um ihre Gunst. Die Feindseligkeiten gegen den Vater und das jüngere Kind verschmolzen auf diese Weise mit der Feindseligkeit gegen die Mutter oder den Muttterersatz und ordneten sich ihr unter"

Die der „Entwöhnung" vorhergehende „symbiotische" Phase wird dagegen häufig von Ethnopsychoanalytikern als frustrationsfrei (z.B. Parin u.a. (1963) für die Dogon und Staewen (1991) zusammenfassend für schwarzafrikanische Gesellschaften), d.h. gleichsam als „paradiesisch" gewertet. Sie scheinen die von mir – auch in Anlehnung an andere Autoren (s. oben sowie Jüngst 1995a) – herausgestellten problematischen Aspekte gerade auch im Hinblick auf die lang andauernde Stillphase nicht wahrzunehmen bzw. benennen sie zumindest nicht. Argumentativ mit der Frage einer zu engen Mutterbindung in „einfachen" Gesellschaften hat sich allerdings Bosse (1994, S. 300ff) auseinanderzusetzen gesucht, der u.a. ausführt, daß die starke Mutterbindung westlicher Gesellschaften „ein historischer Spezialfall von Sozialisation" sei und die diesem innewohnende sozialisatorische Problematik (vgl. hierzu auch Gfäller 1986) auch nicht auf extrem „mutternde" einfache Gesellschaften übertragen werden könne, da in diesen Gesellschaften die Kleinkinder die Welt auch unabhängig von der Mutter erfahren könnten – wohl versorgt von Geschwistern, der Alters- oder der Geschlechtergruppe der Frauen. An anderer Stelle gesteht allerdings Bosse zu, daß die „Entwertung der Frau" bei den von ihm untersuchten Jugendlichen des Sepik seiner Sicht nach aus der „Unmöglichkeit", „ihre Unabhängigkeitsbedürfnisse gegenüber der Mutter durchzusetzen und nicht der Enttäuschung über in früher Kindheit abrupt von der Mutter abgeblockte Abhängigkeits- und Versorgungsbedürfnisse" entspringe (Bosse 1994, S. 324f.). Daß „Verführung" und „Bedrohung" zwischen Mutter und Kleinkind offenbar eine beträchtliche Rolle spielen, macht im übrigen ein von Bosse selbst gemachter Verweis auf Alltagsrituale zwischen Mutter und Kleinkind bei einem Stamm der Sepik deutlich (ebda., S. 327 und 334; vgl. auch Weiss 1984) – ein Kontext, in dem Bosse durchaus „Enttäuschungen, narzißtische Wut und destruktive Gefühle gegenüber der Mutter" benennt, so wie auch sein Co-Autor Knauss an anderer Stelle von einer „primäre(n) Gewalttätigkeit aus der frühen Symbiose mit der Mutter" spricht (Bosse 1994, S.336).

Im übrigen müßte, wenn ein – immer auch problematischer – Vergleich der Primärsozialisation in entsprechenden „einfachen" und in „westlichen" Gesellschaften angestrebt wird, auch die Tag und Nacht andauernde körperlich enge Bindung zwischen Mutter und Kind thematisiert werden, wie auch der in der Literatur immer wieder für viele dieser Gesellschaften hervorgehobene Mangel von mütterlichen Anreizen zu Selbständigkeitsversuchen der Kinder während der Stillzeit (z.B. Staewen (1991, S. 18) für schwarzafrikanische Gesellschaften; anders freilich Weiss (1990) für die Iatmul auf Neu-Guinea). Ignoriert werden dürften auch nicht die Auswirkungen der eingeschränkten Bezüge zum Ehemann und postnataler Sexualverbote auf die Mutter-Kind-Beziehung, die Parin u.a. (1971, S. 498) jedenfalls nur einseitig benennen, wenn sie von der

Triebbefriedigung der Mutter durch ihren Säugling sprechen, eine Problematik, die dagegen Spiro (1982) in seiner Analyse der ödipalen Konfliktsituation heranwachsender Knaben bei den Trobriandern hervorhebt. Außerdem bleibt die Frage zu diskutieren, inwieweit die von entsprechenden Autoren immer wieder hervorgehobene Fähigkeit der Mütter, auf jedes spontane Bedürfnis ihrer Kinder (so durch häufiges Stillen) einzugehen, ja dieses vorwegzunehmen, noch bevor solches das Kind selbst bemerkt habe (so Staewen (1991, S. 17) am Beispiel schwarzafrikanischer Gesellschaften) nicht in gewisser Weise auch eine Negierung von Strebungen des Kindes nach Unabhängigkeit und Eigenständigkeit darstellen mag. Neben diesen auf die frühkindliche Sozialisation zielenden Aspekten verdient im übrigen auch die Dauer des Verbleibens der heranwachsenden Jungen in einer dominant mütterlich-weiblichen Welt besondere Aufmerksamkeit (s. u.a. Lidz/Lidz 1984).

11 Inwieweit das ambivalente Verhältnis der Männer in unmittelbarer Aggressivität gegenüber den Frauen, in ihrer weitestmöglichen „Unter"werfung (gleichsam als konkret werdende Umkehrung früher Gefühle von Machtlosigkeit und Verlorenheit) zum Ausdruck kommen mag, ist jedoch auch von den realen Anforderungen, die jeweilige Gesellschaften an die Handlungsfähigkeiten der Frauen richten, abhängig. Gerade in kriegerischen Gesellschaften kann ja die häufige und lange Abwesenheit der Männer eine erhöhte Handlungsfähigkeit der Frauen einfordern und damit ihrer tendenziellen Unterdrückung Grenzen setzen (Jüngst 1995a). Zudem dürfte vor allem in matrilinearen und matrilokalen Gesellschaften die gegen Frauen gerichtete Aggressivität in deren dort stärkeren Positionen ihre Grenzen zu finden (Reiss 1986), eine Aggressivität, die damit freilich umso eher nach außen gerichtet sein mag (Jüngst/Otto 1995 und Jüngst 1995a; eine hohe manifeste Aggressivität gerade matrilinearer Gesellschaften betont übrigens Lipp 1990 (s. schon Schmidt 1955), wobei diese sich in der Regel allerdings auf Gruppierungen richtet, die zu entfernteren Gesellschaften/Ethnien gehören (Harris 1989, S. 190f und Bargatzky 1985, S. 77f; s. allerdings auch Ross 1992, S. 280f)). In dem letzteren Zusammenhang sei allerdings auch darauf hingewiesen, daß in matrilinearen Gesellschaften kollektive Initiationsriten in weit geringerem Ausmaß durchgeführt werden als in patrilinearen Gesellschaften (Schlegel/Barry 1980, S. 706), ein Faktum, das u.a. mit der schwächeren Position von außen einheiratender Männer gegenüber den Zusammenhalt und intergenerative Fortschreibung sichernden weiblichen Kollektiven, möglicherweise aber auch in den insgesamt wohl weniger „entwickelten" Organisationsformen matrilinearer Gesellschaften (s. u.a. Schlegel/Barry 1980) seine Erklärung finden mag.

12 Umgekehrt kann der „Knabe der ödipalen Phase, der eine lange Objektverbindung mit einem liebenden Vater hat, die bis ins erste Lebensjahr zurückreicht, einen Mordwunsch nicht länger aushalten" (Blanck 1989, S. 140).

13 Dem widerspricht keineswegs, daß die realen Väter anläßlich der Durchführung rigider Initiationsriten um das Wohl ihrer Kinder besorgt sind und im Falle etwa eines tödlichen Ausgangs durchaus auch Rachegedanken hegen (Paige/Paige 1981, S. 153ff), agieren doch den anderen Teil ihrer mehr oder weniger unbewußten Ambivalenz das Kollektiv und seine Vertreter, die die Initiation unmittelbar durchführen (es gibt allerdings auch Fälle, in denen die Väter selber unmittelbar als Verursacher initiatorischer Praktiken – wie etwa der Beschneidung – aufscheinen (s. z.B. Ottenberg 1988)). In diesem Zusammenhang muß auf das offenbar bei vielen Stämmen nicht unbeträchtliche Risiko

eben eines tödlichen Ausgangs der Inititation oder zumindest einer realen Kastration hingewiesen werden (Paige/Paige 1981, S. 154f). Letzlich mögen auch die in solchen Gesellschaften häufigen kriegerischen Aktivitäten auf einer unbewußten Ebene als Ausdruck eben jener Ambivalenzen gesehen werden: Wie es Stein (1987, S. 49) formuliert: „Certainly, one psychological aspect of warefare consists of father`s willingness to jeopardize the lives of their only partly beloved sons by sending them off to fight – and die – at their best and in their behalf at the hands of others, and, reciprocally, of sons going „abroad" to seek and kill others` sons if not the fathers themselves. At this level one can interpret parricidal and filicidal, counteroedipal and oedipal issues displaced from the group onto the intergroup stage."

14 Vor allem im Falle der sehr verbreiteten polygynen Gesellschaften (Schlegel/Barry 1980) dürfte jene Aggressivität der „Väter", aber auch die der Jungen durch die Knappheit der Frauen und die sich daraus ergebende latente Konkurrenz noch eine Zuschärfung erfahren (Walsh/Scandalis 1975, S. 141ff). Es ist dies eine Konstellation, die, wie die Beispiele einiger Stämme nahelegen (ebda.), offenbar dazu beizutragen vermochte, daß Junge bevorzugt in kriegerische Unternehmungen verwickelt wurden und einen überhohen Blutzoll zu bezahlen hatten.

15 D.h. im Sinne von deMause (1977) sind sie nicht – oder nur in abgespaltener Form (s. Anmerkungen 13 und 22) – zu einer „emphatischen Reaktion" fähig. Zudem projizieren die erwachsenen Männer möglicherweise „auch ihre eigenen, seit der Initiation verdrängten Wünsche, gegen die Verhaltensregeln ihrer Gesellschaft zu verstoßen, auf ihre sich in der ödipalen Situation befindenden Söhne und versuchen so, diese Wünsche als Initiatoren zu bekämpfen" (Gottschalk 1996/97, S. 11f).

16 Wenn hier die „Genese" von „vernichtender" Aggressivität mit der Separierung der Geschlechter in Verbindung gebracht wird, soll damit keinesfalls bestritten werden, daß variierende Ausprägungen von Aggressivitätspotentialen auch im Kontext sonstiger gesellschaftlicher Sozialisationsbedingungen sowie individueller Sozialisationsverläufe zu sehen sind und mit ihnen verbundener so wichtiger „Realitätsfaktoren wie Krankheit, Beziehung zwischen Eltern und Geschwistern, der Tod von Eltern und Geschwistern, Verlieben, Ehe, Scheidung, Akzeptierung durch die Gleichaltrigen in der Latenzzeit, die psychische Entwicklung der Pubertät etc." (Greenson 1982, S. 433) und wohl nicht zuletzt prä- und perinatalen Vorgängen (Janus 1989). Doch ist jedenfalls diesen individuellen Sozialisationsbedingungen nicht ein so systematischer Charakter zuzuordnen wie der hier in den Vordergrund gestellten szenisch-räumlichen Separierung der Geschlechter mit ihren tiefgreifenden Auswirkungen eben auf Paarbeziehungen und damit die Primär- und Sekundärsozialisation und nicht zuletzt auch den Umgang und die Verarbeitung der Pubertätsproblematik. Hingewiesen sei allerdings auch in diesem Zusammenhang auf eine Studie von Herdt, der am Beispiel von „Tiefland"-Gesellschaften in Neu-Guinea herausarbeitet, das auch eine gewisse räumliche Nähe der Vaterfiguren zu Mutter und Kind mit einer ausgeprägten Beziehungsproblematik einhergehen kann, die in den von ihm genannten Beispielen gleichfalls mittels rigider Sozialisationspraktiken „bewältigt" wird. Als kennzeichnend für jene Problematik in den entsprechenden Gesellschaften stellt er einen kulturell geprägten hohen Antagonismus des Vaters gegenüber der Mutter (und damit jedenfalls auch eine verstärkte Bindung der Mutter an die männlichen Knaben – so P.J.) sowie eine hohe Inkonsistenz in der Präsenz der (im Kontext der Jagd und vor allem der geheimen Riten und „Männerbündelei" häufig abwesenden) Väter heraus, die von den

Söhnen ausgesprochen ambivalent besetzt werden. „In his attempt to interact and identify with father, to spend time with and win his favor, and to take on an adult role, the boy is limited in the Melanesian context by virtue of the omnipresent secrecy of the men's ritual cult, which manifests itself in psychosocial distantiation between fathers und their wives/children. Comparison of Highlands and Lowlands groups is revealing here" (Herdt 1989, S. 351 f). Es ist dies jedenfalls eine Konstellation, die, wie ich meine, nicht nur die Ablösung von der Mutterfigur beträchtlich erschweren, sondern zugleich auch die Integration der auf sie gerichteten antagonistischen Strebungen nachhaltig behindern dürfte. Ergebnisse wie die von Herdt mögen u.a. erklären, daß nicht nur die in den von Broode (1990) in ihrer interkulturellen Studie von etwa 50 „Standard Cross-Cultural Sample (Murdock/White 1969) societies" erfaßten „father absent"-Gesellschaften fast durchweg durch (aggressive) „hypermasculinity" gekennzeichnet sind, sondern auch in einem beträchtlichen Teil der durch „mäßige" bis „hohe" Nähe zwischen Vater und Söhnen gekennzeichneten Gesellschaften eben solche „hypermasculinity" zu beobachten ist.

Inwieweit die von Rohner (1980) am Beispiel einer interkulturellen Studie von 101 Gesellschaften (ders. 1975) für einen Teil dieser Gesellschaften herausgestellte intergenerative Fortschreibung von Feindseligkeit, Mißtrauen und Zurückweisung mittels entsprechender Einstellungen und Verhaltensweisen der Eltern in der Primär- und Sekundärsozialisation von den jeweils dominierenden Geschlechterbezügen mitgesteuert wird, bleibt in der entsprechenden Studie ungeklärt (vgl. zu diesem Fragenkomplex Segall 1983, S. 16ff); allerdings stellt Rohner in der gleichen Studie fest, daß Kinder eher eine „Akzeptanz" erfahren, wenn der Vater auf einer „day-to-day basis" anwesend ist, und daß „akzeptierte" Kinder „more self-reliance" aufweisen (s. auch Schlegel 1994, S. 34). Ergänzend hierzu sei auf Ross (1992, S. 278) hingewiesen, der im Hinblick auf die Ergebnisse interkultureller Studien ausführt: „Greater expression of affection towards children, greater emphasis on values such as trust, honesty, and generosity, and closer father-child ties, for example, are all factors which lead individuals towards cooperation, rather than animosity and aggressiveness." und in Anlehnung an Fairbairn, Winnicott, Guntrip und Stern begründend hinzufügt. „Healthny psychosocial development of the individual, in terms of early 'object relations' (internalized images of others based on early experiences) and of secure ties to parental figures, prepares the way for socially cooperative behavior later in life" (s. auch ebda S. 281 u. 288).

Vermuten mag man zudem, daß jedenfalls in stratifizierten Gesellschaften aggressiv-autoritäre Bezüge von Herrschaft „nach unten" weitergegeben werden, d.h. in die Bezüge zur Frau wie auch in die der Eltern zu den Kindern hineinwirken (zu entsprechenden Aspekten in der römischen Gesellschaft s. Jüngst/Meder 1992, im Falle portugiesischer Landarbeiter Jüngst 1993 und vergleichbaren Momenten in der Sozialisation deutscher Unterschichten im 19. Jdht. Jüngst 1995b, S. 23ff).

Systematisch die Primärsozialisation und damit das Ausmaß an Potentialen „vernichtender" Aggressivität beeinflussen dürften im übrigen auch jeweils spezifische kulturelle Praktiken, wie sie Parin u.a. (1971) für die Agni, Erikson (1950) für die Sioux und Boyer (u.a. 1986) für die Apachen herauszuarbeiten suchten oder wie sie auch für jene „analen" Erziehungspraktiken benannt werden könnten, die gegen Ende des 18. Jahrhunderts zunehmend in Mitteleuropa praktiziert zu werden begannen (u.a. Jüngst 1995b, S. 23ff). Freilich bleibt bei solchen Praktiken immer zu fragen, inwieweit deren singuläre Wirkung an sich oder nicht vielmehr der spezifische Bedeutungskontext zum Tragen kommt, den diese im Rahmen der Mutter-Kind-Beziehungen einnehmen, wie z.B. Benedict (1949) am Beispiel des jeweiligen Stellenwertes des Wickelns in Polen und Rußland herausgearbeitet hat.

17 Trotzdem dürfte ein erhebliches Ausmaß manifester Aggressivität auch innerhalb der jeweiligen Gruppen verbleiben, ja wie Bosse (1994) am Beispiel ethnischer Gruppen vom Sepik auf Neu-Guinea hervorhebt, aufgrund der Beteiligung der älteren Generation und damit auch der Väter an den Initiationsriten als solche im Bewußtsein der Jungen gegen eben diese immer auch präsent gehalten werden. Zur intragruppalen Tarierung entsprechender Aggressivität mögen ritualisierte Umgangsformen zwischen Vater und Sohn beitragen (ebda.), aber auch intragruppale Formen des Konfliktaustrags in körperlich-agonalen Formen und schließlich entwickeltere diskursive Formen (so z.B. Stanek (1982) zur Streitkunst der Männer bei den Iatmul in Neu-Guinea).

18 Freilich stimmen Initiationsriten nicht in allen Gesellschaften mit dem physischen Faktum der Pubertät überein, was u.a. mit der Wandlung psychosozialer Funktionen entsprechender Riten zu tun haben mag (man denke nur an die in die nachgeburtliche Zeit verlagerte Beschneidung bei den Juden). Weiter ist zu bedenken, ob und inwieweit entsprechende Erfahrungen, auch wenn sie nicht mit der biologischen Pubertät zusammenfallen, auf der phantasmatischen Ebene mit entsprechenden inneren Repräsentanzen, auch im nachhinein (im Sinne von Freuds Konzept der Nachträglichkeit (Erdheim 1992)), verknüpft werden. Schließlich sei auch auf Gesellschaften – so im melanesischen Raum – hingewiesen, wo Initiationsphasen lange vor der Pubertät stattfinden und über verschiedene Stufen bis ins Erwachsenenalter fortgesetzt werden mögen (Herdt 1981). Es handelt sich hier jedenfalls um Gesellschaften mit einem besonders ausgeprägten Geschlechterantagonismus.

19 Insofern tragen gerade die „positiven" Aspekte der ursprünglichen Anbindung an die Mütter dazu bei, der Entfaltung „vernichtender" Aggressivität im Binnenverhältnis der Männer entgegenzuwirken, diese vielmehr entlang der Vorgaben und Vorbilder der Gruppe zu kanalisieren.

20 Indem dieser „Verlust" erst endgültig mit der Initiationsphase erfolgt, kommen manche Autoren zu der Auffassung, daß in entsprechenden Gesellschaften der „Untergang" des Ödipuskomplexes erst mit dem Erreichen des Erwachsen-Seins erfolgt, d.h. die „phallische Organisation" gewissermaßen bis zur Initiation (oder sogar darüberhinaus) andauert (vgl. Morton 1989, S. 218ff).

21 Im Hinblick auf diesen Transfer fällt freilich eine merkwürdige Unklarheit von Ethnopsychoanalytikern beim Thema des Übergangs von Kindheit zur Erwachsenenwelt auf. Entweder wird der frühe Trennungsprozeß von der Mutter, die Phase der „Entwöhnung" in den Vordergrund gestellt und die darauf folgende gleichsam zwangsläufige Übertragung basal-mütterlicher Funktionen auf die Gesamtheit der Kindergruppe, in die das abgestillte Kind sich um des eigenen psychisch-existentiellen Überlebens willen einfügen muß (Parin u.a. 1963, S. 54; s. auch Staewen 1991); oder es wird die Separierung von der weiblich-mütterlichen Welt im Rahmen der Initiation betont. Daß in Sippengesellschaften offenbar beide Vorgänge vielfach wohl in dem Sinne aufeinander aufbauen, daß im Kontext der regressiven Fokussierung in der Seklusionsphase die traumatische „Entwöhnungs"- und Trennungsphase erneut reaktiviert und diesmal die basal-mütterliche Übertragung – im Unterschied zu jenen frühen Transfererfahrungen – speziell dem Männerkollektiv angeheftet wird, scheint nicht in den Blick zu geraten.

22 In jener Zuwendung spiegeln sich sicherlich auch Liebe, „Zuneigung und Lust an der Förderung der Initianden" (Bosse 1994, S. 70), während die gegen die Jungen ausgeübte Gewalt die andere Seite „eines komplexen und widersprüchlichen Verhältnisses" zu den Jungen, den „Söhnen" darstellt (ebda.).

23 Selbst die vor allem in Gesellschaften Melanesiens und besonders Neu-Guineas praktizierten päderastischen Praktiken lassen sich in einen solchen Zusammenhang einordnen (vgl. u.a. Bleibtreu-Ehrenberg 1980, (S. 130), Herdt 1981, Lidz/Lidz 1989 und Bohle 1990).

24 Freilich ist das Ausmaß der phantasmatischen Abwertung und realen Unterwerfung der Frauen durchaus unterschiedlich (s. u.a. Sanday 1981) und hängt vor allem wohl von dem Grad der ökonomischen Bedeutung und Eigenständigkeit der Frauen im jeweiligen gesellschaftlich-kulturellen Kontext ab (s. z.B. Bosse (1994) für die Stämme am Sepik in Neu-Guinea). Dabei stellt sich freilich auch die Frage, inwieweit eine im Realverhältnis zurückgedämmte Aggressivität gegenüber dem anderen Geschlecht auf anderweitige Abfuhrmöglichkeiten drängt (s. z.B. Jüngst/Otto 1995 und Jüngst 1995a).

25 Hier sei darauf hingewiesen, daß sich im Kontext spezifischer historisch-gesellschaftlicher Konstellationen auch sozialisatorische Verlaufsformen herausgebildet haben, die, wie Kakar (1988; vgl. auch Roland 1988, S. 230ff und Gilmore 1991, S. 192ff) am Beispiel des indischen Kulturkreises ausführt, angesichts prononciert ausgebildeter Mutterbindungen statt auf „Desidentifikation" auf eine – freilich modifizierte – Beibehaltung der Identifikation mit mütterlichen Vorbildern bei gleichzeitig partieller Leugnung männlicher Potenz und Stärke setzen. Inwieweit in entsprechenden, im Binnenverhältnis sehr „harmonisch" erscheinenden Gesellschaften (bzw. gesellschaftlichen Teilgruppen und „Großfamilien") „vernichtende" Aggressivität spezifische Formen der „Herstellung", Kanalisierung (man denke hier nur an das indische Kastenwesen mit seinen diversen Begleiterscheinungen), aber auch ihrer Ruhigstellung (s. Roland 1988, S. 307f) aufweisen mag, kann hier nicht weiter diskutiert werden. Welche Variante sozialisatorischer Verlaufsformen sich jeweils durchzusetzen vermag, diejenige extremer „Desidentifikation" (und damit Freisetzung basal angelegter Aggressivität sowie deren ödipale Zuschärfung – auch im Sinne der Identifikation mit dem „väterlichen" Aggressor (vgl. Ross 1986b, s. 444f u. 456f)) – oder jene, die auf eine modifizierte Beibehaltung der Identifikation mit mütterlichen Vorbildern setzt (und damit die – mehr oder weniger gelingende – „Verdrängung" von diesen geltenden aggressiven Strebungen impliziert), dürfte durch jeweils spezifische gesellschaftliche Bedingungskonstellationen (vgl. Gilmore 1991, S. 192ff) „gesteuert" werden. Zu unterschiedlichen gesellschaftlichen Möglichkeiten mit „vernichtender" Aggressivität umzugehen s. u.a. auch Jüngst 1995a.

26 Im übrigen scheinen auch in Gesellschaften, in denen initiatorische Rituale wenig ausgeprägt sind, die aber zugleich „überenge" Mutter-Kind-Bezüge in den frühen Sozialisationsphasen aufweisen, während die Väter abwesend sind bzw. nicht in der Erziehung der Kinder partizipieren, meist Männlichkeitsideale vorhanden zu sein, zu deren integralem Bestandteil Aggressivität und Eigenschaften wie „Mut" und „Tapferkeit" gehören (Segall 1988a und 1988b; Ross 1992, S. 278f), also sozial sanktionierte Wertvorstellungen, die in vorzüglicher Weise Gelegenheit geben, die aggressiven Anteile jener lebensgeschichtlich angelegten überstarken Ambivalenzen in gesellschaftlich akzeptierter Weise umzusetzen. Freilich besteht jenseits solcher Idealbildungen imaginierter Männlichkeit und institutioneller bzw. ritueller Praktiken zur Einbindung emporkochen-

der aggressiver Virulenzen immer die Gefahr der Entgleisung – und zwar dann, wenn die gesellschaftlich vorgegebenen Kanalisierungen manifest werdende Aggressivität nicht mehr in einem gesellschaftlich-kulturell akzeptierten Rahmen zu halten vermögen. Und solche Entgleisungen scheinen wiederum besonders häufig aufzutreten in Gesellschaften mit überengen Mutter-Kind-Bezügen bei zugleich mangelnder Präsenz und Partizipation der Väter bei der frühen Versorgung und Erziehung ihrer Kinder. Entsprechende Gesellschaften sollen jedenfalls, wie eine interkulturelle Studie zu 40 „nonliterate societies" indiziert, in besonderem Ausmaß Vergehen wie Mord, Vergewaltigung und tätlichen Angriff aufweisen (Bacon u.a. 1963, S. 293 f. (vgl. auch S. 298); s. auch Whiting 1965 und Segall 1988b sowie die Meta-Analyse von Stevenson und Black (1988), die am Beispiel entsprechender Untersuchungen ein hohes Maß adoleszenter Aggressivität im Falle der Abwesenheit der Väter herausstellt).

27 Als unmittelbare Illustration für die solchermaßen erfolgende Umlenkung zwischengeschlechtlicher und intragruppaler Aggressionen mag ein Ausschnitt aus einem Bericht des bekannten Sozialpsychologen und Anthropologen Whiting zu den Kwoma auf Neu-Guinea (1944, S. 142) dienen: „The Kwoma also carry out head-hunting raids against tribes who have not directly frustrated them. They frequently displace, to the out-group, aggression which was generated within the tribe. This is evidenced by the fact that the only two raids, about which I was able to question participants, began with in-group quarrels. One informant said that he had organized a raid because his wife had teased him for not showing himself a man by taking a head. When he started to beat her for taunting him, she accused him of being a woman-beater but afraid of men. With his 'belly still hot with anger' he had then organized a raid, in which he had taken a head. Another raid, organized during the period of fieldwork, also grew out of a quarrel between a husband and wife. Finally, in the memory of living informants, the Kwoma had once waged a war of extermination against another tribe over territorial rights."

28 „collective hunting ...; fishing by driving or some forms of seining; and 'herding'" (Young 1965, S. 69).

29 Freilich ist die genannte Studie von Paige/Paige in unserem Zusammenhang nur von heuristischem Wert, da – abgesehen von der Zirkumzision – nicht die Frage nach weiteren rigiden Initiationsriten gestellt wird. Im übrigen wird auch nicht thematisiert, ob die Zirkumzision als eher singuläres Ereignis oder im Kontext eines längeren, mehr oder weniger komplexen Initiationsgeschehens stattfindet, wie es gerade für viele Pflanzergesellschaften charakteristisch ist. Letzteres ist allerdings eine Fragestellung, die generell in entsprechenden statistischen Untersuchungen hintangestellt bleibt.

30 Die Separierung der Geschlechter wird hier aus der Annahme heraus detaillierter dargestellt, daß Indikatoren wie lang andauerndes postnatales Sexualtabu oder exklusive Mutter-Kind-Schlafarrangements nicht die oben skizzierte sozialisatorische Problematik begründen, vielmehr als Indikatoren tiefgreifender Geschlechterseparierungen begriffen werden können, die als solche – auch mittels jener „Indikatoren" – ihre sozialisatorischen Wirkungen entfalten. Dabei scheint von besonderer Bedeutung für jene sozialisatorischen Wirkungen auch die Dauer des Verbleibens der heranwachsenden Jungen in der mütterlich-weiblichen Welt zu sein (s. u.a. Lidz/Lidz 1984).

31 Entsprechend gilt in schwarzafrikanischen (traditionell weithin polygynen) Gesellschaften der Ehemann im Erleben der Frau weniger als Partner denn als Erzeuger ihrer Kinder und Versorger der Familie (Staewen 1991, S. 16). Zugleich kann gerade auch bei schwarz-

afrikanischen Gesellschaften die enge „symbiotische“ Bindung der Kleinkinder an die Mutter nachgewiesen werden und dies schon deswegen, „weil bei den meisten schwarzafrikanischen Völkern nach jeder Geburt ein jahrelanges sexuelles Tabu besteht“ (ebda. S. 17). In diesem Zusammenhang sprechen Parin u.a. auch von einer Triebbefriedigung der Mutter durch ihren Säugling (Parin u.a. 1971, S. 498). Im übrigen scheinen die auch weltweit verbreiteten polygynen Gesellschaften (vgl. Schlegel/Barry 1980) mit ihren vielfach beträchtlichen Altersunterschieden zwischen Mann und Frauen die Ausbildung enger Mutter-Kind-“Symbiosen“ in besonderem Maße zu fördern und damit auch eine wichtige Voraussetzung für die „Herstellung“ kriegerischer Männerpopulationen bereitzustellen, wie auch umgekehrt interkulturelle Untersuchungen nahelegen, daß polygyne Praktiken mit kriegerischen Aktivitäten und damit verbunden mit Frauenraub – wie wohl häufig auch beträchtlichen Verlusten an jungen Männern – einhergehen (Ember 1974 und 1984 sowie White/Burton 1988; vgl. auch Segall 1983). Jedoch gerade im Falle geraubter bzw. aus feindlichen Stämmen stammender Frauen dürfte sich die emotionale Bedeutung der Beziehung zum Kind in besonderer Weise erhöhen, so wie auch in solchen Fällen dem Verhältnis zum Manne wohl eine verstärkte Problematik eignet. Im übrigen sei auf folgende Aussage von Harris (1989, S. 355) verwiesen: „In vorstaatlichen kriegerischen Gesellschaften besteht eine starke Tendenz zur Polygynie, d.h. daß Männer mehrere Frauen heiraten. Statt ... Frauen zu teilen, rivalisieren Männer um sie, und der Frauenmangel wird noch größer, weil einige Männer zwei oder drei Frauen haben. Das führt zu Neid, Ehebruch, einem geschlechtsbedingten Antagonismus zwischen Männern und Frauen sowie zu Feindseligkeiten zwischen Männern und zwar besonders zwischen den jungen Männern, die keine Frauen haben, und den älteren Männern, die mehrere besitzen“. Daß in solchen Kontexten eine verstärkte gesellschaftliche „Notwendigkeit“ besteht, die Autorität der Älteren gegen die Jungen – gerade auch mit rigiden initiatorischen Riten – einzuschreiben, erscheint offensichtlich.

32 Im übrigen werden auch im Falle gemeinsamen Wohnens von Mann und Frau unter dem selben Dach strenge Regelungen und Taboos angewendet, die die Geschlechter z.B. in ihren Schlaf- und Eßgewohnheiten voneinander separieren (s. z.B. Herdt 1982). Die szenisch-räumliche Separierung zwischen den Geschlechtern – und die daraus sich ergebenden Konsequenzen für die Primärsozialisation – dürfte in jenen Fällen noch eine weitere Zuspitzung erfahren, in denen die jeweiligen Frauen aus feindlichen Gruppen stammen (vgl. u.a. Keesing 1982, S. 34 sowie Ross 1986a).

33 An dieser Stelle sei auch auf die aus dem Jahr 1975 stammende interkulturelle Untersuchung von Whiting und Whiting hingewiesen, die nicht nur das getrennte Wohnen von Mann und Frau sowie weitere Aspekte einer „aloof“-Beziehung zwischen beiden auf die „Herstellung“ „hyperaggressiver“ Männer und ihre kriegerischen Aktivitäten bezieht, sondern entsprechende Wohnarrangements auch mit weiteren spezifischen sozialen Arrangements wie der Abwesenheit oder Präsenz von Männerhäusern, dem Grad väterlicher Involviertheit in der Kindererziehung und der Präsenz oder Abwesenheit des Vaters bei der Kindergeburt in Zusammenhang brachte. Das gemeinsame Wohnen von Ehemann und Frau korrelierte statistisch mit dem gemeinsamen Essen von beiden, der Abwesenheit von Männerhäusern und dem Engagement von Vätern bei der Geburt von Kindern und der Teilnahme der Väter an der Fürsorge für die Kleinkinder in den entsprechenden Gesellschaften (s. auch Hewlett 1992b, S. 168f). Zugleich schlossen die Whitings aus ihren Ergebnissen, daß Mann und Frau dann getrennt wohnten, wenn die

entsprechende Gesellschaft Krieger brauchte, um den vorhandenen Besitz zu verteidigen.

34 Nicht eingegangen werden kann hier auf die Möglichkeit funktionaler Äquivalente zu entsprechenden Kollektivriten (s. z.B. Strathern 1970 und Ottenberg 1994) sowie auf die Frage, inwieweit etwa die von Whiting u.a. (1958) herausgestellten „Alternativen" zur Initiation, so insbesondere der Weggang aus dem Haushalt der Mutter (s. hierzu auch Cohen 1964a und 1964b) und damit verbundene andere Möglichkeiten, männliche Autorität sicherzustellen, ein Beispiel solcher funktionalen Äquivalente darstellen oder nicht vielmehr auf besondere gesellschaftliche Bedingungskonstellationen verweisen mögen.

35 Mag das Agieren solcher Feindseligkeit einerseits einigermaßen – so mittels entsprechender Ritualisierungen – kontrolliert erfolgen und damit auch wechselseitigen zerstörerischen Aktionen einen gewissen Riegel vorschieben, so können andererseits kriegerische Erfolge (u.a. als Folge größerer Ressourcen und „effektiverer" Organisationsformen und auch Kriegstechniken) und zugespitzte sozialisatorische Prozesse zur Sicherung von Lebensraum und zur Abgrenzung von anderen geführte kriegerische Unternehmungen übergehen lassen in Raub- und Eroberungszüge. Die im Binnenverhältnis im Übermaß hergestellte „vernichtende" Aggressivität, die ursprünglich den primären Bezugspersonen galt, läßt sich nun mehr oder weniger ungehemmt an den anderen agieren, wobei sie sich angesichts des Erfolgs offenbar mit einem aufgeblähten Narzißmus verbindet.

36 So werden beispielsweise der sehr extreme Geschlechterantagonismus und die Abfolge gestaffelter Initiationsriten in vielen Gesellschaften Neu-Guineas mit den Notwendigkeiten eines besonders betonten Kriegertums in dieser von so zahlreichen Ethnien bevölkerten Insel in Zusammenhang gebracht (s. u.a. Herdt 1981, S. 314ff sowie Herdt 1986). Es sind offenbar zugleich Gesellschaften, die im Sinne ihrer strukturellen Prinzipien die psychische Entwicklung ihrer Mitglieder in einem Höchstmaß zu steuern und möglichst keinen Zufälligkeiten zu überlassen suchen (Rosen 1988, S. 146). Unter anderem sind Organisationsprinzipien und Ausformung von Initiationsriten zudem auch von machtpolitischen Aspekten innerhalb von Stämmen und Clans mitbestimmt, die vor allem Paige/Paige (1981) hervorheben. Im übrigen s. zur Funktion von initiatorischen Ritualen als aktive Gestaltungselemente in sozialen Prozessen u.a. Turner 1989.

37 So vor allem westlich und östlich der Plains (Benedict 1922).

38 Soweit auch hier körperliche Schmerzen ertragen werden mußten, so etwa wenn der Initiand in eisigem Wasser zu baden und sich täglich mit Steinen tiefe Schnitte am Schienbein zuzufügen hatte (wie etwa bei den Irokesen) oder der Novize sich selber einen Finger abschnitt (wie häufig bei den Crow), wurde ein solcher körperlicher Eingriff jedenfalls nicht direkt durch Angehörige der älteren Generation zugefügt. Wenn wir im übrigen die Argumentation von Erikson (1950) im Hinblick auf die Sioux aufnehmen, so könnten in diesen Selbsttorturen aus der oralen Phase rührende sadistische Wünsche zum Ausdruck gelangen, die als Ausdruck tiefliegender Schuldgefühle gegen das eigene Selbst gekehrt werden. Unter einer solchen Perspektive stellt sich zudem die Frage, inwiefern generell die Rigidität praktizierter Initiationsriten nicht auch unbewußten selbstaggressiven Strebungen der Initianden entgegenkommen mag.

39 Bei einer Reihe der betreffenden nordamerikanischen Indianergesellschaften wurde sogar überhaupt kein Anbau ausgeübt. Bei ihnen kann man stattdessen von komplexeren Jägergesellschaften sprechen.

40 Dabei sei darauf hingewiesen, daß die kriegerischen Aktivitäten im Gefolge des Eindringens der Europäer und der durch sie ausgelösten Migrationen und Handelsaktivitäten offenbar vielfach eine beträchtliche Intensivierung erfahren hatten.

41 Es sei hier etwa an die als besonders „friedlich" geltenden Semai in Zentralmalaysia gedacht, die neben eben diesen Tätigkeiten primitive Landwechselwirtschaft bei sehr geringen Bevölkerungsdichten betreiben und eine der ursprünglichen Sprachen der malaysischen Halbinsel sprechen. Bei ihnen besteht nur eine geringe räumliche Separierung geschlechtsspezifischer Lebensbezüge, wenn auch die Männer häufig kurze Jagdausflüge von ihren Behausungen aus unternehmen (Dentan 1968 und 1978). Geschlechtsbezogene Arbeitsteilungen sind bei ihnen nach Gilmore (1991) vergleichsweise schwach ausgeprägt. „Mann oder Frau können tun, wofür sie sich geeignet fühlen, ohne Kritik herauf zu beschwören. Dabei wird erwartet, daß jemand, der geschickt bei einer Tätigkeit ist, die normalerweise vom anderen Geschlecht bevorzugt wird, diese dann auch besonders gut macht ... Es existieren so wenig anerkannte Unterschiede zwischen den Geschlechtern, daß der einzig äußerlich sichtbare Grad den Status eines klassischen Aphorismus erreicht hat: 'Die Lendenschurze der Männer sind lang, die Lendenschurze der Frauen kurz.' Sonst sind Männer und Frauen ziemlich gleich" (Gilmore 1991, S. 229). Für die im übrigen ausgesprochen egalitär strukturierten Semai gibt es keine Hinweise auf die Existenz eines besonderen Initiationsrituals. In diesem Kontext ist die ausgesprochene Lockerheit bemerkenswert, die die Bezüge zwischen Älteren und Jungen prägt (Dentan 1968, S. 65ff). Die besonders akzentuierte Ausprägung einer „friedlichen" und auf Zurückhaltung angelegten Außenorientierung dieser kleinen Gruppen, die auch im Binnenverhältnis praktisch keine manifeste Gewalt etwa in der Form von Totschlag aufweisen, erscheint freilich äußerst „funktional" angesichts der übergroßen Konkurrenz der Malayen, die den Semai nur entlegene, agrarisch weniger wertvolle Rückzugsgebiete belassen haben (Robarchek/Robarchek 1992).

42 Nicht bzw. kaum zur Ausprägung ritueller Praktiken ist es freilich bei den südamerikanischen Yanomamö gekommen, die in dem Hochland und angrenzenden Niederungsgebieten im Grenzbereich von Venezuela und Brasilien leben und – jedenfalls teilweise – als ausgesprochen kriegerisch gelten (vgl. Chagnon 1988 und 1994, Biocca 1971, Zerries/Schuster 1974 und Smole 1976). Mit einer noch nicht lange zurückliegenden wesentlichen Verbesserung (bzw. gar Neueinführung) des Gartenbaus sind einerseits ihre Populationen beträchtlich angestiegen, andererseits wurden die vorhandenen Anbauareale ökologisch degradiert wie auch die Jagdgebiete Übernutzungsphänomene zeigen (Harris 1989, S. 219ff). Jedenfalls vor allem die vom Hochland in die angrenzenden Niederungsgebiete gezogenen kriegerischen Yanomamö-Gruppen zeigen Merkmale wie ausgeprägt antagonistische Bezüge zwischen den Geschlechtern (Sanday 1981, S. 45ff), häufige und auch länger andauernde Abwesenheit der Männer (vgl. auch Hames 1992) sowie auch Polygynie, die – im oben skizzierten Sinne – als wichtige strukturelle Voraussetzungen der Implantierung hoch ambivalenter innerer Erlebensstrukturen verstanden werden können. Hinzu kommt nicht nur der infolge gerade auch der polygynen Praktiken häufig beträchtliche Altersunterschied zwischen Ehemännern und Frauen, sondern auch der weithin charakteristische Frauenraub sowie ungewöhnliche hohe Todesraten der kriegerischen Männer, die viele Kinder ohne ihre biologischen Väter zurücklassen. Wohl gerade auch, weil initiatorische Kollektivpraktiken zur Eindämmung intergruppaler Konflikte sich (noch) nicht ausgebildet haben (vgl. u.a. Zerries/Schuster

1974, S.134), artikuliert sich das vorhandene hohe Aggressivitätspotential einerseits in den teilweise mörderischen Konflikten mit anderen Yanomamögruppen, zum anderen entfaltet es sich recht manifest in innerdörflichen Auseinandersetzungen, die über ritualisierte Formen kämpferischer Auseinandersetzungen kaum in Schach gehalten werden können. Gerade auch deswegen kommt es denn auch immer wieder zur Aufspaltung größerer Gruppen, obwohl sich diese damit gegenüber ihren Gegnern in gefährdende Schwächepositionen manövrieren.

43 Entsprechend stellt auch Nippold (1965, S. 82) zu einigen bekannten Sammler- und Jägergesellschaften fest: „Zusammenfassend muß erwähnt werden, daß die Initiation der Andamaner, Buschmänner und der Pygmäen – gemessen an den Reifefeiern mancher anderer Völker – nicht besonders ausgeprägt ist. Harte Schulungsmaßnahmen und schmerzhafte Entbehrungen sind ihr fremd .... Bei einigen einfachen Sammler- und Jägergesellschaften scheinen Initiationen gar völlig zu fehlen" (ebda., S. 77ff; s. auch Friedl 1975, S. 30f). Schlegel/Barry (1980) weisen im übrigen anhand einer statistischen Analyse darauf hin, daß die Initiationen in entsprechenden Gesellschaften vor allem im „familiaren" Rahmen, nicht dem eines größeren Gruppenkollektivs stattfinden.

44 Wie es Woodburn (1980, S. 102) für solche Gesellschaften ausdrückt: „The adult individual is potentially autonomous and it is not, in practice, rare in some of these societies to find individuals living entirely on their own as hermits for long periods."

45 Auf die bemerkenswerte Ausnahme kollektiver Initiationspraktiken bei vielen Sammler- und Jägergesellschaften Australiens, aber auch einiger weiterer Sammler- und Jägergesellschaften (Müller 1984, S. 173ff) kann hier nicht näher eingegangen werden. Wenn auch das Ausmaß der Rigidität der Kollektivinitiationen in den letzteren Fällen unklar bleibt, so ist die Rigidität solcher Riten für viele Gesellschaften Australiens jedenfalls nicht von der Hand zu weisen. Wenn die dort praktizierten Riten, so insbesondere die Beschneidungen, von manchen Forschern als von außen kommend interpretiert werden (vgl. u.a. Eliade 1988, S. 53 und 248f), so bleibt doch auch dann die Frage offen, wieso sie – in welchen Formen auch immer – adaptiert worden sind. Bemerkenswert an diesen Fällen ist jedenfalls die – für Sammler- und Jägergesellschaften – beträchtliche Komplexität der betreffenden Gruppen, wobei die Initiationsriten u.a. als „intertribale Feierlichkeiten" (Eliade 1988, S. 48) zur Fortschreibung von intergruppalen Interaktionsbezügen dienten. Auffällig ist aber auch die früher offenbar weithin praktizierte Polygynie der älteren Männer gerade auch im Hinblick auf die heiratsfähigen jungen Frauen und das sich daraus ergebende lange Junggesellendasein der meisten jungen Männer (Rose 1979; s. auch Bern 1978 und Helbling 1987) wie wohl auch eine beträchtliche Separierung von Lebensbezügen zwischen Männern und Frauen (s. u.a. Burbank 1988, S. 123) in diesen (im Vergleich zu den meisten sonstigen Sammlern und Jägern) von Woodburn (1980 und 1982) als „delayed return societies" eingestuften Gesellschaften. Mit zunehmender Bevölkerung und Intensivierung steinzeitlicher Ökonomien im Verlauf der Jahrtausende haben sich im australischen Großraum jedenfalls nicht nur großflächige Kooperationsverbände, sondern auch erhebliche Konkurrenzen um Ressourcen wie auch Differenzierungen gesellschaftlicher Organisationsformen herausgebildet (s. u.a. Lourandos 1985 und Morgan 1979).

46 Anders stellt sich dies allerdings entsprechend statistischen Untersuchungen von Sanday (1981) dar in Gesellschaften, bei denen das Sammeln zugunsten der (vor allem Großwild)-Jagd zurücktritt. Bei solchen Gesellschaften, bei denen es sich freilich teilweise

um „komplexere" Jägergesellschaften handeln mag (vgl. Knauft 1991, S. 418f; s. allerdings Katz/Konner 1981 und Hewlett 1991, S. 136), dominieren offenbar eindeutig die Männer, die zudem in solchen Gesellschaften eine größere „Distanz" zu den Kleinkindern aufweisen. Im übrigen s. zum Ausmaß, aber auch Variationen in der „Nähe" und Teilnahme der Väter am Sozialisationsprozeß der Kinder in Sammler- und Jägergesellschaften u.a. Hewlett 1992a.

47 Bei den Mbuti werden wohl Beschneidungen mit einem darauffolgenden kurzen Lageraufenthalt für die Initianten praktiziert, doch sind diese Riten offenbar kaum in den sonstigen Sozialisationsverlauf männlicher Heranwachsener integriert, für die innerhalb ihrer Gesellschaft u.a. der erste größere Jagderfolg eine bedeutende Rolle spielt. Die Beschneidung wird primär von einem benachbarten Pflanzerstamm vorgenommen, zu dem die Mbutis eine enge ökonomische und soziale Bindung unterhalten und deren Anerkennung mittels der Initiation erstrebt wird. Im übrigen versuchen die Väter der jungen Mbutis diese vor allzu großer Rigidität der Durchführung der Riten zu schützen und bringen auch ihre Distanzierung gegenüber deren von den betreffenden Pflanzern vermittelten mythisch-religiösen Bedeutung gegenüber ihren Söhnen deutlich zum Ausdruck (s. Cross-Cultural CD – Childhood and Adolescence). In diesem Zusammenhang sei auf die Auffassung von Ottenberg (1988 und 1989) verwiesen, der davon ausgeht, daß die Wirksamkeit initiatorischer Praktiken nicht allein aus dem singulären Ereignis begriffen, sondern der Initiationsritus vielmehr als Teil eines aufeinanderbezogenen sozialisatorischen und auch zeremoniell gestuften Geschehens gesehen werden müsse. Jenes sozialisatorische Geschehen ist jedenfalls bei den hier angesprochenen Sammler- und Jägergesellschaften vor allem auf die Initiierung von Selbständigkeit, Unternehmungsgeist und Risikobereitschaft ausgerichtet, während in Pflanzergesellschaften sozialisatorische Prozesse stärker auf die Einschreibung von Gehorsam und die Übernahme von Pflichten hin ausgelegt sind (s. u.a. Barry u.a. 1959 und Chodorow 1971).

48 Eine Territorialität ist bei den hier diskutierten Gesellschaften vergleichsweise schwach ausgeprägt. Offenbar lohnt sich unter den entsprechenden Bedingungen von Produktion und Reproduktion und der mit diesen verbundenen geringeren Bevölkerungsdichte nicht der Aufwand, besondere Anstrengungen in die Verteidigung oder Eroberung fest umrissener territorialer Bereiche zu investieren, wie auch umgekehrt im Falle von krisenhaften Ereignissen Gruppen darauf angewiesen sind, daß ihnen die territorialen Bereiche der Nachbarn zu einem gewissen Ausmaß als Ausweichräume zur Verfügung stehen (s.u.a. Johnson/Earle 1987). Insofern besteht auch keine gesellschaftliche „Notwendigkeit", entsprechend kriegerische Individuen „herzustellen". Dies heißt allerdings nicht, daß entsprechende Gesellschaften sich nicht gegebenenfalls gegenüber territorialen Eingriffen von außen zu wehren suchen (s. u.a. Dentan 1992). Inwieweit im übrigen die in solchen Gesellschaften offenbar durchaus vorhandene interne Gewalt in der Form spontanen Totschlags (s. u.a. Knauft 1987) dadurch mitbedingt ist, daß kaum äußere Feinde als „suitable targets for externalization" (Volkan 1979) zur Verfügung stehen, kann hier nicht diskutiert werden. Jedenfalls scheint diese Art von Gewalt neben dem Austrag von Konflikten um Frauen (s. u.a. Helbling 1987, S. 116ff) auch der Aufrechterhaltung egalitärer Bezüge und der Einhaltung von Gruppennormen gegenüber konsequenten „Asozialen" zu dienen, wobei das temporäre Anwachsen von Gruppengrößen – so aus ökologisch-saisonalen Gründen – die Eskalation von entsprechenden Konflikten offenbar befördert (u.a. ebda). Im übrigen sei darauf hingewiesen, daß bei manchmal vorgenommenen Vergleichen etwa

von relativen Zahlen zu „Totschlag“ bzw. „Mord“ in Sammler- und Jägergesellschaften mit entsprechenden Zahlen in Industriestaaten u.a. in der Regel unberücksichtigt bleibt, daß letztere auch verwandte Formen manifester Aggressivität aufweisen wie schwere Kriminalität und hoch-aggressive (durchaus tödlich endende) Verhaltensweisen etwa im Straßenverkehr (s. auch Dentan 1992, S. 254f).

49 Die bei den Ägyptern während der Pubertät praktizierte Beschneidung wurde in Tempeln jeweils individuell, d.h. „nicht an größeren Gruppen gleichzeitig“ (Jensen 1933, S. 15) sowie offenbar auch ohne größeren rituellen Aufwand durchgeführt.

50 Hier wäre auch die Frage nach dem egalitären, dem „demokratischen“ Charakter körperlich-sinnlich unmittelbar erfahrbarer Kollektivinitiationen und deren Disfunktionalität zu zentralstaatlich organisierten Gesellschaften zu stellen (s.u.a. Bosse 1994 und Erdheim 1984). So bedeutete die gemeinschaftliche Initiation einer Alterskohorte nicht nur die Unterwerfung der Jungen unter die Alten, sondern angesichts des gemeinsam durchlittenen traumatischen Schicksals auch die grundsätzliche Tendenz zur „Herstellung“ bzw. Bestätigung einer Gruppe von „Gleichen“, eine Grunderfahrung, die angesichts des ja letztlich von allen Männern durchlittenen Initiationswegs jenseits der Hierarchisierung zwischen jung und alt den psychosozialen Charakter solcher Initiationsriten mehr oder weniger mitbestimmt. In diesem Zusammenhang möchte ich die Vermutung äußern, daß schon in den den protostaatlichen Gesellschaften strukturell am nächsten stehenden zentralisierten Häuptlingsgesellschaften die Bedeutung dieses egalitären Moments der Gruppeninitiation zurücktritt zugunsten des hierarchisch-patriarchalen Aspekts, wie er etwa in einer mehr oder weniger auf die Beschneidung reduzierten Initiationspraxis und der mit dieser aufscheinenden Kastrationsdrohung zum Ausdruck kommt oder auch in der Organisierung initiatorischer Praktiken im Kontext von Geheimgesellschaften (Precourt 1975) bzw. durch Beauftragte des Häuptlings selbst und entsprechende inhaltliche Ausgestaltung der Riten wie etwa im Falle der „Königtümer“ der Venda in Südafrika (Dederen 1987). Dieser herrschaftsbezogene Aspekt mag möglicherweise auch bei der Persistenz der Beschneidung in islamischen Gesellschaften eine Rolle spielen, die – jedenfalls soweit sie im Kontext städtischer und ackerbaulicher Bezüge stattfindet – nicht als Teil eines zeitlich länger andauernden Kollektivrituals durchgeführt wird.

51 In diesem Zusammenhang sollte nicht vergessen werden, daß zahlreiche mehr oder weniger staatlich organisierte Gesellschaften existieren, in denen auch heute noch von einer starken Trennung zwischen männlichen und weiblichen Welten ausgegangen werden kann. So sind in vielen Gesellschaften des Mittelmeerraumes (selbst im europäischen Teil) die Welten von Männern und Frauen traditionell gegeneinander stark abgegrenzt (Gilmore 1982). In solchen „heißer“ gewordenen Gesellschaften wird Aggressivität offenbar weniger nach außen abgespalten, sie dürfte vielmehr – legitimiert und gefaßt in spezifischen Männlichkeitsideologien – in verstärktem Maße einen innergesellschaftlichen Ausdruck finden. Wenn Gilmore (1991, S. 244) Recht haben sollte, handelt es sich hierbei um egalitäre Wettbewerbsgesellschaften, in denen Männer in verstärktem Maße um spärliche Ressourcen kämpfen müssen. Männlichkeit bedeutet hier nach Gilmore „ein individuelles Wagnis suchen und Geprüft-Werden innerhalb des Netzes sozialer Beziehungen“, wobei Bildwelten „eher Anregungen“ geben „als emblematische Vorstellungen“ transportieren (ebda. S. 62).

52 Allerdings sei darauf hingewiesen, daß sich im Verlauf der Vorgeschichte im Kontext besonderer ökologischer Bedingungen und auf diese bezogener Formen der Produktion

und Reproduktion durchaus unterschiedliche Sammler- und Jägergesellschaften ausgebildet haben. So scheinen im späten Pleistozän komplexere (Groß)wildjägergruppen existiert zu haben (s. u.a. Johnson/Earle 1987, S.55f), denen Hewlett (1991, S. 153 u. 162) eine ausgesprochene Polygynie zuordnet, wobei er für sie – in Parallelität zu einigen ausgeprägten zeitgenössischen Jägergesellschaften (s.oben) – hypothetisch annimmt, „that fathers did not do much in the way of direct care ... of children", aber doch ergänzt, daß „Fathers probably provided indirect forms of caregiving (watching children) since fathers, mothers, and children probably slept together" (ebda., S. 154) und weil die Väter relativ häufig im Lager anwesend waren. Mit dem Beginn des (bis auf die arktischen Gebiete) eisfreien Holozäns vermutet dann jedoch Hewlett (1991, S. 154; s. auch Johnson/Earle 1987, S. 58) die Ausbreitung von Sammler- und Jägergesellschaften, die im Prinzip jenen ähneln, wie wir sie oben herausgestellt haben, und zu denen er ausführt: „Direct caretaking by fathers increased among Holocene foragers because of the increased contributions of the women, the monogamous marriage pattern, and the lack of organized warfare. Contemporary foraging societies that lack warfare, practice monogamy, and use gathering as an important subsistence activity have physically and emotionally close fathers. Gathering by men and women, or cooperative hunting, would also increase father's availability to his children." (ebda., S. 154). Daneben müssen für diesen Zeitraum allerdings auch komplexere (häufig mehr oder weniger seßhafte) „foraging societies" im Sinne etwa der „delayed return societies" von Woodburn (1980 und 1982) angenommen werden, die sich unter besonderen Ressourcialbedingungen ausbildeten und wohl von den oben in den Vordergrund gestellten „immediate return societies" abweichende Bezüge zwischen den Geschlechtern und alt und jung sowie eine Relativierung der Egalität aufwiesen.

Die Vermengung von sozialen und psychischen Prozessen beim Phänomen der Beschneidung von Mädchen in Afrika

Nina Simone Becker

„Sie trugen mich ins Badezimmer; ich weiß nicht, wieviele es waren. Ich weiß nur noch, daß ich Angst hatte und daß meine Hände, Arme und Beine in einen eisernen Griff gerieten, der jeden Widerstand und jede Bewegung unmöglich machte. Ich konnte nichts sehen, und irgendwie hatte ich auch aufgehört zu atmen. In diesem Moment wurde mir erst bewußt, daß man mir die Oberschenkel weit auseinandergebogen hatte, daß Finger wie aus Stahl meine beiden Beine gepackt hielten und sie, ohne nachzulassen, so weit wie möglich spreizten. Ich fühlte, wie das gewetzte Messer mit einem Mal zwischen meine Schenkel fuhr und mir dort ein Stück Fleisch aus meinem Körper schnitt. Trotz der Hand, die fest über meinen Mund geschlossen war, schrie ich vor Schmerz – es war wie eine sengende Flamme, die durch meinen Körper schoß. Was man mir aus dem Körper geschnitten hatte, wußte ich nicht – ich wollte es auch nicht wissen. Ich weinte nur und rief um Hilfe nach meiner Mutter. Der schlimmste Schock kam, als ich mich umsah und merkte, daß sie neben mir stand. Mitten zwischen diesen Fremden stand sie, sprach mit ihnen und lächelte sie an, als habe sie nicht eben erst an der Abschlachtung ihrer Tochter teilgenommen. Ich war damals sechs Jahre alt."[1]

Dieser Bericht stammt von einer ägyptischen Ärztin, die als kleines Mädchen pharaonisch beschnitten wurde; ihr grauenvolles Erlebnis wird gegenwärtig von über 80 Millionen afrikanischer Frauen geteilt! Bei der pharaonischen Beschneidung, auch Infibulation genannt, werden den Mädchen

[1] vgl. Saadawi, N. in: Beck-Karrer, C., 1992, S. 11.

die Klitoris und die inneren Schamlippen abgeschnitten, die äußeren Schamlippen „saubergekratzt“ und bis auf eine kleine Öffnung zusammengenäht. Dies geschieht meist ohne jegliche Betäubung und verursacht lebenslange Beeinträchtigungen für die körperliche und seelische Gesundheit der Frauen. Und obwohl die Problematik der Weltöffentlichkeit seit vielen Jahren bekannt ist und sich eine Reihe von Initiativen und Organisationen für die Abschaffung dieser Bräuche einsetzen, hat sich die Zahl der Beschneidungen nicht verringert.

Es fällt uns aus unserer heutigen europäischen Sicht schwer, nachzuvollziehen, warum Eltern ihre Kinder derartigen körperlichen und psychischen Torturen aussetzen. Haben sie denn kein Mitleid mit diesen armen, wehrlosen Geschöpfen? Empfinden sie keine Liebe für ihre Kinder? Oder wird ihnen von ihrem gesellschaftlichen Umfeld keine Wahl gelassen? Inwieweit ist das Phänomen der weiblichen Beschneidung auf das soziale System, also auf kulturelle, ökonomische, politische oder religiöse Strukturen zurückzuführen oder findet es seinen Ursprung auf der psychischen Ebene und wird auf diese Weise von Generation zu Generation weitergetragen? Und wer ist letztendlich für die heute sogar steigende Nachfrage nach einer solch menschenverachtenden Tradition verantwortlich zu machen?

Nach der Ethnologin Mary Douglas ist alles, „was in das menschliche Fleisch geschnitten wird, ein Bild der Gesellschaft.“[1] Analog zu dieser These soll in diesem Artikel auf der Suche nach den Motivationen menschlichen Handelns die Relation von Gesellschaft und Individuum herausgearbeitet werden. Es gilt also zu untersuchen, welchen Zweck dieser Brauch ursprünglich erfüllt hat, ob die Motive heute noch dieselben sind oder ob sich von Menschen inszenierte Rituale in irgendeiner Form stabilisieren, verselbständigen und auch dann noch zur Anwendung kommen, wenn ihr Inhalt keine rational nachvollziehbare Relevanz mehr hat. Das würde bedeuten, daß ein sozialer Tatbestand entweder einen Punkt erreichen kann, an dem er in Vernetzung mit anderen sozialen Tatbeständen, d.h. innerhalb einer Gemeinschaft, so mächtig und zwingend wird, daß ein Einzelner ihm nichts entgegensetzen kann, d.h., daß das Individuum als Fragment einer Gruppe von eben diesen Werten, Normen und Traditionen in seinem Denken und Handeln weitgehend bestimmt wird. Diese „Fernsteuerung“ muß ihm nicht bewußt werden, denn er hat sie innerhalb seines Sozialisationsprozesses in eben diese Gruppe als „seine Meinung“ verinnerlicht. Es könnte aber auch ein Hinweis dafür sein, daß bestimmte gesellschaftliche Konstellationen auf die Individualpsyche oder sogar die

[1] Douglas, M., 1985, S. 153.

Kollektivpsyche einwirken und gewisse Prozesse in Gang setzen, die wiederum ihre Anwendung auf der Gesellschaftsebene finden. Es gilt also zu klären, inwieweit die Entstehung, Aufrechterhaltung und Veränderung sozialer Phänomene abhängig von sozialen oder psychischen Bedingungen ist, welchen Einfluß die Gesellschaft auf das Individuum hat und wie die Gesellschaft durch das Individuum geprägt wird.
Bevor jedoch der Versuch einer wissenschaftlichen Einordnung erfolgt, der besonderes Gewicht auf den psychohistorischen Ansatz von Lloyd deMause legt, sollen kurz einige wichtige Fakten zur Beschneidung selbst und zu den gesellschaftlichen Strukturen und Lebensbedingungen der afrikanischen Gemeinschaften dargestellt werden, die die Beschneidung von Mädchen praktizieren.

Weibliche Beschneidung: Fakten und Hintergrundinformationen

Der in der derzeitigen Diskussion verwandte Begriff der „weiblichen Beschneidung“ impliziert eine Vergleichbarkeit zur männlichen Beschneidung, was einer maßlosen Verharmlosung gleichkommt. Es findet vielmehr eine radikale *Verstümmelung der weiblichen Genitalien* statt, die das Leben der Mädchen bedroht und die körperliche und seelische Gesundheit der Frauen lebenslang schwerwiegend beeinträchtigt. Ethnologisch betrachtet handelt es sich hierbei um *Körpermutilationen,* d. h. um schwerwiegende Körperdeformationen, die vordergründig der Verschönerung dienen; eine Art „Schmuck“, der entsprechend des jeweiligen kulturspezifischen Schönheitsideals zur Vervollkommnung des Menschen beitragen soll. Dahinter verbergen sich unbewußte, auf tradierte Bräuche und Mythen zurückgehende Motive. Ethnologen vermuten hinter den körperverändernden Ritualen u.a. symbolische Tötungsakte oder auch den Versuch einer äußerlichen Annäherung an ein verehrtes Totemtier. Vor allem aber stellen „Körperveränderungen(...) mnemotechnische Hilfsmittel (dar), mit denen *zentrale Wahrheiten* in der Überlieferung unterstrichen werden (...).“[1]

[1] Streck, B., 1987, S. 107.

Die Praxis der weiblichen Beschneidung ist nicht nur in Afrika verbreitet, sie wird in den unterschiedlichsten Formen auf der ganzen Welt praktiziert. Man begegnet ihr auf den Philippinen, in Malaysia, Indonesien und Pakistan, in den Vereinigten Arabischen Emiraten, im Südjemen sowie im Oman; sie wird jedoch weder in Saudi-Arabien, dem Iran und Irak, noch in Nord- und in Südafrika angewandt. Die massivsten Formen genitaler Verstümmelung von Frauen findet man allerdings in Afrika, und zwar in einem breiten Ost-West-Band südlich der Sahara. Die Staaten mit dem höchsten Anteil an beschnittenen Frauen sind Mali, Somalia, Äthiopien und der Sudan.

Die bekannten und heute mit steigender Tendenz durchgeführten Beschneidungsformen unterscheiden sich im Ausmaß des Eingriffs. Sie lassen sich in drei Kategorien einteilen:

1. *Sunna* (arabischer Ausdruck für „Tradition"): Sie beinhaltet das Einstechen oder Einritzen der Klitoris bzw. die Entfernung der Klitorisvorhaut und ist noch am ehesten mit der männlichen Beschneidung zu vergleichen. Diese Form der Beschneidung wird im Koran für Frauen empfohlen; sie wird aber nur sehr selten praktiziert.
2. *Klitoridectomie* oder *Exzision:* Darunter versteht man die partielle oder komplette Entfernung der Klitoris sowie der inneren Schamlippen. In vielen afrikanischen Ländern wird diese Form der Beschneidung fälschlicherweise als „sunna" bezeichnet und deshalb häufig als die vom Islam geforderte Beschneidungsform durchgeführt.
3. *Infibulation* oder *pharaonische Beschneidung:* Sie stellt die massivste Form der Verstümmelung dar. Dabei werden die gesamte Klitoris sowie die inneren Schamlippen entfernt, die äußeren Schamlippen „saubergekratzt", d.h. ausgehöhlt und danach bis auf eine stecknadelkopfgroße Öffnung vernäht. Den Mädchen wird ein kleines Stück Holz in die verbleibende Öffnung eingeführt, durch die Urin und Menstruationsblut abfließen kann. Anschließend werden ihnen bis zu 40 Tagen die Beine eng zusammengebunden, bis die Wunde verheilt ist.

Der Zeitpunkt der Beschneidung ist abhängig von der jeweiligen Ethnie. Manche Mädchen werden bereits im Säuglingsalter, andere erst zu Beginn ihrer Menstruation beschnitten. Bei intakten Frauen wird die Beschneidung bei der Geburt des ersten Kindes nachgeholt. In letzter Zeit ist allerdings eine Vermehrung von Säuglingsbeschneidungen zu verzeichnen. Als Beweggründe für die zeitliche Verschiebung werden angegeben, daß der Heilungsprozeß in diesem Alter schneller sei und ein Säugling weniger empfände. Die wahre Triebfeder der Initiatoren mag jedoch sein, daß dem

später zu erwartenden Widerstand hiermit vorgegriffen werden kann.
Bei manchen Ethnien werden alle gleichaltrigen Mädchen zu Beginn der Pubertät während einer Initiationsfeier kollektiv vor der versammelten Gemeinschaft beschnitten. Körperveränderungen stehen oft im Zusammenhang mit Initiationsriten oder kultischen Handlungen, durch die ein neuer Lebensabschnitt eingeläutet oder die Aufnahme in eine bestimmte Gruppe oder ein Amt ausgedrückt wird. Sie werden meist in der letzten Phase der rituellen Feierlichkeiten durchgeführt, um die Reintegration des Initianden in die Gesellschaft zu symbolisieren und seinen neuen Status sichtbar zu dokumentieren und zu fixieren. Während Einzelbeschneidungen nur im Kreise der Familienangehörigen stattfinden, stehen die Mädchen bei Gruppenbeschneidungen im Mittelpunkt der Feierlichkeiten und erhalten die uneingeschränkte Aufmerksamkeit und Achtung der ganzen Gemeinschaft. Sie werden dadurch in ihrem neuen Status bestätigt und bekommen durch ihre Leidensgenossinnen ein gewisses Maß an Mut und Trost vermittelt. Letztendlich erneuert eine Gruppenbeschneidung das soziale Zugehörigkeitsgefühl, denn unbeschnittene Mädchen stehen unter großem psycho-sozialen Druck. Von ihren bereits beschnittenen Altersgenossinnen werden sie aufgrund ihres „stinkenden, zwischen ihren Beinen baumelnden Dings“[1] gehänselt und verspottet, so daß sie ihre Mütter oft inständig um ihre Beschneidung bitten. Da keine von ihnen genau weiß, was sie erwartet, denn die Geschehnisse werden von den Erwachsenen wohlwissend im Dunkeln gehalten, ist ihre Neugier und der Wunsch, wieder „dazuzugehören“ oft größer als ihre Angst, zumal sie sich natürlich nicht über die Schmerzen und die gesundheitlichen Folgen im klaren sind.

Die Beschneidungen werden in der Regel von erfahrenen Hebammen oder umherreisenden Zigeunerinnen ausgeführt, seltener von Ärztinnen, männlichen Priestern oder Barbieren. Hebammen genießen ein hohes Ansehen bei der Bevölkerung und ihre Arbeit ist sehr lukrativ. Es handelt sich hierbei vermutlich um den einzigen weiblichen Berufszweig, der auch von Männern uneingeschränkt respektiert wird, was ihnen ein für Frauen unübliches Machtpotential verschafft. Gewöhnlich führen die Hebammen die Operationen *ohne* Betäubungsmittel mit Messern, Rasierklingen, Scheren oder auch Glasscherben durch. Jede Hebamme hat sich auf eine ganz bestimmte Beschneidungstechnik spezialisiert, wobei die unerfahrensten unter ihnen oft die drastischsten und gefährlichsten Formen praktizieren. Wenn sich eine Familie keine

[1] Lightfoot-Klein, H., 1993, S. 94.

qualifizierte Hebamme leisten kann, übernimmt ein Laie, z. B. ein Familienangehöriger diese Aufgabe. Stirbt ein Kind bei dieser Prozedur, ist sich der Verantwortliche der Loyalität der Familie gegenüber der Justiz sicher. Es ist „der Wille Allahs" und nicht das Verschulden eines Einzelnen, daß bis zu 30% aller Todesfälle auf einer unsachgemäßen Beschneidung basieren.
Die geringe Zahl derer, die es sich leisten können, bringen ihre Frauen und Töchter zu Ärzten in die Städte. Dort findet der Eingriff unter sterilen Bedingungen mit einer örtlichen Betäubung oder Vollnarkose statt. Auch wenn es Ärzten eigentlich gesetztlich untersagt ist, Beschneidungen durchzuführen, nehmen sie sie trotzdem vor, wohlwissend, daß sie sowohl das Ausmaß als auch die gesundheitlichen wie psychischen Folgen der Beschneidung relativ gering halten können.

Auch wenn die pharaonische Beschneidung in den meisten afrikanischen Staaten gesetzlich verboten und lediglich die Klitorisentfernung gestattet ist, nimmt die Zahl der Infibulationen jährlich zu. Da die Einhaltung des Gesetztes von staatlicher Seite nicht kontrolliert wird und es ein gesellschaftliches Muß für ein Mädchen ist, beschnitten zu sein, wird dieser grausame Brauch weiterhin mit steigender Tendenz praktiziert. Die weibliche Beschneidung ist für die meisten arabisch-geprägten afrikanischen Kulturen eine vollkommen normale und „natürliche" Angelegenheit, die sich auf die Zukunft der Mädchen nur vorteilhaft auswirkt - sie gilt als Garant für ein gesundes, glückliches und erfülltes Frauenleben. In diesen patriarchal-orientierten Gesellschaftssystemen ist die Reproduktion und die Aufzucht der Kinder neben der häuslichen Arbeit die wichtigste Funktion der Frauen. Sie verfügen in der Regel nur über eine mangelhafte Schul- und Berufsausbildung, denn obwohl eine allgemeine Schulpflicht besteht, verlassen die Mädchen sehr früh die Schule, um ihren Eltern zur Hand zu gehen oder um zu heiraten. Viele Familien schicken die Mädchen überhaupt nicht zum Unterricht aus Angst, sie könnten zuviel Eigenständigkeit entwickeln und sich ihrem Einfluß entziehen. Der familiäre Zusammenhalt ist als Überbleibsel präkolonialer afrikanischer Strukturen von enormer ökonomischer und sozialer Bedeutung.
Ehen werden heute noch auf traditionelle Weise, d.h. von den männlichen Familienoberhäuptern vereinbart; allerdings wird zuvor meist das Einverständnis der beiden Ehepartner eingeholt. Die Mädchen heiraten direkt nach der ersten Menstruation, also zwischen elf und dreizehn Jahren. Männer sind häufig erst mit Ende dreißig in der Lage, den hohen Brautpreis zu bezahlen, der bei der Hochzeit an den Vater der Braut zu übergeben ist. Mit ihrer Heirat wechselt das Mädchen vom Elternhaus in den Clan ihres Mannes und in des-

sen Haushalt über. Der Mann erhält die Verfügungsgewalt über ihre Person und ihren Besitz, sofern sie welchen mit in die Ehe bringt. Auch die gemeinsamen Kinder unterstehen allein seiner Kontrolle; verläßt sie ihren Mann, muß sie ihm die Kinder überlassen. Junge Ehefrauen nehmen in dem fremden Haushalt den niedrigsten Status ein. Sie sind nicht nur ihrem Mann, sondern auch allen anderen Familienmitgliedern absoluten Gehorsam und Ehrerbietung schuldig und verfügen über keinerlei Rechte. Erst im Laufe der Jahre gewinnen sie mit zunehmendem Alter an Einfluß und erwerben sich durch die Geburt männlicher Nachkommen Achtung und Respekt innerhalb der Familie.

Eine zahlreiche Nachkommenschaft ist Zweck und Ziel jeder afrikanischen Ehe. Männliche Nachkommen werden auch heute noch von den Eltern bevorzugt. Mädchen wie Jungen wachsen unter der Obhut der Mutter sowie der weiblichen Verwandten auf. Die Mutter ist die zentrale, emotional besetzte Bezugsperson, mit der die Kinder spielen und bei der sie Rat und Trost suchen. Mutter und Kinder haben ein sehr enges und vertrautes Verhältnis. Dem Vater als autoritärem Familienoberhaupt begegnen die Kinder mit Verehrung, Respekt und Zurückhaltung. Während die Mädchen bis zu ihrer Heirat im Kreise der weiblichen Familienangehörigen bleiben, schließen sich die Jungen im Alter von zehn bis zwölf Jahren einer Gruppe Gleichaltriger an und lösen sich langsam von der Mutter. Diese wird aber Zeit ihres Lebens einen großen Einfluß auf ihre Söhne ausüben können. Auch wenn eine Frau nur durch die Geburt von Söhnen Ansehen und Macht gewinnt, scheint das Mutter-Tochter-Verhältnis stark von Solidarität, Intensität und Liebe geprägt und die Verbindung bleibt über die Heirat und den Auszug der Tochter hinaus bestehen.

Für eine afrikanische Muslime gibt es keinen alternativen Lebensentwurf zu einer Ehe. Solange sie unverheiratet ist, „existiert" sie rechtlich überhaupt nicht und ihr Vater bzw. ihre männlichen Verwandten tragen die Verantwortung für sie und ihr Handeln. Mit ihrer Heirat erhält sie zwar einige Rechte, die jedoch immer denen des Mannes untergeordnet sind. So ist z. B. Polygamie und Scheidung männliches Vorrecht, ihr Anteil am Erbe nur halb so groß wie das der Männer und auch ihre Stimme zählt nur die Hälfte. Sie ist einem starren Verhaltenskodex unterworfen, da der soziale Status der ganzen Familie und die Ehre ihrer männlichen Verwandten in direktem Maße von ihrem züchtigen und ehrbaren Benehmen abhängt. Der Islam unterscheidet zwischen dem männlichen Ehrbegriff *scharaf* und dem weiblichen *ird,* wobei sich *scharaf* durch *ird* definiert. Scharaf stellt einen flexiblen Wert dar, der durch das Verhalten des Mannes sowohl zum Positiven als auch zum Negativen hin veränderbar ist. *Ird* bezeichnet einen starren, absoluten Wert, der unter

allen Umständen von den Frauen bewahrt werden muß, da ein Verlust nicht kompensiert werden kann und unwiderrufliche Konsequenzen hat. *Ird* bezieht sich vor allem auf das weibliche Sexualverhalten und dient dessen Überwachung und Beschränkung auf den ehelichen Bereich. Frauen gelten als sexuell überaktiv und promiskuös und sind dadurch in der Lage, große Schande über Männer zu bringen. Ist dies geschehen, kann der Mann sein *scharaf* nur dann wiederherstellen, wenn er den Grund des Übels, nämlich die Frau, beseitigt. Dies gilt sowohl für freiwillig herbeigeführte als auch für erzwungene sexuelle Beziehungen, wie z. B. einer Vergewaltigung. Die Verantwortung und Schuld ist allein im Verhalten der Frau zu suchen.
Für Frauen ist voreheliche Sexualität absolut tabu, für Männer beschränkt sie sich auf die wenig verfügbaren, da vom Islam nicht tolerierten Prostituierten in den Städten. Homosexuelle Kontakte, Sodomie oder Vergewaltigungen sind an der Tagesordnung. Innerhalb der Ehe geht jegliche sexuelle Aktivität vom Mann aus. Es ist Frauen strikt verboten und gilt als äußerst unschicklich, den Mann zum Geschlechtsverkehr aufzufordern oder aktiv daran teilzuhaben. Sie muß möglichst unbeweglich daliegen und darf keinerlei Gefühlsregung zeigen, um keine Zweifel an ihrer Tugendhaftigkeit entstehen zu lassen. Manche Männer würden eine aktivere Beteiligung ihrer Partnerinnen begrüßen, sind jedoch nicht in der Lage, darüber zu sprechen, da die Kommunikation zwischen den Partnern zum Thema Sexualität von vornherein kulturell unterbunden wird. Frauen haben über diese Angelegenheiten absolutes Stillschweigen zu bewahren und jeglichen Schmerz widerspruchslos zu ertragen. Und da die wenigsten Männer vor der Ehe Kontakt zu unbeschnittenen Frauen haben und ihnen der Vergleich fehlt, halten sie den Zustand und das Verhalten ihrer Partnerinnen für völlig „normal".

Es existieren zahlreiche Begründungen, den Brauch der weiblichen Beschneidung zu rechtfertigen und aufrechtzuerhalten. Zum einen gelten beschnittene Frauen als rein und ästethisch. Weibliche Genitalien sind „übelriechend" und „giftig" und gefährden sowohl das Leben des Mannes, der damit in Berührung kommt als auch das Leben des im Mutterleib wachsenden Kindes. Eine Beschneidung erhöht angeblich die Fruchtbarkeit der Frau und sogar ihre Gesundheit, obwohl genau das Gegenteil der Fall ist. Sie soll die sexuelle „Überempfindlichkeit" der Frauen mildern, ihren angeborenen Hang zur Promiskuität eindämmen und ihre Jungfräulichkeit und Keuschheit sichern. Eine Frau gilt dann als jungfräulich, wenn ihre *Infibulation* und nicht ihr *Hymen* intakt ist. Wird eine Frau vor der Ehe z. B. vergewaltigt, muß sie nur wieder „zugenäht" werden, um als jungfräulich und damit ehrenhaft zu gelten.

Die Frauen selbst – und hier vor allem die Groß- und Schwiegermütter – vertreten die Ansicht, daß nur „enge" Frauen den Lustgewinn des Mannes steigern können und daß eine Frau eine Scheidung riskiert und damit ihre Existenz aufs Spiel setzt, läßt sie sich nicht immer wieder enger zunähen. Nur wenige Männer sind dazu bereit, eine unbeschnittene Frau zu heiraten. Diejenigen, die Erfahrungen mit intakten Frauen machen konnten und deshalb unbeschnittene Partnerinnen bevorzugen würden, sind meistens nicht in der Lage, sich gegen den familiären Druck zu wehren, denn die Eltern haben ein Mitspracherecht bei der Wahl der Schwiegertochter und vor allem die Mütter machen hier ihren Einfluß hinsichtlich einer beschnittenen Partnerin geltend. Die eigene Tochter nicht beschneiden zu lassen bedeutet also praktisch, sie zu ruinieren.

Obwohl sich der Gedanke aufdrängt, sind die *Wurzeln* weiblicher Beschneidung nicht im Islam zu finden. Der Islam hat zwar mit seinem strikten Jungfräulichkeits- und Keuschheitsanspruch indirekt zur Ausbildung, Verbreitung und Aufrechterhaltung extremer Beschneidungspraktiken beigetragen, der Koran empfiehlt allerdings für Frauen explizit „nur" die sunna, also das Einritzen der Klitoris. Nachweislich wurden Frauen schon 200 Jahre v. Chr. in Ägypten und auch in der Antike beschnitten, doch man geht davon aus, das die Beschneidung ursprünglich eine „mildere" Form des Menschenopfers für unversöhnliche Geister darstellte. Die Praxis der weiblichen Beschneidung hat sich also religions- und kulturunabhängig an verschiedenen Orten zu unterschiedlichen Zeitpunkten entwickelt. Die Ethnologin Mary Douglas vermutet, daß dem Brauch ursprünglich der „Bedrohungsglaube" zugrundelag – die Angst der Männer vor den ihnen unbekannten und deshalb bedrohlich wirkenden weiblichen Körperfunktionen, die deshalb strengstens zu überwachen waren.
Um so befremdender ist es, festzustellen, daß es sich heutzutage bei den eisernsten Verfechtern zur Aufrechterhaltung dieses Brauches *nicht um Männer* handelt. Die männlichen Positionen zur weiblichen Beschneidung sind eher indifferenter oder ambivalenter Natur und hängen stark vom Bildungsgrad und der Erziehung des Einzelnen ab. Für die Mehrzahl der Männer handelt es sich hierbei um Frauenthemen, die außerhalb ihres Einflußbereiches stehen und in die sie sich nicht einmischen dürfen. Da die meisten den Sinn dieser Maßnahme in keiner Weise in Zweifel ziehen, dringen sie weiter auf die Erhaltung der Traditionen, die ja ihren Lustgewinn und ihre Kontrolle über Frauen zum Ziel haben. Manche Männer bestehen sogar nach der Hochzeit auf einer extremeren Form der Beschneidung, wenn ihre Frauen bis dahin

nur leicht beschnitten waren. Sie sind sich nicht darüber im klaren, daß auch sie zu Opfern werden, denn viele ziehen sich bei der Penetration ihrer Frauen schwere Verletzungen zu oder leiden aus Angst, zu versagen unter Impotenz. Diejenigen, die sich über die Folgen der Beschneidungen bewußt sind und sie moralisch ablehnen, sind innerlich zerrissen, denn auch sie können wenig ausrichten in einem Bereich, der von ihren Müttern dominiert wird. Manche versuchen, die Beschneidung ihrer Töchter zu umgehen, indem sie in der fraglichen Zeit mit ihren Familien das Land verlassen, um so einen Übergriff zu verhindern. Die meisten jedoch haben diesen Schritt nur intellektuell vollzogen. Sie verurteilen zwar die Beschneidung als einen grausamen, sinnlosen Brauch, verschanzen sich jedoch bei der praktischen Umsetzung ihrer Anschauung hinter ihrer Machtlosigkeit und schieben jede Verantwortung weit von sich.
Es erscheint erschreckend und grotesk, daß in erster Linie *Frauen,* und hier insbesondere die älteren weiblichen Familienmitglieder, nämlich die Groß- und Schwiegermütter, massiv an der Bewahrung dieser überlieferten Tradition festhalten. Sie sind diejenigen, die die Kommunikation zwischen den Eheleuten untergraben und sich vehement *für die Verstümmelung ihres eigenen Geschlechts* einsetzen. Dieses Verhalten erscheint auf den ersten Blick völlig unfassbar, erwartet man doch gerade hier die Solidarität und das Einfühlungsvermögen derer, die selbst Opfer dieser Praxis geworden sind. Aber *gerade weil* sie ihr Leben lang unter ihrer eigenen Beschneidung gelitten haben, mißbrauchen sie ihre – im Alter erlangte – Macht, indem sie Druck auf die eigenen Töchter, Schwiegertöchter und Enkelinnen ausüben. Sie befinden sich in einem Lebensstadium, in dem sie sich endlich die volle Mitgliedschaft innerhalb der patrilinearen Gesellschaft erworben haben und wollen dieses Machtpotential um jeden Preis sichern. Folglich werden sie nichts unversucht lassen, die bestehende Gesellschaftsordnung zu stabilisieren und sich hartnäckig jeder Veränderung in den Weg zu stellen. Die Chance, nach einem langen, unterwürfigen Frauenleben zumindest in dem Bereich der Frauenangelegenheiten endlich Macht über den eigenen Ehemann und die Söhne zu besitzen, bleibt nicht ungenutzt. Darüber hinaus bieten die untergeordneten, „stimmlosen" Töchter und Enkelinnen ein widerstandsloses Medium, sich endlich für die selbst erlittenen Qualen zu rächen. Sie sind die einzigen, an denen die älteren Frauen ihre lebenslang aufgestaute Wut ausagieren können.

Eine schwerwiegende Beschneidung, d. h. eine Infibulation ist im allgemeinen erst der Anfang einer Reihe von Komplikationen, denen die Frauen lebenslang ausgesetzt sind. Allerdings sind sie sich nur selten über den Zusammenhang ihrer lebenslangen Leiden und ihrer oft schon im Kindesalter durchgeführten und deshalb weitgehend verdrängten Beschneidung bewußt und können daher auch keine Rückschlüsse ziehen. Direkt nach der Beschneidung treten häufig unstillbare Blutungen und Infektionen auf. Bis zum vollständigen Verheilen der Wunde ist das Urinieren sehr schmerzhaft und es kann auch später aufgrund der kleinen Öffnung annähernd eine halbe Stunde dauern, bis die Blase vollständig entleert ist. Das Menstruationsblut kann nur langsam abfließen, was die Regeldauer auf bis zu zehn Tage ausdehnt und mit unangenehmer Geruchsbildung verbunden ist. Chronische Infekte, die unter anderem zur Sterilität führen können, sind häufig zu beobachten.

Die Hochzeitsnacht gehört zu den schlimmsten Erlebnissen junger Frauen. Vielfach sind die Ehemänner nicht in der Lage, ihre Frauen zu penetrieren – oft dauert dieser Prozeß Monate, wenn nicht sogar Jahre. Da den Männern die weibliche Anatomie weitgehend unbekannt ist, entwickeln sich die unvorstellbarsten Formen der Penetration, die immer eine Tortur für die Frauen und auch ein Verletzungsrisiko für die Männer bedeuten, ganz abgesehen von dem psychischen Trauma, das viele junge Ehen sicherlich nicht bewältigen können. Spätestens bei der Geburt eines Kindes muß eine infibulierte Frau chirurgisch geöffnet werden, da das Narbengewebe zu unelastisch ist. Während der Geburt verursachen die Verhärtungen eine Verlängerung der Wehen, was dem Fötus Schmerzen und Erstickungsgefühle bereitet und ihn möglicherweise sogar tötet. Nach der Geburt läßt sich ein Großteil der Frauen auf Wunsch des Mannes oder durch den Druck der Familie *refibulieren*, d. h. wieder bis auf eine kleine Öffnung zunähen, wodurch sich der Leidenskreis von erneuter Penetration, Geburt und Refibulation schließt.

Es scheint der Schluß nahezuliegen, daß sich körperliche Eingriffe von diesem Ausmaß vernichtend auf die weibliche Sexualität auswirken müßten. Die Anthropologin Hanny Lightfoot-Klein, die in Afrika intensiv Feldforschung auf dem Gebiet der weiblichen Beschneidung betrieben hat, interviewte eine Reihe von Frauen zu diesem Thema. Es ist nur schwer nachvollziehbar, daß die Mehrzahl der Frauen angaben, häufig intensive Orgasmen zu erleben. Die entsprechenden Schilderungen belegen ganz eindeutig, daß es sich hierbei nicht um Phantasien, sondern um Erlebtes handelt. Ihre Erkenntnisse widersprechen damit den Hypothesen von Zwang (1979) und Abdalla (1982)[1], daß schwerwiegende Beschneidungen zwingend Frigidität nach sich ziehen. Lightfoot-Klein kommt vielmehr zu dem Schluß, daß die Funktionen der zer-

[1] Lightfoot-Klein, H., 1993, S. 105.

störten Körperbereiche von anderen Organen übernommen werden und so für einen Ausgleich sorgen. Darüberhinaus sind noch andere Bedingungen für die erotische Empfindungsfähigkeit der Frauen von entscheidender Bedeutung: *„Gehirnphänomene scheinen wichtiger zu sein dabei, Orgasmen zu produzieren oder zu verhindern, als solche Fragen wie: welche anatomischen Strukturen genau stimuliert oder wie sie stimuliert werden.(...) Die qualitative Reaktion der Frau steht in Beziehung zu ihrem sozialen Hintergrund, ihrer Ausbildung, Erfahrung, der Zärtlichkeit und der gegenseitigen Beteiligung am Geschlechtsakt. Der Orgasmus ist das Ergebnis physiologischer, psychologischer und soziologischer Determinanten.*“[1] Dies legt den Schluß nahe, daß sich – abzüglich aller vorsätzlicher oder auf Unwissenheit basierender Falschaussagen – ein Großteil der Frauen in einem emotional ausgeglichenen Zustand befinden müssen.

Daß Beschneidungen dieser Ausprägung Traumata bei den Opfern hinterlassen müssen, steht außer Frage. Allerdings scheinen die beobachteten Formen psychischer Störungen weitaus weniger abnorm, als man angesichts dieser massiven Eingriffe vermuten würde. Beschnittene Frauen leiden immer wieder unter Depressionen, psychosomatischen Störungen und Angstzuständen, vor allem dann, wenn eine entscheidende Veränderung in ihrem Leben bevorsteht wie z. B. eine Heirat oder die Geburt eines Kindes. Auch Neurosen oder Psychosen sind zu beobachten, jedoch nur vereinzelt. Da Psychiater im weiten Teilen Afrikas Ausnahmeerscheinungen sind und die Bevölkerung auffälliges Verhalten eher als Werk böser Geister interpretiert und nicht als Erkrankung der Seele, sind diese Angaben sicher nicht repräsentativ. Auch wenn der Prozentsatz schwerwiegender psychischer Erkrankungen gering ist, leidet die Mehrzahl der Frauen an dem Verlust ihrer Lebensfreude und ihres Selbstwertgefühls. Die Beschneidung läßt sie zu apathischen, passiven, resignierten und frustierten Menschen werden. An den bereits erwähnten „Wendepunkten“ ihres Lebens ziehen sie sich emotional vollkommen in sich zurück, so als könnten sie ihr Überleben nur sichern, indem sie auf einer Art „Sparflamme“ ausharren, bis die Krise überstanden ist.

[1] Lightfoot-Klein, H., 1993, S. 117.

DIE WEIBLICHE BESCHNEIDUNG UNTER SOZIOLOGISCHEN, PSYCHOANALYTISCHEN UND PSYCHOHISTORISCHEN GESICHTSPUNKTEN

Im folgenden soll versucht werden, das Phänomen der weiblichen Beschneidung in das theoretische Fundament der „Psychohistorie" von Lloyd deMause einzuordnen. Zuvor möchte ich – sozusagen als Kontrapunkt – die Ansätze des Soziologen Emile Durkheim und der Psychoanalytikerin Alice Miller aufnehmen und anschließend zu deMause in Beziehung setzen. Ziel dieses Vergleiches ist die Annäherung an die Frage, welche gesellschaftliche bzw. individuelle Funktion die weibliche Beschneidung erfüllt, deretwegen sie auch heute noch und sogar mit steigender Tendenz praktiziert wird und welche sozialen und/oder psychischen Einflußfaktoren eine Rolle beim Fortbestand dieser Tradition spielen.

DIE WEIBLICHE BESCHNEIDUNG ALS „SOZIOLOGISCHER TATBESTAND"

Der Soziologe Emile Durkheim geht davon aus, daß ein Individuum in seinem sozialen Handeln durch Pflichten, Normen, Sitten und Gewohnheiten bestimmt wird. Diese Normen sind nicht das Produkt jedes Einzelnen, sondern werden ihm vom Kollektiv, d.h. der Gesellschaft auferlegt und von ihm innerhalb seiner Erziehung übernommen. Auch wenn das Individuum glaubt, sein Denken und Handeln sei selbstbestimmt und frei jeglichen äußeren Einflusses, so ist es in Wahrheit durchdrungen von den jeweiligen Anschauungen und Maßstäben der Gesellschaft, in der es lebt.

Durkheim nennt diese gesellschaftsspezifischen Handlungsvorgaben „soziologische Tatbestände", wobei damit nicht die bloße *Akkumulation* gleicher Vorstellungen oder Überzeugungen von Einzelnen gemeint ist. Soziologische Tatbestände werden dadurch gekennzeichnet, daß sie „außerhalb des individuellen Bewußtseins existieren"[1], d. h. „sie nehmen eine körperhafte Gestalt an"[2], die, losgelöst von ihrer tatsächlichen Anwendung, als eine „Realität sui

[1] Durkheim, E., 1991, S. 106.

[2] Durkheim, E., 1991, S. 109.

generis“ besteht, und mit großer Macht auf das Individuum einwirkt: *„Ein soziologischer Tatbestand ist jede mehr oder minder festgelegte Art des Handelns, die die Fähigkeit besitzt, auf den Einzelnen einen äußeren Zwang auszuüben; oder auch, die im Bereiche einer gegebenen Gesellschaft allgemein auftritt, wobei sie ein von ihren individuellen Äußerungen unabhängiges Eigenleben besitzt.“*[1] Diese „Gußformen“, wie Durkheim sie nennt, „in die wir unsere Handlungen gießen müssen“[2], bewirken eine vergleichsweise schablonenhafte Gleichförmigkeit im Denken und Handeln aller Gemeinschaftsmitglieder, durch die ein Solidaritätsbewußtsein geschaffen und ein harmonisches Miteinander ermöglicht wird. Die moralischen Werte stellen das verknüpfende, solidaritätsstiftende Element innerhalb der Gesellschaft dar.

Soziologische Tatbestände haben deshalb einen so gravierenden Einfluß auf Menschen, weil die *Dauer* ihrer Existenz zu ihrer Festigung und Größe beigetragen hat. Dieser „Übermacht“, die dem Menschen ihren „eigenen Willen“ auzwingt, kann sich der Einzelne kaum entziehen, zumal er in der Zeit seines Hineinwachsens in die Gesellschaft, d.h. in der Kindheit, lernt, deren Absolutismus nicht anzuzweifeln. Der Zwangscharakter offenbart sich vor allem dann, wenn sich die Einzelperson diesem Kollektivbewußtsein widersetzen will. Verstößc oder Auflehungen gegen allgemeingültige Normen können folgenschwere Repressalien nach sich ziehen. In der Regel sind sich die Mitglieder einer Gemeinschaft des Zwangs aber nicht bewußt, den die Organisationen oder sozialen Strömungen einer Gesellschaft auf sie ausüben, denn sie haben deren Regeln soweit verinnerlicht, daß sie für sie zur Gewohnheit geworden und völlig „normal“ sind. Der durch das Kollektivbewußtsein auferlegte Zwang kann so stark sein, daß er den Einzelnen innerhalb einer Gruppe zu Gefühlen oder Taten hinreißt, zu denen er allein nicht fähig wäre: *„Sobald sich die Versammlung aufgelöst hat, die Einflüsse der Masse nicht mehr auf uns wirken und wir uns allein mit uns selbst finden, erscheinen uns die Gefühlszustände, die wir durchgemacht haben, als etwas Fremdes, worin wir uns selbst nicht mehr erkennen.“*[3]

Indem Durkheim soziologische Tatbestände wie „Dinge“ betrachtet, distanziert er sich von jeglicher Form des „Psychologismus“ innerhalb der Soziologie. Sie können deshalb als „Dinge“ eingeordnet werden, weil sie verhältnismäßig resistent sind gegenüber jedweder Veränderung: *„Doch reicht das*

[1] Durkheim, E., 1991, S. 114.
[2] Durkheim, E., 1991, S. 126.
[3] Durkheim, E., 1991, S. 108.

bloße Wollen nicht aus, um eine Wandlung hervorzurufen, es bedarf dazu vielmehr einer mehr oder minder mühsamen Anstrengung infolge des Widerstandes, den das Ding uns entgegensetzt und der überdies auch nicht immer überwunden werden kann".[1] Da die Gesellschaft nicht bloß die Summe ihrer Teile darstellt und das Kollektivbewußtsein auch keine einfache Zusammensetzung jedes Einzelbewußtseins ist, sondern ein „psychisches Wesen(...) neuer Art"[2], das einen ganz anderen Charakter besitzt, kann zur Verdeutlichung sozialer Phänomene nicht die Einzelpsyche herangezogen werden, sondern nur die Gesellschaft als Ganzes, denn „die Gruppe denkt, fühlt und handelt ganz anders, als es ihre Glieder tun würden, wären sie isoliert"[3]. Aus diesem Grund können soziale Phänomene nur durch andere soziale Erscheinungen und nicht etwa durch psychische, d.h. individuelle Sachverhalte erklärt werden, da sie nicht von dem Einzelwillen hervorgebracht und bestimmt werden, sondern von diesem „Subjekt eigener Identität", welches sich als Norm, Regel oder Brauch etabliert hat und dazu dient, den Fortbestand der bestehenden Gesellschaftsform zu sichern.

Nähert man sich dem Phänomen der weiblichen Beschneidung unter Berücksichtigung des Durkheim'schen Ansatzes, lassen sich folgende Aussagen ableiten: Der Brauch der weibliche Beschneidung ist nach Durkheim ein soziologischer Tatbestand, denn es handelt sich hier um eine „mehr oder minder festgelegte Art des Handelns, die die Fähigkeit besitzt, auf den Einzelnen einen äußeren Zwang auszuüben(...)". Diese Definition impliziert erstens, daß es für das Individuum keine Handlungsalternative zur Beschneidung gibt, denn nur eine beschnittene Frau wird anerkannt und in die Gesellschaft integriert und zweitens, daß sich die Frau auch nicht gegen den Zwang, den das Kollektivbewußtsein in Form dieses Brauches auf sie ausübt, auflehnen oder ihm entgehen kann.

Durkheim gruppiert soziologische Tatbestände in „normale" und „pathologische" Phänomene. Analog zu dieser Einteilung muß die weibliche Beschneidung in die erste Kategorie eingeordnet werden, was auf den ersten Blick absurd erscheint. Allerdings definiert Durkheim soziale Erscheinungen dann als „normal", wenn sie von der *Mehrheit* einer Gesellschaft repräsentiert werden, und dies ist hier der Fall. Voraussetzung für die Einordnung soziologischer Tatbestände ist neben der Reduzierung der Beobachtung auf eine

---

[1] Durkheim, E., 1991, S. 126.
[2] Durkheim, E., 1991, S. 187.
[3] Durkheim, E., 1991, S. 188.

bestimmte Gattung die Berücksichtigung der jeweiligen Entwicklungsphase der beobachteten Gesellschaft. Da sich „normale“ soziale Erscheinungen nur dann etablieren können, wenn sie, zumindest teilweise, sinnvoll und lohnend für die Gesellschaft sind, und es sich bei der weiblichen Beschneidung um ein in dieser Gesellschaft allgemeingültiges Phänomen handelt, muß sie – zumindest in der Vergangheit – für die Gemeinschaft von Nutzen gewesen sein. Auf diesen Punkt möchte ich weiter unten zurückkommen.

Jede Frau internalisiert diesen Brauch im Laufe ihrer Erziehung als einen völlig normalen, „objektiven“ Bestandteil ihres Lebens, dessen Inhalt in keiner Weise reflektiert wird, da „es alle machen“ und deshalb Möglichkeiten zum Vergleich fehlen. Die Gesellschaft „stülpt“ den Frauen diesen Willen über und fixiert ihn durch Regeln und Normen. Alle Mythen und Begründungen, die die Richtigkeit und die Vorteile der Beschneidung in den Vordergrund stellen, haben in Wahrheit die Konsolidierung dieser Tradition zum Ziel, denn sie vermitteln den Frauen das Gefühl, ihre Pflicht, nämlich die Reproduktion männlicher Nachkommen und die Bewahrung ihrer Keuschheit, nur dann gewissenhaft zu erfüllen, wenn sie sich einer Beschneidung unterziehen. Erkennbar wird dies in der weitverbreiteten Ansicht, eine Beschneidung erhöhe die Fruchtbarkeit und Gesundheit der Frau. Gleichzeitig warnen diese Erklärungsmuster davor, die bestehenden Regeln zu mißachten. Ein Beispiel hierfür wäre die allgemeingültige Auffassung, die Berührung mit einer intakten Klitoris habe die Impotenz oder sogar den Tod des Mannes zur Folge und vergifte das männliche Sperma. Bliebe eine Frau also unbeschnitten, riskiere sie sowohl das Leben des Mannes als auch das ihres Kindes. Hierdurch wird zum einen der Zwang deutlich, den Durkheim soziologischen Tatbeständen zuschreibt, zum anderen kann der Nachweis erbracht werden, daß die Dokumentation der Überlegenheit kollektiver Werte auf der moralischen Ebene stattfindet.

Durkheim postuliert, daß der Zwang sich in vielen Fällen erst dann offenbart, wenn man versucht, gegen ihn anzugehen. Dies wird deutlich an Eltern, die sich zwar bewußt *gegen* die Beschneidung ihrer Töchter entscheiden, sie aber dennoch durchführen lassen. Nach Durkheim beugen sie sich trotz der Zweifel dem Zwang zum einen deshalb, weil sie sonst für sich selbst und vor allem für ihre Töchter den Ausschluß aus der Gemeinschaft riskieren, da unbeschnittene Mädchen nur geringe Chancen haben, einen Ehemann zu finden und daher ihre Existenz in Frage gestellt ist. Zum anderen werden sie, sofern die Beschneidung nicht im familiären Bereich, sondern in Form eines Gemeinschaftsfestes erfolgt, durch die Masse zu Handlungen „befähigt“, die ihren individuellen Einstellungen vollkommen zuwiderlaufen, d.h. sie lassen ihre Töchter unter Umständen gegen ihren ursrpünglichen Willen verstümmeln, weil sie dem Gruppendruck nichts entgegensetzen können und er entindividualisierend wirkt.

Entscheidend für das Verständnis von sozialen Verhaltensweisen ist die Betrachtung des Kollektivbewußtseins, welches den sozialen Phänomenen zugrundeliegt und sie aufrechterhält. Nach Durkheim ist das Kollektivbewußtsein der „Begründer" des sozialen Lebens. Es hat die Aufgabe, die Solidarität der Gesellschaftsmitglieder zu gewährleisten, d. h. soziale Phänomene haben die Funktion, sozial nützliche Wirkungen zu erzeugen[1] und ihr „Ursprung (...) muß in der Konstitution des inneren sozialen Milieus gesucht werden."[2]
Die weibliche Beschneidung muß also als soziales Phänomen *gesellschaftsstiftende* Komponenten beinhalten, die das Zusammengehörigkeitsgefühl untermauern und auf symbolischer Ebene eine Integration in das Kollektiv ermöglichen. Sie ist das Mittel zum Zweck, kollektive Zielsetzungen zu stabilisieren. Da der Frau aufgrund ihrer biologischen Voraussetzungen innerhalb der Gesellschaft eine tragende Aufgabe obliegt, nämlich die Reproduktion der Nachkommenschaft und da der Fortbestand der Gemeinschaft von ihrer Gebär-Funktion abhängig ist, muß ihre „Bestimmung" mit allen Mitteln konsolidiert werden. Die kollektive Zielsetzung besteht also in diesem Falle darin, die Frau an ihre biologische Aufgabe zu ketten. Das Risiko, einer Frau die Freiheit der Entscheidung zuzugestehen, wäre unter Umständen *gesellschaftsvernichtend.* Um den gesellschaftlichen Aspekt *von* Sexualität zu demonstrieren, wird die Frau ihrer sexuellen Freiheit „beschnitten", was stellvertretend für den Verlust ihrer gesamten Selbstbestimmung steht. Ihre Verstümmelung verdeutlicht ihr die soziale Kontrolle durch die patriarchale Gesellschaft.
Die Konsolidierung der bestehenden Normen wird aber nicht nur von den Männern, sondern vor allem von den betroffenen Frauen getragen und dabei stellt sich wieder die Frage nach dem Sinn, der sich hinter diesem Brauch verbirgt. Da das Kollektiv, auch wenn es durch das männliche Geschlecht dominiert wird, aus beiden Geschlechtern besteht, kann sich das Kollektivbewußtsein auch nur aus dem Zutun beider Teile entwickelt haben. Demnach muß dieser Brauch sowohl für Männer als auch für Frauen in irgendeiner Form „nützlich" sein, wenn auch nicht unbedingt auf dieselbe Weise. Dabei stellt sich als erstes die Frage, *welche* Frauen an

---

1 vgl. Durkeim, E., 1991, S. 193.

2 Durkheim, E., 1991, S. 195.

der Praxis der weiblichen Beschneidung festhalten und danach, *warum* sie es tun. Ich habe schon weiter oben erwähnt, daß es vor allem die Hebammen und die Frauen der älteren Generationen sind, die ihre Töchter, Schwiegertöchter oder Enkelinnen zur Beschneidung drängen. Reduziert man die weiblichen Beweggründe auf die soziologischen Gesichtspunkte, dann fällt auf, daß die Beschneidung einen Machtfaktor für diese Frauen darstellt – einer der wenigen in ihrem Leben. Dieser Bereich untersteht dem Einfluß und der Entscheidungsgewalt der Groß- und Schwiegermütter, die sich innerhalb einer patriarchalen Gesellschaftsordnung nur mühsam Ansehen und ein geringes Machtpotential im Laufe ihres Lebens erwerben konnten. Sie nutzen „die Gunst der Stunde", gehört zu werden, ihre Autorität ausüben zu können und zumindest in *einem* wichtigen Lebensbereich die Herrschaft der Männer zu durchbrechen. Auf diese Weise haben sie ihren Teil zu den kollektiven Gewohnheiten beigetragen, die das Denken und Handeln der Menschen prägen und deren Zwang sie akzeptiern, um Teil einer bestehenden Ordnung zu sein und der Gemeinschaft zu dienen.
Da nach Durkheim soziale Phänomene „wie Dinge" zu betrachten sind, deren Kräfte „nicht durch bloßes Wollen" durchbrochen werden können, sondern, wenn überhaupt, nur „infolge mühsamer Anstrengung"[1], wird sich am Tatbestand der weiblichen Beschneidung erst dann etwas ändern, wenn sich die *Mehrheit* der Bevölkerung über die Zusammenhänge von Ursache und Wirkung dieser Verstümmelung bewußt wird und sich das Kollektivbewußtsein dahingehend verändert, Frauen nicht länger nur als „Lust- und Gebärmaschine" anzuerkennen.

Die weibliche Beschneidung – ein Wiederholungszwang?

Die Analytikerin Alice Miller geht davon aus, daß alle seelischen Erkrankungen wie z.B. Depressionen oder Neurosen, die bei Erwachsenen beobachtbar sind, ihren Ursprung in der jeweiligen Kindheitsgeschichte, genauer in der frühen Eltern-Kind-Beziehung haben.

---

[1] vgl. Durkheim, E., 1991, S. 126.

Ein Kind fordert die uneingeschränkte Liebe und Akzeptanz seiner Eltern, es will in seinen *Gefühlen* ernstgenommen und geachtet werden. Sein Bedürfnis nach Spiegelung durch die Eltern nennt Miller „gesunden Narzißmus“[1]. Er äußert sich im Ausleben des „wahren Selbst“[2], d.h. der uneingeschränkten Erlebnisfreiheit *ambivalenter Gefühle.* Erfährt diese unverfälschte Lebendigkeit der Gefühle Erschütterungen durch die Verachtung oder die Demütigung der Eltern, kann dies gravierende Folgen für die Persönlichkeitsentwicklung des Kindes haben. Und genau dies vollzieht sich beim Akt der Beschneidung. Bei der Lektüre des Buches von Hanny Lightfoot-Klein gewinnt man den Eindruck, daß die Mädchen in einer liebevollen, emphatisch-unterstützenden Umgebung aufwachsen. Verantwortlich für diese positiven Bedingungen ist in erster Linie die Mutter, aber auch die übrigen, allerdings ausschließlich weiblichen Familienmitglieder. Das Mädchen bringt seinen Bezugspersonen vorbehaltloses Vertrauen entgegen. Es käme niemals auf die Idee, an der Integrität und absoluten Liebe der Mutter zu zweifeln. Diese Verbundenheit ändert sich schlagartig am Tage seiner Beschneidung. In Zukunft wird dieses Verhältnis geprägt sein von „dem Entsetzen im Moment, wo sie ergriffen werden, dem unerträglichen Schmerz, einem Gefühl entsetzlicher Erniedrigung und der Empfindung, betrogen worden zu sein, besonders von der Mutter.“[3]
Hanny Lightfoot-Klein hat beobachtet, daß sich Mädchen, die vor ihrer Beschneidung lebhaft, frei und unbekümmert waren, später nur noch passiv, verzagt und schutzsuchend in der Nähe einer Bezugsperson aufhalten, was man einer ontogenetischen Regression gleichsetzen könnte: *„Sofias Jüngste ist inzwischen drei Jahre alt. Sie ist ein lebhafter kleiner Kobold, ständig fallen ihr neue Streiche ein. (...) Sofias kleinste Tochter ist jetzt fünf. Es hat sich etwas Gewaltiges an ihr verändert. Keine Spur ihrer früheren guten Laune ist übriggeblieben. Das Kind hängt an Sofias Röcken, folgt der Mutter dauernd ums Haus. Immer wenn sich Sofia setzt, kriecht es auf ihren Schoß, und nachts schläft es eingerollt in Sofias Körperbeuge wie ein kleines Beuteltier.“*[4] Miller würde dieses Phänomen mit dem Verlust der Erlebnisfähigkeit durch die Unterdrückung des „geschundenen“ wahren Selbst erklären.

Die Tatsache, daß schwere seelische Erkrankungen wie Psychosen nur in verschwindend geringem Maße festzustellen sind, läßt sich wahrscheinlich darauf zurückführen, daß es sich bei der Beschneidung zwar um eine schwerwiegen-

---

1 Miller, A., 1983, S. 60.

2 Miller, A., 1983, S. 29.

3 vgl. Lightfoot-Klein, H., 1993, S. 96.

4 Lightfoot-Klein, H., 1993, S. 136 ff.

de Form der mütterlichen Verachtung handelt, die jedoch in ihrer Massivität *einmalig* bleibt und daß das Mädchen weiterhin bis zu seiner Hochzeit in das gleiche, unverändert liebevolle Umfeld eingebettet ist, wie es Hanny Lightfoot-Klein beobachtet haben will. Durch die Unterstützung, Fürsorge und Anteilnahme der Familie können die individuellen psychischen Auswirkungen der traumatischen Beschneidung in gewisser Weise aufgefangen und gemildert werden. Allerdings bieten sich dem mißbrauchten Mädchen später andere Ventile, um den seelischen „Ballast" freizusetzen.

Da das Kind in seinem Bedürfnis nach Liebe in emotionaler Abhängigkeit zu seiner Mutter steht und nicht in der Lage ist, dieses Erlebnis zu verarbeiten, bietet sich ihm nur eine Chance zum Überleben: die Verdrängung. Im Laufe seines Erwachsenwerdens aktiviert das mißbrauchte Mädchen verschiedene Abwehrmechanismen wie *Verleugnung* („Bei meiner Beschneidung habe ich keinerlei Schmerzen gespürt."), *Rationalisierung* („Die Beschneidung war gut für mich, denn nur beschnittene Frauen können verheiratet werden und empfangen Söhne."), *Verschiebung* (indem eine Frau nicht ihre eigene Beschneidung, sondern die ihrer Töchter beweint) oder *Idealisierung* („Die Beschneidung hat mich zu einer guten Ehefrau gemacht."), aber vor allem die „Umkehr des passiven Leidens in aktives Verhalten."[1]

Da die verdrängten Kindheitstraumata unbewußt, unbearbeitet und deshalb für die Mehrheit der Individuen unzugänglich bleiben, „setzt sich die Tragik der elterlichen Kindheit in der Beziehung zu den eigenen Kindern fort."[2] Diesen Vorgang nennt Alice Miller „Wiederholungszwang". Er hat die „unheimliche Tendenz, immer wieder das nicht erinnerte Trauma zu inszenieren". Der stumme Schrei nach Hilfe wird von den Hilferufenden selbst nicht gehört, und so können die traumatischen Schmerzen der Mütter und Großmütter nur durch das unbewußte Ausagieren an Schwächeren, nämlich an ihren Töchtern und Enkelinnen, teilweise gelindert werden. Es sind nicht die erlittenen körperlichen Qualen, die diesen Wiederholungszwang hervorbringen, es ist das Gefühl der Wut, das bei der Beschneidung verdrängt wird, weil es als „negatives" Gefühl nicht an die Oberfläche kommen darf, „und verdrängte Wut wird unbewußt an der nächsten Generation ausagiert."

Miller sieht die einzige Möglichkeit, diesen Zwang zu durchbrechen, darin, die verschütteten Gefühle ins Bewußtsein zurückzuführen und an denjenigen abzureagieren, die sie verursacht haben. *„Sobald eine beschnittene Frau imstande*

---

[1] Miller, A., 1983, S. 117.

[2] Schafer, R. in: Miller, A., 1983, S. 47.

ist, der traurigen und empörenden Tatsache nicht länger auszuweichen, daß ihre Eltern sie einem sinnlosen religiösen Ritual geopfert haben, wird sie ihrer Tochter nicht mehr das gleiche antun wollen. Sie wird wissen, wer ihre Wut verdient hat, und nicht das unschuldige Kind für Verbrechen anderer, die ihr einst angetan worden sind, büßen lassen.“ [1]

Lloyd deMauses „Psychohistorische Motivierung“

Lloyd deMause legte als Initiator der amerikanischen „Psychohistorie“ das Fundament für eine neue Wissenschaft, die sich sowohl von der Psychologie, der Soziologie als auch den Geschichtswissenschaften abgrenzt, aber dennoch Fragmente derselben thematisiert, wobei jedoch neue Bezüge zwischen den einzelnen Bereichen hergestellt und andere Schwerpunkte gesetzt werden. Psychohistorie definiert deMause als „die Wissenschaft von historischer Motivierung“[2], d.h. sie untersucht, inwieweit sich historisch bedingte Lebensumstände und die damit verbundenen emotionalen Gemeinsamkeiten einer Kindergeneration auf die Entwicklung der Geschichte auswirkt. Sie geht davon aus, daß traumatische Erlebnisse, denen die Mehrheit der Kinder einer bestimmten Epoche ausgesetzt waren, das Denken und Fühlen entscheidend prägen und sie als Erwachsene zu bestimmten Handlungen veranlassen.

Die Psychohistorie versucht also, die Geschichte der Menschheit mit der „Geschichte der Psyche“[3] zu erklären, was impliziert, daß alle außerpsychischen Faktoren zur Untersuchung von Phänomenen nicht herangezogen werden. Daraus ergibt sich auch der deMause'sche Gesellschaftsbegriff. Seiner Meinung nach hat der Begriff der „Gesellschaft“ keinerlei Substanz; er wurde von Soziologen ausschließlich zu dem Zweck konstruiert, um „das Individuum seiner Verantwortlichkeit zu entheben“ und die „individuelle Motivierung in Gruppen zu leugnen“[4]. Nach deMause kann ein Motiv nur psychischer und nicht gesellschaftlicher Natur sein; demnach kann auch keine holistische Größe jenseits des Individuums existieren. Er wendet sich gegen die ganzheitlichen Ansätze der Soziologie und Anthropologie und konstituiert seine Theorie auf dem methodologischen Individualismus. Der „homo relatens“

---

[1] Miller, A., 1990, S. 94.
[2] deMause, L., 1989, S. 15.
[3] deMause, L., 1989, S. 18.
[4] vgl. deMause, L., 1989, S. 19.

wird von seinem Bedürfnis nach „Beziehung und Liebe“ vorangetrieben; die Ursachen menschlichen Handelns sind in der jeweiligen „Psychoklasse“ verwurzelt, die sich durch die „gemeinsam geteilten Erziehungsformen“ entwickelt hat.[1]

DeMause stellt sich auch gegen jede Form des von Historikern und Anthropologen geforderten Kulturrelativismus, der jede Kultur als gleichrangig betrachtet und nur mit ihrem eigenen Wertesystem beurteilt, denn er ist der Ansicht, daß die Psychohistorie nicht wertfrei sein kann. Es gibt gewisse Prämissen, die in *jeder* Gemeinschaft *unabhängig von der jeweiligen Kulturstufe* Gültigkeit haben, wie z. B. das Anrecht der Kinder auf die Liebe, und nicht die Schläge ihrer Eltern. Nach deMause ist die „psychische (d.h. emotionale) Reife eine historische (und keine ökonomische) Errungenschaft“[2], die auf der zunehmenden Fähigkeit der Eltern beruht, sich in die Wünsche und Bedürfnisse ihrer Kinder einfühlen zu können und ihre eigenen Kindheitstraumata durch eine zweite Angstbearbeitung besser zu bewältigen.

Theoretische Grundlagen der Psychohistorie

Wie oben bereits erwähnt, sind die Ursachen individuellen Verhaltens nur in der Psyche zu finden. Diese Regel läßt sich auf die Gruppenebene transformieren. Alles Soziale läßt sich nach deMause in seine individuellen Bestandteile aufgliedern und ist dementsprechend psychologisch erklärbar. Der Unterschied zwischen individuellem und sozialem Handeln liegt einzig in der Tatsache begründet, daß „Menschen in Gruppen nur deshalb anders als einzelne Individuen handeln, weil sie ihre psychischen Konflikte anders abspalten“[3]. Gruppen werden von Phantasien beherrscht und geleitet, die von allen beteiligten Individuen gemeinsam verinnerlicht wurden und die deMause „Gruppenphantasien“ nennt. Sie bieten dem Individuum die Chance, innerhalb von Gruppen in bestimmte Rollen zu schlüpfen, um Kindheitsängste abzuwehren und eine Regression zu unterbinden. Da diese Abwehr in Gruppen nicht auf der individuellen Ebene stattfinden kann, muß sie auf die Gruppenebene verlagert werden und findet in Form von

[1] vgl. deMause, L., 1989, S. 17.
[2] vgl. deMause, L., 1989, S. 19.
[3] deMause, L., 1989, S. 90.

Gruppenphantasien ihren Ausdruck. Jede Generation verfügt über eigene Gruppenphantasien, sprich Abwehrmechanismen, die auf ihren gemeinsam geteilten Kindheitserlebnissen basieren.
Das von Durkheim skizzierte Bild einer unflexiblen und traditionsverhafteten „Gesellschaft" kehrt sich bei deMause in die bloße Akkumulation von Individuen, die generationsweise in bestimmte Psychoklassen unterteilt werden können, worunter deMause „Gruppen von Menschen mit dem gleichen Kindheitsmodus innerhalb einer bestimmten Bevölkerung"[1] versteht. Diese unterschiedlichen Psychoklassen stehen miteinander in ständiger Auseinandersetzung und verursachen dadurch einen stetigen Wandel, der sich in Form geschichtlicher Ereignisse manifestiert: *„Jede Generation bringt eine neue Psychoklasse auf die historische Bühne, stört die Gruppenphantasie der älteren Psychoklassen und ruft Perioden der Rebellion, des Triumphs und der Reaktion hervor.* "[2]
Die Führungsrolle übernehmen innerhalb eines „sozialen Gefüges", das nach de Mause in Wahrheit ein „psychisches Gefüge" ist, kleinere „Deligierten-Gruppen", die für die Gruppenphantasien notwendige Funktionen verkörpern. Durch ihre Sonderstellung werden sie dazu ermächtigt, stellvertretend für alle Gruppenmitglieder ambivalente Gefühle auszuleben, die diese auf sie projizieren. Ihr Talent, das sie zur Führerschaft prädestiniert, besteht darin, die „projizierten Identifikationen von Gruppenphantasien" in ihrer Person zu vereinigen und entsprechend zu verwalten.

Der eigentliche Antrieb für historische Veränderungen ist nach deMause die „Psychogenese", d.h. der psychische Reifungsprozeß der Individuen, der sich von Generation zu Generation durch eine zunehmend emphatische Eltern-Kind-Beziehung vollzieht und sich in den unterschiedlichen Modi der Kindererziehung offenbart. Dieser Reifungsprozeß basiert auf „der Fähigkeit der jeweils nachfolgenden Elterngeneration, sich in das psychische Alter ihrer Kinder zurückzuversetzen und die Ängste dieses Alters, wenn sie ihnen zum zweiten Mal begegnen, besser zu bewältigen, als es ihnen in der eigenen Kindheit gelungen ist."[3] DeMause sieht darin die „Geschichte als Psychotherapie der Generationen", für deren Evolution die Liebe den entscheidenden Impuls darstellt.
Die psychogenetischen Entwicklung ist sowohl auf individueller als auch auf „gesellschaflicher" Ebene (deMause würde sagen: „auf Volksebene") von verschiedenen Faktoren abhängig. Beim Individuum sind neben biologischen

---

1 deMause, L., 1989, S. 95.
2 deMause, L., 1989, S. 95.
3 deMause, L., 1992, S. 14.

und perinatalen Gegebenheiten die jeweiligen Lebensumstände entscheidend, hinsichtlich der Gemeinschaft bestimmen vor allem die „Gruppenphantasie-Faktoren“ die Evolution der Eltern-Kind-Beziehung, d.h. inwieweit z.B. Kriege bzw. arbeitende Mütter oder fehlende Väter bestimmte Prozesse beeinträchtigen oder vorantreiben.

DeMauses Ansatz, die Evolution der Eltern-Kind-Beziehung innerhalb der Geschichte aufzuzeigen, gliedert sich in sechs Stufen: den *Kindesmord*, die *Weggabe*, die *Ambivalenz*, die *Intrusion*, die *Sozialisation* und die *Unterstützung*.[1] Jede nächsthöhere Stufe unterscheidet sich von der vorangegangenen einerseits durch die Abnahme elterlicher projektiver Reaktionen und Umkehrreaktionen, die das Kind entweder als Übertragungsmedium für eigene Gefühle nutzen oder zum Vater- bzw. Muttterersatz machen, andererseits durch den Zuwachs an emphatischer Reaktion seitens der Eltern, sich auf die Bedürfnisse ihrer Kinder einzulassen, ohne dabei unbewußt eigennützige Ziele zu verfolgen. In jedem Modus ist ein Wachstum der Ich-Stärke zu verzeichnen, der den inneren Reifungsprozeß verdeutlicht und das Ausagieren emotionaler Unsicherheiten in Form von Projektion oder Umkehrreaktion reduziert.
Die Abfolge der Entwicklungsschritte ist zwar festgelegt, ihr zeitlicher Fortbestand variiert allerdings aufgrund der oben genannten Komponenten. Infolgedessen befinden sich heute noch viele Gesellschaften in den frühen psychogenetischen Modi, was die Möglichkeiten ihrer Persönlichkeitsentwicklung einschränkt und sich auf ihre ökonomischen, politischen, kulturellen und religiösen Strukturen auswirkt.

Die Beschneidung als Manifestation eines psychogenetischen Modus

Das deMause'sche 6-Stufen-Modell der Eltern-Kind-Beziehung wurde aufgrund der Analyse europäischer und nordamerikanischer Schilderungen und Berichte über Kindheit von der Antike bis zur Gegenwart entwickelt. Um als Theorie Allgemeingültigkeit zu erlangen, müßte dieser eurozentrische Ansatz also auch auf andere Kontinente transformierbar sein. Das Phänomen der weiblichen Beschneidung in Afrika könnte also als Manifestation eines psychogenetischen Modus der Eltern-Kind-Beziehung betrachtet werden.

[1] vgl. deMause, L., 1992, S. 82 ff.

Um die psychische Reife, d. h. diesen psychogenetischen Modus der Völkergemeinschaften zu ermitteln, die ihre Mädchen und Frauen genital verstümmeln, muß man versuchen, die von deMause aufgestellten Abwehrschemata in das Geschehen einzuordnen und die Stufe der Eltern-Kind-Beziehung anhand der angewandten Projektions-, Umkehrreaktions- und Doppelvorstellungsmuster herauszuarbeiten.

Meiner Meinung nach können die afrikanischen Gemeinschaften, die Beschneidungen vornehmen, zwischen dem ambivalenten und dem intrusiven Modus eingeordnet werden. DeMause charakterisiert den ambivalenten Modus als eine „Wasserscheide in der evolutionären Folge"[1], bei dem sichtbare Depressionen als aufkommende Schuldgefühle gewertet werden können. Diese Schuldgefühle offenbaren sich teils bei der Beschneidung selbst „... welche persönlichen Qualen die Frauen durchstanden, wie sie schluchzten und laut jammerten, während aus dem Nachbarzimmer die Entsetzens- und Schmerzensschreie ihrer Töchter herüberdrangen"[2], teils im Anschluß daran in Form von Verdrängung oder Beschönigung, indem sie die pharaonische Beschneidung ihrer Töchter vor sich selbst und anderen als *sunna*-Beschneidung „verkaufen". Das Kind hat sich bereits einen Platz in der Gefühlswelt der Eltern erobert, wird aber immer noch zu Projektionszwecken mißbraucht. DeMauses Formulierung, das Kind „in die rechte Form zu bringen"[3], um es zu kontrollieren, kann wörtlich in Bezug zur Beschneidung gesetzt werden. Als Beweis für vorhandene Umkehrreaktionen kann der Umstand herangezogen werden, daß kleine Mädchen weiterhin von erwachsenen Männern sexuell mißbraucht werden und daß dieses Delikt von seiten der Familie und der Gesellschaft moralisch nicht verurteilt wird und juristisch ungeahndet bleibt. Für den Modus der Intrusion spricht die Tatsache, daß die Eltern versuchen, nicht länger nur den Körper, sondern auch den Geist des Kindes zu formen und zu überwachen. Während die Beschneidung die körperliche Kontrolle darstellt, beinhalten die Märchen und Mythen, die sich um Sexualität, Keuschheit und Reinlichkeit ranken und die den Mädchen von kleinauf eingebleut werden, die geistige Zensur.
DeMause äußert sich explizit zur männlichen Beschneidung, die für ihn eine Doppelvorstellung kennzeichnet, d.h. das gleichzeitige Auftreten von Projektion und Umkehrreaktion. Überträgt man seine Aussagen auf die

[1] deMause, L., 1989, S. 92.
[2] Lightfoot-Klein, H., 1993, S. 95 ff.
[3] deMause, L., 1992, S. 83.

weibliche Beschneidung, kann nur noch das Bedürfnis der Projektion aufrechterhalten werden: *„Bei solchen Verstümmelungen von Kindern durch Erwachsene (spielen) immer Projektion und Bestrafung eine Rolle, wobei die Bestrafung der Kontrolle der projizierten Leidenschaften gilt.“*[1]

Die Beschneidung als Ursache und Produkt historischer Gruppenphantasien

Das Phänomen der weiblichen Beschneidung kann als Ursache *und* Produkt einer historischen Gruppenphantasie betrachtet werden, denn die Verstümmelung von Mädchen findet als Ergebnis einer „Verschiebung auf die öffentliche Bühne der Gefühle“[2] statt, deren Wurzeln ebenfalls in der Beschneidung zu suchen sind.
Nach deMause basiert das Verhalten von Menschen auf der psychosexuellen Entwicklung in ihrer Kindheit und auf der sich daraus bildenden gegenwärtigen Persönlichkeitsstruktur. Um die in der Kindheit abgespaltenen Wünsche, Gefühle und Verbote aufzubereiten, die innerhalb einer Psychoklasse geteilt werden, bilden sich auf Gruppenebene entsprechende Gruppenphantasien, die parallel zu den persönlichen Phantasien der Individuen existieren, aber elementare psychologische Vorteile wie die Gefühle von Sicherheit und Geborgenheit beinhalten.

Alle Frauen einer Gemeinschaft und Psychoklasse, denen das Kindheitstrauma „Beschneidung“ gemeinsam ist, werden entsprechende Abwehrmechanismen, nämlich Gruppenphantasien entwickeln, um schmerzliche Regressionen zu vermeiden. Die Abwehr kann darin bestehen, Sexualität weiterhin, d. h. so wie sie es während ihrer Sozialisation verinnerlicht haben, einerseits zu tabuisieren, andererseits zu mystifizieren. Diese Mystifizierung ist bei allen afrikanischen Gesellschaften, die Beschneidungen an Mädchen vornehmen, zu beobachten. Das gestörte Verhältnis zum eigenen Körper, die Ahnung von seiner Unvollständigkeit und sowohl die Angst als auch der Wunsch nach Sexualität, all diese Vorstellungen werden abgespalten, zum Selbstschutz rationalisiert und auf die Töchter projiziert. Die Verneinung des eigenen Körpers und seiner Funktionen findet also seine Wiederholung am Körper der Tochter, wobei

[1] deMause, L., 1992, S. 43.
[2] deMause, L., 1989, S. 132.

die eigene Verantwortlichkeit an die Gruppe delegiert wird, um die Abwehr zu gewährleisten. Entscheidend für die Verschiebung auf die Gruppenebene ist die Kopplung dieses einschneidenden Ereignisses mit den sich daraus entwickelnden Gefühlen der Wut und Deprivation, die sich als individuelle Phantasien manifestieren. Allein die Verstärkung der Traumata durch unterdrückte Wutregungen ermöglicht, daß eben dieser Vorfall im späteren Leben überhaupt relevant wird.[1]

Auf der Voraussetzung der gemeinsam geteilten Kindheitserlebnisse erwachsen diese kollektiven Phantasien innerhalb eines zeitlichen Prozesses aus dem öffentlichen Meinungsaustausch zwischen den verschiedenen Psychoklassen. Auf der Suche nach der allseits akzeptierten Fassung erhält die Gruppenphantasie erst durch die Auseinandersetzung ihre wahre Gestalt. Analog zu dieser These formt das Gespräch zwischen den Generationen das jeweils gültige Bild und damit den Anspruch an die weibliche Keuschheit, wobei „emotional starke Bilder benutzt (werden), ebenso Metaphern, Gleichnisse, Körpersprache und gefühlsbeladene Worte, die sorgfältig in genügend Abwehrmaterial gehüllt sind, um ihr Eindringen in die bewußte Wahrnehmung zu verhindern."[2] Die Tatsache, daß die Themen „Sexualität" und „Beschneidung" von solch immensem gemeinschaftlichem Interesse sind und ihre Bedeutsamkeit immer wieder betont wird, zeugt von den Spuren, die diese Traumata hinterlassen haben und von der Intensität des Abwehrbedürfnisses.

Die durch Differenzen entstehenden Kontroversen zwischen den jüngeren, fortschrittlichen und den älteren, konservativen Psychoklassen bestimmen den historischen Wandel und damit die Evolution der Menschheit hin zu mehr emotionaler Reife. Die ältere Generation übernimmt in diesem Szenario die Rolle des sicherheitsorientierten Über-Ichs, welches als moralische Instanz nach Ordnung strebt; die jüngere, progressive Generation findet sich in der Rolle des triebhaften Es wieder, das nach der Rebellion über die Attacken des Über-Ichs triumphiert und dadurch Veränderungen bewirkt.[3] Die unaufhaltsame Evolution der Eltern-Kind-Beziehung, die sich durch emphatische Reaktion der Eltern auf die Bedürfnisse ihrer Kinder äußert, bringt also immer „gesündere" Psychoklassen hervor, so daß die Bereiche „Sexualiät" und „Beschneidung" irgendwann nicht mehr Abwehrfunktionen übernehmen und nicht länger schamhaft verschwiegen werden müssen und Kinder auf diese Weise furchtlos in Kontakt zu ihrem eigenen Körper treten können.

---

[1] vgl. deMause, L., 1989, S. 142.

[2] vgl. deMause, L., 1989, S. 145.

[3] vgl. deMause, L., 1989, S. 95 und 149.

Die Synthese von sozialen und psychischen Einflussfaktoren beim Phänomen der Beschneidung

Aus der Darstellung der verschiedenen Theorien wird deutlich, welch große Differenzen hinsichtlich des soziologischen und psychologischen bzw. psychohistorischen Analyseansatzes sozialer Phänomene existieren. Fassen wir noch einmal sowohl Basis als auch Funktion der weiblichen Beschneidung nach dem jeweiligen Ansatz zusammen, um einen abschließenden Vergleich zu vereinfachen:

Als soziologischer Tatbestand basiert die weibliche Beschneidung also auf dem Zwang, den das Kollektivbewußtsein auf die Einzelnen innerhalb einer Gemeinschaft ausübt. Dieser Zwang wird durch andere soziale Tatbestände, d.h. durch Normen, traditionelle Überlieferungen und Rollenverteilungen fixiert und vervielfältigt. Für eine junge Frau, deren geschlechts- und sozialspezifische Rolle ihre Reproduktionsfähigkeit ist und die sowohl das „Manko" der Weiblichkeit als auch das der Jugend besitzt, was einerseits dazu führt, daß sie als „hilfloses, zurückgebliebenes Kind"[1] behandelt wird und was sie andererseits zur devoten Dienerin des Mannes und seiner gesamten Familie macht, ist die Beschneidung nichts anderes als eine mit Schmerzen verbundene Pflicht, um eben all diese Anforderungen zu erfüllen. Sie sieht sich so vielen Zwängen gleichzeitig ausgesetzt, daß sie „einen enormen persönlichen Mut aufbringen müßte, um all diesem sozialen Druck zu widerstehen."[2] Es bedarf wohl keiner weiteren Erklärung, daß die Grundlage jedes Widerstandes, nämlich das Selbstbewußtsein, bei Frauen, die ihr Leben lang als unbedeutende und unmündige Menschen zweiter Klasse behandelt wurden, nicht besonders ausgeprägt sein kann.

Aus Durkheims Thesen läßt sich ableiten, daß die Funktion der Beschneidung in dem Ziel des Kollektivbewußtseins zu finden ist, welches die gegenwärtig existente Gesellschaftsordnung festigen will, um deren Bestand zu sichern. Da der Frau aufgrund ihrer biologischen Voraussetzungen innerhalb dieser Ordnung eine tragende Aufgabe obliegt, nämlich die Reproduktion der Nachkommenschaft, und da der Fortbestand einer Gemeinschaft abhängig ist von

[1] vgl. Lightfoot-Klein, H., 1993, S. 272.

[2] vgl. Lightfoot-Klein, H., 1993, S. 156.

ihrer Gebär-Funktion, muß das Kollektivbewußtsein diese „Bestimmung" gewährleisten. Das Risiko, einer Frau die Freiheit der Entscheidung zuzugestehen, wäre unter Umständen gesellschaftsvernichtend. Die Beschneidung soll der Frau also ihre Beherrschung durch die Gesellschaft verdeutlichen.

Für Miller basiert die weibliche Beschneidung auf dem Wiederholungszwang, der Erwachsene in ihrem Unterbewußtsein veranlaßt, seelische Qualen, die ihnen selbst in der Kindheit zugefügt wurden und die sie zu ihrem Selbstschutz verdrängt haben, an Schwächeren auszuagieren, wobei es sich meistens um die eigenen, abhängigen Kinder handelt. Wird ein Mädchen – wie es bei der Beschneidung geschieht – von seinen Eltern nicht nur körperlich mißhandelt, sondern auch seelisch gequält, indem seine Gefühle gedemütigt und verachtet werden, fühlt es sich um sein Bedürfnis nach vorbehaltloser elterlicher Liebe, Achtung und Fürsorge betrogen. Um an dieser Erkenntnis nicht zugrunde zu gehen, verdrängt das Mädchen seine Wut, bis es als erwachsene Frau die Möglichkeit erhält, diesem Gefühl an ihrer Tochter freien Lauf zu lassen, wobei sie sich dieser Zusammenhänge natürlich nicht bewußt ist. Frauen, die selbst beschnitten wurden, beschneiden ihre eigenen Töchter also in einer Art Zwangshandlung, und einzig die Bearbeitung ihrer seelischen Wunden könnte diesen Teufelskreis durchbrechen.
Die Beschneidung der nächsten Generationen dient den ebenfalls beschnittenen Frauen als Ventil, um ihre aufgestauten, verdrängten Haß-Gefühle auszuagieren und da auf der Bewußtseinsebene kein adäquater Kausalzusammenhang gebildet werden kann, werden nicht diejenigen das Ziel ihrer Anklage und Verachtung, die ihre eigene Verstümmelung und die damit verbundenen psychischen Traumata zu verantworten haben, sondern die wehrlosen, der Mutter in Liebe ergebenen Töchter. Äußere Zwänge und soziale Bedingungen spielen für Miller keine Rolle. Es sind nur die inneren unbewußten Fesseln, die Menschen zu entsprechenden Handlungen motivieren, so daß bestimmte soziale Sachverhalte in der Generationenfolge aufrechterhalten werden und immer wieder zur Anwendung kommen.

Nach deMause könnte man die Beschneidung von Mädchen als Folge mangelnder Empathie und emotionaler Unsicherheit der Eltern in bezug auf ihre Kinder interpretieren. Die Eltern-Kind-Beziehung befindet sich noch auf einer relativ niedrigen Evolutionsstufe, was die Eltern daran hindert, sich substantiell in das psychische Alter ihrer Kinder zurückzuversetzen. Durch dieses Unvermögen sind sie gezwungen, ihren Kindern mit projektiven Reaktionen und Umkehrreaktionen zu begegnen. Sie haben noch nicht die psychische

Reife erworben, um einerseits das Kind um seiner selbst willen zum erwünschten Bestandteil ihres Lebens werden zu lassen und um sich andererseits ausreichend in dessen Gefühls- und Bedürfniswelt einfühlen zu können. Den Mädchen wird sexuelle Überempfindlichkeit und der Hang zur Promiskuität unterstellt. Diese „Gegebenheiten" sollen durch die Beschneidung „unter Kontrolle" gebracht werden. Hierdurch wird deutlich, inwieweit die Eltern ihre eigenen sexuellen Begierden auf die Töchter projizieren und sie für ihre eigenen Wunschvorstellungen bestrafen.

Wenn man die Beschneidung von Mädchen als eine Konsequenz der Gruppenphantasie „Reinheit und Keuschheit" interpretiert, die von Frauen, welche gemeinsam das Kindheitserlebnis der Beschneidung teilen, zur Abwehr einer Regression auf eben dieses Kindheitstrauma entwickelt wurde, so übernimmt diese Praxis die Funktion der *Umsetzung* dieser oben erläuterten Gruppenphantasie. Beschnittene Frauen, die ihre Wutgefühle verdrängt haben, welche mit dem Trauma der Verstümmelung einhergingen, bilden auf der Gemeinschaftsebene Phantasien, um diese Abwehr aufrechterhalten. Diese Phantasien bestehen in diesem Fall darin, die Festlegung des Bedeutungsgehaltes von Keuschheit und die Entscheidungsgewalt über die weibliche Sexualität auf die „öffentliche Bühne zu verschieben", d. h. die Frauen dieser Kompetenz zu entheben und die Kontrolle der Gesellschaft zu übergeben, um als Konfliktlösung auch die eigene Verantwortlichkeit und die damit verbundenen Konsequenzen der Gruppe zu übertragen. Die Beschneidung ist hierbei Mittel zum Zweck, um diese Verschiebung zu dokumentieren. Sie ist also einerseits der Ausdruck elterlicher Projektion und hat andererseits die Funktion, Gruppenphantasien zu realisieren. Soziale Einflußfaktoren haben nach deMause keinerlei Relevanz für die Motive des Gruppenverhaltens. Nur die Einzelpsyche und die gemeinsam geteilten Kindheitserlebnisse einer Generation können für die Erklärung sozialer Phänomene herangezogen werden.

Es stellt sich nun die Frage, ob man soziokulturelle Sachverhalte *nur* auf Soziales oder *nur* auf Psychisches zurückführen kann, oder ob nicht beide, d. h. sowohl soziale als auch psychische Komponenten in ihrer Interaktion und wechselseitigen Abhängigkeit berücksichtigt werden müssen, um der Komplexität eines gesellschaftlichen Phänomens gerecht zu werden. Können denn nicht sowohl gesellschaftliche Zwänge wie Normen, Rollenerwartungen oder Traditionen als auch unbewältigte Kindheitstraumata auf den Einzelnen einwirken und in der Synthese gewisse Verhaltensformen bilden, die dann in der Gruppe zu beobachten sind? Meiner Meinung nach reicht es nicht aus, ausschließlich soziale oder psychische Faktoren für das Aufkommen und die Ausbreitung bestimmter Erscheinungsformen, die sich in Gemeinschaften offenbaren, verantwortlich zu machen. Aus diesem Grund sollen abschließend noch einmal die bisher zusammengetragenen sozialen und psychischen Aspekte in ihrer Verflechtung aufgezeigt werden, die die Beschneidung von Frauen und Mädchen unterstützen, so daß sie ständig aufs Neue hervorgebracht wird.

Zu den wesentlichen *sozialen Einflußfaktoren* gehören die gesellschaftlichen Strukturen, Religion, Werte, Normen, Traditionen sowie die Familienhierarchie und die Rollenverteilung. Sie bilden sozusagen die äußere Begrenzung, welche die weiblichen Entfaltungsmöglichkeiten determiniert. Es kann ein Zusammenhang hergestellt werden zwischen Gesellschaften, die Mädchen und Frauen genital verstümmeln und dem Bestreben, die Selbstbestimmung von Frauen zu verhindern, um sie an ihre Aufgaben zu fesseln.

Um die konservative, patriarchale Gesellschaftsordnung zu fixieren, muß die männliche Herrschaft über die Frauen gewährleistet sein. Dazu trägt einerseits der Islam bei, der die Frau in seinem Jungfräulichkeits- und Keuschheitsanspruch ihrer sexuellen Freiheit beraubt, die männliche Ehre von ihrem sittlichen Verhalten abhängig macht und sie auch in rechtlichen Fragen dem Mann unterordnet. Eine islamische Frau wird also durch geschickt miteinander kombinierte Bedingungen „lahmgelegt". Jeglicher Widerstand wird durch Todesdrohungen oder die Beschwörung des Gemeinschaftsausschlusses, der gleichsam ihre Existenz in Frage stellen würde, vorzeitig im Keim erstickt. Die bestehenden Familienhierarchien und Rollenverteilungen fixieren darüberhinaus die Unterordnung der Frauen. Frauen erhalten ihre Daseinsberechtigung ausschließlich aus der Tatsache, Ehefrau und Mutter zu werden und unternehmen alles „Lebensnotwendige", um diesen Erwartungen zu entsprechen. Haben sie sich in einem gewissen Alter durch die Geburt von männlichen Nachkommen die Achtung und Annerkennung der Familie erworben und sich innerhalb der Familienhierarchie „hochgedient", werden sie die erworbene Macht mit allen Mitteln erhalten wollen, stellen sich hartnäckig jeder Veränderung in den Weg und fixieren auf diese Weise als Wächterinnen ihres eigenen Geschlechts die weiblichen Fesseln.

Die Tatsache, daß sich der Einfluß präkolonialer Strukturen und altafrikanischer religiöser Fragmente bis in die heutige Zeit erhalten hat, erklärt die Autorität der Weisen und der Heilerinnen und erhöht die Bereitschaft, Mythen und Bräuche, die sich um die Beschneidung ranken, blindlings in das eigene Gedankengut zu übernehmen. Im gleichen Atemzug verhindert eine

mangelnde Schulausbildung, daß die Frauen einerseits in die Lage versetzt werden, biologische Zusammenhänge zwischen ihrer Beschneidung und ihren lebenslangen körperlichen Schmerzen herzustellen und daß andererseits ihr kritisches Denken gefördert wird, der eigentliche Anstoß zu Veränderungen. Die kulturell geformten Kommunikationskanäle tun ein Übriges, um die konservative Linie zu stärken. Da Kommunikation eine reale Machtquelle in Gruppen ist, wird der, der die Gruppe führt, die Kommunikationsstruktur derart anlegen, daß er (in diesem Falle sie, nämlich die Groß- oder Schwiegermutter) das Zentrum dieser Struktur ist, welches Informationen zuerst erhält. Den anderen Mitgliedern ist es – aus kulturellen Gründen(!) – strengstens untersagt, miteinander in Dialog zu treten. Die älteren weiblichen Familienmitglieder, die ein (Macht-) Interesse daran haben, die bestehenden Mißverständnisse zwischen Männern und Frauen bezüglich Sexualität und Beschneidung zu konservieren, „füttern" sowohl die Männer als auch die Frauen mit entsprechenden Informationen und untersagen ihnen, in diesen Bereichen Kontakt aufzunehmen.
Der Großteil der Männer hält sich zum Thema „weibliche Beschneidung" eher bedeckt. Man könnte sie als Mitläufer charakterisieren, denn sie forcieren die Beschneidung zwar nicht explizit, profitieren aber dennoch partiell davon. Auch wenn sie der Beschneidung negativ gegenüberstehen, wählen sie meist den Weg des geringsten Widerstandes und beziehen gegenüber ihren Müttern nicht eindeutig Stellung. Es mag ihnen zwar nicht bewußt sein, aber sie registrieren doch, daß ihr Regiment durch die „internen Rachefeldzüge" der Frauen nicht tangiert oder gar gefährdet wird, sondern dadurch im Gegenteil noch Unterstützung erfährt.
Dieses Netzwerk an traditionellen Überlieferungen, gesellschaftlichen Erwartungen, Forderungen und Verboten zwingt den Frauen seinen Willen auf; sie selbst erhalten keine Möglichkeit, zu wählen. Hier wird Durkheims Zwang sozialer Tatbestände deutlich, die in ihrer Verflechtung die Funktion erhalten, an der bestehenden Gesellschaftsordnung festzuhalten, um ein massives Ungleichgewicht und damit den potentiellen Zerfall dieser Ordnung durch Neuerungen zu vermeiden.

Parallel zu den äußeren, gesellschaftlichen Grenzen existieren in jedem Einzelnen auch *psychische Determinanten*, die sich durch Erlebnisse und Erfahrungen im Laufe eines Lebens eingegraben haben und die, sobald das Individuum zum Teil einer Gruppe wird, die Gestalt und den Inhalt der Gemeinschaftspsyche formt. Auch diese seelischen „Marken" hindern Menschen an ihrer vollen Entfaltung und bilden in der Synthese mit gesell-

schaftlichen Strukturen die dem Sozialverhalten zugrundeliegenden Motivationen.
Mangelndes Selbstwertgefühl, die Angst davor, von ihren Männern verlassen zu werden und als alleinstehende Frauen am Rande der Gesellschaft zu stehen und das Bewußtsein, minderwertig und unbedeutend zu sein mit all diesen Ängsten leben afrikanische Frauen islamisch-arabischer Gesellschaften Tag für Tag. Ihnen wird von Geburt an vermittelt, Lebewesen zweiter Klasse zu sein, die sich kritiklos unterzuordnen haben, unter männlicher Verfügungsgewalt stehen und vorwiegend zu dessen Vergnügen auf der Welt sind. Das Bewußtsein der eigenen Wertlosigkeit und die permanente Unsicherheit bieten den Fürsprecherinnen der weiblichen Beschneidung einen guten Nährboden für die Durchsetzung ihrer Ziele, denn wie kann eine Frau, die nie dazu ermutigt wurde, ihre eigenen Vorstellungen zu artikulieren und durchzusetzen, plötzlich sowohl gegen den äußeren sozialen Druck als auch gegen ihr inneres Minderwertigkeitsgefühl angehen. Sie wird sich passiv in ihr Schicksal fügen, da sie von Kindheit an gelehrt wurde, ihre Bestimmung zu akzeptieren.
Auch wenn die einschlägige Literatur immer wieder betont, daß schwere seelische Störungen wie Psychosen bei beschnittenen Mädchen nur in geringem Maß registriert werden konnten, was auf die liebevolle und unterstützende Einbettung in die Familie zurückzuführen sei, kann doch festgehalten werden, daß die Wut des Mädchens, von der Mutter betrogen worden zu sein, indem sie sein grenzenloses Vertrauen mißbraucht hat, dadurch nicht aufgefangen werden kann. Sie findet als „Wiederholungszwang" ihren Ausgang und ihre Anwendung in der Beschneidung der eigenen Tochter und erhält auf diese Weise den Teufelskreis, Frauen von Generation zu Generation ihrer Lebendigkeit zu berauben.
Darüberhinaus muß ein weiteres psychisches Motiv hervorgehoben werden, welches schon im Abschnitt über deMause erwähnt wurde und das den Fortbestand der weiblichen Beschneidung garantiert, solange bestimmte Lebensbereiche als Tabu gelten. Es ist auffällig, daß zum Thema Sexualität und allen angrenzenden Bereichen eine Doppelmoral existiert, denn einerseits ist es kulturell verpönt, diesen Punkt öffentlich zu diskutieren, andererseits nimmt der Bereich einen sehr großen Stellenwert im allgemeinen Leben und vor allem in dem der Frauen ein. Es hat verschiedene Ursachen, daß das Thema Sexualität für Frauen von solch großer Bedeutung ist, so daß sich ihr ganzes Leben nur um diese Problematik zu drehen scheint und genau dieser Umstand ihnen vielleicht auch den weitverbreiteten Ruf eingebracht hat, sexuell hyperaktiv und von Natur aus promiskuitiv zu sein, denn erstens ist die

Aufgabe der Frau in der Gesellschaft in erster Linie eine geschlechtliche, zweitens stehen ihr keine Möglichkeiten offen, sich gedanklich mit anderen Inhalten zu beschäftigen und letztendlich wird sie ja durch ihre Beschneidung an Lebenswendepunkten wie ihrer Hochzeit oder Geburt ihrer Kinder immer wieder daran erinnert. Gerade die Unterdrückung der Sexualität und das diesbezügliche Kommunikationsverbot fördert entscheidend das Interesse aller Beteiligten. Und so werden sich Frauen, die gegen die Regel der Teilahmslosigkeit verstoßen und Genuß dabei empfinden, mit ihren Männern zu schlafen, schuldig fühlen, auch wenn dieses Vergnügen für alle anderen unsichtbar bleibt. Diese Schuld wird dann in Form von Projektion auf die Tochter übertragen, die für die „Sünden" ihrer Mutter oder Großmutter gezüchtigt wird und diese mit der Verstümmelung ihrer Genitalien bezahlen muß.

Abschließend möchte ich noch einmal auf den deMause'schen psychohistorischen Ansatz zurückkommen. Seine Systematik impliziert, daß sich die Eltern-Kind-Beziehung aufgrund eines psychischen Reifungsprozesses der Eltern im Laufe der Generationen verbessert, sofern sie nicht für längere Zeit in einem frühen psychogenetischen Modus „steckenbleibt". Dieser Reifungsprozeß hätte zur Folge, daß die Projektion ganz verschwände und immer weniger Mütter ihr Einverständnis zur Beschneidung der eigenen Tochter gäben. Auf diese Weise würde sich das unbewußte Zwangsverhalten von Frauen, ihre Wut an der nächsten Generation auszuagieren, immer weiter minimieren. Es könnte als zweite Angstbearbeitung interpretiert werden, daß – wie Hanny Lightfoot-Klein beobachtet hat – viele Mütter bei der Beschneidung ihrer Töchter entsetzliche persönliche Qualen durchstehen. Sie werden dadurch an ihre eigene Beschneidung erinnert und sind nun als Erwachsene in der Lage, ihre unmittelbaren Leiden zu beweinen, indem sie um die Tochter trauern. Diese zweite Angstbearbeitung, die als Triebfeder der Psychogenese zu sehen ist, ermöglicht es den Frauen nach deMause, sich zunehmend in die Gefühlswelt ihrer Töchter einzufühlen, sie in ihrer persönlichen Entwicklung zu unterstützen und sie nicht länger als Spielball zu benutzen.
Demgegenüber steht die ernüchternde Tatsache, daß die Zahl der Infibulationen in Afrika jährlich steigt. Diesen Fakt könnte man wie oben bereits erwähnt analog der deMause'schen Theorie dadurch erklären, daß die psychogenetische Entwicklung der beschneidenden Eltern-Generation aufgrund biologischer oder perinataler Konstellationen ins Stocken geraten ist. Es könnte sich aber auch um eine Zeit des Umbruchs handeln, eine Art „letztes Aufbäumen" der älteren, machthabenden Psychoklasse gegen die zunehmende Empathie der jüngeren, liberaleren Eltern-Generation. Hanny Lightfoot-

Klein gibt zahlreiche Beispiele für die zunehmende Reflexion junger Elternpaare hinsichtlich des Themas „weibliche Beschneidung" und für deren Einfallsreichtum, der Beschneidung der eigenen Tochter zu entgehen.

Ob dieses Bewußtsein jedoch *ausschließlich* aus einem Zuwachs an Empathie aufgrund einer zweiten Angstbearbeitung erwächst, bleibt für mich allerdings fraglich. Nachweislich sind sogenannte soziale Faktoren wie Kommunikation, Aufklärung und Bildung hierbei ebenso entscheidend für Veränderungen – Faktoren, die bei de Mause keinerlei Berücksichtigung finden.

Literatur

Beck-Karrer, Charlotte; Schädeli, Sibyl: Frauenbeschneidung in Afrika. Frauenbeschneidung im Islam, Bern 1992.

Douglas, Mary: Reinheit und Gefährdung. Eine Studie zu Vorstellungen von Verunreinigung und Tabu, Berlin 1985.

Durkheim, Emile: Die Regeln der soziologischen Methode, 2. Auflage, Frankfurt/Main 1991.

Lightfoot-Klein, Hanny: Das grausame Ritual. Sexuelle Verstümmelung afrikanischer Frauen, Frankfurt/Main 1993.

deMause, Lloyd: Grundlagen der Psychohistorie, Frankfurt/Main 1989.

deMause, Lloyd (Hrsg.): Hört ihr die Kinder weinen. Eine psychogenetische Geschichte der Kindheit, Frankfurt/Main 1992.

Miller, Alice: Das Drama des begabten Kindes und die Suche nach dem wahren Selbst, Frankfurt/Main 1983.

Streck, Bernhard (Hrsg.): Wörterbuch der Ethnologie, Köln 1987.

An dieser Stelle sei noch auf die im Sommer 1996 vom „Journal of Psychohistory", Hrsg.: Lloyd deMause, New York, publizierte Ausgabe mit dem Titel „Female Genital Mutilation" hingewiesen.

III

Allgemein-theoretische Auseinandersetzungen mit der psychogenetischen Theorie der Geschichte der Kindheit

Ariès' „Geschichte der Kindheit" in ihrer mentalitätsgeschichtlichen und psychohistorischen Problematik

Edmund Hermsen

„Anfang der sechziger Jahre ging in Paris das Gerücht um, ein Bananenimporteur vertrete neue Theorien über die Geschichte der Kindheit und der Familie. Er hieß Philippe Ariès und hatte soeben ein Buch bei Plon veröffentlicht. In Wirklichkeit war er nur peripher mit dem Bananenhandel verbunden, doch fester als mit der Universität, wo man seine Ideen und Entdeckungen, die später seinen Ruhm begründeten, im allgemeinen ignorierte. Lange bevor die Geschichte der Mentalitäten en vogue wurde, erforschte unser Freibeuter dieses noch unbekannte Gebiet und trug dabei einige Siege davon, deren einziger Zeuge er selbst war."[1] Das schreibt idealisierend M. Winock in seinem Vorwort zu dem autobiographischen Interview mit Ariès, das er 1980 geführt hat.

Dafür, daß die „Geschichte der Kindheit" in den Fokus der Wissenschaften geriet, ist tatsächlich das gleichnamige Buch von Philippe Ariès[2] (1914-1984) als Auslöser zu betrachten, wobei die Auswirkungen von größerer Bedeutung werden sollten als das Buch selbst. Ariès war durchaus nicht der Erste, der in diesem Jahrhundert über dieses Thema schrieb;[3] nichtsdestotrotz wird er als der entscheidende Autor angesehen, dessen „Geschichte der Kindheit" geradezu als „Heilige Schrift"[4] zitiert wird. Deshalb kann man nicht psychohistorisch über die Geschichte der Kindheit arbeiten, ohne sich mit Ariès auseinanderzusetzen.

Zur Rezeptionsgeschichte der „Geschichte der Kindheit“[5] von Ariès ist folgendes anzumerken: Das Buch erschien 1960 mit dem Originaltitel: *L'enfant et la vie familiale sous l'ancien régime,* „Das Kind und das Familienleben unter dem *Ancien Régime*“ – womit das absolutistische Herrschaftssystem in Frankreich vom 16. Jahrhundert bis zur Revolution von 1789 gemeint ist. Die amerikanische Übersetzung trägt den Titel: *Centuries of Childhood. A Social History of Family Life.* Die deutsche Übersetzung erschien erst 15 Jahre nach der Originalausgabe und erhielt von den Herausgebern in oberflächlicher Anlehnung an M. Foucaults *Histoire de la folie* den Titel „Geschichte der Kindheit“.[6] Allerdings war die wichtige Begriffsprägung insofern schon von den Amerikanern vorweggenommen worden, als diese im Anschluß an Ariès die Zeitschrift *The History of Childhood Quarterly*[7] begründeten. Ariès' Buch hatte in den USA eine enorme Wirkung, die damit einhergehende „Wende“ in der Geschichtswissenschaft lag darin begründet, daß vorher für naiv gehaltene Phänomene zum ersten Mal theoretisch integriert wurden.[8]
Die Kindheitsgeschichte von Ariès ist im Zusammenhang mit der *Ecole des Annales*[9] zu sehen und kann ohne den speziellen Themenkatalog dieser „Neuen Geschichtswissenschaft“ nicht verstanden werden. Allerdings gehört Ariès keineswegs zum ursprünglichen Kreis der *Ecole des Annales,* sondern erlebt erst spät seine Karriere in der *nouvelle histoire.* „Bis in die zweite Hälfte der sechziger Jahre war Ariès als Freizeithistoriker mit reaktionären politischen Überzeugungen eine marginale, kaum beachtete Gestalt außerhalb des professionellen historischen Feldes geblieben, dessen eigene Bewunderung für die frühe *Annales-Schule* bei den Erben auf wenig Gegenliebe stieß.“[10]
So würdigt Ariès in einem Text von 1949 ausführlich Marc Bloch und Lucien Febvre als die herausragenden Begründer und Vertreter der *Annales-Schule.*[11] Ariès Aufnahme in den Kreis der *Ecole des Annales* erfolgt im Prinzip erst nach dem Mai 1968, als seine Faszination für die kollektive Geschlossenheit früherer Lebenswelten im Sinn einer rückwärtsgewandten konservativen Sozialutopie als kritische Position gegen die dominante fortschritts- und wachstumsorientierte Ideologie der politischen und ökonomischen Eliten kulturell aufgewertet wird. Im Jahr 1978 gelingt Ariès die Integration in die universitäre Welt und wird zum *Directeur d'études* an der *Ecole des hautes études en sciences sociales* ernannt. Trotz dieser Einschränkung wäre Ariès' „Geschichte der Kindheit“ ohne die *nouvelle histoire* wohl nicht geschrieben worden.
Deshalb will ich an dieser Stelle zunächst die inhaltliche Entwicklung der '*Annales*-Gruppe' aufgreifen und in ihrer Bedeutung für die „Geschichte der Kindheit“ darstellen.

Ecole des Annales und Mentalitätsgeschichte

Die „Neue Geschichtswissenschaft" (*La nouvelle histoire*) der *Ecole des Annales* hat bis heute eine ungebrochene Inspirationskraft, die sich in einer überwältigenden Fülle von Publikationen dokumentiert. Sie ist ein direktes Produkt der Zerstörung des Fortschrittsglaubens und der Erneuerung des wissenschaftlichen Diskurses mit einer besonderen Betonung der Epistemologie und der Interdisziplinarität. Es wird sich zeigen, daß viele Positionen in die Nähe einer psychohistorischen Methodik gelangen, „ohne daß sich jedoch eine psychohistorische Strömung mit eigenem Profil herausgebildet hätte".[12]

Im wissenschaftlichen Erneuerungsprozeß nimmt die *nouvelle histoire* eine Sonderstellung ein: von Anfang an liegt ihr Akzent darauf, eine Wissenschaft des Menschen zu sein, in dem Sinn, daß eine „totale Geschichte" angestrebt wird, die die historische Entschlüsselung einer ganzen Gesellschaft leisten will. Auf ihren Entstehungsprozeß hat die (Human-)Geographie einen großen Einfluß gehabt, das heißt, daß die gleichzeitige Erkundung von Raum und Zeit einen besonderen Stellenwert erhält. „Deshalb hat die Kartographie für die 'nouvelle histoire' eine zentrale Bedeutung; sie produziert und gebraucht Karten nicht lediglich zur Orientierung und Illustrierung, sondern vor allem als Mittel der Forschung oder der Erklärung."[13] Der Einfluß der Geographie bewirkt bis heute den regionalen Charakter vieler Studien der französischen Historiographie.

1929, bezeichnenderweise im Jahr der Weltwirtschaftskrise, wurde nach dem Vorbild der deutschen „Vierteljahrsschrift für Sozial- und Wirtschaftsgeschichte" die Zeitschrift *Annales d'histoire économique et sociale* gegründet. Gegen den Positivismus des 19. Jahrhunderts entwickelte sich eine Historiographie, die neben traditionellen schriftlichen Zeugnissen eine Vielzahl anderer Dokumente wie Bilder, Artefakte archäologischer Ausgrabungen und mündliche Überlieferungen auswertete. Man wagte den Ausbruch aus der bloßen Erzählung von Ereignissen, um das wirkliche Geschehen, das sich hinter den Kulissen und Strukturen abspielte, darzustellen, die wahren Motive geographischer, ökonomischer, sozialer, intellektueller, religiöser und psychologischer Natur freizulegen. Dabei gilt der folgende Grundsatz: „Es gibt keine vorgefertigte historische Wirklichkeit, die sich von selbst dem Historiker offenbarte."[14]

Im Jahr 1946 wurde die Zeitschrift in *Annales. Economies. Sociétés. Civilisations* umbenannt, und zwar aus einer ganz bestimmten Erkenntnis heraus: „... wir haben erkannt, daß in jeder beliebigen Gesellschaft alles zusammenhängt und sich gegenseitig bestimmt: die politische und gesellschaftliche Struktur, die Wirtschaft, die religiösen Überzeugungen sowie die elementarsten und subtilsten Äußerungen der Mentalität.“[15]
Durch die Distanz zur Geschichtsphilosophie war – im Gegensatz zur deutschen – die französische Historiographie in der Lage, ihre Aufmerksamkeit auf das Alltägliche und Konkrete zu richten, aus der die *nouvelle histoire* ihre besten Ideen geschöpft hat. „Die fruchtbarste, von den Pionieren der 'nouvelle histoire' entfaltete Perspektive war die der 'longue durée', also die Vorstellung, daß die Triebkräfte der Geschichte in langen Zeitabläufen wirken und sich nur in ihnen erfassen lassen.“[16] Wirtschafts- und Gesellschaftssysteme ändern sich nur sehr langsam, aber in jedem Fall läßt allein die Beobachtung langer Zeitabläufe dauerhafte Strukturen und einschneidende Veränderungen sichtbar werden: „Ein Geschichtsbegriff, der dem Wechsel von Königen und Regierungen folgt, begreift die Geschichte nicht, sondern entstellt sie.“[17]
Dic „Theorie der langen Zeitabläufe“ hat die Annäherung zwischen Geschichtswissenschaft und Anthropologie, welche vermeintlich „fast unbewegte“ Gesellschaften erforscht, gefördert. Dadurch entstand praktisch wie von selbst ein neuer Themenkatalog, der Körpertechniken, Ernährungspraktiken, Bekleidungsformen, Wohnverhältnisse, Geschlechterverhältnisse, Sexualität, Mythen, Bilder etc. umfaßt. Hier treffen sich Ethnologie und Historiographie des Alltags, die sich vor allem auf bislang nicht beachtete Daten stützen muß.
Folgerichtig forderte der bekannte englische Ethnologe Evans-Pritchard die Anthropologen in einem Vortrag[18] auf, „bei den Historikern in die Lehre zu gehen, insbesondere deren Erfahrung in der Kritik von Dokumenten und in der Wahrnehmung der Zeit und des Wandels zu beherzigen. Es gibt in den Humanwissenschaften keine gegeneinander isolierbaren Eigenschaften. Ihre Ideen sind Brandherde.“[19]
Da der Ansatz der *nouvelle histoire* auf eine Geschichte des „ganzen Menschen“ abzielt, also auch auf seine Körperlichkeit im sozialen Zeitablauf, ging mit dieser Entwicklung ein Interesse für die Psychologie, im besonderen für die Psychoanalyse, einher.[20] Dies hat sich am eindeutigsten in der Herausbildung der Mentalitätsgeschichte ausgewirkt. Febvre und Bloch haben den Weg zur Mentalitätsgeschichte geebnet, die dann von Ariès weiterentwickelt worden ist. Besonders Febvre berücksichtigte in

seinen Studien zum Gefühlsleben vormoderner Menschen psychologische Aspekte, obwohl seine Haltung zur Psychoanalyse zeitlebens ambivalent blieb.[21]

So fordert Febvre programmatisch für eine „historische Psychologie" den Bruch mit einer gegenwartszentrierten ahistorischen Psychologie und evolutionistischen Einebnung der Unterschiede zwischen Menschen unterschiedlicher Epochen und Kulturen. Allerdings beschränkt sich dann diese „historische Psychologie" auf die Entzifferung der beiden Pole „Emotionalität" und „Verstandestätigkeit". Mit Unterstützung seines Freundes, des Psychologen H. Wallon, konzipierte Febvre den Prozeß der Zivilisation als das „mehr oder weniger langsame Zurückdrängen der emotionalen durch die Verstandestätigkeiten".[22]

Ebenso wie der Versuch von A. Dupront, in Anlehnung an C.G. Jung eine tiefenpsychologische Mentalitätsforschung zu entwickeln, mißglückte, gelang es auch der Mentalitätsgeschichte nicht, psychologische Modelle der Sozial- oder Entwicklungspsychologie überzeugend zu integrieren.[23] Dieser grundsätzliche Mangel trifft gleichfalls in vollem Umfang auf die „Geschichte der Kindheit" von Ariès zu, in der so etwas wie eine „Psychologie des Kindes" nicht aufzufinden ist.

Dem Mentalitätenwandel, dem Wandel „geistiger Einstellungen" oder „psychologischer Tatsachen" (Febvre), unterliegt folgender scheinbar banaler Grundsatz: „Bestimmte Dinge, die in einer bestimmten Epoche und in einer bestimmten Kultur möglich und unstrittig waren, sind dies in einer späteren Epoche und Kultur nicht mehr."[24] Der Ansatz der Mentalitätsgeschichte wird durch das Konzept der *longue durée* offenbar: nicht mehr die Geschichte der Einzelpersonen sondern die kontinuierliche und kollektive Geschichte der langen Zeitabläufe steht im Vordergrund.

Neue Themen waren hier die verborgenen psychischen Einstellungen, die der Kultur zugrunde liegen, wie z.B. die Einstellungen zum Leben, zur Familie, zur Kindheit, zum Alter, zur Krankheit und zum Tod. In der dritten Generation der *Annales*-Schule, in den sechziger Jahren, führte das Thema der Mentalitäten zu einer grundlegenden Umwälzung der französischen Historiographie. 1972 erschien in der Zeitschrift *Annales* eine Sondernummer über die Familie, 1973 widmete die *Société de démographie historique* eine Sondernummer ihrer Zeitschrift dem Thema *Enfants et Société*.

Ein gemeinsames Merkmal der Mentalitätsgeschichte ist das Bemühen – und das gilt für die *nouvelle histoire* insgesamt –, den Übergang zur Moderne besser zu verstehen. Herausragendes Paradigma des Mentalitätenumbruchs ist natürlich der Übergang vom europäischen Mittelalter zur frühen Neuzeit. Als ein

Beispiel für den Übergang zur Moderne läßt sich die „historisch-psychologische Analyse" Mandrous[25] anführen, die als exemplarisch für eine Untersuchung von Mentalitäten gilt.
Am Anfang des 17. Jahrhunderts zählten die Strafverfolgungen wegen Hexerei noch zu den wichtigsten Aufgaben des weltlichen Justizapparats. Am Ende des Jahrhunderts wurde diese Art der Rechtsprechung völlig aufgegeben. Wie kann eine jahrhundertelange, kontinuierliche Praxis auf einmal verschwinden? „Die ganze geistige Welt der Richter (und der Angeklagten) steht auf dem Spiel, denn die täglich von Satan und seinen Helfershelfern begangenen Verbrechen zeugen von der Anwesenheit des Teufels. [...] Mit einem Wort, die Aufgabe der Strafverfolgungen wegen Hexerei bedeutet die Auflösung einer geistigen Struktur, die jahrhundertelang fester Bestandteil der Zweiteilung der Welt war."[26] Mit dem Vollzug dieses Wandels könnte man den Beginn der Moderne ansetzen. Der gesamte Prozeß, bei dem die Aufgabe der Hexenverfolgungen lediglich einen Aspekt bildet, gestaltet sich in Wirklichkeit viel weitreichender und komplexer, als hier angedeutet werden kann.
Das Konzept der Mentalität erweiterte den Begriff des Historischen beträchtlich. Der Erfolg der Psychoanalyse in der ersten Hälfte des 20. Jahrhunderts lag vielleicht darin begründet, daß sie eine Antwort auf die individuellen Ängste geben konnte, der Erfolg der Mentalitätsgeschichte in der zweiten Hälfte des Jahrhunderts hat möglicherweise seinen Grund darin, daß jetzt Probleme des kollektiven Unbewußten zutage traten, auf welche die Mentalitätsgeschichte als Produkt der Ideologiekrise der Moderne antworten könnte. „Die Historiker sprechen von 'geistiger Struktur' oder 'Weltsicht', um die kohärenten und logisch stringenten Züge einer psychischen Totalität zu bezeichnen, die sich den Zeitgenossen aufzwingt, ohne daß sie es wissen. Es könnte sein, daß die Menschen heute das Bedürfnis verspüren, Gefühle ins Bewußtsein zu heben, die sich einst in den Tiefen der kollektiven Erinnerung verkrochen."[27]
Die Entwicklung der „neuen Geschichtswissenschaft" brachte es mit sich, daß neben der Wirtschafts- und Sozialgeschichte die Anthropologie zur „privilegierten Gesprächspartnerin" geworden ist. So kam es zur Begründung der „Historischen Anthropologie"[28], die gleichfalls – wie die Mentalitätsgeschichte – zur Geschichte der Familie, und damit der Kindheit, geführt hat.
J. Le Goff hat in seiner Darstellung der *nouvelle histoire* die zukünftigen Aufgaben der Neuen Geschichtswissenschaft formuliert:

a) *Eine neue Konzeption des Dokuments;*
b) *Eine Revision des Begriffs der Zeit, des Stoffs der Geschichte;*
c) *Die Herausbildung stichhaltiger komparativer Methoden.*

Dafür ist erforderlich, daß alle Dokumente einer Gesellschaft in Betracht gezogen werden. „Das verlangt, daß die Geschichtswissenschaft sich nicht länger einer wesentlichen Dimension der Geschichte verweigert, der des *Imaginären*, das heißt den Hervorbringungen der Einbildungskraft und den Grammatiken des Traums, die uns, wenn man ihre komplexen Beziehungen mit anderen historischen Ausdrucksformen entwirrt und offenlegt, tief ins Herz der Gesellschaften führen."[29]

Das „Imaginäre" umfaßt den gesamten Bereich kollektiver und individueller Erfahrung. Dabei ist der Bereich des „Imaginären" in der Vergangenheit europäischer Gesellschaften erst jüngst zum Gegenstand historischer Forschung geworden.[30] Als ein Beispiel für die „Geschichte des Imaginären" kann die Untersuchung von J. Delumeau[31] über die Angst im Abendland gelten. Wie zu erwarten, hat die Historiographie des „Imaginären" Anregungen aus Anthropologie und Psychoanalyse aufgenommen, ohne von ihren spezifischen Fragen abzukommen. Und so stellt sich wie in der historischen Religionspsychologie diesselbe methodische Frage: Läßt sich die Methodik dieser Disziplin auf das Material einer zurückliegenden Epoche anwenden?

Gerade am Übergang vom Mittelalter zur Neuzeit läßt sich die grundsätzliche Frage nach dem Verhältnis von gesellschaftlicher Realität und Symbolsystem stellen, die das Grundproblem der Historiographie des „Imaginären" bildet. „Ob es sich nun um den Inhalt der Repräsentationen oder ihre Träger, um spezielle Themen, um herausragende Ereignisse oder um lange Zeitabläufe handelt – die besten Arbeiten der letzten Jahrzehnte haben den Beweis erbracht, daß die Entwicklung des Systems des Imaginären die gesamte Sozialgeschichte spiegelt, die Verhaltensmuster und Vorstellungen, die ihrerseits zu Faktoren eines allgemeinen Systems werden."[32]

Eigentlich hätte die „Geschichte des Imaginären" zu einem wirklichen Ausgangspunkt der Psychohistorie werden können, wenn es eine Psychohistorie gäbe, die – ohne reduktionistisch zu sein – in der Lage wäre, den gesamten symbolischen Kosmos individueller und kollektiver Lebenswelten in historischen und gegenwärtigen Kulturen zu erfassen und zu erklären. Allerdings geht diese Forderung weit über das hinaus, was in der Psychoanalyse, Ethnopsychoanalyse, Tiefenpsychologie, Psychohistorie und Religionspsychologie bislang theoretisch erarbeitet worden ist.

Dieser kurze Abriß der *Ecole des Annales* und der Mentalitätsgeschichte soll erkennen lassen, aus welchen methodischen Problemen und aus welchem Geist heraus die Geschichte der Kindheit entstanden ist. Der Weg zur Entdeckung der Geschichte der Kindheit war lang und und hatte zunächst als Resultat eine Beschreibung der Lebensverhältnisse der Kinder, soweit diese aus den historischen Quellen überhaupt zu rekonstruieren war. So sehr einerseits die Entwicklung der Geschichte der Kindheit als innovativ gewürdigt werden muß, um so bedauerlicher erscheint andererseits die ungenügende Beachtung der eigentlichen psychologischen Lebensumstände und Gefühlswelten der Kinder in den verschiedenen Epochen.

Es bleiben allerdings noch einige allgemeine Kritikpunkte an der *Ecole des Annales* und der Mentalitätsgeschichte zu klären. Bis heute hat die *Ecole des Annales* ihre Projekte und Ergebnisse weder auf außereuropäische Kulturen angewendet noch überprüft. Zudem vermag das Konzept der „langen Dauer" nicht zu erklären, wie Prozesse des sozialen und kulturellen Wandels jeweils entstehen und verlaufen, deshalb haben weder die Modelle der Modernisierungstheorie noch die Entwürfe der Zivilisationstheorie tiefere Spuren in der Mentalitätsgeschichte hinterlassen.[33]

Insgesamt lässt die Mentalitätsgeschichte eine starke Bindung an eine sozial- und wirtschaftsgeschichtliche Ausrichtung erkennen. „Trotz frühzeitiger Neugierde blieb das Forschungsprogramm zur Erfassung der Gefühlswelt früherer Zeiten diffus. Weder suchten Mentalitätshistoriker die Zusammenarbeit mit neueren Forschungsansätzen in der Psychologie, noch beschritten sie den Weg, die historisch so wandelbaren sozialen Regelungen und Normierungen des Gefühlslebens systematisch zu verfolgen."[34] Vor allem deutsche Historiker beklagen trotz der innovativen Programme und Untersuchungen den Mangel an begrifflicher Genauigkeit und theoretischer Klarheit in der französischen Mentalitätsgeschichte.[35]

Durch ihre fehlende interkulturelle Ausrichtung erfuhr die Mentalitätsgeschichte in den achtziger und neunziger Jahren insofern einen Einbruch, als über die Vermittlung der amerikanischen Sozial- und Kulturforschung die semiotisch-symbolische Kulturtheorie von C. Geertz[36] auch in Europa einen neuen Standard bildete. Der große Vorteil dieser anthropologisch-ethnologischen Theorie besteht in ihrer interkulturellen Anwendbarkeit bei gleichzeitiger regionaler Genauigkeit. Zwar bleiben die Forschungsergebnisse der Mentalitätsgeschichte nach wie vor aktuell, aber die Begrifflichkeit und Darstellungsweise erscheinen inzwischen als revisionsbedürftig.

Widerspiegelung eigener Kindheitsgeschichte in Ariès' „Geschichte der Kindheit"

Der besondere Perspektivenwandel der *Ecole des Annales* hat überhaupt erst die historische Relevanz einer Kindheitsgeschichte erkennen lassen. Deshalb ist auch die Studie von Ariès, die allerdings in erster Linie *nicht* auf die Perspektive der Kinder eingeht, sondern das Verhältnis von Erwachsenen zu Kindern thematisiert, genau in dem Zeitraum und in der Kultur angesiedelt, die in der französischen Historiographie im Vordergrund steht: der Übergang vom Mittelalter zur Neuzeit in (West-)Europa, hauptsächlich aber in Frankreich selbst.

Zwar bedeutet die Festlegung auf das *Ancien Régime* im Titel des Buches von Ariès, daß die Neuzeit das eigentliche Thema darstellen soll, trotzdem greift der Autor gleichwohl aus noch weiter auszuführenden Gründen ständig auf mittelalterliche Vorstellungen zurück, die über weite Teile das Buch bestimmen. Es gibt noch andere – vor allem persönliche – Gründe für Ariès, den Untersuchungszeitraum seines Buches auf das *Ancien Régime* einzuschränken.

Trotz der Materialfülle und der zahlreichen ausgewerteten Quellen, über weite Strecken übrigens solche der Ikonographie, deren Ergebnisse besonders kritisiert worden sind,[37] bietet die „Geschichte der Kindheit" von Ariès recht einfache Thesen und Schlußfolgerungen. Sein Buch wird von zwei Hauptthesen bestimmt:

1) Die traditionale Gesellschaft, damit ist mehr oder weniger die mittelalterliche Gesellschaft gemeint, hatte vom Kind und mehr noch vom Heranwachsenden nur schwach entwickelte Vorstellungen. „Die Dauer der Kindheit war auf das zarteste Kindesalter beschränkt, d.h. auf die Periode, wo das kleine Wesen nicht ohne fremde Hilfe auskommen kann; das Kind wurde also, kaum daß es sich physisch zurechtfinden konnte, übergangslos zu den Erwachsenen gezählt, es teilte ihre Arbeit und ihre Spiele."[38] Das kleine Kind wurde ohne eine Zeit der Jugend sofort zum jungen Menschen. Die Sozialisation des Kindes ist weder von der Familie gewährleistet noch kontrolliert worden. Die Erziehung beruhte damit jahrhundertelang auf dem *Lehrverhältnis*. Das Kind lernte, indem es den Erwachsenen bei ihren Arbeiten half.

„Der Auftritt des Kindes in der Familie und in der Gesellschaft war zu kurz und zu unbedeutend, als daß es sich ins Gedächtnis einprägen und besondere

Aufmerksamkeit hätte beanspruchen können."[39] Zwar konnte das Kind in den allerersten Jahren mit einer oberflächlichen Gefühlszuwendung rechnen, von Ariès „Gehätschel" genannt, doch, wenn es überlebte, was angesichts der hohen Kindersterblichkeit keine Selbstverständlichkeit war, gelangte das Kind nicht aus einer gewissen Anonymität heraus. Wenn die schwierige Anfangszeit bewältigt war, wurden die Kinder oft von ihren Familien weggegeben. Es gab zu der Zeit keine Großfamilie, die – nach Ariès – lediglich in der Phantasie der französischen Soziologen des 19. Jahrhunderts bestanden hat. Die Familie setzte sich in der Regel aus dem Elternpaar und den zurückbehaltenen Kindern zusammen.

Die Aufgabe der Familie des *Ancien Régime* bestand darin, den Besitz zu erhalten, ein Handwerk gemeinsam auszuüben, sich alltäglich in einer Welt zu helfen, in der ein einzelner Mann und noch weniger eine einzelne Frau kaum überleben konnten, und im Krisenfall Ehre und Leben zu verteidigen. „Eine affektive Funktion hatte sie nicht...Für gefühlsmäßige Bindungen und soziale Kontakte war außerhalb der Familie gesorgt; sie entwickelten sich in einem sehr dichten und warmen 'Milieu', das sich aus Nachbarn, Freunden, Herren und Dienern, Kindern und Greisen, Männern und Frauen zusammensetzte und wo man seine Neigung einigermaßen ungezwungen sprechen lassen durfte."[40]

Diese Art von Geselligkeit, von gegenseitigen Besuchen, Festen und Zusammenkünften wird als „Sozialität" bezeichnet. Der Begriff der *„Sozialität"* kann als eine Leitidee in der Geschichte der Kindheit von Ariès gesehen werden. „So sehe ich unsere alten Gesellschaften als verschieden zugleich von jenen, die uns die Ethnologen beschreiben, und von unseren Industriegesellschaften an."[41]

2) Im 15. und 16. Jahrhundert entsteht langsam die moderne (Kern-) Familie aus der Auflösung des Stammes- und Geschlechtsverbandes, die mit dem sich konsolidierenden Zentralstaat einhergeht. *Dieser Prozeß leitet die Entdeckung der Kindheit ein. Die Entdeckung der Kindheit entspricht der der Erziehung.* Die Schule als Mittel der Erziehung tritt an die bisherige Stelle des Lehrverhältnisses. Dieses Projekt ist an das große Interesse der Moralisten, Pädagogen und Theologen beider Konfessionen für die Erziehung der Kinder im 17. Jahrhundert gebunden. Von ihnen wird das Kind nicht mehr als amoralisch angesehen, sondern als unschuldig und verderblich; es braucht Schutz und vor allem Erziehung als Aufgabe einer ernsten Verantwortung. Die Moralisten und Pädagogen des 16. und 17. Jahrhunderts, besonders aber die Jesuiten, sehen die Kindheit als die Zeit der Formung des Menschen an und versuchen diese (Schul-)Zeit durch systematische Disziplinierung des Willens und Schulung des Geistes zu nutzen.

In diesem gewaltigen Entwicklungsprozeß verändert sich die Familie, die nun zu einem Ort der unabdingbaren affektiven Verbundenheit zwischen den Ehepartnern und zwischen Eltern und Kindern geworden ist. Die Erziehung der Kinder bekommt einen Stellenwert, die sie vorher nicht gehabt hat. Die Familie beginnt sich um das Kind herum zu organisieren, die Kinder treten aus ihrer einstmaligen Anonymität heraus.

Allerdings ist für Ariès der Verlust des Lehrverhältnisses äußerst negativ, wird das Kind doch in der Schule in einer Art Quarantäne gehalten, ehe es in die Welt entlassen wird. „Diese Quarantäne ist die Schule, das Kolleg. Damit beginnt ein langer Prozeß der Einsperrung der Kinder (wie der Irren, der Armen und der Prostituierten), der bis in unsere Tage nicht zum Stillstand kommen sollte und den man als 'Verschulung' (scolarisation) bezeichnen könnte."[42]

Noch pointierter beschreibt H. von Hentig in seinem Vorwort den Entwicklungsprozeß: „Schule und Elternhaus wirken zusammen bei der Entfernung des Kindes aus der Erwachsenengesellschaft... Die Entstehung der modernen demokratischen und industriellen Massengesellschaft macht die Familie vollends zum Ort der Identifikation. Was sie an Erziehung, Bildung und Ausbildung nicht leisten kann, wird der Schule übertragen. Die Darstellung und Wahrnehmung der Entwicklung unserer gesellschaftlichen Einrichtungen, zumal der Familienerziehung und der Schulbildung als Fortschritt zu mehr Freiheit und sozialer Offenheit ist falsch. Die Geschichte der von Ariès untersuchten vier Jahrhunderte zeigt im Gegenteil eine Zunahme von Unfreiheit, sozialer Abschließung und Repression durch die Erwachsenen. Die Offenheit, Promiskuität und Sozialität des Mittelalters sind nicht, wie erhofft und behauptet, durch die Selbstbestimmung der Aufklärung, sondern durch die Herrschaft der Kleinfamilie und das Lernghetto der Schule ersetzt worden."[43]

Hentig trifft den Ton von Ariès recht gut, fällt doch bei der Lektüre des Buches eine rückwärtsgewandte Perspektive oder vielleicht eher eine Art von Sehnsucht nach einer untergegangenen und verlorenen Welt auf.

Diese beiden Grundlinien werden von Ariès in den drei Teilen seines Buches „Die Einstellungen zur Kindheit", „Das Schulleben" und „Die Familie" mit einer Fülle von Einzelbeobachtungen und Details ergänzt. Aufgrund seiner ikonographischen Untersuchung kommt er im Zusammenhang der Kinderporträts und der Putti zu folgendem Ergebnis: „Zweifellos beginnt die Entdeckung der Kindheit im 13. Jahrhundert und findet in der Kunstgeschichte und der Ikonographie des 15. und 16. Jahrhunderts ihren Niederschlag. Doch werden die Zeugnisse dieser Entdeckung erst ausgangs des 16. Jahrhunderts und im 17. Jahrhundert besonders zahlreich und signifikant."[44]

Auch der Kinderkleidung wird eine besondere Betrachtung gewidmet mit dem Ergebnis, daß das Kleid der Kinder nichts anderes ist „als das lange Gewand des Mittelalters, des 12. und 13. Jahrhunderts vor jener Umwälzung, die dazu führte, daß der Mann statt des langen ein kurzes Gewand und sichtbare Hosen trug, die Vorläufer unserer heutigen Männerkleidung."[45] Die erste Kinderkleidung ist also mit der Kleidung identisch, die etwa ein Jahrhundert früher von allen getragen worden ist und jetzt für die Kinder reserviert bleibt. Dabei treten die Jungen als die hervor, die als erste gesondert als Kinder behandelt worden sind.

Es ist in diesem Zusammenhang von Bedeutung zu wissen, daß die „Geschichte der Kindheit" aus einer geplanten Untersuchung über die Geschichte der Kleidung hervorgegangen ist. „Doch nach einer ersten Untersuchung begriff ich, daß dieses Projekt ohne eine sehr minutiöse und langwierige Vorbereitungsarbeit zur Datierung und Typologisierung nicht zu realisieren sei."[46] Diese Fragestellung gibt die Perspektive und Einstellung von Ariès zur Kindheit wieder, nämlich als Vehikel einer langsamen gesellschaftlichen Veränderung. „Kinder bilden die konservativsten menschlichen Gesellschaften überhaupt."[47]

Die Umbildung in der Einstellung zur Kindheit in der Neuzeit beschreibt Ariès genauer in dem Kapitel „Von der Schamlosigkeit zur Unschuld". Einerseits gilt es, die Unschuld des Kindes zu erhalten, andererseits die Dummheit oder Schwäche zu beseitigen oder durch Vernunft zu ersetzen. Das Kind wird jetzt als ein unfertiger, unvollkommener Entwurf des vernünftigen Menschen angesehen; der Zügellosigkeit und Leichtfertigkeit im sittlichen Bereich muß entgegengewirkt werden.

Damit einher geht die Entwicklung einer auf das Kind zugeschnittenen Religion und Frömmigkeit. In den ikonographischen Darstellungen wird das Jesuskind zum erstenmal allein abgebildet. Zudem nimmt die Verehrung eines persönlichen Schutzengels breiten Raum ein: „Das Bild der von einem Engel geleiteten Seele, die in Gestalt eines Kindes oder Jugendlichen dargestellt wird, findet in der Ikonographie des 16. und 17. Jahrhunderts große Verbreitung."[48] Waren die Kinder noch im Mittelalter an allen religiösen Festen beteiligt, entwickelt sich jetzt die Erstkommunion zum großen eigenständigen Kinderfest. In der Zeremonie der Erstkommunion zeigen sich erneut die beiden Aspekte der Kindheit, „ihre Unschuld auf der einen und ihr vernünftiges Verhältnis zu geheiligten Mysterien auf der anderen Seite".[49]

Die Moralisten und Erzieher des 17. Jahrhunderts haben sich besonders auf den zu formenden Teil des Kindes konzentriert, eben auf die Erziehung, deren

Konzeptionen bis ins 20. Jahrhundert gewirkt haben. Dieser Prozeß findet seinen Niederschlag und seine Ausbildung in der Schule, was im umfangreichen zweiten Teil des Buches „Das Schulleben" beschrieben wird.

„Die mittelalterliche Schule war nicht für die Schüler bestimmt, sie war eine Art technischer Schule für die Priesterausbildung."[50] Man geht zur Schule, wann man kann, sehr früh oder spät; diese Einstellung hält sich trotz gegenläufiger Einflüsse das ganze 17. Jahrhundert hindurch. Die Schulbildung erfaßt immer größere Anteile der Bevölkerung und war nicht notwendigerweise eine Frage der Herkunft, aber im Prinzip das Monopol eines Geschlechts. Die Frauen blieben davon ausgeschlossen, denn außerhalb ihres häuslichen Lehrverhältnisses erhielten die Mädchen so gut wie keine Erziehung, konnten somit kaum lesen und schreiben. Das ändert sich erst gegen Ende des 17. Jahrhunderts.

Trotz der mittelalterlichen Gleichgültigkeit gegenüber den Altersphasen konzentriert sich das Kolleg seit dem 15., besonders aber seit dem 16. und 17. Jahrhundert, auf die Erziehung und Bildung der Jugend. Dabei entdeckt man die „Notwendigkeit der Disziplin", einer beständigen und organischen, die aus der kirchlichen oder klösterlichen Disziplin hervorgeht; „sie ist weniger ein Zwangsinstrument, als das einer moralischen und geistigen Vervollkommnung."[51]

Dieser Art von schulischer Disziplin hat allerdings schon Michel de Montaigne (1533-1592) widersprochen. In seinem Essay „Über die Kindererziehung" schreibt er: „Unter anderem hat mir die Einrichtung der meisten unser höheren Lehranstalten mißfallen. Man hätte gewiß weniger Unheil gestiftet, wenn man ein wenig mehr der Nachsicht zugeneigt hätte. Es sind wahre Kerker einer gefangenen Jugend... Wieviel schicklicher wäre es, wenn ihre Klassenzimmer mit Blumen und Blättern bestreut wären als mit Splittern von blutigen Weidenruten."[52]

Die Einheitsschule des *Ancien Régime* differenzierte sich im Lauf des 18. Jahrhunderts in ein zweisträngiges Unterrichtssystem, das nach dem sozialen Stand unterschied. Das Gymnasium oder das Kolleg wurde die Schule für die Bürgerkinder (Oberschulbildung), die einfache Schule war für das Volk gedacht (Volksschulbildung). Sowohl der Begriff der „Altersklasse" als auch der der „sozialen Klassen" sind Erfindungen des Bürgertums gegen Ende des 18. Jahrhunderts.[53]

Im letzten Teil seiner Geschichte der Kindheit, „Die Familie" überschrieben, skizziert Ariès noch einmal die Linien, die das Familienleben einer Veränderung unterworfen haben. Der Familiensinn nimmt vom 15. bis 18. Jahrhundert stetig zu, konnte aber bis zum 18. Jahrhundert die alte Sozialität nicht zerstören. „Seit dem 18. Jahrhundert beginnt die Familie gegenüber der Gesellschaft eine gewisse Distanz zu beziehen, sie aus dem immer mehr Raum greifenden privaten Lebensbereich herauszudrängen. Die Organisation des Hauses entspricht diesem neuen Bestreben, sich gegen die Welt abzuschirmen. Jetzt finden wir bereits das moderne Haus."[54] Das Leben spielt sich nicht mehr wie vorher in der Öffentlichkeit ab. Diese Entwicklung, als Triumph des Individualismus über die gesellschaftlichen Zwänge bezeichnet, verblaßt bei Ariès gegenüber der heiteren Unbekümmertheit der mit Scharen von Kindern gesegneten Familienväter des *Ancien Régime*. „Es sieht ganz so aus, als habe die moderne Familie nach dem Niedergang der alten gesellschaftlichen Beziehungen deren Platz eingenommen, um den Menschen eine unerträgliche moralische Einsamkeit zu ersparen."[55]

Die Intimität des Privatlebens geht immer auf Kosten der nachbarschaftlichen oder freundschaftlichen oder auch traditionalen Beziehungen. Dabei büßt das Haus den Charakter eines öffentlichen Versammlungsortes ein, den es noch im 17. Jahrhundert gehabt hat, übernommen wurde diese Funktion zunächst vom Kaffeehaus. „Beruf und Familienleben haben jene andere Aktivität erstickt, die einst das gesamte Leben durchdrungen hatte, die Pflege gesellschaftlicher Beziehungen."[56]

Eine Rezeption der „Geschichte der Kindheit" von Ariès ist meiner Meinung nach nur dann sinnvoll und historisch adäquat, wenn seine Entwicklung des Themas Kindheit vor dem Hintergrund seines psycho- und soziohistorischen Zusammenhangs gedeutet und analysiert wird, erklären sich doch viele seiner Thesen weniger aus der Geschichte als aus seiner Biographie und seinen Anschauungen. Möglich wird dieser Blick durch seine autobiographischen Erinnerungen, die er in langen Gesprächen 1980 mit M. Winock ausgeführt hat. Allerdings liegen hinsichtlich dieser Fragestellung bisher noch keine Untersuchungen und Ergebnisse vor, so daß ich ihr an dieser Stelle erstmals nachgehen werde.

Philippe Ariès (1914 - 1984), der von sich selbst sagt: „Ich bin ein Rechter, ein richtiger Reaktionär"[57], entstammt einer alten französischen Familie, die sich gegen Ende des 18. Jahrhunderts auf Martinique niedergelassen hat. Dort wurden noch seine Eltern geboren, die sich selbst als „Kreolen" bezeichneten: auf den Inseln geborene weiße Einwohner. „Meine Familie war hellhäutig und legte darauf großen Wert;... Gleichwohl waren meine Eltern nicht rassistisch, sie mochten die Schwarzen auf ihre Weise, ein wenig so, als wären diese Kinder, die das Glück hätten, nicht erwachsen werden zu müssen;... Jedenfalls haben sie mich nie gelehrt, zu verachten oder gar zu hassen, sie legten lediglich Wert darauf, Distanz und Rang zu wahren, womit sie sich nach dem Modell des

Ancien Régime richteten, wo jeder an dem Platz zu bleiben hatte, an dem er geboren worden war..."[58]
Beide Eltern sind von ehemaligen Sklavinnen oder Sklaventöchtern, die das Haus führten, erzogen worden. Die Hinterlassenschaft dieser Haushälterinnen, eine unglaubliche Sammlung von Devotionalien, wird später zum Spielzeug des jungen Philippe. „Damals spielten die kleinen Jungen Gottesdienst, so wie kleine Mädchen mit ihren Puppen spielen."[59] Die Eltern bekamen drei Söhne und eine Tochter, von Ariès als „Inzuchtprodukte" bezeichnet, da die Großväter mütterlicher- und väterlicherseits Brüder waren. „Mein Vater war Ingenieur; er führte die Technik in eine Familie ein, die sich bis dahin dem Rohrzucker, dem Handel und dem Recht gewidmet hatte. Seine Karriere führte ihn nach *Blois*, wo ich einige Tage vor dem Ausbruch des Ersten Weltkrieges geboren wurde."[60]
Philippe, der seinen Namen nach dem damaligen Oberhaupt des französischen Königshauses, Herzog Philippe d'Orleans, erhält, wächst in Frankreich auf, in einer Familie, die die Werte des *Ancien Régime* in Ehren hält, die katholisch und royalistisch eingestellt ist und sich ständig nach Martinique zurücksehnt. Seine Familie lebt den Familientypus des ausgehenden 19. Jahrhunderts, nämlich den der „Großfamilie" mit Verwandten, Freunden und Bediensteten. Mit dem nuklearen Kern von Vater-Mutter-Kinder fügt sich die Familie in ein enges Verwandschafts- und Freundschaftsnetz inmitten einer überschaubaren und warmherzigen Welt ein. „Wir verfügten über eine reichere und vielseitigere Welt [als die heutigen Jugendlichen, E.H.], mit alten Damen, Großeltern, Onkeln, Tanten, Cousins; je nach Wunsch konnten wir unsere Ansprechpartner aussuchen."[61]
Ariès wächst mit der Geschichte auf, besonders vermittelt durch die mütterliche Seite der Familie. Das beginnt mit dem Großvater: „Er ist es, der in mir die Liebe zur Geschichte geweckt hat. Sein Leben hat er etwas vertan, und in Büchern, insbesondere Geschichtsbüchern, suchte er Trost."[62] Und setzt sich fort mit der Mutter, die als dominierenden Charakterzug eine unbedingte Treue zu ihrer Herkunft aufweist. „Meine Mutter war der naiven Überzeugung, daß die Vergangenheit der Stützpfeiler unserer Gegenwart sei und daß ohne diesen Stein alles einstürze. In diesem Punkt unterschied sie sich im Grunde wenig von den Frauen ihres Milieus. Sie sind es, die meine Kindheit grundlegend prägten."[63] Die royalistische Einstellung der Mutter ging so weit, daß sie Paris jedes Jahr vor dem 14. Juli verließ, um nicht dem Revolutionsjubiläum beiwohnen zu müssen.
Die Fixierung auf ihre Herkunft bestimmte ihre ganze Existenz: „Obwohl sie Martinique mit dreizehn Jahren verlassen hatte, lebte sie in den Erinnerungen

an ihre Kindheit und ihre kleine Heimat... Als alte Frau fuhr sie wieder hin. Mein Vater hatte ihr diese Reise – ihr größter Wunsch – geschenkt. Es war, als ob sie im Paradies gewesen wäre. Sie kam von dort entzückt, verwirrt, verwandelt zurück. Die acht Jahre, die sie noch lebte, verbrachte sie wie im Traum, unfähig, sich an Paris, an Frankreich wieder zu gewöhnen."[64]

Ariès, „ein schwieriges und undiszipliniertes Kind", besucht, nachdem sich die Familie in Paris niedergelassen hat, verschiedene Ordensschulen, vor allem aber die der Jesuiten, und verschlingt jedes beliebige Geschichtsbuch, das ihm in die Hände fällt. Wie die Eltern ist Philippe selbstverständlicher Anhänger der *Action française.*

Die *Action française* war eine rechtsradikale (katholische) französische Bewegung und unterhielt unter gleichem Namen von 1908-1944 eine Tageszeitung. 1898 gegründet, geriet sie schnell unter den Einfluß des Antisemiten *Charles Maurras,* zu dessen Einfluß sich Ariès zeitlebens bekannte. Zwar war die *Action française* parlamentarisch bedeutungslos, besaß aber großen Einfluß auf die intellektuelle Jugend zwischen den beiden Weltkriegen. Sie verfocht als autoritär-antiparlamentarische Gegenideologie gegen die revolutionären Ideen von 1789 einen „integralen Nationalismus" und strebte die Errichtung einer erblichen Monarchie an. Der Vatikan verbot die Bewegung schon 1926, konnte aber ihren Einfluß dadurch nicht verhindern. Die Bewegung kann als Wegbereiter des Faschismus in Frankreich angesehen werden.

Ariès ist aktives Mitglied der entsprechenden Schülervereinigung und liest die Publikationen der *Action française* zur Geschichte „wie die Bibel". Gegen den väterlichen Rat beginnt er Geschichte zu studieren, zunächst in Grenoble, dann in Paris. Als Student bleibt er der Vereinigung treu und schreibt Artikel, die viel mit seiner eigenen Familiengeschichte zu tun haben. „Daher priesen meine ersten Artikel im *L'Etudiant français,* der Studentenzeitung der *Action française,* am Beispiel der Chouans die Bedeutung der Bindungen, der aus der Solidarität im Alltag und der Gemeinsamkeit der Sitten geschmiedeten Kleingruppe... Während meiner Jahre an der Sorbonne habe ich also spontan, beinahe instinktiv und hartnäckig die Spuren solchen kollektiven Verhaltens in der Geschichte gesucht. Natürlich tappte ich unbeholfen herum, doch diese naive Herangehensweise hat mich auf meine spätere, entscheidende Begegnung, während der Besatzung, mit Marc Bloch, Lucien Febvre und den *Annales* der ersten Periode vorbereitet."[65]

Aus diesem Geist heraus schreibt Ariès von 1950-1960 seine „Geschichte der Kindheit". Sein Geld verdiente er gleichzeitig allerdings nicht als Historiker an einer Universität, sondern als Angestellter eines Tropeninstituts. Seine Aufgabe bestand darin, die bibliographischen Daten über Tropenfrüchte zu

sammeln und weiterzuleiten. Nach der Veröffentlichung der „Geschichte der Kindheit“ nimmt die Rezeption plötzlich wunderliche Wege. Der Protest gegen die Industriegesellschaft, schon immer ein Thema von Ariès, war zur Mode geworden und hatte gleichzeitig das Lager gewechselt: „von einer reaktionären Rechten, die sich inzwischen dem Kult der Überflußgesellschaft angeschlossen hatte, war er zu einer Linken übergegangen, die vom Marxismus nicht mehr zufriedengestellt wurde.“[66]
Das Buch wurde als Argument gegen die übertriebene Privatisierung der Gesellschaft verwendet. Diese Einstellung nahm nach dem Mai 1968 noch weiter zu; Ariès erhielt aus genau dem Lager Beifall, dem er selber nie angehört hat. „Welche Überraschung für uns! In der Flut von Reden und Graffiti fanden wir die vertrauten Themen unserer Kindheit wieder, unserer reaktionären Jugend, das Mißtrauen gegenüber einem zentralisierenden Staat, die Verbundenheit mit den realen Freiheiten und den kleinen Zwischengemeinschaften, mit der Region und ihrer Sprache.“[67]
In einer der Hauptthesen seiner „Geschichte der Kindheit“ thematisiert Ariès den Übergang von einem Familienmodell zum nächsten im 18. Jahrhundert, in dem eine Revolution der Gefühle und Affekte das Verhalten der westlichen Menschen erschüttert hat. Diese Umwälzung hat auch auf ihre Art und Weise die Familie von Ariès und ihn selbst erfaßt und kann als ein treibendes Motiv seiner historischen Arbeit angesehen werden. Aus diesem Grund hat er die „Geschichte der Kindheit“ geschrieben, unbestreitbar ein großes Verdienst, doch hat Ariès es seinen Kritikern recht einfach gemacht. Allzu vieles hat er durch seinen persönlichen Blickwinkel nicht beachtet, war er doch zu sehr auf den Spuren seines „geselligen Familienlebens“. Erst die nachfolgenden Untersuchungen haben die „Geschichte der Kindheit“ zu einer wirklich gelebten und erlebten *Geschichte der Kinder* gemacht, die gleichfalls die psychologische Dimension integrierten, die bei Ariès selbst nur sehr unreflektiert anklingt und in ihrer religiösen Dimension nicht erkannt wird.
In der Einführung zur zweiten Auflage seines Buches hat Ariès selbst Modifikationen seines Bildes der Kindheit für notwendig gehalten. So hält er die Bestimmung des Nullpunktes der Entdeckung der Kindheit in der vorherigen Form nicht mehr aufrecht und weist darauf hin, daß die mittelalterlichen Quellen einerseits des 11. und 12. andererseits des 14. und 15. Jahrhunderts genauer ausgewertet werden müßten. Eine weitere Revision betrifft den geduldeten Kindesmord, der sich bis gegen Ende des 17. Jahrhunderts gehalten hat. „Es handelt sich dabei nicht um eine akzepierte Praktik, wie es die Aussetzung in Rom war. Der Kindesmord war ein Verbrechen, das schwer bestraft wurde. Dennoch wurde er wohl insgeheim recht häufig praktiziert,

und zwar als Unfall getarnt: die Kinder starben im Bett der Eltern, in dem sie auch schliefen, eines natürlichen Erstickungstodes. Man tat nichts dafür, um sie zu schützen oder zu retten."[68]

Wie angeführt, hatte die „Geschichte der Kindheit" von Ariès eine Initialwirkung in Form von Kritiken, Ergänzungen und nachfolgenden Studien. Neben der bereits angeführten Kritik an den ikonographischen Ergebnissen ist besonders Ariès' Untersuchung des Journals des Arztes Jean Héroard über die Kindheit des französischen Königs Ludwig XIII. (1610-43) umstritten. Sowohl der Erikson-Schüler D. Hunt[69] als auch der Psychohistoriker deMause[70] kommen zu völlig anderen Ergebnissen.

E. Shorter[71] überspitzt Ariès' These von der traditionellen Indifferenz gegenüber dem Kind, indem er die Mutterliebe als eine Erfindung der Moderne definiert. Ähnlich argumentiert E. Badinter[72] in ihrer Untersuchung über die Mutterliebe.

Baacke[73] als Pädagoge formuliert seine Kritik an Ariès in fünf Punkten:

1) Da Ariès in Deskription verbleibt, kann er nicht erkären, wieso es zu einer Wandlung des Erziehungsverständnisses und zur Genese der modernen Kindheit gekommen ist.

2) Die Darstellung der 'neuen Kindheit' bei Ariès bezieht sich nur auf die oberen Schichten wie Adel und wohlhabendes Bürgertum.

3) Die veränderten Einstellungen gegenüber Kindheit und Familie werden nicht in die Prozesse einer gesamtgesellschaftlichen Entwicklung eingeordnet.

4) Ariès übersieht die Notwendigkeit moderner Abgrenzungen zwischen Kindern und Erwachsenenwelt. Für die Kinder selbst war die Entdeckung kindspezifischer Entwicklungsmuster befreiend.

5) Die von Ariès herangezogenen Dokumente beziehen sich auf eine einseitige Quellensituation.

Natürlich ist es richtig, Ariès sachlich zu kritisieren. Aber wie alle anderen Autoren übersieht auch Baacke den autobiographischen Hintergrund der „Geschichte der Kindheit" von Ariès.

Die *Annales*-Schule selbst hat sich in mehreren Publikationen (zumeist Kongreßberichten) ausführlich mit der Geschichte der Kindheit auseinandergesetzt.[74]

Inzwischen liegt – nicht erst seit Ariès – eine Fülle von Detailuntersuchungen in der internationalen Literatur vor, die aus so verschiedenen Disziplinen wie Psychohistorie, Literatur- und Kunstwissenschaft, Kultur- und Sozialgeschichte, Pädagogik und Medizin (Pädiatrie) stammt. In einer neueren Untersuchung, die sich durch ein sorgfältiges Quellenstudium auszeichnet, über die „Kindheit im Mittelalter"[75] setzt sich die Autorin zwar noch mit den Thesen Ariès' auseinander, doch ist sein Einfluß merklich relativiert.

Die „Geschichte der Kindheit“ in der psychohistorischen Auseinandersetzung

Die breiteste Rezeption erfuhr Ariès' „Geschichte der Kindheit“ im nordamerikanischen Raum[76], sowohl im Sammelband von deMause als auch in der Zeitschrift *History of Childhood Quarterly – The Journal of Psychohistory* 1973 ff. erschienen zahlreiche ausgezeichnete Einzelstudien zur Geschichte der Kindheit.

L. deMause, Leiter des amerikanischen „Institute for Psychohistory“ in New York, tritt inhaltlich als der größte Kritiker Ariès auf, seine Ergebnisse bilden geradezu eine Antithese zu Ariès' „Geschichte der Kindheit“. Dabei bewahrheitet sich eine Einschätzung von Friedrich Nietzsche: „Aber extreme Positionen werden nicht durch ermäßigte abgelöst, sondern wiederum durch extreme, aber *umgekehrte.*“[77]

Den bisherigen Untersuchungen hält deMause pauschal entgegen: „Die frühen Jahre der Kindheit werden bagatellisiert, die Inhalte der formalen Bildung dagegen endlos untersucht, wobei eine Diskussion ihres emotionalen Gehalts peinlich vermieden wird; man redet viel von der Kinder betreffenden Gesetzgebung, aber gar nicht vom Zuhause der Kinder.“[78]

Im Gegensatz zu Ariès geht deMause von sich evolutionär verbessernden Eltern-Kind-Beziehungen aus. Daß – nach Ariès – die moderne Familie die Freiheit des Kindes einschränkt und die Härte der Bestrafung verschärft, widerspricht – nach deMause – allen Erfahrungen und Zeugnissen. Leider vertieft deMause seine Kritik an Ariès nicht weiter, im Prinzip stellt er sein System gegen das von Ariès.

Ein konkreter Kritikpunkt von deMause an Ariès soll hier kurz skizziert werden, der allerdings in der Form nicht aufrechtzuerhalten ist. An zwei Stellen weist deMause[79] darauf hin, daß Ariès behauptet, der Mißbrauch von Kindern durch Erwachsene vergangener Zeiten sei normal gewesen, weil die Sitte, mit dem Geschlechtsteil eines Kindes zu spielen, zu einer weitverbreiteten Tradition gehört habe. Nun entstammt die entsprechende Episode, die Ariès anführt, nicht einer historischen Quelle, sondern einem modernen tunesischen Roman, wobei die Textstelle die Praktiken der Behandlung des Dauphin im Journal des Héroard bestätigen soll.[80] Der Vorwurf des historischen Relativismus von deMause an Ariès fällt so auf ihn selbst zurück.

Insgesamt fehlt bei deMause eine Auseinandersetzung mit der *Ecole des Annales* bzw. der Mentalitätsgeschichte, so daß man von daher eigentlich nicht von einer Ariès – deMause – Kontroverse sprechen kann.

Gegen die bisherigen Untersuchungen der Kindheitsgeschichte setzt deMause seine psychogenetische Theorie der Geschichte, die ihre Grundlage in der Evolution der Kindheit hat. Diese wird ganz kurz in einem vielzitierten Satz auf den Punkt gebracht: „Die Geschichte der Kindheit ist ein Alptraum, aus dem wir gerade erst erwachen. Je weiter wir in der Geschichte zurückgehen, desto unzureichender wird die Pflege der Kinder, die Fürsorge für sie, und desto größer die Wahrscheinlichkeit, daß Kinder getötet, ausgesetzt, geschlagen, gequält und sexuell mißbraucht wurden."[81]

Für deMause wird Kultur und damit gleichfalls Religion über die Kindheit individuell tradiert: „Weil die psychische Struktur von Generation zu Generation durch den Engpaß der Kindheit weitergegeben muß, sind die Praktiken der Kindererziehung in einer Gesellschaft mehr als ein beliebiges kulturelles Merkmal neben anderen. Sie stellen vielmehr die entscheidende Bedingung für die Überlieferung und Entwicklung aller anderen Merkmale der Kultur dar und legen definitive Grenzen für das in den verschiedenen Bereichen der Geschichte Erreichbare fest. Es bedarf spezifischer Kindheitserfahrungen, um spezifische Merkmale einer Kultur aufrecht zu erhalten; sobald die betreffenden Erfahrungen fehlen, verschwindet auch das entsprechende kulturelle Merkmal."[82]

Für ihn bilden die Eltern-Kind-Beziehungen – unabhängig von Ökonomie und Technologie – eine Quelle des historischen Wandels, dabei entstehen immer engere Beziehungen zwischen Erwachsenen und Kindern; allerdings ruft jede neue Annäherung auch Angst hervor. Dem Erwachsenen stehen prinzipiell drei Reaktionsweisen dem Kind gegenüber zur Verfügung:

a) Er benutzt das Kind als Vehikel für die Projektion von Inhalten seines eigenen Unbewußten (projektive Reaktion);

b) er nimmt das Kind als Substitut für eine Erwachsenenfigur, die in seiner Kindheit wichtig gewesen ist (Umkehr-Reaktion);

c) er fühlt sich in die Bedürfnisse des Kindes ein und sucht diese zu befriedigen (emphatische Reaktion).

Die projektive und Umkehr-Reaktion können auch gemeinsam auftreten: „Dabei erscheint das Kind einerseits als eine aus den in es hineinprojizierten Wünschen, Feindseligkeiten und sexuellen Gedanken des Erwachsenen bestehende Figur, andererseits als eine Mutter- oder Vaterfigur."[83]

Die Evolution der Formen der Eltern-Kind-Beziehungen für den Untersuchungszeitraum von Ariès' „Geschichte der Kindheit" gestaltet sich folgendermaßen: für das vierte bis dreizehnte Jahrhundert gilt das Prinzip der *Weggabe*, für das vierzehnte bis siebzehnte Jahrhundert das der *Ambivalenz*, für das achtzehnte Jahrhundert das der „*Intrusion*" (Eindringen)[84], für das neunzehnte bis Mitte des zwanzigsten Jahrhunderts das der *Sozialisation* und seitdem das der *Unterstützung*. Dieses Evolutionsschema wird aber bereits von deMause selbst relativiert, indem er behauptet, „daß die psychogenetische Evolution in verschiedenen Familienbahnen mit unterschiedlicher Geschwindigkeit voranschreitet und daß viele Eltern anscheinend in früheren historischen Formen 'steckengeblieben' sind."[85]

Wie Ariès von der Geschichtswissenschaft aus, versucht deMause von der angewandten Psychoanalyse her, eine „Geschichte der Kindheit" zu etablieren. Damit liegt allerdings erst ein Anfang vor: „Wie der historische Wandel mit dem Wandel in den Formen der Kindererziehung im einzelnen zusammenhängt, muß noch herausgearbeitet werden."[86]

L. deMause definiert seine Psychohistorie als die *Wissenschaft von historischer Motivierung*, in der die eigene Psyche das bevorzugte Forschungsinstrument darstellt, seine psychogenetische Theorie der Geschichte beruht auf der These, „daß die Geschichte das Ausagieren von Gruppenphantasien Erwachsener mit sich bringt, welche auf Motivierungen basieren, die zuerst durch die Evolution der Kindheit hervorgerufen wurden."[87]

Bemerkenswert an der psychogenetischen Theorie der Geschichte von deMause, mit der sich schon andere Autoren[88] kritisch auseinandergesetzt haben, ist das – vielleicht zum erstenmal – schonungslose Aufdecken der zum Teil äußerst inhumanen Praktiken der Kindererziehung in der Vergangenheit. DeMause hat damit neue Fragestellungen ermöglicht und anregendes neues Material geliefert. „Eines hat *de Mause* deutlich gemacht (und damit ein wichtiges Prinzip Freudscher Psychoanalyse wieder heraufgeholt): Die psychodynamischen Beziehungen zwischen Eltern und Kindern bestimmen in einem starken Maße die Entwicklung der letzteren; der sozialisierende Einfluß des Elternhauses, die dort ausgeübten Erziehungspraktiken und -techniken sowie die ihnen zugrundeliegenden Vorstellungen haben einen erheblichen Einfluß auf das heranwachsende Kind."[89] Es fällt aber auf, daß – neben unbestrittenen Innovationen – deMause seine theoretischen Erkenntnisse oft geradezu dogmatisch und pauschalisierend anwendet.

DeMause hat durch seine extreme Position genausoviel Kritik hervorgerufen wie Ariès, im Mittelpunkt steht dabei sein Evolutionsmodell, das sich nach Arnold durch eine „naiv-bildungsoptimistische Voreingenommenheit" auszeichnet.[90] Einen weiteren Kritikpunkt formuliert Hengst: „De Mause beschreibt und analysiert keine Übergänge und Bedingungen sozialer, persönlicher, politischer, technischer und ökonomischer Art für die periodentypischen Verhaltensweisen. Die Abfolge der formalen Stadien wird nur behauptet und mit Quellenmaterial illustriert. Vor allem kann er, weil er seine Ausführungen auf die Eltern-Kind-Beziehungen beschränkt, die historische Genese und die Zunahme von Empathie nicht begreiflich machen."[91]

A. Keim hält die von deMause unternommene Unterscheidung in drei grundsätzliche Arten von Reaktionen bei Erwachsenen gegenüber Kindern nicht für sinnvoll. Obwohl Keim selbst psychoanalytisch argumentiert, fehlt auch ihm bei den herangezogenen Quellen die Bearbeitung des gesellschaftlichen Umfelds, das eben nicht unabhängig von politischen und ökonomischen Zusammenhängen ist.[92] Die Geschichte der Kindheit hat keinen linearen Verlauf von einem Tiefpunkt zu immer besseren Eltern-Kind-Beziehungen, sondern sie läßt eine mit den Zeitläufen verquickte, schwankende Entwicklung erkennen.[93]

Die dogmatische Anwendung seiner Thesen wird besonders deutlich, wenn deMause mit Quellen anderer Kulturen arbeitet, wie ich es am Beispiel der altägyptischen Kultur gezeigt habe.[94] So sucht deMause lediglich die Belegstellen heraus, die seine Thesen stützen. Sowohl eine quellenkritische Untersuchung des Kontextes, als auch eine Auseinandersetzung mit Positionen anderer Autoren, die zu ganz anderen Schlußfolgerungen kommen als er selbst, unterbleiben.

Zudem orientiert sich das evolutionistische Modell der „Geschichte der Kindheit" – in der Nachfolge Freuds – am 19. Jahrhundert und ist wissenschaftlich überholt. Es drängt sich der Verdacht auf, daß bei deMause nicht mehr das Europa des 19. Jahrhunderts, sondern die USA des 20. Jahrhunderts die Krönung der Zivilisation bilden sollen.

Auch eine Psychohistorie mit der Grundlage der Geschichte der Kindheit kann nicht ohne die Berücksichtigung der anderen „Geschichten" auskommen. Ähnlich argumentiert auch Theweleit: „'Psychohistorie' als Begriff, wie Lloyd deMause ihn verwendet, übernehme ich nicht: es ist kein prinzipieller Unterschied vorhanden zwischen den verschiedenen Arten von Geschichte. 'Psycho'geschichte kann man so wenig ohne Wirtschafts-, Kriegs- oder Kunstgeschichte, wie 'Kriegs'geschichte ohne Psycho-, Wissenschafts- oder Sittengeschichte schreiben. Geschichte der technischen Erfindungen, Geschichte der Gefühle etc. Es gibt Leute, die vielseitiger sind und weniger vielseitige; das ist die ganze Differenz."[95]

Sowohl Ariès als auch deMause[96] sind in ihren jeweiligen Entwürfen zur „Geschichte der Kindheit" mit dem Problem der psychohistorischen Methodik

konfrontiert. Auch hierin versuchen beide Autoren von entgegengesetzten Standpunkten und Ausgangssituationen aus, für das spannungsreiche Verhältnis von Psychologie und Geschichte eine Lösung zu finden.
Ariès, dessen Ausgangspunkt eindeutig die Geschichte bildet, reflektiert das Problem von Geschichte und Psychologie kurz in seinem Vorwort zur 2. Auflage seiner „Geschichte der Kindheit". Ihm wurde von A. Besançon vorgehalten, bei der „Geschichte der Kindheit" die Neuerungen der modernen Psychologie zu vernachlässigen. Dem schloß sich J.L. Flandrin mit dem Vorwurf an, daß Ariès der Starrheit der traditionellen Psychologie zu viele Zugeständnisse gemacht hätte. Ariès verteidigt sich mit der Behauptung, daß man eine Geschichte des Verhaltens, d. h. eine psychologische Geschichte schreiben kann, ohne selbst Psychologe oder Psychoanalytiker zu sein. „Wenn man als Historiker geboren wird,[97] betreibt man auf eine Weise Psychologie, die zweifellos nicht die der modernen Psychologen ist, sich aber doch mit ihr trifft und sie ergänzt. Der Historiker und der Psychologe begegnen sich also, wenn auch nicht immer auf methodologischer Ebene, da die Methoden unterschiedlich sein können, so doch auf thematischer Ebene, in der Art der Themenstellung, oder, wie man heute sagt, in der Problematik."[98]
Nach dem hier skizzierten Abriß der *Ecole des Annales* und der Mentalitätsgeschichte sollte die historische Methodik, die Ariès benutzt hat, klar geworden sein. Bis heute ist der *nouvelle histoire* eine ungenügende psychohistorische Methodik immanent. Das hat es Ariès leicht gemacht, die Psychologie zu vernachlässigen sowie seiner eigenen Kindheitsgeschichte gegenüber blind zu bleiben.
DeMause geht die psychohistorische Methodik ganz anders, nämlich von der Psychoanalyse her, an. Wie bereits ausgeführt, stellt für deMause die Psyche des Forschers in der Psychohistorie das entscheidende Instrument dar. Somit wird die Introspektion zum „Königsweg" der Erforschung historischer Phänomene: „Wie die Psychoanalyse bedient sich die Psychohistorie der Selbst-Beobachtung emotionaler Reaktionen des Forschers als dem primären Werkzeug für Entdeckungen; nichts wird jemals ‚dort draußen' entdeckt, bevor es nicht erst 'hier drinnen' empfunden wurde."[99]
In seiner psychogenetischen Theorie der Geschichte meint deMause den bisherigen Kultur- und Gesellschaftsbegriff auflösen zu können: „Alle Behauptungen der Form 'X ist gesellschaftlich (oder kulturell) bedingt' sind tautologisch und unterstellen eine holistische Entität jenseits des Individuums."[100]
Mit seinem Prinzip des methodologischen Individualismus will deMause die Gruppenprozesse als eigentliches Agens der Geschichte vollständig erklären.

So faszinierend dieser Entwurf, Gesellschaften und Kulturen als Inszenierungen von Gruppenphantasien anzusehen, auch sein mag: die historischen Daten erfahren damit eine Unschärfe und Relativierung und werden immer mehr aus den Augen verloren.
Mit seinem Standpunkt macht es deMause Psychoanalytikern und Psychologen, die über keine qualifizierte historische Ausbildung verfügen, leicht, psychohistorisch zu arbeiten. Mit Introspektion und der Kenntniss von Gruppenprozessen scheinen sich auf einmal die unterschiedlichsten historischen Phänomene erklären zu lassen. An vielen Beispielen ließe sich zeigen, daß dieser Ansatz nicht trägt. So hat deMause zwar viel für den psychologischen Aspekt in der Psychohistorie getan, vermag aber den historischen Aspekt nicht ausreichend zu integrieren. Zudem bietet er auch keine Anleitung zur historischen Quellenarbeit.
Erik Erikson (1902-1994), der als Pionier psychohistorischen Denkens gilt, hat schon eindringlich auf das Problem von Geschichte und Psychologie hingewiesen. Schon früh richtete sich Eriksons Augenmerk durch die Beschäftigung mit der Kinderpsychologie und der Bedeutung der frühen Kindheit auf das Verhältnis von der Beziehung des (kindlichen) Ich zum geschichtlichen Wandel oder anders ausgedrückt auf das Verhältnis des Einzelnen zu den gesellschaftlichen Institutionen der jeweiligen Kultur. Weltweit bekannt geworden ist er mit seinem Buch „Kindheit und Gesellschaft“[101] von 1950.
In diesem Buch schreibt er zum psychohistorischen Problem: „Wollen wir die historischen und psychologischen Methoden in Einklang bringen, so müssen wir uns zuerst einmal mit der Tatsache abfinden, daß die Psychologen und Psychologien historischen Gesetzen unterstehen und die Historiker und historischen Berichte den Gesetzen der Psychologie. Nachdem wir in der klinischen Arbeit erfahren haben, daß das Individuum dazu neigt, für seine prägendsten Kindheitserlebnisse Amnesien zu entwickeln, müssen wir wohl auch bei den Akteuren und Interpreten der Geschichte einen universellen blinden Punkt annehmen: sie übersehen die schicksalhafte Funktion der Kindheit im Gewebe der Gesellschaft.“[102]
Ariès und deMause, die sich beide nicht mit Erikson auseinandergesetzt haben, haben als Gegenpole entscheidend die nachfolgenden Untersuchungen über die Geschichte der Kindheit geprägt. Wenngleich sie von entgegengesetzten Standpunkten ausgehen, stimmen doch beide darin überein, daß sich im Übergang zur Moderne die Einstellung zur Kindheit grundlegend geändert hat.
Der Diskurs über die Geschichte der Kindheit im europäischen Denken

scheint in unmittelbarem Zusammenhang mit den Veränderungen beim Übergang zur Moderne zu stehen und liegt damit auch der wissenschaftlichen Psychologie des 20. Jahrhunderts zugrunde, die für sich deklariert, die Psychologie des Kindes entdeckt zu haben.

Ich hoffe, die schicksalhafte Funktion der eigenen Kindheit in Leben und Werk des „Interpreten der Geschichte" Ariès' aufgezeigt zu haben. DeMause deckt gemäß seiner eigenen Forderung der Introspektion als wichtigem Instrument der Untersuchung historischer Motivierung den autobiographischen Hintergrund seiner „Geschichte der Kindheit" auf: „Während der Kindheit meines Sohnes schrieb ich über die Evolution der Kindheit, über die Ursprünge des Krieges während meiner Scheidung und über die fötalen Ursprünge der Geschichte während der Schwangerschaft meiner jetzigen Frau."[103] Leider kann nicht wie im Fall von Ariès detailliert der autobiographische Hintergrund der „Geschichte der Kindheit" von deMause aufgezeigt werden, da bis jetzt keine entsprechenden Texte von deMause veröffentlicht sind.

Von jeder Theorie kann man behaupten, daß sie autobiographisch sei. Erst recht trifft diese Erkenntnis auf die Theoretiker der Geschichte der Kindheit zu.

Eine Geschichte der Kindheit kann nur dann sinnvoll erarbeitet werden, wenn es zu einer fruchtbaren Synthese von Geschichte und Psychologie mit interkultureller Ausrichtung in Vergangenheit und Gegenwart unter Einbeziehung der verschiedenen – auch hier – vorgestellten Fachdisziplinen kommt und unter gleichzeitiger Berücksichtigung der eigenen Position, wie es sowohl die Psychohistorie als auch die Mentalitätsgeschichte verlangen. Diese Forderungen sollte eine zukünftige Forschung über die Geschichte der Kindheit erfüllen können.

Literatur

Annales de Démographie Historique 1973: Enfant et Sociétés. Paris 1973.

Ariès, Philippe: L'enfant et la vie familiale sous l'ancien régime. Paris 1960. Dt.: Geschichte der Kindheit. Mit einem Vorwort von H. von Hentig. München 1975.

Ariès, Philippe: Zeit und Geschichte. Frankfurt a.M. 1988.

Ariès, Philippe: Ein Sonntagshistoriker. Philippe Ariès über sich. Frankfurt a.M. 1990.

Ariès, Philippe, „Die Geschichte der Mentalitäten", in: Die Rückeroberung des historischen Denkens. Hrsg. von J. Le Goff u.a. Frankfurt a.M. 1994, 137-165.

Arnold, Klaus: Kind und Gesellschaft in Mittelalter und Renaissance. Paderborn 1980.

Baacke, Dieter: Die 6- bis 12jährigen. Einführung in die Probleme des Kindesalters. Weinheim ^{6}1995.

Badinter, Elisabeth: Die Mutterliebe. Geschichte eines Gefühls vom 17. Jahrhundert bis heute. München 1981.

Bizière, J.M., „Psychohistory and Histoire des Mentalités", The Journal of Psychohistory 11 (1983), 89-109.

Bornhoff, Marion: Geschichte der Kindheit bei Lloyd deMause – diskutiert anhand anderer Literatur zur 'Geschichte der Kindheit' und an Autobiographien. Frankfurt a.M. 1986. Diplomarbeit am FB Erziehungswissenschaften der J.-W.- Goethe-Universität Frankfurt a.M. (maschinenschriftl.).

Chapeaurouge, Donat de, „Die Darstellung der Seele in der bildenden Kunst des Mittelalters", in: Die Seele. Ihre Geschichte im Abendland. Weinheim 1991, 104-122.

Delumeau, Jean: La Peur en Occident (XIVe-XVIIIe siècles). Une cité assiégée. Paris 1978. Dt.: Angst im Abendland. Die Geschichte kollektiver Ängste im Europa des 14. bis 18. Jahrhunderts. Reinbek bei Hamburg 1985.

DeMause, Lloyd (Hrsg.): Hört ihr die Kinder weinen. Eine psychogenetische Geschichte der Kindheit. Frankfurt a.M. 1980.

DeMause, Lloyd: Grundlagen der Psychohistorie. Frankfurt a.M. 1989.

Disser, Thomas: Geschichte der Kindheit. Zu einer Kritik an Lloyd deMause: „Evolution der Kindheit." Diplomarbeit am Fb Erziehungwissenschaften der J.-W.-Goethe Universität Frankfurt am Main 1986 (maschinenschriftl.).

Duby, Georges/Le Goff, Jacques (ed.): Famille et parenté dans l'occident médiéval. Paris 1977.

Elias, Norbert: Über den Prozeß der Zivilisation. Soziogenetische und psychogenetische Untersuchungen. 2 Bde. Frankfurt a.M. 1976.

Erikson, Erik H.: Kindheit und Gesellschaft. Zürich 1957. Stuttgart ^{11}1992. (Orig.: Childhood and Society. New York 1950.)

Evans-Pritchard, Edward E.: Anthropology and History. Manchester 1961.

Febvre, Lucien: Das Gewissen des Historikers. Berlin 1988.

Flandrin, J.L., „Enfance et société", Annales E.S.C. 19 (1964), 322-329.

Forsyth, Ilene H., „Children in Early Medieval Art: Ninth through Twelth Centuries", The Journal of Psychohistory 4 (1976/77), 31-70.

Geertz, Clifford: Dichte Beschreibung. Beiträge zum Verstehen kultureller Systeme. Frankfurt a.M. 1987.

Graus, Frantisek: „Mentalität – Versuch einer Begriffsbestimmung und Methoden der

Untersuchung", in: Ders. (Hrsg.): Mentalitäten im Mittelalter: methodische und inhaltliche Probleme. Sigmaringen 1987, 9-48.
Gurjewitsch, Aaron J., „Die historische Anthropologie: Probleme der Sozial- und Kulturgeschichte", in: Ders.: Stimmen des Mittelalters, Fragen von heute: Mentalitäten im Dialog. Frankfurt/New York 1993, 7-40.
Hengst, Heinz, „Tendenzen der Liquidierung von Kindheit", in: Kindheit als Fiktion. H. Hengst u.a. Frankfurt a.M. 1981, 11-72.
Hermsen, Edmund, „Regressus ad uterum: Die embryonale Jenseitssymbolik Altägyptens und die prä- und perinatale Psychologie", The International Journal of Prenatal and Perinatal Psychology and Medicine 5 (1993), 361-382.
Herrmann, Ulrich/Renftle, Susanne/Roth, Lutz: Bibliographie zur Geschichte der Kindheit, Jugend und Familie. München 1980.
Hunt, David: Parents and Children in History. The Psychology of Family Life in Early Modern France. New York 1970.
Kohli, Martin, „Die Institutionalisierung des Lebenslaufs. Historische Befunde und theoretische Argumente", Kölner Zeitschrift für Soziologie und Sozialpsychologie 37 (1985), 1-29.
L'enfant. Recueils de la société Jean Bodin pour l'histoire comparative des institutions XXXV-XXXIX. Brüssel 1975-1977.
Le Goff, Jacques, „Neue Geschichtswissenschaft", in: Die Rückeroberung des historischen Denkens. Hrsg. von J. Le Goff u.a. Frankfurt a.M. 1994, 11-61.
Le Goff, Jacques/Chartier, Roger/Revel, Jacques (Hg.): Die Rückeroberung des Historischen Denkens. Grundlagen der Neuen Geschichtswissenschaft. Frankfurt a.M. 1994.
Levallois, Anne, „Biographie, Psychohistorie und Psychoanalyse. Der Stand der Forschung in Frankreich", in: Biographie als Geschichte. Hrsg. von H. Röckelein. Tübingen 1993, 39-62.
Mandrou, Robert: Magistrats et sorciers en France au XVIIe siècle. Une analyse de psychologie historique. Paris 1968.
Manuel, Frank E., „The Use and Abuse of Psychology in History", Daedalus 100 (1971), 187-213.
Marvick, E.W., „The Annales and the Unconscious. Continity and Contrast within a Historical School", The Psychohistory Review 13 (1985), 42-52.
Montaigne, Michel de: Montaigne. Ein Panorama. Hrsg. von M. Greffrath. Frankfurt a.M. 1992.
Muchembled, Robert, „Elias und die neuere historische Forschung in Frankreich", in: Norbert Elias und die Menschenwissenschaften. Hrsg. von K.-S. Rehberg. Frankfurt a.M. 1996, 275-287.
Nyssen, Friedhelm: Zur Geschichte der Kindheit bei L. deMause. Quellendiskussion. Frankfurt a.M. 1984.
Nyssen, Friedhelm: Lieben Eltern ihre Kinder? Quellendiskussion zur Geschichte der Kindheit. Frankfurt a.M. 1989. (Europäische Hochschulschriften/11).
Payne, George Henry: The Child in Human Pogress. New York 1916.
Raphael, Lutz: Die Erben von Bloch und Febvre. *Annales*-Geschichtsschreibung und *nouvelle histoire* in Frankreich 1945-1980. Stuttgart 1994.
Reichardt, Rolf: „Für eine Konzeptualisierung der Mentalitätshistorie", Ethnologia europaea 11 (1979/80), 234-241.
Rutschky, Katharina (Hrsg.): Schwarze Pädagogik. Quellen zur Naturgeschichte der bürgerlichen Erziehung. Frankfurt a.M. 1977.

Schuster-Keim, Ute/Keim, Alexander: Zur Geschichte der Kindheit bei Lloyd deMause. Psychoanalytische Reflexion. Frankfurt a.M. 1988.
Shahar, Shulamith: Kindheit im Mittelalter. München 1991.
Shorter, Edward: „Der Wandel der Mutter-Kind-Beziehungen zu Beginn der Moderne", Geschichte und Gesellschaft 1 (1975), 256-282.
Theweleit, Klaus: Buch der Könige. Bd. 1: Orpheus und Eurydike. Frankfurt a.M. 1988.

Anmerkungen

1 Ph. Ariès: Ein Sonntagshistoriker. Philippe Ariès über sich. Frankfurt a.M. 1990, 9.

2 Ph. Ariès: L'enfant et la vie familiale sous l'ancien régime. Paris 1960. Dt.: Geschichte der Kindheit. München 1975.

3 Schon 1916 verfaßte George Payne das Buch 'The Child in Human Progress' und machte als Erster auf die weite Verbreitung des Kindesmords und die Brutalität gegenüber Kindern – besonders in der Antike – aufmerksam.

4 „A measure of our poverty is the frequency with which Philippe Ariès' history of childhood is cited as Holy Writ. There seems to be a consensus among social historians, prosopographers, and historians with an interest in psychological phenomena that the history of the family represents a gaping lacuna in our knowledge to which a new generation of historians should give significant priority." F.E. Manuel, „The Use and Abuse of Psychology in History", Daedalus 100 (1971), 203.

5 Der deutsche Titel des Buches ist irreführend und wird lediglich aus verkaufsfördernden Gründen gewählt worden sein.

6 Ariès hat mit dem Werk von Michel Foucault (1926-1984) keine Berührungspunkte. In seiner späten Phase hegt er zwar Sympathien für Foucault, interpretiert in aber nach seiner eigenen Sichtweise, vgl. Ariès, Sonntagshistoriker, 190.

7 Die Zeitschrift 'History of Childhood Quarterly' ging aus einem fünfjährigen Forschungsprojekt hervor, das L. deMause 1968 mit Unterstützung der 'Association for Applied Psychoanalysis' startete und das zum Ziel hatte, die Geschichte der Kindheit in der westlichen Welt zu erforschen. Die Ergebnisse liegen vor in: The History of Childhood. Ed. by L. deMause. New York 1974. Dt.: Hört ihr die Kinder weinen. Eine psychogenetische Geschichte der Kindheit. Hrsg. von L. deMause. Frankfurt a.M. 1977. Die Zeitschrift 'History of Childhood Quarterly' erschien 1973 zum ersten Mal, wurde 1976 in 'Journal of Psychohistory' umbenannt und erscheint unter diesem Namen bis heute. Der programmatische Name weist auf den psychohistorischen Referenzrahmen hin, innerhalb dessen die 'Geschichte der Kindheit' in den USA bearbeitet wird.

8 Auch in Deutschland regte Ariès zahlreiche Studien an, so die in unmittelbarer Nachfolge entstandene Tübinger Bibliographie: Bibliographie zur Geschichte der Kindheit, Jugend und Familie. Hrsg. von U. Herrmann, S. Renftle u. L. Roth. München 1980; sowie K. Arnold: Kind und Gesellschaft in Mittelalter und Renaissance. Paderborn 1980.

9 Die Geschichte der *Ecole des Annales* ist jetzt auch für den deutschsprachigen Raum erschlossen worden: L. Raphael: Die Erben von Bloch und Febvre: *Annales-Geschichtsschreibung* und *nouvelle histoire* in Frankreich 1954-1980. Stuttgart 1994.

10 Raphael, op.cit., 381.

11 „Die existentielle Geschichte" in: Ph. Ariès: Zeit und Geschichte. Frankfurt a.M. 1988, 234-250.

12 Raphael, Erben von Bloch und Febvre, 365. Raphael erklärt sich dieses Defizit durch die Besonderheiten der französischen Psychoanalyse, besonders bedingt durch die Schule um Lacan.

13 J. Le Goff, „Neue Geschichtswissenschaft", in: Die Rückeroberung des historischen Denkens. Hrsg. von J. Le Goff, R. Chartier und J. Revel. Frankfurt a.M. 1994, 13.

14 Le Goff, op.cit., 20.

15 Le Goff, op.cit., 21.

16 Op.cit., 38. Vgl. M. Vovelle, „Die Geschichtswissenschaft und die 'longue durée'", in: Die Rückeroberung des geschichtlichen Denkens. Frankfurt a.M. 1994, 103-136.

17 Le Goff, „Neue Geschichtswissenschaft", 38.

18 E.E. Evans-Pritchard: Anthropology and History. Manchester 1961.

19 Zit. nach Le Goff, „Geschichtswissenschaft", 17.

20 E.W. Marvick, „The Annales and the Unconscious. Continuity and Contrast within a Historical School", The Psychohistory Review 13 (1985), 42-52; A. Levallois, „Biographie, Psychohistorie und Psychoanalyse. Der Stand der Forschung in Frankreich", in: Biographie als Geschichte. Hrsg. von H. Röckelein. Tübingen 1993, 39-62. Vgl. Anm. 12.

21 L. Febvre, „Geschichte und Psychologie" und „Sensibilität und Geschichte. Zugänge zum Gefühlsleben früherer Epochen", in: Das Gewissen des Historikers. Berlin 1988, 79-108. Vgl. J.M. Bizière, „Psychohistory and Histoire des Mentalités", The Journal of Psychohistory 11 (1983), 89-109.

22 Febvre, „Sensibilität und Geschichte", 95. Diese Aussage bringt Febvre in die Nähe des Werkes von N. Elias: Über den Prozeß der Zivilisation. Soziogenetische und psychogenetische Untersuchungen. 2 Bde. Frankfurt a.M. 1976 ([1]1938). Bei der Neuauflage seines Werkes in den 70er Jahren wurde Elias in Frankreich zwar freundlich besprochen, aber nie wirklich rezipiert. R. Muchembled, „Elias und die neuere historische Forschung in Frankreich", in: Norbert Elias und die Menschenwissenschaften. Hrsg. von K.-S. Rehberg. Frankfurt a.M. 1996, 275-287.

23 Leider bestätigt sich dadurch die Einschätzung, daß Historiker schlechte Psychologen sind. Die Umkehrung, daß Psychologen schlechte Historiker sind, ist aber genauso richtig. Beiden Fachgebieten steht immer noch die grundsätzliche Auseinandersetzung mit dem jeweiligen anderem bevor.

24 Ph. Ariès, „Die Geschichte der Mentalitäten", in: Die Rückeroberung des historischen Denkens. Frankfurt a.M. 1994, 138.

25 R. Mandrou: Magistrats et sorciers en France au XVIIe siècle. Une analyse de psychologie historique. Paris 1968.

26 Zit. nach Ariès, „Mentalitäten", 155.

27 Op.cit., 162 f.

28 A.J. Gurjewitsch, „Die historische Anthropologie: Probleme der Sozial- und Kulturgeschichte", in: Ders.: Stimmen des Mittelalters. Frankfurt/New York 1993, 7-40; A. Burguière, „Historische Anthropologie", in: Die Rückeroberung des historischen Denkens. Frankfurt a.M. 1994, 62-102.

29 Le Goff, „Geschichtswissenschaft", 50 f.

30 E. Patlagean, „Die Geschichte des Imaginären", in: op.cit., 244-276.

31 J. Delumeau: La Peur en Occident (XIVe-XVIIIe siècles). Une cité assiégée. Paris 1978. Dt.: Angst im Abendland. Die Geschichte kollektiver Ängste im Europa des 14. bis 18. Jahrhunderts. Reinbek bei Hamburg 1985.
32 Patlagean, „Geschichte des Imaginären", 251.
33 Raphael, Erben von Bloch und Febvre, 384.
34 Op.cit., 387.
35 F. Graus, „Mentalität – Versuch einer Begriffsbestimmung und Methoden der Untersuchung", in: Ders. (Hrsg.): Mentalitäten im Mittelalter: Methodische und inhaltliche Probleme. Sigmaringen 1987, 9-48; R. Reichardt, „Für eine Konzeptualisierung der Mentalitätshistorie", Ethnologia Europaea 11 (1979/80), 234-241.
36 C. Geertz: Dichte Beschreibung. Beiträge zum Verstehen kultureller Systeme. Frankfurt a.M. 1987.
37 J.L. Flandrin, „Enfance et société", Annales E.S.C. 19 (1964), 322-329; I.H. Forsyth, „Children in Early Medieval Art: Ninth through Twelth Centuries", The Journal of Psychohistory 4 (1976/77), 31-70. „Neben Textquellen interpretiert Ariès auch ikonographisches Material; und er läßt dabei die heuristische und hermeneutische Problematik seiner Darstellung erkennbar werden: Seine Denkmälerkenntnis reicht selten vor das 16. Jahrhundert zurück; folglich hält er Vieles von dem, was ihm begegnet, für erstmalig und sieht zu unrecht Zeichen von Wandel, wo in Wahrheit Kontinuität gegeben ist." Arnold, Kind und Gesellschaft, 11.
38 Ariès, Geschichte der Kindheit, 46.
39 Ibid.
40 Op.cit., 47.
41 Ibid.
42 Op.cit., 48.
43 Hentig in seinem Vorwort zu Ariès, Geschichte der Kindheit, 11.
44 Ariès, Geschichte der Kindheit, 108.
45 Op.cit., 118.
46 Ariès, Sonntagshistoriker, 122.
47 Ariès, Geschichte der Kindheit, 133.
48 Op.cit., 204. Vgl. D. de Chapeaurouge, „Die Darstellung der Seele in der bildenden Kunst des Mittelalters", in: Die Seele. Ihre Geschichte im Abendland. Weinheim 1991, 104-122.
49 Ariès, Geschichte der Kindheit, 208.
50 Op.cit., 458.
51 Op.cit., 462.
52 M. de Montaigne. Ein Panorama. Hrsg. von M. Greffrath. Frankfurt a.M 1992, 293.
53 „Durch die Einführung und faktische Durchsetzung der allgemeinen Schulpflicht ist es zu einer organisatorisch spezialisierten, einheitlichen Lebensphase innerhalb bestimmter Altersgrenzen gekommen. Die Entstehung der Jahrgangsklassen hat auch innerhalb dieser Grenzen einen chronologisch geordneten Ablauf zur Folge." M. Kohli, „Die Institutionalisierung des Lebenslaufs", Kölner Zeitschrift für Soziologie und Sozialpsychologie 37 (1985), 9.
54 Ariès, Geschichte der Kindheit, 548.
55 Op.cit., 558.
56 Ibid.

57 Ariès, Sonntagshistoriker, 185.
58 Op.cit., 13 f.
59 Op.cit., 15.
60 Ibid.
61 Op.cit., 19.
62 Op.cit., 22.
63 Op.cit., 34 f.
64 Op.cit., 34.
65 Op.cit., 48 f.
66 Op.cit., 125.
67 Op.cit., 167 f.
68 Ariès, Geschichte der Kindheit, 54.
69 D. Hunt: Parents and Children in History. The Psychology of Family Life in Early Modern France. New York 1970, 27-51.
70 L. deMause, „Evolution der Kindheit", in: Hört ihr die Kinder weinen. Eine psychogenetische Geschichte der Kindheit. Frankfurt a.M. 1980, 12-111, besonders, 40-43.
71 E. Shorter, „Der Wandel der Mutter-Kind-Beziehungen zu Beginn der Moderne", Geschichte und Gesellschaft 1 (1975), 256-287 = „Mutter und Kind", in: Ders.: Die Geburt der modernen Familie. Reinbek bei Hamburg 1977, 196-234.
72 E. Badinter: Die Mutterliebe. Geschichte eines Gefühls vom 17. Jahrhundert bis heute. München 1984.
73 D. Baacke: Die 6- bis 12jährigen. Einführung in Probleme des Kindesalters. Weinheim 1995, 58 f.
74 Annales de Démographie Historique 1973: Enfant et Sociétés. Paris 1973; L'enfant. Recueils de la société Jean Bodin pour l'histoire comparative des institutions XXXV-XXXIX. Brüssel 1975-1977; G. Duby/J. Le Goff (ed.): Famille et parenté dans L'occident médiéval. Paris 1977.
75 Sh. Shahar: Kindheit im Mittelalter. München 1991.
76 Vgl. Anm.7.
77 F. Nietzsche: Kritische Studienausgabe 12. Berlin 1986, 212.
78 DeMause, „Evolution der Kindheit", 17.
79 DeMause, op.cit., 17 und deMause: Grundlagen der Psychohistorie. Frankfurt a.M. 1989, 18.
80 Ariès, Geschichte der Kindheit, 179 f.
80 DeMause, „Evolution der Kindheit", 12.
82 Op.cit., 15.
83 Op.cit., 21.
84 „Intrusion" ist kein deutsches Wort, wird aber normalerweise in den Übersetzungen von deMause so stehengelassen. Als Äquivalent wird der etwas unglückliche Begriff „Eindringen" verwendet, womit deMause den grundsätzlichen Wandel der Eltern-Kind-Beziehungen im 18. Jahrhundert charakterisieren will. Nach deMause rücken die Eltern jetzt dem Kind noch näher zuleibe und versuchen, „in seinen Geist einzudringen, um sein Inneres, seinen Zorn, seine Bedürfnisse, seine Masturbation, ja selbst seinen Willen unter Kontrolle zu bekommen". DeMause, „Evolution der Kindheit", 85 f. Damit gibt er – wie Ariès auch – diesem Jahrhundert einen ähnlich großen Stellenwert für die Geschichte der Kindheit. Mir scheint die Begriffsbildung „schwarze Pädagogik", die

gleichfalls für das 18. Jahrhundert geprägt worden ist, geeigneter, siehe K. Rutschky (Hg.): Schwarze Pädagogik. Frankfurt a.M. 1977.

85 DeMause, „Evolution der Kindheit", 82.

86 Op.cit., 83.

87 L. deMause: Grundlagen der Psychohistorie. Frankfurt a.M. 1989, 17.

88 U. Schuster-Keim/A. Keim: Zur Geschichte der Kindheit bei Lloyd de Mause. Psychoanalytische Reflexion. Frankfurt a.M. 1988; F. Nyssen: Zur Geschichte der Kindheit bei L. de Mause. Quellendiskussion. Frankfurt a.M. 1984; ders.: Lieben Eltern ihre Kinder? Quellendiskussion zur Geschichte der Kindheit. Frankfurt a.M. 1989. M. Bornhoff: Geschichte der Kindheit bei Lloyd de Mause. Frankfurt a.M. 1986; Th. Disser: Geschichte der Kindheit. Zu einer Kritik an Lloyd de Mause. Frankfurt a.M. 1986.

89 Baacke, 6- bis 12jährige, 63.

90 K. Arnold, Kind und Gesellschaft, 14.

91 H. Hengst, „Tendenzen der Liquidierung von Kindheit", in: Kindheit als Fiktion, 20 f.

92 Gleichfalls kritisiert von Baacke, 6- bis 12jährige, 63.

93 A. Keim, „Zur Genese von Empathie und Empathiehemmung. Eine Diskussion des Empathiebegriffs bei Lloyd de Mause", in: Zur Geschichte der Kindheit bei Lloyd de Mause. Frankfurt a.M. 1988, 130.

94 E. Hermsen, „Regressus ad uterum: Die embryonale Jenseitssymbolik Altägyptens und die prä- und perinatale Psychologie", Int. J. Prenatal and Perinatal Psychology and Medicine 5 (1993), 361-382.

95 K. Theweleit: Buch der Könige. Bd. 1. Orpheus und Eurydike. Frankfurt a.M. 1988, 1128.

96 DeMause hat seine psychohistorische Methode vor allem in zwei Aufsätzen ausführlich dargelegt: „Die Unabhängigkeit der Psychohistorie" (23-52) und „Die psychogenetische Theorie der Geschichte" (89-104) in: Grundlagen der Psychohistorie. Psychohistorische Schriften von Lloyd deMause. Hrsg. von A. Ende. Frankfurt a.M. 1989.

97 Diese Aussage ist lächerlich, welcher Mensch wird denn als Historiker geboren? Allein aufgrund dieser Bemerkung kann man darauf schließen, daß Ariès nicht dazu in der Lage ist, psychologisch zu denken.

98 Ariès, Geschichte der Kindheit, 50.

99 DeMause, Grundlagen der Psychohistorie, 89.

100 Op.cit., 90.

101 E. Erikson: Childhood and Society. New York 1950. Dt.: Kindheit und Gesellschaft. Stuttgart ^{11}1992.

102 Op.cit., 393.

103 DeMause, Grundlagen der Psychohistorie, 16.

Evolution oder Moral? – Zur Kritik an Lloyd deMause „Evolution der Kindheit“

Jutta Pivecka

*

Lloyd deMause hat die Debatte um die „Geschichte der Kindheit“ mit einem Paukenschlag, jenem „Alptraum“, aus dem wir erwachen, eröffnet. Erstmals wurde mit seiner „psychogenetischen Geschichte der Kindheit“ der Versuch unternommen, die Bedeutung der Kindheit für den historischen Prozeß zu beleuchten.[1] Dennoch sind seine Thesen, soweit ich das übersehe, in den betroffenen Wissenschaften (Geschichtswissenschaft, Soziologie, Psychologie, Politologie) mit Skepsis aufgenommen worden.

Dies mag einerseits an der noch immer mangelnden interdisziplinären Ausrichtung dieser Wissenschaften liegen. Darüberhinaus wird das von deMause angewandte Verfahren der historischen „Einfühlung“ häufig als unwissenschaftlich gewertet. Diese Skepsis wird durch seinen Anspruch, nicht allein die Geschichtswissenschaft um den Aspekt der „Geschichte der Kindheit“ zu bereichern, sondern mit dieser eine Metatheorie der Humanwissenschaften zu begründen, noch verstärkt. Mit der „Geschichte der Kindheit“ soll nach deMause „die Überlieferung und Entwicklung aller anderen Merkmale der Kultur“[2] festgelegt und erklärbar sein.

DeMauses wichtige Überlegungen zur Geschichte der Kindheit sind nach meiner Überzeugung – gerade in ihrer Radikalität – nur zu halten, wenn sie in ihren Grenzen verstanden werden. Diese Grenzen möchte ich in drei Bereichen aufzeigen: der zugrundeliegenden Geschichtsauffassung, des Verständnisses der Eltern-Kind-Beziehung und des Verhältnisses zur Kulturtheorie Freuds. Den wissenschaftlichen Diskurs sollte, wie ich meine, immer das Eingedenken der eigenen Bedingungen (was deMause tut) und der hieraus resultierenden Grenzen (was er vermeidet) begleiten, denn: „Die Welt ist kein Komplize unserer Erkenntnis."[3]

1.
Geschichte erzählen und deuten – der „Mangel eines Bewusstseins an Gegenwart?"[4]

Der historische Wandel vollzieht sich bei deMause monokausal: seine Triebkraft ist der Wandel der Eltern-Kind-Beziehung. Die Geschichtswissenschaft, wie sie die überwiegende Zahl der Historiker betreibt, ist für ihn bloß eine „narrative Kunst"[5]. Sie könne wohl beschreiben, was gewesen sei und in welcher Abfolge es geschehen sei, es gelinge ihr jedoch nicht, die Gründe des historischen Wandels offenzulegen. Ihre Begründungsstrukturen (materialistische wie geistig-kulturelle) begreift deMause als bloße Tautologien, die den Wandel voraussetzen, den sie begründen sollen. DeMause vertritt die Überzeugung, daß soziale und kulturelle Fakten jeweils psychologisch begründet und nicht psychologische Befindlichkeiten begründend sind. In seinem Basis-Aufsatz „Die pychogenetische Theorie der Geschichte" zeigt sich, daß deMause radikal das gesamte in den Humanwissenschaften angesammelte Wissen in Frage stellt. Jener radikale Zweifel, der durchaus fruchtbar werden könnte, erstreckt sich bei deMause aber nicht auf die Bedingungen des Wissens selbst – und damit auch jenes Wissens, das durch die Verfahren der psychogenetischen Analyse gewonnen wird. Vielmehr wird in deMauses Theorie zur Geschichte der Kindheit genau jene Triebkraft der Wissenschaften wirksam, wie z.B. Foucault sie beschrieben hat[6], nämlich das Verlangen, die Erfahrungen unter ein Modell zu subsumieren, das Einheit und Kontinuität (mit uns selbst) verspricht. Strukturell befindet sich das Denken deMauses mithin in ungebrochener Tradition mit jenen Theorien, mit denen es inhaltlich bricht.
DeMauses Theorie von der „Evolution der Kindheit" greift auf ein evolutionäres geschichtsphilosophisches Modell des 19. Jahrhunderts zurück, das zuerst für die Naturgeschichte entwickelt wurde. Wesentliche Bestandteile dieses Modells sind:

1. Eine irreversibel fortschreitende Entwicklung von ‚niederen' zu ‚höheren' Formen.

2. Die Möglichkeit der Zuordnung aller gefundenen Formen zu einem bestimmten Entwicklungstand.
3. Fortschritt wird erreicht durch eine zunehmende Anpassung der sich wandelnden Formen an ihre Umwelt.

Diese Prinzipien lassen sich für deMauses Theorie nachzeichnen:[7]
1. Die von deMause aufgezeigten Erziehungsmodi folgen aufeinander und lösen einander ab. Sie sind in ihrer Entwicklungstendenz irreversibel. Der Kindsmord stellt die niedrigste Entwicklungsstufe dar, „Unterstützung" die höchste.
2. DeMause ordnet die von ihm festgestellten Erziehungsmodi nicht nur bestimmten Zeitabschnitten zu, sondern entwickelt aus ihnen auch die Bestimmung des gegenwärtigen Entwicklungsstandes von Individuen und Gesellschaften.[8]
3. Die Eltern-Kind-Beziehung stellt in deMauses Theorie die „Umwelt" des Kindes im engeren Sinn dar. Von ihr sind Überleben und Leistungsfähigkeit der Art abhängig. Im Wandel dieser Beziehung sieht deMause eine zunehmende Anpassung an die Bedürfnisse des menschlichen Kindes.[9]

Für deMause ergibt sich die evolutionäre Tendenz der Erziehungsmodi – scheinbar evident – aus den Quellen. Über die Herkunft und Tradition der Struktur des evolutionären Denkens legt er sich daher keine Rechenschaft ab. Dennoch ist es erstaunlich, wie ungebrochen er sich zur Erläuterung des Wandels der Eltern-Kind-Beziehung dieses geschichtstheoretischen Modelles bedient. Denn dieses Modell ist in den vergangen Jahrzehnten nicht nur in den Geisteswissenschaften, sondern auch in der Biologie zunehmend unter Druck geraten[10], weil es die Vielfalt und Variabilität der in der Realität vorzufindenden Formen im Grunde nicht erklären kann. Denn die Vorstellung einer beständig aufsteigenden Entwicklungslinie kann die Parallelität unterschiedlichster Entwickungen ebensowenig plausibel machen, wie das dauerhafte Überleben zurückgebliebener Formen, die im Modell als prinzipiell überflüssig erscheinen.
Diese Kritik am evolutionären Theoriemodell läßt sich auf deMauses Theorie übertragen. Die in ganz unterschiedlichen Kulturen (antikes Griechenland, amerikanische Indianerstämme, das höfische Frankreich des 15. Jahrhunderts) festgestellten Erziehungsmodi können mit deMauses Theorie auf der einmal postulierten Entwicklungslinie vom Kindsmord über die Weggabe zur Sozialisation und Unterstützung markiert werden. Er argumentiert damit, daß

das kulturelle Umfeld nur Resultat der sich wandelnden Eltern-Kind-Beziehung ist. Während seine These, daß durch die Wiederbegegnung mit der eigenen Kindheit im Eltern-Sein sich eine langsame Verwandlung des Erziehungsstils für die Generationenfolge ergibt, plausibel erscheint, läßt sich ein aus der Eltern-Kind-Beziehung hergeleiteter Übergang vom antiken Griechenland ins mittelalterliche Frankreich kaum nachvollziehen. DeMause übergeht entweder die zeitliche Parallelität unterschiedlicher Kulturen oder er ordnet sie dem eindimensional sich vollziehenden Fortschritt, der all diese Gleichzeitigkeiten zu umfassen scheint, unter. Die Vorstellung von Entwicklungssprüngen kann dieses Denken prinzipiell nicht akzeptieren. Wo deMause die Lücken zwischen einzelnen Stufen seines Modells einräumt, verweist er auf zukünftige Forschung. Sein Denken bleibt damit unberührt von jenen Überlegungen in Philosophie und Wissenschaftsgeschichte, die die historische Bedingtheit des Denkens in den Kategorien von Ursache und Wirkung offengelegt haben. DeMause dagegen leitet aus eben jenen Kategorien die Überlegenheit der Psychogenese gegenüber dem bloß Narrativen der Geschichtswissenschaft und Soziologie her.
Gerade auch mit Blick auf das von deMause gewählte Verfahren der Einfühlung in die historischen Situationen, das auf einer eingehenden Selbstanalyse beruht, ist dieser Mangel an theoretischer Reflexion bedeutsam. Denn seine Selbstreflexion beschränkt sich auf seine psychischen Erfahrungen als Kind und Vater.[11] Als solcher hat er teil nicht nur an der Geschichte seiner Kultur (der westlichen Zivilisation), sondern an der Menschheitsgeschichte überhaupt. Weil das Kind nach seiner Theorie stets das gleiche geblieben ist, muß die Einfühlung in die psychische Befindlichkeit des Kindes im antiken Griechenland nur die eigenen inneren Widerstände, nicht aber die dazwischen liegenden Jahre kultureller Veränderung überwinden. Die Logik des evolutionären Fortschreitens macht die Reflexion des zeitlichen und kulturellen Abstandes überflüssig: Denn wir Gegenwärtigen sind nach diesem Verständnis nicht anders als die Vergangenen, sondern weiter. Weil wir dies sind, können wir wissen, was diesen gefehlt hat. Der evolutionäre Blick ist strukturell ein Blick des Besser-Wissens. Er registriert notwendig am Vergangenen jeweils nur das Fehlende oder Falsche.[12]
Diese Beschränkung des Verständnisses meint Rutschky, wenn sie mit Blick auf deMause und andere von einem „Mangel an Bewußtsein von Gegenwart"[13] spricht. Der Glaube an den Fortschritt schließt aus, daß im Vergangenen auch sichtbar werden kann, was uns fehlt, was wir verloren haben. Vom höchsten Punkt einer fortschreitenden Entwicklungslinie aus läßt sich ein (daher auch moralisches) Urteil fällen, das von Selbstzweifeln nicht getrübt ist. DeMause

entschuldigt das Verhalten der frühen Eltern zwar mit ihrem niedrigen Entwicklungsstand und spricht sie damit von Schuld frei. Gerade das Fehlen von Schuldgefühlen bei ihnen ist ihm jedoch Zeugnis ihres niedrigen Entwicklungsstandes.[14] Es ist wohl wahr, daß Historiker, wie deMause schreibt, „die frühen Jahre der Kindheit ... bagatellisiert“[15] haben. Auch hat die emotionale Bedeutung bestimmter Fakten für die Entwicklung von Kindern (und Erwachsenen) in der Geschichtswissenschaft bislang eine untergeordnete Rolle gespielt. Es ist deMauses Verdienst, den Blick auf die Erfahrungen des Kindes gelenkt zu haben. Sein Postulat, daß jedes historische Denken, das sich seiner Theorie nicht rückhaltlos anschließt, notwendig die Katastrophen der Geschichte (der Kindheit) übersehen und vergessen muß, trifft jedoch nicht zu. DeMauses Beharren auf dem evolutionären geschichtstheoretischen Modell scheint mir auf einem durchaus verständlichen Affekt gegen den verbreiteten intellektuellen Kulturpessimismus zu beruhen, der in der Tat dazu neigt, die Vergangenheit zu verklären und ihre Leiden zu verleugnen.[16] Walter Benjamins Allegorie vom Engel der Geschichte[17] dagegen macht gerade die Einsicht in unsere unvermeidliche Teilhabe am Versagen in der Geschichte zum Ausgangspukt der Solidarität mit den geknechteten Vorfahren. Fortschritt wird dann nicht verstanden als eine fortschreitende Verbesserung, sondern als ein Sturm, der vorantreibt und hindert, Vergangenes zu verstehen. Geboten ist daher Innehalten und Erinnern, auch mit den Mitteln der Einfühlung und Selbstanalyse, die deMause vorschlägt, jedoch nicht vor dem Hintergrund einer Geschichtstheorie, die die eigene Gegenwart in der Nähe eines Endpunktes von Geschichte wähnt, an dem alles gut wird.[18]

2.
Eltern und Kinder – Subjekte und Objekte

Die Eltern-Kind-Beziehung spielt in deMauses Geschichtstheorie die entscheidende, um nicht zu sagen die einzige Rolle. Sie wird geprägt von den psychologischen Reaktionen der Eltern auf das Kind und auf ihre Eltern-Situation. Vier Reaktionsformen (die projektive, die Umkehr-Reaktion, die Doppelvorstellung und die emphatische Reaktion) lassen sich historisch nachweisen; die jeweils vorherrschende bestimmt den Entwicklungsstand. Bei deMause ist die Eltern-Kind-Beziehung die „letztendliche Quelle“[19] allen historischen Wandels. Aus der Eltern-Kind-Beziehung erläutert er die psychische Entwicklung der

Eltern-Generationen. Damit verfängt sich auch deMauses Theorie in jener Tautologie, die er den ökonomischen oder soziologischen Geschichtstheorien vorhält. Denn auch er setzt den Motor des historischen Prozesses ahistorisch voraus: die Eltern-Kind-Beziehung.[20]

Hiergegen kann man eine Reihe von Einwänden geltend machen: Jene von deMause beschriebene Grausamkeit und Gleichgültigkeit der frühen Eltern gegenüber ihren Kindern, könnte man auch dahingehend verstehen, daß eine Eltern-Kind-Beziehung hier gar nicht existierte. Die (leiblichen) Eltern haben nicht zu allen Zeiten die Pflege und Sorge für das Kind übernehmen müssen. Für deMause stellt diese Tatsache einen Mangel dar: Die Eltern-Kind-Beziehung ist auch und gerade wenn sie fehlt negativ bedeutsam. Diese Deutung kann sich im Grunde nur auf Moral stützen: Die Eltern-Kind-Beziehung wird als fehlend verstanden, weil sie existieren soll. Warum sie existieren *soll*, warum sie nicht durch andere Beziehungsformen ersetzt werden kann, rechtfertigt deMause nicht. Der historische Endpunkt der Psychogenese die Erziehungsform der „Unterstützung" propagiert denn auch ganz unverhohlen die aufs engste verbundene Kleinfamilie aus Vater, Mutter und Kind als Ideal. Rutschkys Einwand, daß dieses Projekt „kinderfeindlich insofern ist, als aufgeklärte, moralisch, d.h. wissenschaftlich informierte Frauen und Männer es sich sehr gut überlegen, ob sie überhaupt die Verantwortung für ein Kind übernehmen können"[21], erscheint mir berechtigt. In der Tat geht der von deMause beschriebene Fortschritt mit einer demographischen Abnahme der Bevölkerungszahl in den westlichen Ländern ja auch einher.

DeMause diagnostiziert bei den frühen Eltern psychopathologische Befunde: die hohe Säuglingssterblichkeit wegen Vernachlässigung, der weitverbreitete Kindsmord hat bei den Überlebenden Ängste hervorgerufen, die als verdrängte sich in der Behandlung der eigenen Kinder wiederfinden. Gleichzeitig resultiert nach deMause aus der Bearbeitung dieser Ängste auch der Fortschritt, der den Eltern von Generation zu Generation ein zunehmendes Einlassen auf die Bedürfnisse des Kindes ermöglicht. Der entscheidende Aspekt an deMauses Theorie scheint mir der Zusammenhang zu sein, den er zwischen den vom Kind erfahrenen Ängsten und seinem Verhalten als Erwachsener, als Elternteil herstellt. Die Bearbeitung dieser Angst hat er als die Quelle historischer Veränderung entdeckt. Diese Deutung leuchtet mir für die Generationenfolge innerhalb einer Kultur ein. Sie bleibt jedoch eindimensional, wenn sie folgende Punkte unterschlägt,

1. daß Kinder nicht nur Opfer dieser Beziehung sind, sondern daß auch ihre Bedürfnisse sich historisch verändern,

2. daß auch Beziehungen außerhalb der Eltern-Kind-Beziehung für das Kind bedeutsam sind (sein können),
3. daß der beschriebene 'Fortschritt' seinen Preis hat (für Eltern und Kinder).

Zu 1.:
Das Kind bleibt in der „Evolution der Kindheit“ eine merkwürdige Leerstelle, eine Summe stets gleichbleibender Bedürfnisse, die andere (die Eltern) befriedigen (oder eben nicht befriedigen). Als aktiver Teilhaber an der Eltern-Kind-Beziehung kommt es zunächst nicht vor. Der Zustand des Kindes in dieser Geschichte der Kindheit wird beschrieben als ein bloßes Werden (ein projektiver bis emphatischer Erwachsener), nicht schon Sein (ein projektives, ein emphatisches Kind). Am Endpunkt der evolutionären Entwicklung, in der Erziehungsform „Unterstützung“ schließlich sollen die Eltern „ihm dienen, statt sich von ihm bedienen zu lassen.“[22] Die Eltern-Kind-Beziehung wird hier eingeengt auf die Frage, wer Diener und Bedienter ist. Eine bloße Umkehrung der Beziehungsstruktur, wie sie die knappe Beschreibung der Erziehungsform „Unterstützung” nahelegt, nimmt aber weiterhin das Kind als Objekt dieser Beziehung wahr. Das Postulat deMauses, daß „das Kind besser als seine Eltern weiß, was es in jedem Stadium seines Lebens braucht”[23], setzt daher auch nur scheinhaft auf die Selbständigkeit des Kindes. Denn das unterstützte Kind erprobt seinen Willen ohne Gefährdung (und Angst). Damit unterbietet deMause nach meiner Auffassung die Komplexität seiner eigenen Analysen: Insbesondere in seinem Aufsatz „Die fötalen Ursprünge der Geschichte“[24] schildert deMause ein vorgeburtliches Drama, das sich unvermeidlich im Mutterleib abspielt. Dieses Drama gilt ihm als „Vorläufer des Ödipus-Komplexes”[25]. Die Situation im Mutterleib wird vom Fötus nicht als rundum befriedigend wahrgenommen, sondern ist von Anbeginn an ein Wechselspiel zwischen positiven und traumatischen Erfahrungen. Die nährende Plazenta wird im Mutterleib für das Kind von Fall zu Fall auch zur vergiftenden Plazenta. Das Geburtserlebnis ist daher nicht die erste traumatische Erfahrung des Kindes; es wird vielmehr auch als Befreiungskampf aus dieser Abhängigkeit von der Plazenta erlebt. Diese ursprüngliche Erfahrung der Verbindung zwischen Geborgenheit und Bedrohung verläßt das Kind nicht mehr. Sie wird zum Prototyp späterer Beziehungen: „Das Pumpen verunreinigten Blutes zur Plazenta, seine Verarbeitung durch dieses Organ und die Rückgabe frischen neuen Blutes sind dermaßen lebenswichtige Prozesse für das fötale Leben, daß sie psychische Protoytpen für die späteren mentalen Kleinkindmechanismen der Projektion und Introjektion sind, wobei das Baby die Mutter als ‚Toilette‘ für seine unbehaglichen Gefühle phantasiert – eine plazentale Reinigung, die

die Emotionen des Babys verarbeiten kann und sie in weniger gefährlicher Form zurückgibt."[26] Das Baby schon also ist zur projektiven und introjektiven Reaktion fähig, ja sie sind ihm notwendig. DeMauses Schilderung des fötalen Lebens entspricht den neueren Ergebnissen pränataler Forschungen, die schon in einem sehr frühen Stadium Frustrationsäußerungen und Abwehrreaktionen des Fötus nachweisen. Mit seiner Deutung dieser pränatalen Erfahrungen meint deMause die Triebtheorie Freuds ablösen zu können. Das fötale Drama wäre damit die Ursache jener psychischen Grundstörungen, die Freud ‚jenseits des Lustprinzips' festgestellt hat.[27]

Mit der Theorie vom fötalen Drama begründet deMause die grundsätzliche Bedeutung der Todesängste für die Psyche des Menschen. Wenn diese aber nicht ausgelöst werden durch eine wenig entwickelte Erziehungsform, in der der Kindsmord Usus ist, sondern unvermeidlich sich schon im Mutterleib bilden, schränkt das die Möglichkeiten erzieherischer Interaktion m.E. erheblich ein und verändert sie grundlegend. Während der Fötus und das Neugeborene in diesem Aufsatz auch als Subjekte des Beziehungsdramas auftauchen, macht sie sich der evolutionäre geschichtstheoretische Ansatz dann wieder zu bloßen Objekten von Erziehungsmodi. DeMause hält am Modell der „Unterstützung" als höchster Erziehungsform fest: „Je besser die Erziehung, desto weniger wird das Leben von den während des fötalen Dramas eingeprägten, blutsaugenden, giftigen Monstern beherrscht, und desto weniger wird es vorkommen, daß Prozesse der Idealisierung, Abspaltung, Wut und Passivität die Suche nach Liebe und Glück eines Menschen behindern."[28] Wenn das Kind aber die Mutter als Bedrohung phantasiert (phantasieren muß), um über diese Projektion eigene negative Empfindungen zu verarbeiten, läßt sich das psychische Drama zwischen Eltern und Kindern (und in anderen Beziehungen) eben nicht aufheben, sondern nur unterschiedlich bearbeiten. Dann ist es auch denkbar, daß die gute, die stets unterstützende Mutter, die ihre eigenen Ängste dem Kind verbirgt, dieses Drama für das Kind kompliziert. Denn durch ihr Verhalten wird der – in der Psyche des Kindes – reale Zusammenhang von Geborgenheit und Bedrohung verschleiert und das Kind könnte gezwungen sein, diese Widesprüche viel weitgehender zu verinnerlichen. Mir erscheint deMauses Folgerung, daß die Erziehungsform Unterstützung eine Lösung des fötalen Dramas anbiete, nicht zwingend. Viel eher weist die Analyse der fötalen Ursprünge der Geschichte darauf hin, die unterschiedlichen historischen Erziehungsmodi auch als Symbolisierung dieses ursprünglichen Dramas zu begreifen.

Zu 2.:
Die Eltern-Kind-Beziehung wird von deMause in der „Evolution der Kindheit“ isoliert von allen anderen Beziehungen, die das Kind eingeht, gedacht. Dies begründet er damit, daß prägend für die psychische Befindlichkeit des Kindes die ganz frühen Jahre sind, in denen es noch keine weiteren Beziehungen eingehen kann. Die Einflüsse der Institutionen oder des sozialen Umfeldes treten ihm nicht in den Blick. Von daher erklärt sich auch, warum in der „Evolution der Kindheit“ die Wandlung des Kindes in den Kinder erziehenden Erwachsenen ein merkwürdig blinder Fleck bleibt. Psychische Entwicklung ist hier nur möglich in der frühen Kindheit und in der Auseinandersetzung mit ihr durch die eigene Elternschaft. Dazwischen scheint sich psychisch nichts zu ereignen.
Selbst für den eingeschränkten Zeitraum der frühen Kindheit bleiben wesentliche Beziehungen ausgespart: die zu Geschwistern und anderen Kleinkindern, zu Großeltern und anderen Verwandten, zu Pflegeeltern. Wo deMause solche Beziehungen beschreibt, sind sie nur negativ besetzt, nämlich als unzureichender Ersatz der Eltern-Kind-Beziehung. Dennoch muß die „Evolution der Kindheit“ in ihren beschreibenden Passagen oft auf den Umgang Dritter mit dem Kind zurückgreifen (z.B. beim Dauphin von Frankreich). Die Offenlegung des Mißbrauches, der in diesen Beziehungen geherrscht hat, ergibt jedoch nicht, wie deMause zu meinen scheint, daß die Konzentration auf die Eltern-Kind-Beziehung notwendig als eine positive Veränderung zu bewerten ist. Die Beziehung zwischen Eltern und Kindern beschreibt deMause ja vielmehr – wie ich meine zutreffend – als belastet durch die Ängste der Eltern aus der eigenen Kindheit. Die Bearbeitung dieser Ängste im Umgang mit dem Kind kann sie lehren, mit diesen Ängsten neu umzugehen. Es ist weder einzusehen, daß ein solcher Lernprozeß auf die leiblichen Eltern beschränkt sein soll, noch daß er nur dann in Gang kommt, wenn diese allein für das Kind verantwortlich sind. Die Beschränkung der affektiven Beziehungen des Kindes auf die reine Eltern-Kind-Beziehung löst vielmehr, wie deMause, zugibt, neue Ängste aus. Sie kann auch zur psychischen Überforderung der Eltern führen. Der ambivalente Erziehungsstil, der nach deMause Mitte des 18. Jahrhunderts einsetzt, hat daher zugleich das Expertentum für Erziehung hervorgebracht, dem die Eltern einen Teil der zu groß gewordenen Verantwortung wieder übertragen. Daß diese Tendenz sich mit der Zunahme des Erziehungstyps Sozialisation umgekehrt habe, läßt sich kaum behaupten.
Nicht nur die möglichen Beziehungen des Kindes werden in der „Evolution der Kindheit“ auf die Eltern-Kind-Beziehung eingeschränkt, auch die psychi-

sche Entwicklung der Erwachsenen setzt sich nur durch die Eltern-Kind-Beziehung fort. Zugespitzt ließe sich sagen: Wer keine eigenen Kinder hat, bleibt psychisch zurück. Die Bearbeitung der eigenen, verdrängten kindlichen Ängste kann in deMauses Theorie nur über die Beziehung zum eigenen Kind gelingen. Andere Formen der Bearbeitung scheint es nicht zu geben. Kulturelle Betätigung (Arbeit und Kunstschaffen) und soziale Bindungen (Partnerschaft, Freundschaft) können m.E. nach jedoch ebenso bei der Bewältigung der Ängste mitwirken. Wie in der Eltern-Kind-Beziehung auch werden durch diese Versuche der Bewältigung gleichzeitig aggressive und verdrängende, aber auch befriedende und befreiende Impulse freigesetzt. Während die Theorie von deMause im Grunde wenig Anhaltspunkte liefert, wie aus der Eltern-Kind-Beziehung das soziale und kulturelle Leben hervorgeht, könnte erst eine Einbeziehung dieser anderen Möglichkeiten mit den Ängsten der Kindheit umzugehen, die komplexen historischen Wandlungen erklären.

3. Freud und deMause: Fortschritt oder Unbehagen?

In der „Evolution der Kindheit" betont deMause, daß seine Thesen denen von Philippe Ariès in der „Geschichte der Kindheit" genau entgegengesetzt sind.[29] In ihrer Kritik an deMauses Thesen beruft sich Rutschky auf Ariès und behauptet, daß beide Theorien einander ausschließen: „Eine Vermittlung zwischen beiden Entwürfen, im Sinn einer Korrektur oder Ergänzung ist unmöglich. Man muß wählen."[30] Die zentrale These deMauses vom Fortschritt in der Entwicklung der Kindheit über eine stetig sich verbessernde Eltern-Kind-Beziehung steht Ariès These gegenüber, daß es die Kindheit als eigenständigen Lebensabschnitt überhaupt erst seit dem 18. Jahrhundert gibt. Mit ihrer „Erfindung" wird das Kind isoliert, zunehmend normiert und beschränkenden Institutionen unterworfen. Für die Freiheit des Kindes also vollzieht sich bei Ariès ein Rückschritt. Trotz dieses offensichtlichen Gegensatzes in der Bewertung der historischen Entwicklung überrascht doch die Synchronität der dargestellten Entwicklungen: Sowohl Ariès wie deMause sehen entscheidende Veränderungen in der Geschichte der Kindheit sich im 18. Jahrhundert vollziehen. Bei deMause beginnt die Phase der Ambivalenz, bei Ariès die des

Gefängnisses Familie. Während deMause die neuen Ängste, die mit dem ambivalenten Erziehungsstil entstehen, angesichts der in den vorangegangenen Epochen vorherrschenden Erziehungsmodi Kindsmord und Weggabe als Verbesserungen deutet, sieht Ariès das Kind in der Beschränkung auf die Familie degradiert und seiner Aufgaben und seiner Selbständigkeit beraubt, der Fürsorge der Eltern ausgeliefert. Während deMauses Blick sich auf den Säugling und das Kleinkind richtet, das in einer brutalen Umwelt, in der nur der Stärkere Überlebenschancen hatte, laufend in seiner körperlichen Unversehrtheit bedroht war, bezieht sich Ariès auf die Lebensumstände des überlebenden, aufwachsenden Kindes, das früh selbständig werden mußte und konnte. Die Frage, ob beide Theorien sich nicht doch miteinander verknüpfen ließen, möchte ich zunächst offen lassen. Interessanter erscheint mir zunächst ein anderer Hinweis Rutschkys:

Obgleich sich Rutschky so vehement auf die Seite Ariès schlägt, wirft sie diesem doch Idealismus im Blick auf das mittelalterliche Kind vor. Sie möchte Ariès Theorie der „Geschichte der Kindheit" erweitert sehen um eine historische Psychologie, die sich auf die Thesen Norbert Elias im „Prozeß der Zivilisation" stützt.[31] Elias beschreibt den Prozeß der Zivilisation als einen der zunehmenden Triebunterdrückung und Triebsublimierung. Die Antriebskraft dieses Prozeßes ist die Angst: Wenn ich meine Aggressionen gegenüber jedermann ausleben kann, muß ich damit rechnen, daß auch jedermann seine Aggressionen gegen mich auslebt. In der zivilisierten Gesellschaft ist die Gewalt an den Rand des Systems verlegt, d.h. monopolistisch in einer Hand vereinigt. An jenem historischen Wendepunkt, den deMause und Ariès je unterschiedlich feststellen, dem 18. Jahrhundert, vollzieht sich für Elias endgültig „der gesellschaftliche Zwang zum Selbstzwang"[32]. Der Alltag wird, wie Elias schreibt, „freier von Wendungen, die schockartig hereinbrechen"[33]. Der Preis hierfür, den die Individuen zahlen, ist, daß sie nicht nur vor Gewalt geschützt sind, sondern diese auch selbst nicht mehr ausüben dürfen. Sie wird Spezialisten überantwortet, die fortan das Verhalten des Einzelnen kontrollieren. Übertragen auf die Rolle des Kindes im „Prozeß der Zivilisation" könnte man sagen, daß das Kind fortan zwar besser geschützt ist, gleichzeitig aber der Kontrolle von Spezialisten unterworfen wird, die es überwachen und zwingen, seine eigenen Aggressionen zu unterdrücken. Der Verzicht auf spontane Gewaltausübung ist laut Elias verbunden mit der Notwendigkeit, die leidenschaftlichen Affekte schon im Inneren zu unterdrücken. Diese Affekte „kämpfen nun oft genug nicht weniger heftig in dem Einzelnen gegen diesen überwachenden Teil seines Selbst."[34] Für das Kleinkind wird diese Entwicklung insofern bedeutsam, weil sie die Eltern zwingt, das Kind zu ebensolcher Verinnerlichung zu drängen, ihm Schuldgefühle zu vermitteln. Das Kind steht dann einer institutionalisierten Gewalt gegenüber, die von ihm mehr verlangt als Unterwerfung aus Angst. Vielmehr soll es diese äußerlich erzeugte Angst künftig in sich selbst erzeugen.

Elias „Über den Prozeß der Zivilisation" greift zentrale Thesen Freuds aus „Das Unbehagen in der Kultur" auf. Freud fragt sich in diesem Aufsatz, warum bei einer so großen Zahl der Menschen eine Kulturfeindlichkeit festzustellen ist. Dies resultiert seiner Meinung nach daraus, daß die Kultur eben zu dem Zweck errichtet wurde, die unmittelbare Triebbefriedigung des Einzelnen zu verhindern, um eine größere Chance der Triebbefriedigung für alle zu erreichen. Dieser Prozeß vollzieht sich nach Freud auf zwei Ebenen: zunächst kommt es zum Triebverzicht aus Angst vor der äußeren Aggression (den aufgerichteten Gewaltmonopolen), gleichzeitig bildet sich das Gewissen (die Instanz des Über-Ichs) aus und konserviert gleichsam die Aggression der Autorität.[35] D.h. das Individuum vermeidet die Gewalttat künftig nicht nur, weil sie von Bestrafung bedroht wird, sondern weil sein eigenes Gewissen es schon im voraus, für den bloßen Gedanken, bestraft. Freuds Kulturtheorie wird bei Elias konkret im langsamen Prozeß der Zivilisation über das Mittelalter in die Neuzeit. Das Unbehagen, d.h. das unbewußte Wissen des Einzelnen um die mit der Zivilisation verbundenen Einschränkungen, bleibt. Dennoch wäre es falsch, Elias oder Freud als zivilisationsfeindlich zu verstehen. Sie benennen lediglich den Preis für das, was Fortschritt genannt wird.

Lloyd deMause meint diesen Preis leugnen zu können: „Freuds Vorstellung, daß sich die Zivilisation durch zunehmend höheren Triebverzicht entwickelt, ist genau umgekehrt richtig; Zivilisation entwickelt sich nur durch zunehmendes Akzeptieren der Triebe von Kindern, wodurch es ihnen ermöglicht wird, ohne verkrampftes Abwehrverhalten aufzuwachsen."[36] Damit unterschlägt er, welchen Triebverzicht das Akzeptieren der Triebe von Kindern von deren Bezugspersonen, den Eltern erfordert. Wie die Eltern diese Fähigkeit, die Erfüllung der eigenen Triebe hinter die der Kinder zurückzustellen (wie es die Erziehungsform Unterstützung verlangt) erwerben können, ohne die moralische Instanz des Gewissens, das Angst macht, läßt deMause offen. Wieder unterbietet er durch die Fortschrittsdynamik der Geschichtstheorie die Komplexität der eigenen Analyse. Er wirft stattdessen den Psychoanalytikern vor, daß sie die Ängste von Kindern nicht ernst genommen hätten, sondern lieber „angeborene Todestriebe und Grundstörungen voraussetzen. „Todeswunsch und Grundstörung sind real genug und existieren zum Zeitpunkt der Geburt – nicht aufgrund genetischer Triebvererbung, sondern eher wegen der sehr real erschreckenden Erfahrungen des fötalen Lebens." Ob ein Trieb oder ein unvermeidliches Trauma die Ursache jener Spaltung in die Sucht nach Lust und Liebe und Zerstörungswut und Todesangst sind, erscheint mir jedoch eher zweitrangig. Denn das fötale Drama, das deMause analysiert, ist durch Erziehungsmodi eben nicht vermeidbar. Das strafende Über-Ich entsteht in der Theorie deMauses, nicht erst in einer frühen Phase des kulturellen Prozeßes, sondern ist bereits bei der Geburt ausgebildet. DeMause meint nun, dem Kind jenen schmerzhaften Prozeß durch Erziehung ersparen zu können, der dieses Drama, den Zusammenhang von Abhängigkeit und Liebe, von Geborgenheit und Gefährdung, wiederholt. Unterstützung, meint er, vermag diesen Zusammenhang auszulöschen.

Es ist dieser idealistische Zug in seiner Theorie der Rutschky so aggressiv auf sie reagieren läßt. Sie stellt deMause in eine Reihe mit der Geschichte der Schwarzen Pädagogik, weil seiner Theorie mit der Darstellung der Erziehungsform Unterstützung die Überzeugung eingeschrieben ist, daß einmal alles gut wird: „Erziehung ist ein Verfahren, das Unbehagen in der Kultur illusionär zu bewältigen... Die eigentümliche Zeitlosigkeit dieser Hoffnung, daß sie weder bestätigt, noch widerlegt werden kann, macht ihre Überzeugungskraft aus.“[37] Sie übersieht dabei, daß es deMause nicht primär um die Propagierung einer bestimmten Pädagogik (also: „Unterstützung”) geht, sondern daß seine „Evolution der Kindheit” zuerst einmal ein Versuch ist, historische Prozeße zu beschreiben.[38] Rutschkys Verdikt, daß sich die Theorien deMauses und Ariès unvereinbar gegenüberstünden, teile ich nicht. Beide enthalten vielmehr ein Moment der Idealisierung, bei Ariès der Vergangenheit, bei deMause einer vorbestimmten Zukunft. Die Abgleichung der bei Ariès addierten Verluste, des Kindes im historischen Prozeß mit den Gewinnen, die deMause ausmacht, könnte vielmehr dazuführen, beide theoretischen Ansätze aus ihrer idealistischen Eindimensionalität zu befreien. Die Frage wäre dann nicht, ob es dem Kind (das es ja gar nicht gibt) im Verlauf der Geschichte besser oder schlechter geht, sondern wie sich konkret die Beziehungen von Kindern, Eltern und anderen Bezugspersonen in der Geschichte gestaltet haben. Deutlicher ließe sich dann nicht nur der Preis des Fortschritts aufzeigen, den deMause weitgehend unterschlägt, sondern es könnte auch die Anfälligkeit der sich verändernden Eltern-Kind-Beziehung für neue Ängste in den Blick geraten, die Möglichkeit historischer Rückschläge und Umkehrungen.[39]

SCHLUSSBEMERKUNG

DeMauses Theorien, insbesondere die zum „fötalen Ursprung der Geschichte" geben m.E. nach interessante und neue Antworten auf die Frage nach den Triebkräften der Geschichte. In der „Evolution der Kindheit" hat er eine bisher unterbelichtete Beziehung in den Mittelpunkt gestellt: die Beziehung zwischen Eltern und Kindern. Die Quelle historischen Wandels bei deMause ist die in der Kindheit erfahrene Angst und ihre Bewältigung. Diese These scheint mir überzeugend.
Weil seiner Geschichtstheorie jedoch immer schon die Utopie der Erlösung (durch „Unterstützung") eingeschrieben ist, wird in den Analysen ausgeblendet, was diese Utopie in Frage stellt. Dieses Denken begreift den Wandel in der Bewältigung der Angst als ungebrochenen Fortschritt, weil nur eine solche Entwicklungslinie den Idealzustand notwendig einmal erreicht. Es kann nicht wahrnehmen, daß die Bewältigung dieser Angst auch außerhalb der von ihm beschriebenen Beziehung (der Eltern-Kind-Beziehung) gelingen kann. Es weist die Einsicht ab, daß die Ängste von Kindern und Eltern zwischen diesen Interessenskonflikte auslösen, die auch vom Kind Verzicht erfordern. Es unterbietet die Komplexität seiner eigenen Erkenntnisse, wenn es meint, für das ursprüngliche fötale Drama eine erzieherische Lösung anbieten zu können.

Dieser Aufsatz geht auf eine Seminararbeit in einem Seminar zur „Geschichte der Kindheit" bei Friedhelm Nyssen zurück, die ich 1993 geschrieben habe. Meine Kinder sind 1994 und 1995 geboren. In die Überarbeitung des Aufsatzes sind meine eigenen Erfahrungen als Mutter eingegangen. Zusammenfassend kann man sagen: Mir ist die Bedeutung der eigenen Ängste, der Ängste, die die Bedürfnisse von Kindern auszulösen vermögen, noch deutlicher geworden. Es ist deMauses Verdienst, die Bedeutung dieser Ängste und ihrer Bewältigung nicht nur für die individuelle Geschichte aufgezeigt zu haben. Umso wichtiger scheint es mir, eine „Geschichte der Kindheit" nicht mit einem idealistischen historischen Endpunkt zu belasten, dessen Darstellung neue Ängste auszulösen vermag: der Überforderung und des Ungenügens.

Literatur

Benjamin, Walter: Schriften, Frankfurt/Main 1955

deMause, Lloyd: Hört ihr die Kinder weinen. Eine psychogenetische Geschichte der Kindheit, Frankfurt/Main 1980

deMause, Lloyd: Grundlagen der Psychohistorie, hrsg. von Aurel Ende, Frankfurt/Main 1989

Elias, Norbert: Über den Prozeß der Zivilisation, Bd. 2, Frankfurt/Main 1989

Foucault, Michel: Die Ordnung des Diskurses, Frankfurt/Main 1977

Freud, Sigmund: Kulturtheoretische Schriften, Frankfurt/Main 1974

Nyssen, Friedhelm: Die Geschichte der Kindheit bei Lloyd deMause, Frankfurt/Main 1984

Nyssen, Friedhelm: Geschichte der Kindheit als Schwarze Pädagogik?, in: Gefördert und mißhandelt. Kinderleben zwischen 1740 und heute. Jahrbuch der Kindheit. Bd. 4, hrsg. von C Büttner u. A. Ende, Weinheim u. Basel 1987

Rutschky, Katharina: Deutsche Kinder-Chronik, Köln 1983

Rutschky, Katharina: Schwarze Pädagogik. Quellen zur Naturgeschichte der bürgerlichen Ordnung, Frankfurt u. Berlin 1988

Wesson, Robert: Die unberechenbare Ordnung, München 1993

Anmerkungen

1 Andere Texte stellen entweder nur zeitliche oder inhaltliche Teilaspekte des Themas dar (Aries, Rutschky, Badinter) oder geben Anregungen zu seiner Deutung (Miller), ohne jedoch die Kindheit selbst historisch zu betrachten. Aries handelt von der Geschichte der Kindheit im Mittelalter und der Schwellensituation am Ausgang des 18. Jahrhunderts, in der nach seiner Ansicht Kindheit erstmals als ein eigenständiger Erfahrungsbereich ins Bewußtsein tritt (und damit vom übrigen Leben isoliert wird). Bei Rutschky steht im Mittelpunkt der Überlegungen die Geschichte der Erziehung ab dem 18. Jahrhundert, die sich in unterschiedlichen Lebensbereichen (Familie, Schule, Gesellschaft) vollzieht. Sie wählt ein Verfahren, in dem durch die Auswahl und Zusammenstellung des Quellenmaterials eine Wertung vorgenommen wird. Die Quellen selbst stehen im Mittelpunkt. Nur so meint sie der Vielfalt und Widersprüchlichkeit der historischen Erfahrungen methodisch entsprechen zu können. Gegen die Gefahr der Beliebigkeit sucht sie dieses Verfahren durch Solidarität zu schützen, der sie sich – mit Blick auf Benjamin – verpflichtet. Schon Rutschkys Verfahren schließt mithin ein Konkurrenzunternehmen zu deMause aus, denn mit dieser Methode kann nicht eine Geschichte der Kindheit geschrieben werden. Bei Badinter konzentriert sich die Untersuchung auf die Gechichte eines ideologisch gefärbten Begriffes: der „Mutterliebe". In vielen Einzelanalysen kommt es zu Übereinstimmungen mit deMause. Da ihr Interesse aber den Bedürfnissen der Frau (als Mutter) gilt, ließe sich aus einem detaillierten Vergleich beider Theorien wohl ein sich historisch verändernder Interessenkonflikt zwischen Mutter und Kind ableiten, den deMause unterschlägt.

2 deMause 1992, S. 15

3 Foucault 1977, S. 36

4 Vgl. Rutschky, 1983, S. XXIII
5 deMause 1989, S. 89
6 Focault 1977. Für Foucault sind es vier Begriffe, die den Diskurs kontrollieren: Bedeutung, Ursprünglichkeit, Einheit, Schöpfung. Über die Geschichtsschreibung: „Das Wichtige aber ist, daß die Geschichsschreibung kein Ereignis betrachtet, ohne die Serie zu definieren, der er es angehört, ohne die Analyse zu spezifizieren, durch welche die Serie konstituiert ist, ohne die Regelhaftigkeit der Phänomene und die Wahrscheinlichkeitswerte ihres Auftretens zu erkennen zu suchen." (S. 38)
7 Der Zusammenhang zur Evolutionstheorie Darwins zeigt sich sogar im Vokabular: Selektion, Isolation, Reproduktion usw. Vgl. deMause 1989, S.90
8 Vgl. deMause 1989, S. 97
9 Ein Interessengegensatz zwischen den Bedürfnissen des Kindes und der Eltern spielt in seiner Theorie keine Rolle. Denn die Eltern treten entweder ausschließlich in ihrer Funktion als Eltern auf oder als gewesene Kinder, die vom eigenen Fortschritt in den Erziehungsmodi gleichsam rückwirkend profitieren. Es gibt bei deMause weder ein Leben des Kindes noch eines des Erwachsenen außerhalb der Eltern-Kind-Beziehung.
10 Vgl. z.B. Wesson 1993
11 Hierdurch gelingen ihm zweifellos bedeutsame Entdeckungen: z.B. die Beziehung zwischen den Geburtserfahrungen und den kriegerischen Gruppenphantasien (Krieg-als-Geburt) oder seine Überlegungen zu den vorgeburtlichen Erfahrungen.
12 Die Gefahren dieses Blickes werden auch bei deMause sehr deutlich: Kulturen, die den Prozeß der westlichen Zivilisation nicht vollzogen haben, wertet er als rückständig.
13 Rutschky 1983, S.XXIII
14 Vgl. deMause 1989, S. 98: „ Primitive Stämme befinden sich irgendwo in den ersten zwei psychogenetischen Modi der Kindeserziehung, wie der Mangel an Hinweisen auf depressive (Schuld) Krankheiten zeigt, die eine Errungenschaft des ambivalenten Modus sind." Hier klingt der Preis des Fortschritts immerhin an.
15 DeMause 1980, S. 17
16 Vgl. hierzu auch unter 3.
17 Benjamin 1955f., Bd. 1, S. 449: „Der Engel der Geschichte hat das Antlitz der Vergangenheit zugewandt. Wo eine Kette von Begebenheiten vor uns erscheint, da sieht er eine einzige Katastrophe, die unablässig Trümmer auf Trümmer häuft und sie ihm vor die Füße schleudert. Er möchte wohl verweilen, die Toten wecken und das Zerschlagene zusammenfügen. Aber ein Sturm weht vom Paradiese her, der sich in seinen Flügeln verfangen hat und so stark ist, daß der Engel sie nicht mehr schließen kann. Dieser Sturm treibt ihn unaufhaltsam in die Zukunft, der er den Rücken kehrt, während der Trümmerhaufen vor ihm zum Himmel wächst. Das, was wir Fortschritt nennen, ist dieser Sturm."
18 Wie deMauses Theorie nach meiner Auffassung dieser nachvollziehbare Affekt gegen den – politisch scheinbar links stehenden, jedoch in der Tendenz letztlich oft geradezu reaktionären – Kulturpessimismus der Gegenwart eingeschrieben ist, so der Theorie Benjamins die faschistische Bedrohung (seiner physischen und psychischen Existenz) (Vgl. auch Nyssen 1987, S. 58). Keine Theorie kann sich letztlich den – auch politischen – Diskursen ihrer Gegenwart entziehen, auf die sie in der einen oder anderen Weise immer mitreagiert (weil Theorien ihren Ursprung in der Psyche von Menschen haben). Vor dem Hintergrund der Erfahrung zweier Weltkriege und der Ermordung von Millionen europäischer Juden im 20. Jahrhundert läßt sich jedoch keinesfalls die These eines bruch-

losen Fortschreitens der Qualität der Eltern-Kind-Beziehung halten. Nicht allein kann diese Theorie die Ereignisse nicht erklären, auch läßt sie außen vor, welche Brüche die Eltern-Kind-Beziehung in den betroffenen Generationen erfahren hat. (Umgekehrt ließen sich gerade mit Hilfe von deMauses Ansatz die Ängste zum Beispiel der Generation der im Krieg geborenen und aufgewachsenen Kinder, die ihr Erwachsen-Sein und ihre eigene Eltern-Rolle mitbestimmt haben, endlich beschreiben, was ein wichtiger Beitrag zur Analyse der gegenwärtigen Situation sein könnte.)

19 deMause 1989, S. 91

20 Dieses Problem berührt im Grunde die Psychoanalyse ganz allgemein. Die Frage ist eben, ob ihre an der Familienstruktur des 19. und frühen 20. Jahrhunderts gewonnenen Erkenntnisse übertragbar sind nicht nur in die Vergangenheit, sondern auch in die Zukunft, d.h. in unsere Gegenwart. Ändern sich Familienstrukturen (z.B. innerfamiliäre Machtverhältnisse) allein durch innerfamiliäre psychische Energien oder ändern sich psychische Beziehungen innerhalb der Familie auch durch außerfamiliäre Veränderungen (z.B. mit Blick auf die Geschlechterrollen)? Was ist, wenn familiäres Zusammenleben (Eltern und Kinder) nicht mehr der Normalfall ist, sondern nur eine Lebensform unter anderen?

21 Rutschky 1983, S. XXXIII

22 deMause 1980, S. 85

23 deMause 1980, S.85

24 deMause 1989, S.230f

25 deMause 1989, S.251

26 deMause 1989, S. 250

27 Zum Vergleich zwischen den Theorien Freuds und deMause vgl. Kap.3

28 deMause 1989, S. 253

29 Vgl. deMause 1980, S.18

30 Rutschky 1983, S. XXVI

31 Vgl. Rutschky 1983, S. XXVI

32 Elias 1989, S. 312f

33 Elias 1989, S. 328

34 Elias 1989, S. 328

35 Vgl. Freud 1974, S. 254

36 deMause 1989, S.93

37 Rutschky 1988, S. LXV

38 Vgl. Nyssen 1987, S. 63f

39 Vgl. auch Anm.18

„Psychogenetische Geschichte der Kindheit“ und „Historische Demographie“: eine gegenseitige Ergänzung?

Friedhelm Nyssen

1.

Das „unsichere Leben“ in der Vergangenheit oder: Kindstod ist nicht immer Kindsmord

Was wir alltagssprachlich „Gesellschaft“ nennen, hat nach Lloyd deMause keine eigene Seinsqualität und kann deshalb auch nicht als Ganzes, sondern immer nur in seinen individuellen Teilen – bei deMause sind das die individuellen Psychen – untersucht werden. Das gesellschaftliche Ganze kann nach den Prinzipien des „methodologischen Individualismus“ (deMause 1989, S. 89) immer nur als Gesetzmäßigkeit des Handelns vieler Einzelner postuliert werden.

Ich möchte diese Frage hier nicht näher diskutieren, zugleich möchte ich aber darauf aufmerksam machen, daß, wenn wir die psychogenetische Theorie zur Geschichte der Kindheit weiterentwickeln wollen, wir eine durchaus real existierende transindividuelle Gegebenheit näher betrachten müssen. Ich meine: die „Bevölkerung“. Die Bevölkerung bildet das Ganze, innerhalb dessen sich auch die von deMause als zentraler Erkenntnisgegenstand thematisierten Eltern-Kind-Beziehungen konstituieren, wandeln, positiv gestalten oder verzerren. Während deMause durchaus Argumente für seine These anführen

kann, der Begriff der „Gesellschaft“ sei nur ein „projektiver Kunstgriff“ (deMause 1989, S. 19) der professionellen Soziologen, so kann er dies für den Begriff der „Bevölkerung“ nicht. Sie ist eine unbezweifelbare transindividuelle reale Gegebenheit, deren geschichtliche Entwicklung von der historischen Demographie untersucht wird. Zu deMause' Anzweiflung des Gesellschaftsbegriffs gehört wesentlich die methodische Implikation, daß jegliches zwischenmenschliche Geschehen nur mit den Mitteln der Psychologie, das heißt bei ihm: der Psychoanalyse, untersucht werden kann. Dies erweist sich jedoch für den Begriff der Bevölkerung als nicht zutreffend. Es wird sich erweisen, daß zum Verständnis historischen zwischenmenschlichen Geschehens, auch der historischen Eltern-Kind-Beziehungen, die historische Demographie zunächst ohne Psychologie, allein durch Bevölkerungsbeschreibung, Grundlagen formuliert, ohne die die Rekonstruktionen individueller Motivlagen, etwa derjenigen von Eltern, zu isoliert bleiben.
Was ist diese „Bevölkerungsbeschreibung“? Es ist die Beschreibung von Natalität, Nuptialität, Migration und Mortalität von Populationen in einem definierten Raum-Zeit-Gebiet. Anders ausgedrückt: sie eruiert aufgrund zehntausender Kirchenbucheintragungen in der historischen Vergangenheit, wieviele Menschen in einem definierten Raum-Zeit-Gebiet wann geboren wurden, wann geheiratet haben, wann wohin gewandert sind und wann und wo gestorben sind. Wir befassen uns hier vor allem mit der Frage der Mortalität, insbesondere mit der Entwicklung der Säuglings- und Kindersterblichkeit. Hier hat die historische Demographie Informationen ermittelt, die auch für eine psychologisch arbeitende Geschichte der Kindheit grundlegend wichtig sind.
Für die Vergangenheit in Frankeich halten Jacques Gélis, u.a. fest: *„Im Zeitraum von 1740 bis 1789 sieht die Durchschnittszahl überlebender Kinder unterschiedlicher Altersstufen von jeweils 1.000 Lebendgeborenen wie folgt aus: ein Jahr – 720, fünf Jahre – 547, zehn Jahre – 525.“* (J. Gélis u.a. 1980, S. 195). Also bis zum 10. Lebensjahr eine Sterblichkeit von fast 50%!
Für Deutschland stellt Arthur Imhof, ein historischer Demograph, diesen Sachverhalt im Verhältnis zur sehr geringen Säuglings- und Kindersterblichkeit heute dar und zeigt damit zwei völlig verschiedene menschliche Lebenswelten auf. (Siehe Abb. 1, A. Imhof 1988 b, S. 261). Von 19 Lebendgeborenen erreichten im Jahre 1680 9 das Alter von 25 Jahren, im Jahre 1980 dagegen waren es 18 ! Für unseren Zusammenhang bedeutet dies: Das Bevölkerungsganze muß im 17. und 18. Jahrhundert etwas völlig anderes gewesen sein als heute – weil der Tod damals in ganz anderer Weise waltete als heute. A. Imhof hat dies in der dreidimensionalen Graphik der sog. „schwarzen Wand“ verdeutlicht (siehe Abb. 2, A. Imhof 1983, S. 20): *„Die Wand hat sich im Verlauf der letzten*

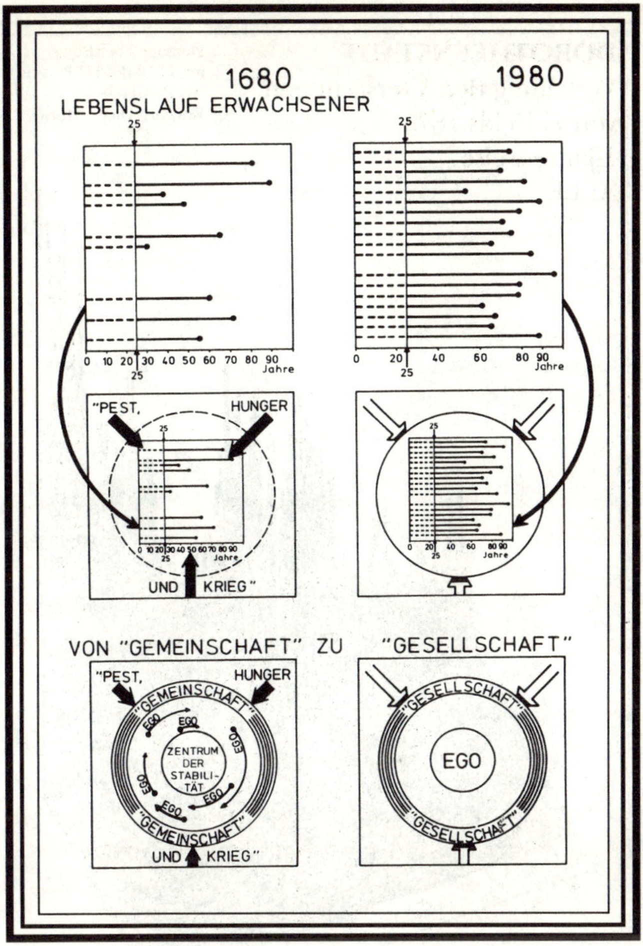

Abb. 1:
Von der unsicheren zur sicheren Lebenszeit – und den Folgen für unser Zusammenleben.
Die drei Teilgraphiken links beziehen sich auf Zustände „früher" („1680"), die drei rechts auf Zustände „heute" („1980").
Oben: *Lebensläufe einzelner Menschen „früher" und „heute". Die Lücken betreffen Menschen, die das Erwachsenenalter nicht erreichten (hier mit 25 Jahren als ungefährem Heiratsalter angegeben).*
Mitte: *Die seinerzeitige Unsicherheit jeglichen Lebens war die permanente tödliche Bedrohung durch „Pest, Hunger und Kreieg" zurückzuführen. Abwehrmaßnahmen vermochten nicht wirksam zu schützen. Die unvergleichlich größerere Sicherheit menschlichen Lebens „heute" beruht auf dem gegenwärtig verhältnismäßig effektiven Schutz gegen „Pest, Hunger und Krieg".*
Unten: *Um in den „früheren" „Pest, Hunger und Kreieg"-Zeiten überleben zu können, mußte sich das Individum in Gemeinschaften integrieren und gemeinschaftlich angestrebten Zielen unterordnen. „Heute" kann das EGO auch außerhalb solcher Gemeinschaften überleben und sich selbst ins Zentrum rücken. Viele EGO's leben in locker geknüpften Gesellschaften zusammen.*
Quelle: *Nach Figur 2 in: Ethnologia Europpaea 17, 1987, 12.*

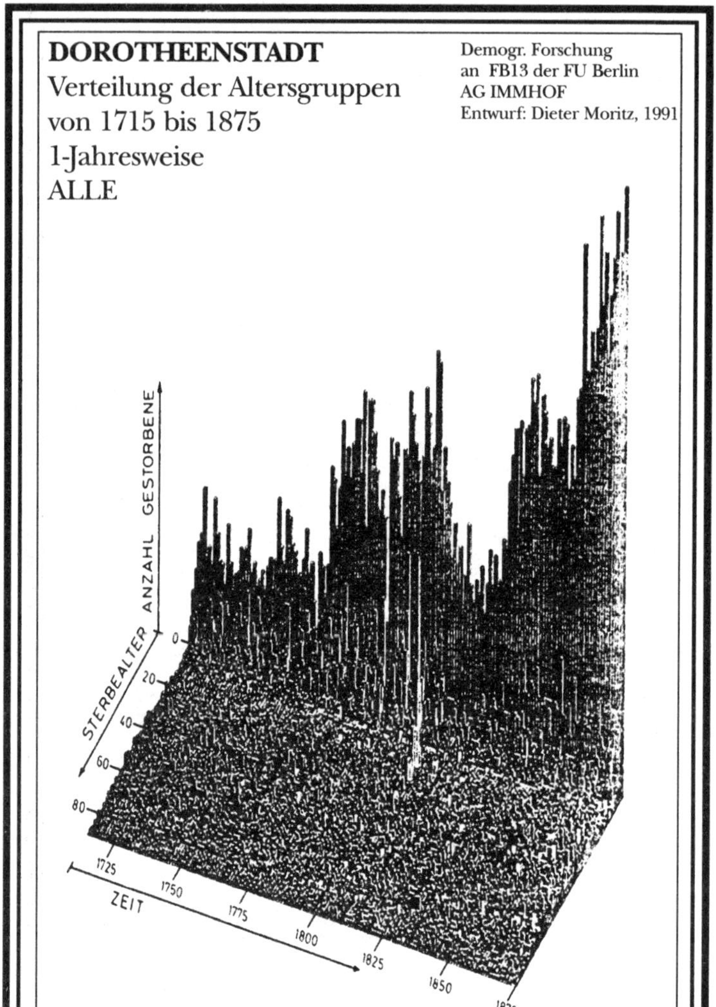

Abb. 2:
Einst konzentrierte sich der Tod der Säuglinge und Kleinkinder. Unter den Überlebenden schlug er ziemlich gleichmäßig zu.
Dreidimensionales Computerbild mit Altersverteilung de Gestorbenen in der Berliner Kirchengemeinde Dorotheenstadt 1715-1875.
Sterbefälle insgesamt: 39251 (= 100.0 %)
– davon Sterbefälle unter acht Jahren: 12193 (= 31.1 %)
– davon Sterbefälle unter acht Jahren: 19857 (= 50.6 %)
Quelle: *Evangelisches Zentralarchiv Berlin, Sterbebücher der Kirchengemeinde zu Dorotheenstadt*

hundert Jahre von ganz hinten nach ganz vorne verschoben und würde uns heute die Sicht verstellen." (A. Imhof 1983, S. 21). Aber ganz wichtig für unser psychohistorisches Interesse ist auch, daß die Sterbewahrscheinlichkeit zwischen Kindheit und Alter damals ebenfalls ein Vielfaches der heutigen betrug. Das Tal in der Graphik zwischen Säuglings- und Greisenalter, das in der historischen Zeit noch eine grob gepflasterte Straße darstellt, erscheint heute glatt wie eine Autobahn.

Imhof macht aufgrund dieser sehr unterschiedlichen Sterblichkeit früher und heute eine grundlegende begriffliche Unterscheidung, mit der er dann in seinem Werk immer wieder operiert: die Unterscheidung zwischen einem „unsicheren Leben" früher und einem „sicheren Leben" heute. Wie auch immer problematisch diese Unterscheidung sein mag – wir werden uns im folgenden noch weiter mit ihr zu beschäftigen haben –, unbestreitbar sind die Daten der historischen Sterblichkeitsentwicklung, die in den angeführten Zahlen und Schaubildern deutlich werden.

Hat nun dies Folgen für die psychogenetische Geschichte der Kindheit von Lloyd deMause (L. deMause 1978)? Um diese Frage diskutieren zu können, möchte ich zunächst einmal versuchen, im folgenden zu rekonstruieren, was „psychogenetische Geschichte der Kindheit" heißen kann (zur kritischen Rekonstruktion siehe ebenfalls: Dan Dervin 1996). Charakteristisch für diesen Ansatz ist, daß in ihm die Reaktionen der Eltern auf ihre Kinder in den Vordergrund der Betrachtung gestellt werden:

> *„Bei der Untersuchung der Kindheit über viele Generationen hinweg ist es vor allem wichtig, sich auf jene Momente zu konzentrieren, die die Psyche der nächsten Generation am meisten beeinflussen. Das heißt: man muß zunächst einmal untersuchen, was geschieht, wenn ein Erwachsener einem Kind gegenüber steht, das bestimmte Bedürfnisse hat. Dem Erwachsenen stehen dabei meiner Ansicht nach drei Reaktionen zur Verfügung: (1) Er kann das Kind als Vehikel für die Projektion von Inhalten seines eigenen Unbewußten benutzen (projektive Reaktion/projective reaction); (2) er kann das Kind als Substitut für eine Erwachsenenfigur benutzen, die in seiner eigenen Kindheit wichtig war (Umkehr-Reaktion/reversal reaction); oder (3) er kann sich in die Bedürfnisse des Kindes einfühlen und sie zu befriedigen suchen (emphatische Reaktion/empathic reaction).*" (L. deMause 1978, S. 20).

Zu diesen grundlegenden Begriffen bildet deMause noch Zusatzbegriffe wie „Doppelvorstellung" und „projektive Fürsorge". Die Doppelvorstellung ist eine unbewußte Elternvorstellung vom Kind, in der *„das Kind einerseits als eine aus den in es hineinprojizierten Wünschen, Feindseligkeiten und sexuellen Gedanken der Erwachsenen bestehende Figur, andererseits als eine Mutter- oder Vaterfigur (erscheint).“* (L. deMause 1978, S. 21).

Die projektive Fürsorge bedeutet: eine Art Pseudo-Fürsorge, die „in bezug auf die eigentlichen Bedürfnisse des Kindes entweder unangemessen oder unzureichend ist“ (L. deMause 1978, S. 32), etwa wenn, wie im 18. Jahrhundert geschehen, ein Vater „seiner Tochter hilft, ihre Angst vor Leichen zu überwinden“, indem er mit ihr in einem Keller Leichen besichtigt (ebenda).

Wenn nun diese elterlichen Reaktionen als Grundbegriffe für die Analyse der Quellen zur Geschichte der Kindheit angewandt werden, so liegt darin eine offensichtliche Abstraktion, eine Abstraktion von den vielen anderen Einflüssen, die historische Kindheiten ebenfalls beeinflußt haben können. Warum diese Abstraktion ?

Nach deMause macht diese Abstraktion einen Sinn, den wir erst verstehen, wenn wir die Unterscheidung zwischen einer Begriffsebene und einer Phänomenebene machen. Die Begriffsebene haben wir schon dargestellt. Die Phänomenebene bezeichnet nun jene Ebene, auf der die Erscheinungen beschrieben werden, die in deMause' Quellenstudium sichtbar werden. Es handelt sich um Erscheinungen wie:

- Beschneidung von Kindern
- Schlagen und Fesseln von Kindern
- Erschrecken von Kindern
- Abhärtung von Kindern durch eiskaltes Wasser als Überlebenstest
- Verkauf von Kindern
- Opfern von Kindern zu religiösen Zwecken
- Kindestötung
- Benutzen des Kindes als Versorger der Eltern
- Sexueller Mißbrauch von Kindern
- Hungernlassen als Strafe
- Enges Wickeln von Kleinstkindern

Tatsächlich kann deMause in seinem Essay über die „Evolution der Kindheit“ eine sehr große Anzahl von Beispielen solcher Erscheinungen aus der Geschichte der Kindheit quellenmäßig belegen. Unter dem Eindruck dieser Anhäufung destruktiver und traumatisierender Praktiken im historischen Umgang mit Kindern kommt deMause zu seiner bekannten – ebenfalls auf der Phänomenebene formulierten – These: „Die Geschichte der Kindheit ist ein

Alptraum, aus dem wir gerade erst erwachen" (L. deMause 1978, S. 12). Immer wieder wird in der übrigen Literatur zur Geschichte der Kindheit hervorgehoben, daß es auch positive Phänomene im Umgang Erwachsener mit Kindern gegeben hat (Klaus Arnold 1980; Cornelia Löhmer 1989). Es ist hier nicht der Ort, diesen Einwänden nachzugehen. Ich habe dies mehrfach an anderer Stelle getan (F. Nyssen 1984; 1989; 1993; 1994; Marion Bornhoff u. F. Nyssen 1988). Ebenfalls mit dieser Frage beschäftigt sich Ute Schuster-Keim in ihrem Beitrag: „Psychoanalyse und Geschichte der Kindheit: eine Diskussion der Hypothesen zur psychogenetischen Theorie von Lloyd deMause" (Ute Schuster-Keim 1986).
Das Vorgehen von deMause besteht nun darin, daß er, um den Alptraum, jene Anhäufung von Destruktion und Traumatisierung, zu verstehen, die eben angeführten Begriffe:

- projektive Reaktion
- Umkehrreaktion
- emphatische Reaktion
- Doppelvorstellung
- projektive Fürsorge

in einer besonderen Weise anwendet. Er argumentiert, daß es nichts „Äußeres", etwa ökologische Mangellagen, sein kann, was jene auf der Phänomenebene dargestellten Praktiken im Umgang mit Kindern verständlich machen kann. Denn, so argumentiert er, die Quellen weisen diese Praktiken historisch quer durch alle sozialen Schichten nach. Es müssen also Motive der Erwachsenen postuliert werden, die in ihnen selbst liegen und sie zu jenen Kinder zerstörenden und traumatisierenden Handlungen geführt haben. Und diese Motive sind bezeichnet mit den ersten beiden und den letzten beiden Reaktionen von Erwachsenen auf Kinder. Wo diese Reaktionen vorherrschen, fehlt oder ist zu gering ausgeprägt jene verbleibende fünfte Reaktion, die emphatische Reaktion. Anders ausgedrückt: Der Alptraum Geschichte der Kindheit kann nur verstanden werden, wenn man einen gravierenden Mangel an Empathie der Erwachsenen in der Geschichte gegenüber Kindern annimmt.
Folgt man deMause' Argumentation bis hierher, so gewinnt die eben erwähnte Abstraktion, die für diesen ganzen Ansatz charakteristisch ist, meines Erachtens an Überzeugungskraft. Wie geht die Argumentation deMause' nun weiter? Wie kommt es angesichts des „Alptraums" Geschichte der Kindheit dennoch zu einer „Evolution der Kindheit"? Aus der Sicht von deMause so: Sein Studium historischer Quellen zum Thema Umgang Erwachsener mit

Kindern hat ihm gezeigt, daß die oben bezeichneten Praktiken, wie sie auf der Phänomenebene beschrieben werden, im Laufe der Geschichte zurückgehen. Ich lasse hier einmal im Kontext dieses Versuchs, den Ansatz der psychogenetischen Geschichte der Kindheit zu rekonstruieren, die Problematik jenes Ansatzes beiseite: Ist ein solcher Rückgang der Destruktions- und Traumatisierungspraktiken gegenüber Kindern im Laufe der Geschichte „wirklich nachweisbar“ oder sind, wie manche behaupten, die historischen Quellen von deMause nur so arrangiert worden, daß jener Rückgang sich lediglich in deMause' Darstellung ergibt? Ich habe mich in meinen oben angeführten Beiträgen zum Ansatz von deMause ausführlich mit dieser Problematik beschäftigt und kann hier nur auf diese verweisen.

Warum gehen nun jene den Alptraum Geschichte der Kindheit konstituierenden Destruktions- und Traumatisierungspraktiken Erwachsener gegenüber Kindern, die empirische Angemessenheit dieser Einschätzung einmal unterstellt, zurück ? Die Hauptthese von deMause, jetzt wieder auf der Begriffsebene formuliert, lautet: Die Geschichte der Kindheit stellt sich dar als eine „Evolution der Kindheit“, weil projektive- und Umkehrreaktionen sowie Doppelvorstellung und projektive Fürsorge im Laufe der Geschichte tendentiell abnehmen – bei gleichzeitig zunehmenden emphatischen Reaktionen. Um diesen Prozeß zu begründen, postuliert deMause in dem für seinen Ansatz vielleicht charakteristischsten Theoriestück eine Art Antriebskraft zu historischen Veränderungen in den erwachsenen Reaktionen auf Kinder. Er formuliert dies wie folgt:

> *„Der Ursprung dieser Evolution liegt in der Fähigkeit der jeweils nachfolgenden Elterngeneration, sich in das psychische Alter ihrer Kinder zurückzuversetzen und die Ängste diese Alters, wenn sie ihnen zum zweiten Mal begegnen, besser zu bewältigen als es ihnen in der eigenen Kindheit gelungen ist. Dieser Prozeß gleicht dem der Psychoanalyse, zu dessen charakteristischen Merkmalen ebenfalls die Regression und eine zweite Gelegenheit, sich mit den Ängsten der Kindheit auseinanderzusetzen, gehören.“* (L. deMause 1978, S. 14).

Ich habe an anderer Stelle die so beschriebene Antriebskraft zu Veränderungen der erwachsenen Reaktionen auf Kinder als „zweite Angstbearbeitung“ bezeichnet (F. Nyssen 1991, S. 73ff.). Durch diese Begriffsbildung gewinnt man den Vorteil einer handhabbaren Verwendung dieses Theoriestücks in der Diskussion des deMauseschen Ansatzes. Wir werden deshalb im folgenden diese Begriffsbildung auch ständig benutzen.

Wir hatten nun weiter oben davon gesprochen, daß deMause' Verwendung der Begriffe projektive und Umkehr-Reaktion, sowie Doppelvorstellung und projektive Fürsorge als charakteristischen Begriffen für seine Analyse der

Geschichte der Kindheit eine Abstraktion von allen sonstigen Einflüssen enthält, die historische Kindheiten bestimmt haben können. So vernachlässigt er etwa Faktoren wie die wirtschaftliche Lage und Umweltbedingungen. Diese Abstraktion bezieht sich zunächst nur auf bestehende Zustände. Bei seiner Theorie der „Evolution der Kindheit" durch „zweite Angstbearbeitung" geht es jetzt aber um Prozesse. Jedoch finden wir auch hier eine charakteristische Abstraktion, die wir jetzt am ehesten als Methode der „Ceteris paribus-Klausel" bezeichnen können. „Ceteris paribus" können wir übersetzen mit: „Unter sonst gleichgebliebenen Umständen". In der wissenschaftlichen Theoriebildung findet diese Klausel häufig explizite Verwendung:

> *„Man betrachtet während der Untersuchung der Teilzusammenhänge die 'Umwelt' als 'festgefroren'. Anders ist eine Partialanalyse gar nicht durchführbar."* (E. Schneider 1960 S. 382).

In deMause' psychogenetischer Geschichte der Kindheit bildet die „Eltern-Kind-Beziehung" (erweitert: „Erwachsenen-Kind-Beziehung") bzw. die „Reaktion der Eltern auf das Kind" den „Teilzusammenhang", der – ceteris paribus – einer „Partialanalyse" unterzogen wird. Hier hat die Ceteris paribus-Klausel die Funktion – und damit erreichen wir den prozessualen Aspekt – , aus dem intergenerationalen psychischen Mechanismus der „zweiten Angstbearbeitung" heraus die „Evolution der Kindheit" zu begründen. Diese These von deMause rekonstruiere ich dann so: Ceteris paribus, d.h.: *unter sonst gleich bleibenden Umständen,* muß von Generation zu Generation der Mechanismus der „zweiten Angstbearbeitung", sozusagen durch historische Akkumulation von Fähigkeit des elterlichen Umgangs mit der eigenen – durch das innere und äußere Kind induzierten – Angst eine Evolution der Eltern-Kind-Beziehung zu immer mehr Empathie der Eltern gegenüber dem Kind hervorrufen.
In dieser Rekonstruktion des deMauseschen Evolutionsansatzes treffe ich nur teilweise das Selbstverständnis von deMause, das, wenn man so sagen kann, „weitergehend" ist. Meines Erachtens handelt es sich aber bei diesem Ansatz tatsächlich um eine solche „Untersuchung von Teilzusammenhängen", von der in obigem Zitat die Rede war. Anders ausgedrückt: Der ganze Ansatz gilt nur unter der Prämisse der „festgefrorenen Umwelt". Denn: In dem von deMause postulierten Prozeß der historischen Veränderung von Eltern-Kind-Beziehungen haben sich ja evidentermaßen eine Vielzahl von sonstigen Umweltfaktoren ebenfalls verändert. Und die Interaktion, die zwischen diesen Faktoren und dem Faktor „zweite Angsbearbeitung" stattgefunden haben kann, wird in deMause' Ansatz überhaupt nicht thematisiert.

Heißt das nun, daß dieser Ansatz „unwissenschaftlich“ oder „an der Wirklichkeit vorbeigehend“ ist? Meines Erachtens keineswegs. Wir haben in unserer Rekonstruktion diesen Ansatz lediglich auf das zurückgeführt, was er dann aber tatsächlich ist: eben eine Teilanalyse, eine „Untersuchung von Teilzusammenhängen“.Und, so möchte ich hinzufügen: Diese Analyse stellt einen ganz wesentlichen Beitrag zur Geschichte der Kindheit dar, der erst durch deMause geleistet wurde. Man kann wissenschaftsgeschichtlich als die große Entdeckung der Psychoanalyse die Entdeckung der Kindheit und der Eltern-Kind-Beziehung mit all ihren psychischen Verwicklungen bezeichnen. Die psychogenetische Geschichte der Kindheit stellt die Entdeckung dieser *Eltern-Kind-Beziehung in ihrer historischen Veränderung dar.*

Jedoch: Der Geltungsbereich der deMauseschen Theorie zur Geschichte der Kindheit erscheint nun als begrenzt. Der modellhafte Charakter impliziert den Makel der „eingefrorenen Umwelt“. An dieser Stelle möchte ich nun zurückkehren zu meinen eingangs vorgestellten Ausführungen über die „historische Demographie“. Kann diese jenen Makel ausgleichen ? Immerhin scheint mir mit der historischen Demographie *eine* Möglichkeit gegeben zu sein, die ja „unrealistische“ Ceteris paribus-Klausel etwas zu lockern. Wie soll das möglich sein?

Meines Erachtens hat die historische Demographie mit der umfassenden empirischen Bearbeitung des Themas Kindersterblichkeit und ihrer historischen Veränderung historische Daten in den Blick gerückt, die von einer Geschichte der Kindheit, auch wenn sie sich wie die „psychogenetische“ primär auf Motivationen als ihren Erkenntnisstand richtet, nicht ignoriert werden dürfen. Ich kehre deshalb zurück zu der Frage, die ich vor meiner Rekonstruktion des deMauseschen Ansatzes gestellt hatte: Haben die Daten und Begriffe „unsicheres Leben – sicheres Leben“, wie sie von der historischen Demographie vorgestellt werden, Folgen für die psychogenetische Geschichte der Kindheit ?

Beschäftigt man sich eine zeitlang mit deMause’ psychogenetischer Theorie über die Geschichte der Kindheit und gleichzeitig mit der historischen Demographie, so fällt allmählich auf, wie sich im Rahmen der beiden Ansätze verschiedene Aufmerksamkeitsrichtungen herausbilden. Auf eine Formel gebracht: in der psychogenetischen Theorie ist die den Tod des Kindes betreffende Aufmerksamkeit auf dessen gewaltsamen Tod, den Kindesmord, gerichtet; in der historischen Demographie dagegen gerät der Kindestod infolge von Krankheit und Entbehrung in den Blickpunkt des Interesses, wobei implizit unterstellt ist, daß der gewaltsame Kindestod den geringeren Anteil an der gesamten Kindersterblichkeit einnimmt.

Wollen wir nun eine Weiterentwicklung der psychogenetischen Theorie über Geschichte der Kindheit versuchen, so kann meines Erachtens ein wesentlicher Ansatzpunkt dazu eine erneute Reflexion des Verhältnisses der demographischen Thematik „Säuglings- und Kindersterblichkeit" und der psychohistorischen Thematik „Kindesmord" sein. Ich schlage vor, die Entwicklung der Säuglings- und Kindersterblichkeit als den demographischen Rahmen zu betrachten, innerhalb dessen das psychohistorische Phänomen des Kindesmordes zu betrachten ist.

Wenn wir nun den zweiten Teil von Abb. 1 ansehen, dann zeigt sich, daß für den historischen Demographen „äußere" Ursachen für die hohe Säuglings- und Kindersterblichkeit in der Vergangenheit verantwortlich sind. Als diese äußeren Ursachen nennt A. Imhof formelhaft zusammenfassend „Pest, Hunger und Krieg". Sind diese, wie in den Jahrzehnten nach dem 2. Weltkrieg, durch Verbesserung medizinischer und nutritiver Versorgung sowie durch andauernden Frieden weitgehend beseitigt, nimmt die Säuglings- und Kindersterblichkeit dramatisch ab – bis hin zu einer fast hunderprozentigen Überlebenssicherheit. Nach Imhof kann man hier von einer sozusagen welthistorischen Wende vom grundsätzlich unsicheren zum grundsätzlich sicheren Leben sprechen.

Imhof gewinnt seine These von „Pest, Hunger und Krieg" auf empirischer Grundlage, d.h. aus den seit dem 16./17. Jahrhundert in Kirchengemeinden geführten Kirchenbüchern, in denen Taufe, Heirat, Tod und Todesursache der Gemeindemitglieder verzeichnet sind. Wie verhält sich diese Analyse zu deMause' psychogenetischer Theorie ? Insofern es in den Kirchenbüchern natürlich keine unter die „inneren" Begriffe dieser Theorie, etwa unter die Kategorien projektive und Umkehrreaktionen subsumierbaren Angaben zu Todesursachen gibt, scheint der psychohistorische Ansatz bei der Erklärung jenes zunächst ja auffälligsten und umfangreichsten kindheitshistorischen Phänomens, eben jener unglaublich hohen 50-prozentigen Kindersterblichkeit, kaum zu greifen. Ziehen wir jedoch einen weiteren Autor hinzu, nämlich Edward Shorter, so verändert sich die Einschätzung zugunsten von deMause, d.h. zugunsten einer Hypothese, die auch zur Erklärung der hohen Kindersterblichkeit in der Vergangenheit „innerpsychische" Ursachen postuliert, insbesondere die sog. „projektiven Reaktionen" der Erwachsenen auf das Kind: Shorter versucht nämlich aufzuzeigen, daß es sich bei der hohen Säuglings- und Kindersterblichkeit der vergangenen Jahrhunderte um eine, wie er es nennt, „verhüllte Form des Kindesmords" handelt (E. Shorter 1986, S. 513). Aus medizinischen Topographien des 18. Jahrhunderts bringt er Belege dafür, daß Säuglinge im 18. Jahrhundert an einer durch die

Angehörigen absichtlich herbeigeführten Vernachlässigung oder Falschbehandlung, etwa durch zu frühe Festkost, starben. Er postuliert hier „freiwillige Ursachen der Kindersterblichkeit" (E. Shorter 1986, S. 512). Da die zeitgenössischen Ärzte jedoch eher Unwissenheit der ländlichen Bevölkerung für Vernachlässigung und Falschbehandlung verantwortlich machen (E. Shorter 1986, S. 510), bleibt die gewollte Kindersterblichkeit schwer nachweisbar. Um dennoch seine eigene Einschätzung von der überwiegenden gewollten Kindersterblichkeit zu erhärten, zieht Shorter einen umgekehrten Fall zur gewollten Kindersterblichkeit heran, den des „gewollten Überlebens" des Kindes. An dem folgenden Beispiel versucht er zu zeigen, daß unsere Vorfahren, wenn sie nur gewollt hätten, schon damals ein hinreichendes Wissen gehabt hätten, die Säuglings- und Kindersterblichkeit niedrig zu halten:

> *„Das Dorf Tafertshofen in Schwaben hatte normalerweise eine Kindersterblichkeit von 42 Prozent (oder zumindest war dies die Kindersterblichkeitsrate in der Mitte des 19. Jahrhunderts in dem Kreis, in dem das Dorf liegt). Dann forderte 1868 eine schwere Diphterieepidemie nahezu alle Kinder des Dorfes, so daß viele Familien, die nur ein oder zwei Kinder hatten, kinderlos wurden. Im folgenden Jahr wurden 22 Kinder in Tafertshofen geboren; nur zwei starben, eine Sterblichkeitsrate, die der örtliche Arzt als außergewöhnlich günstig bezeichnete, 'wie es ... während meines ganzen praktischen Lebens noch nie vorgekommen.'"* (E. Shorter 1986, S. 510)

Zunächst fällt auf, daß offenbar am Anfang dieses Fallbeispiels gerade das steht, was Shorter widerlegen will, nämlich die ungewollte Kindersterblichkeit, hier aufgrund einer Diphterieepidemie. Weiterhin fällt auf, daß Shorter nur *einen* solchen spektakulären Fall anschließender Niedrigststerblichkeit infolge von „gewolltem Überleben" anführt.
Es ist überhaupt die Frage, ob es darum gehen kann, die Kindersterblichkeit entweder auf gewollte oder ungewollte Sterblichkeit zurückzuführen oder ob es nicht eher darum geht, den Anteil jener Kindersterblichkeit zu bestimmen, der nicht auf Krankheit, Hunger und ähnliche der Einwirkung durch die Eltern weitgehend entzogene Faktoren zurückgeht, sondern auf mangelnde Fürsorge für das Kind. Wenn wir diesen Anteil näher betrachten wollen, so gibt uns Heinrich Ploss (1876) erste Hinweise. Hier finden wir eine differenzierte Darstellung der Problematik Kindersterblichkeit in Deutschland im 19. Jahrhundert, die zeigt, wie schwierig auf diesem Gebiet eine klare Meinungsbildung ist. Generell bestätigt er aufgrund zahlreicher Regionalstudien von Ärzten und Volkskundlern (unter anderem ihm selbst), daß *„hohe*

Stillziffern und niedrige Säuglingssterblichkeit in Bayern Hand in Hand gehen" (H. Ploss, S. 467). Andererseits gilt aber auch, *„daß nach Georg Sailer am Fuße der Alpen im Bayerischen Schwaben trotz fast ausschließlich künstlicher Ernährung die Säuglingssterblichkeit fast ebenso niedrig ist wie in den Gebieten höchst prozentualer Brusternährung, da dort die künstliche Ernährung vernünftig durchgeführt werde."* (H. Ploss, op. cit., S. 467)
Ebenso zeigt sich bei Ploss, daß die Frage „ökonomische" oder „psychogenetische" Ursachen mal so, mal so entschieden werden muß. Wer wollte im folgenden Beispiel nicht rein ökonomische Ursachen postulieren und auf „psychogenetische" Einordnung verzichten:

> *„Die oberbayerischen Arbeiterfamilien, besonders die Landleute, verdienen meist mit schwerer Mühe ihr Brot. Um nicht durch das Stillen in der Arbeit gehindert zu werden, unterlassen es die Mütter."* (H. Ploss, op. cit., S. 465)

Wie aber auch wiederum „psychogenetische" Faktoren ins Spiel kommen, hier, wie man postulieren kann, aufgrund mangelnder Empathie, zeigt etwa folgende Information:

> *„In Braunschweig gewöhnte man das halbjährige Kind neben der Muttermilch bereits an die Kost der Erwachsenen. Die Wohlhabenden fanden nach Hampe die besondere Zubereitung passender (leichterer) Speisen zu umständlich, die Armen zu kostspielig."* (H. Ploss, op. cit., S. 467)

Psychogenetische Annahmen hinzuzuziehen, zwingt wohl auch folgende Information: Daß nämlich *„in der 2. Hälfte des 19. Jahrhunderts die Mädchen im Bregenzer Wald (Vorarlberg) ein Brett auf der Brust ... trugen."* (S. 465) Und: *„Der fortgesetzte Nichtgebrauch von Generation zu Generation haben einen verkümmerten Zustand der Brust und Brustwarzen herbeigeführt"* (S. 465). Hier wird für den Bregenzer Wald noch einmal bestätigt, was weiter oben von Ploss als generelle Beobachtung im Gebiet von Bayern hervorgehoben wird: *„Daß hohe Stillziffern und niedrige Säuglingssterblichkeit in Bayern Hand in Hand gehen"* (S. 467).
An dieser Stelle ist auch der Faktor „Familiengröße" zu nennen, der ebenfalls einen Einfluß auf die Kindersterblichkeit zu haben scheint. Dies lassen die Untersuchungen von Flandrin (1978) vermuten, der zeigt, daß die niedrigere Kindersterblichkeit in Südfrankreich gegenüber der in Nordfrankreich auf die im Süden größere Familie zurückzuführen ist. Denn hier kümmern sich Angehörige um die Kinder, die von ihren Müttern infolge von deren Arbeit nicht versorgt werden können. Auch in dem von A. Imhof aufgestellten Schaubild zum Modell der „Zirkular-Kausation" der Kindersterblichkeit ist Familiengröße als Glied in der Verursachungskette der Kindersterblichkeit auf-

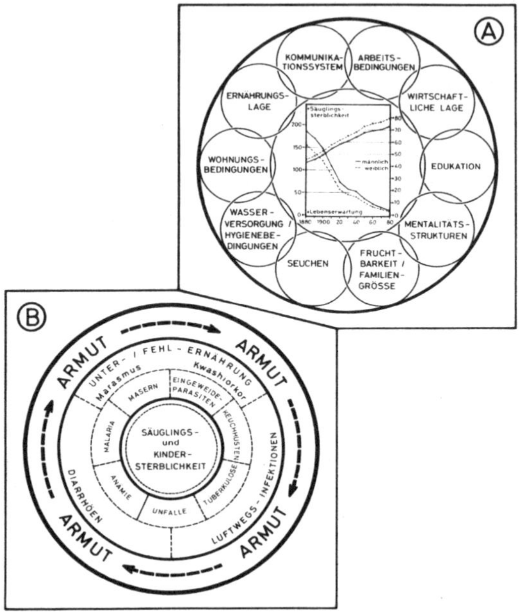

Abb. 3: *Eine massive Zunahme der durchschnittlichen Lebenserwartung bei der Geburt durch Erhöhung der Lebenserwartung bei der Geburt durch Erhöhung der Lebenssicherheit für alle setzt das Aufbrechen ganzer „Systeme" voraus: das Prinzip der Zirkular-Kausation.*

(A) Im Zentrum eingebettet die drastische Senkung der Säuglingssterblichkeit von hohen zu niedrigsten Werten und die gleichzeitig erfolgte Verdoppelung der durchschnittlichen Lebenserwartung von vierzig auf fast achtzig Jahre, alles im Rahmen des Wandels von einem „System des Reichtums" in der Schweiz 1880-1980.

Quellen: *Vom Dienst Gesundheitsstatistik des Schweizerischen Bundesamts für Statistik Bern freundlicherweise zur Verfügung gestelltes Material. – Als Anregung zum Konzept der „Zirkular-Kausation" diente: Klaus M. Leisinger Health Policy for Last Developed Countries, Basel: Social Strategies Publisher 1984; und Hans Gammeter: „Wege aus dem Teufelskreis von Armut und Krankheit, Theorie und Praxis medizinischer Projekte in der Dritten Welt". In: Neue Züricher Zeitung, Fernausgabe Nr. 48, 28. 02. 1985, 29.*

(B) Im heutigen Entwicklungsgebieten der Dritten und Vierten Welt ist eine nach wie vor hohe Säuglings- und Kindersterblichkeit oft eine Folge des Zusammenwirkens der „Großen Drei" (1. Unter-/Fehl-Ernährung, 2. Diarrhöen, 3. Luftwegs-Infektionen) unter den „Herausragenden Zehn"(zusätzlich: 4. Eingeweide-Parasiten, 5. Keuchhusten, 6. Tuberkulose, 7. Unfälle, 8. Anämie, 9. Malaria, 10. Masern). Während Unterernährung aufgrund schweren Kalorienmangels klinisch zu Marasmus führt, so hat Fehl-Ernährung mit spezifischem schwerem Proteinmangel den Kwashiokor zur Folge. Den Nährboden dieser „multifaktoriellen Interdependenz" mit einer „multiplen Pathologie" bildet der „Teufelskreis Armut" als ein System von Unterentwicklung und Bedürftigkeit auf allen Ebenen des täglichen Lebens.

Quellen: *Als Anregung dienten mir, neben der eigenen Anschauung, vor allem Harvey J. Graff: Literacy, Education, Fertility, Past and Present: A Critical Review. In: Population and Development Review 5, 1979, 105-140, – H. M. Coovadia und W. E. K. Loening (Hrsg.): Paediatrics and Child Health. A Handbook for Health Professionals in the Third World. Oxford: Oxford University Press 1984, 44-56. – Rainer Frentzel-Beyme: Einführung in die Epidemiologie. Darmstadt: Wissenschaftliche Buchgesellschaft 1985.*

geführt (siehe Abb. 3). Inwieweit Familiengröße positiv mit psychogenetischen Faktoren korrelieren könnte – dies muß dabei freilich offen bleiben.
Wir finden andernorts weitere Untersuchungsergebnisse, die zwar keine gewollte Kindersterblichkeit belegen, jedoch die Schlußfolgerung nahelegen, daß „mehr Sorge für das einzelne Kind" (Heidi Rosenbaum, 1982 S. 65) für die niedrigere Säuglingssterblichkeit in bestimmten Gebieten gegenüber der höheren in anderen verantwortlich ist. Heidi Rosenbaum verweist auf die Untersuchungen von H. Wülker (1940) und schreibt:

> „*In den drei von ihm untersuchten Dörfern in der Nähe Hannovers war zwischen 1750 und 1890 trotz Geburtenbeschränkung die effektive Kinderzahl nicht niedriger als in den Gebieten mit höherer Geburtenquote, wo eine hohe Säuglings- und Kindersterblichkeit die Unterschiede bis zur Volljährigkeit der Kinder nahezu einebnete.*" (H. Rosenbaum 1982, S. 65)

Dieser in der einschlägigen Literatur auch sonst vorfindbare Argumentationstypus läßt sich allgemein so beschreiben: Bei unterschiedlich hoher Geburtenrate kommt es dennoch zu einer gleichen Zahl überlebender Kinder, was höchstwahrscheinlich auf unterschiedliche Sorge für das Kind zurückzuführen ist.
Das Problem, das sich daraus in unserem Zusammenhang ergibt, ist mit der Frage bezeichnet: Für den Fall, daß die These von der geringeren Sorge als relevante Ursache der höheren Kindersterblichkeit zutrifft, kann man dann auch die geringere Sorge ihrerseits motivational mit einem „Gewolltsein" der Kindersterblichkeit gleichsetzen, so daß die Formel gälte: Kindersterblichkeit aus mangelnder Sorge = gewollte Kindersterblichkeit?
Nehmen wir die Darstellung von Flügel (1863) hinzu, so stellt sich dies motivationale Problematik wesentlich differenzierter dar:

> „*Wenn dann der Todtenschauer kommt und fragt, was man denn gethan habe, um den Tod abzuwenden, und das Kind am Leben er erhalten, so wird ihm gar eifrig berichtet, wie viel Säftchen man verbraucht, und wie viel Geld man dafür ausgegeben habe. Gar oft ist diese Rede nur zum Schein gegeben, besonders von ledigen Müttern, und in der Absicht, den Todtenschauer zu beruhigen, denn nicht alle haben die Dreistigkeit zu sagen, das Kind sei eigentlich gar nicht krank gewesen, erst gestern habe man Dieß und Jenes bemerkt, oder umgekehrt, das Kind sei von der Geburt an krank, und gar nie gesund gewesen. 'Ach, was kann man denn bei so kleinen Kindern thun,' sprechen wieder in anderer Weise zugleich Unverstand und Schalkheit wie aus einem Munde so oft sie in der Lage sind sich zu rechtfertigen über die Vernachlässigung junger Kinder. Gewiß ist dieß nicht immer wirklich Meinung, gar oft soll damit nur das Schuldbewußtsein, oder wenigst die*

Gleichgültigkeit gegen Wohl und Weh der armen Kleinen verdeckt werden, und so läßt, obgleich es noch üblere Bezirke geben mag, auch bei uns die Pflege, die der ersten Kindheit, besonders in kranken Tagen, zu Theil wird, gar sehr Viel zu wünschen übrig, selbst bei Nichtarmen.“ (Flügel 1863, S. 51)

Was ist hier gesagt? Offenbar dies, daß es verschiedene Kategorien von Antworten auf Fragen des „Todtenschauers“ gab: Solche, in denen hausmedizinische Selbstrechtfertigungen artikuliert wurden; andere, in denen gesagt wurde, das Kind sei urplötzlich gestorben, weshalb sich die Frage des „Todtenschauers“, „was man denn getan habe, um das Kind am Leben zu erhalten“, sozusagen von selbst beantwortet; wieder andere, in denen das Kind als von Anfang an krank und somit dem frühen Tod vorbestimmt dargestellt wurde; und viertens solche, die lauten: „Ach, was kann man denn bei so kleinen Kindern tun?“

Wie sollen wir heute aufgrund dieser Berichterstattung zu einer gültigen Einschätzung, „wie es wirklich war“, gelangen ? Wie sollen wir entscheiden, ob hier vor dem Kindestod Sorge vorhanden war oder nicht ? Nicht nur die wertenden Begriffe des Berichterstatters – z.B. Unterstellung von „Dreistigkeit“ sowie „Unverstand und Schalkheit“ – , sondern auch die Antworten selbst, sofern wir einmal unterstellen, sie seien tatsächlich in etwa so gegeben worden, wie sie der Berichterstatter uns paraphrasierend überliefert, erschweren uns eine Urteilsbildung.

Zu Antwortkategorie 1:
Vielleicht wurden wirklich im Rahmen der bestehenden Möglichkeiten „Säftchen verbraucht” und wurde wirklich viel Geld für das Kind ausgegeben.
Zu Antwortkategorie 2:
Vielleicht ist das Kind wirklich urplötzlich gestorben, und jede Hilfe kam zu spät.
Zu Antwortkategorie 3:
Vielleicht war das Kind wirklich von Anfang an zu krank, und es konnte tatsächlich keine Bemühung den frühen Tod verhindern.
Zu Antwortkategorie 4:
Vielleicht waren es keineswegs „Unverstand und Schalkheit”, die zu der Antwort nötigen: „Ach was kann man denn bei so kleinen Kindern thun.” Vielleicht handelt es sich bei diesen Antworten um wirkliche Ohnmacht.

Dies alles könnten wir aus der Darstellung des Berichterstatters auch entnehmen; nicht nur dessen eigene Sicht, die eindeutig für alle Antwortkategorien

die tatsächliche Vernachlässigung der Kinder voraussetzt und dann zu der Annahme gelangt, die befragten Menschen versuchten – mehr oder weniger – dies zu kaschieren.
Wenn also schon auf dieser Ebene – Vernachlässigung und Kindestod – eine Urteilsbildung für uns erschwert ist, um wieviel mehr muß dies gelten für die doch psychisch nocht tiefer gehende Frage nach „gewolltem" oder „ungewolltem" Kindestod! Je mehr ich diese Problematik überdenke, umso mehr wird mir hier ein Dilemma der Erkenntnis deutlich: Die Psychohistorie zwingt zu der Annahme. daß die vielen „Verrücktheiten", die die Menschen in ihrer Geschichte hervorgebracht haben, Hexenverbrennungen, Folter, sogar von Kindern (siehe H. Weber 1991 u. 1996), Kriege, religiöse Verfolgungen, etc., in historisch tief verwurzelten Pathologien wenn nicht ihre Ursache, so doch zumindest ihren Nährboden haben (zum Zusammenhang „Gechichte der Kindheit" und „historische Pathologie" siehe F. Nyssen 1989, S. 7 ff; Grundsätzlicher: L. deMause 1989). Daß diese Pathologien aber nicht am Phänomen der Kindersterblichkeit verifiziert werden können, etwa nach der Vorstellung, daß in einer Lebenswelt, die eine so hohe Kindersterblichkeit „zuläßt", ein hohes Maß an Vernachlässigung und Gleichgültigkeit gegenüber Kindern vorgeherrscht haben müsse, was wiederum bei den überlebenden Kindern auch zu erheblichen Deprivationen geführt haben müsse. so daß diese, wenn sie älter sind, dann ebenfalls wieder Vernachlässigung und Gleichgültigkeit gegenüber ihren Kindern zeigten, etc. etc. – ein Kreislauf, in den sich dann ohne Schwierigkeiten die oben angedeuteten „Verrücktheiten" als deprivationsbedingt einbauen ließen. Vieles, davon gehe ich auch aus, spricht für die historische Existenz eines solchen Kreislaufes. Wie gesagt, die oben zitierte Quelle von Flügel und ähnliche andere Quellen sagen aber über das „Anfangs"-glied dieser Kette, also eine vermeintliche bewußte Vernachlässigung bis hin zum Kindesmord zu wenig aus. Ich ziehe daher die Konsequenz, daß ich zwei Themenbereiche unterscheiden muß, die bisher in der psychohistorischen Theoriebildung zu wenig unterschieden wurden: Zum einen den Bereich der grundlegenden Einstellung zum Leben und Überleben von Säugling und Kleinkind; zum anderen den Bereich der wie auch immer vermittelten Verhaltensregulierung, der dieses Leben, bleibt es erhalten, unterworfen wird. Der erste Bereich muß als historisch weniger, der zweite als historisch mehr pathologisiert angesehen werden; die genannten „Verrücktheiten", die immer wieder unser Erklärungsverlangen herausfordern, können weniger aus dem ersten und mehr aus dem zweiten Bereich erklärt werden.
Ein extremes Beispiel hierfür finden wir bei Regina Schulte geschildert; sie hat sich beschäftigt mit den „Bruchstücken der 'kriminellen' Biographie von

Kindesmörderinnen, die in 60 Staatsanwaltsakten aus den Jahren 1878 – 1910 im Staatsarchiv München erhalten sind" (R. Schulte 1984, S. 113). Ein durchgängiges Muster ist hier die Leugnung der Schwangerschaft und selbst der Geburt durch die betroffenen Frauen, die schon vorher andere – damals erwünschte – Kinder zur Welt gebracht hatten: „*Trotz ihres Wissens über die Schwangerschaft verweigern und verhindern sie das Wissen über das Kind, lassen sich nicht auf die Mutterschaft ein.*" (S. 129) Die Geburt wird „als Kotabgang inszeniert und erfahren." (S. 130) Und der Grund hierfür? Nicht etwa eine grundsätzliche Kindesablehung dieser Frauen, sondern die *Normen der jedesmaligen Umwelt,* in der die Geburt des Kindes so extrem unerwünscht ist, daß die Schwangere in die Schwangerschafts- und Geburtsverleugnung getrieben wird; in den Fällen, die Regina Schulte beschreibt, sind dies die Normen der damaligen agrarisch-dörflichen Umwelt, in der die betroffenen Frauen, Mägde der untersten Hierarchieebene, einzig und allein von der Arbeitsleistung her, die sie erbringen mußten, definiert wurden. Regina Schulte kritisiert an den von ihr untersuchten Kriminalakten, daß sie einen Begriff von „natürlicher Mutterschaft" implizieren, von dem her die Kindesmorde als „Entgleisung" interpretiert wurden. Dem setzt sie ihre Sicht eines sozial-ökonomischen Kontextes des Kindesmordes entgegen. Dem ist nicht zu widersprechen. Andererseits meine ich, daß gerade Regina Schultes Untersuchung zeigt, daß man durchaus von einer „natürlichen Mutterschaft" ausgehen kann, daß diese aber, wo sie *im sozialen Kontext systematisch in ihrer Aktivierung behindert wird,* tatsächlich bis zum Extrem von Schwangerschafts- und Geburtsverleugnung und Kindesmord „entgleisen" kann. Ich gehe bei dieser Einschätzung von Bowlbys Bindungstheorie aus, derzufolge angeborene Verhaltenssysteme von Fürsorge und Bindung zwischen Mutter und Kind unter günstigen sozialen Kontextbedingungen auch zu einem „Band zwischen Mutter und Kind" (Bowlby 1975) führen werden. Ähnliche, allerdings durch je unterschiedliche Methoden verifizierte Annahmen, werden auch in Theorien darwinistisch orientierter AnthropologInnen (H. Fisher 1993 und David Buss 1994) sowie in der Säuglingsforschung (Daniel Stern 1979) gemacht. Meines Erachtens zeigt die Untersuchung gerade von Regina Schulte in deutlicher Weise, wie im Falle der von ihr dargestellten Fälle von Kindesmord es die Verweigerung einer „haltenden Umwelt" (D.W. Winnicott 1974) war, die zum Kindesmord führte, nicht aber die Inexistenz natürlicher Mutterschaft.

Insgesamt scheint mir sogar hier der Begriff einer „gewollten Kindersterblichkeit", also eine grundlegende negative Einstellung zum Leben und Überleben von Säugling und Kleinkind, schwer nachweisbar. Unterstützt wird diese Ansicht dadurch, daß nach Regina Schultes Darstellung der Prozeßakten in diesen das sog. „Gerede“, in welches eine ledige schwangere Frau in ihrer ländlich-dörflichen Umgebung kam, eine große Rolle spielte und wahrscheinlich mit zu jener vollständigen Schwangerschafts- und Geburtsverleugnung bei den betroffenen Frauen führte.

Insgesamt, so scheint mir, werden wir durch die vorstehenden Untersuchungen wieder ein Stück zu Imhof zurückgeführt, nachdem uns Shorter zunächst von der rein „äußerlichen“ Pest-Hunger-Krieg-Hypothese Imhofs weggeführt und der deMauseschen „innerpsychischen“ Hypothese – Kindersterblichkeit als Kindesmord aus projektiven Reaktionen heraus – angenähert hatte.

Und schauen wir bei Imhof selbst näher nach, so nimmt er tatsächlich eine differenziertere Position ein als das Schaubild in Abb. 1 vermuten läßt. Ebenfalls durch medizinische Topographien belegt, berichtet er über Fälle von Ersticken von Kindern oder von Falschernährung oder gar Verhungernlassen, die damals unter dem Stichwort „Engelmachen“ bekannt waren und insbesondere gehäuft in Familien auftraten, die bereits 2-3 Kinder hatten. Zwei bis drei Kinder entsprachen nach Imhof den damaligen bäuerlichen Familieninteressen.

> *„Eines der Kinder würde den elterlichen Hof übernehmen und weiterführen können; ein weiteres 'als Tausch' (für eine gute Schwiegertochter) nach auswärts verheiratet. Ein drittes hatte man als 'Reserve', falls mit den ersten beiden etwas passieren sollte.“* (A. Imhof 1988 a, S. 70) (Dazu Quellenmaterial bei R. Schulte 1984, S. 133)

Es fällt nun auf, daß Imhof diese Fälle – nun tatsächlich – gewollter Kindersterblichkeit nach dem 3. Kind nicht, wie Shorter, zu der allgemeinen These generalisiert: Kindersterblichkeit = verdeckter Kindesmord. Allerdings können wir hier ein charakteristisches Merkmal des Werkes von Arthur Imhof feststellen, nämlich seine extreme Zurückhaltung in der Analyse möglicher negativer Motive unserer Vorfahren. Zwar erscheint in dem obigem Zitat der Kindestod als gewollt. Man kann jedoch sagen: Wo Imhof derartige Fälle von gewolltem Kindestod annimmt, gilt aber nicht die Formel: Gewollter Kindestod gleich motivierter Kindestod. Dies wird in einer früheren Abhandlung Imhofs (1981) über Kindersterblichkeit vom 18. Jahrhundert bis heute deutlich. Dort trifft er ähnliche Feststellungen wie in dem oben angeführten Zitat. Jedoch diskutiert er hier ausführlicher die Problematik des „verhüllten Infantizids“ (S. 378) und kommt dabei zu dem Ergebnis, daß dieser Begriff rundweg abzulehnen sei. Dabei wird die für Imhof imsgesamt charakteristische stark historisch-relativierende Grundeinstellung bei der Beurteilung des Handelns unserer Vorfahren deutlich:

„Was für uns heute wie eine nachgeburtliche Familienplanung aussieht und als schlecht verhüllter Infantizid in Form einer bewußten Vernachlässigung von Säuglingen ab einem bestimmten Geburtsrang zum ausgesprochenen Zweck eines frühzeitigen Ablebens erscheint, nahm sich in den Augen der damals an einem solchen 'Himmeln' beteiligten Eltern wesentlich anders aus und dürfte, jedenfalls nach deren eigener Auffassung, wenig mit einer pönalisierbaren Handlung durch Staat oder Kirche zu tun gehabt haben.“ (A. Imhof 1981, S. 378)

Mit dieser Art historischer Relativierung jeglicher irgendwie negativ einzuschätzender Motivationen unserer Vorfahren werden wir uns in dieser Arbeit noch weiterhin beschäftigen. An dieser Stelle ist jedoch festzuhalten, daß Imhof das Vorkommen von gewollter Kindersterblichkeit keineswegs leugnet, jedoch impliziert zugleich an der Unterscheidung von ungewollter und gewollter Kindersterblichkeit festhält. Demgegenüber bleibt in Shorters Analyse quasi nur noch die gewollte Kindersterblichkeit übrig. Ich bin der Meinung, daß wir uns hier, auch angesichts seiner sehr problematischen Einschätzung der Motivationsfrage, für Imhof entscheiden müssen, also: Pest, Hunger, Krieg als allgemeine Rahmenhypothese für ungewollte Kindersterblichkeit, aber gleichzeitig auch das Vorkommen gewollter Kindersterblichkeit.

Für die Annahme des *Überwiegens der ungewollten Kindersterblichkeit* sprechen auch die zahlreichen Korrelationen zwischen Epidemien und Kindersterblichkeit sowie zwischen Verschwinden der Epidemien und Rückgang der Kindersterblichkeit. Was wir zur Weiterentwicklung der psychogenetischen Theorie über Geschichte der Kindheit hier lernen können, ist auf jeden Fall, daß wir bei der Erklärung von kindheitshistorisch so relevanten sozialen Tatbeständen wie „Säuglings- und Kindersterblichkeit“ zunächst einmal, um S. Bernfeld zu paraphrasieren, von einer unbekannten Vermengung von inneren und äußeren Kausalfaktoren ausgehen müssen (S. Bernfeld 1979, S. 60 f.). Von hierher gesehen liegt es nahe, zur Erklärung von Säuglings- und Kindersterblichkeit und ihres fast vollständigen Rückgangs in den vergangenen Jahrzehnten eher Imhofs Modell der Zirkular-Kausation als ein rein psychohistorisch-evolutionäres Modell hinzuzuziehen (siehe Abb. 3). Dabei wäre der psychohistorisch-evolutionäre Beitrag am ehesten in den Bereich der Mentalitätsstrukturen zu integrieren. Welche Rolle der jeweilige Bereich im Rückgang der Kindersterblichkeit spielt, muß in Fallanalysen auf Regionalebene entschieden werden. J. Gélis u.a. haben zum Beispiel Gegenüberstellungen folgender Art gebracht:

Ort und Beschreibung	**überlebende Kinder von 1000 Lebendgeburten nach dem 5. Lebensjahr**
Crulai (Landgebiet in der Normandie)	698
Meulan (Stadt, in der man Kinder Ammen übergibt)	566
Soubes (im Larcac, Höhe: 900 m)	623
Frontignan (ungesunder Küstenstreifen im Languedoc)	399

(nach J. Gélis, u.a., 1980, S. 196/197).

Neben diesen Unterscheidungskriterien Weggabe zur Amme/keine Weggabe und gutes Klima/schlechtes Klima diskutieren die Autoren noch eine Reihe anderer relevanter Kriterien.
Für Deutschland hat Uta Ottmüller im Anschluß an A. Imhof die großen Unterschiede in der Kindersterblichkeit zwischen Nord (geringer) und Süd (höher) dargestellt. Bei Ottmüller tritt außerdem der Faktor Patriarchalismus, also die patriarchalische Kontrolle der weiblichen Sexualität und Fruchtbarkeit, als belastend für das Überleben von Kind und Mutter hervor (U. Ottmüller 1991).
Imhof glaubt, im Bereich der „Edukation" einem bestimmten Faktor eine hervorragende Rolle zusprechen zu können: der Mädchenbildung (siehe Abb. 4). Tatsächlich kann er nachweisen, daß in der historischen Vergangenheit bei uns wie auch heute in der Dritten Welt regelmäßig ein Zusammenhang zwischen zunehmenden Lesekenntnissen von Mädchen und Frauen und Rückgang der Säuglingssterblichkeit bei gleichzeitige zunehmend zurückhaltender Generativität festzustellen ist. Wenn wir nun hier versuchen, die Weiterentwicklung der psychogenetischen Theorie über Geschichte der Kindheit in der Weise zu bewerkstelligen, daß wir diese in den Rahmen der historischen Demographie stellen, so muß man sich vor Augen halten, daß dies nur in der Frage der Säuglings- und Kindersterblichkeit und ihres Rückgangs geschehen ist. Zur Problematik der überlebenden Kinder und ihres psychischen Befndens würde eine solche Einordnung keine Weiterentwicklung der psychogenetischen Theorie erbringen. Die historische Demographie beschäftigt sich zwar durch

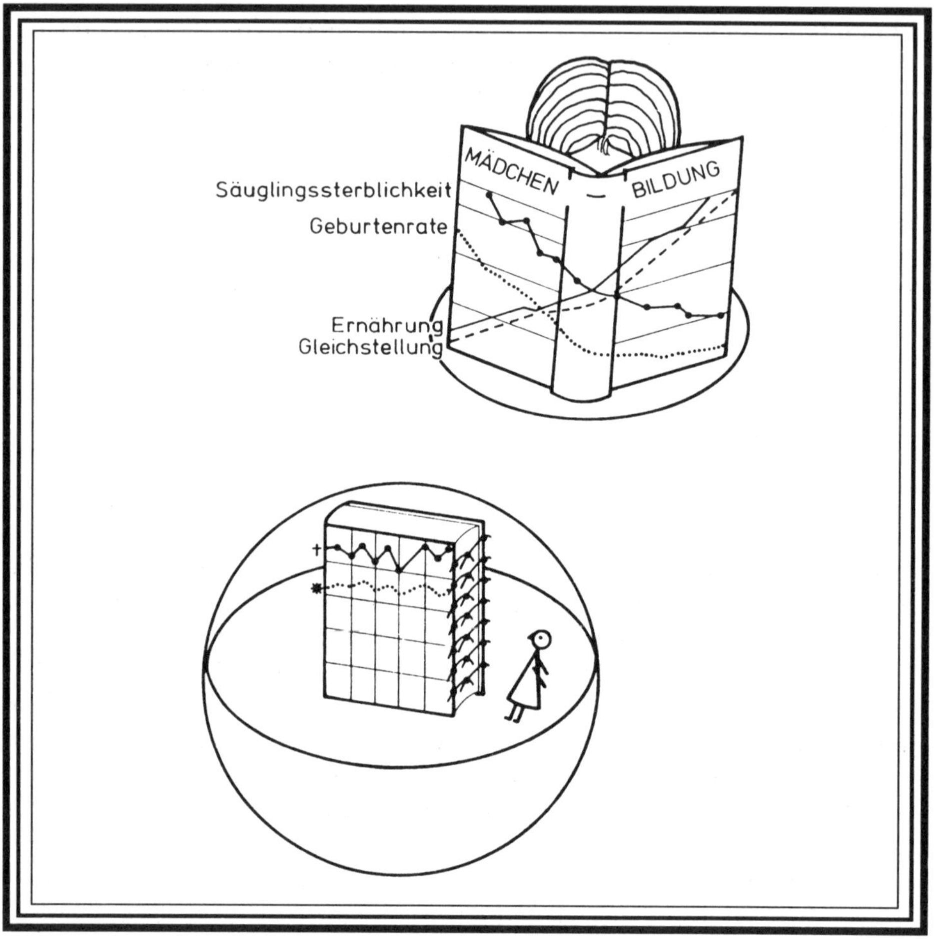

Abb. 4: *Wenn das „Buch mit den sieben Siegeln" seine Siegel verliert. Lesekenntnisse aufa für Frauen und gleiche Bildung für Mädchen öffnen ihnen eine neue Welt.*

Unten: *Die „traditionelle Welt" (in Europa bis zur Renaissance, Reformation, Aufklärung bzw. bis zur Ausbreitung allgemeiner Lesekenntnisse; in Ländern der Dritten und Vierten Welt z. T. bis heute): ein geschlossenes „Buch mit sieben Siegeln", das nicht hinterfragt, sondern angestaunt wird. Unter anderem wurden zahlreiche Schwangerschaften und eine hohe Säuglingssterblichkeit als gottgewollt hingenommen.*

Oben: *Ausbrechen aus der „traditionellen Welt" durch zunehmende Mädchenbildung (Lesekenntnisse). Als Folge davon unter anderem: sinkende Säuglingssterblichkeit, rückläufige Geburtenzahlen, ausgewogene Ernährung – alles im Rahmen steigender Selbstsicherheit, zunehmender Selbständigkeit, wachsender Gleichstellung weiblicher Autonomie.*

Anregungen durch: *Jack Goody (Hrsg.): Literacy in Traditional Societies. Cambridge: Cambridge University Press 1968. – John W. Ratcliffe: Social justice and the demographic transition: Lessons from India's Kerala State. In: David Morley et al. (Hrsg.): Practising Health for All. Oxford: Oxford University Press 1983, 64-82, bes. 77. – Helen Ware: Effects of maternal Education, Women's Roles, and Child Care on Child Mortality. In: Henry W. Mosley und Lincoln C. Chen (Hrsg.): Child Survival Strategies for Research. Cambridge: Cambridge University Press 1984, 191-214.*

immer wieder eingestreute Bemerkungen mit historischen Prozessen der Sozialisation. Sie liefert interessante und wichtige Grundinformationen – was jedoch in der historischen Demographie unentwickelt ist, ist die Beschäftigung mit Themenkomplexen wie: Strafsysteme, sexueller Mißbrauch, religiöse Unterdrückung des Kindes (zum letztgenannten Punkt siehe Hartwig Weber, 1991, 1996). Hier bietet nach wie vor der psychogenetische Ansatz mit den Begriffen der projektiven Reaktionen, der Umkehrreaktionen, der projektiven Fürsorge und der Doppelvorstellung den geeigneten Rahmen, in dem wir die Leidensgeschichte der Kindheit am ehesten darzustellen vermögen. Ludwig Janus stellt zu Recht fest:

> „*Die historischen Gesellschaften und die in ihnen lebenden Menschen waren viel 'kränker' als man sich üblicherweise eingesteht. Die Kindheiten waren viel traumatischer und die gesellschaftlichen Lösungen viel abwehrbestimmter als die üblichen Sozialwissenschaften anerkennen.*“ (L. Janus 1995, S. 262)

Allerdings ist hier das Komparative der Formulierungen „kränk*er,* traumatisch*er,* abwehrbestimmt*er*“ zu betonen, damit nicht der Eindruck entsteht, Kindheitsgeschichte müsse psychohistsorisch allein als Krankheitsgeschichte geschrieben werden. Meines Erachtens hat Ralph Frenken die Untersuchungsrichtung angemessen neu formuliert, indem er darauf hinweist, daß die historischen Kindheiten als Kompromißbildung einer grundsätzlich ambivalenten elterlichen Einstellung zum Kind aufgefaßt werden müssen, es also *auch* darum gehen muß, die gesunden Anteile aufzuspüren (R. Frenken 1995).
Der Gewinn, den wir insgesamt auch für eine primär psychohistorisch ausgerichtete historische Sozialisationsforschung aus der historischen Demographie ziehen können, besteht in dem Begriff, den Arthur Imhof sich als Resultat seiner umfangreichen Untersuchungen zur historischen Entwicklung von Sterblichkeitkeitsstrukturen gebildet hat, nämlich in dem Begriff des „*unsicheren Lebens*“ (vgl. A. Imhof, Von der unsicheren zur sicheren Lebenszeit, 1988). Nehmen wir aus dieser Wortzusammenstellung das Element der „Unsicherheit“ heraus, so erkennen wir, daß dieser Begriff, hier allerdings in einem psychologischen Sinne, auch die Grundansicht der psychogenetischen Geschichte der Kindheit zusammenfaßt. DeMause' Theorie von der Vorherrschaft von projektiven Reaktionen in der Beziehung der Eltern zu ihren Kindern läßt sich auch als *Theorie der unsicheren Elternspsyche* formulieren. Von daher gesehen, läßt sich das Programm einer Verknüpfung von psychogenetischer Geschichte der Kindheit und historischer Demographie in der These

konzentrieren: „Eine unsichere Psyche in einem unsicheren Leben.“ Noch anders formuliert: „Der Alptraum Geschichte der Kindheit spielt sich immer ab im Rahmen des Alptraums der Unsicherheit des biologischen Überlebens.“

2.
Materielle und psychische Abwehrprozesse in der Geschichte der Kindheit

Im folgenden möchte ich der Frage weiter nachgehen, was es heißen kann, wie ich in Kap. 1 postuliert habe, die Konzeptualisierung von Geschichte der Kindheit „in den Rahmen der historischen Demographie zu stellen.“ Zu diesem Zweck erscheint es zunächst einmal angebracht, die Äußerungen zur Geschichte der Kindheit, die es bei dem historischen Demographen Imhof selbst gibt, zusammenzustellen. Ich möchte dies im folgenden in der Weise tun, daß ich anhand einiger Bilder, die Imhof in seinen Texten erwähnt, seine implizite Ansicht von Geschichte der Kindheit dazustellen versuche.
Ich beginne mit dem Bild „Die junge Mutter“ von Gérard Dou (1613-1675) (Abb. 5). Diese Mutter, so nimmt Imhof an, stillt ihr Kind gerne. Sie kann es sich auch leisten, da ihr Leben nach Imhof in geringerem Maße als das von Bäuerinnen und Mägden auf dem Land von alltäglichen Zwängen der Abwehr von widrigen Umständen gekennzeichnet ist. Inwieweit in der historischen Vergangenheit die Neugeborenen gestillt wurden, ist ein häufig in der Literatur zur Geschichte der Kindheit behandeltes Thema. Imhof nimmt hier allgemein den Standpunkt ein, daß das Stillen in der Vergangenheit mangels anderer und besserer Möglichkeiten üblich war. StudentInnen, die sich mit Geschichte der Kindheit anhand von deMause und zugleich von Imhof beschäftigen, werden hier auf eine harte Geduldsprobe gestellt, denn anhand dieser beiden Autoren wird es sehr schwer, ein einigermaßen übersichtliches Bild von der „Geschichte des Stillens“ zu bekommen. Bei deMause gilt eher die Tendenz: Je weiter wir in der Vergangenheit zurückgehen, umso seltener, und zwar im wesentlichen schichtunabhängig, wurde das Kind gestillt. Bei Imhof ist es umgekehrt. Imhof interessiert sich für Kindersterblichkeit und ihre Entwicklung, d.h. in den letzten drei Jahrhunderten für ihren tendentiellen Rückgang. Er glaubt, diesen Rückgang weniger auf eine Zunahme des Stillens und vielmehr auf eine Zunahme der Hygienisierung der Stillpraxis selbst, aber

Abb. 5: Gérard Dou, Die Junge Mutter, Gemäldegalerie Berlin-Dahlem

auch des Wickelns, des Sauberhaltens und der allgemeinen Verantwortungshaltung der Eltern gegenüber dem Kind zurückführen zu können.

Demgegenüber fragt deMause nicht nach Ursachen des Rückgangs der Kindersterblichkeit, für die er sich auffällig wenig interessiert; so wenig, wie umgekehrt Imhof sich für „pathologische" Themen wie Kindesmord interessiert. DeMause sieht auf die Veränderungen der affektiven Beziehungen zwischen Eltern und Kind, so wie sie sich nach seiner Auffassung in den historischen Quellen darstellen, und kommt zu dem Ergebnis: Tendentielle Abnahme von projektiven – und Umkehrreaktionen zugunsten einer Zunahme von emphatischen Reaktionen der Eltern auf das Kind.

In diesen Trend eingebettet interpretiert er die seiner Ansicht nach – eine Ansicht, die von Elisabeth Badinter deutlich bestätigt wird (E. Badinter 1981) – zunehmende Praxis des Stillens durch die eigene Mutter der Kinder. Es verändern sich evolutionär zwei Entwicklungstatsachen: Eine innere Einstellung (mehr Empathiefähigkeit fürs Kind) und ein äußeres Verhalten (Stillpraxis). Typisch für Imhof ist dagegen die allgemeine Einschätzung: Es verbessert sich meistens eine Komponente menschlichen Lebens und in einem Atemzug verschlechtert sich die andere. Hier so: Hygiene und Verantwortung verbessern sich; dafür geht die Stillpraxis zugunsten künstlicher, aber hygienisch einwandfreier und damit die Krankheitswahrscheinlichkeit für das Kind senkender Kunstnahrung, wie Fläschchen von „Nestlé", zurück. Diesen Vorgang vergleicht er mit dem Ersetzen des in der Vergangenheit verbreiteten menschlich-beziehungsintensiven, aber hygienisch unzulänglichen Entlausens durch das menschlich-beziehungsschwache, aber hygienisch perfekte Desinfizieren durch chemische Produkte, wie „Goldgeist forte" und „Sagrotan" (Abb. 6).

Abb. 6: Stillen und Entlausen ‚früher' – Kunstprodukte ‚heute.' (Imhof 1991b)

Zurück zu Imhofs Interpretation des Bildes „Junge Mutter" von Gérard Dou, zu seiner These von der relativen Autonomisierung von „Beziehungen" zwischen Mutter und Kind in diesem Bild. Dies wird ermöglicht durch den hohen Stand der Hygiene, den der Haushalt des Arztes ermöglicht. Daß es sich um einen Arzthaushalt handelt, wird durch die Szene links im Hinter-grund deutlich (hier in der Reproduktion kaum erkennbar), wo man sieht, wie ein Arzt eine Patientin berät. Es gibt hier einen „holzgeplankten Boden" (A. Imhof 1988 b, S: 220), nicht einen unbearbeiteten Erdboden, auf dem, wie Imhof vor allem an einem Bild von Jan Brueghel (1568-1625) (Abb. 7) zeigt, alle möglichen Gefahren für Leib und Leben des kleinen Kindes drohen. Haustiere samt der von ihnen übertragbaren Krankheitserreger laufen unbehindert herum; das Eßgefäß für das Kind steht auf dem Boden und kann jederzeit von einem Hund berührt werden; in der Wiege des Kindes liegt sogar ein Hund. Ein vermutlich schmutziges Pferdekummet ist ebenfalls zu sehen (in der Reproduktion hier kaum erkennbar).Das Kind wird von seiner Mutter ziemlich achtlos gehalten und scheint jederzeit herunterfallen zu können. Die Gesundheit des Kindes, sein Überleben, ist hier wenig geschützt. Demgegenüber scheint gerade der Schutz des Kindes in der gepflegten Umgebung der Arztwohnung bei Gérard Dou eher gesichert zu sein.

Abb. 7: Brueghel d.Ä., Jan, Besuch auf dem Pachthof, Kunsthistorisches Museum Wien

Imhof verweist auch auf den Faktor Religion in seinem Einfluß auf das elterliche Verhalten zum Kind. Das Bild von G. Dou stammt aus den nördlichen Niederlanden des 17. Jahr-hunderts, deren calvinistische Religion die Verantwortung der Eltern für das Kind stärker ansprach, als dies in den südlichen noch katholischen Gebieten der Niederlande, in denen die Szene des Brueghel-Bildes spielt, der Fall war.

An anderer Stelle verweist Imhof auf eine Hygienisierungskampagne der protestantischen schwedischen Regierung im 18. Jahrhundert, in der die Verantwortung der Eltern für ihre Kinder ganz stark herausgestellt wird (A. Imhof 1990, S. 93 ff.; auch: A. Imhof 1988 b, S. 214). Aus dem südniederländischen Bild von Jan Brueghel ist eine solche Verantwortung nach Imhof eben nicht sichtbar:

„Von Hygiene ist nichts zu spüren, von Verantwortung der Eltern für das Überleben ihres Nachwuchses ebensowenig. Geht's gut, dann geht's gut. Wenn nicht, macht's – so hat es jedenfalls den Anschein – auch nichts. Es ist nicht unwahrscheinlich, daß dieser Säugling seinen ersten Geburtstag nie erleben wird. Als Todesursache könnte eine Erkältungskrankheit ebenso in Frage kommen, wie eine Magen-Darm-Infektion. Beides war unter den hier vorgeführten Umständen leicht möglich. Überspitzt könnte man nun sogar sagen, daß die Mutter dabei nicht einmal ein schlechtes Gewissen zu haben brauchte. Sie hatte der 'Stillpflicht' ja durchaus Genüge getan. Dem 'Maria-lactans'-Apell war sie nachgekommen.“ (A. Imhof 1988 b, S. 220)

Zum Verständnis muß noch nachgetragen werden: Imhof nimmt Erkältungskrankheiten als mögliche Todesursache an, weil das Kind, anders als das im Bild von G. Dou, nicht durch Kleidung gegen Kälte geschützt ist. Des weiteren: Imhof will in den beiden letzten zitierten Sätzen sagen, daß, wie bereits angedeutet, es schon vor der Einführung des Calvinismus eine von der katholischen Kirche geforderte Stillpflicht gab, eine Pflicht, zu deren Anmahnung der Bildtypus „Maria lactans“ (stillende Muttergottes, Abb. 8) mit beitrug; daß aber die für eine Senkung der Säuglingssterblichkeit ebenfalls erforderliche allgemeine Verantwortungshaltung der Eltern gegenüber dem Kind im Katholizismus nicht ausgeprägt war, da man bei einem frühen Tod des Kindes aufgrund der Unschuldserwartung (falls die Taufe stattgefunden hatte) seine ewige Seligkeit nach dem kurzen irdischen Leben für gesichert hielt; was mehr zählte als irdisches Überleben. Demgegenüber sei die Verantwortung der Eltern auch schon im Diesseits erst durch den Calvinismus gestärkt worden.
Zurück zu Imhofs Bildinterpretation zu Jan Brueghels „Besuch auf dem Pachthof“. Hier zeigt sich, wie entscheidend das erkenntnisleitende Interesse ist, von dem her Bilder als Quellen zur Geschichte der Kindheit gesehen werden. In zivilisationskritischen Theorien (etwa: Norbert Elias 1976) werden Bilder, wie das von Brueghel als Ausdruck einer Lebendigkeit angesehen, die von einer präzivilisatorischen, noch nicht durch Verhaltensstandards gedämpften menschlicher Triebnatur geprägt ist; demgegenüber sieht Imhof auf dem Bild allein eine Brutstätte der Kindersterblichkeit dargestellt.
Und deMause? Man kann annehmen, daß er in Brueghels Bild „projektive Reaktionen“ am Werk sähe, was schon damit beginnt, daß er ganz gewiß bezweifeln würde, es handle sich bei dem Kleinkind im Arm der Frau im Vordergrund des Bildes um deren eigenes Kind. Vielmehr, so würde er behaupten, spricht vieles dafür, daß die tatsächlichen Eltern des Kindes aufgrund ihrer eigenen „projektiven Reaktionen“, d.h. aufgrund dessen, daß

Abb. 8: Campin, Robert (Meister von Flémalle), Maria mit dem Kind vor dem Ofenschirm

sie ihre eigenen Gefühle von Schlechtigkeit, Sündhaftigkeit, etc. auf das Kind projizierten und dieses ihnen deshalb unangenehm war – daß also die tatsächlichen Eltern das Kind aufgrund dieser projektiven Reaktionen zu einer Amme weggegeben haben. Und diese Amme sehen wir im Vordergrund dieses Bildes mit dem Kind. Wenn das Kind stürbe, dann primär deshalb, weil es zu einer Amme „weggegeben" wurde und Ammen in der Regel, wie auch in der meisten übrigen Literatur zur Geschichte der Kindheit behauptet (siehe A. Peiper 1965, E. Badinter 1981, S. 61ff.), diese Kinder nicht emphatisch umsorgten. Diese mögliche Sicht des Bildes von Brueghel wird bei Imhof nicht angesprochen. Aber hier gilt das Umgekehrte auch: DeMause spricht nirgendwo die von Imhof fokussierten schlechten materiellen Lebensbedingungen des Säuglings an. Man kann es auch so sagen: Für ihn haben immer nur die psychischen und nicht, wie bei Imhof, die biologischen Bakterien und Viren eine sozusagen theoriewürdige Bedeutung.

Imhofs Interpretation des Bildes von J. Brueghel erscheint mir einleuchtender als seine Sicht des Bildes von G. Dou. Bei letzterem schleicht sich eine Art Idealisierung ein. Wir haben bereits erwähnt, daß nach Imhofs Ansicht die Mutter selbst ihr Kind stillt. In der Szene auf dem Bild, so nimmt er an, ist dies gerade geschehen. Und dann: *„Das satte Baby legt sie ... in eine Wiege zurück, die so einladend aussieht, daß wohl selbst heute noch kaum eine Mutter Bedenken haben würde, ihr Kind dort hineinzulegen"* (A. Imhof 1988 b, S. 220). Zunächst einmal liegt hier ein gewisser Widerspruch zu dem vor, was wir bisher über Imhofs Ansichten gehört haben. Offenbar scheint er hier näher an deMause' evolutionistischem Denken zu sein als seine oben erwähnte pessimistische Schlußfolgerung über die menschlich-beziehungsmäßigen Einbußen durch eine hygienischere „Nestlé"-Flaschenernährung nahelegt. Mütter „heute", so müssen wir annehmen, stillen selbst ihr Kind, achten darauf, daß es „satt" ist und legen es dann in eine „einladende" Wiege – so wie die Pionier-Mutter auf dem Weg zur Senkung der Säuglingssterblichkeit auf dem Bild von G. Dou. Doch dies sei nur nebenbei festgestellt. Was meine Zweifel an Imhofs Interpretation betrifft, so haben diese mit dem fast ausschließlich umweltbezogenen Ansatz, der innerpsychische Aspekte zu wenig berücksichtigt, zu tun. Nach deMause befinden wir uns auf dem Bild (ca. 1650) in der Periode der „Ambivalenz", was man dem „holzgeplankten Boden" nicht ansehen muß. Diese Periode beschreibt deMause wie folgt:

> *„Ambivalenz (vierzehntes bis siebzehntes Jahrhundert): Weil das Kind, als es in das emotionale Leben der Eltern eintreten durfte, immer noch ein Abladeplatz für gefährliche Projektionen war, bestand die Aufgabe der Eltern jetzt darin, es in die recht Form zu bringen. Von Dominci bis Locke war die Vorstellung von der körperlichen Formung des Kindes sehr weit verbreitet; man stellt sich vor, das Kind sei wie aus Wachs, Gips oder Lehm und müsse erst in eine Form gebracht werden. Dieser Modus der Eltern-Kind-Beziehung ist durch eine außerordentlich starke Ambivalenz gekennzeichnet. Die Periode, in der er vorherrscht, beginnt im vierzehnten Jahrhundert, in dem ein Anwachsen der Zahl der Anleitungen für die*

Kindererziehung, die Expansion des Marien- und Jesuskind-Kults und die Ausbreitung des Bildes von der 'innigen Mutter' in der Kunst zu beobachten ist.“ (L. deMause 1978, S. 83)

Natürlich besteht die Problematik, inwiefern diese allgemeine Charakterisierung einer Periode zutrifft. Ich habe Aspekte der empirischen Gültigkeit von theoretischen Verallgemeinerungen anhand von Quellenmaterial bei deMause andernorts diskutiert (vgl. F. Nyssen 1984).
An dieser Stelle möchte ich hierauf nicht näher engehen. Worauf es mir hier ankommt, wird auch ohne eine ausführliche Diskussion der Gültigkeit oder Nicht-Gültigkeit des angeführten Zitates deutlich: daß nämlich hier zumindest eine wichtige Perspektive auch auf Bildquellen des fraglichen Zeitabschnitts geöffnet wird. Diese Perspektive lautet: Es sind auch auf den ersten Blick nicht sichtbare psychische Ambivalenzen wahrscheinlich. Dann erscheint das Mutter-Kind-Glück auf dem Bild nicht so gesichert, wie Imhof annimmt. Es dürfte vieles für die Vermutung sprechen, daß der Arzt und seine Frau die von deMause angesprochene Erziehungsliteratur oder ähnliche Literatur gelesen haben und dementsprechend das Kind nicht nur „in ihr emotionales Leben eintritt“ (deMause), sondern, daß sie es auch von bösen Projektionen zu befreien suchen, etwa durch die in der damaligen Zeit verbreitete Praxis von „Einläufen“, durch die der Stuhlgang des Kindes kontrolliert wurde. DeMause findet zu dieser Praxis Bildquellen, die wir in dem umfangreichen Werk von Imhof nicht finden werden (Abb. 9).

Abb. 9: DeMause, Lloyd 1982; S. 45

Auch in anderen Mutter-Kind-Darstellungen dieser Periode, die Imhof in seinem Werk verwendet, fehlt diese Perspektive einer möglichen Ambivalenz völlig. So hätte im Falle der Maria-mit-dem-Kind-Darstellung des Meisters von Flémale (1378/79-1444) (Abb. 9) Imhofs Bemerkung, es habe hier ein Bauernmädchen Modell gestanden (A. Imhof 1988 b, S. 217), immerhin zu der Vermutung führen können, es handle sich hier eher um eine Amme-mit-Kind als um eine Mutter-mit-Kind-Darstellung, denn Ammen stammten überwiegend vom Land. Es könnte sich aber auch um eine ins Haus geholte Amme handeln; allerdings war diese Praxis, wie Badinter berichtet (E. Badinter 1981, S. 9, 61 ff.), ungleich seltener als die vollständige Weggabe. Es ist charakteristisch für Imhofs Verwendung solcher bildlicher Darstellungen von Frau-Kind-Beziehungen, daß er immer eine Mutter-Kind-Beziehung unterstellt, was aber, gehen wir nach der einschlägigen Literatur, keineswegs der Fall sein muß. Am allerwenigsten führt Imhof eine Ambivalenz-Diskussion im Falle der „Madonna mit den grünen Kissen", (in Abb. 6 enthalten), die er immer wieder in verschiedenen seiner Bücher anführt (A. Imhof 1988 b, S. 37, Imhof 1991, S. 211). Und da der Maler ein Italiener ist, könnte auch hier wieder begründet vermutet werden, daß es sich eher um eine (freilich wohl ins Haus der wohlhabenden Eltern hereingeholte Amme) handelt. Denn bei James Bruce Ross, einem Spezialisten für „Kindheit" in italienischen Stadtkulturen zur Zeit des Solario (ca. 1470-1542), können wir nachlesen, daß dort und damals die Weggabe zu einer „Balia" (= Amme) verbreitet war (J. B. Ross 1978).

Das Thema Hygiene ist eng verbunden mit dem Thema der verdorbenen oder nicht verdorbenen Lebensmittel. In allen nur erdenklichen Variationen versucht Imhof uns Heutigen vor Augen zu führen, wie sehr unterschieden von den unsrigen in dieser Hinsicht die Lebensbedingungen unserer Vorfahren und ihrer Kinder waren. Und wie das folgende Stilleben von Balthasar van der Ast, (1593/94-1657) (Abb. 10) zeigt, gelingen ihm hier auch tatsächlich überzeugende Illustrationen. Wer von uns Heutigen kommt noch in die Lage, derart von Fäulnis und Insekten angenagte Früchte zu sehen oder gar zu essen bzw. mangels Besserem essen zu müssen. Auch hier bedient Imhof sich des Mittels der Kontrastierung. Solchen Stilleben, wie diesem, stellt er insekten- und fäulnisfreie Stilleben von Anker (1831-1910) (Abb. 11) gegenüber, einem Maler, der schon in einer Zeit sich verbessernder hygienischer Verhältnisse und Lebensmittelversorung lebte. Und so malte er Hygienisches und Gesundes.

Die allgemeine Unterworfenheit natürlichen Lebens unter freilich nicht weniger natürliche Schädlingseinwirkung illustriert Imhof auch am Beispiel von

Abb. 10: van der Ast, Balthasar, Stilleben mit Fruchtkorb, Gemäldegalerie Berlin-Dahlem

Abb. 11: Anker, Albert, Sauser mit Brot und Nüssen, Privatbesitz Basel

Abb. 12: Brueghel, Jan, Blumenstrauß (Ausschnitt), Gemäldegalerie Berlin

Blumenstilleben. So können wir den Anblick des prächtigen Blumenstraußes von Jan Brueghel (Abb. 12) genießen, müssen aber bei näherem Hinsehen auch hier bemerken, daß darin allerhand Insekten am Werk sind, die ganze Pracht zu zerstören. Als „modernes hygienisches" Gegenstück dient Imhof ein Stilleben von Manet (1832-1883) (Abb. 13), das ohne eine Spur von „Schädlingen" ist. Mit einer bewunderns- und staunenswerten Beharrlichkeit ist Imhof den Überlieferungen all dieser Schädlingseinwirkungen auf der Spur. Und er verfolgt ihre Auswirkungen auch in das Kinderleben hinein. An Beispielen, wie den Malern Munch (1863-1944) und Hodler (1853-1918), versucht er zu zeigen, wie noch diese, obwohl schon im Übergang sozusagen vom Schutz- zum Sauberkeits-, vom Pest-Hunger-Krieg zum Medizin- und Sicherheitszeitalter lebend, dennoch, als quasi letzte Generation ständigen Gefährdungen unterlagen, von denen sie selbst zwar bis in ein relativ weit fortgeschrittenes Alter verschont blieben, die aber epidemisch ihre nächsten Angehörigen heimsuchten. Gefährdung, dies ist ein Stichwort, das Imhofs Werk durchzieht, und er hat auch hier eine „schöne" Illustration: Hobbenas (1638-

Abb. 13: Manet, Edouard, Der Fliederstrauß, (Ausschnitt) Nationalgalerie Berlin

Abb. 14: Hobbema, Meindert, Dorfstraße unter Bäumen, Gemäldegalerie Berlin-Dahlem

1709) (Abb. 14) einsturzgefährdete Brücke, die Imhof wie ein Symbol des Lebens unserer Vorfahren überhaupt erscheint. Auch hier ist wieder erstaunlich, mit welchem Nachdruck uns Imhof diese Symbolik des Verfalls, des Einbrechens und Zusammenbrechens als eines Synonyms für Leben in der Vergangenheit, für „unsicheres Leben", nahezubringen versucht. Ich habe gesagt: „Schöne" Illustration, weil ich denke: Wer von uns wäre nicht bereit, sich von der Schönheit des Originals des Hobbena-Bildes, wenn er in der Dahlemer Gemälde-Galerie vor ihm steht, faszinieren zu lassen. Meines Erachtens ist es mit eine der mannigfachen Künste des Arthur Imhof, daß er uns die traurigsten Tatbestände der Vergangenheit auf diesen schönen und nicht depressiven Wegen vermittelt.

Dabei ist zu beachten, daß es sich bei diesen traurigen Tatbeständen immer gleichsam um „natürliche" bzw. bei Imhof als quasi-natürliche dargestellte Tatbestände handelt und nicht um traurige Tatbestände, die als Produkt gescheiterter menschlicher Beziehungen erkennbar werden, etwa psychohistorisch als pathologisch zu bezeichnende „Tatbestände", wie Hexenverbrennungen, Kindesmißhandlungen, drakonische Bestrafungen von „unehelichen" Müttern (Abb. 15) etc.

Abb. 15: Auspeitschen unehelicher Mütter. Chodowiecki 1783

In der Welt des Schmutzes, der mangelnden Hygiene, der Abwesenheit einer wirksamen Medizin tauchen ständig Epidemien, Ernährungsengpässe, Kriege auf. Diese drei Geißeln verstärken sich oft gegenseitig. „Pest, Hunger, Krieg" – diese einerseits so historisch realitätshaltige, jedoch andererseits bei Imhof auch wie eine magische Formel benutzte Formulierung durchzieht das ganze Werk des historischen Demographen, so als könne es uns gelingen, durch stets erneute Vergegenwärtigung dieser Formel ein Bild der Vergangenheit des Lebens unserer Vorfahren zu beschwören. Und tatsächlich, wenn wir etwa die „Geschichte der Seuchen, Hungers- und Kriegsnoth zur Zeit des Dreißigjährigen Krieges" des königlichen Bezirksarztes Dr. Gottfried Lammert aus dem Jahre 1890 heranziehen (G. Lammert, 1890), so finden wir Imhofs Ansicht bestätigt. Die Auswirkungen jener Formel auf „Kindheit" sind unabweisbar. Imhof kann z.B. zeigen, daß Regionen der größten Bevölkerungsverluste im Dreißigjährigen Krieg bis heute auch Schwerpunkte der Säuglingssterblichkeit waren. Immer wiederkehrende Kriege haben die Mentalität „traumatisch geprägt" (A. Imhof 1981, S. 367). Dies wird verständlich angesichts von Kontributionen, Vertreibung des Viehs, Abbrennung ganzer Dörfer, Verwüstung der Felder (A. Imhof 1981, S. 367). Daß hier die drei Geißeln „Pest, Hunger, Krieg" zusammenwirken, um das werdende Leben schon in seinen Anfängen – „Säuglingssterblichkeit" – schwer treffen, erscheint evident.

So wundert es nicht, daß Imhof auch eine Art Autor des Todes ist, eines Todes, den, so Imhof, die Menschen der historischen Vergangenheit ständig vor Augen hatten. Er bringt zahlreiche Abbildungen von Versuchen der Menschen, sich gestalterisch mit dem Tod auseinander-zusetzen. So etwa die folgenden: Niklaus Manuel (1484-1530, Arnold Böcklin (1827-1901) (Abb. 16

Abb 16: Manuel, Niklas, Das Beinhaus aus dem Totenzyklus, Historisches Museum Bern

u. 17). Eine besondere Variante der Auseinandersetzung mit dem Tod finden wir in Votivbildern, insbesondere in jenen, die den Brauch des „Kinderzeichnens" darstellen (Abb. 18). Tot geborene Säuglinge konnten nur ins

Abb. 17: Böcklin, Arnold, Die Pest, Kunstmuseum Basel

Himmelreich eingehen, wenn sie getauft waren. Getauft konnten sie nur werden, wenn sie noch „Lebenszeichen" zeigten. Zu diesem Zweck wurde die

Abb. 18: „Durch die Anrufung dieser Gnadenmutter haben mit Alle unsre Kinder zur Taufe gebracht 1812“ Votivtafel in der Wallfahrtskirche Maria Trens in Südtirol aus dem Jahre 1812

Gottesmutter gebeten, das Kind kurze Zeit zum Leben zu erwecken. „Sah“ man das Lebenszeichen, glaubte man, daß ein Wunder geschehen sei. Imhof sieht in dieser Form der Auseinandersetzung unserer Vorfahren mit dem Kindestod einen Versuch der Sorge der Eltern um das „sichere Leben" ihrer Kinder in der Transzendenz (A. Imhof 1984, S. 160 ff.; eine ausführliche Diskussion von Votivbildern als Quellen zur Geschichte der Kindheit siehe: F. Nyssen 1989).

Zu Beginn diese Abschnitts hatte ich danach gefragt, was es heißen kann, die Konzeptualisierung von Geschichte der Kindheit „in den Rahmen der historischen Demographie" zu stellen. Zu diesem Zweck habe ich versucht, einige Aspekte der bei Imhof durchaus umfangreichen Äußerungen zum Thema Kindheit in der Vergangenheit darzustellen. Wie schon im ersten Abschnitt dieser Arbeit hat sich dabei gezeigt, daß Imhof zwar die Problematik des „unsicheren Lebens" herausarbeitet – und dies ist sein hauptsächlicher Verdienst -, zugleich aber gerade dadurch sein Blick für alle sonstigen negativen Phänomene historischer Kindheit, die nicht allein auf das „unsichere Leben" zurückgeführt werden können, verstellt ist. Beispielhaft hatte sich dies an den Themen „Stillen" und „Weggabe" gezeigt.

Diese Haltung geht bei Imhof u.a. zurück auf sein Bestreben, ja man könnte sagen: auf seine angespannte Vorsicht, unseren Vorfahren, wie Imhof immer wieder sagt, „gerecht zu werden". Nachvollziehbar ist diese Vorsicht für mich durchaus, sind es doch jene verheerenden Pest-Hunger-und Krieg-Zustände, denen sich unsere Vorfahren immer wieder ausgeliefert sahen. Andererseits scheint mir dadurch aber nicht jene Art historisch-relativistischen Denkverbots gerechtfertigt, mit dem Imhof quasi alle kritischen Motiveinschätzungen für Handlungen unserer Vorfahren gegenüber Kindern belegt.

> *„Im Jahre 1513 wurde dem Johann de Gennes in der Bretagne der erste Sohn geboren. Er kam am 28. Februar morgens zur Welt. Um elf Uhr Vormittags wurde er auf den Namen Jean getauft, und ohne ihn nochmals nach Hause zurückzubringen, übergab ihn der Vater gleich einer Nähramme. Am 1. August folgte ein weiterer Sohn. Dieser erhielt den Namen Sebastian; er starb bereits am 2. August bei der Ersatzmutter. Dasselbe Szenario wiederholte sich noch bei weiteren drei Kindern. Keines hat den zweiten Tag nach der Taufe bei der jeweiligen Amme überlebt."* (A. Imhof 1984, S. 159)

Die hier geschilderte Weggabe von Neugeborenen trotz des bekannten hohen Sterberisikos wird in der Literatur über Weggabe und Ammenwesen klar mit dem Motiv „Gleichgültigkeit" gegenüber dem Kindestod belegt (E. Badinter 1980, S. 61ff.). Ich habe im ersten Abschnitt dieser Arbeit dargelegt, daß ich Vorsicht bei der Einschätzung von Quellen wie ärztlichen Topographien und volkskundlichen Bevölkerungsbeschreibungen für angebracht halte. Es gibt jedoch „Clear cases", bei denen auch eine noch so vorsichtige Urteilsbildung an der Annahme negativer Motivierungen nicht vorbei kommt. Anders Imhof:

> *„Man sage mir nicht, die vielen Sterbefälle wären unseren Groß- und Urgroßeltern gleichgültig gewesen."* (A.Imhof 1984, S. 159)

Und mit diesem Satz erweist sich, daß das im ersten Abschnitt dieser Arbeit vorgestellte Imhofsche Zirkular-Modell der Kausation von Kindersterblichkeit dringend der Ergänzung bedarf. Zirkular-Kausation heißt ja, daß die einzelnen in ihm postulierten Faktoren sich wie in einer Kreisbewegung gegenseitig verstärken (siehe Abb. 3). Verändert sich die Ausprägung eines Faktors, sagen wir: „Wohnbedingungen", dann verändern sich tendentiell auch die anderen in die gleiche Richtung; sagen wir etwa: Verbesserungen der „Wohnbedingungen" geht einher mit Verbesserungen von „Edukation" und „Mentalitätsstrukturen". Gewiß: Bei Imhof wird jedoch nicht angenommen und diskutiert, daß in dem Faktor „Mentalitätsstrukturen" andere als „Pest-Hunger-Krieg"-induzierte *negative* Teilfaktoren enthalten sein könnten, etwa solche, die aus „Gleichgültigkeit" oder, mit deMause gesprochen, aus „projektiven Reaktionen" resultieren könnten. Eine Konzeptualisierung von Geschichte der Kindheit, die sich „im Rahmen der historischen Demographie" konstituiert, darf meines Erachtens auch diese Teilfaktoren nicht verfehlen, wenn sie nicht an jenen zahlreichen Pathologien der Geschichte wie religiöse Verfolgung, Hexenverbrennungen, Folter und – ja auch Krieg, der nicht allein im Sinne Imhofs eine Geißel darstellt, sondern menschengemacht ist, vorbeigehen will. Mit anderen Worten: das Modell der Zirkular-Kausation wird zum Modell von Pest-Hunger-Kausation *reduziert,* wenn die Kausation durch unbewußte Reaktionen der Eltern auf das Kind systematisch ausgeblendet ist. Dies betrifft dann auch die Problematik des „unsicheren Lebens". Eine umfangreiche Literatur über Kindesmißhandlung, „Gleichgültigkeit", Strafe, etc. macht deutlich, daß das Leben in der historischen Vergangenheit nicht nur durch „Pest und Hunger" unsicher war, sondern auch durch eben jene Formen der Reaktionen Erwachsener auf Kinder. Wo die Dependenzen und Interdependenzen zwischen diesen demographischen Rahmenfaktoren und psychohistorischen Erwachseneneinstellungen zu Kindern liegen, dies zu erforschen, muß Aufgabe weiterer historisch-demographisch-kindheitshistorischer Forschung sein.

Als Fazit dieses Abschnitts möchte ich eine Art wechselseitigen Lernprozesses zwischen historischer Demographie und psychogenetischer Geschichte der Kindheit postulieren: die psychogenetische Geschichte der Kindheit muß in viel stärkerem Maße als bisher die Problematik des „unsicheren Lebens" in der Vergangenheit (im Sinne Imhofs) berücksichtigen. Wer Geschichte der

Kindheit betreibt, kann sich nicht so stellen als sei das Leben immer gleich sicher gewesen. Dies aber muß heißen: Abschied zu nehmen von einer reduktionistisch verstandenen Psychohistorie, die allein Elterneinstellungen zum negativen oder positiven Antrieb für zwischenmenschliches Geschehen macht. Anders ausgedrückt: es muß mehr nachgedacht und geforscht werden über den Zusammenhang *zweier Abwehrbegriffe:* dem materiellen bei Imhof – Abwehr als Abwehr „widriger Umstände“ wie Hunger und Krankheit – und dem psychischen bei deMause: Abwehr als Abwehr innerpsychischer widriger Umstände wie Angst vor dem Kind, projektive Reaktionen, etc. Die Geschichte der Kindheit muß von der historischen Demographie den materiellen Abwehrbegriff lernen und die historische Demographie von der Geschichte der Kindheit den innerpsychischen Abwehrbegriff.

3.
Die demographische Schicksalsthese und ihr relativer Realitätsgehalt

Ein Buch Imhofs trägt den Titel: „Die verlorenen, Welten, Alltagsbewältigung durch unsere Vorfahren – und weshalb wir uns heute so schwer damit tun“ (A. Imhof 1984). Dieser Titel ist charakteristisch für eine Grundhaltung, die Imhof in seinem Werk immer wieder einnimmt. Er bewundert die „Alltagsbewältigung unserer Vorfahren“, d.h. die Art und Weise, wie sie sich gegen die „Pest-Hunger-Krieg“-Zustände zur Wehr setzten. Darin ist zum Teil impliziert, daß Imhof eine Sichtweise, die bei unseren Vorfahren in dem behandelten Zeitraum, also in dem Zeitraum, in dem Imhof die genannten Kirchenbucheintragungen vorfindet (17. – 19. Jahrhundert), verbreitet war, sozusagen übernimmt. Daß er nämlich jene „Pest-Hunger-Krieg“-Zustände als Schicksale ansieht, die die Menschen wie unabwendbare Naturkatastrophen überkommen.
Ich möchte diese Grundhaltung keineswegs als „unsozialwissenschaftlich“ kritisch „entlarven“. Im Gegenteil meine ich, daß wir die besondere Anregung, die von Imhofs historischer Demographie für die psychogenetische Geschichte der Kindheit ausgeht, nur erkennen können, wenn wir den in dieser Grundhaltung enthaltenen Realitätsgehalt erkennen, allerdings zugleich versuchen, das implizierte Realitätsverständnis nicht pauschal zu übernehmen. Das heißt, wir müssen, allerdings mit Vorsicht, die relative Unabhängigkeit

jener „Pest-Hunger-Krieg“-Zustände von psychischen Verfassungen von Menschen sehen, so, wie ich auch im ersten Abschnitt dieser Arbeit zu zeigen versucht habe, daß die historische Gegebenheit der hohen Kindersterblichkeit weitgehend als nicht psychogen, sondern tatsächlich als äußere Unausweichlichkeit mit eigener Gesetzmäßigkeit betrachtet werden muß.
Imhof huldigt jedoch der unter Historikern verbreiteten Haltung, man dürfe das Selbstverständnis der Menschen einer bestimmten Zeit nicht einen Zentimeter übersteigen, in so extremer Weise, daß die Bewunderung für die „Alltagsbewältigung unserer Vorfahren“ keine Grenze kennt – und dann, wie ich meine, die Realitätsorientierung in der Schicksalsthese verloren geht. Daß Imhof die christliche Lehre von den „Geißeln der Menschheit“ als Strafen für die Sünden der Menschen weitgehend übernimmt (ohne natürlich als aufgeklärter Wissenschaftler, wie er mehrere Male durchblicken läßt, daran zu glauben), erscheint in den von ihm fingierten Erzählungen in dem Band „Geschichte sehen, Fünf Erzählungen nach historischen Bildern“ (A. Imhof 1990) noch als Empathie des vorurteilsfreien Historikers; er fühlt sich ein in die Not Burgelis, der Heldin der ersten Geschichte, die acht Kinder gleich nach deren Geburt und ihren Mann infolge von tödlicher Mangelernährung verloren hat und nun in der Dorfkirche durch Identifikation mit der Muttergottes als Schmerzensmutter ihre innere Stärke wiederfindet; er fühlt sich ein in das Mädchen Johanna, der Hel-

Abb. 19: Hausbuchmeister, Die Auferstehung Christi, Städelsches Kunstinstitut Frankfurt a. M.

Abb. 20 Canaletto, Santa Maria della Salute in Venedig, Gemäldegalerie Berlin-Dahlem

din der zweiten Geschichte, die Halt auch im „unsicheren Leben" ihrer Zeit findet, indem sie anhand eines Altarbildes, auf dem auch die Auferstehung Christi (Abb. 19) dargestellt ist, den festen Glauben an die eigene Auferstehung nach dem Tode findet; diese Erzählungen, so scheint mir, zeugen weitgehend von der positiven Seite jener oben erwähnten Grundhaltung des Historikers, die Menschen aus ihrer eigenen Zeit heraus zu verstehen.

Es handelt sich hier um ein Verstehen jener durch äußere Mangellagen bedingten Abwehrnotwendigkeit, von der ich im vorigen Abschnitt sagte, daß sie für Imhof charakteristisch und zugleich unterscheidbar von der rein psychogenen Abwehrform bei deMause ist. Ist es jedoch noch eine angemessene Befolgung dieser Grundhaltung, wenn Imhof bedauert, daß wir Heutigen, die wir uns nach seiner Einschätzung im „sicheren Leben" befinden, die wir von der „Pest-Hunger und Krieg-Trias" (A. Imhof 1988 b, S. 208) befreit sind, auch nicht mehr jene „herrlichen Votivkirchen" (A. Imhof 1988 b, S.208) errichten, wie es noch die Venezianer mit der *Votivkirche Sante Maria della Salute* (Abb. 20) „aus Anlaß der Pest von 1630-1631, die rund 50.000 der damals 150.000 Einwohner das Leben kostete" (ebenda, S. 205), getan hatten – aus Dankbarkeit zur Gottesmutter, weil sie geholfen hatte, Gottvater von der Verhängung noch weiterer Sündenstrafen abzuhalten.

Ich kann hier keine Einfühlsamkeit in historische Handlungsmotive mehr erkennen, sondern nur noch eine blind gewordene Schicksalsgläubigkeit, die die Trauerarbeit des Historikers – wie sie in den genannten Geschichten noch zum Ausdruck kommt – diesmal vermeidet und ersetzt durch Kulturanbetung. *„Ich frage mich – und frage den Leser – ..., ob uns mit der Überwindung oder zumindest der*

Zurückdrängung von Pest, Hunger und Krieg möglicherweise nicht auch gewaltige kulturelle Antriebe verloren gegangen sind" (Imhof 1988 b, S. 208). Wenn ich schon als Leser so gefragt werde, dann möchte ich antworten: Lieber keine Santa-Maria-della-Salute-Kirche und dafür auch keine Pest, keinen Hunger, keinen Krieg; vor allem letzteren nicht, denn Krieg ist nie Schicksal, sondern immer motiviert, Resultat menschlichen Handelns. „Gewaltige kulturelle Antriebe" können auch ohne „Pest, Hunger, Krieg" entstehen, möglicherweise dann noch eher und – freier (siehe dazu: Alice Miller 1984).

Ich glaube, daß das ganze Werk Imhofs von einer tiefen Spaltung gekennzeichnet ist, die sich hier deutlich manifertiert. Einerseits finden wir eine Analyse vor, die zeigt, wie die Menschen durch die Erfindung neuer Kommunikations- und Informationssysteme Ansteckungsepidemien („Pest") eindämmen oder gar beendigen konnten (A. Imhof 1988 a, S.74ff) oder wie sie durch zunehmende Lesekenntnisse die Säuglingssterblichkeit reduzieren konnten (A. Imhof 1988 b, S. 229 ff); andererseits finden wir aber auch eine, ich möchte sagen: unkritische Verfallenheit an geradezu jegliche Manifestation kulturellen Handelns historischer Menschen. Hier, so scheint mir, macht sich *das Fehlen einer historischen Psychologie bei Imhof* bemerkbar. Hatten die Menschen immer und überall in ihrem kulturellen Handeln bewunderungswürdige Motive der Alltagsbewältigung? Heißt es nicht, unsere Vorfahren zu idealisieren, wenn wir ihre Motivationen, die zu den Hervorbringungen ihrer Kultur führten, jener kritischen Diskussion entziehen, der wir unsere heutigen Motivationen und unsere Kultur unterziehen. Es ist eine Auffälligkeit in Imhofs Werk, daß er für die Gegenwart mit Kritik nicht spart, (etwa an zunehmender Individualisierung; Imhof 1992, S. 220 ff. und passim), aber die Vergangenheit nicht antastet.

Imhofs Idealisierung unserer Vorfahren ist zu verstehen, wie schon angedeutet, aus deren „Alltagsbewältigung" (Imhof 1984). Das heißt, aus

> „*ihrer Fähigkeit, angemessen zu reagieren und Widrigkeiten aller Art auf ihre Weise und mit ihren Mitteln zu meistern. Sie hatten das Vermögen, sich den Verhältnissen anzupassen und Wechsellagen aufzufangen. Dabei brachten sie es fertig, Überlebensstrategien zu entwickeln und durchzuhalten, die zu erstaunlichen 'Stabilitäten trotz allem' auf lange und sehr lange Dauer führten.*" (A. Imhof 1988 b. S. 135)

Imhof gibt in seinen Büchern eine große Anzahl Beispiele der hier allgemein beschriebenen „Alltagsbewältigung". Man könnte sie in drei Typen aufteilen: solche, in denen es um Techniken der Umweltanpassung geht, etwa das System der Ableitung von Gletscherwasser für die Bewässerung in der Niederung wie es in der Heimat von Arthur Imhof, in den Waliser Alpen, in früheren Jahrhunderten angewendet wurde (A. Imhof 1990, S. 15 ff.); zweitens solche, in denen es um geistig-seelische Bewältigung in der Umweltanpassung geht, etwa in religiösen Vorstellungen; und drittens solche, in denen die Menschen Fortschritte in ihrer Umweltanpassung, etwa durch Senkung der Säuglingssterblichkeit mit Hilfe von Alphabetisierungs- und Hygienisierungskampagnen, zu erzielen versuchten. Über diese letzteren haben wir schon gesprochen. Was den ersten Typus betrifft, so kann ich Imhofs Bewunderung für unsere Vorfahren und ihre Alltagsbewältigung teilen. Wer die Heimat Imhofs, das Alpenland Schweiz (Imhof 1988 b, S. 133 ff) und seine Verkehrssysteme, die gegen extrem „widrige Umstände" (Imhof 1988 b, S.220) angelegt wurden, kennt, wird auch verstehen, daß Imhof diese Auseinandersetzung vergangener Generationen zum Stützpunkt seiner Sozialgeschichte macht. Gerade im Vergleich zu deMause erscheint dies als ein Gewinn. Denn für diesen existiert diese basale Auseinandersetzung geradezu nicht bzw. sie erscheint nicht „theoriewürdig". An diesem Punkt möchte ich allein den Gewinn, den wir aus dem Werk Imhofs ziehen können, betonen.

Dieser Gewinn wiederholt sich eine Strecke lang auch in dem zweiten Typus der „Alltagsbewältigung". Auch hier zeigt Imhof, wie etwa in den oben angeführten Darstellungen der Lebenssituationen von Burgeli und Johanna, die positiven Funktionen religiöser Vorstellungen in der „Alltagsbewältigung" auf. Hier finden wir bei deMause ebenfalls ein Defizit, das durch Imhofs Werk ausgeglichen werden kann. Dann jedoch erreichen wir die Grenze der Imhofschen Analyse historischer religiöser „Alltagsbewältigung". Gewiß muß sich jeder Analyseansatz „begrenzen", jedoch kann man zwei Arten solcher Selbstbegrenzungen unterscheiden: solche, die weitere Ausblicke behindern, und solche, die dies nicht tun. Tatsächlich gehören Imhofs auf die Rolle der Religion in der Vergangenheit bezogenen Selbstbegrenzungen seiner Analysen häufig zur ersten Art. Wir haben das Beipiel seiner Bewunderung für jene religiöse „Alltagsbewältigung", die sich nach Imhofs Ansicht in der Errichtung der Votivkirche Santa Maria della Salute in Venedig im 17. Jahrhundert niederschlägt, erwähnt. Imhof präsentiert diese Form religiöser Alltagsbewältigung in einer jegliche Motivationsanalyse vernebelnden Weise. Er erweckt den Anschein als sei eine andere Motivation als die der Alltagsbewältigung nicht vorstellbar. Man kann es auch so sagen: Imhof erscheint durch seine eigene Begrifflichkeit – „Alltagsbewältigung" – wie gebannt und versucht, sie dem Leser gleichsam zu suggerieren. Es fehlt jede Diskussion möglicher anderer Motive für den Kirchenbau. Er übergeht die zahlreich vorhandene *kritische* Literatur über Entstehung und Funktion religiöser Vostellungen im „christlichen

Abendland". Insbesondere der in dieser Literatur so genannte „christliche Sexualpessimismus" (Uta Ranke-Heinemann 1989; K.-H. Deschner 1994; G. Denzler 1988) und die in ihm zusammengefaßten Phänomene der Verfolgung und Unterdrückung der Menschen von Kindes Beinen an bis hin zu einem religiös motivierten, nicht mehr allein aus „Pest-Hunger- und Krieg"-Zuständen, sondern tatsächlich nur noch aus „projektiven" Teufelsvorstellungen – Sexualität als Teufelswerk – verstehbaren destruktiven Feldzug gegen kindliche und erwachsene Sexualregungen, wird bei Imhof übergangen als habe es diese Negation von Alltagsbewältigung nie gegeben. Kindheitshistorisch ist diese kritische Literatur meines Erachtens von großer Bedeutung. Neuerdings ist anhand einer Analyse von Gerichtsakten über „Kinderhexenprozesse" detailliert aufgezeigt worden, in welcher Weise diese religiöse Vorstellungswelt die Alltagsbewältigung von Kindern verstellte, diese vielmehr in eine Sackgasse von Halluzinationen, von Selbstbeschuldigungen, mit dem Teufel Sexualverkehr gehabt zu haben und andere Pathologien des Hexenwahns hineingetrieben hat (H. Weber 1991, 1996; und F. Nyssen in diesem Band S. 397ff).

Ich frage mich, ob Imhof hier seinem immer wieder erneut versicherten Anliegen, „unseren Vorfahren gerecht zu werden", entsprechen kann. Immer wieder stoßen wir bei ihm auf diese Problematik: Er wird gleichsam zum Opfer seiner eigenen Erkenntnis, jener Erkenntnis einer tatsächlich quasi schicksalhaft die Menschen überkommenden Wirklichkeit von „Pest-Hunger-Krieg". Diese Erkenntnis ist richtig, aber Imhofs Fehler ist, daß er sich von ihr bannen läßt; daß er bei allem und jedem, was Menschen historisch gemacht haben, allein immer nur ihren Kampf gegen Pest, Hunger und Krieg sieht. An einer einzigen Stelle in seinem Werk gibt es einen Hinweis, daß auch ihm Zweifel an der alleinigen Funktion der Religion, eine Art Bollwerk gegen „Pest, Hunger und Krieg" zu sein, kommen. Diese Zweifel werden ihm eingegeben von „unseren französischen Kollegen" (A. Imhof 1984, S. 124), die „von einer zunehmenden Traumatisierung der Gläubigen im 17. und 18. Jahrhundert ... sprechen" (A. Imhof 1984, S. 124). Er sagt an dieser Stelle nicht, wen er mit „unseren französischen Kollegen" meint. Es bleibt auch bei dieser bloßen Erwähnung, ausgeführt und in großer Breite *ausgeführt* werden dann nur die positiven Funktionen der Religion in der Alltagsbewältigung unserer Vorfahren. Es liegt mir fern, diese Funktionen rundweg zu leugnen, jedoch, um es noch einmal zu sagen: Imhof bleibt in diesem Bereich stecken und verfehlt meines Erachtens ganz und gar den sehr ambivalenten Charakter der christlichen Vorstellungswelt in ihrer Auswirkung auf die „Alltagsbewältigung unserer Vorfahren" (Zum ambivalenten Charakter der Auswirkung christlicher Vorstellungen auf historische Kindheiten siehe: F. Nyssen 1993).

4.
Die relative Naturwüchsigkeit der „demographischen Transition" und ihres Zusammenhangs mit einem neuen Geschlechterverhältnis und der „Evolution der Kindheit"

Der Rückgang der Kindersterblichkeit hat eine Reihe von Implikationen, die für die Geschichte der Kindheit von Relevanz sind. Zu diesen Implikationen gehört, daß gleichzeitig mit dem Sinken der Kindersterblichkeit auch die Geburtenrate sinkt und beides wiederum zugleich stattfindet mit einer allgemeinen Zunahme der Lebenserwartung. Dieser dreiseitige Vorgang bezeichnet wesentliche Elemente jenes allgemeinen demographischen Prozesses, den die Bevölkerungswissenschaftler als „demographische Transition", als „demographischen Übergang", bezeichnen. Imhof gibt als allgemeinste Definition dieses Begriffs: „Wandel von einem ehedem hohen zu einem nachher niedrigen Sterblichkeitsniveau" (A. Imhof 1988 b, S. 31).

Diesen Prozeß verstehen die Bevölkerungswissenschaftler zunächst nicht als einen psychohistorischen, sondern eher als einen naturwüchsigen Prozeß. Bei sinkender Säuglingssterblichkeit wird die nachgeburtliche Stillzeit für die Mutter verlängert, was tendentiell – infolge der sog. Laktationsamenorrhöe - die Empfängnisbereitschaft des weiblichen Körpers vermindert und so eine weitere Geburt verzögert. Unter anderem hierauf ist es zurückzuführen, daß Imhof zeigen kann, daß im 19. Jahrhundert in Süddeutschland eine höhere Geburtenhäufigkeit besteht als in Norddeutschland, wo die Kindersterblichkeit wesentlich niedriger ist. Diese niedrigere Kindersterblichkeit hat jedoch auch noch eine Reihe anderer Ursachen, die wesentlich eher in einen Zusammenhang mit psychohistorischen Faktoren zu bringen sind als der biologische Faktor der Laktationsamenorrhöe. Imhof faßt einige dieser Faktoren wie folgt zusammen:

> *„Eine nach der anderen der ehedem massenhaft tötenden Krankheiten konnte durch vorbeugende Impfungen, effektivere Therapien, auch durch inensivere gesundheitliche Aufklärung, bessere Hygiene und Ernährung, den Ausbau der staatlichen Infrastruktur unter Kontrolle gebracht werden. Säuglings-, Mütter-, Erwachsenensterblichkeiten gingen zurück. Die Lebenserwartung stieg und erreichte für immer mehr Menschen ein immer höheres Niveau."* (A. Imhof 1991, S. 17)

Die allgemeine, also nicht nur auf Säuglinge und Kinder, sondern auch auf die Menschen der folgenden Altersklassen bezogene Lebenserwartung steigt nun ebenfalls an. Hierin schlägt sich die bessere Versorgung von jetzt weniger Kindern nieder. Unterstützt wird dieser Zusammenhang in calvinistischen religiös-sozialen Kontexten, für die Imhof nachweist, daß hier der historische Trend zur Vergrößerung der Geburtenabstände beginnt und zugleich der stärkste Anstieg der Lebenserwartung zu verzeichnen ist (etwa in der calvinistischen Hochburg Genf (A. Imhof 1985, S. 192 f.). Diese „demographische Transition" verändert wiederum die Bevölkerungsstruktur in einer Richtung, die abermals einigermaßen „naturwüchsig", womit ich hier meine: relativ unabhängig von psychohistorischen Faktoren, Folgen nach sich zieht. Und zwar Folgen, die sich in einer Umorientierung menschlichen Verhaltens niederschlagen. Die neue Bevölkerungsstruktur enthält jetzt zwischen Kindheit und Alter einen gleichsam stabileren Teil. Dies wiederum hat zur Folge, daß eine Tendenz zur Abnahme von Mehrfachheiraten und zur überdauernden altershomogenen Ehebildung entsteht (s. Abb. 21; Imhof, A., 1984, S. 58/59). An dieser Stelle kommt die historische Demographie in Berührung mit historischer Psychologie. Imhof beschreibt dies so:

> *„In psychologischer Hinsicht mag diese Entwicklung zu einer größeren Ehestabilität zwischen zunehmend gleichaltrigen Partnern (mit gleichaltrigen Körpern) geführt haben, vielleicht auch positive Auswirkungen auf die Kinderaufzucht gehabt haben. Jedenfalls scheint sie eine Vorbedingung für die Zunahme der 'romantischen Liebe' und der 'Affektivität' in diesem Zeitraum gewesen zu sein. Der Zusammenhalt von früher häufiger 'ungleichen Paaren' hatte dagegen noch wesentlich auf anderen Werten (als der körperlichen Attraktivität) zu basieren."*
> (A. Imhof 1983, S. 29)

Aus kindheitshistorischer Sicht ergibt sich hier die Möglichkeit, daß die demographische Transition sich allgemein als Verbesserung der Lebenssituation auch der überlebenden Kinder auswirkt. Dabei handelt es sich nun aber offensichtlich nicht mehr nur um einen schicksalhaften naturwüchsigen Prozeß, sondern es sind auch motivationale Faktoren beteiligt: „romantische Liebe" und „Affektivität". Wie verhält sich nun der historische Demograph Imhof und wie der Psychohistoriker deMause zu diesem gleichsam objektiv-subjektiven Prozeß der demographischen Transition. Man kann sagen, daß Imhof die rein demographischen Vorgänge (also die „objektive Seite") als eine „Vorbedingung" (ebenda) der subjektiven „romantischen Liebe" und „Affektivität" *betont.* Meines Erachtens liegt hier auch eine Stärke der historischen Demographie. Sie kann anhand erhobener Daten und anhand deren Darstellung in

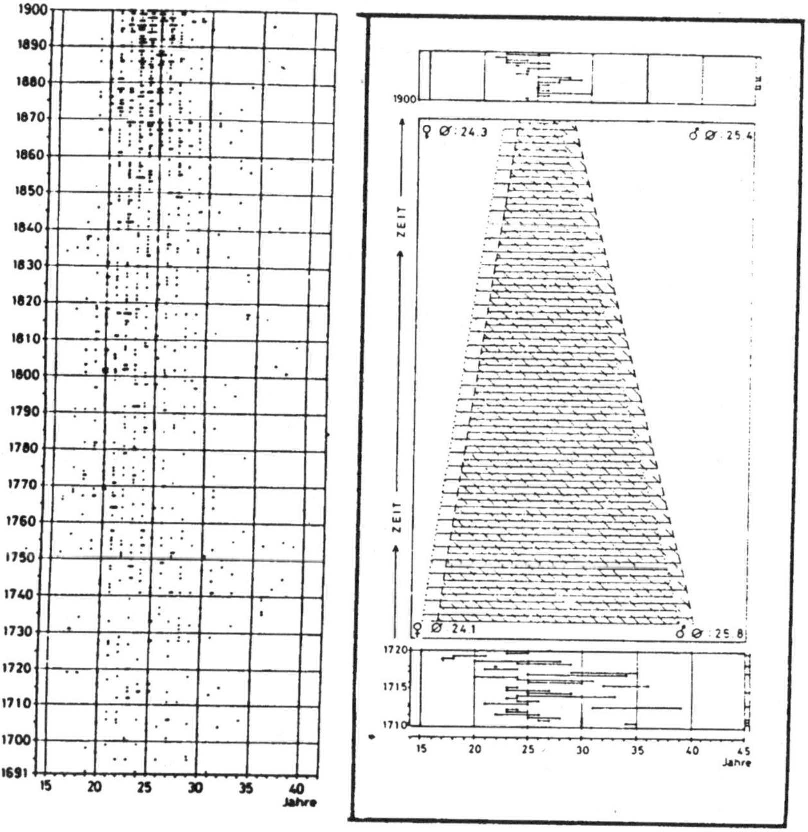

Abb. 21:

Heiratsalter vom Ende des 17. Jahrhunderts bis zum Ende des 19. Jahrhunderts. Links und rechts: Entwicklung des Alters bei Erst-Heiraten im oberhessischen Bauerdorf Heuchelheim bei Gießen, 1691-1900.

Links: *Jeder Punkt gibt das Alter einer der insgesamt 1104 erstmals heiratenden Frauen an.*

Rechts: *(Unter und über der „Pyramide"): Altersbestände in Jahren zwischen erstmals heiratenden Partner im Jahrzehnt 1710-1720 beziehungsweise im Jahre 1900. Ehen, in denen die Frau älter war als der Mann, sind gestrichelt eingetragen und am Rande ganz rechts durch einen Strich besonders gekennzeichnet.*
Die „Pyramide" gibt schematisch wieder, in welch drastischer Weise sich das Heiratsalter im Verlaufe dieser beiden Jahrhunderte in Richtung auf das „Durchschnittsalter" bündelte.

Quelle: *Historische Demographie als Sozialgeschichte. Gießen und Umgebung vom 17. zum 19. Jahrhundert, Teil 1, Darmstadt und Marburg 1975 (= Quellen und Forschungen zur hessischen Geschichte, hrsg. v.d. Hessischen Historischen Kommission Darmstadt und der Historischen Kommission für Hessen, Band 31) Seiten 315-323*

Schaubildern diese mögliche Vorbedingung *nachweisen*. Zugleich ist Imhof vorsichtig an der Stelle, wo er die subjektive Seite des Vorgangs berührt. Er führt aus, daß diese Vorbedingung zu einer verbesserten Paarbeziehung und zu verbesserten Eltern-Kind-Beziehungen „geführt haben mag". Diese Ausdrucksweise legt nahe, daß prinzipiell auch andere unbekannte Faktoren diese Verbesserung herbeigeführt haben können – wenn es denn solche Verbesserungen gegeben hat, was in Imhofs Formulierung ja auch nicht als gesichert angesehen werden kann.

Und deMause? Was hat der Psychohistoriker zur Klärung dieses Problems beizusteuern? Zunächst ist festzuhalten, daß deMause eine „Vorbedingung" für jene Verbesserung von Beziehungsqualitäten nur in Form eines – wenn auch nach seinem Selbstverständnis in dem Essay „Evolution der Kindheit" (L. deMause 1979) vielfach durch Quellen belegten – theoretischen Postulats benennen kann, jener Annahme nämlich, die im ersten Abschnitt dieser Arbeit als „zweite Angstbearbeitung" bezeichnet wurde. Dieses Postulat eröffnet eine Möglichkeit, das Problem an der Stelle weiterzuführen, wo Imhof seine Beschäftigung damit abbricht. Imhof berührt an einigen Stellen seiner demographischen Aufzeichnungen und Rekonstruktionen psychologische Fragen, auf die er sich dann aber nicht weiter einläßt. So genau und methodisch gesichert er in der Ausbreitung seiner demographischen Erhebungen vorgeht, so ungenau wird er, wenn die Problemstellungen in den psychologischen Bereich hinein führen. Statt die Frage zu stellen: was geht unter der neuen Vorbedingung der demographischen Transition in den Menschen vor sich, begibt er sich auf ein immer ungesicherteres Terrain sozial-philosophischer Spekulation. Statt einen möglichen Zusammenhang „demographische Transition-sich verändernde Psyche" zu thematisieren, eröffnet er das Thema „demographische Transiton – Wesen des Menschen". Aus der demographischen Tansition leitet er den Satz ab: das Wesen des Menschen ist seine Quasi-Asozialität. An der Nahtstelle zwischen historischer Demographie und historischer Psychologie beschäftigt sich Imhof nicht weiter mit dieser, sondern wird zum Anthropologen. Das geschieht so: Die Veränderungen, die die demographische Transition mit sich bringt, bezeichnet er immer wieder in der Formel, die wir bereits kennengelernt haben: vom unsicheren zum sicheren Leben. Im unsicheren Leben mußten die Menschen Notgemeinschaften eingehen, um zu überleben; im sicheren Leben brauchen sie diese nicht mehr, sie können jetzt als „Einzelgänger durchs Leben gehen". (A. Imhof 1991, S. 262) Daraus folgt dann Imhofs umfassende anthropologische These:

„Der Mensch ist gar kein 'soziales Wesen', wie wir das bisher so lange glaubten. Er war bloß über all die Jahrhunderte und Jahrtausende bei uns und heute noch anderswo gezwungen, die Rolle eines 'sozialen Wesens' zu spielen. Fallen die lebensbedrohlichen 'Pest-Hunger und Krieg' -Zustände weg – etwas historisch und weltweit ganz und gar Ungewöhnliches und Einmaliges –, streifen mehr und mehr Menschen diese Rolle ab und gehen als Einzelgänger durchs Leben.“ (A. Imhof 1991, S. 262)

Wie auch immer man diese These einschätzen mag, hier wird auf jeden Fall deutlich, welche Mängel diese anthropologische Wendung Imhofs aufweist. Der Hauptmangel ist der, daß es sich hier um eine sozusagen rein *„demographische Anthropologie“* handelt. Das Defizit an Psychologie ist evident. Imhof stellt in seinem umfangreichen Werk nicht die Frage, was wohl in der demographischen Transition in der Psyche der Menschen vorgehen mag. Er stellt nur fest: aus historisch-demographischer Sicht sind die Menschen nach der demographischen Transition „objektiv“ in der Lage, „als Einzelgänger durchs Leben zu gehen“. So als sei immer nur das einzige Problem der Menschen gewesen: wie kann ich überleben? Wenn's nicht ohne eine Gemeinschaft geht, dann gehe ich eine Gemeinschaft mit anderen ein. Wenn's aber ohne geht, dann ziehe ich das Single-Dasein vor. So interessante „objektive“ Hinweise die historische Demographie auch für diese „subjektiven“ Überlegungen in den Psychen finden mag, etwa das Zunehmen von Single-Haushalten zu ungunsten von Mehrpersonenhaushalten, so ungeklärt bleibt die Frage sonstiger Bedürfnisse. Ziehen wir zu dieser Frage einen Autor hinzu, der aus der Sicht der Psychoanalyse und der Säuglingsforschung eine Art grundlegender Bedürfnishierarchie des Menschen aufstellt: Er spricht von „fünf verschiedenen Notwendigkeiten, nämlich den Bedürfnissen nach:

a) *Regulation physiologischer Anforderungen*
b) *Bindung, spätere Verbundenheit*
c) *Exploration und Selbstbehauptung (Assertion)*
d) *aversiven Reaktionen im Sinne von Widerspruch und /oder Rückzug sowie nach*
e) *sinnlichem Vergnügen und sexueller Erregung.“*
(Joseph D. Lichtenberg 1989, S. 76)

Was hier in einer differenzierteren Darstellung der Bedürfnisproblematik auffällt, ist, daß unmittelbar nach dem Lebenser*haltungs*aspekt der Beziehungsaspekt folgt. Wenn an Imhofs These etwas Gültiges sein soll, so nur wenn man von diesem Beziehungsaspekt abstrahiert. Genau dies geschieht aber bei Imhof. In einer weniger abstrahierenden Betrachtung der „Pluralität der Sozialformen“ (M. Bornhoff; F. Nyssen 1991, S. 189 ff.), in denen menschliche Beziehungen heute gelebt werden, ergibt sich eine Vielzahl von Motivationskomplexen, der gegenüber das von Imhof einzig aufgestellte Motiv, „als Einzelgänger durchs Leben zu gehen“, als Grundlage einer Anthropologie nicht mehr annähernd ausreicht.

DeMause abstrahiert nicht von Beziehungsaspekten und gelangt so zu einer Vorstellung von historischen innerpsychischen Vorgängen, die hinausgeht über Imhofs reine Anthropologie des Überlebens und macht damit deutlich, daß in der demographischen Transition der psychische Mechanismus der zweiten Angstbearbeitung, wie wir ihn zu Beginn dieser Arbeit skizziert haben, mit wirksam wird. Im folgenden Zitat, so könnte man in unserem Zusammenhang sagen, formuliert deMause, unter Zugrundelegung des Postulats der zweiten Angstbearbeitung, die subjektiven motivationalen Vorbedingungen der demographischen Transition:

> *„Selbst ein so simpler Akt wie der, sich in Kinder, die geschlagen werden, einzufühlen, war für Erwachsene in der Vergangenheit schwierig. Die wenigen Erzieher, die vor unserer modernen Zeit dazu rieten, Kinder sollten im allgemeinen nicht geschlagen werden, begründeten das damit, daß das Schlagen böse Folgen habe, und nicht etwa damit, daß es dem Kind Schmerzen zufüge oder es verletze. Ohne das Element der Empathie hatte dieser Rat überhaupt keine Wirkung, und Kinder wurden weiter wie zuvor geschlagen. Die Mütter, die ihre kleinen Kinder drei Jahre lang zu Säugammen schickten, waren zutiefst bekümmert, daß ihre Kinder nach dieser Zeit nicht zu ihnen zurückkehren wollten, waren aber nicht in der Lage, den Grund dafür zu erkennen. Wohl hundert Generationen von Müttern schnürten ihre kleinen Kinder in Wickelbänder und sahen ihrem Protestgeschrei teilnahmslos zu, weil ihnen der für die Einfühlung in ihre Kinder nötige Mechanismus fehlte. Erst als der langsame historische Prozeß der Evolution der Eltern-Kind-Beziehungen schließlich durch die aufeinanderfolgenden Generationen von Eltern-Kind-Interaktionen dieses Vermögen hervorbrachte, wurde offenbar, daß das Wickeln völlig überflüssig war.“* (L. deMause 1978, S. 33)

An dieser Stelle stoßen wir wieder auf einen Aspekt, den wir zu Beginn dieser Arbeit angesprochen haben, nämlich die Enthaltsamkeit der historischen Demographie hinsichtlich solcher Verhaltensbereiche, die über die bloße Dimension Überleben/Nichtüberleben hinausgehen, also etwa Verhaltensbereiche wie: Strafssysteme, sexueller Mißbrauch, religiöse Unterdrückung. Diese Verhaltensbereiche haben in der Generationenfolge über den Faktor Erziehung die Psyche der Menschen gravierend beeinflußt. Imhof spricht zuerst von den Traumatisierungen, die Menschen durch „Pest,

Hunger und Krieg" in der Vergangenheit erfahren haben (A. Imhof 1981, S. 367). Er spricht jedoch nie von den Traumatisierungen, die in den hier angesprochenen Verhaltensbereichen stattgefunden haben. Auch diese Trauma tisierungen haben die Psyche des Menschen gravierend beeinflußt und eine „demographische Transiton" behindert.

Daß Imhof in seinem Werk diese Verhaltensbereiche nicht thematisiert, ist meines Erachtens nicht allein darin begründet, daß er sich auf einen fachwissenschaftlich eingegrenzten Erkenntnisgegenstand, nämlich Geburtenraten, Sterberaten, Veränderungen der Lebenserwartung, Bevölkerungsstruktur, etc., also auf den Erkenntnisgegenstand der Demographie im engeren Sinne beschränkt – denn tatsächlich begibt Imhof sich, wie wir am Beispiel seiner „demographischen Anthropologie" gesehen haben, auf eine Reihe weiterer Gebiete. Das Gebiet Eltern-Kind-Beziehung, mit all jenen negativen Unterthemen, die damit verbunden sind, wie, um noch einmal die eingangs aufgeführten Phänomene aus der Geschichte der Kindheit zu nennen:

- Beschneidung
- Schlagen und Fesseln von Kindern
- Erschrecken von Kindern
- Abhärtung durch kaltes Wasser als Überlebenstest
- Verkauf von Kindern
- Kindestötung
- Benutzung des Kindes als Versorger der Eltern
- Sexueller Mißbrauch von Kindern
- Hungernlassen
- Enges Wickeln
- Opfern von Kindern zu religiösen Zwecken

bleibt ausgespart und damit auch die Auswirkung dieser Phänomene auf die Psychen der Menschen in der Vergangenheit. Damit hat Imhof sich einen meines Erachtens auch notwendigen Zugang zu seinem eigenen Forschungsbereich versperrt. Man könnte hier von einer Art „demographischer Immanenz" in der Analyse des Themas Kindersterblichkeit sprechen. Jedoch: Wieviele Kinder sind durch Schlagen, sexuellen Mißbrauch, ganz allgemein: durch *Mißhandlung* ums Leben gekommen? Finden wir ihre Todesursachen in den Kirchenbüchern? Wenn sie überlebten, wie verhielten sie sich dann gegenüber ihren eigenen Kindern? Wie wirkten sich Mißhandlungen von Mädchen auf ihre spätere Mütterlichkeit aus? Welche Einflüsse gingen vom „christlichen Sexualpessimisus" auf den Kinderwunsch aus und beeinflußten so die Akzeptanz und die Überlebenschancen der Kinder? (dazu: F. Nyssen

1994) – eine Vielzahl von Fragen ergibt sich so, deren Probleminhalte sich auch auf Art und Umfang der demographischen Transition ausgewirkt haben. Dieser Zusammenhang kann aber von der historischen Demographie erst thematisiert werden, wenn sie ihn zur Kenntnis nimmt.

Dies alles darf uns aber andererseits nicht übersehen lassen, daß die „immanent demographische" Betrachtung für die Geschichte der Kindheit auch den Vorteil bringt, daß sie ihrerseits die psychogenetisch-psychohistorische Betrachtung der Geschichte der Kindheit zu relativieren in der Lage ist. Die These von deMause, die Psychohistorie sei eine „unabhängige" Wissenschaft (L. deMause 1979), läßt sich nach Kenntnisnahme der historischen Demographie nicht mehr aufrecht erhalten.

Ich meine vielmehr, daß wir, wie schon eingangs angedeutet, nach Kenntnisnahme der historischen Demographie nicht umhin können, diese als Rahmen für die psychogenetische Geschichte der Kindheit anerkennen zu müssen. Hier am Zusammenhang von demographischer Transition und Intimisierung der Geschlechterbeziehung („romantische Liebe" – „Affektivität") zeigt sich das besonders deutlich, denn über diese Intimisierung hat die demographische Transition einen großen Einfluß auf die weitere Entwicklung von Kindheit. Nimmt man jene Intimisierung als mögliche Voraussetzung für eine stärkere Entfaltung von dem, was deMause Entwicklung von Empathie im Verhältnis der Eltern zu ihren Kindern nennt, dann kann man formulieren: Der demographische Übergang ermöglicht mit die weitere Evolution der Kindheit.

Auf diese Thematik einer wechselseitigen Begrenzung und Ergänzung von historischer Demographie und psychogenetischer Geschichte der Kindheit möchte ich im folgenden weiter eingehen.

5. „Demographische Transition" und „zweite Angstbearbeitung"

Es gibt eine Diskussion in der Literatur zur Geschichte der Kindheit, in der die Frage erörtert wird, wie sich die Kindersterblichkeit auf die Einstellung zu den überlebenden Kindern auswirkt und umgekehrt. Die einen, etwa Ph. Ariès (1975), behaupten, hohe Kindersterblichkeit wirke sich ungünstig auf die emotionale Einstellung zum überlebenden Kind aus, da die Erwartung bestehe, auch dieses könne sterben; man müsse deshalb einer zu großen und häufigen Trauer über den Tod eines Kindes sozusagen vorbeugen, um selbst zu überleben. Die anderen, etwa Elisabeth Badinter (1981), drehen diese Argumentation um und sagen: Nicht die hohe Kindersterblichkeit ist Ursache für eine mangelnde emotionale Einstellung zum Kind, sondern umgekehrt ist die mangelnde emotionale Einstellung zum Kind Ursache für die hohe Kindersterblichkeit. Ich habe diese Frage im ersten Kapitel dieser Arbeit bereits unter Shorters Leitmotiv einer „gewollten oder nicht gewollten Kindersterblichkeit" gestreift. Jetzt möchte ich diese Thematik im Kontext eines allgemeinen Begriffs der „Motivationalität" diskutieren. Mit diesem Begriff soll die Annahme bezeichnet werden, daß menschliches Handeln, in unserem Kontext insbesondere das Erwachsenenhandeln gegenüber Kindern, grundsätzlich den Charakter der Motivationalität aufweist. Es ist das theoretische Verdienst von deMause, daß er die Motivationalität des elterlichen Handelns zum Kind hin in eine für die Untersuchung historischer Quellen zur Geschichte der Kindheit handhabbaren Weise psychoanalytisch-begrifflich gefaßt hat (siehe: F. Nyssen 1984). Mehrmals habe ich bereits die Begriffe der projektiven Reaktion, der Umkehrreaktion und der emphatischen Reaktion der Eltern auf Kinder erwähnt. Wollen wir die Erkenntnis der historischen Demographie über eine „demographische Transition" mit der Erkenntnis der psychogenetischen Theorie über historische „Eltern-Reaktionen" verknüpfen, um so zu einer Erkenntnis zu gelangen, die über die Einseitigkeiten der beiden genannten Ansätze sozusagen integrativ hinausführt, dann gilt es, sich zu vergegenwärtigen, welchen Stellenwert die psychische Selbst-Abarbeitung der Eltern hinsichtlich der genannten Reaktionsformen im Prozeß einer in die „demographische Transition" eingebundenen Generationenfolge hat. Diese psychische Selbst-Abarbeitung der Eltern ist grundsätzlich mit dem Begriff der „zweiten Angstbearbeitung" (F. Nyssen 1991) zu fassen. Dazu nochmals deMause (1978, S. 14):

> *„Der Ursprung dieser Evolution* [der Eltern-Kind-Beziehungen, F. N.] *liegt in der Fähigkeit der jeweils nachfolgenden Elterngeneration, sich in das psychische Alter ihrer Kinder zurückzuversetzen und die Ängste dieses Alters, wenn sie ihnen zum zweiten Mal begegnen, besser zu bewältigen, als es ihnen in der eigenen Kindheit gelungen ist. Dieser Prozeß gleicht dem der Psychoanalyse, zu dessen charakteristischen Merkmalen ebenfalls die Regression und eine zweite Gelegenheit, sich mit den Ängsten der Kindheit auseinanderzusetzen, gehören."*

Diese „zweite Angstbearbeitung" impliziert eine Selbst-Abarbeitung der Eltern an ihren Neigungen zu projektiven Reaktionen und zu Umkehrreaktionen zugunsten ihrer grundsätzlich ebenfalls möglichen emphatischen Reaktionen. Je traumatisierter die Eltern selbst in ihrer eigenen Kindheit durch die projektiven und Umkehrreaktionen ihrer eigenen Eltern „getroffen" wurden, desto größer ist die Gefahr des Wiederholungszwangs, d.h. des Zwangs, daß die Eltern ihren Kindern wiederum das antun, was ihnen die eigenen Eltern angetan haben, etwa: Weggabe, Schlagen, sexueller Mißbrauch, Erschrecken von Kindern (dazu: F. Nyssen 1984). Im Unterschied zu einem in manchen Strömungen der Psychoanalyse vorhandenen Pessimismus, der den Wiederholungszwang stark betont, geht deMause jedoch von dessen möglicher Durchbrechung eben durch die „zweite Angstbearbeitung" aus. Diese stellt sich, wenn das Bild erlaubt ist, wie eine Art Damm gegen den ständig drohenden Durchbruch von projektiven – und Umkehrreaktionen.

Ich gehe nun davon aus, daß die „demographische Transition", auch wenn sie sich, wie in den vorausgehenden Abschnitten dieser Arbeit gezeigt, relativ unabhängig von psychischen Motivierungen einfach abspielt, nicht ohne Berücksichtigung von Prozessen jener zweiten Angstbearbeitung betrachtet werden kann. Was kann das heißen? Bei Imhof lesen wir folgende in diesem Zusammenhang relevanten Bemerkungen:

> *„Wir können mit irgendeinem Kettenglied beginnen. Um das angestrebte Ziel (Senkung der Säuglingssterblichkeit, Erhöhung der Lebenserwartung) zu erreichen, mußten – sagen wir einmal als erstes – die 'wirtschaftliche Lage' und die 'Arbeitsbedingungen' verbessert werden. Gleichzeitig aber ging man an den Ausbau der Infrastruktur, was sich positiv auf 'Handel und Verkehr' auswirkte. Dadurch konnte die 'Ernährung' ständig flächendeckend sichergestellt werden. Beim Bauen und 'Wohnen' setzte man neue Standards. 'Wasser' gab es nun in jedem Haus. Die öffentliche wie private 'Hygiene' erreichte ein nie zuvor gekanntes Niveau. Gegen die seinerzeitigen (Infektions-) 'Krankheiten' vermochte man sich mehr und mehr durch Impfungen zu schützen. Die 'Familiensituation' wurde durch perfekte 'Planung' unter Kontrolle gebracht. Zu allen Punkten wandelte sich die 'Einstellung' in 'positiver' Richtung. Das Gros der Bevölkerung 'machte mit'. Sie wurde zuhause, in der Schule, im gesellschaftlichen Alltag dazu erzogen, angehalten, ermahnt, fast möchte man sagen: 'abgerichtet'."* (A. Imhof 1991, S. 229)

Imhof versucht, mit diesen Formulierungen das eingangs dieser Arbeit bereits angeführte Modell zur „Zirkularkausation" (siehe Abb. 3) zu formulieren. In unserem jetzigen Zusammenhang ist folgendes daran interessant: Hier geht es um die tatsächlichen Verhaltensweisen der Mehrheit von Menschen, die sich unter der Einwirkung etwa von staatlichen Maßnahmen verändern – in Richtung Senkung der Kindersterblichkeit. Imhof scheint hier – hinsichtlich der Wirkungsweise dieser Maßnahmen, sofern sie auf 'Einstellungs'-wandel zielen – eine Art mechanischen Wirkungszusammenhang anzunehmen, denn er spricht davon, daß die Menschen sich 'abrichten' lassen zu dem bevölkerungspolitisch gewünschten Verhalten. Elisabeth Badinter (1981), die Autorin der Geschichte der „Mutterliebe", so anders – nämlich feministisch – akzentuierende Positionen sie auch beziehen mag, an dieser Stelle berührt sie sich mit Imhof. Denn auch sie geht davon aus, daß die Senkung der Kindersterblichkeit bewirkt wurde durch staatliche Werbekampagnen, hier jetzt nicht so sehr in Betonung einer Notwendigkeit von Impfungen, Hygiene, etc., sondern von „Mutterliebe" als Garanten sinkender Kindersterblichkeit. Man kann sagen, daß auch Badinter die Frauen in der „demographischen Transition" als mehr oder weniger „abgerichtet" sieht (eine „Abrichtung", die sie allerdings als Feministin kritisiert). Wenn man diese Analyse mit deMause' Vorstellung von der zweiten Angstbearbeitung vergleicht, dann kann sich die weitere Vorstellung bilden, es habe sich bei der „demographischen Transition" um etwas sozusagen ziemlich „Äußerliches" gehandelt, wobei „äußerlich" hier etwa verstanden werden kann als Gegensatz zu einem innengeleiteten, „psychisch vermittelten", Verhalten. Man könnte hier unterscheiden zwischen einer „abgerichteten Motivationalität" und einer „überzeugten Motivationalität". Dabei werden wir aber auch im Falle der „abgerichteten Motivationalität" unterstellen können, daß es sich auch hier um eine für das Wohl des Kindes günstigere Einstellung handelt als bei einer rundweg ablehnenden, also im Sinne von deMause stark „projektiven" Motivationalität gegenüber dem Kind. Wenn dies alles zutrifft, dann könnte man eine Art gegenseitige positive Beeinflussung von „demographischer Transition" und „zweiter Angstbearbeitung" postulieren. Die zweite Angstbearbeitung ermöglicht eine „demographische Transition", die nicht bloß Resultat von „Abrichtung" ist, und umgekehrt ermöglicht die demographische Transition wiederum eine bessere zweite Angstbearbeitung. Was hat in der demographischen Transition, wie sie tatsächlich historisch abgelaufen ist, überwogen, die „überzeugte Motivationalität" oder die „abgerichtete Motivationalität"? Niemand kann bisher diese Frage beantworten. Eine Hypothese für weitere, wenn ich so sagen darf: demographisch-psychohistorische Forschung wäre: Beides hat eine Rolle gespielt; die tiefer in die Vergangenheit zurückführenden Wurzeln sind jedoch in einer jahrhundertelangen Generationenfolge mit den darin eingeschlossenen Prozessen der „zweiten Angstbearbeitung" zu suchen; andererseits entsteht durch die vor allem im 18. Jahrhundert verbreiteten staatlichen „Abrichtungs"-Kampagnen ein komplexer motivationaler Zusammenhang, der überhaupt noch nicht annähernd greifbar geworden ist. Jedoch haben wir durch die vorstehenden Überlegungen die Möglichkeit gewonnen, einen historischen Prozeß in seiner subjektiv-objektiven Verschränkung sehen zu können, der sich weder als ein rein mechanischer, von den Individuen her sozusagen motivationsneutral vollzogener objektiver Prozeß, noch als ein allein durch positive Motivationen etwa im Sinne der „zweiten Angstbearbeitung" subjektiv bewirkter Prozeß darstellt.

In der „demographischen Transition" im Sinne von Imhof gibt es mehr psychische Prozesse elterlicher Selbst-Abarbeitung im Wege der zweiten Angstbearbeitung, als bei Imhof vermutet werden kann, und umgekehrt ist der intergenerational sich vollziehende Prozeß der zweiten Angstbearbeitung stärker „äußerlich" durch die „demographische Transition" beeinflußt als dies die deMausesche These vermuten läßt. Weitere kindheitshistorische Forschung müßte diese Verschränkung von demographischer Transition und zweiter Angstbearbeitung zu klären versuchen.

Literatur

Ariès, Philippe: Geschichte der Kindheit, München, Wien: 1975.

Arnold, Klaus: Kind und Gesellschaft in Mittelalter und Renaissance: Beiträge und Texte zur Geschichte der Kindheit, Paderborn, München: 1980.

Badinter, Elisabeth: Die Mutterliebe: Geschichte eines Gefühls, München: 1981.

Bernfeld, Sigfried: Sisyphos oder die Grenzen der Erziehung, Frankfurt a.M.: 1979.

Bornhoff, Marion; Nyssen, Friedhelm: Is there any such thing as „Evolution of Childhood"?, in: The Journal of Psychohistory, Vol. 16, No. 2: (=Special Issue: On Writing Childhood History – A Symposium; S. 184-189).

Bornhoff, Marion; Nyssen, Friedhelm: Das Kleinkind in der staatlichen Krippe – Glück für das Kind? Emanzipation für die Frau? Gedanken zur Krippenstudie der Leipziger Kinderärztin Brigitte Kühn, in: Jahrbuch der Kindheit, Bd.8, Weinheim: 1991, S. 189 ff.

Bowlby, John: Bindung, Eine Analyse der Mutter-Kind-Beziehung, München: 1975.

Buss, David: Die Evolution des Begehrens, Geheimnisse der Partnerwahl, Hamburg: 1994.

Delumeau, Jean: Angst im Abendland, Die Geschichte kollektiver Ängste im Europa des 14. bis 18. Jahrhunderts, Bd. 1 und 2, Reinbek bei Hamburg: 1985.

DeMause, Lloyd: Evolution der Kindheit, in: Lloyd deMause (Hrsg.): Hört ihr die Kinder weinen? Frankfurt: 1976.

DeMause, Lloyd: „Psychohistory": über die Unabhängigkeit eines neuen Forschungsgebietes, in: Kindheit 1, 1. Jg., März 1979, S. 51 ff.

DeMause, Lloyd: Foundations of Psychohistory, New York: 1982 (Darin, anders als in der deutschen Übersetzung, 19 Illustrationen zu „The Evolution of Childhood").

DeMause, Lloyd: Grundlagen der Psychohistorie, herausgegeben von Aurel Ende, Frankfurt

a. M.: 1989.
Denzler, Georg: Die verbotene Lust: 2000 Jahre christliche Sexualmoral, München, Zürich: 1988.
Dervin, Dan: Critical reflections on key aspects of Lloyd deMause's seminal psychohistory, in: The Journal of Psychohistory, Vol. 24 , No. 2, Fall 1996, S. 163-194.
Deschner, Karl-Heinz: Das Kreuz mit der Kirche, Eine Sexual-Geschichte des Christentums, Düsseldorf, Wien: 1994.
Elias, Norbert: Über den Prozeß der Zivilisation: Soziogenetische und psychogenetische Untersuchungen, Frankfurt a.M.: 1976.
Fisher, Helen: Anatomie der Liebe: warum Paare sich finden, sich binden und auseinandergehen, München: 1993.
Flandrin, J.-L.: Familien-Soziologie, Ökonomie, Sexualität, Frankfurt, Berlin, Wien: 1978.
Flügel: Volksmedizin und Aberglaube im Frankenwalde, München: 1863.
Frenken, Ralph: Ein Mißverständnis bei der Rezeption des psychohistorisch-evolutionären Ansatzes der Geschichte der Kindheit bei L. deMause, in: Ludwig Janus (Hrsg.): Psychohistorie und Geschichte der Kindheit, Dokumentation der 9. Jahrestagung der Deutschen Gesellschaft für Psychohistorische Forschung in Heidelberg vom 24.-26. März 1995, Textstudio Groß, Heidelberg: 1995.
Gélis, Jacques u.a.: Der Weg ins Leben, Geburt und Kindheit in früherer Zeit, München: 1980.
Imhof, Arthur E.: Einführung in die Historische Demographie, München 1977.

ders.: Säuglingssterblichkeit in Deutschland, 16. bis 20. Jahrhundert: Warum? in: Zeitschrift für Bevölkerungswissenschaft, Jg. 7, 1981, S. 343 ff.
ders.: Die verlorenen Welten – Alltagsbewältigung durch unsere Vorfahren – und weshalb wir uns heute so schwer damit tun, München: 1984.
ders.: (Hrsg.): Der Mensch und sein Körper: von der Antike bis heute, München 1983.
ders.: Geschichte der Sexualität – Sexualität in der Geschichte, in: Christoph Wulf (Hrsg.): Lust und Liebe, Wandlungen der Sexualität, München 1985 (S. 181-216).
ders.: Reife des Lebens: Gedanken eines Historikers zum längeren Dasein, München: 1988 a.
ders.: Die Lebenszeit, Vom aufgeschobenen Tod und von der Kunst des Lebens, München: 1988 b.
ders.: Von der unsicheren zur sicheren Lebenszeit, 1988 c.
ders.: Geschichte sehen: Fünf Erzählungen nach historischen Bildern, München: 1990.
ders.: Im Bildersaal der Geschichte oder Ein Historiker schaut Bilder an, München: 1991a.
ders.: Ars Moriendi: Die Kunst des Sterbens einst und heute, Wien: 1991b.
ders.: Ars Vivendi: Von der Kunst, das Paradies auf Erden zu finden, Wien: 1992.
Lammert, G.: Geschichte der Seuchen, Hungers- und Kriegsnoth zur Zeit des dreißigjährigen Krieges Niederwallug bei Wiesbaden: 1971 (unveränderter Neudruck der Ausgabe von 1890).
Löhmer, Cornelia: Die Welt der Kinder im fünfzehnten Jahrhundert, Weinheim: 1989.
Miller, Alice: Der gemiedene Schlüssel, Frankfurt a.M.: 1984.
Nyssen, Friedhelm: Die Geschichte der Kindheit bei L. de Mause: Quellendiskussion, Frankfurt a.M.: 1984.
ders.: Geschichte der Kindheit als Schwarze Pädagogik? Zu Katharina Rutschkys Kritik an L. de Mause, in: Christian Büttner; Aurel Ende (Hrsg.): Gefördert und mißhandelt, Kinderleben zwischen 1740 und heute, Jahrbuch der Kindheit, Bd.4, Weinheim, Basel:

1987, S. 55-67.
ders.: Lieben Eltern ihre Kinder? Quellendiskussion zur Geschichte der Kindheit, Frankfurt a.M.: 1989.
ders. (Hrsg.): Zur Diskussion über die Kinderkrippe: mit Beiträgen von Brigitte Kühn, Friedhelm Nyssen und Patricia Szogas, Frankfurt a.M.: 1991.
ders.: Neubeginn und Wiederholungszwang: Kindheit und Christentum in der Vergangenheit, Frankfurt a.M.: 1993.
ders.: Der verzerrte Kinderwunsch in christlicher Vergangenheit, in: Annette Klomann; Friedhelm Nyssen: Der Kinderwunsch – Gegenwart und Geschichte, Zwei Beiträge zur Frage nach der „Evolution der Kindheit", Frankfurt a.M.: 1994, S. 108-162.
Ottmüller, Uta: Speikinder – Gedeihkinder, Körpersprachliche Voraussetzungen der Moderne, Tübingen: 1991.
Peiper, Albrecht: Chronik der Kinderheilkunde, Leipzig: 1965.
Ploss, H. H.: Das Kind in Brauch und Sitte der Völker: Anthropologische Forschungen, Stuttgart: 1876.
Ranke-Heinemann, Uta: Eunuchen für das Himmelreich, Katholische Kirche und Sexualität, Hamburg: 1990.
Ross, James Bruce: Das Bürgerkind in den italienischen Stadtkulturen zwischen dem vierzehnten und dem frühen sechzehnten Jahrhundert, in: Lloyd deMause (Hrsg.): Hört ihr die Kinder weinen, Frankfurt a.M.: 1978, S. 263-325.
Schneider, Erich: Einführung in die Wirtschaftstheorie II, Tübingen: 1960.
Schulte, Regina: Kindsmörderinnen auf dem Lande, in: Hans Medick; David Sabean (Hrsg.): Emotionen und materielle Interessen, Göttingen: 1984.
Schuster-Keim, Ute: Psychoanalyse und Geschichte der Kindheit, Eine Diskussion der Hypothesen zur psychogentischen Theorie von Lloyd deMause, in: Ute Schuster-Keim; Alexander Keim: Zur Geschichte der Kindheit bei Lloyd de Mause:Psychoanlytische Reflexion, Frankfurt a.M.: 1988.
Shorter, Edward: Die große Umwälzung in den Mutter-Kind-Beziehungen vom 18. bis zum 20. Jahrhundert, in: J. Martin; A. Nitschke (Hrsg.): Zur Sozialgeschichte der Kindheit, München: 1986, S. 503-524.
Stern, Daniel: Mutter und Kind: die erste Beziehung, Stuttgart: 1979.
Weber, Hartwig: Kinderhexenprozesse, Frankfurt a.M.: 1991.
ders.: „Von der verführten Kinder Zauberei": Hexenprozesse gegen Kinder im alten Württemberg, Sigmaringen: 1996.
Winnicott, Donald W.: Reifungsprozesse und fördernde Umwelt, München: 1974.
Wülker, H.: Bauerntum am Rande der Großstadt, Bd. 1: Bevölkerungsbiologie der Dörfer Hainholz, Vahrenwald und List (Hannover), Leipzig: 1946.

Kindheitsgeschichte und Loyalitätsbindung

Pragmatische Überlegungen

Uta Ottmüller

Wozu Kindheitsgeschichte? Mit deMauses bekanntem Buchtitel gefragt: Wozu ist es gut, „die Kinder (früherer Zeiten) weinen zu hören"? Haben wir nicht genug mit den heutigen Kindern zu tun? Warum sich mit leidvollen, glücklich überwundenen Zuständen belasten oder – aus einer anderen kindheitsgeschichtlichen Perspektive – verlorenes Glück betrauern? Seitdem ich mit Kindheitsgeschichte zu tun habe, sind mir diese skeptischen Fragen immer wieder, manchmal auch von mir selbst, gestellt worden. Diese Skepsis ist für mich bereits Ausdruck unserer Position im kindheitsgeschichtlichen Prozeß. Wir beginnen zu sehen, was wir in früheren Generationen zu sehen vermieden haben und schrecken vor den leidvollen Mißverständnissen zurück, die daraus folgten. Das Erscheinen dieses Bandes zeigt, daß dieser Schrecken nicht die Oberhand behalten soll und erinnert mich an die Fragen, an denen ich meine Arbeit immer orientiert habe: Zur Lösung welcher Probleme soll Kindheitsgeschichte beitragen und wie sollte sie dazu beschaffen sein?

Um diese Fragen zu beantworten, schlage ich zunächst eine Rückbesinnung auf die Boomphase der Kindheitsgeschichte in den 1970er Jahren vor. Philippe Ariès *Geschichte der Kindheit,*[1] Lloyd deMauses *Hört Ihr die Kinder weinen*[2] und Katharina Rutschkys *Schwarze Pädagogik*[3] – um nur die bekanntesten Veröffentlichungen zu nennen – erlebten damals in wenigen Jahren zahlreiche Auflagen und gehörten fast zur sozialwissenschaftlichen Standardliteratur. Wie kam es zu diesem großen Interesse?

---

[1] Ariés, Philippe, Die Geschichte der Kindheit. Dt. Erstauflage. München 1975.

[2] DeMause, Lloyd, Hört ihr die Kinder weinen. Dt. Erstauflage. Frankfurt a. M. 1977.

[3] Rutschky, Katharina, Schwarze Pädagogik. Erstauflage. Frankfurt a. M. 1977.

Die Ausgangsfrage

In der Studentenbewegung der siebziger Jahren setzten sich viele junge und auch manche ältere Menschen für zwanglosere Umgangsformen und den Abbau gesellschaftlicher Hierarchien und zwischenmenschlicher Entfremdung ein. In diesem aufgeschlossenen Klima schien es selbstverständlich, auch Kinder als gleichwertige Wesen zu akzeptieren und in ihrer eigenständigen Entwicklung zu unterstützen. Entwicklungspsychologische Forschungen bekräftigten und legitimierten diese Abkehr von bis dato gültigen, repressiveren Erziehungsmethoden. Diese Abkehr verstrickte jedoch die jungen Eltern nicht selten in bewußte oder unbewußte Loyalitätskonflikte mit ihren Herkunftsfamilien, deren Rechtfertigungssysteme durch die Erfolge der neuen Erziehung in frage gestellt wurden. Auch in Kindertagesstätten, Kinderläden und Schulen entbrannten heftige Diskussionen über den richtigen Umgang mit Kindern.
Diese neuen Erfahrungen und Konflikte machten deutlich, daß die Gestaltung der Lebensphase Kindheit keine biologisch oder ethisch vorgegebene Konstante menschlichen Verhaltens ist, sondern daß sie von einer Vielzahl von Bedingungen abhängt und an unterschiedlichen Zielen orientiert werden kann. All dies weckte ein breites und lebhaftes Interesse an der Geschichte der Kindheit, das zum einen auf die Abklärung der eigenen Position im kindheitsgeschichtlichen Prozeß, zum anderen auf dessen künftige Beeinflußbarkeit gerichtet war.

Die akademische Diskussion

In der akademischen Diskussion wurde dieses Interesse bald auf theoretische, auf langfristige Prozesse gerichtete Fragen hin kanalisiert. Friedhelm Nyssen gibt in seinem Aufsatz *Zur Geschichte der Kindheit:* Erkennen und „Erinnern“[4] einen guten Einblick, wie studentische Seminare eine Schiedsrichterposition zwischen der von deMause postulierten, „affirmativen“ oder evolutionären Richtung und der von Ariès, Rutschky u.a. angenommenen zivilisationskritischen Richtung der Kindheitsgeschichte einnahmen. Nach der affirmativen Sichtweise hat sich das Eltern-Kind-Verhältnis im Laufe der

[4] Nyssen, Friedhelm, Zur Geschichte der Kindheit: Erkennen und Erinnern. In: Kindheit 1 (1976) H. 3, S. 253 ff.

Geschichte zunehmend von roher, sogar mordbereiter Gewaltsamkeit in die Richtung von Einfühlung und Unterstützung hin verbessert. Aus zivilisationskritischer Sicht entwickelte es sich dagegen von „affektiver Verbundenheit" fort in Richtung auf zunehmende Distanz und Entfremdung. Dem Bericht zufolge entschied sich eine überwältigende Mehrheit von ca 90 % für die zivilisationskritische Richtung, die die Wunschvorstellung einer glücklicheren, „sinnlicheren" Kindheit in eine ferne Vergangenheit und damit aus dem aktuell beeinflußbaren Kontext herausprojiziert.

Eine ähnliche Fernprojektion findet sich bei Ariès selbst. In einem nachträglich verfaßten Vorwort seines ursprünglich 1960 erschienen Buches erwartete der Autor die „entscheidenden Fortschritte" der Kindheitsgeschichte in der „Dechiffrierung der Jahrhunderte – Jahrtausende! – die dem 16. Jahrhundert vorangegangen sind". In den nachfolgenden, uns näher und sogar nah gelegenen Jahrhunderten sind die „wenigen wirklichen Fortschritte" ihm zufolge nur „um den Preis eines *ermüdenden Leerlaufs* (Hervorheb. U.O.)"[5] zu erzielen. Müdigkeit hat oft Vermeidungscharakter. Was wurde damit vermieden? In einem zeitlich undifferenzierten Überblick über „frühere historische Werke über Kinder" brachte Lloyd deMause zahlreiche eindrucksvolle Beispiele, wie darin die Verletzung und Abwertung von Kindern und sogar Kindesmord beschönigt und gerechtfertigt oder bagatellisiert wurde. So fand er etwa nach einer Beschreibung, daß Kinder im Wiegenalter mit Stöcken geschlagen wurden, folgenden Kommentar: „Wenn ihre Bestrafung streng war, so war sie doch auch gerecht und an gemessen und wurde mit Freundlichkeit durchgeführt."[6]

Dieser Kommentar ist wie andere bei deMause zitierte Kommentare nach heutigem entwicklungspsychologischen Wissen der Sache nach unsinnig. Der einzig denkbare Sinn, den er m. E. enthält, ist die von den Autoren vorgenommene Rechtfertigung elterlichen Verhaltens und die Vermeidung der Vorstellung kindlichen Schmerzes und kindlichen Ausgeliefertseins. Es scheint also, daß KindheitshistorikerInnen mit ganz ähnlichen Loyalitätsproblemen zu kämpfen haben, wie die PraktikerInnen und BefürworterInnen der neuen, einfühlsam-unterstützenden Kindererziehung.

---

[5] Ariés 1975, S. 65.

[6] DeMause 1977, S. 16ff.

Unsichtbare Bindungen

Einen guten Einstieg in diese Problematik scheint mir der familientheortische Begriff der *unsichtbare Bindungen* zu bieten. Ivan Boszormenyi-Nagy und Geraldine M. Spark bezeichneten damit Verhaltensweisen und Überzeugungen, die sonst sinnlos und als asoziales oder abweichendes Verhalten erscheinen. Gemeint sind „pathologisch (d. h., über die entwicklungspsychologisch notwendige Zeit hinaus, U.O.) verlängerte und intensive Bindungen“,[7] die mehrere Generationen einer Familie übergreifen und das Handeln der so gebundenen Familienmitglieder unbewußt beeinflussen. Unsichtbar sind sie für die Beteiligten besonders dann, wenn sie im Widerspruch zum bewußten Verhalten stehen, das beispielsweise Unabhängigkeit demonstrieren will. Nach den familientherapeutischen Erfahrungen der Autoren folgen diese Loyalitätsbindungen einer langfristigen Kontoführung von Verdiensten und Schulden, die in der Generationenfolge weiter gereicht werden. Kindern wird dabei grundsätzlich die Übernahme der elterlichen Werthaltungen und Erwartungshorizonte abverlangt. Wenn diese Forderungen im Zuge des Heranwachsens nicht abgebaut werden können, hindern sie die jungen Erwachsenen an der Entwicklung eigener Perspektiven und Handlungskonzepte, und am Aufbau angemessener Loyalitätsbindungen innerhalb der eigenen Altersgruppe und gegenüber den eigenen Kindern.

Dies könnte beispielsweise erklären, wieso die neue „antiautoritäre Erziehung“ der frühen 70er Jahre relativ häufig zu einer „laissez-faire-Erziehung“ geriet, die die Kinder überforderte. Indem diese – wie übrigens in der so positiv bewerteten kindheitshistorischen Ausgangssituation bei Ariès – als „kleine Erwachsene“ behandelt wurden, wurden ihre altersspezifische Bedürfnisse und Verständnisgrenzen oft übersehen. Wenn diese Kinder anschließend Schwierigkeiten beim Erwachsenwerden und/oder kriminelle Neigungen an den Tag legten, so wurde mit diesem Mißerfolg der Eltern das (schuldhaft in frage gestellte) Verdienstkonto der (vergleichsweise erfolgreichen) Großeltern wiederhergestellt. Solche spektakulären Entgleisungen der neuen Eltern-Kind-Beziehung waren jedoch eher die Ausnahme als die Regel.

---

[7] Boszormenyi-Nagy, I. u. Spark, G. Unsichtbare Bindungen. Die Dynamik familiärer Systeme. Stuttgart 1981, S. 291.

Neue Kindererziehung

In moderater Form praktiziert, zeigte die „neue Erziehung“ so gute Erfolge, daß sie mittlerweile die populäre Ratgeberliteratur für Eltern und die Richtlinien der Jugendämter und Kindertagesstätten bestimmt. In der Praxis scheint jedoch die Gewalt an Kindern in den letzten Jahren – oft als Spannungsableiter für die durch Arbeitslosigkeit bedingten Probleme der Eltern – eher zuzunehmen. Deshalb und auch wegen der Zunahme von überforderten alleinerziehenden Elternteilen wächst die familienergänzende Funktion der Kndertagesstätten. Hier finden auch – weitgehend außerhalb der öffentlichen Wahrnehmung – noch immer heftige Diskussionen um die Berechtigung und Notwendigkeit von Zwängen statt. Trotz wissenschaftlich eindeutiger Gegenargumente versuchen viele ErzieherInnen in zähen Aushandelungsprozessen daran festzuhalten, daß Kinder wenigstens zum Probieren des Essens, zu einem halbstündigen Ruhigliegen oder einer so und so bemessenen Sitzung auf dem Töpfchen gezwungen werden müssen. Bekannt ist die Redewendung: „Mir hat es ja auch nichts geschadet.“ Die Zählebigkeit derart loyaler Überzeugungen hat sich unlängst auch in den Auseinandersetzungen um die Abschaffung des elterlichen Züchtigungsrechtes gezeigt. Die gewählten Volksvertreter konnten sich nicht zu einer vollständigen Streichung diese Rechtes durchringen.

Das Generationenverhältnis in den öffentlichen Haushalten

Die aktuelle, das Generationenverhältnis betreffende Problemlage manifestiert sich auch auf allgemeinerer Ebene in der um sich greifenden Finanzkrise der öffentlichen Haushalte und den darauf bezogenen Konsolidierungsvorstellungen der Politiker. Bezeichnend ist, daß die Wortführer des dabei bevorzugten sozialpolitischen Sparkurses fast einstimmig die von ihnen regierte Bevölkerung der Schulden bezichtigen, die *sie selbst* als gesetzgebende Volksvertreter zu verantworten haben – teils in Form von vielleicht hie und da übermäßigen Sozialleistungen, die man dann böswillig auch Bestechungsgelder nennen könnte, teils für ganz andere Dinge wie Rüstung, öffentliche Renommierarchitektur oder ihren eigenen Luxus. Es wäre also angebracht, daß die Verantwortlichen sich bei den von ihnen im doppelten Sinne Beschuldigten entschuldigen. Stattdessen komplettierten sie ihre

(Schuld-)Projektion durch eine Umkehrreaktion: Das Volk und davon vor allem die jüngere, erwerbstätige Generation wird der Verschwendungssucht bezichtigt und soll nun sparen, d.h. die gute Mutter sein, die den Schaden wieder wett macht. Hier wird der ganz materielle Generationenvertrag, der seit den letzten Jahrzehnten des 19. Jahrhunderts zunehmend aus den Familien in die öffentlichen Haushalte verlagert wurde, zu Ungunsten der nachwachsenden Generationen interpretiert.

Der paradoxe Eigentor-Charakter dieser Interpretation zeigt sich am deutlichsten bei den Kürzungen im Jugend- und Bildungsbereich. Die Nachkommen werden damit an der Entwicklung derjenigen praktischen und sozialen Fähigkeiten gehindert, die sie benötigen um zu leisten, was man von ihnen erwartet. Im Familienkontext wäre dies als schizogenes Verhalten zu beschreiben. Um das Maß voll zu machen, erklärt man ihnen, dies geschehe in ihrem eigenen Interesse, d.h., um ihnen weitere Schulden zu ersparen – die man in anderen Bereichen sehr wohl in Kauf nimmt. Moralisch desorientiert werden sie auch beispielsweise dadurch, daß man ihnen per Pflichtversicherungen die Finanzierung von Leistungen abverlangt, die sie selbst erklärterweise oder wahrscheinlich nicht mehr erhalten werden. Die heute jungen Erwerbstätigen werden also zur Einhaltung von Verträgen gezwungen, die sie selbst nicht abgeschlossen haben und die von ihren Verfechtern selbst durch übermäßige Verschuldung gebrochen wurden. Diese Verschuldung kettet sie und und alle anderen Mitglieder der Gesellschaft darüber hinaus an ökologisch und humanitär ruinöse, aber ertragreiche Wirtschaftszweige wie die Rüstungs- und Autoindustrie.

Betrachtet man diese noch überwiegend von der unmittelbaren Nachkriegsgeneration dominierte Politik aus dem Blickwinkel eines nicht nur materiell, sondern auch emotional verstandenen Generationenvertrags, so liegt die Vermutung nahe, daß hier ganz ähnliche unsichtbare Bindungen wirksam sind, wie sie die oben zitierte familientherapeutische Forschung an einzelnen Familien aufgezeigt hat. Vielleicht ist es kein Zufall, daß die massive Verschuldung der öffentlichen Haushalte in den siebziger Jahren begann.[8] Sowohl die politische – auf gerechte Verteilung der Arbeitserträge gerichtete Seite – als auch die private und pädagogische Seite der 68er Bewegung stellte die Werte, Privilegien und Verhaltensmuster ihrer Herkunftsschichten massiv in Frage, die ihrerseits in der Mehrheit an ihren sozialen Privilegien und Erwartungshorizonten festhielten. Im Hinblick auf die neuen Erziehungsvorstellungen war ihre Abwehrhaltung zunächst und auf bewußter Ebene weniger ausgeprägt.

[8] Heydt, P. v. d., Schuldenmacher und Verschwender. Hamburg 1995, S. 12f.

Der Vater der Autorin mit Mutter und Großmutter 1908 (Familienfoto)

Die Verschuldungspolitik läßt sich jedoch als weitgehend unbewußte Regreßforderung an die Nachwelt verstehen, die auch die personalintensivere Realisierung einfühlsamer Kinderbetreuung in frage stellen kann. Die emotionale Dimension dieser Regreßforderung läßt sich aus der hier vorgeschlagenen Perspektive dadurch erklären, daß alte unsichtbare Bindungen an frühere, teilweise auch faschistisch sozialisierte Elterngenerationen durch die Aktivitäten der 68er provoziert wurden. Die aktuellen Kürzungen im psychosozialen, Jugend- und Bildungsbereich können so als lange vorbereiteter Versuch gewertet werden, die Errungenschaften dieser Bewegung zu behindern und womöglich rückgängig zu machen. Wenn diese Interpretation mehr als ein Körnchen Wahrheit enthält, könnte die Aufklärung dieser Loyalitätsbindungen und der ihnen zugrundeliegenden Verletzungen und Vergeltungsansprüche zu einer realitätsgerechteren Einschätzung und Bewältigung der Situation beitragen.

Die Aufgabe

An einer solchen Aufklärung zu arbeiten, ist m.E. die aktuell vordringliche Aufgabe der Kindheitsgeschichte. Auf die letzten 3 – 5 Generationen konzentriert, könnte sie als gesellschaftliche Anamnese verstanden und sukzessive als Allgemeinbildung in Schulen und Medien vermittelt werden. Auf diese Weise könnte ein kollektiver Reflexionsprozeß in Gang gesetzt werden, der nicht nur notwendige Einschnitte und Verluste erträglich machen, sondern auch neuartige Gewinne an Beziehungsqualität und subjektivem Lebens sinn ermöglichen würde. Es spricht nämlich wenig dafür, daß die Einwohner luxuriöser „Geriatric Parks“[9] ihr Dasein mehr als andere Menschen genießen können. Schließlich wissen die Mehrzahl der so versorgten Senioren sehr gut, daß die „normale“ Gesellschaft und oft auch die eigenen Angehörigen sie sich auf diese Weise vom Halse schaffen. Auch die Ghettoisierung der Alten – wie übrigens auch der Kinder in Kindertagesstätten – ist ein kindheitsgeschichtlich entstandenes und bedeutsames Phänomen.

Kindheitsgeschichte mit Kontext

Der Vorteil von deMauses kindheitsgeschichtlicher Konzeption ist, daß er eine positive Entwicklung des Eltern-Kind-Verhältnisses zu denken wagt, ohne deshalb die Vergangenheit zu beschönigen und kindliche Verletzungen zu bagatellisieren. Indem er diese Entwicklung jedoch ausschließlich auf den nicht weiter zu erklärenden vertikalen Abbau von Angst zwischen Eltern und Kindern zurückführt, vernachlässigt er die horizontalen Kontextbedingungen, die diesen Abbau behindern, vielleicht sogar vorübergehend umkehren oder eben auch fördern können.
Diese Kontextbedingungen reichen von der elterlichen Partnerbeziehung, die in ihren emotionalen Komponenten ebenso tabuisiert ist wie die frühe Kindheit, über das Verhältnis zwischen Verwandten, Freunden und Nachbarn bis hin zu ökonomischen Bedingungen, der Machtverteilung zwischen den Geschlechtern, religiösen Vorschriften und – in zunehmendem Maße – Verhaltensanweisungen durch Ärzte und Psychologen. Ebenso wächst die

[9] Schüller, H., Die Alterslüge. Berlin 1995, S. 35.

Bedeutung familienexterner Tagesbetreuung. Die Veränderungen dieser Kontextbedingungen können dabei durchaus als Teil des psychogenetischen Prozesses begriffen werden, denn sämtliche TeilnehmerInnen sind selbst Kinder gewesen und verarbeiten ihre diesbezüglichen Erfahrungen auf die eine oder andere Weise. Diese Verarbeitung wurde in zunehmendem Maße zu einem durch empirische Forschung fundierten, bewußt reflektierten und organisierten Prozeß, der zwar keineswegs fehlerfrei vorankam, aber im Verständnis der kindheitsgeschichtlichen Entwicklung berücksichtigt werden sollte. Um ihn angemessen einzuschätzen, ist allerdings eine Kenntnis der vorausgegangenen populären Sozialisationskontexte notwendig, in denen Unterstützung und soziale Kontrolle von Eltern an weitgehend unreflektierten Normen und Zielen ausgerichtet waren. Auch die längerfristige bürgerliche Tradition projektionsbelasteter „schwarzer Pädagogik", wie sie bei Rutschky am eindringlichsten dokumentiert wurde, ist zu berücksichtigen.

Wenn Kindheitsgeschichte zur Aufklärung unsichtbarer, in ihrer Verpflichtungsfunktion rückwärtsgerichteter Bindungen zwischen den Generationen beitragen soll, fällt der Berücksichtigung dieses sich wandelnden Gesamtkontextes eine wichtige Entlastungsfunktion zu. Eine ausschließlich vertikale kindheitgeschichtliche Reflexion riskiert nämlich, die familienspezifischen Schuldkonten, die diesen Bindungen zugrundeliegen, lediglich umzukehren und nun gegenläufig aufzurechnen. Die Berücksichtigung ihrer objektiven materiellen und sozialkognitiven Bedingungen könnte dagegen einen bidirektional-einfühlsamen Dialog zwischen den Generationen ermöglichen, der zur Lösung der aktuellen Verteilungsprobleme beitragen kann.

Die Theorie der Geschichte der Kindheit und die ökonomischen Entscheidungen

Wolfgang Prieß

Zusammenfassung

Bei der Beschäftigung mit der Theorie der psychogenetischen Entwicklung und bei der Beobachtung des momentanen Zustandes der Gesellschaft und der Umwelt drängen sich mir zwei Fragen auf:
Wird die Eltern-Kind-Beziehung immer besser oder werden die gesellschaftlichen und ökologischen Bedingungen für die Kinder immer schlechter?
Beides trifft zu:
Die Eltern haben ein natürliches Reggressionsbedürfnis in den Beziehungen mit Kindern und die Kinder haben ein natürliches Beziehungsbedürfnis zu ihren Bezugspersonen. Das heißt, das Problem der Eltern -die 'zweite Angstbearbeitung'- wird immer besser verarbeitet und das Problem der Kinder -die 'Differenzierung'- wird immer besser gelöst. Damit wird die Eltern-Kind-Beziehung im Laufe der Geschichte enger und emphatischer.
Aber es entstehen nach wie vor Abwehrmechanismen durch nicht gelernte Beziehungsfähigkeit und Herrschaft durch eine gescheiterte 'Differenzierung'.
Diese grundlegenden psychischen Phänomene, die sich durch die ganze Geschichte der Kindheit ziehen, haben durch die heutigen technischen Möglichkeiten auf einer qualitativ neuen Ebene Einfluß auf die Kinder:
Abwehrmechanismen und Herrschaftsstrukturen sind die Ursachen von ökonomischen Entscheidungen in den Bereichen der Umwelt, der Familienpolitik und der Medien. Diese stehen den verbesserten Eltern-Kind-Beziehungen konträr gegenüber.

So kann zusammenfassend festgestellt werden, daß die Kinder heute einerseits zunehmend in den Genuß eines emphatischeren Erziehungsmodus kommen, andererseits aber von Gefahren bedroht werden, die die Dimensionen bisher erlebter negativen Folgen eines Erziehungsmodus bei weitem überschreiten.

Empathie vs. Ökonomie

Der Aufsatz gliedert sich in die gegensätzlichen Abschnitte Empathie und Ökonomie. Im Abschnitt Empathie werden als besondere Probleme der Eltern-Kind-Beziehung die 'zweite Angstbearbeitung' und die 'Differenzierung' und das, daraus entstehende Dilemma aufgezeigt. Der Abschnitt Ökonomie behandelt die, aus dieser Beziehung entstehenden ökonomischen Entscheidungen in den Bereichen der Familienpolitik, der Umwelt und der Medien. Zunächst werden aber die Verbindungen zwischen der Sozialisation und dem Erziehungsmodus und zwischen Beziehungsfähigkeit und Verantwortung dargestellt und zwei Thesen über die Beziehungsfähigkeit bzw. Beziehungsunfähigkeit aufgestellt.

1. Sozialisation bestimmt den Erziehungsmodus

Die Grundlage der Gesellschaft ist die Qualität der Eltern-Kind-Beziehungen. Die Kindheit bildet dabei die Basis, da die Erwachsenen nur so beziehungsfähig sein können, wie sie in ihrer eigenen Kindheit Beziehungsfähigkeit gelernt haben. Grundlegend für die Eltern-Kind-Beziehung wiederum sind das Regressionsbedürfnis der Eltern und das Beziehungsstreben der Kinder. Ohne diese angeborenen Verhaltenssysteme der Fürsorge und der Bindung im Sinne von Bowlby kann überhaupt keine Beziehung zwischen Eltern und Kind entstehen. Insoweit bildet vor allem die Sozialisation in der Familie eine wichtige Bedingung für den Zustand der Gesellschaft.
Die Sozialisation wird als ein „... Prozeß der Entstehung und Entwicklung der menschlichen Persönlichkeit in Abhängigkeit von und in Auseinandersetzung mit den sozialen und den dinglich-materiellen Lebensbedingungen verstanden, die zu einem bestimmten Zeitpunkt der historischen Entwicklung einer Gesellschaft existieren.“ (Hurrelmann: 14) Die Sozialisationsinstanzen sind in

der primären Sozialisation bis etwa zum Ende des 3. Lebensjahres vornehmlich die Familien und in der sekundären Sozialisation das soziale Milieu, die Gleichaltrigengruppen und die gesellschaftlichen Einrichtungen. (Hurrelmann: 275f) Nach Daniel Stern beginnt der lebenslange Prozeß der Sozialisation bereits ab der Geburt. Die Entwicklung zu einer sozialen und gesellschaftlich handlungsfähigen Persönlichkeit vollzieht sich dabei in Lebensphasen, in denen bestimmte aufeinander aufbauende Fähigkeiten entwickelt werden.
Die Eltern selbst sind neben den aktuellen sozialen und materiellen Lebenslagen, dem sozialen Milieu, der Schichtzugehörigkeit und der beruflichen Stellung auch durch ihre eigenen Kindheitserlebnisse geprägt. All diese Faktoren wirken sich auf die Umgangsformen in der Familie aus. Dabei prägen die Erfahrungen aus der eigenen Kindheit entscheidend die Erziehungsmethoden der Erwachsenen, indem sie als Eltern durch die 'zweite Angstbearbeitung' erneut mit diesen Erlebnissen konfrontiert werden. Die Eltern haben bestimmte Möglichkeiten der Verarbeitung dieser traumatischen Erfahrungen und erreichen damit ein bestimmtes Niveau an Empathie und Beziehungsfähigkeit. Zu diesem Beziehungsniveau ihren Kindern gegenüber gehört aber ebenso ihre Einstellung zur Natur, ihre Beziehung zur Welt. Nachdem die Eltern aufgrund ihrer Persönlichkeitsentwicklung zu einem bestimmten Erziehungsmodus gelangt sind, legen sie mit ihrer Erziehung im privaten Bereich und mit ihrem Umwelthandeln im öffentlichen Bereich das Fundament für die Entwicklungsbedingungen der Kinder und prägen damit deren spätere Erziehungmethoden. Die Handlungen im Erziehungsbereich werden nach deMause mit dem eigenen geburtlichen und frühkindlichen Erleben in Beziehung gesetzt. Mit dem gleichen Modell soll hier versucht werden, psychologische Ursachen für die Handlungen im Umweltbereich zu erklären. Folgende zwei Thesen werden hier aufgestellt.

2. These über die Zunahme der Beziehungsfähigkeit

Mit der Theorie der psychogenetischen Entwicklung der Eltern-Kind-Beziehung soll unter besonderer Berücksichtigung des Phänomens der 'zweiten Angstbearbeitung' nach Nyssen das Verhältnis „Fürsorge – Mißhandlung" und

„Bindung – Vernachlässigung“ sowohl in den Erziehungsmodi als auch im Umwelthandeln untersucht werden. Dabei wird sich zeigen, daß die Ursachen der einerseits emphatischer werdenden Eltern-Kind-Beziehungen und der andererseits weiterhin vorhandenen Abwehrmechanismen und Herrschaftsstrukturen mit Problemen der ‘zweiten Angstbearbeitung’ (nach deMause und Nyssen) und der ‘Differenzierung’ (nach Benjamin) begründet werden können.

Die Theorie der Intersubjektivität nach Benjamin macht mit dem Problem der ‘Differenzierung’ die Entstehung von Herrschaftsmechanismen klar und liefert Hinweise für die Reggressionsfähigkeit der Eltern und das Beziehungsbedürfnis der Kinder. Damit zeigt sie nicht nur die Ursache von Herrschaft und mangelnder Beziehungsfähigkeit auf, sondern gibt auch Hinweise für einen neuen Erziehungsmodus nach deMause: Einerseits liefert sie also mit ihrer Annahme vom ‘Zusammenbruch der Spannung’ einen Erklärungsansatz für eine mangelnde Beziehungsfähigkeit. Diese Beziehungsunfähigkeit kann als Ursache von ökonomischen Entscheidungen angesehen werden, also den Entscheidungen, die für das Disaster in unserer Welt verantwortlich sind. Andererseits nennt sie mit der ‘Aufrechterhaltung der Spannung’ die Möglichkeit, eine emphatischere Eltern-Kind-Beziehung zu entwickeln. Auch die Annahmen von Stern über frühe sensorische Erfahrungen und über die vier Arten von Selbstempfindungen, die das ganze Leben hindurch vorhanden sind, unterstützen die These von der ‘zweiten Angstbearbeitung’. Durch die Vermutung angeborener Mechanismen bei Eltern und Kindern lassen sich auch Hinweise für die Reggressionsfähigkeit der Eltern und das Beziehungsbedürfnis der Kinder finden. Insgesamt ergibt sich im primären Sozialisationsbereich der Eltern-Kind-Beziehung eine zunehmende Verbesserung des Erziehungsmodus.

Der vorherrschende Erziehungsmodus wirkt sich aber nicht nur auf den privaten Bereich der Eltern-Kind-Beziehung aus, sondern zeigt sich auch in den Entscheidungen, die im öffentlichen Bereich getroffen werden. Die ökonomischen Entscheidungen, die für die Umweltzerstörung und andere negative gesellschaftliche Entwicklungen verantwortlich sind, beruhen möglicherweise auf den gleichen psychologischen Faktoren, die für den Erziehungsmodus bestimmend sind. Trotz verbesserter Erziehungsmethoden und damit verbesserter privater Entwicklungsbedingungen für die Kinder gibt es aufgrund dieser psychologischen Faktoren nach wie vor Defizite in der Beziehungsfähigkeit. Die vorherrschenden Eltern-Kind-Beziehungen bestimmen also die Beziehungsfähigkeit, die Empathie, mit der wir sowohl anderen Menschen als auch der Umwelt begegnen. Dies ist der eine Thesenstrang.

3. These über die Gefahrenzunahme durch Beziehungsunfähigkeit

Wenn jedoch die Einstellungen zwischen den Menschen und die Haltung zur Umwelt auf den selben psychologischen Faktoren basieren und die Eltern-Kind-Beziehungen immer besser werden, stellt sich die Frage, wie es zu dem desolaten Zustand der Umwelt kommt. Die unethische, unmoralische und egoistische Haltung der Gesellschaft und ihre Folgen (Schadstoffe, Kernenergie, Genmanipulation) zeichnen eigentlich ein düsteres Bild unserer Beziehungfähigkeit. Von dieser Sichtweise aus kann kaum von einer reiferen Beziehungsform gesprochen werden, sondern vielmehr von einer individuellen, ökonomischen Haltung gegenüber anderen und der Welt. Diese Schlußfolgerung kann jedoch nicht getroffen werden, weil in der heutigen Zeit durch die Faktoren der Risikogesellschaft (Beck, 1986) eine neue Situation entstanden ist, die bei der weiterhin zutreffenden Theorie von deMause berücksichtigt werden muß. Wir befinden uns in einer technisierten Gesellschaft, die die Gefahren, die sie produziert nicht mehr kontrollieren und überschauen kann.

Der Hauptgedanke der zweiten These lautet nun, daß die weiterhin vorhandene mangelnde Beziehungsfähigkeit, die auf Abwehrmechanismen und Herrschaftsstrukturen basiert, heute wesentlich größere und folgenschwere Auswirkungen in öffentlichen Bereichen hat. Die Möglichkeiten der Einflußnahme auf die Umwelt und die gesellschaftliche Realität sind durch die technische Entwicklung so stark gestiegen, daß eine einzige Entscheidung oder Handlung größere Schäden anrichten kann als je zuvor. Während ein einzelner Erwachsener mit einem 'rückständigen' Erziehungsmodus im privaten Bereich möglicherweise seine Kinder mißhandelt und damit aber 'nur' auf die Entwicklung dieser Kinder entscheidend Einfluß nimmt, sind heute Menschen mit der gleichen psychogenetischen Struktur in Positionen, in denen sie durch ökonomische Entscheidungen Einfluß auf große Bereiche der Umwelt und damit auf die Lebenswelt von unzähligen Kindern und Erwachsenen nehmen. Aber nicht nur in einflußreichen Positionen wird über die Lebensbedingungen von Kindern entschieden, indem z.B. Grenzwerte für Schadstoffbelastungen nach Erwachsenen definiert werden. Auch jeder einzelne Erwachsene hat ungleich größere Möglichkeiten der Einwirkung auf die Lebensbedingungen, indem nun z.B. eine ganz alltägliche Unkonzentriertheit bei der Tätigkeit des Autofahrens verheerende Folgen haben kann.

Wir Menschen in der Risikogesellschaft gehen also mit Dingen um, die wir nicht mehr verstehen und haben Handlungsmöglichkeiten, deren Auswirkungen bei unveränderten Persönlichkeitsstrukturen und psychologischen Faktoren, Motiven und Einstellungen unvorstellbar viel größer sind, als jemals zuvor in der Geschichte der Menschheit. Die Potenz der Gefahren unserer technischen Entwicklung stellt somit eine neue Dimension der Auswirkungen von Handlungen dar.
Neben den größeren Auswirkungen von im Grunde unveränderten Persönlichkeitsstrukturen, zeigt sich in ökonomischen Entscheidungen aber auch ein psychogenetischer Persönlichkeitsmodus, der geprägt ist von projektiven und Umkehr-Reaktionen und Abwehrmechanismen. Diese Einstellung ist sowohl gegen die Umwelt insgesamt, als auch in besonderem Maße gegen die junge Generation gerichtet. Die Kinder werden nicht nur direkt durch die Offenheit, Beeinflußbarkeit und Verwundbarkeit ihrer geistigen und körperlichen Beschaffenheit in ihrer Persönlichkeitsentwicklung durch ökonomische Entscheidungen geschädigt, sondern müssen auch langfristig die ganze Last der ökologischen Katastrophe tragen.

4. Beziehungsfähigkeit führt zu ökologischen Entscheidungen

Die Annahme des zunehmend reiferen Erziehungsmodus steht also den schlechter werdenden ökologischen und gesellschaftlichen Verhältnissen diametral entgegen.
Auf der einen Seite stehen wir vor einem Abgrund. Die globalen ökologischen Erscheinungen, also die Folgen des menschlichen Handelns auf dieser Welt – die Folgen unseres Tuns auf unserer Erde – sind vernichtend. Auf dieser Seite stehen die wirtschaftlichen Strukturen, die – geprägt von ökonomischen Wertvorstellung – gegen das Kindeswohl und gegen das Wohl aller Menschen gerichtet sind. Hier stehen auch die Massenmedien, die – ohne Rücksicht auf ethische Maßstäbe – eine multimediale Scheinwelt errichten, die zunehmend unsere Kinder sozialisiert und alle Menschen beeinflußt und mitprägt.
Auf der anderen Seite steht unsere Beziehungsfähigkeit. Die Eltern stehen vor einem (nicht unüberwindlichen) Abgrund, weil sie große Probleme mit der 'zweiten Angstbearbeitung' haben. Die Kinder stehen vor einem (nicht unüberbrückbaren) Abgrund, weil sie das Problem der 'Differenzierung' lösen

müssen. Diese Eltern und Kinder sind wiederum die Menschen, die (heute und später) die Geschicke der Welt in der Hand haben. Es sind auch die Menschen, die das ökologische Disaster anrichten und weiter anrichten werden. Wieviel Zeit bleibt uns noch, eine Beziehungsfähigkeit zu erlangen, die die dringend notwendigen ökologischen Entscheidungen ermöglichen?
Der Wettlauf zwischen der 'guten' Eltern-Kind-Beziehung und der 'schlechten' ökologischen Realität ist noch nicht entschieden. Mit den Phänomenen der 'zweiten Angstbearbeitung' und der 'Differenzierung' können vielleicht die psychologischen Ursachen dieser widersprüchlichen Realität erfaßt werden. Aufgrund dieser Theorien könnte der Ausweg aus dem Dilemma lauten: Beziehungsfähigkeit führt zu ökologischen Entscheidungen zum Wohle unseres Lebensraumes. Beziehungsfähigkeit = Verantwortung.

Abschnitt Empathie

1.

Die psychogenetische Theorie

Oder: Das Problem der Eltern

Durch die Reggressionsfähigkeit der Eltern und das Beziehungsbedürfnis der Kinder entstehen emphatischere Beziehungen. Nach der Theorie des historischen Wandels von deMause erwächst die zentrale Antriebskraft des historischen Wandels aus den psychogenen Veränderungen der Persönlichkeitsstruktur, die sich im Laufe der Generationenfolge aus den Interaktionen in den Eltern-Kind-Beziehungen ergeben.
Das Seelenleben beginnt mit traumatischen Erfahrungen in einer immer enger werdenden Umgebung mit einer abnehmenden Sauerstoffversorgung. Nach der Geburt als Befreiung aus dieser Situation sind die traumatischen Erlebnisse unbewußt vorhanden und werden auf verschiedene Weise individuell oder kollektiv ausagiert und verarbeitet. Dieses Drama, das seine Ausprägungen in den gesellschaftlichen Bedingungen findet, ist die Grundlage jeder

Kultur jedes Zeitalters und wird verändert durch die Erziehungsmethoden (deMause 1989: 239).
Nach deMause ist ein natürliches Bedürfnis der Eltern nach Regression und ein Streben der Kinder nach Beziehungen zu anderen Menschen unabhängig von sozialem und technologischem Wandel vorhanden. Die Eltern haben die Fähigkeit, sich in die Ängste ihrer Kinder hineinzuversetzen und begegnen dabei ihren eigenen Kindheitsängsten zum zweiten Mal. In den immer enger werdenden Beziehungen zwischen Eltern und Kindern bietet sich die Möglichkeit einer Auseinandersetzung mit diesen Ängsten und damit deren Bewältigung. Immer enger werdende Beziehungen zwischen Eltern und Kindern erzeugen immer neue Ängste. Die Bewältigung dieser Ängste bestimmt die Erziehungspraktiken jedes Zeitalters neu. Die Erziehungspraktiken jeder historischen Epoche zeigen sich unter anderem in den Formen der projektiven Reaktionen und der Umkehr-Reaktionen und verbessern sich im Laufe der Geschichte der Eltern-Kind-Beziehung. Die auf der Basis der spezifischen Kindheitserfahrungen beruhenden Möglichkeiten der Kindheitsbewältigung bilden psychische Strukturen, die als psychogenetische Persönlichkeitsmodi definiert werden können.
DeMause sieht in der Art und Stärke der projektiven Reaktionen, der Umkehr-Reaktionen und der Doppelvorstellungen, die die Eltern-Kind-Beziehungen prägen, Hinweise für den, in einer Epoche vorherrschenden psychogenetischen Persönlichkeitsmodus. Er versucht, diese verschiedenen Formen von Eltern-Kind-Beziehungen zu definieren und in den historischen Quellen nachzuweisen. So schreibt er die verschiedenen Erziehungspraktiken jeweils einem Zeitraum zu, in dem sie besonders auffällig auftraten, betont aber, daß die alten Erziehungsformen nicht verschwinden, sondern nur in den Hintergrund treten. Nach psychogenetischen Forschungen ist mit jedem neuen Persönlichkeitsmodus eine Verbesserung der Kindererziehung festzustellen während die älteren (unreiferen) Persönlichkeitsmodi zunehmend gesellschaftlich geächtet werden. DeMause beschreibt diese aufeinanderfolgenden psychogenetischen Erziehungsmodi mit ihren zugrundeliegenden psychologischen Mechanismen als Entwicklung vom Modus des Kindesmords in den Anfängen der erforschbaren Eltern-Kind-Beziehung in der Antike über die Weggabe vom 4. – 13. Jhd., die Ambivalenz bis zum 17. Jhd, die Intrusion im 18. Jhd. und die Sozialisation bis zur Hälfte des 20. Jhd. Danach folgt der Erziehungsmodus der Unterstützung, in dem beide Elternteile mit den Kindern versuchen, in einer gleichberechtigten Familienstruktur der gegenseitigen Achtung und Einfühlnahme zu leben (deMause 1992: 82ff).

Die Abnahme der Umkehr- und projektiven Reaktionen und die Zunahme der emphatischen Reaktionen bedeuten jedoch nicht, daß in der Vorzeit keine Empathie möglich war. Die von deMause selbst angenommenen Regressionsbedürfnisse der Eltern und das Beziehungsstreben der Kinder müssen vielmehr schon im frühesten Erziehungsmodus vorhanden sein, da sonst die, von ihm vertretene Entwicklung gar nicht hätte stattfinden können. Nyssen sieht diese beiden grundsätzlichen Antriebskräfte für die Eltern-Kind-Beziehung in der Theorie Bowlbys in Form der angeborenen Verhaltenssysteme Fürsorge und Bindung aufgezeigt. Damit steht das Konzept von Bowlby noch vor den Annahmen deMause' über die Geschichte der Kindheit. Dieser Theoriebestandteil, der von Nyssen als 'zweite Angstbearbeitung' bezeichnet wird, kann wiederum erklären, wie sich diese angeborenen Verhaltensmuster psychologisch aktualisieren können (Nyssen: 76f). Die Eltern-Kind-Beziehung im Kontext der 'zweiten Angstbearbeitung' betrachtet, schließt also nicht nur Fürsorge und Bindung (durch emphatische Anteile) in sich ein, sondern auch Mißhandlung und Vernachlässigung (durch projektive und Umkehrreaktionen) (Nyssen: 73).

1.1
Unbewusste frühe Erinnerungen

Bei Stern finden sich auch Hinweise für das mögliche Vorhandensein unbewußter Geburtserfahrungen und frühkindlicher Erlebnisse, die im Erwachsenenalter mit der Beziehung zu den eigenen Kindern wieder auftauchen und in der 'zweiten Angstbearbeitung' den Erziehungsmodus prägen könnten. Solche Erlebnisse könnten möglicherweise auf der Ebene der sensomotorischen Erfahrung unbewußt vorhanden sein.
Auch die von Stern definierten Selbstempfindungen legen die Ansicht nahe, daß der Erziehungsmodus der Erwachsenen (und damit deren spezifische Beziehungsfähigkeit) auf dem frühkindlichen Erleben basiert und daß diese Erfahrungen in der Beziehung mit Kindern wieder erinnert und in bestimmter Weise verarbeitet werden (Stern B).
Die vier Arten der Selbstempfindungen werden in der Kleinkindphase nacheinander entwickelt, bleiben aber dann das ganze Leben hindurch präsent und stehen jeweils für einen bestimmten Bereich der Empfindungen. Es sind dies das 'auftauchende Selbst', das 'Kern-Selbst', das 'subjektive Selbst' und das

'verbale Selbst'. Sie existieren das Leben hindurch simultan und beeinflussen in den verschiedenen Bereichen die Handlungen und Gefühle. In alltäglichen Situationen wechselt der Mensch, wenn auch nicht bewußt zwischen den Bereichen hin und her. So sind bei jeder Interaktion immer alle Empfindungsbereiche mehr oder weniger aktiv beteiligt und sie werden dabei immer weiter entwickelt, wobei keine der Selbstempfindungen auf Dauer den Vorrang bekommt.

So wie sensorische Eindrücke unbewußt vorhanden sind, können auch in den verschiedenen Selbstempfindungen Erinnerungen an die frühe Kindheit verborgen sein, die unbewußt das ganze Leben über vorhanden sind und möglicherweise auch durch Projektionen und Umkehr-Reaktionen ausgelebt werden. Hier könnte auch gefragt werden, welche Selbstempfindungen eventuell schon vor und während der Geburt existieren und wie sie sich unbewußt im Entwicklungsverlauf des Individuums manifestieren und seine Handlungen mitbestimmen. DeMause gibt für die Möglichkeiten des Ausagierens von Gruppenphantasien ja einige Beispiele.

1.2
Emphatische Beziehungen

Nach Stern besteht zwischen Eltern und Kindern grundsätzlich ein natürliches Bindungs-Fürsorge-Verhältnis. Bezugsperson und Säugling haben ein Repertoire an Ausdrucksformen und Fähigkeiten (Mimik, Vokalisation und andere Verhaltensweisen), um die wichtigsten Stimmungen und Bedürfnisse zu artikulieren. Der Säugling hat von Anfang an Fähigkeiten für den interaktiven Austausch mit der Bezugsperson und entwickelt als Kleinkind die jeweils nötigen Verhaltensmuster, um selbst zur Befriedigung seiner Bedürfnisse beitragen und soziale Interaktionen initiieren oder beenden zu können. Die Bezugsperson wird vom Säugling durch entsprechende Signale und Impulse auf natürliche Weise zu Interaktionen animiert. Eltern haben dabei eine natürliche Aufnahmefähigkeit für die Bedürfnisse ihres Nachwuchses und verhalten sich in den Interaktionen beziehungsfördernd und richtig, wenn sie sich auf die Beziehung einlassen können. Dies bestätigt die Annahme von dem Beziehungsbedürfnis der Kinder. Im Eingehen der Eltern auf den jeweiligen Entwicklungsstand des Kleinkindes durch die automatischen Verhaltensmuster findet sich auch ein Hinweis für die Reggressionsfähigkeit der Eltern. Das von deMause postulierte Beziehungsbedürfnis der Kinder und die Regressionsfähigkeit der Eltern entspricht also den Beobachtungen und Schlußfolgerungen von Stern (Stern A). In dieser enger werdenden Beziehung entstehen neben dem Problem der 'Differenzierung' naturgemäß auch neue Probleme der 'zweiten Angstbearbeitung'.

1.3 Neue Erziehungsmethoden

Durch den gesellschaftlichen Wandel hin zu einer 'neuen Mütterlichkeit und Väterlichkeit' steigen die Erwartungen und die Ansprüche an die Elternschaft und an das Kind. Die Anforderungen durch diesen Trend können den Eltern die Spontaneität und das Vertrauen in die eigenen interaktiven Fähigkeiten nehmen und lösen Spannungen aus, unter denen die Interaktionen mißlingen und Streßfaktoren und Unzufriedenheit entstehen. Das Vertrauen auf die natürlichen Fähigkeiten von Eltern und Kindern wird dann überlagert. Damit sind Überforderungen, Enttäuschungen und teilweise extreme Krisensituationen vorprogrammiert.

Emotionale Unterstützung und praktische Hinweise aber bekommen die Erziehungspersonen nach Stern am besten durch Bekanntschaften in der Umgebung, im gleichen Haus, in der Nachbarschaft, auf dem Spielplatz usw., also durch soziale Gruppen auf Zeit und nicht durch Institutionen, Leitfäden und Schulungen. Diese Gruppe ist nach Stern die beste 'pädagogische Einrichtung', weil der Weg zu einer Eltern-Kind-Beziehung subjektiv als so einzigartig, individuell und improvisiert empfunden wird, daß keine Vergleiche mit anderen oder Grundregeln möglich erscheinen, andererseits aber gerade diese individuellen Lern- und Erfahrungsschritte Teile eines natürlichen Prozesses sind, die von anderen prinzipiell ebenso durchlaufen werden müssen, sodaß in dem Bewußtsein der gleichartigen Lebenssituation eine starke Unterstützung und gegenseitige Inspiration stattfindet, die auf diese Weise ein Grundvertrauen in die prinzipiellen eigenen Fähigkeiten zur sozialen Interaktion vermitteln können. Dieses Grundvertrauen ist nach Stern das wichtigste Handwerkszeug für die Betreuungs- und Erziehungsaufgaben (Stern A: 160ff).

Aber gerade solche Bekanntschaften nehmen in unserer Industriegesellschaft durch die Individualisierung immer mehr ab. Die Familien leben zunehmend voneinander abgeschlossen in Kleinfamilien. Die Zahl der Familien insgesamt ist rückläufig, wobei der Anteil an Ein-Eltern-Familien und Ein-Kind-Familien

zunimmt. Im Freizeitverhalten sind familienkonzentrierte Aktivitäten üblich, die Spielmöglichkeiten und die zweckfreie Zusammenkünfte von Kindern im außerhäuslichen Bereich sind eingeschränkt und es gibt immer mehr organisierte Verabredungen.
So wird die Reggressionsfähigkeit der Eltern durch neue Ansprüche an die Elternschaft stark strapaziert. Sie sind aber dennoch und gerade deswegen ein Symptom für die Entwicklung eines neuen Erziehungsmodus. Die Phänomene der Überforderung zeigen nur die Schwierigkeiten bei der Zunahme von emphatischen Beziehungen. Auf der einen Seite sind also mit der Zunahme von Empathie Ansätze für einen neuen Erziehungsmodus zu verzeichnen, bei dem sich die Eltern mit den naturgemäßen Schwierigkeiten einer enger werdenden Beziehung auseinandersetzen müssen, aber gerade dadurch die 'zweite Angstbearbeitung' besser wird. Auf der anderen Seite entwickeln sich jedoch die gesellschaftlichen Verhältnisse hin zur Individualisierung und Vereinsamung der einzelnen Familien. Diese gesellschaftlichen Bedingungen werden durch wirtschaftliche Interessen teilweise erzeugt und unterstützt und erschweren die psychogenetische Entwicklung zu einem neuen Erziehungsmodus.

2.
Die Theorie der Intersubjektivität

Oder: Das Problem der Kinder

Auch bei Benjamin finden sich Hinweise sowohl für das Reggressionsbedürfnis der Eltern, als auch für das Beziehungsbedürfnis der Kinder. In ihrer Theorie der Intersubjektivität beschreibt sie das Problem der 'Differenzierung'. Durch eine falsche Lösung dieses Problems werden schon in einer frühen Entwicklungsphase die Strukturen für ungleiche Machtverhältnisse gelegt. Diese durchdringen nicht nur die Beziehungen zwischen den Eltern und Kindern, sondern liegen auch der Gesellschaft zugrunde. Es geht bei dem Problem der 'Differenzierung' im Grunde um die Fähigkeit, durch die gegenseitige Anerkennung in Konfliktsituationen ein Gleichgewicht zwischen dem Bedürfnis nach Verschiedenheit von anderen und dem Bedürfnis nach Gemeinsamkeit mit anderen herzustellen. Dies fördert nicht nur die Fähigkeit der Kinder, sondern auch die der Eltern, Beziehungen einzugehen. Das

Problem der 'Differenzierung' taucht bereits bei der frühen Einstimmung von Baby und Bezugsperson auf und muß vom Kleinkind in der Wiederannäherungsphase, wie sie von Mahler beschrieben wurde, gelöst werden (Mahler/ Pine/Bergmann).

2.1
Frühe Einstimmung

Wie Benjamin ausführt, ist die frühe Einstimmung und Aufmerksamkeit bereits von großer Bedeutung für das wichtige Gefühl der Anerkennung. Wenn jedoch die Aufmerksamkeit der Mutter durch starke, dauernde Unkonzentriertheit, durch große Erschöpfung oder Zeitmangel, aufgrund von Depressionen, Gereiztheit oder anderen Probleme nachläßt, also die Abstimmung in den Interaktionen scheitert und das Aufeinander-Reagieren nicht mehr funktioniert, fühlt sich das Baby nicht mehr anerkannt. Nach Benjamin wird in solchen extremen Situationen für das Baby das Gefühl des Einsseins 'zerstört'. Das Baby will dann entweder trotzdem eine Reaktion erzwingen und agiert solange, bis es Erfolg hat und Aufmerksamkeit bekommt oder es zieht sich ohnmächtig zurück und versucht durch Anspruchslosigkeit Liebe zu bekommen. Im ersten Fall wird die Bezugsperson unterdrückt und im zweiten Fall das Kind. Es lernt damit, daß es für das Gefühl des Einsseins und der Anerkennung entweder die Andere beherrschen oder sich selbst unterwerfen muß.

Wenn die Mutter selbst vom Baby eine Reaktion erhalten will, während dieses sich gerade zurückziehen und die Spannung vermindern will, scheitert ebenfalls die Abstimmung. Das Baby kann dann wegen seinem eigenen Ruhebedürfnis nicht auf die Mutter reagieren, aber ihre Aufdringlichkeit auch nicht ignorieren. In diesem Kampf um Anerkennung und Distanzierung erlebt das Baby, daß ein Nachlassen der Spannung nicht ohne den Verlust der Verbindung mit der Mutter möglich ist. Da es aber (genauso wie die Mutter) ein prinzipielles Bedürfnis nach Nähe und Beziehungen hat, muß es hier ebenfalls zu dem Schluß kommen, daß Alleinsein wollen nur durch Vernichtung der Anderen und Einstimmigkeit nur durch Unterwerfung möglich ist (Benjamin: 30f).

2.2 Wiederannäherungsphase

In der Wiederannäherungsphase ab dem vierzehnten Monat nimmt nun das Kleinkind zunehmend die Grenzen seiner Möglichkeiten wahr und erlebt beim Austesten seiner Grenzen unvermeidbar Enttäuschungen, Schmerz und Ängste. Das neue Gefühl des unabhängigen Daseins wird zunächst nur als Verlassensein empfunden und in einer ständigen Angst vor der Leere des Alleinseins braucht es bei all seinen Versuchen, die Grenzen der Wirklichkeit auszutesten, laufend Bestätigung, Anerkennung und die Erfahrung von Übereinstimmung (Benjamin: 37). Den Eltern erscheint diese erneute Anhänglichkeit, nachdem das Kleinkind in der Übungsphase bereits unabhängiger wurde und seinen Aktionsradius ausgedehnt hatte, wie ein Rückfall in der Entwicklung. Das Kleinkind braucht jedoch die emotionale Verfügbarkeit der Bezugsperson wieder verstärkt, weil es innerpsychisch eine neue, für die weitere Individuation entscheidende Phase durchlebt.

2.3 Differenzierung

Das Kleinkind macht die schmerzlichste Erfahrung seines bisherigen Lebens: Es unterscheidet sich in Wirklichkeit von der Bezugsperson und führt eine, von ihr getrennte Existenz. Es muß nun neben der bisherigen Erfahrung der gemeinsamen Realität die Bezugsperson als unabhängig existierende äußere Realität erleben und anerkennen lernen. Diesen Entwicklungsschritt vollzieht es nach Winnicott, indem es die Bezugsperson in seinem Inneren 'zerstört' und dann die Erfahrung macht, daß die Bezugsperson in der äußeren Realität 'überlebt' (Winnicott: 105).

Benjamin nennt diese Zerstörung des Objekts beim Kleinkind 'Differenzierung'. Nach dieser 'Zerstörung', also der 'Differenzierung' zwischen dem Selbst und der Anderen muß das Objekt in der äußeren Realität überleben. Dieses 'überlebende' Objekt kann nun, aus der inneren Objektwelt herausgelöst, vom Kind als Subjekt anerkannt und damit als unabhängige Existenz akzeptiert werden.

Für das Kleinkind ist es in dieser Phase der Ablösung besonders wichtig, die Erfahrung des trotzdem Verbundenseins und der Anerkennung zu machen.

Aber auch der eigene Drang zur Unabhängigkeit liefert ihm/ihr Kraft zur Verarbeitung dieser Enttäuschungen. Doch wie kann das Subjekt diese schwerwiegende Erkenntnis des Getrenntseins in sein Weltbild integrieren?

2.4
Fähigkeit der gegenseitigen Anerkennung

Das Kleinkind entwickelt sich vom Einssein, in der es sich allmächtig fühlt hin zum Getrenntsein und spürt in der Wiederannäherungsphase die Verschiedenheit von der Anderen. Nun will es einerseits die Allmacht in Form seiner Selbstbehauptung behalten, muß sie sich aber andererseits von der Anderen bestätigen lassen. Da es aber diese Andere aus der Vorstellung der eigenen Einzigartigkeit heraus gar nicht geben kann und deshalb auch nicht als ebenbürtig empfunden werden kann, kann das Kind von dieser Person auch keine Bestätigung erhalten. Das Subjekt braucht aber die Anerkennung von einer anerkannten Anderen.

Das Dilemma ist scheinbar unlösbar: In den Augenblick, da das Subjekt seine Unabhängigkeit erreicht, ist es davon abhängig, sie bestätigt zu bekommen. Um das eigene Ich jedoch bestätigt zu bekommen, muß es selbst das andere Ich anerkennen. Die Anerkennung eines anderen Ichs widerspricht aber wiederum der eigenen Allmacht.

Die Voraussetzung für eine erfolgreiche Bewältigung dieses Dilemmas der 'Differenzierung' ist, daß dem Kind die Gelegenheit zur selbständigen Überwindung der Enttäuschungen durch die 'Differenzierung' gegeben wird. Die Enttäuschungen über das Getrenntsein und die Grenzen des eigenen Selbst müssen vom Subjekt durchlebt werden können und dürfen nicht übergangen werden. Meistens jedoch glückt die 'Differenzierung' nicht, weil die Spannung dieses Konfliktes nicht ausgehalten wird.

2.5
Zusammenbruch der Spannung

Die Auflösung dieser Spannung kann für das Kleinkind zu zwei unterschiedlichen Erkenntnissen führen. An einem Beispiel sollen die beiden Möglichkeiten des Zusammenbruches der Spannung verdeutlicht werden.

Das Kleinkind hat einerseits die Erkenntnis der voneinander unabhängigen Bewußtseine und andererseits das Bedürfnis nach Konformität. Damit kommt es in Konflikt, wenn es z.B. das Bedürfnis hat, mit etwas zu spielen und gleichzeitig das Bedürfnis hat, dem Wunsch der Bezugsperson zu entsprechen, die das verbietet. Es kann sich dabei nicht entscheiden und muß lernen, daß bestimmte Dinge nicht zu lösen sind und zwangsläufig Enttäuschungen hervorrufen. Hierbei ist es wichtig, daß dem Kleinkind bei diesem Prozeß einerseits vernünftigen Grenzen gesetzt werden und andererseits nicht alles verboten wird.
Eltern können sich oft sehr gut in die enttäuschenden und frustrierenden Erfahrungen der Unzulänglichkeit hineinversetzen. Für sie können erlebte Unfähigkeiten, wenn sie selbst nicht gelernt haben, diese zu akzeptieren, auch Niederlagen sein, die es zu vermeiden gilt oder die verleugnet werden müssen, wenn sie zum Vorschein kommen. Aus dieser psychischen Verfassung heraus reagieren Eltern auf die Entwicklungsphase des Kindes unterschiedlich.

2.5.1
Allmacht des Kindes

Wenn die Bezugsperson, um Enttäuschungen und Auseinandersetzung zu vermeiden, immer dem Willen des Kindes nachgibt und ihm keine Grenzen setzt, wird das Kind in einem Gefühl des Einsseins mit der Umwelt festgehalten, aus dem es sich gerade lösen muß. Die Bezugsperson kann dabei vom Kind nicht anerkannt werden, weil sie keinen Rahmen setzt und keine selbständige Persönlichkeit darstellt. Dadurch empfindet das Kind nur sich selbst als existent. Da es aber auf Anerkennung von der Anderen angewiesen ist, wird es immer stärker versuchen, seine Umwelt herauszufordern und sogar für extremes Verhalten gegen die Eltern noch deren Anerkennung verlangen. In dieser Beziehungsstruktur entwickelt das Kind starke Allmachtsgefühle, die zur Isolation und Negation führen und erkennt niemanden außer sich selbst an.

2.5.2
Allmacht der Eltern

Eltern, die den neuen Unabhängigkeitswillen ihres Kindes, seine Wut und Enttäuschungen in dieser Phase nicht ertragen können, werden vielleicht versuchen, diese Gefühle zu unterdrücken. Sie machen damit dem Kind klar, daß Freiheit, Eigenständigkeit und eigener Wille entweder überhaupt nicht möglich sind oder aber mit Einsamkeit bezahlt werden muß. Das Kind muß sein eigenes Selbst aufgeben und Gehorsam sein, um anerkannt zu werden. Es bleibt dann abhängig von Schutz und Bestätigung durch die Eltern (und später durch die Lebenspartner). Wenn dem Kind die Selbständigkeit verboten wird, bleiben also die Eltern allmächtig, werden allerdings auch nicht anerkannt.

2.6
Die Folgen der Nichtanerkennung

Wenn Eltern entweder aus Mitgefühl oder aus autoritären Gründen ihren Kindern diese Enttäuschungen ersparen wollen, lernen diese nicht, mit solchen immer wiederkehrenden Gefühlen umzugehen und außerdem überlebt das Objekt aus der Wahrnehmung des Subjekts diese innere 'Zerstörung' nicht. Die Erwachsenen müssen aber in der Wahrnehmung des Kindes überleben, das heißt sie müssen seinem Größenstreben soviel entgegensetzen, daß es sich ausleben kann aber auch die Grenzen spürt. Sie müssen seine Wutausbrüche und Enttäuschungen aushalten können, ohne sich unterdrücken zu lassen (weil sie sonst in der Wahrnehmung des Kindes 'vernichtet' werden) und ohne das Kind zu unterdrücken (weil damit das Kind selbst in seiner eigenen Wahrnehmung 'vernichtet' wird).
Beide Verhaltensweisen der Eltern – das immerwährende Nachgeben und das prinzipielle Unterdrücken – haben negative Auswirkungen auf das Weltbild und das Verhalten des Kindes. In beiden Fällen werden die 'Anderen' als äußere Realität vom Kind nicht anerkannt, sodaß keine gleichberechtigte Beziehung entstehen kann. Es bleiben entweder das Kind oder die Eltern allmächtig und es entsteht keine gegenseitige Anerkennung. Benjamin schreibt zusammenfassend: „Herrschaft und Unterwerfung entspringen aus einem Zusammenbruch der notwendigen Spannung (des Gleichgewichts zwischen) Selbstbehauptung und gegenseitiger Anerkennung, die die Begegnung zwischen dem Selbst und anderen als eigenständig und gleichwertig ermöglicht." (Benjamin: 15)

2.7
Neuer Erziehungsmodus

Durch die Verarbeitung der Getrenntheit in der Wiederannäherungsphase werden die Erwachsenen von den Kindern auch aufgefordert, ihr Beziehungsverhalten und ihr eigenes Selbstverständnis neu zu überdenken. Dadurch kann eine Beziehung entstehen, die nicht auf Machtstrukturen, sondern auf gegenseitiger Achtung aufgebaut ist.

Eltern müssen mit ihren Kindern in dieser Phase eine Struktur von gegenseitiger Anerkennung aufbauen und damit die Verarbeitung des Getrenntseins und der Grenzen erleichtern und ermöglichen. Sie können die Enttäuschungen des Kindes nicht verhindern. Für die Kinder ist es im Gegenteil gerade wichtig, die Enttäuschungen in dieser problematischen Phase zu erleben und zu verarbeiten, weil sie so die Fähigkeit erlernen, mit den Widersprüchen in der Welt umzugehen und außerdem das Prinzip der gegenseitigen Anerkennung üben. Diese Trennung zwischen Innen- und Außenwelt ist wichtig für das Erlernen des Sozialverhaltens in einer Gemeinschaft und in der Gesellschaft.

Nach Benjamin ist der natürliche Unabhängigkeitsdrang der Kinder in dieser Phase der Entwicklung genau das Werkzeug, mit diesen Enttäuschungen umzugehen. Aus Angst, ihre Kinder könnten egoistisch, rücksichtslos und selbstherrlich werden oder weil Eltern ihnen nicht zutrauen, Frustrationen verarbeiten zu können, wollen sie vielleicht genau diese – für das Bewältigen der Enttäuschungen notwendige – Antriebskraft unterdrücken.

Das Grundbedürfnis der Kinder nach Beziehungen jedoch macht die Überwindung der Probleme in der Entwicklung des Selbst und in der Entwicklung der Eltern-Kind-Beziehung möglich. Dieses Beziehungsbedürfnis birgt auch die Chance für die Eltern, ihre Beziehungsstruktur neu zu überdenken und zu verändern. Das grundlegende Bedürfnis des Kindes nach Anerkennung der Eltern als gleichwertige Subjekte kann den Eltern also die Kraft geben, ihre Beziehungen neu zu gestalten und eventuell die Entwicklung der eigenen Selbständigkeit nachzuholen.

Wie schon deMause von einem grundsätzlichen Beziehungsbedürfnis der Kinder und einem Reggressionsbedürfnis der Eltern spricht und Stern angeborene Verhaltensmuster beobachtet hat, durch die Beziehungen erst möglich werden, geht auch Benjamin von grundlegenden und natürlichen Eigenschaften der Kinder aus, mit denen sie die Konflikte der 'Differenzierung' lösen können und bei diesen Prozessen die Eltern auffordern, ihre

Verhaltensweisen und Beziehungsstrukturen zu überdenken. Insoweit erklärt die Theorie von Benjamin nicht nur die Entstehung von Machtstrukturen, sondern stellt auch die Bedingungen fest, unter denen ein moderner Erziehungsmodus zu einer gegenseitigen Anerkennung, Achtung und Unterstützung weiter fortschreiten könnte. Die 'Differenzierung' wird immer besser gelöst, da die Eltern-Kind-Beziehungen partnerschaftlicher und demokratischer werden und die autoritären Strukturen der Erziehung abnehmen.

3.
Das Dilemma der Beziehungen

Oder: Abwehrmechanismen und Herrschaft

Kinder und Eltern haben natürliche Anlagen und Fähigkeiten für eine Beziehung. Jedoch muß das Kleinkind das schwierige, paradoxe Problem der 'Differenzierung' lösen und die Eltern müssen das Problem der 'zweiten Angstbearbeitung' lösen. Aus dem Zusammenspiel dieser Probleme entstehen nach wie vor Herrschaft und Abwehrmechanismen.

Daß viele Kinder speziell in den Familien gefährdet sind, ist eine, durch unzählige Untersuchungen belegte Tatsache (Amelang/Krüger; DKSB, Jahresbericht; Ernst/Stampfel; Jungjohann; Miller; Stumpf; Zenz u.a.). Gewalt, Vernachlässigung und sexuelle Ausbeutung in der Familie soll hier aber nicht behandelt werden. Solche Verhaltensweisen und 'Erziehungspraktiken' sind seit jeher auf einer qualitativ gleichen Ebene angesiedelt, nämlich der der direkten Eltern-Kind-Beziehung. Nach deMause nehmen solche Praktiken quantitativ ab.

Im Abschnitt Ökonomie soll vielmehr die Eltern-Kind-Beziehung auf einem qualitativ anderen Niveau untersucht werden, als Beziehung zwischen Erwachsenen und Kindern in einem größeren gesellschaftlichen Zusammenhang. Diese Beziehung findet ihren Ausdruck in den Bereichen Umwelt, Politik und Medien und hat auf die Kindheit einen wesentlich weitreichenderen Einfluß, obwohl die Ursachen immer noch in den psychischen Phänomenen der Einzelnen liegen.

Die Gesellschaft ist von den Strukturen der Herrschaft und der Abwehrmechanismen durchdrungen und getragen und agiert diese Strukturen auf einer breiter wirksamen Ebene aus: durch ökonomische Interessen und Verdrängung der ökologischen Folgen, durch eine ungenügende Familienpolitik und durch profitorientierte Medien.

Abschnitt Ökonomie

1.
Die Diskrepanz zwischen Empathie und Ökonomie

DeMause konstatiert eine kontinuierliche Verbesserung des Erziehungsmodus im Laufe der Geschichte. Diese Theorie wird kontrovers diskutiert. Dabei behaupten die einen, daß keine Höherentwicklung des Erziehungsmodus stattfindet, da es in jeder Zeit positive wie negative Einstellungen gegenüber Kindern gab und gibt. Eine andere Ansicht ist, daß es den Kindern früher besser ging, weil die Lebensumstände natürlicher waren und sie heute aus dem Paradies der Kindheit gerissen wurden. Viele andere schließlich steigen emotional schon bei der Ansicht, daß das Schlagen von Kindern gegenüber der Weggabe einen 'höheren Reifegrad' der Eltern beweist, aus der Diskussion aus. Heute ist wahrscheinlich durch ein größeres Interesse und durch erweiterte Kenntnisse über die psychologische Entwicklung des Kindes bei einer zunehmenden Zahl von Eltern eine größere Einfühlnahme vorhanden.
Doch es gibt eine Diskrepanz zwischen den erkennbaren fortschrittlichen Erziehungsmethoden und den offensichtlichen Gefahren und negativen Lebensbedingungen, denen Kinder heute ausgesetzt sind: Soziale Leistungen werden gekürzt und Betreuungseinrichtungen geschlossen, Spiel- und Handlungsmöglichkeiten der Kinder werden technisiert und terminiert, die industrielle Entwicklung ist eine ständige Attacke auf die psychische und physische Gesundheit der Kinder. Diese negativen Sozialisationsbedingungen dienen in der Diskussion oft als Argument gegen die Theorie von deMause.
Meiner Ansicht nach gibt es heute jedoch eine Zunahme von Empathie und gleichzeitig eine Zunahme von Faktoren, die diese stören oder behindern. Betrachten wir die emotionalen und psychologischen Reifeprozesse der Eltern-Kind-Beziehung einmal getrennt von den strukturellen und sozialen

Schwierigkeiten der Gesellschaft. Dabei zeigt sich, daß im Bereich der intimen zwischenmenschlichen Beziehungen trotz der zunehmenden Empathie gegenüber den Kindern natürlich immer noch die psychologischen Phänomene der Abwehrmechanismen, der projektiven Reaktionen und der Umkehrreaktionen vorhanden sind. Diese innerpsychischen Strukturen, die letztlich für den Grad der Beziehungsfähigkeit verantwortlich sind, liegen also auch bei verbessertem Erziehungsmodus noch den Handlungen vieler Menschen zugrunde. Der entscheidende Unterschied zu früheren Zeiten ist nun, daß diese Handlungen nicht mehr nur im privaten, familialen Umfeld zum Tragen kommen, sondern Auswirkungen auf größere Bereiche der Umwelt oder der Gesellschaft haben, wenn der Handelnde eine Entscheidungsposition in der Wirtschaft oder in der Politik inne hat. Auf dieser Handlungsebene haben unverantwortliche Aktivitäten und Entscheidungen eine vielfach größere Tragweite. Die Auswirkungen von Schlägen beispielsweise, mit denen ein beziehungsunfähiger Erwachsener sein Kind mißhandelt, erstrecken sich, so verurteilenswert auch dies schon ist, „nur" auf das Kind und das unmittelbare soziale Umfeld. Wenn aber ein beziehungsunfähiger Erwachsener mit der selben psychologischen Haltung eine ökonomische Entscheidung in einem Chemiekonzern trifft, hat diese Handlung vielfach größere Auswirkungen auf die Umwelt und die im Umkreis lebenden Erwachsenen und Kinder.

Im Abschnitt Ökonomie soll gezeigt werden, wie sich die Lebensbedingungen für die Kinder in der heutigen westlichen Gesellschaft darstellen und daß diese Situation auf ökonomischen Entscheidungen beruht, die die Verantwortlichen in Folge von Beziehungsunfähigkeit treffen.

Die drei wesentlichen Faktoren scheinen mir dabei im Bereich der Familienpolitik, der Umwelt und der Medien zu liegen. Diese drei Bereiche haben einen starken Einfluß auf die konkrete Lebenssituation der Kinder und bestimmen zu einem großen Teil die Qualität der kindlichen Lebenswelt und der Eltern-Kind-Beziehung. Im Abschnitt Ökonomie werden also die Auswirkungen von Herrschaft und Abwehrmechanismen betrachtet und deren Ursachen in den psychologischen Phänomenen der unbewußten projektiven und Umkehr-Reaktionen gesucht. Die psychogenetischen Persönlichkeitmodi sind nicht nur in den individuellen Beziehungen sondern auch in den komplexeren sozialen Strukturen der Gesellschaft vorhanden und wirksam. In den jeweils abschließenden 'Tatsachen' und 'Thesen', werden die realen Gefahren für die Kinder zusammengefaßt und Forderungen für eine Veränderung und Verbesserung der gesellschaftlichen und ökologischen Situation in den drei Bereichen Familienpolitik, Umwelt und Medien aufgestellt.

2. FAMILIENPOLITIK

2.1 DIE FAMILIE ALS SOZIALES SYSTEM

Die Familie ist traditionell die am stärksten akzeptierte Beziehungsform, da sich nach deren Prinzip die gesamte Bevölkerung einteilen läßt in Mutter, Vater, Tochter, Sohn und so weiter (Overbeck A: 14). Gesellschaftlich gesehen ist die Familie ein Teilbereich neben den Teilbereichen Wissenschaft (Funktion der Wahrheitsfindung), Politik (Funktion der kollektiven Entscheidungen) und Wirtschaft (Produktion und Verteilung von Gütern). Sie hat sich funktional auf den Ort der Privatheit und Intimität spezialisiert (Tyrell: 24f). Psychologisch betrachtet ist die Familie der Ort, an dem die Beziehungsfähigkeit entwickelt wird. In der Erwachsenen-Kind-Beziehung entstehen durch die Probleme der 'Differenzierung' und der 'zweiten Angstbearbeitung' trotz aller Bemühungen die Herrschaftsstrukturen, die sich in der Gesellschaft fortsetzen (deMause; Nyssen; Benjamin).

Nachdem die kapitalistische Industrialisierung alle erwachsenen Kinder, Großeltern und die fremden Erwachsenen und die Väter sowie die häusliche Produktion aus dem Haushalt abzog und den zurückgelassenen Müttern alleine die Aufgabe der Kinderbetreuung überließ, wurde die Gesellschaft aufgespaltet in eine öffentliche und eine häusliche Sphäre, wobei die öffentliche, als kulturell und gesellschaftlich begründete männliche Sphäre der häuslichen, biologisch begründeten weiblichen Sphäre übergeordnet wurde (Chodorow: 13f).

Durch die exklusive Zugehörigkeit zu nur einer Familie sind die jeweiligen Angehörigen praktisch gesellschaftlich ausgesondert und in einer Kleingruppe dauerhaft gebunden. Die Fürsorge und Verantwortung der Erwachsenen gegenüber ihren leiblichen oder ehelichen Kindern gilt als Verpflichtung, die nicht durch Gesetze aufrechterhalten werden muß, sondern durch eine emotional empfundene liebevolle Fürsorge und durch ein 'präreflexives' Bewußtsein der Natürlichkeit verinnerlicht ist. Die Familie ist damit durch eine gesellschaftlich konstituierte Eindeutigkeit und Stabilität auf einer emotionalen Ebene institutionalisiert (Tyrell: 45ff).

Diese Institutionalisierung der Familie hat für die Wirtschaft neben der Konsumfunktion einen unschätzbaren Vorteil für die Stabilität des Arbeitsablaufes, da der größte Teil der Arbeitskräfte Personen sind, die die individuelle Verantwortung für die Versorgung und Ernährung einer Familie tragen. Dieses Gefühl der Sorge für eine Familie bietet innerpsychisch ein kulturell hohes Sinngebungspotential. Da die Familie der exklusive Ort der Zuneigung und Solidarität ist, erscheint es lohnend, für deren Erhalt die Anstrengungen der Arbeit auf sich zu nehmen. Diese Motivation und Legitimation ist ungleich größer als die Gründe, die die Wirtschaft für ihre täglich zugemutete, disziplinierte und kaum mit Sinn zu besetzende Arbeit anzubieten in der Lage ist. Allein aus ihrem Arbeitsbereich heraus könnte die Wirtschaft kaum diese massenhafte langfristige Stabilisierung der Arbeitsverhältnisse erzeugen, die durch die familiale Dauerbindung möglich ist.

2.2 Die Situation der Familie

Entscheidend für die Erlernung der Beziehungsfähigkeit ist nicht die natürliche Elternschaft oder die Vollständigkeit einer Familie, sondern die konkrete Beziehung zwischen einem Erwachsenen mit seinem natürlichen Reggressionsbedürfnis und einem Kind mit seinem natürlichen Bedürfnis nach Beziehungen. Deshalb werden hier unter dem Begriff „Familie" alle real existierenden Formen der Beziehungen zwischen Erwachsenen und Kindern gefaßt, in denen diese psychischen Faktoren zum Tragen kommen. In der Familie als primärer Sozialisationsinstanz werden die Kinder für ihre weitere Entwicklung entscheidend geprägt. Durch die wechselseitige Beziehung werden aber auch die Eltern von ihren Kindern aufgefordert, ihre Verhaltensweisen und Ansichten zu überdenken. Wie fruchtbar die gegenseitige Beeinflussung ist, hängt besonders von den Lebensbedingungen der Familie und von der psychischen Verfassung der Erwachsenen ab. Das Sozialsystem Familie ist mit einer Vielzahl von Faktoren und Problemen konfrontiert, die der Entwicklung einer guten Beziehungsfähigkeit entgegen stehen.

Viele Familien haben soziale oder materielle Probleme, gesamtgesellschaftlich haben sich die Einstellungen zur Rollendifferenzierung und zur Arbeitsteilung geändert, die Erziehungsziele haben sich gewandelt und auch die Interaktionsbeziehungen selbst bringen heute neue Probleme mit sich. Neben diesen Problemen, mit denen die Familie belastet ist und die sich auf die Qualität der Kindheit auswirkt, sind die Kinder gerade im familialen Umfeld mit Gewalt und sexueller Ausbeutung konfrontiert.

Mit dieser gesellschaftlichen Realität sind die Familien weitgehend auf sich selbst gestellt. Statt die gesellschaftlichen Bedingungen zu verbessern und den Lebensgemeinschaften damit eine streßfreiere psychogenetische Entwicklung zu ermöglichen, werden durch Kürzungen auf dem sozialen Sektor und durch ökonomische Entscheidungen die Lebensbedingungen immer weiter verschlechtert und damit die Basis der Gesellschaft – die Beziehung zwischen Erwachsenen und Kindern – vor eine schwere Aufgabe und auf eine harte Probe gestellt.

2.2.1 Die sozialen Probleme

Zu den sozialen Lebensbedingungen, mit denen viele Familien Schwierigkeiten haben, gehören unter anderem die besonderen Umstände der Ein-Kind-Familie und der Ein-Eltern-Familie.

2.2.1.1 Ein-Kind-Familie

Nach dem StBA, Mikrozensus leben 1991 in Deutschland 31,3% der Kinder als Einzelkinder und 44,9% der Kinder haben ein Geschwister. Damit ist der überwiegende Teil der Familien eine Ein- oder Zweikinderfamilie (Nave-Herz: 21). Auch wenn man heute noch nicht von einer Einzelkind-Gesellschaft sprechen kann, wachsen immerhin 2/3 mehr Kinder als früher ohne Geschwister auf.
Die statistisch erfaßte Kinderlosigkeit kommt aber nicht einer Ablehnung von Kindern gleich. Der hauptsächliche Grund für den Geburtenrückgang liegt in einer Veränderung des Selbstverständnisses der Eltern und in einem Wandel der Funktion, die den Kindern heute zufällt (Nave-Herz: 24). In unserer Kultur zeigt sich eine Verschiebung von materiellen zu immateriellen Werten. Die Befriedigung von emotionalen Bedürfnissen und Zärtlichkeit, die Freude am Wachstum der Kinder und an der, von ihnen ausgehenden Stimulation steigt im Ansehen mit dem technischen Industrialisierungsgrad eines Landes. Diese Tendenz zeigt nicht nur die nach wie vor große Sinnhaftigkeit, die der intimen Kernfamilie zukommt, sondern ist vielleicht auch ein Indikator für die zunehmend als bedrückend empfundene de-motivationale Lage in der Wirtschaft und am Arbeitsplatz.

Der abnehmenden Kinderzahl pro Familie fallen damit gleichzeitig erhöhte Aufmerksamkeit, intensivere Betreuung und größere ökonomische Aufwendungen zu (Nave-Herz: 25f). Welche Auswirkungen diese Formen des Zusammenlebens auf die Erwachsenen haben, wird unter dem Kapitel „Neue Interaktionsbeziehungen“ behandelt. Für die Einzelkinder sind diese Erfahrungen nicht eindeutig negativ oder positiv.
Einige Faktoren in der Situation für die Einzelkinder, wie zum Beispiel eingeschränkte Beziehungen, Fixierung auf Erwachsene, Überfürsorge, fehlende Geschwister und Verwandte (Tanten, Onkel, Vettern und Cousinen) haben eher negative Auswirkungen auf die Fähigkeit zur sozialen Interaktion und auf die Ausprägung von bestimmten Charaktereigenschaften (z.B. gemeinschaftsfeindliche, dominante, perfektionistische und egoistische Verhaltensweisen). Andere Phänomene, wie die unmittelbare alleinige spätere soziale Verpflichtung gegenüber den Eltern (Hurrelmann: 236f) und das Erleben der Urgroßeltern (Nave-Herz: 27) haben längerfristige, noch nicht abschätzbare Konsequenzen.
In der Kleinfamilie können aber auch neue Interaktionsformen, wie die ‘Verhandlungsstrategie’ ausprobiert werden und dem Kleinkind dadurch eine ‘dynamische Toleranz’ vermittelt werden, die ihm die Fähigkeit geben kann, sich gegenseitig widersprechende Werte mit je universellem Geltungsanspruch für sich auszubalancieren und eigene Entscheidungen zu treffen (Nave-Herz: 66).

2.2.1.2
Ein-Eltern-Familie

Heute leben 10% der Kinder in Westdeutschland und 13% der Kinder im Osten der Republik in Ein-Eltern-Familien (Nave-Herz: 92f). Diese sogenannten Kleinstfamilien haben oft strukturelle Belastungen zu tragen, die das Familienklima und die Beziehungen erschweren. Die Doppelbelastung als Alleinerziehende und -verdienende, die einseitige Ausrichtung auf eine Bezugsperson, die soziale Isolierung und die hohen Anforderungen an die „...Selbstorganisation der Kinder im sozialen, emotionalen, aber auch haushaltstechnischen Bereich“ (Hurrelmann: 236) können zu Spannungen und Belastungen führen, die der Persönlichkeitsentwicklung der Kinder nicht einträglich ist.
Früher hat eher der Tod eines Ehepartners (meistens des Mannes) dazu geführt, daß ein Elternteil alleine mit dem Kind oder den Kindern zurecht-

kommen mußte. Heute führen überwiegend Scheidungen zu dieser Konstellation. Die Ein-Eltern-Familie durch Scheidung ist historisch betrachtet also ein relativ neuer Sachverhalt und statistisch betrachtet schichtunabhängig. Während der Tod eines Elternteils meist verarbeitet werden kann, bleibt bei der Trennung oft ein 'Scheidungssyndrom' zurück (Hurrelmann: 235).

Da Kinder eine kontinuierliche und zuverlässige emotionale Bindung zu Bezugspersonen brauchen, ist eine Scheidung vor allem dann problematisch, wenn sie mit Streitereien und Spannungen einhergeht. Neben der psychischen Belastung in der Streitphase hinterläßt eine Trennung der Eltern bei den Kindern möglicherweise Verhaltensstörungen und psychische Irritationen, Schuld-, Versagens- und Leidesgefühle und hat vielleicht den Verlust von Geborgenheit und Stabilität zur Folge. Außerdem kann es sein, daß die alleinerziehende Person alle ihre emotionalen Bedürfnisse auf das Kind überträgt und es damit überfordert. Die Scheidung als solche hat also nicht zwangsläufig negative Auswirkungen für die Kinder, sondern eher die begleitenden Umstände.

Die Trennung selbst kann daher auch eine entlastende Wirkung haben, wenn Streit und Spannungen in einer problematischen Elternbeziehung zu groß waren, zumal die genannten psychischen Belastungen auch bei unausgeglichenen desolaten Verhältnissen in äußerlich intakt erscheinenden, unauffälligen Familien auftreten. Das Ausmaß von belastenden Familienverhältnissen dieser Art läßt sich daher keinesfalls aus der Scheidungsstatistik ersehen.

Die gesellschaftlichen Bedingungen für Alleinerziehende sind allerdings prinzipiell nicht unterstützend oder fördernd. Von den Ein-Eltern-Familien sind 85% Mutter-Familien und nur 15% Vater-Familien, wobei die Kleinstkinder nur in der Mutter-Familie aufwachsen. Die Vater-Familien sind überwiegend in den höheren sozialen Schichten anzutreffen, während ein großer Anteil der Mutter-Familien in ökonomisch schlechten und häufig auch unsicheren Verhältnissen lebt.

Die Mutter-Familie aufgrund von lediger Mutterschaft ist die gesellschaftlich unterprivilegierteste Familienform bei der auch das Armutsrisiko am höchsten ist. Auch hier wirkt sich jedoch nicht allein dieser Sachverhalt auf die Sozialisation aus, sondern die Einstellung der Mutter und die Umstände, die dazu geführt haben. Vor allem aber kommt hier die Einstellung der Gesellschaft zum Tragen, die unerbittlich an den Wertorientierungen der Familie festhält und diesbezüglich psychologisch Schwierigkeiten bei der Plazierung des ehelosen Kindes hat.

2.2.2
Die materiellen Probleme

Die soziale und wirtschaftliche Not ist eine der größten Probleme für viele Familien und damit ein wesentlicher Faktor für die Qualität der Beziehungen. Charakteristisch für reiche Industrieländer ist die zunehmende Verarmung bestimmter Gesellschaftsschichten, darunter vor allem Familien mit drei oder mehr Kindern. Mit der Arbeitslosigkeit von Eltern waren in den letzten 15 Jahren in der BRD mindestens 20% der unter 18 jährigen konfrontiert. Arbeitslosigkeit stellt einen Bruch im Lebensrythmus einer Familie dar, der für die Kinder schwerwiegende Folgen hat (Hurrelmann: 238). Katharina Abelmann-Vollmer nennt als eine der wesentlichen Gefährdungsquellen für Kinder die soziale und wirtschaftliche Not, die Mangelernährung und die Armut[1]. Nach dem Geschäftsführer des Deutschen Kinderschutzbundes, Walter Wilken leben in Deutschland mehr als eine Million Kinder in „bitterer Armut"[2] und weit über 500 000 Kinder sind in Obdachlosensiedlungen oder in „absolut verheerenden Wohnverhältnissen" untergebracht. Die Politik, so Wilken habe gegenüber den Kindern versagt und gehe an deren Interessen „gnadenlos" vorbei.[3]

2.2.3
Die psychologischen Probleme

2.2.3.1
Neue Erziehungsziele

Im Laufe der letzten 30 Jahre haben sich die traditionellen Ziele (Ehrlichkeit, Sauberkeit, Gehorsam) zu einer Erziehung zur Selbständigkeit, Handlungs- und Entscheidungsfreiheit gewandelt. Die neuen Erziehungspraktiken, die mehr von Erklärungen und Diskussionen geprägt sind, als von Geboten und Verboten, kosten aber nicht nur viel Zeit und Energie, es entstehen auch neue Probleme für Eltern und Kinder (Nave-Herz: 62f). Die Tendenz zu einem 'Verhandlungshaushalt' hat eine 'Versprachlichung von Emotionen' mit sich gebracht und eine stärkere Tolerierung von verbalen Affektausbrüchen der Eltern sowie der Kinder. Hinter dieser Verhandlungsstrategie steht „... das Ideal eines beherrschten, rationalen Diskurses, des 'vernünftigen' und 'ruhigen' miteinander Redens, um zu einem Kompromiß zu kommen" (Nave-Herz: 63). Dieses Erziehungsideal stellt große Anforderungen an die Eltern wie auch an die Kinder in bezug auf sprachliche Kompetenz und Ausgeglichenheit, aber auch in bezug auf die Beherrschung von Gefühlen. Erwachsene können ihre Emotionen besser kontrollieren, als Kinder und außerdem behalten Eltern trotz allem die Definitionsmacht darüber, welche Verhaltensweisen angemessen sind und welche Meinungen toleriert werden. Diese 'Verhandlungserziehung' beginnt schon in der Kleinkindphase und führt, weil die Kleinkinder und Kinder ihre Gefühle nicht so kontrollieren können (und wollen!) zu einer subtilen Unterdrückung von Affekten und die Kinder entwickeln Abwehrhaltungen gegenüber diesem verbalen 'Overkill' an vernünftigen Argumenten.

Unter Berücksichtigung der Problematik der 'Differenzierung' in der Wiederannäherungsphase werden diese Abwehrreaktionen verständlich, denn die Interessenskonflikte sind aus der Natur der gegensätzlichen Positionen und Wünsche heraus gar nicht zu vermeiden und sind somit auch nicht im Einvernehmen zu lösen.

Aus der Sicht der Kinder sind diese Diskussionen eher Pseudo-Verhandlungen. Ihnen wird damit etwas vorgemacht, was die Eltern im Grunde wahrscheinlich gar nicht in der Lage sind, einzulösen, nämlich echte demokratische Strukturen, in denen die Kleinen, gemäß ihrem jeweiligen Entwicklungsstand Mitbestimmungs- und Selbstbestimmungsrechte eingeräumt bekommen (Nave-Herz: 62f).

2.2.3.2
Neue Interaktionsbeziehungen

Mit den gesellschaftlichen Bedingungen, den Problemen der Ein-Kind-Familien und der Ein-Eltern-Familien, der Individualisierung und mit den neuen Erziehungszielen haben sich auch die Interaktionsbeziehungen zwischen Eltern und Kindern verändert und es entstehen neue Konflikte und Schwierigkeiten.

Das erste Kind hatte schon immer eine besondere Wirkung auf die Eltern. Mit der beginnenden Elternschaft muß die bisherige Ehebeziehung neu gestaltet werden. Die Versorgung des Kindes verlangt Einschränkungen im Freizeitverhalten und in der individuellen Freiheit. Mit der Zunahme der Ein-Kind-Familie bleiben heute mehr Eltern bei dieser ersten Erfahrung stehen. Gerade diese Eltern haben besondere Schwierigkeiten und Ängste, die aus der starken Fixierung auf ein Kind herrühren. So werden z.B. notwendige Forderungen an das Kind zurückgehalten, aus Angst vor einem Vertrauens- oder gar Beziehungsverlust. Wenn mehrere Kinder da sind, fühlen sich die Eltern nicht so angewiesen auf das Einzelne und auch die Kinder haben mehr Möglichkeiten, Enttäuschungen zu verarbeiten (Nave-Herz S.67). Die Geschwister bilden eine Subgruppe, mit der nicht nur die Mutter entlastet wird, sondern die auch jedem einzelnen Mitglied mehr Möglichkeiten an sozialen Beziehungen bietet.

Insgesamt ist jedoch in der heutigen Zeit ein Trend zur Selbstverwirklichung und zur persönlichen Entfaltung zu beobachten, der sich entweder in dem Streben nach beruflicher Karriere oder aber in der bewußteren Entscheidung für meistens ein Kind ausdrückt. Damit ist trotz sinkender Geburtenzahl ein Bedeutungszuwachs des Kindes zu beobachten. Mit der Kindheit und der Mutter- und Vaterschaft wird auf eine idealisierende Weise etwas natürliches und ursprüngliches verbunden, das in der Welt verloren gegangen scheint oder unterdrückt wird. Das Kind wird damit benutzt, um die Kränkungen, die die Erwachsenen durch die Leistungsgesellschaft erleiden, zu lindern. Durch die Besetzung mit solchen Motiven wird die Beziehung zum Kind und das Kind selbst mit einem immensen Leistungsdruck belegt. Durch die Institutionalisierung ist die Familie Träger großer Hoffnungen auf Entschädigung und Trost und wird vermutlich gerade dadurch auch zur Quelle von Enttäuschungen, Konflikten und Kämpfen um Selbstachtung und Selbstbehauptung. (Overbeck A: 38f)

Nave-Herz erwähnt eine qualitative Untersuchung von Schülein (1990), nach der es eine Gruppe des 'modernen Elterntyps' gibt, die sich durch eine bessere Kenntnis des eigenen Verhaltens und der Säuglingsentwicklung von den eher traditionellen Eltern unterscheidet. Durch ihre Schichts- und Bildungszugehörigkeit gelten sie als eine Art 'Trendsetter' für neue Verhaltensweisen gegenüber Kindern und sind damit trotz ihrer noch relativ geringen Anzahl von Bedeutung (Nave-Herz: 58). Bei ihnen können die Probleme einer zunehmenden Empathie im Zusammenhang mit der wachsenden Individualisierung in der Gesellschaft besonders deutlich gemacht werden.

Diese 'modernen Eltern' haben eine starke emotionale Beziehung zu ihrem Kind und knüpfen hohe Erwartungen an die neue Familie. Sie empfinden sich als selbständig und kompetent in allen Pflege- und Erziehungsangelegenheiten und distanzieren sich damit gleichzeitig von traditionellen Sinnzusammenhängen. Da aber die neuen Aufgaben dennoch unvermeidlich Probleme und Unsicherheiten mit sich bringen, kommen die jungen Eltern in ein Wechselbad der ambivalenten Gefühle und dadurch in ernsthafte

Krisensituationen, die sich noch verstärken können, wenn der Partner (meist der Mann) wieder arbeitet. Die Mutter sitzt nun isoliert mit ihren Fragen, Selbstzweifeln und vor allem mit ihren Ansprüchen alleine mit dem Säugling zu Hause und muß eventuell dazu noch den eigenen, wenn auch nur vorübergehenden Verzicht auf ihre berufliche Tätigkeit verarbeiten. Diese Zentrierung und ausschließliche Aufmerksamkeit auf den symbiotischen Zustand und die Wahrnehmung der vollkommenen Abhängigkeit des Säuglings einerseits und die Ängste, Sorgen und Einschränkungen der Mutter andererseits führen dann zu Schwankungen zwischen euphorischen emotionalen Gefühlen und depressiven Stimmungen und nicht selten zu starken Wutausbrüchen.

Die Selbstentfaltungswerte der 'modernen Eltern', die sich u.a. in zahlreichen Buchveröffentlichungen über die 'neuen Väter' und in der Diskussion über die 'neue Mütterlichkeit' zeigen, treffen auf die, in der Gesellschaft vorhandenen Wertvorstellungen von einer umfassenden, geduldigen, liebevollen Fürsorglichkeit und Toleranz gegenüber Säuglingen und Kleinkindern.

Die Eltern sind mit der Erwartungsüberfrachtung des selbstbestimmten Kinderwunsches, den hohen, an sich selbst gestellten Leistungsanforderungen, den Erwartungen der Gesellschaft und mit der zunehmenden Isolierung der Kleinfamilie durch die Individualisierung so stark verunsichert, daß die natürlichen beziehungsstiftenden Anlagen und Fähigkeiten der Eltern und des Kindes, wie sie von Stern konstatiert werden nicht zum Tragen kommen. Aus der Sicht der Intersubjektivitätstheorie kann das Kleinkind die Problematik der 'Differenzierung' nicht lösen und aus der Sicht der 'zweiten Angstbearbeitung' haben die Eltern Probleme mit dieser großen Nähe. Dadurch kann die Spannung der gegenseitigen Anerkennung nicht aufrechterhalten werden und es entsteht immer wieder ein Gefälle von Herrschaft und Knechtschaft.

Damit entsteht also durch eine zunehmende Empathie bei den Eltern nicht zwangsläufig eine friedvollere Familiensituation, da diese neue Nähe erst einmal neue Probleme bei den psychologischen Verarbeitungsprozessen mit sich bringt. Hauptsächlich sind es dann jedoch gesamtgesellschaftliche Verhältnisse, die über das Gelingen dieser Prozesse und damit über die Konstituierung und Festigung eines neuen, tatsächlich verbesserten Erziehungsmodus' entscheiden.

Die Tatsache, daß Kinder in der Familie am meisten Gewalt erfahren, also in der intimen, exklusiven Sphäre, die nach deMause die Grundlage der gesellschaftlichen Entwicklung schafft, indem sie die 'zweite Angstverarbeitung' leisten muß, macht die Schwierigkeiten deutlich, die mit dieser Verarbeitung verbunden sein müssen. Dies ist auch der Raum, in dem nach Benjamin die

schwierige Spannung zwischen der Selbstbestätigung und der Anerkennung anderer aufrechterhalten werden soll. In den meisten Fällen bricht diese Spannung zusammen und löst sich in Herrschaftsbeziehungen auf. Was wundert es da, wenn gerade in den Familien, in denen die subtilste und gleichzeitig gewaltigste Aufgabe – die Entwicklung der Beziehungsfähigkeit – gemeistert werden muß, die meisten Mißhandlungen stattfinden?
Die Probleme dieser neuen Elterngeneration werden von den gesamtgesellschaftlichen Wertorientierungen kaum anerkannt und Hilfen zu deren Bewältigung werden aus ökonomischen Gründen nicht gefördert.

2.3 Teilzeitarbeit der Eltern in Familie und Beruf

Obwohl die geschlechtsspezifischen sozialen Rollen als Mutter und Vater nicht mehr so stark einseitig normiert sind, übernimmt nach wie vor hauptsächlich der Vater die ökonomische Versorgung der Familie, während die Mutter weiterhin die Hauptverantwortung für die Erziehung der Kinder hat und zusätzlich nun die Ersatzbetreuung organisiert, wenn sie selbst auch arbeiten geht. (Nave-Herz: 53f) Die Umverteilung der Haus- und Familienarbeit vollzieht sich also unter Frauen, die dadurch gesellschaftlich ausdifferenziert werden in solche, die in ungeschützten Arbeitsverhältnissen als Haushaltshilfe oder Kinderbetreuerin tätig sind und andere, die sich eine solche Hilfe leisten können.[4]
Nach Michael Bode und Christian Wolf ('Still-Leben mit Vater') machen deutsche Väter nach der Geburt eines Kindes am meisten Überstunden, entziehen sich damit der ungewohnten Situation und Verantwortung in der Familie und geben dies auch noch als 'krummschaffen für den Nachwuchs' aus.
Die Männer sind also trotz ansteigender Tendenz noch zu wenig mit der Kinderbetreuung konfrontiert und damit auch zu wenig gefordert im Bereich der sozialen Beziehungen. Väter sind aber genauso wie Mütter in der Lage, dem Neugeborenen Sicherheit und Vertrauen zu vermitteln, deren Bedürfnisse zu erkennen und zu befriedigen, weil sie sich unbewußt an die eigenen damaligen Bedürfnisse und Gefühle erinnern können, wenn diese nicht durch Abwehr oder Verdrängung unterdrückt werden. Die Auseinandersetzung mit einem Kind und die damit verbundene Aneignung von Bezie-

hungsfähigkeiten braucht Zeit und Geduld und kann nur schlecht geleistet werden von einem Vater, der eine Vollzeitarbeit hat. Nur im konkreten Einlassen auf die Beziehung zu einem Kind kann der Mann seine Beziehungsfähigkeit entscheidend weiterentwickeln. Aber dadurch, daß Väter immer noch in der Mehrheit in den Berufen außerhalb der Familie gebunden sind, können sie in der Regel diese notwendigen Erfahrungen nicht machen. Durch die starke Trennung der gesellschaftlichen Bereiche Familie und Beruf lernen die Väter keine Verantwortung in zwischenmenschlichen Beziehungen und die Mütter können keine Verantwortung in politischen Entscheidungen übernehmen (Chodorow; Overbeck C).

2.4 Folgen der Familienpolitik

Wegen der Vielfalt der Faktoren im sozialen, materiellen und psychischen Bereich, die für die Probleme der Eltern-Kind-Beziehung verantwortlich sind, müßten wesentlich mehr politische Entscheidungen zu Gunsten der Menschen und Lebensgemeinschaften getroffen werden. Aus ökonomischen Gründen werden soziale Errungenschaften aber nicht nur nicht fortgesetzt, sondern sogar zurückgeschraubt, Arbeitsplätze werden weggekürzt und Sozialleistungen werden beschnitten, während gleichzeitig die Individualisierung in der Gesellschaft voranschreitet.
Das Teilsystem Politik steht mehr und mehr unter dem Diktat der wirtschaftlichen Interessen und verhält sich gegenüber der Familie politisch ambivalent. Die Politik ordnet sich dem Primat der Wirtschaft unter, indem sie die geschlechtsspezifische Arbeitsteilung aufrechterhält und unterstützt. Die Arbeit im Haushalt, also in der Familie wird nicht genauso anerkannt und entlohnt, wie die Arbeit in der Industrie. Die Wirtschaft hat dabei ein eindeutiges Interesse, daß dieses Verhältnis so bleibt und die Politik unternimmt nichts gegen diese wirtschaftlichen Interessen, gegen die Überstunden in den Betrieben oder für die Arbeitsteilung in der Familie.
Ein möglicher Weg aus dieser Krise könnte die Reduzierung der Erwerbsarbeit und die Teilung der Privatarbeit sein. „Jede und jeder arbeitet 25 Stunden in seinem Beruf und zu Hause."[5] In den Familien entstehen indirekt und direkt Streßfaktoren und Krisensituationen durch die Ungleichverteilung der bezahlten Arbeit. „Teilzeitarbeit für Väter würde allen helfen: den Vätern und ihren

Kindern, weil sie endlich Zeit füreinander hätten; den Müttern, weil sie entlastet würden; den Arbeitslosen, weil sie wieder auf einen Job hoffen könnten. Hunderttausende von neuen Arbeitsplätzen könnten auf diese Weise geschaffen werden."[6]

Die Politik müßte einen liberal-pluralistischen Familienbegriff fördern (Nyssen: 72), die Teilzeit in Betrieb und Familie einführen und ökologische Entscheidungen honorieren, dann wäre viel erreicht. Die Familie als Ort der Nähe und Distanz, der Zuneigung und Gewalt wäre in ihrer Bedeutung anerkannt und die Gesellschaft, in denen sich diese, in den Familien erarbeiteten Strukturen widerspiegeln, hätte vielleicht eine bessere, friedlichere Ausprägung. Die Gesellschaft legt strukturell und rechtlich die Familie auf die biologischen Eltern und ihre Kinder fest und schützt sie als solche. Doch mit den wichtigen Aufgaben (Aufbau von zuverlässigen Bindungen, Erziehung zu Sozialwesen), läßt sie die biologischen und noch mehr die psychologischen Eltern allein.

Mit gravierenden Problemen gerade in dem gesellschaftlichen Bereich, in dem die Beziehungsfähigkeit entsteht und entwickelt wird, sitzen wir auf einem Pulverfaß, das längst keine rein ökonomischen, industriewirtschaftlichen Entscheidungen mehr zuläßt. Wenn der Beziehungsfähigkeit weiterhin kein eigenständiger Wert zugewiesen wird, wenn sie weiterhin nicht materiell und ideell unterstützt wird, kommt die Substanz der menschlichen Gemeinschaft unter's Messer. Ökonomische Entscheidungen in der Familienpolitik betreiben Raubbau an der Basis der Gesellschaft.

1. Tatsache

☞ Arbeitszeitmodelle, die beiden Geschlechtern die Entwicklung von Beziehungsfähigkeiten ermöglichen, sind aus ökonomischen Gründen nicht erwünscht.

☞ Die Familie wird in ihrer Bedeutung für die Gesellschaft nicht voll anerkannt.

1. These

Durch die Einführung und Gleichstellung von Teilzeitarbeit in Beruf und Familie

☞ würde die Wichtigkeit der Beziehungsarbeit anerkannt werden,

☞ könnten sich innerfamiliale Streßfaktoren verringern,

☞ könnten die Beziehungsfähigkeiten der Familienmitglieder wachsen und die Verantwortlichkeit auch in bezug auf die Umwelt zunehmen.

3. Umwelt

3.1 Ökologische Lebensbedingungen

Die ökologischen Lebensbedingungen werden für die Kinder und die Erwachsenen zunehmend unüberblickbar und gefährlicher durch Kernkraft, Gentechnik, Industrie, Schädlingsbekämpfung, chemische Stoffe, Nahrungsmittel und Verkehr. Dabei sind die Risikofaktoren der industriellen Gesellschaft für Säuglinge, Kleinkinder und Kinder noch weit größer als für Erwachsene. Grenzwerte für Schadstoffe werden nicht an Kindern orientiert, in den verkehrsreichen Städten besteht ein fünfmal höheres Krebsrisiko für Kinder, ca. ein Drittel der Jugendlichen sind Allergiker. Die Auswirkungen der globalen Umweltveränderungen sind unabsehbar groß für die momentanen und alle folgenden Generationen.

Diese Bedingungen werden durch ökonomische Entscheidungen der Wirtschaft und der Politik erzeugt. Die Politik, die die Aufgabe hat, zwischen den Interessen der Teilsysteme Politik, Wirtschaft, Familie, Kultur u.a. zu vermitteln und die Gesamtverantwortung zu übernehmen, so Raschke, gleicht sich immer mehr dem Funktionsbereich Wirtschaft an.[7] Die Wirtschaft hat gegenüber den anderen Bereichen der Gesellschaft ihren Einfluß so stark vergrößert, daß ein Ungleichgewicht zwischen den Interessen entstanden ist. Die Politik unterwirft sich dabei den wirtschaftlichen Interessen aus ökonomischen Gründen.

Die Unterordnung der Politik unter die Imperativen der Wirtschaft, die Unterordnung unter den Kostenfaktor, die Erhebung der ökonomischen Interessen über das Ganze ist eine unverantwortliche Politik und führt zu einem Ungleichgewicht in der Gesellschaft und in der Umwelt. So hat die Regierung zusammen mit der Wirtschaft atomare Probleme geschaffen, für die keine Lösungen in Sicht sind. Der Staat entscheidet z.B. die Zwischenlagerung von Atommüll im Wendland und setzt damit seine BürgerInnen Risiken und Gefahren aus, für die niemand die Verantwortung trägt und tragen kann. „Entscheidungen in der Atomwirtschaft haben“ nach Hermann Josef Tenhagen „eine notwendige Tendenz, endgültig zu sein – und das heißt undemokratisch. Die Rückholbarkeit von Entscheidungen ist schließlich ein

Kernstück repräsentativer Demokratie."[8] Damit hat die Politik in bezug auf die Atomkraft unter dem Diktat der ökonomischen Interessen unumkehrbare und unlösbare Probleme geschaffen. Dieser Kurs ist aber nicht nur in der Atompolitik, sondern überall zu beobachten, wo es um den 'Standort Deutschland', um den 'Erhalt von Arbeitsplätzen', kurz wo es um Profit und Kapital geht.

Nach Eugen Jungjohann hat die Menschheit durch den technischen Fortschritt das Gleichgewicht der ökologischen Beziehungen erschüttert. Er bezeichnet diesen ökologischen Mißbrauch der Beziehungen der Lebewesen untereinander als eine Form der Gewalt gegen Kinder, weil die Auswirkungen ihre körperliche und seelische Entwicklung beeinträchtigen oder zerstören.
Ein Beispiel von unzähligen ist eine Untersuchung über Leukämieerkrankungen im Zusammenhang mit einem Atommeiler bei Sellafield. Danach erkrankten dreimal soviele Kinder von Vätern, die in diesem Atommeiler arbeiteten, als im Landesdurchschnitt von Großbritanien. M. Gardener (Professor für medizinische Statistik), M. Snee (Radiologe) und A. Hall (Epidemiologe), die die Untersuchung 1990 leiteten, stellten fest, daß die betroffenen Kinder nicht mehr als andere Menschen in der Gegend mit der Strahlungsquelle in Berührung kamen. Die ionisierenden Strahlen veränderten aber das Erbmaterial der Samenzellen der Väter, die mit der Befruchtung einer Eizelle die Ursache für die Entstehung der Leukämie den Kindern gewissermaßen als 'Erbe' mitgaben. Die Kinder erkrankten also, ohne daß die Väter erkennbar krank waren. „Und dieser ökologische Schaden, das Zerstören der Lebewesen in ihren Beziehungen zueinander, geschieht nicht nur in Sellafield" (Jungjohann: 215).
Überall auf der Welt hat die forschende Neugierde der Menschen Gewalttätigkeit und Zerstörung verursacht und Teile der Erde unbewohnbar gemacht und für viele nachfolgende Generationen beschädigt. 1983 wurde allein in den USA 70 Millionen Gallonen giftiger Müll (darunter radioaktive Stoffe, Asbest, Dioxine, Schwermetalle und andere Gifte) illegal irgendwo abgeladen. Auch die Luft ist voller Schadstoffe, wie CO_2, Methangas, Stickoxyd und Flourchlorkohlenwasserstoff, die die Erde zum Treibhaus machen.
Verursacher dieser Gewalttätigkeiten an der Erde und ihren Lebewesen ist eine, aus der relativen Anonymität heraus agierende Allianz von Kapital und Politik. Diese Verantwortlichen zeichnet eine bemerkenswerte Beziehungslosigkeit zu den Tausenden von Menschen aus, die von ihrem Handeln betroffen sind.

Diesen Einflüßen des Exo-Systems (Bronffenbrenner) ist der einzelne Mensch in seinen Beziehungen relativ machtlos ausgesetzt und doch verändern sie seinen persönlichen Lebensbereich nachhaltig. Deutlich wahrnehmbar sind solche Beeinflussungen erschreckenderweise noch bei direkten Beeinträchtigungen wie Krankheit oder gar Tod. Es gibt jedoch in unserer Risikogesellschaft Gefahren, die nicht mehr direkt spürbar sind. Gefahren, denen der einzelne Mensch unablässig ausgesetzt ist, ohne zu wissen, welche Strahlen, Gifte oder Genveränderungen seinen Organismus belasten.
Zur Erkennung solcher Gefahren kann nun die Industrie neben den schädlichen Produkten noch die entsprechenden Meßinstrumente verkaufen, damit der Mensch weiß, wann er einen 'Weglaufimpuls' aussenden muß (wenn ein Weglaufen überhaupt nützt).
Die Politik beteiligt sich an diesem Kapital-Spiel durch die Festsetzung der Grenzwerte, die wiederum aussagen, wann ein ausschlagender Zeiger Gefahr bedeutet. Einmal abgesehen davon, daß die Grenzwerte jeweils auch nach marktwirtschaftlichen Gesichtpunkten festgelegt und wieder verändert werden, gelten sie für einen 140 Pfund schweren erwachsenen Mann. Dabei reagieren Kinder sogar noch empfindlicher auf diese gesundheitsgefährdenden Stoffe, weil sie im Verhältnis zu einem ausgewachsenen Menschen mehr atmen, essen und trinken. Auch ihre Hautoberfläche ist im Verhältnis zum Körpergewicht etwa doppelt so groß wie die von Erwachsenen. Dadurch nehmen die Kinder schneller und größere Mengen an Schadstoffen mit ihren, noch nicht ausgereiften Organen und dem noch nicht voll entwickelten Immunsystem auf.[9] Nach einer Studie des EPEA – Instituts in Hamburg bleiben bei Kindern die Schadstoffe länger im Körper, sind die Entgiftungsmechanismen der Proteinbindung und die Eliminierungsmöglichkeiten von Leber und Nieren noch nicht ausgereift, sind die Nervenzellen schlechter abgeschirmt, ist das Immunsystem schlechter ausgebildet und die Empfindlichkeit gegenüber krebserzeugenden Stoffen weit höher (Dost: 9f).
Grenzwerte für Schadstoffe werden darüberhinaus aus Tierversuchen abgeleitet und berücksichtigen weder die höhere Empfindlichkeit des kindlichen Organismus, noch die Wechselwirkungen verschiedener Chemikalien, noch die Langzeiteffekte in bezug auf chronische Krankheiten und Verhaltensstörungen. Außerdem liegen nur für 3 000 von mehr als 100 000 Umweltchemikalien überhaupt definierte Analyseverfahren vor (Dost: 10f). Zu diesen Fakten kommt noch der Umstand hinzu, daß die Schadstoffe in 'Kindernasenhöhe' zwischen 140% und 400% höher sind, als in der allgemein üblichen Meßhöhe von 4 1/2 Metern.

Für Benzol beispielsweise gebe es überhaupt keinen Grenzwert, so A. Jensen in einem Artikel in der Taz. Nach der offiziellen Begründung könne schon ein einziges Molekül Krebs auslösen und damit sei im Grunde eine völlige Vermeidung des Stoffes anzustreben. Das sei aber „...undenkbar in einer Gesellschaft, deren Industrie Jahr für Jahr etwa 1,5 Millionen Tonnen von dem Zeug produziert, um Pestizide, Lacke und Waschmittel damit herzustellen".[10]
Benzol verursacht neben Brechreiz, Kopfschmerzen, Schwindelgefühl, Müdigkeit und gestörter Bewegungskoordination auch asthmatische Anfälle und Leukämie. In einem Artikel über die Benzolbelastung in den Städten heißt es: „Bei Kindern in verkehrsreichen Stadtteilen wurden wesentlich höhere Benzol- und Toluolkonzentrationen im Blut nachgewiesen als bei ihren Altersgenossen auf dem Land. Entsprechend hoch sind die Belastungen des Fettgewebes und des Knochenmarks. Experten des Länderausschusses für Immissionsschutz (LAI) gehen von einem fünfmal höheren Krebsrisiko in der Stadt aus."[11] Schätzungen zufolge, heißt es im selben Artikel, stammen aus dem Straßenverkehr mehr als die Hälfte aller krebserregenden Stoffe.
Die höchsten Schadstoffwerte werden auch nach Dost durch den Aufenthalt im Verkehr aufgenommen. Nach dem Gesundheitsreferent Johannes Spatz wird das Ausmaß der Gesundheitsgefahren durch den Verkehr unterschätzt. (Dost: 12) Die Gefahren der Faktoren Lärm und Schadstoffe sind nach der Studie 'Verkehrsopfer in Bremen' von Spatz 1992 sogar größer als die Unfallgefahr. Unter Berücksichtigung anderer Untersuchungen wurde berechnet, daß von jährlich 100 Todesfällen im Straßenverkehr 20 Personen an Herzinfarkt durch Lärm-Streß und 50 Personen durch Krebs aufgrund der Schadstoffbelastung umkommen.[12]
Selbst die Bundesregierung räume, nach einer Meldung über die SPD-Bundestagsfraktion, den schleichenden, sich verschlechternden Gesundheitszustand der Kinder ein, doch, so kritisierte ihr umweltpolitischer Sprecher Michael Müller, die „...Kindergesundheit (werde) heute in der Politik unter technischen und Kostengesichtspunkten diskutiert.[13]
Automobilverkehr und -produktion, die 'Heiligtümer' unserer Gesellschaft sind mit insgesamt 31% an der Aufheizung des Erdklimas beteiligt.[14] Neben den Auswirkungen der Schadstoffe ist auch die Geschwindigkeit der Autos (oder besser: der autofahrenden Menschen) für Todesfälle und Verletzungen verantwortlich. Nach einem Versuch wurde ermittelt, daß bei einer Tempobegrenzung auf 30 km/h in Städten „...60 Prozent weniger Kinder angefahren wurden und die Gesamtunfallzahl sogar um 80 Prozent zurückging".[15] Der ökologische Verkehrsclub Deutschland (VCD) und der Deutsche Kinderschutzbund (DKSB) wiesen 1996 darauf hin, daß im Staßen-

verkehr mehr als 400 Kinder pro Jahr sterben und dieser damit die häufigste Todesursache für Kinder darstellt. Fast 14 000 Kinder werden schwer verletzt. Die beiden Organisationen fordern deshalb eine Wende in der Verkehrspolitik und die Einführung des Tempo-30-Limits für Städte. Der Vorsitzende des VCD, Rüdiger Wohlers stellte fest, daß nach einer Umfrage 46% der Befragten ein Tempolimit befürworten und sich nur 28% ablehnend äußerten. Damit erwiderte er ein Argument des Bundesverkehrsministers Wissmann, der die nötige Akzeptanz der Bevölkerung nicht gegeben sah. Wohlers hierzu: „Durch seine Ablehnung von stärkeren Geschwindigkeitsbegrenzungen entwickelt sich Bundesverkehrsminister Wissmann immer mehr zum Sicherheitsrisiko für Kinder“.[16]
Die SPD-Bundestagsfraktion forderte schon im Februar 1994 u.a. die Einführung des Tempolimits, die Verminderung der Umweltgifte, die Herabsetzung des Ozon-Grenzwertes, die Messung der Schadstoffe auf Nasenhöhe der Kinder, die flächendeckende Lärmeindämmung, den Verzicht auf die Benzol-Beimischung im Benzin und die Genehmigung von Industriebetrieben nach einer Prüfung ihrer Gesundheitsverträglichkeit.[17]
Vera Lengsfeld (Bündnis 90/Die Grünen) resümierte in einer Bundestagsrede zum Thema ‘Kindergesundheit und Umweltbelastungen’, daß die Zahl der asthmatisch erkrankten Kinder sich in den letzten Jahren mehr als verzehnfacht hat. „In der BRD litten inzwischen zehn bis 15 Prozent der Kinder an der gefährlichen Atemnot, 1,2 Millionen an Neurodermitis, fast die Hälfte aller Kinder seien latente Allergiker.“[18] Die Vorsitzende des 10. Deutschen Allergie- und Asthmatages Martina Schata betont, daß Asthma die häufigste chronische Erkrankung im Kindesalter sei.[19] Aus einer Studie der Universität Bielefeld von 1994 geht hervor, daß „...37 Prozent der westdeutschen und 28 Prozent der ostdeutschen Jugendlichen Allergiker sind, oft mehrfach“.[20]
Nach Schrader sind die normalen Krankheiten in der Bundesrepublik Deutschland längst kein Thema mehr. Seiner Meinung nach macht der Wohlstand und die Armut allergisch und krank. „Bei der Hygiene und der Qualität medizinischer Versorgung gibt es im reichen Deutschland nur noch wenig zu verbessern. Doch durch unsere Lebensweise, den Umweltschmutz und eine verfehlte Familienpolitik verspielen wir diesen Vorteil. Wir machen unsere Kinder körperlich und seelisch krank.“[21] Auch die Ernährung der Kinder gehört zu den krankmachenden Faktoren. Trotz dem in Deutschland gesunde Nahrungsmittel leicht und vielfältig verfügbar sind, ernähren sich die Kinder zunehmend schlechter. Das Forschungsinstitut für Kinderernährung, Dortmund hat den Speisezettel von Kindern

bis 14 Jahren untersucht und festgestellt, daß sie zuwenig Ballaststoffe (nur 50% des Richtwertes der deutschen Gesellschaft für Ernährung), zuwenig Kalzium (25% weniger als empfohlen) und zuviel Fett und Zucker (vor allem durch Industrie-Lebensmittel, wie Ketchup und Jogurt) essen. Auch beim Trinken wurden Verschlechterungen festgestellt. Die Kinder trinken überhaupt zuwenig und dafür fünfmal soviel gesüßte Limonaden und Säfte wie vor 15 Jahren.[22]

Ein längeres Zitat aus dem Manuskript zur Sendereihe des Bayerischen Rundfunks 'Was Kinder heute krank macht' 1995 verdeutlicht zusammenfassend die ökologische Situation für die Kinder unserer heutigen Gesellschaft.

„Betrachten wir unsere Kinder (und uns) unter dem ganzheitlichen Ansatz, so erkennen wir, daß es hier nicht mehr nur um einzelne Schädigungen von Organen oder Systemen geht (Lunge, Bronchien, Blut, Nerven etc.), sondern um eine fortwährende Lädierung des gesamten Leib-Seele-Organismus unserer Säuglinge, Kinder und Jugendlichen. Das Kind – ihr Kind – wird als Mülleimer für Umweltschadstoffe mißbraucht, als Sammelbecken für seelischen und körperlichen Schmutz, als Faß für Ängste, Süchte und Gewalt. Stunde für Stunde, Tag für Tag, Jahr für Jahr – bis das Faß voll ist und überfließt. Denn ist der Organismus erst einmal randvoll und überanstrengt, bedarf es nur eines bestimmten Triggers (Auslösers), um schwer zu erkranken, an Asthma, Neurodermitis, an Krebs oder psychischen Leiden. Das Kind von heute – ihr Kind – muß nicht unbedingt in der Nähe einer Atomanlage aufwachsen oder nahe einer Müllverbrennungsanlage oder in Sichtweite einer Chemiefabrik oder in einem Wohnhaus an einer Hauptverkehrsstraße, – es wird an jedem Ort der Bundesrepublik zu jeder Zeit aufgefüllt und abgefüllt mit materiellem Müll und seelisch-geistigen Fäkalien unserer Gesellschaft – bis es bricht. Betrachten wir die Lage aus medizinisch-energetischer Sicht, so erkennen wir: Schon vom Augenblick der Empfängnis an wird das Fließgleichgewicht des heranwachsenden Organismus mit Störschwingungen und Desinformationen außer Rand und Band gebracht. Die Folge: Es blockiert oder es schlägt heftig aus. Es überschießt oder es erstarrt in Aggression oder Autoaggression: Umweltopfer Kind. Wir opfern unsere Kinder auf dem Altar des kapitalen Konsumwahns" (Dost: 33).

3.2
Ökonomische Entscheidungen

Die ökonomischen Entscheidungen haben also ganz erhebliche Auswirkungen auf die Umwelt und die Gesellschaft und, so lautet die These, sie beruhen auf den gleichen Persönlichkeitsmodi, die auch in der Eltern-Kind-Beziehung zum Tragen kommen. Erwachsene, die keine emphatische Beziehung zu ihren Kindern eingehen können, sind nach deMause von Abwehrmechanismen und Verdrängung gekennzeichnet. Auf diese Beziehungsunfähigkeit lassen sich möglicherweise die ökonomischen Entscheidungen zurückführen, die ohne Ansehen der Folgen unsere Umwelt zerstören.

Untersuchungen in der Ökologischen Psychologie haben zusammengefaßt gezeigt, daß ökonomische Entscheidungen häufiger auf einem niedrigen moralischen Begründungsniveau zu finden sind. Diese sind wiederum in ihren psychologischen Verarbeitungsmechanismen durch Abwehrreaktionen und Verdrängungen gekennzeichnet. Das heißt, daß von Menschen mit einer geringeren moralischen Dimension signifikant häufiger Entscheidungen getroffen werden, bei denen Umweltschäden oder Gesundheitsgefährdungen billigend in Kauf genommen werden.

Wirtschaftliche Entscheidungen sind in der Regel ökonomische Entscheidungen. Sie werden gefällt von den maßgeblichen Männern in den jeweiligen Unternehmen. Unter diesen Menschen sind auch viele Familienväter, die mit ihrer Vollzeitarbeit Frau und Kinder ernähren, aber eben nicht in der Familie anwesend sind. Sie haben womöglich spezielle Beziehungsdefizite, die durch einen ungenügenden Kontakt mit ihren Kindern bestehen könnten. Sie sind in ihren Verarbeitungsmechanismen nicht geübt im Umgang mit der zwangsläufigen Regression in die eigene Vergangenheit, die sie durch ihre Kinder erleben.

Durch die Korrellation eines niedrigen moralischen Begründungsniveaus mit abwehrenden Verarbeitungsmechanismen bei ökonomischen Entscheidungen, stellt sich also die Frage, ob nicht ein Zusammenhang zwischen mangelnden oder unreifen Verarbeitungsmechanismen und Beziehungslosigkeit besteht, der es leichter macht, profitorientiert zu entscheiden.

Die Ökologische Psychologie oder Ökopsychologie beschäftigt sich allgemein mit den Auswirkungen der belastenden und toxischen Umweltfaktoren, wie Lärm, Luftverschmutzung u.a., denen einerseits der Mensch passiv ausgesetzt ist, die er andererseits aber auch wesentlich mit erzeugt (Pawlik/Stapf).

3.2.1
Ökologisch-soziales Dilemma

Spada und Ernst beschreiben in einem Bericht über ein experimentelles Umweltspiel, dem sogenannten Fischereikonfliktspiel die Schädigung und Ausbeutung der Umwelt durch die Industrie als ökologisch-soziales Dilemma. Bei der Ausbeutung einer natürlichen Ressource, von der die Menschen und die Umwelt gegenseitig abhängen, entsteht eine Konfliktsituation, ein ökologisch-soziales Dilemma, da der Ausbeutung durch die Wachstumsfähigkeit der Ressource (z.B. Fischbestand eines Sees) eine Grenze gesetzt ist und der Gewinn bei einer Übernutzung sofort, aber der Verlust erst zeitverzögert eintritt. Außerdem entsteht ein Interessenkonflikt wenn der Nutzen dem einzelnen Individuum zugute kommt, aber der Schaden sich auf alle Beteiligten, einschließlich der Umwelt verteilt. Insofern sind gewisse Handlungen für eine Einzelperson attraktiv, die für die Umwelt und für die Gruppe als Ganzes schädlich und problematisch sind. Solche Interessenkonflikte bestehen im Zeitalter der Großindustrie zunehmend zwischen Interessengruppen in größeren, komplexeren Zusammenhängen. In einem ökologisch-sozialen Dilemma sind also ein ökonomischer Aspekt („Wie verhält sich die Ressource in Abhängigkeit von ihrer Ausbeutung über die Zeit?") und ein sozialer Aspekt („Wer hat den Nutzen, wer trägt welchen Schaden?") miteinander verwoben (Spada/Ernst: 84).

Um zu verstehen, warum ökonomische Interessen vor ökologischen Notwendigkeiten gesetzt werden, müssen die Motive der Handelnden und Entscheidungsträger untersucht werden. Dabei spielen die jeweiligen Entscheidungsbegründungen ebenso eine Rolle wie die Fähigkeit der Verantwortlichen, mit psycho-sozialen Konflikten umzugehen. Um diese Zusammenhänge deutlich zu machen, wird hier eine Untersuchung herangezogen, die den Interessenkonflikt zwischen ökonomischen und ökologischen Gruppen beim Bau eines Kohlekraftwerks im Saarland erforscht.

3.2.2
Moralische Urteilsbegründung

Die Wissenschaftler Eckensberger, Sieloff et al. gehen bei ihrer Untersuchung von Kohlbergs Theorie der moralischen Urteilsentwicklung aus. Nach dieser

Theorie ist die Begründung, also die zugrundeliegenden Werte einer Entscheidung von größerem Interesse als die Entscheidung selbst. Mit diesem Vorgehen kann herausgefunden werden, ob eine ökologische bzw. eine ökonomische Entscheidung aufgrund ähnlicher ethisch-moralischer Strukturen erfolgt oder ob Menschen mit ganz ähnlichen moralisch-ethischen Strukturen ganz unterschiedliche Entscheidungen treffen. Die möglichen moralischen Begründungen können in vier Urteilsniveaus eingeordnet werden.
Bei 21 Befragten lag die Entscheidung auf dem niedrigsten ethischen Begründungsniveau, die praktisch keine ethische Dimension erkennen läßt (personal-heteronomes Urteilsniveau).
28 Befragte haben ihre Entscheidung von einem konkreten moralischen Standpunkt aus begründet, die alle konkret vorhandenen Interessen berücksichtigt (personal-autonomes Urteilsniveau).
29 Befragte sahen den Konflikt in seiner gesellschaftlichen Tragweite, ihre moralische Perspektive ist aber noch nicht umfassend (transpersonal-heteronomes Urteilsniveau).
17 Befragte argumentierten auf dem höchsten Niveau und interpretierten den Konflikt aus einer universellen Perspektive (transpersonal-autonomes Urteilsniveau) (Eckensberger/Sieloff: 158f).

3.2.3 Abwehrmechanismen

Nun wurden zusätzlich noch die Affektbearbeitungsfähigkeiten der Befragten nach der Theorie von Norma Haan herausgefunden und in Beziehung zu den Urteilsniveaus gesetzt. Hierbei wurde deutlich, daß transpersonal-autonome Begründungen auf hohem ethischen Niveau mit guten Konfliktbewältigungsfähigkeiten korrellierten. Personal-heteronome Begründungen mit niedrigem ethischen Niveau waren meist durch Abwehrmerkmale gekennzeichnet (Eckensberger/Sieloff: 165).
Nun zu der jeweiligen Entscheidung für den Kraftwerksbau (ökonomische Wertorientierung) und der Ablehnung des Kraftwerkes (ökologische Wertorientierung): Die Auswertung ergab „...einen statistisch gesicherten Zusammenhang zwischen der Entscheidungsrichtung und dem moralischen Urteilsniveau“ (Eckensberger/Sieloff: 160). So waren die Befragten mit hoher ethischer Urteilsbegründung auffällig häufiger gegen den Bau (14), während nur 3 Personen mit dem transpersonal-autonomen Urteilsniveau eine ökono-

mische Wertorientierung hatten. In der anderen Meinungsrichtung waren dagegen mehr Personen mit niedrigem Urteilsniveau für den Bau (14) und 7 Befragte gegen das Kraftwerk.
Diese Ergebnisse lassen nicht den Schluß zu, daß Personen mit einer ethisch hochstehenden Begründung immer die ökologische Entscheidung treffen. Aber obwohl nach dieser Untersuchung die Übereinstimmung auf dem höchsten und auf dem niedrigsten Urteilsniveau nicht einstimmig war, kann dennoch festgestellt werden, daß die ökologische Entscheidung häufiger mit dem höchsten moralischen Urteilsniveau korreliert (Eckensberger/Sieloff: 160). Das transpersonal-heterogene Urteilsniveau ist eindeutig gekennzeichnet durch eine alles umfassende globale Sichtweise. Eine Sichtweise wiederum, die alle betreffenden Positionen berücksichtigt, ist auch gekennzeichnet durch das Fehlen von Verdrängungen und Abwehrreaktionen, wie es in der Persönlichkeitsbeschreibung dieser sogenannten 'Bewältiger' heißt. Somit kann nun auch gefolgert werden, daß Verdrängungs- und Abwehrmechanismen häufiger zu ökonomischen Entscheidungen führen.
Entscheidungen auf einem personal-heteronomen Urteilsniveau behandeln ein ökologisch-soziales Dilemma nach einfachen Handlungsvorschriften, so Eckensberger/Sieloff. „Eine ethische Dimension wird also gar nicht erkannt. Unvermeidbare negative Entscheidungsfolgen werden nicht beachtet oder aber aus der Welt geschafft. Auch die gesellschaftliche Dimension (...) wird nicht gesehen" (Eckensberger/Sieloff: 158). Ähnliches gilt für die Gruppe der Personen auf dem zweitniedrigsten Urteilsniveau. Ihre Begründungen auf personal-autonomem Niveau lassen ebenfalls keine gesellschaftliche Dimension erkennen. Beide Personengruppen korrelieren mit Affektverarbeitungsmechanismen, die von Abwehr und Verdrängung gekennzeichnet sind und somit dem Persönlichkeitstyp des sogenannten 'Abwehrers' zuzuordnen sind. Auch hieraus kann der Schluß gezogen werden, daß ökonomische Entscheidungen häufiger mit Verdrängungsmechanismen einhergehen.
Dieser Sachverhalt oder besser Tatbestand liegt m.E. bei den meisten Entscheidungen von Verantwortlichen aus der Industrie und der Politik vor. Ökonomische Entscheidungen, die Umweltschäden und Gesundheitsgefährdung von Menschen billigend in Kauf nehmen, werden häufiger auf einem personal-heteronomen oder personal-autonomen Urteilsniveau gefällt, auf denen keine oder nur geringe moralisch-ethische Dimensionen vorhanden sind und die gekennzeichnet sind von Abwehrreaktionen und Verdrängungen.

3.2.4
Opferung unserer Lebenswelt

Nach deMause befinden sich Menschen, die nicht mit der 'zweiten Angstbearbeitung' fertig werden und sich deshalb vor Beziehungen und den damit verbundenen Ängsten schützen müssen, auf der Stufe des kindsmörderischen Modus. Hier geht es dann um Verdrängung, um Projektion und auf der untersten, unbewußtesten Ebene um Opferung. Die Sachlage der unbedenklich vorangetriebenen Umweltzerstörung ist so eindeutig, daß sich mir in der Tat der Gedanke aufdrängt, daß unsere Umwelt und die Menschen auf dem Altar des technischen Fortschrittes geopfert werden. Die Auswirkungen der globalen Umweltveränderungen werden die Kinder und alle nachfolgenden Generationen deutlicher spüren noch als wir, die Verursacher.
Beziehungslosigkeit, Verdrängung und Abwehrreaktionen in diesem Sinne finden sich in allen Zweigen der Wirtschaft, vom Autoverkehr bis zur Nahrungsmittelproduktion. Durch die besonderen Umstände in der 'Risikogesellschaft' haben diese Persönlichkeitsmerkmale wesentlich größere Auswirkungen auf ganze Landstriche und Populationen als früher oder als im privaten Bereich. Die Umweltgefahren für die Kinder und Erwachsenen der Industrienation Deutschland sind dabei, trotz ihres schon skandalösen Ausmaßes noch vergleichsweise gering, gemessen an den Zahlen aus Ländern der 'Dritten Welt', wo jährlich laut WHO 9 Millionen Kleinkinder an Umweltgiften sterben.[23] Vom Standpunkt der Kinder aus gesehen und wenn man die tatsächlichen realen Gefahren für die Kinder berücksichtigt, muß eine erhebliche Einflußnahme der wirtschaftlichen und gesellschaftlichen Struktur auf die sozio-ökologische Umwelt von Säuglingen, Kleinkindern, Kindern und Jugendlichen konstatiert werden.
Ökonomische Entscheidungen der Industrie betreiben Raubbau an der Umwelt und an allen in dieser Welt lebenden Menschen aber vor allem an den Kindern.

2. Tatsache

☞ Ökonomische Entscheidungen, denen sich auch die Politik unterwirft, beruhen auf Abwehrmechanismen durch Beziehungsunfähigkeiten der Entscheidungsträger in der Wirtschaft und haben Krankheit und Zerstörung zur Folge.

2. THESE

- ☞ Zur Erhaltung der Umwelt für unsere Nachkommen müssen ökologische Entscheidungen Priorität haben.
- ☞ Die Aufteilung der Arbeitszeit für beide Geschlechter auf Familie und Beruf würde insgesamt die Verbesserung des Erziehungsmodus und möglicherweise die Sensibilität für ökonomisch/ökologische Entscheidungen fördern.

4. MEDIEN

An der Ausbeutung der Menschen aus Profitstreben sind auch die Medien sehr stark beteiligt. Sie fordern ihrem Wesen nach zu konsumistischem und passivem Verhalten auf und sind außerdem wichtigster Träger der Werbung.

4.1 VERÄNDERTES FREIZEITVERHALTEN

Noch Anfang des Jahrhunderts wurde die Freizeit damit verbracht, sich in sozialen Gruppen, wie zum Beispiel Hausgemeinschaften, Nachbarschaft, Kirchengemeinde und in Gleichaltrigen- und Interessensgruppen zu integrieren. Mit dem familialen Strukturwandel wird der größte Teil der Freizeit heute in der Kernfamilie verbracht. Dabei hat sich auch die Wertevorstellung der Gesellschaft verändert, so daß ein familienkonzentriertes Freizeitverhalten als 'normal' gilt. Empirische Untersuchungen belegen eine Zunahme von familienkonzentrierten Freizeitaktivitäten sowohl im Wohnbereich, als auch in gemeinsamen Unternehmungen außer Haus.
Für Kinder und Jugendliche hat sich das Freizeitangebot am tiefgreifendsten verändert. Wo früher noch Spielmöglichkeiten in Höfen, Gärten und auf der Straße bestanden, gingen diese durch die Reduzierung der Spielgruppe in der Umgebung, durch die radikale Zunahme des Straßenverkehrs und durch den, dem Diktat der Ökonomie unterworfenen Städte- und Häuserbau rapide zurück. Die Freizeitgestaltungsmöglichkeiten der Kinder haben sich durch diese Veränderungen der Lebensumgebung wesentlich verschlechtert.

Statt spontaner Zusammenkünfte werden die Kind vermehrt zu organisierten Verabredungen gebracht. Da solche Gruppen aber weniger zweckfreies Zusammensein ermöglichen, da sie begrenzt und geplant und in einem bestimmten Kontext in einer festgelegten Umgebung stattfinden, muß das Kleinkind sehr früh in unterschiedlichen Rollenkontexten agieren. Damit machen bereits die Kleinkinder ihre Erfahrungen verstärkt nur in unterschiedlichen und voneinander abgetrennten Personengruppen. Kinder brauchen aber ganzheitliche Erfahrungen und Spiele, in denen sie z.B. verschiedene Rollen ausprobieren können. Dazu brauchen sie Gleichaltrigengruppen, in denen sie sich ohne festgelegten Zweck aufhalten können, in denen sich die Aktivitäten spontan entwickeln können. Sie brauchen Gruppen mit gleichbleibenden Gruppenmitgliedern bei unterschiedlichen Aktionen, um untereinander verschiedene Rollen auszuprobieren.
Da Kinder aber ihre Umwelt auf jeden Fall ganzheitlich aufnehmen, auch wenn sie zu den verschiedenen, voneinander isolierten Beschäftigungen gebracht werden, versuchen sie die Erlebnisse und Rollenerfahrungen, die sie in den unterschiedlichsten Kontakten machen, miteinander zu verknüpfen. Welche Folgen für die Persönlichkeitsstruktur diese neuen Arten des Erlebens, Spielens, Lernens und Entwickelns haben, wo selbst die kleinsten Kinder schon als Rollenträger in zweckrationalen Gruppen agieren müssen, ist noch nicht erforscht (Nave-Herz: 29).
Insgesamt kann eine 'Verhäuslichung der Kindheit' festgestellt werden, was nicht nur auf die Defizite im außerhäuslichen Bereich zurückzuführen ist, sondern auch auf die steigende Attraktivität der Wohnung. So hatten 1994 in den alten Bundesländern 80% der Kinder ein Kinderzimmer (Nave-Herz: 86). Auch die technische Ausrüstung der Kinderzimmer und Wohnungen mit Telefon, Fernseher, Video und Computer erhöht den Reiz, Zuhause zu bleiben. Vor allem das Telefon hat eine so massenhafte Verbreitung gefunden, daß Kleinkinder heute bereits mit dem Spracherwerb das Telefonieren erlernen.

4.2 Freizeit vor dem Fernseher

Das Fernsehen füllt den bei weitem größten Teil der Freizeit aus und zwar an jedem Wochentag, in städtischen und ländlichen Gebieten gleichermaßen und in jeder sozialen Schicht (in den unteren Schichten etwas stärker) (Nave-Herz: 89).

Die Meinungen über die Sozialisationsauswirkungen des Fernsehers gehen weit auseinander. Nave-Herz diskutiert Forschungsergebnisse von Neumann und Charlton (1988), nach denen die Konsequenzen für die Sozialisation nicht so linear sind, wie in der Öffentlichkeit angenommen wird. Die Eindrücke werden hiernach je individuell auf der Basis der lebensgeschichtlichen Perspektive wahrgenommen und mit Hilfe des bereits vorhandenen Wissens aus der Alltagswelt gedeutet und verarbeitet. Die Medienforschung beschreibt diesen Vorgang als 'aktives, realitätsverarbeitendes Handlungsgeschehen'. Negative Auswirkungen haben danach nur Themen, über die die kindlichen Rezipienten von Fernsehsendungen noch kein Wissen in der Realität erworben haben und dadurch zu irrigen Verknüpfungen und Schlußfolgerungen kommen. Außerdem gingen der passiven Haltung beim 'Vielsehen' meist schon andere Ursachen voran. Weiter heißt es, daß die Kinder durch die Medien sehr früh die verschiedenen Normen und Werte der Gesellschaft und die unterschiedlichsten Formen des Zusammenlebens der Erwachsenenwelt lernen und die Kompetenz erwerben, aus dem Angebot der Medien auszuwählen (Nave-Herz: 88f).
Doch diese sogenannten Erfahrungen sind nur 'aus zweiter Hand'. Sie finden nicht innerhalb echter sozialer Interaktionen statt, da die medialen Ereignisse nicht auf die Rezipienten reagieren und von den Zuschauern nicht veränderbar sind. Diese Starrheit des Handlungsablauf widerspricht den grundsätzlichsten Bedingungen von Lernen und Entwicklung in einem interaktiven Kontext von Spannungsauf- und abbau. Statt einem lebendigen Austausch von Reiz- und Reaktionshandlungen sitzt das Kind vor einer bunten, selbständig dahinziehenden Welt von Bildern, durch die es ähnlich wie von einer Leuchtreklame im Vergleich zu einem Baum oder wie von einem Gummibärchen statt einer Traube oder wie von einer Sirene im Gegensatz zu einem Klavierton zunächst unwiderstehlich in Bann gezogen wird, durch die Intensität des Geschehens. Wenn das Kind diesen oberflächlichen, reizüberflutenden und lauten Effekten des Fernsehers oft ausgesetzt ist, entwickelt es zunehmend ikonische Aneignungsweisen der Realität und verliert die Geduld, ein Geschehen von allen Seiten zu beleuchten. Wenn ein Kind nur noch solche 'Geschmacksverstärker' vorgesetzt bekommt, verliert es -um bei diesen Beispielen zu bleiben- den Sinn für die Geschmacksvielfalt von Früchten oder für die Weichheit und Obertonvielfalt eines Instrumentenklanges oder für die Vielfalt der Natur insgesamt oder für den freien ungehemmten Lauf der eigenen Gedanken und Gefühle.

4·3
Fernsehen ist Vernachlässigung

Kognitive Fähigkeiten entstehen nach Piaget durch das Zusammenspiel von Handlung und Wahrnehmung und der daraus gebildeten Strukturierung. Defizite in der kognitiven Entwicklung entstehen demnach, wenn in dem komplexen Verhaltenssystem von Handlung und Wahrnehmung ein Aspekt unterrepräsentiert oder nebensächlich ist. Dies ist z.B. beim Fernsehen der Fall, wo es ausschließlich auf die visuellen und akustischen Informationen ankommt. Der beim Fernsehen nicht vorgesehene Handlungsaspekt muß sich auf andere Weise Raum verschaffen. So kommt es vielleicht zu dem Bedürfnis der Nachahmung von irrealen, gesellschaftlich nicht anerkannten Handlungsweisen, die zu gefährlichen Situationen führen können. Vielleicht entstehen auch psychische Konflikte beim Ansehen von Filmen, die nicht integriert werden können. Wegen des mangelnden Handlungsaspektes in dieser wichtigen Phase kann es jedenfalls zu keiner gesunden kognitiven Entwicklung kommen. In der sensomotorischen Periode sind die Kleinkinder in besonderem Maße auf alle Aspekte der Verhaltensschemata angewiesen, um grundsätzliche kognitive Fähigkeiten zu entwickeln, sodaß reines fernsehen in den ersten zwei Jahren ohne Einbindung in Handlungsabläufe und Interaktionen negative Auswirkungen auf die kognitive Entwicklung hat. Darüber hinaus führt das Anpassungsverhalten zwischen dem Organismus und der fiktiven Umwelt des Fernsehers zu falschen Schlußfolgerungen über die reale Umwelt. Der Einsatz des Fernsehers als 'Kindermädchen' ist somit eine Form der Vernachlässigung.
H. Wilken gibt an, daß der Fernseher die Sprachentwicklung verzögert oder stört, weil die Kleinkinder nur hören und nicht selbst sprechen. Außerdem werden keine kindgerechten Wiederholungen, sondern schnelle Wechsel von Sätzen und Szenen geboten, sodaß die Kleinkind genauso abgehackt und in unvollständigen Sätzen zu kommunizieren lernen. Auch die moralische Urteilsfähigkeit, also eine Beziehung zu Rechten und Pflichten und dem menschlichen Umgang miteinander können sie über Filme nicht lernen. Kleinkinder gehen grundsätzlich davon aus, daß alles was sie sehen gut und nachahmenswert ist. Mit der medialen Bilderwelt bekommen sie nun nicht nur unzählige, sich widersprechende Wertvorstellungen in schneller Folge präsentiert (praktisch durch Knopfdruck), sondern wollen auch alle Verhaltensweisen, die sie sehen in die Tat umsetzen. Der Fernseher zeigt ihnen also alles, aber er vermittelt nicht, was im sozialen Kontext angemessen oder

erlaubt ist. Für eine positive emotionale und soziale Entwicklung braucht das Kleinkind aber die persönliche Auseinandersetzung mit der Umwelt und keine Scheinwelt. Ein weiterer Aspekt, der den kindlichen Bedürfnissen entgegen steht, sind die schnell wechselnden Szenen und Bilder. Kleinkinder brauchen zusammenhängende durchlaufende Geschichten, die sie wiederholen können. Unter diesem Gesichtpunkt ist selbst die 'Sesamstraße' ungeeignet, da sie mit kurzen wechselnden Handlungen und Geschichten die Kinder dazu bringt, passiv zu konsumieren. Damit erlernen die Kinder nicht die Fähigkeit, eine Beschäftigung bis zum Ende durchzuführen (Wilken: 18ff).
Eine Untersuchung im Auftrag des NRW – Sozialministeriums 1990 zeigte, daß in verkabelten Haushalten die Drei- bis Sechsjährigen durchschnittlich 55 Minuten am Tag vor dem Fernseher verbringen. In unverkabelten Wohnungen sind es dagegen 29 Minuten täglich. In diesem Durchschnit sind allerdings auch die 'Nichtseher' enthalten, so daß für die Fernsehenden von einer längeren Zeit ausgegangen werden muß (Ernst/Stampfel: 44). Hier ist auch nicht erfasst, wieviele Kleinkinder morgens und wie lange sie vor dem Fernseher abgesetzt werden, bis sich die Eltern für die Arbeit fertig gemacht haben.
Laut Spiegel-Spezial 'Kinder, Kinder' schauen 11% der 6 – 13 jährigen Kinder an Werktagen zwischen 14 und 15 Uhr fern, zwischen 15 und 17 Uhr sind es 10%, von 17 bis 18 Uhr 12%, von 18 bis 19 Uhr 16% und zwischen 19 und 21 Uhr sitzen 19% (das sind 1,23 Millonen Kinder!) vor dem Fernseher. Nach 21 bis 22 Uhr sind es immer noch 14%. „Anderthalb Stunden pro Tag sitzen westdeutsche Kinder laut Statistik vor der Glotze, im Osten der Republik sogar mehr als zwei Stunden. Oft zappen sie, auf der Suche nach Spannung, wahllos durchs Programm."[24]
Nachdem nach Postman mit der Verbreitung der Lesefähigkeit in der Bevölkerung eine 'Welt der Gedanken' entstand, zu der die Kinder nicht von Anfang an Zugang hatten und damit die Kindheit erst richtig 'erfunden' wurde, droht in der jetzigen Zeit durch die zunehmende Fixierung von Kindern auf den Fernseher eine rückläufige Entwicklung.
Während das Lesen eines Buches Qualifikationen vom stufenweisen Lesenlernen, über die Fähigkeit des Assoziierens, bis hin zum logischen analytischen Denken und zum intellektuellen politischen Urteilen verlangte, muß zum Anschauen von Bildern nichts gelernt werden. Bilder sehen und begreifen ist ein ursächlicher Vorgang, der nicht durch Wiederholen geübt oder verbessert werden kann und der kein kritisches Bewußtsein herausbildet,sondern rein intuitive emotionale Reaktionen erzeugt (Postman: 90ff, 118). Der Fernseher unterscheidet nicht zwischen den Personen, denen er Informationen übermittelt, er verwischt im Gegenteil die Grenzen zwischen Erwachsenen und

Kindern. Es bedarf keiner Unterweisung, die Bilder und Symbole zu verstehen. Er stellt keine ansteigende Anforderung an das Denken und Verhalten, wie z.B.: Logik, Urteilsfähigkeit und Disziplin. Er verlangt keine Regeln ja nicht einmal Aufmerksamkeit (Postman: 31). Er gliedert das Publikum nicht und durch den Symbolismus können alle Altersgruppen alles sehen (Postman: 94f). Darüber hinaus ist der Fernsehbetrieb auf Aktualität und Attraktivität ausgelegt und braucht deshalb ständig neue Informationen, die aber nicht gründlich aufbereitet, sondern so schnell wie möglich produziert und abgefertigt werden. Insgesamt wird durch den multimedialen Fortschritt die Menge der Informationen wichtiger als der Nutzen, der aus dem Wissen gezogen werden kann (Postman: 84).

Zusammenfassend sagt Postman, daß die Kinder aus dem 'Garten des Kindheitsparadieses' vertrieben wurden, indem man ihnen die 'Frucht des Erwachsenenwissens' (Sex, Gewalt, Krieg, Konsum) durch den Fernseher zugänglich gemacht hat (Postman: 114). Dies ließe sich nicht rückgängig machen, indem man die Fernsehsendungen verbessere. Nicht die Benutzer und die Betreiber trügen die Hauptschuld, sondern das Medium selbst sei das Übel (Postman: 130).

4.4 Werbung in den Medien

Die Probleme, die mit der Sozialisation der Kinder durch die Medien auf die Gesellschaft zukommen, werden – wie in allen anderen Bereichen des ökonomischen Interesses – vernachlässigt und verdrängt.

Die öffentlich-rechtlichen Fernsehanstalten müßten zum einen stärker subventioniert werden, damit sie von den Werbeeinnahmen durch die Witschaft unabhängig sind und zum anderen zu 'kindgerechten' Sendungen verpflichtet werden. Da die Entwicklung der Medien aber nicht rückgängig zu machen ist, müssen zumindest verantwortungsvolle Sendungen angeboten werden. Dies ist jetzt schon schwierig, denn „(w)er von Pro Sieben am Bildschirm 'sozialisiert' werde, finde ohne ein attraktives Konkurrenzangebot kaum mehr zu ARD und ZDF zurück, warnt Fernsehdirektor Gerhard Fuchs vom Bayerischen Rundfunk".[25]

Statt dessen vergeben die Landesregierungen Lizenzen an kommerzielle Kinderkanäle, in denen dann nicht nur zur Kostendeckung, sondern aus weitergehenden Profitinteressen Werbung eingesendet wird. Die Wirtschaft hat

längst die Rolle der Kinder als Konsumenten erkannt. Nach einer Studie der Programmzeitschrift 'TV Movie' sitzt jedes fünfte Kind mehr als drei Stunden pro Tag vor dem Fernseher, jedes elfte Kind würde lieber in der Fernsehwelt leben, als in der Realität und vor allen Dingen: Kinder 'zappen' weniger oft bei Werbung weg,[26] sie unterscheiden weniger zwischen Filmen und Werbung und sie trennen weniger zwischen Fernsehwelt und Realität. So behaupten z.B. ein Drittel der 40 000 bayerischen Kindergartenkinder, daß eine Kuh lila ist.[27]
Für den einstigen Medienreferent in der CDU-Bundesgeschäftsstelle und Manager des Senders Tele 5, Wolfgang Fischer, ist das Thema Kinder und Fernseher ein „...Riesengeschäft, ein Milliardenmarkt..."[28] Fischer ist heute Lobbyist der deutschen RTL-Sender und was ihn so begeistert, stimmt leider. Kinder zwischen sieben und 15 Jahren haben ein Budget von 11,5 Milliarden Mark an Taschengeld. Sie sind auch sehr markenbewußt. 57% der Siebenjährigen achten beim Kauf von Schokolade auf die Markenbezeichnung. Kinder können auch durch 'Bitten' und 'Nörgeln' sehr oft die Produkte ihrer Wahl bekommen, so daß die deutschen Kinder einen direkten Einfluß auf die Marktanteile von schätzungsweise 24 Milliarden Mark haben.[29] Für die Medienindustrie und die Marktwirtschaft sind Kinder damit die idealen 'Warenpropagandisten'. Ihre Begehrlichkeit läßt sich leichter wecken, als die der Erwachsenen, sie werden früh in ihrem 'Markt- und Konsumverhalten' geprägt und sie beeinflussen die Kaufentscheidungen der Eltern 'ungeheuerlich'.[30] Die privaten Fernsehsender haben sich also ganz auf diese kleinen 'Marktdurchsetzer' eingestellt und bieten neben Kinderfilmen und Zeichentrickserien, die ständig von Werbung unterbrochen werden auch eine ganze Reihe von Kindershows an, die im Grunde nur noch ein „...kinderkompatibles Werbeumfeld..." darstellen.[31] Als Gipfel der Unverfrorenheit werden solche Kindersender auch noch als kinderfreundlich (weil ohne Gewalt und Sex) verkauft.
Neben der täglichen Vernachlässigung vor dem Bildschirm und den Entwicklungsstörungen durch den mangelnden Beziehungsaspekt der Medien wird die Kindheit durch aggressive Verkaufsstrategien vermarktet. Auch in diesem Bereich werden aus ökonomischen Interessen heraus die negativen Auswirkungen der Medien auf die Kinder ignoriert oder verharmlost. Ökonomische Entscheidungen in den Medien sind unverantwortlich und betreiben Raubbau an den Kindern und damit an den menschlichen Beziehungen der nächsten Generationen.

3. Tatsache

☞ Durch die Unterhaltungselektronik und die Werbung, die keinen ethischen Maßstäben unterliegen und entsprechen, sondern nur ökonomischen Interessen folgen, fehlen den Kindern und Jugendlichen zunehmend Interaktionsfähigkeiten.

- ☞ Die Kindheit wird vermarktet.

3. THESE

- ☞ Nur ein verantwortlicher Umgang mit den Medien durch Aufklärung kann die Kinder vor Entwicklungsschäden durch den Fernsehkonsum schützen.
- ☞ Eine politische Medienbegrenzung anhand von ethischen Maßstäben und ein Werbeverbot für dic Zielgruppe Kinder muß die rasante Entwicklung der Unterhaltungselektronik unter Kontrolle halten.

Resümee

- ☞ Die modernen Theorien der kindlichen Entwicklung sind fortschrittlich und voller Empathie und lassen etwas von der gegenseitigen Anerkennung spüren, die so wichtig ist für das seelische Wohl. Aber die Ängste in den realen Beziehungen zu Kindern (und zu anderen Menschen) sind groß und die Kinder brauchen mutige Erwachsene, die ihre Ängste verarbeiten können. Die Anforderungen sind hoch und führen in der sozialen Umgebung der Familie schnell zu Überforderungen. Darüber hinaus werden die Menschen von der Wirtschaft rücksichtslos ausgebeutet und krankgemacht. Von einem Wandel der Eltern-Kind-Beziehungen kann aber insoweit gesprochen werden, als daß die subjektive Einfühlnahme der Eltern gegenüber den Kindern weiter gestiegen ist. Diese Ansätze werden aber durch die ungeheure Penetranz der Medien- und Konsumwelt und durch die drohende ökologische Katastrophe abgeschwächt, wenn nicht sogar ausgelöscht.
- ☞ In der heutigen Zeit nehmen die sozialen Risiken für die Persönlichkeitsentwicklung von Kindern und Jugendlichen zu: Durch Trennungen und Scheidungen, von denen jede dritte Partnerschaft betroffen ist, durch die immer häufiger anzutreffenden Klein- und Kleinstfamilien und durch die gesteigerten Leistungserwartungen in der Industriegesellschaft. Außerdem nehmen intellektuelle und motorische Anregungen und soziale Interaktionen durch den zunehmenden Konsum der industriellen Produkte und der Massenmedien ab. Kinder nehmen ihre Umwelt ganzheitlich auf, müssen aber schon im frühesten Alter als Rollenträger in verschiedenen zweckrationalen Gruppen agieren, da die

Freizeit immer mehr verplant ist und an weitverteilten Orten stattfindet. Der Verlust der spontanen Spielgruppe und der zweckfreien Zeit, die Präsenz der Massenmedien und die anderen genannten Faktoren haben zu einer 'Verhäuslichung der Kindheit' geführt. Immer mehr Freizeit wird vor dem Fernseher verbracht, was einer Vernachlässigung gleich kommt und die kognitive Entwicklung der Kleinkinder hemmt. Zudem hat sich die Industrie durch die Werbung in den Medien auf die kleinen Konsumenten fixiert und vermarktet die Kindheit. Die Massenmedien sozialisieren zunehmend die Kinder und Erwachsenen mit Inhalten, die nicht aus ethischen Motiven entstehen und verbreitet werden, sondern aus rein wirtschaftlichen Interessen.

- ☞ In den Industriegesellschaften steigen einerseits die sozialen Probleme für viele durch Arbeitslosigkeit und Krankheit an und andererseits lassen die natürlichen Familien- und Verwandtschaftsbeziehungen aufgrund der Kleinstfamilien nach. Als Resultat einer Gesellschaft, die keine akzeptablen Entfaltungsmöglichkeiten für Kinder und Jugendliche bietet und die als Wettbewerbsgesellschaft Ungleichheit und Ungerechtigkeit erzeugt, kann nach Hurrelmann von einer 'sozialen Krankheit der Gesellschaft' gesprochen werden.
- ☞ Die ökologischen Bedingungen haben immense, noch nie dagewesene Sozialisationsauswirkungen. Sie wirken psychisch durch die versteckten und langfristigen Risiken der Atomspaltung und der Genmanipulation und körperlich durch die Schadstoffe und Strahlen, die unsere Lebenswelt und uns nach und nach zerstören. Die Menschen und die Umwelt werden durch Autoverkehr, Nahrungsmittelindustrie, Chemieanlagen, Atommeiler, Gentechnik u.a. Industriezweige systematisch ausgebeutet, krankgemacht und zerstört. Die Kinder sind dabei besonders gefährdet, weil ihr Organismus und ihre Persönlichkeit noch in der Entwicklung sind. Die Auswirkungen der globalen Umweltveränderungen sind für die momentanen und für alle kommenden Generationen verheerender als wir uns alle eingestehen, so daß von einer Opferung unserer Lebenswelt gesprochen werden kann, die eigentlich nur noch durch Verdrängung und Verharmlosung ertragen werden kann. Dabei gibt es Gefahren, die nicht mehr als solche erkannt werden können und ihr Vernichtungswerk schleichend und längerfristig ausüben.
- ☞ Die Politik steht immer mehr unter dem Diktat der wirtschaftlichen Zwänge und wird ihrer Aufgabe, ein Gleichgewicht der verschiedenen Interessengruppen herzustellen nicht gerecht. Gegenüber den Familien,

bzw. den Eltern-Kind-Beziehungen verhält sie sich politisch ambivalent. Jede Generation hat mit der 'Differenzierung' und der 'zweiten Angstbearbeitung' entscheidende Probleme in den Interaktionen zu bewältigen und bestimmt mit der Lösung dieser Probleme den Grad der Beziehungsfähigkeit. Gleichzeitig mit dieser wichtigen und schweren Aufgabe lasten aber hemmend noch die gesamtgesellschaftlichen und ökologischen Folgen der profitorientierten Interessen auf ihren Schultern. Nur unter streßfreien sozialen und materiellen Bedingungen aber lassen sich Interaktionsformen entwickeln, die zu einer verbesserten Beziehungsfähigkeit und zu einem neuen Erziehungsmodus führen. Politische Maßnahmen für die Unterstützung der Eltern-Kind-Beziehungen gehören zu den wichtigsten Investitionen für die Zukunft der Erde, da nur in diesem intimen Bereich die Beziehungsfähigkeit gelernt werden kann, die zur Verantwortung für die Umwelt und zu ökologischen Entscheidungen führen. Die Politik müßte z.B. die Teilzeit-Arbeit für Betrieb und Familie einführen und damit die Prioritäten verändern. Aber die Wirtschaft hat ein starkes Interesse daran, diese Strukturen beizubehalten.

☞ Die ökonomischen Entscheidungen wirken sich in Form von Schädigungen der Umwelt und durch Gesundheitsgefährdungen von Menschen katastrophal aus. Diesen ökonomischen Entscheidungen liegen Persönlichkeitsmerkmale zugrunde, die aus defizitären oder verunglückten Eltern-Kind-Beziehungen entstehen. Unter den Verantwortlichen in diesen Teilbereichen der Gesellschaft gibt es (wie überall sonst auch) viele Menschen mit den Persönlichkeitsmerkmalen des 'Abwehrers', die ihre Entscheidungen auf niedrigem moralischen Urteilsniveau mit einer geringen Berücksichtigung von ethischen Dimensionen treffen und deren Affektverarbeitungsmöglichkeiten auf Abwehrreaktionen und Verdrängungen beruhen.

☞ Da die Fehlhandlungen und Fehlentscheidungen von Menschen nicht größer geworden sind, sondern deren Auswirkungen durch die neuen Technologien potenziert werden, kann nur gehofft werden, daß wir rechtzeitig die nötige Reife erlernen für einen sinnvollen Umgang mit der geweckten Macht.

☞ Wir stecken unausweichlich in der Mühle des technischen 'Fortschritts' fest. Es gibt keine Möglichkeit, auszusteigen aus dieser Entwicklung. Wir können lediglich versuchen, durch die Entwicklung eines ethischen Bewußtseins den weiteren Schaden für Mensch, Tier und Umwelt zu begrenzen. Dazu ist die Beziehungsfähigkeit, die wir durch den natürlichen und bewußten Umgang mit den Kindern erlangen können von entscheidender Bedeutung. Vielleicht können uns die Kinder helfen, zurückzukehren zum Wesentlichen, zur Beziehung zwischen den Menschen.

„Nun aber bleiben Glaube, Hoffnung, Liebe, diese drei; aber die Liebe ist die größte unter ihnen.“[32]

Literatur

'Armut gerügt' TAZ, 8.4.93

'Die Lage der in- und ausländischen Kinder in der Bundesrepublik wird immer bedrückender' TAZ, 21.12.92

'Jedes zehnte Kind hat Atemnot'. TAZ vom 8.5.95

'Mit Tempo 30 zum kindgerechten Verkehr'. TAZ vom 21.3.96

Abelmann-Vollmer, Katharina, u.a.: 'Ein Modell für die Praxis'. In: Kinderschutz Aktuell (KSA) 1/91, Hannover, S.11

Amelang, Manfred; Krüger, Claudia: Mißhandlung von Kindern. Gewalt in einem sensiblen Bereich. Darmstadt: Wissenschaftliche Buchgesellschaft, 1995

Baumgärtel, Tilman: 'Markenspeicher'. TAZ vom 19.4.94

Beck, Ulrich: Risikogesellschaft. Auf dem Weg in eine andere Moderne. Frankfurt a.M.: Suhrkamp, 1986

Benjamin, Jessica: Die Fesseln der Liebe: Psychoanalyse, Feminismus und das Problem der Macht. 2. Aufl. Basel, Frankfurt a.M.: Stroemfeld/Roter Stern, 1991

Bowlby, John: Mutterliebe und kindliche Entwicklung. 3. Aufl. München, Basel: E. Reinhardt, 1995

Bronfenbrenner, Urie: Die Ökologie der menschlichen Entwicklung. Natürliche und geplante Experimente. Frankfurt a.M.: Fischer, 1989

Chodorow, Nancy: Das Erbe der Mütter. 2. Aufl. München: Verlag Frauenoffensive, 1986

deMause, Lloyd; Grundlagen der Psychohistorie. Psychohistorische Schriften von Lloyd deMause. Hrsg: Aurel Ende. 1. Aufl. Frankfurt a.M.: Suhrkamp, 1989

deMause, Lloyd [Hrsg.]: Hört ihr die Kinder weinen: Eine psychogenetische Geschichte der Kindheit. 7. Aufl Frankfurt a.M.: Suhrkamp, 1992.

Deutscher Kinderschutzbund e.V.: Jahresbericht 1990 und 1991; Bezirksverband Frankfurt, Wielandstr. 31

Dost, Bernd: Was Kinder krank macht. Manuskript zur Sendereihe des Bayerischen Rundfunks. München: TR-Verlagsunion GmbH, 1995

Eckensberger, Lutz H.; Sieloff, Ulrike; u.a.: Psychologische Analyse eines Ökonomie-Ökologie-Konflikts in einer saarländischen Region: Kohlekraftwerk Bexbach. In: Umwelt und Verhalten: Perspektiven und Ergebnisse ökopsychologischer Forschung. Hrsg: K. Pawlik, K. H. Stapf. Bern, Göttingen, Toronto, Seattle: Huber, 1992

Ernst, Andrea; Stampfel, Sabine: Kinderreport. Wie Kinder in Deutschland leben. Köln: Kiepenheuer und Witsch, 1991
Hurrelmann, Klaus: Einführung in die Sozialisationstheorie: Über den Zusammenhang von Sozialstruktur und Persönlichkeit. 5., überarb. und erg. Aufl. Weinheim, Basel: Beltz, 1995
Jensen, Annette: 'Olivenöl-Skandal als Katharsis'. Taz vom 15.4.94
Jensen, Annette: 'Tödliche Lust'. TAZ vom 27.10.93
Jensen, Annette: 'Totschlag mit dem Gaspedal'. TAZ vom 4.8.94
Jungjohann, Eugen: Kinder klagen an. Angst, Leid und Gewalt. 9. – 12. Tausend, Frankfurt a.M.: Fischer 1992
Kartte, Sabine: 'Siegeszug der Junk-Parade'. In: Spiegel-Spezial 'Kinder Kinder'. Nr. 9, 1995
Kosser, Ursula: 'Häste nix, kriegste nix'. In: Spiegel-Spezial 'Kinder Kinder'. Nr. 9, 1995
Mahler, Margaret S.; Pine, Fred; Bergmann, Anni: Die psychische Geburt des Menschen. Symbiose und Individuation – Die Entwicklung des Kindes aus neuer Sicht. 68. - 71. Tausend, Frankfurt a.M.: Fischer, März 1993
Mahler, Margaret S.: Studien über die drei ersten Lebensjahre. Frankfurt a.M.: Fischer, 1992
Miller, Alice: Du sollst nicht merken. Variationen über das Paradies-Thema. Mit einem Nachwort von 1983. 12. Aufl. Frankfurt a.M.: Suhrkamp, 1993
Nave-Herz, Rosemarie: Familie heute. Wandel der Familienstrukturen und Folgen für die Erziehung. Darmstadt: Wissenschaftliche Buchgesellschaft, 1994
Nyssen, Friedhelm (Hg): Zur Diskussion über die Kindergrippe. Mit Beiträgen von Brigitte Kühn, Friedhelm Nyssen und Patricia Szogas. Frankfurt a.M., Bern, New York, Paris: Lang 1991. (Europäische Hochschulschriften: Reihe 11, Pädagogik; Bd. 466)
Ott, Klaus: „Kein Sex, keine Drogen." In: Spiegel-Spezial 'Kinder, Kinder'. Heft 9, 1995
Overbeck, Annegret (A): Die Familie der Gegenwart: Soziale Struktur, Funktion, Wandel. In: Overbeck, A.: Psychosoziale Entwicklung in der Familie: Interaktionsstrukturen und Sozialisation; Studienmaterialien. 2. Aufl. Eschborn: Klotz, 1994
Overbeck, Annegret (C): Die psychische Geburt des Menschen im Kontext sozialer Beziehungen. In: Overbeck, A.: Psychosoziale Entwicklung in der Familie: Interaktionsstrukturen und Sozialisation; Studienmaterialien. 2. Aufl. Eschborn: Klotz, 1994
Pawlik, Kurt; Stapf, Kurt H.: Ökologische Psychologie: Entwicklung, Perspektive und Aufbau eines Forschungsprogramms. In: Umwelt und Verhalten: Perspektiven und Ergebnisse ökopsychologischer Forschung. Hrsg: K. Pawlik, K. H. Stapf. Bern, Göttingen, Toronto, Seattle: Huber, 1992
Piaget, Jean: Meine Theorie der geistigen Entwicklung. 9. – 19. Tausend Frankfurt a.M.: Fischer, Juni 1991
Platen, Heide: 'Kleine Nervensägen wider Willen'. TAZ vom 22.3.94
Postman, Neil: Das Verschwinden der Kindheit. 140. 146. Tausend, Frankfurt a.M.: Fischer, Juni 1995
Pott, Fromut: 'Ökologische Rechte für Kinder eingefordert'. TAZ vom 13.10.95
Pötter, Bernhard: 'Tödlicher Verkehr'. TAZ vom 26.7.93
Raschke, Joachim: 'Der Zerfall des Politischen'. TAZ vom 31.5.96
Rerrich, Maria: Interview in der TAZ. 'Ein Panoptikum, das bunter wird'. TAZ vom 7.1.94
Scheub, Ute: 'Väter outen'. TAZ vom 15.5.96
Schrader, Christopher: 'Soziales Ozonloch'. In: Spiegel-Spezial 'Kinder Kinder'. Nr. 9, 1995
Sentker, Andreas: 'Krebsgefahr aus dem Auspuff'. TAZ vom 14.3.94
Spada, Hans; Ernst, Andreas M.: Wissen, Ziele und Verhalten in einem ökologisch-sozialen

Dilemma. In: Umwelt und Verhalten: Perspektiven und Ergebnisse ökopsychologischer Forschung. Hrsg: K. Pawlik, K. H. Stapf. Bern, Göttingen, Toronto, Seattle: Huber, 1992
Stern, Daniel (A): Mutter und Kind. Die erste Beziehung. 2. Aufl., Stuttgart: Klett-Cotta, 1994
Stern, Daniel (B): Die Lebenserfahrung des Säuglings. 4. Aufl. Stuttgart: Klett-Cotta, 1994
Stumpf, Thomas W.: Opferschutz bei Kindesmißhandlung. Eine kriminalpolitische Herausforderung. Neuwied, Kriftel, Berlin: Luchterhand, 1995
Tenhagen, Hermann-Josef: 'Der Atomstaat ist undemokratisch'. TAZ vom 7.5.96
Tenhagen, Hermann-Josef: 'SPD will bessere Luft für Kinder'. TAZ vom 17.2.94
Tyrell, Hartmann: Familie und gesellschaftliche Differenzierung. In: Pross, Helge (Hg.): Familie – wohin? Leistungen, Leistungsdefizite und Leistungswandlungen der Familien in hochindustrialisierten Gesellschaften. Reinbek bei Hamburg: Rowohlt Verlag, 1979
Welzel, Petra: 'Warum Frauen heute noch Perlen brauchen'. TAZ vom 5.7.96
Wilken, Hedwig: „Die verückte Wirklichkeit. Kinder vor dem Fernseher. In: Kindergarten heute, Heft 5, 1993
Winnicott, Donald W.: Vom Spiel zur Kreativität. 7. Aufl. Stuttgard: Klett-Cotta, 1993
Zenz, Gisela: Kindesmißhandlung und Kindesrechte. Frankfurt a.M.: Suhrkamp, 1981

Anmerkungen

1 Abelmann-Vollmer, Katharina, u.a., Ein Modell für die Praxis, in: Kinderschutz Aktuell (KSA) 1/91, Hannover, S.11
2 Armut gerügt' TAZ, 8.4.93
3 Die Lage der in- und ausländischen Kinder in der Bundesrepublik wird immer bedrückender' TAZ, 21.12.92
4 Rerrich, Maria: Interview in der TAZ. 'Ein Panoptikum, das bunter wird'. TAZ vom 7.1.94
5 Welzel, Petra: 'Warum Frauen heute noch Perlen brauchen'. TAZ vom 5.7.96
6 Scheub, Ute: 'Väter outen'. TAZ vom 15.5.96
7 Raschke, Joachim: 'Der Zerfall des Politischen'. TAZ vom 31.5.96
8 Tenhagen, Hermann-Josef: 'Der Atomstaat ist undemokratisch'. TAZ vom 7.5.96
9 Schrader, Christopher: Soziales Ozonloch. In: Spiegel-Spezial 'Kinder Kinder'. Nr.9, 1995, S.70
10 Jensen, Annette: 'Olivenöl-Skandal als Katharsis'. Taz vom 15.4.94
11 Sentker, Andreas: 'Krebsgefahr aus dem Auspuff'. TAZ vom 14.3.94
12 Pötter, Bernhard: 'Tödlicher Verkehr'. TAZ vom 26.7.93
13 Tenhagen, 'SPD will bessere Luft für Kinder'. TAZ vom 17.2.94
14 Jensen, Annette: 'Tödliche Lust'. TAZ vom 27.10.93
15 Jensen, Annette: 'Totschlag mit dem Gaspedal'. TAZ vom 4.8.94
16 Mit Tempo 30 zum kindgerechten Verkehr'. TAZ vom 21.3.96
17 Tenhagen, Hermann-Josef: 'SPD will bessere Luft für Kinder'. TAZ vom 17.2.94
18 Pott, Fromut: 'Ökologische Rechte für Kinder eingefordert'. TAZ vom 13.10.95
19 Jedes zehnte Kind hat Atemnot'. TAZ vom 8.5.95
20 Platen, Heide: 'Kleine Nervensägen wider Willen'. TAZ vom 22.3.94
21 Schrader, Christopher: 'Soziales Ozonloch'. In: Spiegel-Spezial 'Kinder Kinder'. Nr. 9, 1995, S.70

22 Kartte, Sabine: ‘Siegeszug der Junk-Parade’. In: Spiegel-Spezial ‘Kinder Kinder’. Nr .9, 1995, S.73

23 Platen, Heide: ‘Kleine Nervensägen wider Willen’. TAZ vom 22.3.94

24 Ott, Klaus: ‘Kein Sex, keine Drogen’. In: Spiegel-Spezial ‘Kinder Kinder’. Nr. 9, 1995, S.115

25 Ott, Klaus: ‘Kein Sex, keine Drogen’. In: Spiegel-Spezial ‘Kinder Kinder’. Nr. 9, 1995, S.115

26 Baumgärtel, Tilman: ‘Markenspeicher’. TAZ vom 19.4.94

27 Kosser, Ursula: ‘Häste nix, kriegste nix’. In: Spiegel-Spezial ‘Kinder Kinder’. Nr. 9, 1995, S.90

28 Ott, Klaus: ‘Kein Sex, keine Drogen’. In: Spiegel-Spezial ‘Kinder Kinder’. Nr. 9, 1995, S.115

29 Baumgärtel, Tilman: ‘Markenspeicher’. TAZ vom 19.4.94

30 Ott, Klaus: ‘Kein Sex, keine Drogen’. In: Spiegel-Spezial ‘Kinder Kinder’. Nr. 9, 1995, S.115

31 Baumgärtel, Tilman: ‘Markenspeicher’. TAZ vom 19.4.94

32 1. Kor. 13, 13

IV

Spezielle Thematiken zur Geschichte der Kindheit

Aspekte der Geschichte der Kindheit anhand historischer Autobiographien

Ralph Frenken

1. Theoretische Vorbemerkungen

1.1 Einleitung

Die psychogenetische Theorie der Geschichte der Kindheit bei Lloyd deMause[1] hat in Deutschland verschiedentlich eine ablehnende Rezeption erfahren.[2] Im folgenden soll zunächst gezeigt werden, daß dies teilweise auf Mißverständnissen beruht. Zu deren Klärung werden theoretisch bedeutsame Charakteristika des psychogenetischen Ansatzes herausgearbeitet, die mit dem psychoanalytischen Hintergrund der vorgeschlagenen Kategorien in engem Zusammenhang stehen. Das Herausstellen bestimmter Theorieteile soll eine angemessene Diskussion und Kritik des psychogenetischen Ansatzes ermöglichen. Im zweiten, empirischen Abschnitt werden diese Theorieteile bei der Interpretation historischer Quellen verwendet und anhand konkreter Beispiele detaillierter herausgearbeitet. Die so erhaltenen Ergebnisse werden anschließend in ihrer Bedeutung für den psychogenetischen Ansatz diskutiert.

1.2
Die psychogenetischen Modi der Eltern-Kind-Beziehungen: Kompromissbildungen und Strukturtransformationen

Der psychogenetische Ansatz zur Geschichte der Kindheit im Sinne von deMause beruht auf der teilweise impliziten Annahme, daß das Verhältnis der Eltern zum Kind immer schon von einer ausgeprägten Ambivalenz gekennzeichnet ist. Auf seiten der Eltern stehen sich demnach in einem antagonistischen Verhältnis extrem aversive und zugewandte Impulse gegenüber, die auf das Kind gerichtet sind. Diese widersprüchliche elterliche Impulssituation führt im Zusammenspiel mit der Organisation des Überichs und der Abwehrmechanismen zu *ambivalenten Haltungen und Handlungen* der Eltern gegenüber ihrem Kind. Als Erklärung für das Vorliegen eines ambivalenten Eltern-Kind-Verhältnisses läßt sich bezogen auf den psychogenetischen Kontext anmerken, daß elterliches Pflegeverhalten ausgeführt wird auf der *Basis einer partiellen Regression unter Wiederbelebung früher Erinnerungsspuren aus der je selbst erlebten Kindheit.* Das Kind evoziert demnach frühere psychische Zustände seiner Eltern wieder. Die damals mißlungenen Interaktionen traumatischer Natur unterliegen der Tendenz, das Modell für eine Weitergabe derartiger Erfahrungen im Sinne eines Wiederholungszwangs zu liefern; entsprechend werden gelungene Interaktionen zum Prototyp zugewandter und emphatischer Reaktionen gegenüber dem eigenen Kind. Der psychogenetische Ansatz geht davon aus, daß die historisch frühen Eltern die massivste Präsenz ambivalenter Impulse aufwiesen und daß aufgrund eigener traumatischer Kindheitserfahrungen diese Eltern zu einer unvollständigen Integration aversiver Reaktionen tendierten, was häufig einen projektiven Umgang mit den Kindern nach sich zog.

Aufgrund der ambivalenten elterlichen Haltung ergeben sich Verhaltensweisen und Reaktionen dem Kind gegenüber, *die sich in ihrer Gesamtheit widersprechen* und einem einheitlichen Prinzip nicht unterzuordnen sind. Einzelne Reaktionsweisen für sich genommen müssen natürlich nicht dieser inneren ambivalenten Struktur folgen: Einzelne Reaktionen können durchgängig zugewandt und liebevoll oder auch durchgängig aversiv sein. Bei der Rekonstruktion einer historisch-konkreten Eltern-Kind-Beziehung muß aller-

dings beachtet werden, daß Einzelreaktionen *Teil eines Ganzen* sind, von dem zunächst hypothetisch angenommen wird, daß es eine komplexe, ambivalente Struktur aufweist.
Eine historisch-konkrete Eltern-Kind-Beziehung erzeugt entsprechend dem psychogenetischen Ansatz Interaktionstrukturen, die analog der *Kompromißbildung* bei der Entstehung neurotischer Symptome im Sinne Freuds verstanden werden können.[3] Eine wesentliche Leistung der wissenschaftlichen Untersuchung von Kindheit besteht somit in der Dekomposition historischer Quellen, in denen Eltern-Kind-Beziehungen geschildert sind, in eben diese widersprüchlichen elterlichen Impulse und deren Abwehr bzw. Verarbeitung. Ein kategoriales Aufteilen in „gute" oder „schlechte" Eltern-Kind-Beziehungen würde das von deMause begonnene Skizzieren der Strukturen von Eltern-Kind-Beziehungen unterlaufen und wäre zudem in keiner Weise informativ. Denn darüber, daß Eltern zu allen Zeiten ihren Kindern positive Gefühlsregungen entgegenbrachten, besteht ja gar kein Zweifel. So schreibt deMause:

> *„Was den Eltern in der Vergangenheit fehlte, war nicht Liebe, sondern eher emotionale Reife, die nötig ist, um das Kind als eigenständige Person anzuerkennen."*[4]

Diese emotionale Reife läßt sich entsprechend dem zuvor Gesagten als eine spezifisch strukturierte emotionale Haltung auffassen, in der auf authentische und nicht-ausagierende Weise zugewandte wie aversive Gefühle und Impulse auf Seiten der Eltern legiert sind. Auch bei hinreichend guten Eltern lassen sich aversive Impulse und Einstellungen gegenüber ihren Kindern feststellen. Entscheidend ist dabei aber neben anderen Aspekten das Eingebundensein etwaiger aversiver Impulse in ein flexibles Abwehrsystem. Zudem wird innerhalb des psychogenetischen Ansatzes davon ausgegangen, daß im Laufe der Geschichte gegenüber Kindern immer seltener traumatische elterliche Interventionen ausgeführt werden, mit dem Ergebnis, daß die heutigen Eltern ein Spektrum von Kindheitserfahrungen aufweisen. Ein Teil der heutigen Eltern war als Kind massiven Traumata ausgesetzt, genauso hat ein anderer Teil konsistent zugewandte Beziehungserfahrungen mit den eigenen Eltern gemacht. Zudem existieren zahlreiche Mischformen. Konsistent zugewandte Erfahrungen sind als wichtige Bedingung für eine gute Integration der Triebstrukturen und der Entwicklung elterlicher Fähigkeiten aufzufassen.
Der Historiker Arnold vernachlässigt in seiner Kritik des psychogenetischen Ansatzes die hier herausgestellte Komplexität und geht davon aus, durch das Aufzählen positiver Aspekte der Eltern-Kind-Beziehungen in der Vergangenheit klare Widerlegungen der psychogenetischen Hypothesen

erbracht zu haben. Derartige Widerlegungsversuche sind aber von vornherein nicht geeignet, konkurrierende Hypothesen zu stützen, sondern basieren gleichsam auf einem eigenen, mit der psychogenetischen Theorie nicht-kompatiblen Ansatz, der etwa folgendermaßen paraphrasiert werden könnte: *„Wenn sich zu allen Zeiten, wie heute auch noch, positive und negative elterliche Einstellungen finden lassen, dann gibt es keinerlei Höherentwicklung in den Eltern-Kind-Beziehungen."*

Derart ist das Fazit, das Arnold am Ende seines Buches zieht.[5] Dem korrespondiert außerdem die Behauptung Arnolds, daß deMause die Fürsorge heutiger Eltern *generell* als „optimal" bezeichnen würde.[6] Tatsächlich behauptet deMause dagegen, daß einige Familien sich bereits in fortgeschritteneren und andere nach wie vor in „fossilen" Modi befinden. Weniger theoretisch angebunden formuliert heißt das, daß heute in einer beliebigen westlichen Kultur eine Mannigfaltigkeit an Erziehungsformen vorgefunden wird, wobei nur eine kleine Minderheit dem Modus der „Unterstützung" zuzuweisen wäre.

Möglicherweise sind die Einschätzungen Arnolds darauf zurückführen, daß bei ihm die historischen Eltern-Kind-Beziehungen *kategorial zerfallen in gelingende und mißlingende,* die anscheinend homogen gedacht werden. Innerhalb des psychogenetischen Ansatzes wird dagegen damit begonnen, *Strukturtypen* der Eltern-Kind-Beziehung herauszupräparieren, die sich aus einer (bei deMause *traumatisierten*) Ur-Matrix herausentwickeln und *gemeinsame Merkmale* aufweisen. So werden gleichzeitig sowohl universelle Strukturmerkmale (etwa emotionale Ambivalenz) als auch historisch neue partikulare Ausformungen dieses Prinzips (Ausformung und Zunahme emphatischer Reaktionen) zueinander in Beziehung gesetzt.

Die historische Transformation der Strukturtypen von Eltern-Kind-Beziehungen vollzieht sich nach dem psychogenetischen Ansatz nicht etwa chaotisch und regellos, sondern folgt bestimmten *Transformationsprinzipien,* deren Ergebnis historisch neue elterliche Abwehrformationen – und diesen korrespondierende neue Erziehungspraktiken – sind. Dem statischen Prinzip der Strukturreproduktion steht das dynamische Prinzip der Transformation gegenüber. Diese konkurrierenden Prozesse führen zur Emergenz neuer Formen der Eltern-Kind-Beziehung, die ihrerseits Ursache kulturellen Wandels sein können und nicht nur als dessen Folge verstanden werden müssen.

Die Prozesse von Reproduktion und Transformation lassen sich als Sequenzen auffassen, bei denen die Abfolge der einzelnen Elemente erst deren Bedeutung innerhalb theoriegeleiteter Interpretationen konstituiert. Nur im Rahmen der Rekonstruktion dieser historischen Sequenzen lassen sich adäquate Deutungen erstellen. Zur Illustration dafür sei deMause Einordnung des regelmäßigen

Schlagens der Kinder genannt. Die historische Einführung dieser Praxis fällt in die Entstehungszeit der frühen Zivilisationen.[7] DeMause wertet dieses Ergebnis einer Strukturtransformation (nur scheinbar paradoxerweise) als Fortschritt, weil er davon ausgeht, daß die historisch frühere Eltern-Kind-Beziehung derart distanziert war (infantizider Modus), daß regelmäßiges Schlagen einen Zuwachs an Zuwendung bedeutete. Eine kategoriale Subsumption der Erziehungspraxis „Schlagen" als grausam o. ä. schließt dies nicht auf. Auch bei obiger Interpretation muß der Aspekt der Kompromißbildung zwischen Impuls und Abwehr beachtet werden.

Im Vergleich mit derartigen Interpretationsversuchen muß beispielsweise Arnold eine psychologisch naive Quelleninterpretation zugeschrieben werden. Das damit einhergehende Theoriedefizit verleitet zu einem vermeintlich einfachen Widerlegungsversuch des psychogenetischen Ansatzes: Innerhalb historischer Quellen werden Textelemente gesucht, die einer Kind-zugewandten elterlichen Einstellung entsprechen. So schreibt Arnold beispielsweise:

> *„Stets war auch bildlich vor Augen, welches Opfer der Tod des geliebten Sohnes bedeutete, denn auf diese Weise hatte Gott Abraham geprüft (1. Mose 22)."*[8]

Anhand dieser Geschichte läßt sich gerade verdeutlichen, was Kompromißbildung zwischen Impulsen und Abwehr in bezug auf Eltern-Kind-Beziehungen bedeutet. An der Isaak-Geschichte läßt sich eben nicht nur hintergründig die Wertschätzung des Kindes ablesen, worauf Arnold betonend hinweist. Erheblich deutlicher läßt sich das extrem Gegensätzliche aufweisen: Wenn man nicht ein tatsächliches äußeres Eingreifen einer transzendenten Macht unterstellt – und daher Abrahams Vision von der Opferung des eigenen Sohnes als Projektion infantizider Wünsche versteht – erweist sich, daß die berühmte Geschichte zeigt, wie der aversive Impuls (Todeswunsch gegen den Sohn) und dessen Abwehr (Verschiebung der Impulse auf einen Widder) kompromißbildend zu einer Opferhandlung verschmolzen werden. Diese Abwehr wird auch durch tatsächlich vorhandene, allerdings äußerst gering ausgeprägte emotionale Zuwendung zum Sohn ermöglicht. Die Geschichte kategorial als Beleg für ausschließlich zugewandte oder auch ausschließlich aversive Aspekte historischer Eltern-Kind-Beziehungen heranzuziehen, scheint offensichtlich unzureichend.

1.3
Zur empirischen Vorgehensweise: die Auswahl der Quellengattung Autobiographie

Die psychogenetische Theorie im Sinne von deMause wird im weiteren als empirisch überprüfbares Aussagensystem aufgefaßt, daß anhand der Analyse von historischen Quellen auf seine Adäquatheit hin untersucht werden kann. Da es sich bei dem psychogenetischen Ansatz um eine komplexe Konstruktion handelt, sollen zunächst diejenigen Hypothesen herausgestellt werden, die einer empirischen Überprüfung unterzogen werden.
Ein Teil der Aussagen des psychogenetischen Ansatzes macht konkrete Aussagen über die affektive Qualität historischer Eltern-Kind-Beziehungen. Dabei werden historische Sequenzen der Abfolge und Entstehung historisch neuer Strukturtypen behauptet, die als *Modi der Eltern-Kind-Beziehung* bezeichnet werden. Die verschiedenen Modi der Eltern-Kind-Beziehung weisen spezifische strukturelle Eigenschaften auf und stehen als Strukturtypen untereinander in einem ordinalen Verhältnis. Die Abfolge der Entstehung dieser Modi wird als sequentiell aufgefaßt. Dementsprechend enthält das Periodisierungschema der Modi Zeitangaben, die das frühestmögliche Auftreten jedes Modus behaupten.[9] Jede historisch-konkrete Eltern-Kind-Beziehung kann die Basis einer Falsifikation der psychogenetischen Theorie bilden, sofern der ihr zuzuordnende Modus damit empirisch *früher* auftritt als im Periodisierungschema behauptet wird. Die zu lösende, empirische Aufgabe der folgenden Abschnitte besteht nun darin, anhand historischer Quellen konkrete Eltern-Kind-Beziehungen zu rekonstruieren und dabei zu überprüfen, ob und wie sie in das Schema der Eltern-Kind-Modi eingeordnet werden können.
Als Quellen werden hierfür die ältesten deutschsprachigen Autobiographien gewählt. Ausnahmsweise werden bei Vorliegen guter Übersetzungen auch lateinische Autobiographien verwendet. Die Ausführung einer Autobiographie stellt den Autor vor die Entscheidung, ob er seine Kindheit darstellen will. Eine erste Sondierung des Materials ergab, daß diverse Autoren verwertbare Teile ihrer Autobiographie der eigenen Kindheit gewidmet haben. Der aufgrund der Auswahl der Quellengattung sich ergebende Ausschnitt des historischen Geschehens beginnt im 14. Jahrhundert.
Das Quellenmaterial Autobiographien wird zunächst auf seinen Gehalt hinsichtlich verschiedener relevanter Kindheitsdeterminanten untersucht. Als eine der wesentlichen Einflußgrößen des komplexen Geschehens „Kindheit“

wird dabei die *emotionale Qualität der Eltern-Kind-Beziehung* angesehen. Es stellt sich somit die Aufgabe, aufgrund der Quellen ein vom Autor teilweise nur grob skizziertes Beziehungsgeschehen zu rekonstruieren und die entsprechende emotionale Qualität zu beurteilen.
An die Untersuchung der Einzelfälle muß sich die vergleichende Untersuchung aller Rekonstruktionen hinsichtlich ihrer Gemeinsamkeiten und ihrer Differenzen anschließen. Dabei kann die als historische Sequenz aufzufassende Abfolge der Einzelfälle evt. Hinweise auf Regularitäten oder Muster der Entwicklung liefern. Der eng begrenzte Rahmen der vorliegenden Skizze läßt aber lediglich kurze Ausblicke auf derartige Vergleiche zu; die Betonung liegt im folgenden klar auf der Analyse der Einzelfälle. Es werden im Rahmen des vorliegenden Artikels 5 Autobiographien untersucht. Die Auswahl dieser Werke ist folgendermaßen begründet: Seuses Vita stellt die älteste Autobiographie in deutscher Sprache dar. Die ausführlichen Darstellungen der Kindheiten Butzbachs, Platters und Weinsbergs gehören zeitlich zusammen und erlauben gute Kontrastierungen hinsichtlich kindlicher Erfahrungen im 15. und 16. Jahrhundert. Die Aufnahme der Autobiographie Weinsbergs stellt zudem eine Herausforderung für den psychogenetischen Ansatz dar, weil sie dessen Aussagen über das 16. Jahrhundert höchstens bedingt entspricht. Die Autobiographie Beers aus dem 17. Jahrhundert weist Gemeinsamkeiten mit denen Butzbachs und Platters auf.
Die Analysen und Stellungnahmen zu den einzelnen Autobiographien dürfen dabei lediglich als Herausarbeitung bestimmter *Aspekte* verstanden werden. Es gilt im weiteren, sowohl mißlingende als auch gelingende Beziehungserfahrungen zwischen Eltern und ihren Kindern zu rekonstruieren und zu einem Ganzen zusammenzustellen.

2
Einzelfallrekonstruktionen

2.1
Heinrich Seuse (ca. 1295-1366)

Seuse gehörte der adeligen Familie von Berg an; sein Vater stammte vermutlich aus Konstanz.[10] Diesem Mystiker des 14. Jahrhunderts wird üblicherweise

eine Autobiographie zugeschrieben, deren Entstehungsgeschichte allerdings umstritten ist. Möglicherweise wurde das Werk von einer Schülerin Seuses, Elsbeth Stagel, verfaßt. Jedenfalls sind in diesem Werk Erlebnisse beschrieben, deren intimer Detailreichtum Schlüsse über Seuses Kindheit zuläßt, obwohl diese nur ausnahmsweise direkt thematisiert wird. Seuse schreibt in der Vita über sich in der 3. Person und bezeichnet sich meist als der „Diener".
Die Vita Seuses ist ein sehr komplexes Werk; im folgenden werden nur einige der wichtigsten Aspekte genauer untersucht. Dabei werden zwei Themen der von Seuse in religiösen Termini beschriebenen Autobiographie untersucht: (1.) Die Erschaffung eines Objekts, anhand dessen Seuse intensive Beziehungserfahrungen thematisiert, und (2.) sein selbstschädigendes Körperagieren. Beide Aspekte stehen in enger Beziehung zueinander.

2.1.1 Seuses Erschaffung eines Objekts: die ewige Weisheit

Zunächst lebt Seuse ab seinem 13. Lebensjahr in einem Dominikanerkloster und führt eine Art geistliches Minimalprogramm durch. Damit ist er jedoch unzufrieden; mit 18 Jahren radikalisiert er sein religiöses Leben. Er isoliert sich zunehmend von der Klostergemeinschaft und erlebt offensichtlich immer häufiger Halluzinationen akustischer und optischer Art. Schließlich kreiert Seuse in halluzinativer Weise ein wichtiges Objekt, daß er als die ewige Weisheit bezeichnet. Diese Erschaffung[11] erlebt Seuse nach äußerst konfliktreicher Auseinandersetzung mit diesem Thema. Schließlich begehrt er von Gott dieses Wesen zu sehen, das er u. a. auch als seine Braut bezeichnet. Der Wunsch wird erfüllt, und Seuse erblickt ein Wesen, dessen Anblick er folgendermaßen beschreibt:

> *„Sie schwebte hoch über ihm in einem Thron aus Wolken, sie leuchtete wie der Morgenstern und schien wie die blinkende Sonne; ihre Krone war Ewigkeit, ihr Gewand war Seligkeit, ihre Worte Süßigkeit, ihre Umarmung aller Lust Befriedigung. Sie war fern und nah, hoch und niedrig, sie war gegenwärtig und doch verborgen. Sie ließ mit sich umgehen und doch konnte niemand sie greifen.*"[12]

Diese Stelle zeigt, daß Seuse sowohl halluzinatorisch-visuelle als auch emotionale Erlebnisse sprachlich verdichtet und zusammenfaßt. Er versucht seine

Erlebnisse zu berichten und gleichzeitig mit Hilfe seines religiösen Vokabulars zu deuten.

Diesem selbstkreierten Objekt ewige Weisheit dient Seuse wesentlich zwei Beziehungsformen an: (1.) die Gattenbeziehung und (2.) die Mutter-Kind-Beziehung, wobei Seuse die Position des Kindes einnimmt. Auf die Gattenbeziehung verweist schon die Überschrift des 3. Kapitels der Vita, in dem Seuse seine Beziehungsaufnahme zur ewigen Weisheit mit einer Eheschließung vergleicht: „*Wie er in die geistliche Gemahlschaft mit der Ewigen Weisheit kam*".[13] Anzumerken ist hierbei, daß Seuse die ewige Weisheit zwar meist als weiblich beschreibt, aber an manchen Stellen, teilweise fluktuierend, auch deren männliche Erscheinungsweise hervorhebt.[14] Somit exponiert Seuse gleichzeitig eine hetero- und eine homosexuelle Gattenwahl. Das Operieren von Phantasien bezüglich der Mutter-Kind-Beziehung im Umgang mit der ewigen Weisheit zeigt sich daran, daß Seuse selbst seine Beziehung zu ihr vergleicht mit der Erfahrung eines „*saugenden Kindes*" [15] auf dem Schoß der Mutter.

Das Objekt ewige Weisheit bleibt ein Begleiter Seuses, dem er sich in inneren Dialogen zuwendet und mit dem er ständig interagiert. Er selbst bezeichnet sich gewöhnlich als „Diener", meist als „Diener der ewigen Weisheit". Schon diese Selbstbenennung, die Seuse auf den ersten Seiten der Vita erwähnt, zeigt die enorme Bedeutung seines selbstkreierten Objekts. Die ewige Weisheit ist ein komplexes Gebilde, eine Hypostase Seuses, in der er verschiedene religiöse Erlebnisweisen zu einem Bild zusammenschmilzt, dem er sich in emotional-religiöser Auseinandersetzung zuwenden kann. Dieses Bild enthält dabei Elemente die als Gottvater, als Jesus oder als Muttergottes angesprochen werden, wobei das personhafte Gegenüber betont ist.[16]

2.1.2
Seuses Selbstdestruktion

Im weiteren konzentriert sich die Analyse im wesentlichen auf einen weiteren Aspekt des Lebens von Seuse: sein ausgedehntes selbstdestruktives Körperagieren. Seuse beschreibt verschiedene Formen von Selbstdestruktion wie Selbstbeschädigung, Selbstgeißelung und andere religiös motivierte Praktiken.[17] Seuse trug auf dem Rücken ein Nagelkreuz, dessen Nägel in die Haut eindrangen. Eine Kette, die Seuse auf der Haut trug, verursachte ebenfalls ständige Verwundungen. Seuse ließ sich in eine Art Unterhose spitze

Nägel einarbeiten, die ihm die Haut verletzten.[18] Er ließ sich häufig zur Ader, was ausdrücklich nicht durch Krankheiten motiviert war. Er fesselte sich jahrelang vor dem Schlafen mit einem System von Gürteln, Riemen und Schlössern und trug nachts Handschuhe mit Nägeln, mit denen er sich beim Schlafen verletzte. Sein Nachtlager war voller Ungeziefer, das ihn zusätzlich plagte. Seuse aß und trank zeitweise gerade so viel, wie zum Überleben ausreichte, d. h. er wies anorektische Symptome auf.[19] Darüber hinaus praktizierte er Schlafentzug und zum Teil bizarre asketische Rituale wie etwa das bewußte Aussetzen der Kälte zur Weihnachtszeit.[20]

Seuses macht widersprüchliche Angaben über die Dauer seiner Selbstquälereien. An einer Stelle schreibt er, daß er sich mit diesen Hilfsmitteln insgesamt 16 Jahre lang peinigte,[21] an anderer Stelle gibt er dafür einen Zeitraum von 22 Jahren (vom 18. bis 40. Lebensjahr) an.[22] Zumindest scheint deutlich zu werden, daß die Prozesse der Radikalisierung seines religiösen Programms, der Erschaffung der ewigen Weisheit und der Beginn der selbstdestruktiven Akte zeitlich synchron verliefen. Diese Vorgänge sind darüber hinaus inhaltlich eng miteinander verbunden.

2.1.2.1 Analyse einer Szene der Selbstdestruktion

Eine seiner zahlreichen Visionen und Selbstbeschädigungsszenen soll detaillierter untersucht werden: Seuse hatte starke Stimmungsschwankungen. Vor einem Akt der Selbstdestruktion wurde, wie Seuse formuliert, „*unmäßiges Feuer in seine Seele gesandt, das sein Herz in göttlicher Liebe gar inbrünstig entflammte.*“[23] Deshalb geht Seuse in seine Zelle und wendet sich an Gott:

> *'Ach, zarter Gott, könnte ich mir doch irgendein Liebeszeichen erdenken, das ein ewiges Liebeszeichen zwischen dir und mir wäre, eine Urkunde, daß ich dein und du meines Herzens ewige Liebe bist, ein Zeichen, das kein Vergessen je vertilgen könnte.' In diesem inbrünstigen Ernst warf er vorn sein Skapulier (= Schulterkleid) auf und entblößte seinen Busen und nahm einen Griffel in die Hand und sah sein Herz an und sprach: 'Ach, gewaltiger Gott, nun gib mir heute Kraft und Macht, mein Begehren zu vollbringen, denn du mußt heute in den Grund meines Herzens geschmelzt werden.' Und fing an an und stach mit dem Griffel in das Fleisch an der Stelle über dem Herzen, und stach also hin und her und auf und ab, bis er den Namen IHS genau auf sein Herz gezeichnet hatte. Von den scharfen Stichen ström-*

te das Blut stark aus dem Fleisch und rann über den Leib herab in den Busen. Das war ihm in seiner feurigen Liebe ein so lieblicher Anblick, daß er der Schmerzen nicht viel achtete."[24]

Seuse gibt an, daß die Selbstbeschädigung begann, als er ein „unmäßiges Feuer" empfand. Das in religiöses Vokabular eingekleidete Geschehen kann verstanden werden als Wiederbelebung eines frühen Deprivationszustands, der mit gesteigerter Empfindung von Wünschen und Sehnsüchten einhergeht. Die Sehnsucht nach dem geliebten Objekt, hier als Gott bezeichnet, kann als Reminiszenz an die frühe Mutter aufgefaßt werden. Seuse will gegenseitige Liebe herstellen; er beschreibt dabei sich selbst als eine Mutter (Schulterkleid zur Seite schieben, die Brust frei machen, auf die eigene Brust blicken). Das reale Fehlen des Objekts wird kompensiert: Der eigene Körper wird als fremd erlebt und besetzt. Der Körper wird zum Partner, mit dem interagiert wird; Teile des eigenen Körpers (hier die Brust) werden in derartigen Zuständen als Liebesobjekt erlebt. Der Körper bzw. Körperteile fungieren als Übergangsobjekte im Sinne Winnicotts.[25] Gleichzeitig werden phantasierte Objekte in halluzinativer Weise erlebt.
Durch die Verletzungen, die er sich mit dem Griffel zufügt, erzeugt Seuse bei sich selbst eine blutende Brust. Die eigene Brust ersetzt die mütterliche Brust bzw. das mütterliche Objekt; das fließende Blut symbolisiert die Milch.[26] Das selbst erzeugte Objekt wird gleichzeitig aggressiv attackiert. Dabei wird dieses aggressive Verletzen der eigenen Brust sprachlich in ein Bild eingekleidet, das an Masturbation erinnert („hin und her und auf und ab"). Liebende und extrem aggressive Impulse werden gleichzeitig aktiviert und ausagiert und verweisen auf eine extreme emotionale Ambivalenz gegenüber dem primären Objekt.
Seuse schreibt, daß das Blut schnell den Leib herabfloß und bezeichnet diesen Anblick als „lieblich". Seuse erlebt ein Befriedigungserlebnis, von dem der visuelle Eindruck hervorgehoben wird – die zugefügten Schmerzen treten erlebnismäßig zurück, sind aber für den regredierten Bewußtseinszustand ebenfalls als konstitutiv einzuschätzen.[27] Beides, selbst zugefügte Schmerzen und fließendes Blut, werden von Hirsch als eine regredierte Auseinandersetzung des Selbstschädigers mit Problemen der Empfindung der eigenen Körpergrenzen verstanden.[28] Die entstandene Narbe an der Brust, die bestimmte Körpersensationen verursacht, wird von Seuse bei Gelegenheiten, in denen er „Widerwärtigkeiten" erlebt, angeblickt, um Tröstung zu erfahren. Die eigene Brust mit dem IHS-Zeichen[29] bleibt weiterhin ein wichtiges (Übergangs-) Objekt für Seuse.[30] Insgesamt

läßt sich an Seuses Autobiographie bis in Details zeigen, wie Kindheitsthematiken (vor allem orale und ödipale Thematiken) in religiösen Bildern wiedererlebt und ausgestaltet werden.

2.1.2.2 Theoretische und klinische Aspekte der Selbstdestruktion

Nach Pao geht selbstschädigendes Verhalten mit einem veränderten Ich-Zustand einher, der Zusammenhänge mit Depersonalisation und Derealisation aufweist.[31] Selbstschädiger schwanken häufig zwischen Zuständen normalen Erlebens und psychotischen Episoden. In den psychotischen Episoden entwickeln die Patienten Wahrnehmungsverzerrungen, Halluzinationen, Wahnsysteme und andere primärprozeßhafte Formen der Welterfahrung. Das selbstschädigende Verhalten findet sich vergesellschaftet mit Phänomenen der *Anorexia nervosa* und der *Bulimia nervosa*, der Depression und manischen Zustände, kurzen Absence-Zuständen (etwa *petit mal*-Erscheinungen) und suizidalen Tendenzen.[32] Die meisten der erwähnten Symptome weist Seuse auf.
Kurz vor dem Moment, in dem die Selbstbeschädigungen ausgeführt wurden, waren Paos Patientinnen völlig in sich selbst vertieft und nahmen die soziale Umgebung kaum wahr. Sofort nach dem Akt der Selbstbeschädigung erfuhren die Patientinnen eine Änderung des Bewußtseinszustands: Die Spannungen ließen nach beim Anblick (!) des Blutes und bei der Empfindung von Hautsensationen, die durch das fließende, warme Blut verursacht wurden. Ein sofortiges Befriedigungserlebnis setzte ein.[33] Die Darstellung Paos kann Wort für Wort zur Beschreibung von Seuses Akt der Selbstbeschädigung übernommen werden.
Eine Patientin von Kafka, die Selbstbeschädigung betrieb, war ständig mit ihrem Körper beschäftigt, zu dem sie in einem gleichsam erotischen Verhältnis stand. Diese Frau wurde hospitalisiert und schmuggelte Rasierklingen in die Klinik, um weiter die Selbstbeschädigung durchführen zu können. In der Analyse beschrieb diese Patientin, wie sie sich unter der Bettdecke selbst beschädigte, während sie eine geliebte Betreuungsfigur *liebend ansah.* Im Moment der Selbstbeschädigung fühlte die Patientin sich wieder lebendig. Das fließende Blut empfand sie als warmes Bad, daß gleichzeitig dem Körper Form und Kontur gab.[34] Das Blut wurde von dieser Patientin

als eine Art Schmusedecke (*security blanket*) erlebt. Kafka geht davon aus, daß diese Patientin sich anderen überlegen fühlte, weil sie bewußt die Manipulation dieses inneren Objektes beherscht. Omnipotenzgefühle, wie sie auch Seuse ständig beschreibt, gehen hier einher mit der erlebten Fähigkeit zur Manipulation innerer Objekte anhand externaler Manipulationen. Ein Teil des Körpers, bei Kafkas Patientin das Blut, repräsentiert die internalisierte Mutter.

Unter gewissen pathologischen Verhältnissen kann sich ein Umgang mit dem eigenen Körper herausbilden, der nach Kafka dahingehend verstanden werden kann, daß der eigene Körper als Übergangsobjekt verwendet wird. Dabei wird der Körper als nicht zum Selbst gehörig erlebt. Entsprechend wird auch mit ihm interagiert: Er kann behandelt werden, wie ein lebloser Gegenstand, er wird zum Objekt von Besetzungen und wird abwechselnd geliebt und mißhandelt. Kafka geht davon aus, daß ein derartiger Umgang mit dem eigenen Körper auf intensivem Kontakthunger des kleinen Kindes beruht, der nicht befriedigt wurde bzw. zu Körperkontakten führte, die mit Schmerzen verbunden waren.

2.1.2.3
Ursachen der Selbstdestruktion

Hirsch nennt als ätiologisch entscheidende Bedingungen für die Genese einer selbstdestruktiven Symptomatik zwei Formen von Ereignissen in der Kindheit seiner Patienten: frühe Deprivation und traumatische Überstimulation, gewöhnlich in Form schwerwiegenden physischen und sexuellen Mißbrauchs.[35] Hirsch vermutet, daß der Teil des Körpers, der das Ziel autoaggressiven Verhaltens wird, ein schlechtes Objekt repräsentiert. Seuse beschädigt verschiedene Körperteile und -regionen, vor allem die Brust und den Rücken (bei Selbstgeißelungen). Auch Hirsch geht davon aus, daß selbstdestruktives Verhalten in regressiven Zuständen auftritt, denen unerträgliche psychische Spannungen vorausgehen. Diese Spannung entstehen bei Gefühlen des Alleinseins, bei Ängsten vor Trennungen und bei Konflikten mit Problemen von Autonomie und Bindung.[36]

Der pathologische Umgang mit dem eigenen Körper als einem mütterlichen Übergangsobjekt basiert nach Hirsch auf der Spaltung zwischen Selbst und Körper-Selbst. Diese Spaltung rührt von den erwähnten traumatischen

Kindheitserfahrungen her. Die Erfahrungen wurden so verarbeitet, daß das Körper-Selbst vom übrigen Selbst *dissoziiert* wurde, um die Konsistenz dieses Rests zu ermöglichen und vor weiterer Dissoziation zu bewahren. Der Erwachsene, der selbstdestruktives Verhalten ausführt, agiert Elemente der frühen traumatischen Mutter-Kind-Beziehung aus. Außerdem bestraft er seinen Körper aufgrund von Schuldgefühlen. Der Selbstbeschädiger hat sich demnach mit dem frühen Aggressor identifiziert, wobei gleichzeitig Schuld introjiziert wurde. Für diese introjizierte Schuld wird jetzt der „schuldige Körper" bestraft. Selbstbeschädigung weist somit den Aspekt der Selbstbestrafung auf.

Für die weitere Analyse der Persönlichkeitsstrukur und der Kindheitserfahrungen von Seuse wird von zentraler Wichtigkeit die empirische Evidenz sein, daß die Phänomene der Selbstdestruktion heutiger Patienten regelmäßig im Zuge der Verarbeitung massiver Traumata im Sinne von sexuellem Mißbrauch auftreten. Die Belege für einen Zusammenhang zwischen selbstdestruktivem Verhalten und Erfahrungen von sexuellem Mißbrauch in der Kindheit basieren natürlich auf Untersuchungen heutiger Patienten. DeYoung fand beispielsweise in einem nicht-repräsentativen, klinischen Sample von 45 Patientinnen, die Mißbrauchserfahrungen mit dem Vater hatten, in 26 Fällen Episoden von selbstdestruktivem Verhalten.[37] Eine Studie von Shapiro mit ähnlichen Limitierungen bezüglich der Repräsentativität fand selbstdestruktives Verhalten in 6 von 11 Fällen sexuellen Mißbrauchs.[38] Hirsch weist wiederholt anhand von Fallbeispielen auf den Zusammenhang zwischen den psychischen Strukturen seiner selbstdestruktiven Patienten und ihren frühkindlichen Mißbrauchserfahrungen hin.[39]

Im folgenden soll eine zentrale Angstphantasie Seuses rekonstruktiv mit einer kindlichen Realerfahrung in Zusammenhang gebracht werden. Eine derartige Rekonstruktion basiert wesentlich auf den zuvor referierten Annahmen über den Zusammenhang zwischen einem Realtrauma und dem Symptom der Selbstbeschädigung.

2.1.3
Eine zentrale Angstphantasie Seuses

Die Kindheitsgeschichte Seuses wird in der Vita nur ganz selten direkt thematisiert. Seuse schreibt, daß er als Kind lange und schwer krank war.[40] Seine Mutter bezeichnet er als eine große Dulderin, deren Leiden verursacht sei durch die weltliche Einstellung seines Vaters, der das geistlich ausgerichte

Verlangen seiner Gattin bekämpfte.[41] Seuse schreibt mehrmals, daß seine Mutter Leiden und Krankheit duldend ertrug. Seuse scheint extrem mit seiner Mutter identifiziert und lehnt seinen Vater offensichtlich ab. Nach Bihlmeyer hieß Seuses Vater *von Berg*.[42] Die Mutter hieß mit Nachnamen *Seüsserin*. Seuse legte den väterlichen Nachnamen ab, tilgte damit die väterliche Genealogie und betonte die mütterliche. In der Autobiographie wird nur der Nachname Seuse an einer Stelle erwähnt; der Vorname *Heinrich* bleibt unerwähnt.
In einer Vision erscheint Seuse der eigene Vater, der sich leidend im Fegefeuer befindet und den Sohn um Hilfe bittet.[43] Der Vater, so Seuse, zeigt seinem Sohn *„womit er das allermeist verschuldet hatte"*,[44] d. h. Seuse gibt an, daß er die Sünden seines Vaters *kennt*. Die Mutter erlebt Seuse auch in einer Vision: Sie zeigt ihm den *„großen Lohn den sie von Gott empfangen hatte."*[45] In dieser Szene, wie in den meisten anderen, wird die Mutter bzw. das primäre Objekt idealisiert und der Vater abgewertet; zudem richtet Seuse Aggressionen gegen ihn. Die Integration ödipaler Konflikte bei Seuse ist äußerst unvollständig.
Die Darstellung unintegrierter ödipaler Konflikte wie sie anhand der Erwähnung der realen Eltern deutlich wird, erhält noch weit aggressiviertere Ausdrucksformen in Seuses stärker phantasmatischen Schilderungen von Visionen und Halluzinationen, aber auch von Realerlebnissen. Seuse stellt elterliche Figuren generell entweder extrem idealisiert oder bis zum Äußersten aggressiviert, destruktiv und bösartig dar. Meistens – allerdings nicht immer – fungieren Mutterfiguren als positive Objekte und Vaterfiguren als aversive.
Seuse schreibt ein größeres Kapitel unter der Überschrift „Von wehtuendem Untergehen".[46] Gegen Ende dieses Kapitels erwähnt Seuse in einer kurzen Passage, daß er unter anderem in dieser Zeit von *„bösen Geistern"*[47] gequält wurde. Mit diesen Gestalten sah sich Seuse Tag und Nacht konfrontiert. An die Erwähnung dieser Geister schließt Seuse die Darstellung einer halluzinierten Szene an. Seuse hat das Bedürfnis Fleisch zu essen, nachdem er das jahrelang nicht mehr getan hatte. Diesem Verlangen gibt Seuse nach. Sofort nach dem Essen des Fleisches hat Seuse eine Vision: Vor ihm steht eine *„ungeheure höllische Person"* und spricht einen Psalmvers.[48] Diese Person spricht mit „bellender Stimme" zu den (halluzinierten) Umherstehenden: *„Dieser Mönch hat einen Tod verschuldet und den will ich ihm antun!"*[49] Seuses Schuld besteht hier also darin, daß er den Tod eines Tieres verursacht habe. Diese Thematik spielt in der biblischen Vorlage keine Rolle. Die Umherstehenden lassen nicht zu, daß die ungeheure Person Seuse tötet. Seuse beschreibt die Konfrontation mit dieser Person folgendermaßen:

„Da sie [die Umherstehenden] ihr das nicht gestatten wollten, zog sie einen greulichen Bohrer heraus und sprach zu ihm: 'Da ich dir nun anders nichts tun kann, so will ich deinen Leib doch mit diesem Bohrer peinigen und zum Munde einbohren, daß dir so weh geschehen soll, so groß deine Lust nach dem Fleischessen gewesen ist' und fuhr ihm dabei mit dem Bohrer nach dem Munde. Alsbald schwollen ihm die Kinnbacken und die Zähne und verschwoll ihm der Mund, daß er ihn nicht auftun und wohl drei Tage weder Fleisch noch andere Dinge essen konnte als nur soviel er durch die Zähne saugen konnte.“ [50]

Wie bereits gesagt, stellt Hirsch zwei wesentliche Faktoren bei der Entwicklung selbstschädigenden Verhaltens heraus: frühe Deprivation und schweren körperlichen, meist sexuellen Mißbrauch. Bestimmte Formen von Seuses selbstschädigendem Verhalten scheinen auf Deprivationszustände zurückführbar. So werden möglicherweise dysfunktionale Wickelerfahrungen in den Selbstfesselungen reinszeniert. Zu den derartig motivierten Reinszenierungen gehört auch, daß Seuse sich von Ungeziefer peinigen läßt, daß er ein zu kurzes, hartes Lager hat, das er durch ein Brett noch unbequemer macht und weitere selbst ausgeführte Quälereien. Die hier beschriebene Szene hat dagegen dic Form eines sexuellen Mißbrauchs und gibt einen ersten Anlaß zu der Vermutung, daß Seuse als Kind eine orale Vergewaltigung bzw. eine körperliche Gewalterfahrung am Mund erlebt hat, die er halluzinativ reinszenierte. Die Implikationen der Annahme eines derartigen frühen Traumas werden im weiteren herausgearbeitet.
Die „ungeheure höllische Person“ ist körperlich groß und aggressiv. Sie erscheint im dem Moment als Seuse ein Lusterlebnis hat. Es ist klar, daß Seuse enorme Probleme mit Lusterlebnissen jeder Art hatte. Hinzu kommt, daß Fleischessen mit der Tötung eines Lebewesens zu tun hat. Sowohl Seuses Lusterlebnis als auch dieses Wissen um den Tod eines Tieres stimulieren das Erscheinen, das Halluzinieren der ungeheuren höllischen Person.

Nachdem die Tötung Seuses durch die Umherstehenden – Externalisierungen gemäßigter, emotional zugewandter Persönlichkeitsanteile – verhindert wird, zieht die höllische Person einen Bohrer hervor. Die von Seuse gewählte Formulierung zeigt, daß diese Person den Bohrer schon dabei hatte und *unter den Kleidern* trug, sodaß er zunächst nicht gesehen werden konnte. Das Herausziehen des Bohrers entspricht dem Herausziehen des Penis. Dann erfolgt die orale Penetration. Ein im engeren Sinne orales Bedürfnis wird hierbei auch an dem damit verbundenen Körperteil, dem Mund, bestraft. Dabei soll der Schmerz proportional der zuvor erlebten Lust sein. Seuse stellt sich in dieser Szene als jemand dar, der zumindest bis zu einem gewissen Grad die anschließende Peinigung in Form einer oralen Vergewaltigung *verdient* hat. Er war zum einen schuld am Tod eines Tieres, und er hatte zum anderen verpönte Lusterlebnisse.[51] Lust kann Seuse nur unter bestimmten Bedingungen ertragen, andernfalls wird seine empfindliche narzißtische Homöostase stark gestört. Seuse zeichnet gleichzeitig ein überaus ambivalentes Bild gegenüber oralen Befriedigungserlebnissen. Während die versorgenden Erlebnisse (mit der Mutter) als prototypische Befriedigungen reinszeniert werden,[52] führt die vermutete sexuelle Gewalterfahrung zu einer prototypischen Gewalt- und Kontrollverlusterfahrung und zu deren Reinszenierung. Es wird im weiteren der Vermutung im Sinne einer Arbeitshypothese nachgegangen, daß die orale Penetration vom Vater Seuses ausgeführt wurde.

Die Folgen der Berührung mit dem Bohrer überdauern entsprechend der Darstellung von Seuse den Zeitraum des veränderten Bewußtseinszustands. Nach Seuses Angabe schwoll ihm sofort die Mundgegend, und er konnte den Mund 3 Tage nicht mehr öffnen. Man kann dies als Folge massiver Gegenbesetzungen auffassen. Das Kind, daß oral vergewaltigt wird, verbindet diese Körperzone und die Nahrungsaufnahme mit enormen aversiven Besetzungen, die Körperreaktionen hervorrufen können. Die sich ergebende Körpersymptomatik (Anschwellen von Gewebe, vor allem aber das krampfartige Verschließen des Mundes) ist sinnstrukturiert. Der Ausdrucksgehalt kann folgendermaßen paraphrasiert werden: *„Ich lasse den Penis nicht in den Mund, ich habe ihn nie hinein gelassen und werde ihn nicht hineinlassen.“* Die Ausdrucksbewegung richtet sich an dieser Stelle offensichtlich nicht gegen die Nahrungsaufnahme selbst, da Seuse flüssige Nahrung weiter zu sich nehmen konnte. Das Wort „saugen“ verweist darauf, daß die Nahrungsaufnahme während dieser 3 Tage regressiv in die Nähe des Stillens gerückt wird.

Die ungeheure Person spricht mit „bellender Stimme“, trägt also Züge eines Hundes. Seuse beschreibt mehrfach den Hund als eine Figur, die ihn peinigt. Im Kapitel 20 wird etwa eine Szene beschrieben, in der sich Seuse mit einem „verschlissenen Fußtuch“ identifiziert, das von einem Hund zerrissen wird.[53] Die Vermutung, daß oben genannte Szene auf dem Erlebnis einer oralen Vergewaltigung beruht, kann anhand der Analyse der Bilder des Exemplars gestützt werden.[54] Daher soll an dieser Stelle die Untersuchung eines Bildes aufgenommen werden. Dabei wird das Thema der oralen Vergewaltigung und das Symbol des Hundes wieder aufgegriffen. Ein wichtiges Bild der Vita wurde von Kersting genannt: „Der schmerzhafte Untergang”.[55] Das Thema dieses Bildes entspricht dem Kapitel 20 „Von weh tuendem Untergehen“.

Abb. 1: Seuse attackiert von Geistern, Teufeln, Menschen und Tieren (zweite Hälfte des 14. Jahrhunderts, Bibliothèque Nationale et Universitaire, Strasbourg). Zur Farbgestaltung des Bildes vgl. die Reproduktion auf dem Buchcover dieses Bandes.

Im folgenden wird dieses Bild kurz beschrieben.[56] Das zentrale Thema des Bildes ist der attackierte Seuse. Zwei Teufelsgestalten gießen eine rote und eine gelbe Flüssigkeit über seinen Kopf. Zungen und Augen der Teufel sind rot. Seuses Kleidung ist von oben bis unten stark befleckt. Seuse steht in einem Schwall von Flüssigkeit. Ein Teufel richtet den Bohrer gegen Seuses Mund; der Bohrer ist noch nicht eingebohrt, wie man an dessen Spitze sehen kann. Ein vermutlich schweinsähnliches Wesen, von dem ein Hauer sichtbar ist, zielt auf den Kopf mit Pfeil und Bogen; die Pfeilspitze ist rot. Eine Gruppe von Dominikanern und Laien hält ihm den Essigschwamm unter den Mund. Hund, Löwe und Strauß beißen in seine Kleider. Schlange und Kröte befinden sich in Höhe des Unterschenkels. Auf dem Nagelkreuz mit zwei Geißeln befindet sich eine Eule; ein Rabe ist oben rechts zu sehen, dessen Schnabel rot ist. Ein Affe dreht Seuse eine Nase. Am unteren Bildrand spielt ein Hund mit einem Fußtuch; zwei Wölfe (oder Hunde) fressen Kadaver. In der rechten oberen Ecke ist eine geschlossene Tür (bzw. eine Lade) zu sehen. Diese Himmelstür auf blauem Grund ist von gelben Sternen umgeben. Zwischen Strauß und Seuse ist ein Hufeisen gezeichnet. Obwohl sich dieses Bild zwischen dem 38. und dem 39. Kapitel der Vita[57] befindet, besteht inhaltlich starke Beziehungen zur obengenannten Szene mit der ungeheuren höllischen Person des 20. Kapitels. Diese Beziehungen werden im folgenden herausgearbeitet.

Es scheint zwei Formen von Gewalt gegen Seuse auf diesem Bild zu geben. Die eine Form der Angriffe – ausgeführt von Menschen oder menschenähnlichen Wesen, Teufeln und Tier-Mensch-Mischwesen – ist gegen Seuses Kopf gerichtet. Dabei werden ein Pfeil und ein Bohrer gegen Seuse gerichtet und Flüssigkeiten über den Kopf geschüttet; die Flüssigkeiten hinterlassen Flecken. Für die Funktion, in festes Material bzw. tierisches Gewebe einzudringen, sind Bohrer und Pfeil prototypische Artefakte. Die rotgefärbte Pfeilspitze deutet zudem an, daß der Pfeil zuvor bereits in Gewebe gesteckt hat. Die Stange mit dem Essigschwamm ist physisch ebenfalls gegen den Kopf – genauer: gegen den Mund – gerichtet. Hierbei überwiegt aber stärker der Effekt der Verhöhnung des Leidenden und ein aversives *Geschmackserlebnis.* Zudem wird durch diesen Gegenstand die Identifikation mit Jesus (*Imitatio Christi*) am Kreuz thematisiert. Die Zielrichtung dieser leidbringenden Aktivitäten ist Seuses Kopf bzw. der Mund. Die zweite Form der Attacken gegen Seuse, die von Tieren ausgeführt wird, richtet sich gegen die untere Körperregion Seuses. Hund, Löwe und Strauß scheinen Seuse die Kleider vom Leib reißen zu wollen. Schlange und Kröte kriechen an Seuses Körper hinauf. Die Schlange mit geöffnetem Maul ist direkt auf Seuses Genitalien ausgerichtet.

Seuse hat in seinem Buch *Horologium sapientiae* die Tiere des obigen Bildes erwähnt.[58] Seuse stellt hier innerhalb einer komplizierten Rahmung die Geschichte eines „Unglücklichen" dar, der Opfer seiner Verlobten wird. Im Zuge der Darstellung seiner extremen Qualen durch die Verlobte schildert der Unglückliche, was er von feindlichen Tieren erleiden muß. Seuse läßt den Unglücklichen sagen:

> *„(...), DA HETZTE SIE [DIE VERLOBTE] EINE GROSSE MENGE VON GLEICHSAM SCHLANGEN UND RAUBTIEREN GEGEN MICH, DIE MICH IM HEFTIGSTEN ANSTURM ANGRIFFEN UND BALD ZUSAMMEN, BALD EINZELN SCHWÄCHTEN. (...) WILDE HUNDE KLÄFFTEN MICH AN, SKORPIONE VERGIFTETEN MICH. SCHLANGEN HAUCHTEN UND ZÜNGELTEN MICH MIT IHREM STINKENDEN ATEM AN UND SCHEUTEN SICH NICHT DAVOR, MEIN GESICHT ANZUSPEIEN."*[59]

Hier wird also ein Zustand beschrieben, der sequentiell dem Zustand auf dem Bild folgen wird: Die Schlange kriecht an Seuse hinauf und nähert sich seinem Gesicht; Seuse riecht den stinkenden Atem und wird *angespieen* – nicht etwa gebissen.
In bezug auf die Szene mit der ungeheuren Person wurde vermutet, daß es sich um die Reinszenierung einer oralen Vergewaltigung handelt. Diese Vermutung kann anhand des Bildes und der Passage aus dem *Horologium* gestützt werden. Insgesamt ergeben sich folgende aversiven Elemente aus der Analyse des Bilde, der Passage des Horologiums und der Szene in Kapitel 20 der Vita: *(a) Angriff gegen den Kopf (bzw. den Mundbereich) mit länglichen eindringenden Gegenständen; (b) Abgabe von Flüssigkeiten über den Kopf; (c) Zerren an der Kleidung; (d) Flecken auf der Kleidung; (e) stinkender Atem eines aversiv besetzten Tieres, einer speienden Schlange.*

Alle Elemente lassen sich zur Thematik der oralen Vergewaltigung vereinen. Die Sexualisierung der Aggression zeigt sich in der massiven Verletzung der körperlichen Integrität und in dem beschmutzenden Aspekt des Geschehens. Am Kopf dringen Angreifer in das Körperinnere ein und geben Flüssigkeiten ab; die anderen Angreifer zielen auf die Entkleidung bzw. die Berührung der unteren Körperregion. Bohrer, Pfeil und Schlange symbolisieren den eindringenden Penis. Die speiende Schlange symbolisiert den ejakulierenden Penis, der stinkende Atem der Schlange entspricht einem Geruchserlebnis,[60] der Essigschwamm verweist auf ein korrespondierendes Geschmackserlebnis. Auch die Flecken auf Seuses Kleid können, neben der symbolischen

Befleckung, auch das Sperma auf Seuses Kleidung repräsentieren. Allerdings steht die rote Farbe eher für Blut und die gelbe für Urin. Möglicherweise machte Seuse auch traumatische Erfahrungen im Zusammenhang mit diesen Körperflüssigkeiten.[61] Als Differenz zwischen der Szene der Vita und der Darstellung auf dem Bild ergibt sich, daß der Bohrer im Bild noch nicht in den Mund gebohrt ist. Vermutlich wäre eine derartige bildliche Darstellung zu obszön geraten. Die Zusammenhänge bleiben aber deutlich.

Das Thema der Traumatisierung und der physischen Gewalteinwirkung sowie der extremen Passivität des Opfers, mit dem sich Seuse jeweils identifiziert, wird auf dem Bild noch zwei mal wiederholt: Ein Hund zerreißt ein Fußtuch, mit dem sich Seuse identifiziert. Zwei andere Hunde zerfleischen einen Kadaver, der Seuses entwerteten und mißbrauchten Körper repräsentiert.[62] Hunde werden hier als Aggressoren dargestellt. Der hundeartige Aspekt der ungeheuren Person – ihre bellende Stimme – wird thematisch wieder eingeführt. Seuse scheint mit dem Hund die Vorstellung des oral aggressiven Beißens und Bellens zu verbinden. Der Hund symbolisiert in der Phantasie Seuses somit den oral aggressiven, oral-sadistischen Aspekt des Vaters. Seuse selbst wird im Zusammenhang mit dem Hund als dessen Opfer (etwa als Fußtuch oder Kadaver) dargestellt. Der Hund spielte ganz allgemein der Symbolik des Spätmittelalters, wie Priskil ausführt, eine wichtige Rolle.[63]

Die Deutung der anderen Tierfiguren soll aus Raumgründen nur angedeutet werden. Konrad von Megenberg veröffentlichte 1350 sein deutschsprachiges *Buch der Natur,* in dem alle hier abgebildeten Tiere und verschiedene Deutungsmuster zu finden sind.[64] Exemplarisch soll der bei Konrad beschriebene Gegensatz zwischen Raben und Eulenvögeln erwähnt werden. So bekämpfen sich nach Konrad etwa Uhu und Rabe und fressen sich gegenseitig die Eier.[65] Einer der mindestens drei bei Konrad beschriebenen Eulenvögel heißt mhd. *„säuser"*.[66] Seuse symbolisiert entweder sich selbst oder seine Mutter mit der Eule. Diese *säuser* sind nach Konrad die einzigen Eulenvögel, die ihre Jungen mit Milch füttern – ein Thema, daß für Seuse von zentraler Wichtigkeit war. Zudem heißen säuser auch *„ama"*, was wohl im Zusammenhang mit Seuses Klosternamen *Amandus* eine weiteren Beleg für die Symbolisierung des Selbst liefert.[67] Raben wiederum hatten damals einen unglaublich schlechten Ruf. Konrad schreibt, die Rabeneltern würden ihre frisch geschlüpften Jungen zunächst 7 Tage hungern lassen und sie aus dem Nest werfen, wenn das Sammeln von Nahrung den Eltern zu lästig würde.[68] Allgemein werden Raben mit dem Fressen von Aas und speziell dem Fleisch Gehenkter in Verbindung gebracht.[69]

Auf dem Bild ist der Gegensatz zwischen Rabe und Eule graphisch herausgearbeitet. Wenn man man die Bewegungsrichtung des phallisch gestreckten Raben verlängert, trifft die entsprechende Linie ziemlich genau den Kopf der Eule. Rabe und Eule wiederholen damit die Themen, die bereits mit Hund und Fußtuch sowie Wolf und Kadaver dargestellt wurden: die Attacke eines Aggressors auf ein passives Objekt. Das aggressive und sexualisierte orale Thema wird durch Hervorhebungen mit roter Farbe betont: Der Schnabel des Raben, die Pfeilspitze sowie die Münder der Teufelsfiguren sind rot betont; ihre Zungen sind sichtbar. Der Schnabel der (passiven !) Eule ist dagegen nur leicht gelb gefärbt.

Zur Vermutung, daß die hier rekonstruierte Mißbrauchserfahrung auf den Vater Seuses und nicht auf andere Aggressoren zurückgeht, kann angemerkt werden, daß die symbolische Darstellung der Erfahrungen Seuses auf eine massive Abwehr gegen das Wiederauftauchen der angsterregenden Inhalte hinweist. Dies spricht dafür, daß die Traumatisierung in der frühen Kindheit Seuses stattfand und von einem Aggressor ausgeführt wurde, der Seuse emotional sehr nahe stand. Die symbolische Einkleidung verweist auf die kleinkindliche Erfahrung und die extreme Tabuisierung des Geschehens. Hätte Seuse diese Vergewaltigungserfahrung etwa im Kloster gemacht, in das er mit 13 Jahren eingetreten ist, so könnte er sich vermutlich bewußtseinsnäher an derartige Ereignisse erinnern. Seuses Darstellung der ödipalen Situation spricht ebenfalls für eine massive Vater-Sohn-Problematik.

Die Beziehung zu Gott gestaltet Seuse häufig als körperliche Erfahrung. Unter anderem bietet Seuse *nach* der selbstausgeführten Einschneidung des IHS-Zeichens an, daß Gott den Akt vollenden könne und sich dabei aktiv in sein Herz eindrücken könnte.[70] An anderer Stelle bietet Seuse Gott den Mund an. Er schreibt:

> *„In denselben Zeiten seiner Jugend, wenn er etwa rasiert war, und dann sein Antlitz noch in schöngeröteter Farbe prangte, so ging er hin zu dem schönen Herrn und sprach: 'Ach zarter Herr, wäre meine Gestalt und mein Mund so rosig wie aller roten Rosen Schein, das wollte dein Diener dir behalten und niemand anders geben; und wenn du auch allein das Herz ansiehest und des Äußeren nicht viel achtest, geliebter Herr, so bietet dir doch mein Herz ein Liebeszeichen, daß ich damit zu dir und zu niemand anders wende'."*[71]

Seuse dient hier Gott seinen Mund an, geht jedoch gleichzeitig davon aus, daß als Ersatzobjekt für Gott das Herz fungiert. Seuse ersetzt hier *nicht* die göttliche Handlung des „mystischen Kusses"[72] durch eine andere, denn das wäre blasphemisch und würde gleichzeitig dem letzlichen Ziel mystischen Strebens zuwiderlaufen: dem Erleben der *Unio mystica,* einer Vereinigung mit dem göttlichen Objekt, bei der, nach mystischen Vorstellungen, Subjekt und Objekt momentan ineinander verschmelzen. Seuse will – bezogen auf obiges Zitat – natürlich keine göttliche Gnadenhandlung, sondern eine schmerzliche göttliche Handlung ersetzen, bzw. abmildern. Das Herz (bzw. die Brust) wird von Seuse, wie beschrieben, mit einem Griffel penetriert. Es zeigt sich hier also, daß Seuse eine Verschiebung „nach unten" vornimmt: Als ursprüngliches Angebot an Gott kann das gefürchtete, passive Sexualziel der Ausführung der Fellatio angesehen werden.[73] Die phantasmatische Verknüpfung des vermuteten sexuellen Mißbrauchs (orale Thematik) und der Selbstbeschädigungsszene (Brustthematik) scheint an dieser Stelle besonders deutlich zu werden.

Phantasiestrukturen, die ein destruktives phallisches Objekt enthalten, das am Kopf bzw. am Körper einwirkt, finden sich an diversen Stellen von Seuses Werk. Meist sind sie in die Darstellung einer ödipalen Struktur (Beziehungen zwischen idealisiertem Objekt, aversivem Objekt mit gefährlichem Phallussymbol und einem Kind, das meist Seuse repräsentiert) eingelagert. So beschreibt Seuse in der Vita folgendes Erlebnis: In einem großen Wald begegnet er einem Paar, *„von denen war eins eine junge saubere Frau, das andere ein gar greulicher langer Mann mit einem Speer und einem langen Messer, (...).*"[74] Seuse wiederholt die phallischen, aggressiven Attribute der Vaterfigur.

In einer anderen Geschichte stellt Seuse dar, wie er verleumdet wurde, ein uneheliches Kind gezeugt zu haben. Eine Frau schlägt ihm vor, das Kind durch Ermordung aus dem Weg zu räumen: *„Ich will das Kindlein heimlich unter meinen Mantel nehmen und will es nachts also lebend begraben oder ihm eine Nadel in sein Hirn stechen, davon es sterben muß; (...).*"[75] Abgesehen von der Undurchdachtheit des Plans fällt auf, daß die Tötungsabsichten dieser Frau erstaunlich exakt den Angstphantasien Seuses entsprechen. Seuses projektives Welterleben formt wohl die Kontamination aus Absichten der Frau und seinen eigenen Phantasien. Wiederum wird eine ödipale Struktur exponiert, wobei Seuse selbst die Position des idealisierten Objekts innehat, während die Frau – eine aggressive und phallische Mutterfigur – die Position des aversiven Objekt einnimmt; beide haben eine Beziehung zu einem Kind, das Gefahr läuft, getötet zu werden.

Seuses unintegrierte Darstellungen ödipaler Triaden folgen dem Muster der paranoid-schizoiden Position im Sinne von Melanie Klein.[76] Das gefürchtete Objekt ist bei Seuse gewöhnlich mit einem destruktiven, phallischen Teilobjekt ausgestattet. Die symbolische Einkleidung des Phallus als Bohrer, Pfeil, Nadel, stinkende und speiende Schlange, Speer, Messer, Skorpion oder Stange mit Essigschwamm durchzieht die gesamte Vita. Die zuvor geschilderte Szene, in der Seuse die eigene Brust mit dem Griffel verletzt, gehört ebenfalls zu dieser Reihe. Seuse agiert bei dieser Selbstverletzung mit seinem Körper eine äußerst unintegrierte ödipale Situation aus. Dabei entspricht das visuelle System Seuses Selbst; der Körper und besonders die Brust repräsentiert ein passives, höchst ambivalentes Mutterobjekt und die Hand mit dem Griffel entspricht einem aktiven, aversiven, penetrierenden Vaterobjekt. Eine ähnliche selbst herbeigeführte Triangulation ergibt sich in dieser Szene in der Beziehung Seuses zu Gott, der für Seuse zunächst ein mütterlich-zugewandtes Objekt („zarter Gott") repräsentiert, um sich anschließend in ein väterlich-destruktives Objekt („gewaltiger Gott") zu verwandeln.

Die Kreation fiktiver Objekte (zugewandte Objekte wie die ewige Weisheit, aversive Objekte wie die ungeheure Person) und deren Erleben in Halluzinationen zusammen mit dem selbstdestruktiven Körperagieren Seuses stellen im Grunde den Versuch einer Integration der dissoziierten Persönlichkeitsanteile dar. Diese Integration wird in masochistischen Inszenierungen gesucht.[77] Darüber hinaus folgen die Inszenierungen auch einer mütterlichen Delegation im Sinne Stierlins.[78] Seuse kann als Delegierter verstanden werden, der von der Mutter mit der emotional äußerst schwierigen Mission betraut wurde, den Antagonismus zwischen ihr und ihrem Gatten auszutragen und dabei ihre Partei zu ergreifen.

Aufgrund von Seuses Persönlichkeitsstruktur, seinen zentralen Angstphantasien und der oben dargestellten selbstdestruktiven Symptomatik kann eine orale Vergewaltigung durch den Vater vermutet werden. Darüber hinaus war die Kindheit Seuses wohl von extremer emotionaler Deprivation geprägt, die durch das Verhalten beider Elternteile bedingt war.[79]

2.1.4 Anmerkungen zur ausgeführten Rekonstruktion von Seuses Kindheitserfahrungen

Um Mißverständnisse zu vermeiden, seien an dieser Stelle noch einmal einige Stellungnahmen zur oben ausgeführten Deutung formuliert. Es handelt sich bei der hier ausgesprochenen Vermutung eines sexuellen Mißbrauchs um eine Rekonstruktion *ohne* externe Belege. Es wurde, bezogen auf Seuse, wesentlich textimmanent argumentiert. Wie bezüglich jeder Deutung und jeder Rekonstruktion besteht der Falsifikationsvorbehalt. Bei Vorliegen anderer Datenquellen besteht prinzipiell die Möglichkeit einer Widerlegung von Aspekten der Interpretation; zudem kann jede ausgeführte Deutung selbst prinzipiell widerlegt werden. Der Status derartiger Deutungen entspricht im Grunde denen, die Freud zum Fall Schreber herausarbeitete.[80] Freud verzichtete auf Formulierungen, die Aussagen über Realerfahrungen Schrebers beinhalteten. Dies lag u. a. darin begründet, daß Freud ausschließlich die autobiographischen Aufzeichnungen Schrebers analysierte. Den real erlebten, infantilen Erfahrungshintergrund Schrebers untersuchten etwa Niederland, später Schatzmann.[81] Beide Autoren gehen aufgrund der Untersuchung der Erziehungsschriften des Vaters von Schreber und weiteren Dokumenten von extensiven traumatischen Realerfahrungen Schrebers aus, die in engem Bezug zu dessen paranoiden Erlebnisstrukturen standen. Eine derartige nachfolgende Untersuchung wird bezogen auf Seuse nicht möglich sein. Trotzdem schien es adäquater und klarer, die Deutungen auf einen realen Hintergrund zu beziehen und zu formulieren als im Bereich der Aussagen über Phantasiestrukturen zu verbleiben. Es schien erheblich umständlicher und komplizierter – und letztlich damit unangemessener – Formulierungen zu wählen, die ausschließlich die angstbesetzten Elemente von Phantasien bezeichnen, ohne mögliche Realerfahrungen zu thematisieren. Das bleibt allerdings ein Punkt, der kritisiert werden kann.

Der im Rahmen der vorliegenden Arbeit gewählte Gegenstand ist historische Kindheit, untersucht qua Analyse autobiographischer Texte. Selbstverständlich ist es nicht möglich, die historische Richtigkeit der hier vermuteten Kindheitserfahrungen definitiv zu beweisen oder zu widerlegen. Unter anderem deshalb wurden explizit die klinischen Befunde zu heutigen Selbstbeschädigern herangezogen. Auch dieses Vorgehen kann als Belegführung für *historische* Phänomene kritisiert oder abgelehnt werden. Derartige Kritik erfordert aber eine wünschenswerte Diskussion.

Die obige Deutung des Verhaltens und Erlebens von Seuse kann letztlich – bei Nicht-Berücksichtigung der gewählten (mehr oder weniger vorsichtigen) Formulierungen, *auch* als Versuch der Erstellung einer Topographie von Seuses komplexen und zusammenhängenden Phantasien verstanden werden. Ein Vergleich zwischen den Autobiographien Schrebers und Seuses könnte vermutlich – bezogen auf ihre Gemeinsamkeiten *und* Differenzen – wichtige Aspekte zur Geschichte der Kindheit im 19. und 14. Jahrhundert zu Tage fördern.

Die obigen Interpretationen zur Vita Seuses, da sei an dieser Stelle betont, machen keinen Gebrauch von subsumptionslogischen Argumentationen im

Sinne einer Zuweisung zu einem Kategorienschema. Es erfolgt nicht etwa eine einfache Vermutung eines Realtraumas aufgrund einer Diagnose. Vielmehr sollte deutlich gemacht werden, daß die Elemente von Seuses Phantasiestrukturen untereinander vernetzt sind und zu einem komplexen Ganzen angeordnet sind. Die Seuses Erleben zugrundeliegende Psychodynamik wurde unter Annahme eines spezifisch gestalteten Realtraumas möglichst sparsam gedeutet. Dabei fungiert die Annahme eines Realtraumas gleichsam als Schlüssel zum Verständnis der Sinnstrukturen, die Seuses Textproduktion zugrundeliegen. Andere Vermutungen und die Herausarbeitung weiterer Aspekte sind natürlich möglich. Die herausgearbeitete Ordnung von Seuses Phantasiestrukturen ist als eigener Interpretationszusammenhang anzusehen – ungeachtet jeder ätiologischen bzw. auf reale Erfahrungen abzielenden Hypothese. Die Vermutung eines zugrundeliegenden Realtraumas, welches nicht im Sinne eines einzelnen Ereignisses, sondern als Kette von Mißhandlungen verstanden wird, basiert auf folgenden Einzelaspekten: (a) die masochistischen Inszenierungen Seuses einschließlich extensiver selbstbeschädigender Symptomatik, (b) die Kenntnis des Zusammenhangs zwischen realer erfahrener Mißhandlung und Selbstbeschädigung heutiger Mißbrauchsopfer, (c) die Vernetzung von Seuses Aussagen über seine Kindheit und seine selbstbeschriebenen Phantasiestrukturen und Angstvorstellungen (etwa Seuses Annahme des mütterlichen Namens, seine ödipalen Phantasien sowie die Hunde- bzw. Wolfsthematik), (d) die von Seuse geschilderte prekäre narzißtische Homöostase und (e) das projektiv-halluzinatorischen Welterleben Seuses.
Natürlich kann obige Interpretation nur Gültigkeit beanspruchen, wenn gleichzeitig keine Argumente verwendet werden, die die Existenz einer transzendenten Sphäre voraussetzen. Die Erlebnisse Seuses werden im Rahmen der hier vorgelegten Arbeit nicht in einen Zusammenhang mit einer außerweltlichen, etwa religösen Wirklichkeit gebracht, sondern als psychische Realität Seuses aufgefaßt. Seine Visionen können ähnlich wie Träume bzw. wie durch Halluzinogene induzierte Rauscherlebnisse[82] wissenschaftlich untersucht werden. Ohne diese Hinweise näher auszuführen, kann hier nur gesagt werden, daß das Erleben Seuses in seinen halluzinativen, projektiven, regressiven und integrativen Aspekten – gerade wenn man Seuses religiöses Weltbild nicht teilt – höchst erklärungsbedürftig ist. Erklärungen, die eine transzendente Sphäre zu Hilfe nehmen, gehen, Seuses Selbstauffassung teilend, einen völlig anderen Interpretationsweg.
Die weitere Untersuchung von Seuses Vita muß zwei hier kaum berücksichtigte Aspekte aufgreifen und analysieren, die eng miteinander verzahnt zu sein scheinen: (a) die von Seuse verwendeten und erlebten Strukturen der mittel-

alterlichen Welterfahrung (religiöses Weltbild, Glaubenssysteme, mystische Traditionen) und (b) die integrativen, quasi selbst-therapeutischen Anstrengungen, die Seuse beschreibt, einschließlich seiner Produktivität als mystischer Schriftsteller und Theoretiker.
Die Zusammenschau der kulturellen Umgebung und der individuellen Erlebnisstrukturen sowie der mögliche Vergleich mit autobiographischen Schilderungen des Erlebens anderer Mystiker führt zur Weiterführung des hier gewählten textimmanenten Ansatzes. So lassen sich weitergehende Fragen zu Sozialisationsstrukturen stellen und möglicherweise beantworten. Es ist an dieser Stelle zu festzuhalten, daß aus erfahrungswissenschaftlicher Sicht die transzendente Sphäre und religiöses Erleben, wie es Seuse berichtet, als Explanandum und nicht als Explanans anzusehen sind.

2.2
Johannes Butzbach (1477-1516)

2.2.1
Butzbachs frühe Objektbeziehungen

Butzbach wurde 1477 in Miltenberg geboren, der Vater war Weber.[83] Butzbach wurde im Alter von 9 Monaten zu seiner Tante väterlicherseits gegeben und blieb dort bis zu ihrem Tode als Butzbach 10 Jahre alt war. Butzbachs Autobiographie exponiert dieses Trennungserlebnis und beginnt mit dem Satz:

> *„Im ersten Jahr nach meiner Geburt, also im Jahr 1478 unseres Heils (...) als der Bauch unserer Mutter Margarethe neun Monate nach meiner Geburt wieder dick wurde – sie erwartete meine Schwester – wurde ich durch meine Tante ihrem Busen entrissen.“*[84]

Die ausführliche Analyse des ungekürzten Satzes würde den hier vorgegebenen Rahmen sprengen. Einige Bemerkungen zu dem hier zitierten Satzrumpf sollen genügen. Butzbach beginnt seine Autobiographie nicht mit der expliziten Nennung seines Geburtsjahres,[85] sondern mit dem Jahr nach der Geburt. Von vornherein wird damit ein Ereignis thematisiert, das Butzbach wohl für wichtiger als seine Geburt hält: die Trennung von seiner Mutter und die Adoption durch die Tante.

Die Übersetzung des lateinischen Originals von Beriger in der oben zitierten Form scheint nicht ganz adäquat. Beriger schreibt *„unsere Mutter Margarethe"*; im lateinischen Original enthält der entsprechende Satz das Wort *„mater"* (= Mutter) aber gar nicht. Vielmehr spricht Butzbach von *„nostre Margarete"*, also von „unserer Margarethe". Offensichtlich vermeidet Butzbach die Verwendung des Wortes „Mutter". Butzbach thematisiert in diesem Satz seine Mutter, ohne diese Bezeichnung zu verwenden und spricht über sie in einer extrem regredierten, primitiven Semantik. Butzbach thematisiert zwei wichtige mütterliche Teilobjekte im Sinne von Melanie Klein:[86] den Bauch und die (Mutter-)Brust. Die erste Erwähnung eines mütterlichen Teilobjektes lautet: *„als der Bauch unserer {Mutter} Margarethe (...) wieder dick wurde"*. Diese Ausdrucksweise entspricht derjenigen eines kleinen Kindes, das die Zusammenhänge von Schwangerschaft und äußerer Veränderung der Mutter nicht klar erfaßt und lediglich den visuellen Aspekt des Geschehens darstellt. Diese Ausdrucksweise könnte auch ein erwachsener Mann verwenden, der Frauen und die Vorgänge von Schwangerschaft und Geburt extrem abwertend beschreiben will. In diesem zweiten Fall bedient sich ein derartiger Sprecher regredierter, infantiler Sprachfiguren bewußt, *damit* er den abwertenden Effekt erzielt. Butzbach ist klarerweise kein Kind und kennt die lateinischen Wörter *„praegnans"* und *„gravidus"* für „schwanger".[87] Somit kann sowohl eine sprachliche Regression als auch eine aggressivierte Darstellung des Themas angenommen werden, die unbewußt motiviert ist. Die emotionale Besetzung dieses Themas muß als enorm eingeschätzt werden: Kein Editionsvorgang hat die sprachlich primitive Formulierung durch eine adäquate ersetzt.

Zum Schluß des Satzes konfrontiert Butzbach den Leser mit 3 weiblichen Wesen, deren Handlungen bzw. deren Existenz sein Leben drastisch veränderten: Der Mutter(-brust) wird Butzbach entrissen durch die Tante; seinen Platz nimmt die Schwester ein. In Butzbachs Phantasien war diese Schwester der gehaßte Inhalt des „dickgewordenen" Bauches der Mutter. Die 3 genannten weiblichen Wesen sind für Butzbach extrem ambivalente Objekte.

Die Tante wird in diesem Satz klar als der Agressor dargestellt. Diese Sichtweise kann nicht richtig sein: Die Weggabe kann nur im Einverständnis mit den Eltern erfolgt sein, zumindest mit dem des Vaters. Natürlich kann die Tante an der Weggabe aktiv beteiligt gewesen sein, aber sie kann nicht die Weggabe *erzwungen* haben.

Butzbach stellt seiner Autobiographie die Exponierung eines Leitmotivs voran: die frühe Trennung von seiner Mutter. Man kann im Zuge der weiteren Untersuchung sehen, daß verschiedene für Butzbach relevante Themen in diesem einleitenden Satz verdichtet vorweggenommen werden. Dazu gehören die

emotionalen Probleme mit der Mutter, wie sie in der Vermeidung des Wortes „Mutter“ deutlich werden; Probleme mit Frauen im allgemeinen, wie sie in der Exponierung dreier konflikthafter Beziehungen zu 3 weiblichen Wesen – Mutter, Tante und Schwester – angedeutet werden; das Thema der Trennung im Sinne des Verlusts einer schützenden Geborgenheit und der Wunsch nach deren Restitution sowie das Verlangen nach Empathie und Zuhörerschaft, wie in der Abfassung der detaillierten Autobiographie erkennbar wird.
Butzbach kann sich und dem Leser im weiteren nicht erklären, was die ausschlaggebenden Ursachen für die Weggabe waren. Er nennt die Kinderlosigkeit der Tante; dies ist aber lediglich eine die Weggabe erleichternde Randbedingung. Die Beziehung Butzbachs zu seiner leiblichen Mutter ist sehr distanziert. Butzbach kehrte nach dem Tod der Tante bzw. Adoptivmutter in die Familie zurück, blieb dort aber nur ca. ein Jahr, um dann als „fahrender Schüler“ auf Wanderschaft zu gehen, die ingesamt 6 Jahre dauerte.[88] Auch aus diesem zweiten, sehr kurzen Aufenthalt in der Herkunftsfamilie läßt sich erschließen, daß die leiblichen Eltern Butzbachs nur eine unterentwickelte Bindung an ihn hatten.

2.2.2
Butzbachs Beziehung zu seiner Tante

Nachdem Butzbach die Tante als Agressor exponiert hat, fährt er fort und schreibt, daß sie ihn *„voller Liebe und Zärtlichkeit“*[89] aufzog. Der emotionale Widerspruch zwischen „dem Busen entreißen” und „liebevoll aufziehen” wird weder erklärt noch getilgt. Butzbach unterläßt eine weitere Darstellung seiner frühen Kindheit und geht sofort über zur Schilderung seiner Schulzeit. Damit bleibt zunächst unklar, was mit „liebevoll” gemeint ist. Butzbachs Darstellung der Ereignisse ist von emotionaler Ambivalenz gekennzeichnet. Dem entspricht, daß Butzbach im ersten Satz eine Art Kindesraub beschreibt, den er im nächsten Satz als Adoption deutet.
Die Exponierung eines aggressiven Raubes bietet Butzbach die Möglichkeit, ein gesteigertes persönliches Interesse an seiner Person darzustellen. Ließe er diese Behauptung einer Aggression der Tante weg, bliebe das mangelnde Interesse seiner Mutter bzw. seiner Eltern an ihm übrig. Butzbach konstruiert durch die Annahme eines singulären, aggressiven Aktes der Tante ein gesteigertes Interesse an seiner Person. Butzbach kann sich damit in die Position eines wertvollen Gutes hineinphantasieren, das so begehrt wird, daß es zu

einer Art Raub kommt. Die Vorstellung *zweier* begehrender Mutterfiguren konstrastiert aber mit dem offensichtlich sich zeigenden Desinteresse der Mutter. Ein Raub kann schon alleine deswegen nicht vorliegen, weil Butzbach nach der Weggabe in der selben Stadt wie seine Eltern und Geschwister lebte. Dies zieht für Butzbach das Problem nach sich, immer die Frage nach den Gründen der Weggabe gleichsam vor Augen zu haben. Eine derartige Situation ist für ein Kind äußerst belastend. Die Frage nach den Ursachen dieser Weggabe muß für Butzbach eine der Grundfragen seiner Kindheit gewesen sein.

Die Beweggründe für die Weggabe Butzbachs muß für ihn erkennbar mit dem Desinteresse bzw. der mangelhaften Beziehunsgaufnahme seiner Eltern verknüpft sein. Dies unterscheidet die vorliegende Adoption radikal von einer, die durch gravierende äußere Gründe erzwungen wird, etwa durch den Tod der Eltern. In diesen Fällen kann das Kind immer die stabile Phantasie aufrecht erhalten, *eigentlich* ein gewolltes und geliebtes Kind zu sein. Eine derartige Phantasie kann im Falle von Butzbach nur äußerst labilisiert aufrecht erhalten werden und wird von der Evidenz der Beziehungsrealität ständig Lügen gestraft.

Während die Tante ihm zunächst die Schule durch Süßigkeiten schmackhaft macht, schlägt sie ihn später als er nicht mehr hingehen will.[90] Butzbach hatte große Angst vor der Schule, unter anderem deswegen, weil ihn dort die Lehrer prügelten. Die Tante stirbt als Butzbach 10 Jahre alt ist. Butzbach führt zum Tod der Tante aus:

> *„Als sie [die Tante] mich vier Jahre lang als Schüler liebevoll und zärtlich mit größter Sorgfalt betreut hatte, wurde sie krank. Es gefiel dem Herrn so, und sie verstarb.“*[91]

Auffällig an dieser Formulierung ist, daß die Liebe und Zärtlichkeit der Tante darauf bezogen wird, wie er *als Schüler* von ihr betreut wurde. Genau diesen Aspekt der Betreuung beschrieb er zuvor als konflikthaft und teilweise gewalttätig.[92] Wieder zeigt sich Butzbachs sehr ambivalente Haltung zu dieser Tante. Eine adäquate Formulierung, die den Konflikt darstellt und gleichzeitig die gute Beziehung zur Tante ausdrückt, wäre etwa: *„Meine Tante war liebevoll und zärtlich zu mir. Aber in bezug auf die Schule war sie streng.“* Butzbachs Formulierungen sind dagegen viel brüchiger; er greift zur Beschreibung der guten Beziehung den Aspekt heraus, der gesteigert konfliktträchtig war: sein Leben als Schüler. Butzbach schreibt, daß er sich nach dem Tod der Tante *„nicht wenig“*[93] mit der Vorstellung tröstete, den verhaßten Schulbesuch nie mehr aufnehmen zu müssen.

Die Schilderung des Todes der Tante verrät weitere Details zu der problematischen Beziehung. Nachdem Butzbach schreibt, daß die Tante gestorben ist, nennt er als Trauernde die Nachbarn, Freunde, die armen Witwen und Waisenkinder – aber *nicht sich selbst*.[94] Auch diese Tatsache kann als Stützung der Annahme gesteigerter emotionaler Ambivalenz Butzbachs gegenüber seiner Tante angesehen werden. Zusammen mit dem Trost über die Befreiung von der Schule scheint sich hintergründig Butzbachs Erleichterung beim Tod der Tante abzuzeichnen. Butzbach versucht im weiteren, die Vorzüge seiner Tante hervorzuheben. Unter anderem schreibt er:

> *„Obwohl sich ihre Reichtümer täglich mehrten, blieb sie [die Tante] doch gottesfürchtig. Wie oft geschah es, daß ich als kleines Kind während der Abwesenheit ihres Mannes bei ihr schlief; da verbrachte sie die ganze Nacht mehr mit Beten als mit Schlafen; oder sie unterwies mich in der Gottesfurcht, in seinen Geboten, im Beten und in anderen guten Sitten; fast die ganze Nacht verbrachte sie so, ohne zu schlafen."*[95]

Diese Darstellung der charakterlichen Vorzüge der Tante ist extrem schief angesetzt. Butzbach spricht über den Geschäftssinn der Tante und behauptet anschließend ihre Gottesfürchtigkeit. Dies demonstriert er an einem Beispiel, das als denkbar ungeeignet für einen Beleg der Behauptung angesehen werden muß. Während der Abwesenheit des Ehemannes holt sie sich den kleinen Butzbach ins Bett. Klarerweise wird hier eine Positionsverschiebung innerhalb der ödipalen Triade dargestellt. Butzbach ersetzt in dieser Szene den Ehemann. Es werden zwar keine sexuellen Übergriffe angedeutet, aber die Szene stellt zumindest einen unterschwellig erotisierten Umgang der Tante mit ihrem Pflegesohn dar. Die Tante interagiert mit Butzbach, indem sie religiöse Unterweisungen erteilt an einem denkbar ungeeigneten Ort (im Ehebett) zu einer denkbar ungeeigneten Zeit (die ganze Nacht). Die religiösen Unterweisungen scheinen im Dienste der Abwehr erotisierter Gefühle zu stehen. Auf Butzbach haben derartige Szenen, die sich nach seinen Angaben wiederholten, offensichtlich einen starken Eindruck gemacht.
Innerhalb seiner Adoptivfamilie scheint Butzbach nur zur Tante eine intensive Beziehung zu haben. Der Ehemann der Tante wird nur kurz erwähnt und zwar innerhalb einer kritischen Bemerkung über ihn. Er scheint höchstens eine marginale Bedeutung für Butzbach gehabt zu haben. Die Adoption Butzbachs wurde damit nicht von einem Paar ausgeführt, sondern im wesentlichen von der Tante, der Schwester des Vaters.[96] Dem korrespondiert, daß Butzbach nach dem Tode der Tante zurück zu seiner Familie kommt und nicht bei dem Onkel und dessen zweiter Ehefrau lebt.

Den Tod der Tante stellt Butzbach vorwiegend unter dem Aspekt des Verlustes oraler und materieller Versorgung dar. Er schreibt etwa, daß er zu Lebzeiten der Tante Semmeln aß und später Brosamen akzeptierte. Er schreibt dagegen kein Wort über einen emotionalen Verlust oder über eigene Gefühle der Trauer wegen des Todes der Tante.

2.2.3 Butzbachs weitere Beziehung zu seinen Eltern

Die Rückkehr zu den Eltern beschreibt Butzbach folgendermaßen:

> *„Nach dem Tod meiner Amme seligen Angedenkens wurde ich wieder ins Haus meiner Eltern gebracht, von denen ich aber ebenso gezwungen wurde, den begonnenen Schulbesuch fortzusetzen"*[97]

Auch dieser Satz steckt voller problematischer Formulierungen. Butzbach formuliert anonym im Passiv, daß er ins Elternhaus gebracht wurde. Die aktive Formulierung *„meine Eltern holten mich zurück"* oder ähnlich wird unterlassen. Vermutlich wollte ihn der Onkel nicht haben und brachte ihn zu den Eltern, die über seine Rückkehr nicht erfreut waren, sondern lediglich hinnahmen. Sofort thematisiert Butzbach den Zwang, den seine Eltern ihm gegenüber ausüben – aber keine gelungenen Interaktionen. Der erzwungene Schulbesuch muß mit massiven Ängsten gekoppelt sein. Direkt an die Darstellung eines Vorfalls, bei dem Butzbach von seiner Mutter einem Lehrer zum Vollzug der Prügelstrafe übergeben wurde,[98] schildert Butzbach, wie er ganz aus der Familie weggegeben wurde. Dieses Beispiel der Nicht-Realisierung einer Eltern-Kind-Beziehung stellt die wohl gravierenste Verletzung einer Normalform elterlicher Fürsorge in Butzbachs Leben dar.
Ein *Beanus* nimmt Kontakt mit Butzbachs Vater auf. Der Vater wird hier zum ersten Mal als einzelne Person erwähnt. Ein Beanus ist ein älterer Jugendlicher, der mit Kindern, den sogenannten *Schützen*, herumzieht. Gewöhnlich besteht dabei die Absicht, Schulen anzulaufen. Diese Absicht kann allerdings ein Vorwand sein, wie anhand der Autobiographien sowohl von Butzbach als auch von Thomas Platter[99] belegt werden kann. Der Beanus bittet Butzbachs Vater, ihm den ungefähr 10jährigen Jungen als sogenannten Schützen, d. h. als eine Art Schüler, anzuvertrauen. Dem Vater verspricht er, daß er für den Schulbesuch und die Bildung Butzbachs sorgen wolle. Der Vater willigt ein, wobei

Butzbach selbst an der Entscheidung völlig unbeteiligt ist. Der Beanus bekommt einen Betrag für die Versorgung des Jungen ausgehändigt.
Butzbach schreibt, daß Freude in ihm aufkommt, die durch die Versprechungen des Beanus an ihn gestiftet war.[100] Dieser scheint ihm die Welt als orales Paradies vorzugaukeln, und Butzbach glaubt ihm in seiner kindlichen Naivität. Die Szene zeigt, daß auch Butzbachs Vater nicht seine elterliche Sozialbeziehung zu seinem Sohn realisiert. Er glaubt den Versprechungen eines Jugendlichen so leicht, weil dahinter vermutlich die Absicht operiert, Butzbach wegzugeben. Vater und Mutter sind nicht an einer engen Beziehung zu ihrem ältesten Sohn interessiert.
Den Abschied schildert Butzbach so: Der Vater bricht in Tränen aus, umarmt und küßt Butzbach, der daraufhin selbst in Tränen ausbricht. Der Beanus fürchtet, daß Butzbach es sich anders überlegen könnte und versichert, daß Butzbach nach 2 oder 3 Jahren wieder da sein wird. Der Vater vertraut dem Beanus seinen Sohn an. Butzbach gibt eine längere Rede wieder, die der Vater ihm unter Tränen gehalten haben soll. Diese Rede ist mehr als eine Druckseite lang. Es ist also unwahrscheinlich, daß mehr als ein paar Schlüsselwörter tatsächlich von Butzbachs Vater daraus stammen.[101] Der erste Satz dieser Rede lautet: *„Nun mein lieber erstgeborener Sohn – nun wirst du also uns allen entrissen, damit du der Bildung nachgehen kannst;(...).”*[102] Wieder verwendet Butzbach das Wort „entreißen” *(avellere)*, mit dem er schon die Weggabe an die Tante beschrieben hat. Wieder verwendet er es offensichtlich falsch, weil sicher kein aggressives Entreißen vorliegt, sondern eine aktive Weggabe. Mit diesem Wort kaschiert Butzbach beide Male die aktiven Handlungen der Eltern und die Vermeidbarkeit des Geschehens. Auch hier kann man die Verwendung dieses Verbs als Folge der *Phantasie* interpretieren, daß ein Interesse an seiner Person vorliegt, aber äußere Umstände die Trennung von den Eltern erzwingen.
Vater und Sohn trinken aus einem Becher und Besiegeln damit die Trennung, und der Vater empfiehlt seinen Sohn dem Beanus, dessen Eltern der Vater offensichtlich kennt.[103] Die Mutter begleitet Butzbach zur Stadt hinaus und steckt ihm heimlich Geld zu. Wie zuvor der Vater weint nach Butzbachs Darstellung auch die Mutter und wird von dem Beanus getröstet. Bei der Schilderung der Trennung von den Eltern liefert Butzbach zum ersten Mal die Darstellung eigener emotionaler Reaktionen. Dies zeigt, daß Butzbach sehr wohl zu derartigen Darstellungen in der Lage war, daß er es aber zum Tode seiner Tante unterließ, was als Folge aversiver Gefühle gefaßt werden kann. Auch bei der Darstellung der Gefühle bei der Trennung ist nicht sofort davon auszugehen, daß er seine Gefühle von damals erinnert; wahrscheinlicher ist, daß Butzbach seine Phantasien zu diesem Thema beschreibt. Butzbach behauptet

etwa, daß er und seine Mutter jedesmal aufweinten, wenn sie sich in den Kurven eines Weges sahen während sie sich voneinander entfernten. Dann schreibt Butzbach: *„Oh, wie groß war dann unser beider Schmerz, als die Kurven des Weges nicht mehr zuliessen, daß wir uns sehen konnten!“*[104] Butzbach teilt dem Leser hier eine Innenbefindlichkeit seiner Mutter mit, von der er erst Jahre später – nach seiner Rückkehr- eine Mitteilung erhalten haben könnte. Der phantasmatische Charakter dieser Äußerung, der auf dem Wunsch nach einem emphatischen Objekt beruht, wird hier deutlich. Mit diesem phantasierten emphatischen Objekt will er reziproke Gefühle der Zuwendung erleben. Dabei durchschaut Butzbach nicht, daß er mit ein wenig elterlicher Fürsorge ein Leben innerhalb seiner Familie hätte führen können. Die Begründung der anstehenden Reisen – der Schulbesuch – ist schon allein deswegen äußerst dürftig, weil Butzbach in seiner Heimatstadt Miltenberg ohne Probleme Unterricht erhalten konnte. Diese Begründung, die nicht angezweifelt wird, stellt die durchsichtige Rationalisierung elterlichen Desinteresses dar.

Das gravierende Problem, mit dem Butzbach bei derartigen Darstellungen fertig werden muß, ist gerade die Unfähigkeit, sich das mangelnde Interesse seiner Eltern einzugestehen. Er mystifiziert das Geschehen und bleibt so lebenslang daran fixiert. Es gelingt ihm nicht, realistisch den emotionalen Tatsachen ins Auge zu sehen und dadurch frei zu werden für Neuerfahrungen. Statt dessen kaschiert und verdeckt er die realen Abläufe, um sich die Illusion der Existenz der emphatischen Objekte zu erhalten. Möglicherweise hat dazu das ambivalente Verhalten der Eltern beigetragen. So zeigt etwa die Mutter tatsächlich Mitgefühl als Butzbach vom Lehrer exzessiver verprügelt wurde, als sie wohl beabsichtigt hatte.[105] Bliebe sie auch hier kalt, wäre es Butzbach evt. möglich, die Aussichtslosigkeit seines Wunsches nach Empathie einzusehen. So aber gelingt ihm dieser Realismus nicht.

Ähnlich strukturiert ist auch die Abschiedsszene. Die Mutter zeigt wohl tatsächlich Gefühlsregungen. Diese werden aber nicht verwendet, um handlungsleitend für eine Verbesserung der Situation eingesetzt zu werden. Diese Gefühle und deren Äußerung begleiten die Handlung – die Weggabe Butzbachs an den Beanus – *ohne* deren Ziel abzuändern. Dabei ist diese Handlungsoption im Grunde für alle klar erkennbar gegeben. Die Option wird aus emotionalen Gründen nicht erkannt und nicht realisiert. Butzbach *muß* nicht weggeben werden, denn die Handlung ist nicht durch äußere Maßgaben erzwungen. Im Falle einer durch äußeren Zwang bewirkten Trennung wären die Gefühlsäußerungen der Mutter auch völlig anders zu interpretieren. Wenn etwa Butzbach fliehen müsste, weil er mit dem Tode bedroht wäre, dann kann die Gefühlsreaktion der Mutter als Teil von Butzbachs gutem inneren Objekt eingegliedert und später erinnert werden. Im tatsächlichen Fall versucht Butzbach das zwar auch, aber es muß sogfältig verhindert werden, daß Butzbach die Mutter als aktiven Teil der Weggabe erkennt, weil in diesem Fall das gute Objekt sich zu einem bösen bzw. höchst anbivalenten wandeln müßte. Butzbach leistet dieses Auseinanderhalten seiner Objektphantasien, wie es in der Darstellung deutlich wird, durch Verdrängung der Vorstellung, daß seine Mutter (und auch sein Vater) diese Weggabe hätten verhindern können.

Bezogen auf die Handlungen der Mutter läßt sich hier die von deMause vermutete bizarre Einstellung zu Kindern wiederfinden, die emotionaler Unreife entspringt. Die Mutter beweint ein Phantasma, evt. sogar eine Vorstellung ihres eigenen Selbst, und sie zeigt projektive Fürsorge,[106] wenn sie etwa dem scheidenden Sohn heimlich Geld in die Hand drückt. Im Unterschied zu echter Fürsorge unterläßt sie es, für einen familialen Aufenthalt zu sorgen. Sie zeigt eine Symptomhandlung: Sie gibt das Kind weg (Impuls) und bedauert die Trennung (emotionale Reaktion, die vermutlich zur Abwehr eigener Verlassenheitsängste dient).

Es stehen sich in dieser Beziehung, wie an dieser Szene festgemacht wird, folgende Strukturen gegenüber: Auf Seiten der Mutter läßt sich ein emotional distanzierter, phantasmatischer Umgang mit dem Kind, gekennzeichnet von projektiver Fürsorge feststellen. Auf Seiten des Kindes kommt es zu Überbesetzungen der Erlebnisse projektiver Fürsorge (so auch festellbar in der Prügelszene mit dem Lehrer) und dem massiven Versuch, Vorstellungskomplexe von emotionaler Vernachlässigung, die die eigentliche Qualität der Situation ausmachen, zu verdrängen. Dabei kommt es zum Einsatz von Verleugnung, Isolierung und Reaktionsbildung, deren Ziel es ist, ein idealisiertes Bild der Objekte zu erhalten. Butzbach kommentiert die endgültige Trennung von seiner Mutter folgendermaßen:

> *„Da begann ich zum ersten Mal die Liebe des Sohnes zu seinen Eltern zu spüren, die ich ihnen nun nicht mehr zeigen konnte. Wahrlich, damals sah ich zum ersten Male ein, wie unfehlbar die Liebe der Eltern zu ihren Kindern ist, und ich lernte, wie traurig der Abschied eines Geliebten ist.“*[107]

Die Verdrängung der Wahrnehmung seiner realen Beziehungen zu den Eltern wird an dieser Stelle perfektioniert. Butzbach muß starke Reaktionsbildungen gegen seine aggressiven Impulse aufbieten, so überschießend, daß er diese Trennung zum Anlaß nimmt, das Eltern-Kind-Verhältnis zum prototypischen Liebesverhältnis zu erklären. Butzbach als erwachsenem Verfasser der Autobiographie ist es nicht möglich, offen ein Wort der Kritik an seinen Eltern zu äußern bzw. sich von dem Geschehen als jetzt erwachsener Mensch zu distanzieren. Offene Kritik an der Tante oder den Eltern findet sich in der gesamten Autobiographie, wie auch in den anderen historischen Autobiographien, generell nicht. Butzbach, der hier die elterliche Liebe im Akt der Weggabe zu erkennen behauptet, schrieb ein paar Seiten vor dieser exzessiven Idealisierung, daß er als *„Ausgestoßener bei Unbekannten“* lebte.[108] Die Ausstoßung kann nur aus der Familie erfolgt sein und liegt im Verhalten der Eltern begründet. Wie so oft, stellt Butzbach seine familiale Beziehungsrealität extrem widersprüchlich dar und verrät damit eine emotionale Ambivalenz, die zur Verleugnung von Aspekten der Realität führt.

Zu den ersten 10 Lebensjahren von Butzbach läßt sich somit folgendes zusammenfassend festhalten: Die leiblichen Eltern haben ein äußerst distanziertes Verhältnis zu ihrem ältesten Sohn und verweigern beide die Aufnahme einer elterlichen Beziehung zu ihm, die alle Komponenten einer derartigen Beziehung aufweist. Diese Verweigerung führt dazu, daß Butzbach zunächst mit 9 Monaten und kurze Zeit nach seiner Rückkehr mit 10 Jahren dauerhaft außer Haus gegeben wird. Die Weggabe als Baby erfolgt immerhin an eine Verwandte, die ihrerseits bereit war, Fürsorge für ihren Neffen zu tragen.

Butzbach verbringt zunächst 9 Monate und später ungefähr ein halbes Jahr in seiner Herkunftsfamilie. Die Wiederholung der Weggabe muß als Hinweis darauf interpretiert werden, daß auch an der ersten Weggabe die unvollständige Beziehungsaufnahme zum Kind ausschlaggebend war. Im Fall von Butzbach liegt ein klarer Fall des Weggabemodus vor, der in etwa dem Ausstoßungmodus entspricht, wie ihn Stierlin[109] beschrieben hat.

2.2.4 Butzbachs Beziehung zu seinem Beanus

Das Alter des Beanus wird nicht genau angegeben. Butzbach ist 10 oder 11 Jahre alt. Der Vater vertraut Butzbach dem Beanus an. Diese Übergabe zeigt, daß der Vater sehr wohl gewisse Teile der elterlichen Beziehung realisiert: Er entscheidet nämlich über den Aufenthaltsort und die Art des Schulbesuchs des Sohnes. Mit der Wahrnehmung dieses Aspekts der elterlichen Beziehung beendet er einen anderen wichtigen Teil dieser Beziehung: die Sorge um das Wohl seines 10jährigen Sohnes, für das er in Zukunft den Beanus sorgen läßt. Diese Delegation von Verantwortung hat gravierende Konsequenzen für Butzbach.

Die Analyse der Beziehung zwischen Beanus und Butzbach bietet keinerlei Schwierigkeiten: Sie ist eine Kette fortgesetzter Ausbeutung, Erniedrigung und

Mißhandlung mit nur minimal zugewandten Aspekten von Seiten des Beanus, die wiederum wesentlich dadurch begründet sind, daß Butzbach den Beanus ernährt. Als eine gewisse Gegenleistung des Beanus kann der Schutz während der Reise aufgefaßt werden; das ändert aber an dem primär ausbeuterischen bzw. parasitären Charakter des Verhältnisses von Beanus zu Schütze nur wenig. Je weiter sich der Beanus und Butzbach von der Heimatstadt Miltenberg entfernen, desto aggressiver und offen ausbeuterisch verhält sich der Beanus. Die Gefahr, daß Butzbach ihm entlaufen könnte, wird mit wachsender Entfernung geringer. Der Beanus geht nach kurzer Zeit in eine Herberge, ißt und trinkt und bezahlt mit dem Geld, das ihm für die Erziehung Butzbachs gegeben wurde. In diesem Gasthaus spielt sich ein Szene ab, die wiederum Schlußfolgerungen über das Eltern-Kind-Verhältnis zuläßt. Butzbach hatte sich müde beim Gepäck niedergelassen. Der Beanus ruft Butzbach nicht zum Essen und Butzbach kommentiert:

> *„Und obwohl ich hungrig war, wagte ich es nicht, mich an den Tisch zu begeben, denn er rief mich nicht; – aber der Stachel des Hungers ließ mich mit meinem knurrenden Magen weder ruhen noch einschlafen.“*[110]

Dieses Verhalten zeigt Butzbach seinem Beanus gegenüber am ersten Tag der Reise. Es entstammt also einem Disziplinierungsprogramm, das *davor* stattfand und verweist auf sein Elternhaus und auf die Beziehung zur Tante. Es entspricht einer Familienordnung, bei der die Erlaubnis der Eltern wesentlich die Nahrungsaufnahme steuert und nicht die Bedürfnisse des Kindes. Die kindlichen Bedürfnisse dürfen dabei nicht einmal artikuliert werden. Dies verweist auf den prekären Status des Kindes, der umso schwieriger wird, je mehr Bedürfnisse es zeigt. Der Umgang mit Kindern, *die ein Bedürfnis zeigen,* muß als maßgebend für die affektive Qualität der Eltern-Kind-Beziehung angesehen werden. Der Umgang mit Kindern, die angepaßt sind bzw. ihre Bedürfnisse massiv kontrollieren, ist für die Eltern unproblematischer und normalisierter. Entsprechende Szenen zeigen die affektive Qualität der Beziehung in weit geringerem Maße an. Der Beanus beeilt sich, von Miltenberg wegzukommen, damit, wie Butzbach meint, er nicht doch noch seinen Schützen verliert. Die weitere Darstellung dieses Verhältnisses soll nur skizzenhaft ausgeführt werden, da die Qualität dieser Beziehung offensichtlich ist. Der Beanus droht Butzbach Prügel an, wenn er nicht das macht, was er ihm sagt.[111] Butzbach muß seinen Beanus durch Betteln ernähren, was Butzbach ungern erledigt und wobei er sich schämt.[112] Der Beanus gibt Butzbach vom Erbettelten nur die Reste und kontrolliert ihn. Der Beanus spült Butzbach den Mund aus, um zu sehen, ob dieser zuvor vom Erbettelten gegessen hat.[113] Auf diese Szene wird bei der

Untersuchung der Autobiographie von Thomas Platter, der genau denselben Vorgang beschreibt, wieder zurückgekommen. Wenn der Beanus vermutet, daß Butzbach hinter seinem Rücken etwas konsumiert hatte, verprügelt er ihn. Es finden sich Darstellungen sadistischer, möglicherweise sexualisierter Bestrafungen von Butzbach.[114] Der Schulbesuch spielt eine völlig untergeordnete Rolle.

Zur damaligen Zeit waren fahrende Schüler so häufig, daß sie das Straßenbild größerer Städte mitprägten. Diese Art des Schulbesuchs, der in einer ständigen Wanderung besteht, gilt es noch genauer zu untersuchen. Vorläufig sei an dieser Stelle lediglich darauf hingewiesen, daß Wanderungen zumal von Kindern zur damaligen Zeit sehr gefährlich waren. Die Reisewege waren teilweise sehr abgelegen; Überfälle und Begegnungen mit Kriminellen werden mehrfach berichtet.

Nach etwa zwei Jahren entflieht Butzbach von diesem Beanus, ohne jedoch an eine Rückkehr nach Hause zu denken.[115] Statt dessen wendet er sich nach Karlsbad (Böhmen). Von dort wird Butzbach von einem böhmischen Adeligen entführt und arbeitet bei diesem als eine Art Page. Nach etwa 4 Jahren flieht Butzbach und kehrt 17jährig zu seiner Familie zurück. Die Entführung Butzbachs durch einen Adligen wirft ebenfalls ein grelles Licht auf Vorstellungen über den Umgang mit Kindern in dieser Zeit.

2.3 Thomas Platter (ca. 1499-1582)

2.3.1 Platters Beziehung zu seinen Eltern

Platter wurde in Grenchen (heute Grächen (Wallis / Schweiz)) geboren. Die Eltern gehörten der bäuerlichen Schicht an. Platter trat später zum Protestantismus über. Platters Vater starb als Thomas noch ein Baby war. Es ist nicht klar, wieviel Zeit Platter bei seiner Mutter zugebracht hat. Möglicherweise handelte es sich dabei nur um wenige Tage. Platter wurde vermutlich sofort nach der Geburt von seiner Mutter getrennt. Diese Vermutung stützt sich auf den folgenden Satz Platters über die Zeit unmittelbar nach seiner Geburt::

„So habe ich eine Schwester gehabt, hat Christina geheissen, die war allein bei der Mutter, da sie meiner genesen ist, die hat mir das auch angezeigt.“[116]

Wenn die Mutter *alleine* mit der Schwester Christina war, muß Thomas während der Dauer der Genesung bereits an einem anderen Ort untergebracht worden sein. Platter greift das Thema seiner frühesten Kindheit etwas später wieder auf:

„Als sie[117] *meiner genesen war, haben ihr die Brüste weh getan, daß sie mich nicht hat können säugen; habe auch sonst nie keine Frauenmilch gesogen, wie mir meine Mutter selig selber gesagt hat; das war meines Elends ein Anfang. Habe also durch ein Hörnlein, wie im Lande der Brauch ist, wenn man Kinder entwöhnt, müssen Kuhmilch saugen; denn man gibt den Kindern nichts zu essen, bis sie 4 oder 5 Jahre alt werden, sondern allein Milch zu saugen."*[117]

Platter beschreibt also, daß er nicht gestillt wurde und bezeichnet diese Deprivation als den Anfang seines Elends. Er *wiederholt* damit die Darstellung der Mutter unter dem Aspekt der Deprivation. Platter interessiert sich offensichtlich für die Gründe des Nicht-Stillens. Von seiner Mutter erhält er die Mitteilung, daß ihr die Brüste weh getan haben und sie ihn deswegen nicht gestillt hat. Nicht zu rekonstruieren ist, ob Platter gefragt hat oder ob ihm die Mutter dies von sich aus mitgeteilt hat.

Es stellt sich die Frage, worin die Ursachen des Nicht-Stillens lagen. Dabei ist von vornherein davon auszugehen, daß das Nicht-Stillen eine Deprivation des Kindes darstellt, zumal die Säuglingsernährung damals keinen adäquaten Ersatz für das Stillen bot. Trotzdem darf nicht gleichsam von dem „psycho-physiologischen Vorurteil“ ausgegangen werden, daß die reine Stilldeprivation den einzig entscheidenden Sachverhalt darstellt. Die *Ursachen* des Nicht-Stillens sind mindestens ebenso relevant. Im Falle einer wirklichen physiologischen Unfähigkeit der Frau zum Stillen muß nicht gleichzeitig eine psychisch motivierte Ablehnung des Stillens vorliegen. Eine Mutter, die stillen will, aber aus physiologischen oder sonstigen Gründen nicht kann, wird dann beispielsweise versuchen, die Folgen dieser Deprivation aufzufangen oder für das Kind weitgehend zu verringern, etwa durch einen bewußten Körperkontakt beim Füttern mit der Flasche. Dagegen kann die physiologische Fähigkeit zum Stillen gegeben sein und eine psychische Ablehnung dieses extremen Nähekontakts zum Kind vorliegen. Die verschiedenen Kombinationen möglicher Ausgangslagen sind, so ist zu vermuten, mit unterschiedlichen psychischen und physischen Realitäten für das Kind verknüpft.[119]

Im weiteren soll geklärt werden, was nach Angaben Platters auf Seiten der Mutter die Ursachen dafür waren, daß er nicht gestillt wurde. Eine erste Vermutung könnte darin bestehen, daß die Mutter eine Brustdrüsenentzündung hatte. Infolge einer Infektion kann es zu einer akuten Entzündung der laktierenden Brust (*Mastitis puerperalis*) kommen.[120] Es spricht einiges an der Darstellung Platters dagegen, daß seine Mutter an einer derartigen Brustentzündung litt. Zunächst wäre zu klären, ob von einer *Mastitis puerperalis* gesprochen werden kann, wenn das Kind, wie aus Platters Angaben zu entnehmen ist, überhaupt nicht gestillt wurde. Es lassen sich aber weitere Zweifel an der Annahme einer infektiösen Problematik der Mutter formulieren, selbst wenn von einer vollständigen Laktation bzw. von Stillversuchen ausgegangen würde.
Platter schreibt, daß seiner Mutter „die Brüste" weh taten. Nach Angabe von Keck u. Breckwoldt liegt die *Mastitis puerperalis* nur in 30% der Fälle zweiseitig, ansonsten einseitig vor.[121] Die Darstellung Platter weicht somit vom häufigsten Krankheitsbild ab. Allerdings läßt sich aus dieser Abweichung nur eine Wahrscheinlichkeitsaussage gewinnen. Es lassen sich aber weitre Aussagen treffen. Die Ursache der *Mastitis puerperalis* besteht in einer Infektion. Diese wird gewöhnlich verursacht durch Bakterien aus dem Nasen-Rachen-Raum des Neugeborenen, die beim Stillakt auf die mütterliche Brust übertragen werden.[122] Nach Platters Darstellung liegt aber wahrscheinlich kein Versuch vor, das Kind zu Stillen, schon gar nicht kommt ein vollständiger Stillvorgang zustande. Keck und Breckwold geben weiter an, daß der Krankheitsgipfel in der 4. bis 5. Woche *post partum* liegt, während sich nur selten Symptome vor Ende der ersten Woche entwickeln.[123] Es ist nicht klar, wie lange die Zeit der Genesung bei Platters Mutter dauerte. Aber die Annahme einer Genesungszeit von mehreren Wochen scheint unplausibel. Nach einer längeren Zeit ist es unwahrscheinlich, daß ein Stillen in Gang kommen kann. Die von Platter referierte Aussage der Mutter läßt jedoch vermuten, daß Stillen eigentlich möglich gewesen wäre, wenn die Schmerzen nicht gewesen wären. Daher scheint nur ein kurzer Zeitraum zwischen der sofortigen Trennung von der Mutter nach der Geburt und der Rückkehr (bzw. eigentlich: der möglichen Rückkehr) zur Mutter gelegen zu haben.
Die *Mastitis puerperalis* geht außerdem einher mit Fieber und überwärmter Brust.[124] Diese auffälligen Symptome werden von Platter nicht erwähnt. Falls die Mutter den Wunsch gehabt hätte, das Kind zu stillen und tasächlich durch eine derartige Erkrankung daran gehindert worden wäre, hätte sie diese auffälligen Symptome sicher erwähnt. Diese Annahme ist umso plausibler angesichts der Tatsache, daß über das Thema ohnehin gesprochen wurde. Auch ein

Milchstau kann wohl nicht vorgelegen haben. Dieses Krankheitsbild, dessen Symptome stark denen der *Mastitis puerperalis* ähneln, dessen Pathogenese aber anders ist, setzt voraus, daß ein Stillen des Kindes bereits in Gang gekommen ist.[125] Das war aber nach Platters Darstellung nicht der Fall.

Es bleibt die Frage danach, welches physiologische Bild die Schmerzen der Mutter erklärt. Die Physiologie der Laktation beruht auf komplizierten Rückkoppelungsmechanismen. Die Laktation setzt ein, nachdem die Plazenta ausgestoßen wird. Damit sind hormonelle Ausschüttungen verbunden, die zum Teil für die Galaktogenese verantwortlich sind.[126] Eine vollständige Laktation wird zwar erst durch den Saugreiz ermöglicht. Deshalb wird Wöchnerinnen auch empfohlen, sofort nach der Geburt, d. h. so früh wie möglich das Kind anzulegen, um einen möglichst großen Laktationseffekt zu erreichen.[127] Trotzdem kann aber die Laktation auch ohne den Saugreiz zustande kommen.[128] Der *Milcheinschuß* geht meist mit Vergrößerung und Verhärtung der Brüste einher und kann schmerzhaft sein.[129] Dieses Bild, daß *beide Brüste* betrifft – und damit der Beschreibung Platters entspricht – wird auch als *schmerzhafter Milcheinschuß* bezeichnet.[130] Die naheliegende Vermutung ist daher die, daß die Mutter von Thomas Platter unter den Schmerzen, die mit dem Milcheinschuß verbunden sind, gelitten hat. Diese Schmerzen hat sie zum Anlaß genommen, das Kind nicht zu stillen. Dagegen scheint das Vorliegen einer *Mastitis puerperalis* und auch eines Milchstaus nach obigen Ausführungen zwar nicht völlig ausgeschlossen, aber sehr unwahrscheinlich.

Der Ablauf der ersten Lebenstage von Thomas Platter wäre demnach folgendermaßen zu rekonstruieren: Platter wurde sofort nach der Geburt von der Mutter getrennt. Dabei spielen wohl unter anderem auch kulturelle Traditionen eine Rolle, die häufig nicht der Mutter-Kind-Beziehung förderlich sind. Der Milcheinschuß verursachte der Mutter Schmerzen und wurde auch nicht durch das Stillen des Kindes verringert, das mit einer Volumenreduktion einherginge und das, einen Stillwunsch vorausgesetzt, den physiologisch adäquaten Umgang mit solcherart verursachten Schmerzen darstellen würde.[131] Die Schmerzen wurden dagegen von Platters Mutter zum Anlaß genommen, auch bei der Rückkehr des Kindes das Stillen nicht auszuführen.

Obige Ausführungen machen deutlich, daß nicht ohne weiteres von einer physiologisch bedingten Unfähigkeit zu stillen auf seiten der Mutter ausgegangen werden darf.[132] Statt dessen kann unter der Annahme der Richtigkeit der bisherigen Ausführungen weiter untersucht werden, wieso die Mutter von Platter das Kind nicht stillte. Die von Platter berichteten Schmerzen der Mutter spielen bei der Nicht-Ausführung des Stillens natürlich eine Rolle. Das Geschehen im Wochenbett, darunter auch das Stillen bzw. Ernähren des kleinen Kindes, sind Vorgänge, die physiologischen Bedingungen unterworfen sind, gleichzeitig aber auch von psychosozialen Faktoren stark beeinflußt werden. Der Prozeß des Stillens kann durch verschiedene Einflüsse gestört werden. Dazu zählt sowohl die frühe Trennung von Mutter und Kind,[133] als auch die Einstellung der Mutter zum Kind und zum Stillen. Man kann dabei grob unterscheiden zwischen Gründen, die enger mit der Einstellung der Mutter zusammenhängen (ablehnende Einstellung zum Kind oder zum Stillen, Ablehnung der Schwangerschaft bzw. des Partners) und Gründen, die wesentlich durch die Umgebung gestiftet sind (psychosozialer Streß, dysfunktionale kulturelle Traditionen). Unter anderem kann vermutet werden, daß die Mutter Platters ihre mütterlichen Aufgaben ablehnte. Die Gründe für diese Annahme werden im weiteren deutlicher werden.

Platter schreibt, daß das nicht-erfolgte Stillen der Anfang seines „Elends" war. Damit deutet sich hier bereits an und wird noch weiter auszuführen sein, daß Platter mit Hilfe seiner Formulierung auch eine emotionale Deprivation durch die Mutter ausdrückt. Platter bekam Kuhmilch und schreibt, daß alle Kinder bis zum 4. oder 5. Lebensjahr *ausschließlich* damit ernährt werden. Dieses kulturelle Muster ist äußerst dysfunktional, da es eine Mangelernährung des Kindes bedeutet. Eine Erklärung dieser Diät könnte darin bestehen, daß die Angehörigen dieser Kultur Phantasien hegen, die das reale Alter des Kindes unberücksichtigt lassen und lediglich den Säuglingsaspekt tolerieren. Es zeigt sich an dieser Stelle allerdings eine Verzahnung individueller Probleme Platters und kultureller Muster. Als Spekulation sei folgende Überlegung angefügt: Möglicherweise geht die reale Deprivation der Kinder – d. h. ein verbreitetes Nicht-Stillen – einher mit einem Kompensationsversuch, der in der Dauerernährung mit Milch besteht. Es würde also eine Praxis tradiert, die dem Abwehrmechanismus des *Ungeschehenmachens* entspricht. Die Vermutung, daß Platters frühe Lebenserfahrungen nicht selten auch auf andere Kinder dieser Kultur zutrifft, findet ihre Stützung darin, daß die Mutter bei Gültigkeit obiger Vermutung (Schmerzen bei Milcheinschuß) nicht im physiologischen Sinne adäquat reagierte. Sie hatte vor Thomas schon Kinder und müßte eigentlich mit den Phänomenen, die mit dem Stillen verbunden sind, vertraut sein. Die frühzeitige Trennung des Kindes nach der Geburt und der Umgang mit dem Milcheinschuß sind aber im Sinne der Physiologie der Laktation als dysfunktional einzuschätzen. Die Stilldeprivation Platters basiert demnach nicht nur auf der vermutlich ablehnenden Haltung der Mutter, sondern auch auf kollektiv geteilten, kulturellen Praktiken. Platters Lebensgeschichte reflek-

tiert individuelle und kollektive Dysfunktionalität im Umgang mit Kindern im allgemeinen und mit Säuglingen im besonderen.
Nach der Passage, in der das Nicht-Stillen erwähnt ist, erzählt Platter direkt anschließend, daß neben dem genannten Anfang des Elends zudem auch sein Vater so früh gestorben sei, daß er sich an ihn nicht erinnern könne.134 Der Vater war hoch verschuldet und zog umher, um Wolle zu verkaufen. Auf einer derartigen Reise starb er an der Pest.

2.3.2
Platters Beziehung zu seiner Tante Franzi

Die Mutter heiratet bald nach dem Tod ihres Ehemannes und zieht zu ihrem neuen Ehemann, Heinzmann am Grund, in ein Haus zwischen Visp und Stalden, d. h. weg von Grenchen.[135] Platter schreibt: *„Es kamen also die Kinder alle von ihr, ich weiß nicht eigentlich, wieviel deren gewesen sind."*[136] Platter beschreibt also, daß mit der Heirat und dem Umzug der Mutter *kein* Kind in den neuen Haushalt mitgenommen wurde, auch nicht das Kleinkind Thomas. Platter war jedenfalls jünger als 3 Jahre, möglicherweise sogar noch im ersten Lebensjahr. [137] Die Erklärung für die damit erfolgende dauerhafte Trennung von der Mutter sieht Platter in der Tatsache, daß der Vater verschuldet war und daher alle Kinder schon früh arbeiten mußten. Diese Erklärung trifft aber auf ihn nicht zu, weil er damals ein sehr kleines Kinder war, das noch nicht arbeitete. Neben den finanziellen Problemen zeigt sich hier wiederum die mangelnde Bindung der Mutter an Platter. Platter wird als jüngstes Kind von den Tanten *väterlicherseits* aufgezogen.[138] Platter hält sich bei verschiedenen Tanten jeweils eine gewisse Zeit auf; dabei scheint die Auswahl der väterlichen Seite nicht zufällig. An einer späteren Stelle der Autobiographie teilt Platter mit, daß der Vater zu seinen Lebzeiten den jüngsten Sohn Thomas besonders seiner Base Franzi anvertraut hatte.[139] Die Base bzw. Tante Franzi war kinderlos. Die Tatsache, daß der Vater von Platter ihr das Kind in besonderer Weise anvertraut hatte, verweist darauf, daß er davon ausging, daß seine Ehefrau nur mangelnde Fürsorge für dieses Kind aufbringen würde. Der Vater selbst zeigt damit Fürsorge für das Kind; für die Mutter läßt sich dagegen – wie schon zuvor mehrfach gezeigt wurde – bislang keine fürsorgliche Handlung oder Haltung erkennen, sondern eher die gegenteilige Einstellung. In der weiteren Darstellung wird sich Fürsorge wesentlich nur bei Verwandten der väterlichen

Seite aufweisen lassen, nicht aber auf Seiten der mütterlichen Verwandtschaft. Der Unterschied ist bemerkenswert.
Mit 6 Jahren kommt Platter nach Eisten, einem Tal im Staldener Gebiet. Unklar bleibt, wer diesen Wohnortswechsel verfügt hat.[140] Dort hütet er dem Mann einer Tante mütterlicherseits die Ziegen. Diese Arbeit ist lebensgefährlich: Platter bleibt im Schnee stecken, friert im Winter. Wenn er Fehler macht, etwa die Ziegen in die Felder laufen läßt, wird er geschlagen. Er erfährt allerdings Solidarität und Unterstützung von anderen Geißhirten, besonders von einem Thomas im Leidenbach. Dieser rettet ihm einmal sogar das Leben. Platter hatte sich beim Hüten der Ziegen verklettert und kann nicht vor und nicht zurück. Er steht da, entlastet abwechselnd die Zehen bis der erwachsene Thomas von Steinbach seine Lage erkennt und ihn daraus befreit.[141] Platter schreibt, daß ihm als er auf dem Felsen steht, das Hemd hinten aufweht und er dabei keine Hosen trägt.[142] Zuvor erwähnte er, daß seine Schuhe häufig im Schnee stecken blieben und er barfuß nach Hause kam.[143] Offensichtlich sind gerade die Kinder unzureichend bekleidet, obwohl sie Arbeit im Freien bei jedem Wetter verrichten. Anscheinend bekommen Kinder erst ab einem höheren Alter an Hosen, obwohl gerade kleine Kinder leicht auskühlen. Bei einer Arbeit im Hochgebirge ist adäquate Kleidung lebensnotwendig.
Die Leute aus der Umgebung Platters erzählen von den Gefahren, denen Platter ausgesetzt war. Daraufhin interveniert die Tante Franzi und bringt Platter zu einer anderen Arbeitsstelle zurück nach Grenchen. Dies setzt sie durch, obwohl der Bauer es nicht zulassen will.[144] Diese Intervention ist aus zweierlei Gründen bemerkenswert:

1. Die rein materielle Situation, d. h. die herrschende Armut,[145] determinierte die Situation des Kindes nicht vollständig. Die erfolgreiche Intervention der Tante, die die Lage Platters tatsächlich verbessert, zeigt die prinzipielle Beeinflußbarkeit der Situation der Kinder auch unter den schwierigen materiellen Bedingungen in einem abgelegenen Bergtal des Wallis im 16. Jahrhundert.
2. Die intervenierende Person, die tatsächlich Fürsorge und ein basales Einfühlungsvermögen für Platter zeigt, ist nicht die Mutter, sondern eine Tante. Sie kümmert sich wiederholt um Platter und erkennt die Begabung des Jungen. Es läßt sich dagegen nicht einmal ansatzweise eine fürsorgliche Handlung der Mutter gegenüber Platter als Kind anhand der Autobiographie beschreiben. Die Mutter nimmt keine elterliche Beziehung von ihrer Seite zu ihrem Sohn auf. Die Tante Franzi muß diese Situation

zumindest ansatzweise erfaßt haben und baut selbst eine derartige Beziehung auf. Diese basale Versorgung scheint für die Persönlichkeitsentwicklung Platters sehr wichtig gewesen zu sein.

Bei seinem neuen Arbeitgeber muß Platter wieder Ziegen hüten. Auch hier gerät Platter wieder in extreme Gefahren.[146] Nach einer solchen Situation ließen Platters Arbeitgeber ihn nicht mehr Ziegen hüten; kurze Zeit später kommt er zu einem anderen Bauern namens Anthoni an der Habzucht, dem er die Kühe hüten mußte. Die soziale Umgebung Platters erkennt erst nach den lebensgefährlichen Ereignissen, daß Platters Arbeitsplatz lebensgefährlich ist. Hier zeigt sich eine immerhin minimale Fürsorge, die der vorherige Arbeitgeber nicht einmal aufbrachte. Wieder interveniert die Tante Franzi. Sie will, daß Platter bei einem Verwandten lesen lernt. Der Bauer reagiert auf das Ansinnen der Tante folgendermaßen:

> *„Wie der Bauer (...) hörte meiner Basen Meinung, war er übel zufrieden, sprach, ich würde nichts lernen, setzte den Zeigefinger der rechten Hand mitten in die linke Hand und sprach: So wenig wird der Bub lernen, als ich den Finger hier durch kann stoßen. Das sah ich und hörts. Sprach die Base: Eh, wer weiß, Gott hat ihm seine Gaben nicht versagt, es kann noch ein frommer Priester aus ihm werden. Führte mich also zu dem Herrn (...).“* [147]

Wieder setzt sich die Tante durch. Die Stelle zeigt auch, wie stark Platter davon beeindruckt ist, daß die Tante ihm Talent zutraut: Er schreibt so, als erinnere er sich an den genauen Wortlaut des Dialogs. Offensichtlich interveniert die Tante wesentlich deshalb, weil sie für den Jungen etwas erreichen will, während seine Arbeitgeber an ihm lediglich wegen seiner Arbeitskraft interessiert sind.

Der Lehrer des jetzt etwa 9jährigen Platter ist sehr aggressiv, schlägt und mißhandelt den Jungen. Deshalb ist Platter froh als Paulus Summermatter, sein Cousin mütterlicherseits, Platters Verwandten bittet, ihm als Bacchanten den Jungen als Schützen anzuvertrauen. Die Formulierung Platters zeigt, daß die entscheidungstragenden Subjekte die Verwandten waren. Die Übergabe an den Bacchanten wird schließlich durch einen Bruder der Mutter vorgenommen, der als eine Art Vormund fungiert.[148] Die Mutter scheint bei der Entscheidung keine Rolle gespielt zu haben.

2.3.3
Platters Beziehung zu seinem Bacchanten

Die Untersuchung dieser Beziehung wirft keinerlei Schwierigkeiten auf. Ähnlich wie schon am Beispiel Butzbachs gezeigt wurde, stellt auch das Verhältnis von Platter und seinem Bacchanten eine wesentlich durch Ausbeutung gekennzeichnete Beziehung dar. Platter, der wie gesagt zu Beginn der Reise etwa 9 Jahre alt war, ernährt seinen Bacchanten, indem er für ihn bettelt und stiehlt, während die Gegenleistungen des Bacchanten lediglich im Schutz während der Wanderungen bestehen. Dieser Schutz wäre aber lediglich dann ein Kennzeichen einer rudimentären Reziprozität, wenn Platter selbst einen Nutzen von diesen Wanderungen hätte. Davon kann aber kaum die Rede sein: Platter geht nur sehr selten und unregelmäßig in die Schulen und erwirbt somit auch praktisch keine Bildung.

Platter und sein Bacchant Paulus ziehen mit Gruppen durch Deutschland; etwa 6 ältere Jugendliche werden von 3 Schützen ernährt.[149] Platter wird von Anfang an von Paulus mißhandelt. Außerdem ist er immer noch unzureichend gekleidet – ohne Hosen und mit schlechten Schuhen. Die Reise unter den damaligen Bedingungen ist äußerst gefährlich; die Gruppe begegnet Räubern; Bauern hetzen die Hunde auf die Gruppe. Platter leidet Hunger und muß häufig im Freien übernachten. Er legt riesige Distanzen zurück; dabei kommt er bis nach Polen.[150] In den Städten halten sie sich längere Zeit auf. Dort betteln sie, besuchen aber, sogar nach den Aufforderungen dortiger Schulmeister, die Schule nicht. Bei auftretenden Problemen mit den Schulbehörden wechseln sie die Stadt.[151]

Nach 5 Jahren Wanderschaft kehren Platter und Paulus einmal zurück nach Grenchen. Platter schreibt über diese Rückkehr:

> *„In der Zeit hatte meine Mutter abermals einen anderen Mann genommen, denn der Heinzmann am Grund war gestorben; sie hatte nach der Wartezeit einen genommen, der hieß Thoman an Gärsteren, derhalben ich wieder nicht viel Zuflucht bei ihr hatte; ich war meist bei meinen Bäslein, doch am allermeisten bei meinem Vetter Simon Summermatter und Bäslein Franzi. Bald hernach zogen wir wieder fort nach Ulm (…).“*[152]

Wieder zeigt sich keinerlei Fürsorge der Mutter; statt dessen hält sich Platter bei dem Bruder dem Mutter und bei der Tante Franzi auf. Platter liefert sich eine Erklärung für das Verhalten der Mutter: Der dritte Ehemann, wie auch schon der zweite, verhindern näheren Umgang mit den Kindern. Diese

Begründung basiert sicher auf einer realen Ablehnung durch den Stiefvater. Es ist allerdings unplausibel, daß die Mutter eigentlich Kontakt mit Platter haben wollte und sich lediglich dem Zwang durch ihre Ehemänner beugte. Platters Formulierungen kaschieren das Desinteresse der Mutter. Ein weiteres Zitat, das sich auf dieselbe Zeit wie das vorherige bezieht, illustriert Platters Verhältnis zu seiner Mutter:

> *„Auf eine Zeit war ich, wie ich meine, in fünf Jahren nicht bei ihr [der Mutter] gewesen, und weit umeinander gezogen in fernen Landen; ich kam zu ihr, da war das erste Wort, das sie zu mir sagte: Hat dich der Teufel wieder hierher getragen? Antwortete ich: Eh nein, Mutter, der Teufel hat mich nicht hergetragen, sondern meine Füße; ich will euch nicht überlästig sein. (...) Ich blieb also 2 oder 3 Tage bei ihr.*"[153]

Die jahrelang eingeübte Schlagfertigkeit des fahrenden Schülers dient der Abwehr der mütterlichen Aggression und ihres Desinteresses. Platter und Paulus ziehen kurz darauf wieder los, diesmal zusammen mit einem Sohn eines Priesters. Vermutlich ist dessen Status als uneheliches Kind ein Grund für seine Weggabe an den Bacchanten. Dieser Priestersohn ißt sehr viel. Um zu kontrollieren, ob er etwas von dem Erbettelten gegessen hatte, spülen die Bacchanten diesem Kind den Mund mit Wasser aus, das er in eine Schüssel spucken muß. Die Bacchanten wollen sehen, ob Fett von Essensresten darin sind. Die Szene erscheint als exakte Kopie der Erfahrung von Butzbach mit seinem Beanus.[154] Nach einer solchen Kontrolle mißhandeln die Bacchanten den Priestersohn bis sie nicht mehr können.[155] Platter schreibt, daß er aus Angst vor den Schlägen niemals wagte, den Bacchanten etwas wegzuessen. Er hatte deshalb häufig Hunger. Das lag aber nicht etwa daran, weil zuwenig Essen erbettelt wurde. Im Gegenteil: Platter war erfolgreich beim Betteln, und die Gruppe hatte oft so viel Brot, daß es schimmelig wurde. Von diesen verschimmelten Teilen schnitten die Bacchanten ab und gaben es ihren Schützen.[156] Man sieht hier deutlich sadistische Züge, die die älteren Bacchanten gegen die Kinder bzw. Jugendlichen ausagieren. Bacchanten und Schützen bildeten im Falle Platters (und Butzbachs) keineswegs ein Zweckbündnis zu beiderseitigem Vorteil, statt dessen waren die Lasten sehr einseitig den Schützen zugeteilt. Die Bacchanten zeigen den Schützen gegenüber umkehr-reaktionsartiges Verhalten.[157] Platter trifft während seiner Reisen wiederholt auf Personen, die hilfreich und ihm zugewandt sind.[158] Dagegen lassen ihn seine Bacchanten hungern, sodaß er sogar Hunden die Knochen abjagd.[159]Bemerkenswert ist hierbei, daß sein Bacchant Paulus ein Verwandter von Platter ist. Trotzdem hat dieser keinerlei Skrupel, Platter hungern zu lassen, ihn zu vernachlässigen und zu mißhandeln. Das zeigt, daß Paulus keine Angst hat, sich zu Hause in Grenchen vor der Verwandtschaft deswegen rechtfertigen zu müssen. Platter hoffte nicht auf Verständnis für seine Lage bzw. auf Bestrafung des ausbeutenden Verwandten. All das zeigt, wie massiv die Vernachlässigung und das Desinteresse an der Lage Platters war.

In München trifft Platter eine Metzgerin, für die er leichte Arbeiten ausführt. Gleichzeitig muß er aber auch für Paulus betteln. Als die Metzgerin das erfährt, fordert sie Platter auf, diesen Bacchanten loszuwerden.[160] Platter muß ungefähr 16 bis 17 Jahre alt sein. Die Aufforderung dieser ihm zugewandten Frau bringt Platter erst auf die Idee, seinen Bacchanten zu verlassen. Zunächst bleibt er ihm nur fern, so lange, bis der ihm androht, ihn mit Füßen zu treten.[161] Daraufhin verläßt Platter heimlich München, ohne der Frau etwas zu sagen, weil er fürchtete, sie hätte ihn verraten können. Platter scheint sehr mißtrauisch zu sein. Immerhin verläßt Platter so seinen Bacchanten.

Platter konnte offenbar ohne die Stellungnahme dieser Frau gar nicht klar erkennen, wie sehr er ausgebeutet wurde und daß eine Flucht möglich war. Die Frau zeigt Platter zum ersten Mal Empathie, indem sie seine Situation beurteilte, kritisierte und damit Platter die Vorstellung einer kleinen privaten Utopie ermöglichte: ein Leben ohne den Bacchanten. All das zeigt aber gleichzeitig auch, daß Platter von seinen familialen Beziehungen her derartige Zuwendung nicht kannte. Schläge und auch Ausbeutung waren Teil seiner Sozialisation. Der Bacchant machte demnach nichts Besonderes; keine seiner Handlungen konstrastierte sonderlich mit den Früherfahrungen Platters. Daher bedurfte es auch für den ungefähr 17jährigen Platter einer Erfahrung von Empathie, um die notwendige Trennung vornehmen zu können.[162]

Platter beschreibt eine emotional wichtige Szene, die sich unmittelbar nach der Trennung von seinem Bacchanten abspielt. Außerhalb Münchens weint Platter über den Verlust dieser letzten Bezugsperson.[163] Obwohl Platter das hier beschriebene, extrem einseitige, ausbeuterische Verhältnis zu seinem Bacchanten hatte, stellt dieser doch ein emotional wichtiges Objekt dar, und Platter empfindet die Trennung als schmerzhaften Verlust. In dieser Situation fährt ein betrunkener Bauer mit Wagen vorbei, der ihn in das nächste Dorf mitnimmt. In diesem Ort verabreden sich dieser Bauer und Platter zur Weiterfahrt am Ortsausgang. Platter bettelt im Dorf und geht dann zum Ortsausgang, wo er einschläft. Platter schreibt weiter: „*Als ich erwachte, weinte ich wiederum herzlich, denn ich meinte, der Bauer wäre vorbeigefahren, und mich däuchte, ich hätte meinen Vater verloren.*“[164] Platter verlor mit dem Bacchanten seine letzte Beziehungsfigur. Dieses Ereignis wühlt ihn emotional enorm auf. Er schläft ein, und beim Aufwachen mißinterpretiert er die Nichtanwesenheit des

Bauern als Verlust des *Vaters*. Möglicherweise hat Platter von seinem Vater zuvor geträumt. Offensichtlich projiziert Platter in dieser Situation des Verlusts auf den ersten halbwegs zugewandten Mann väterliche Vorstellungen. Das zeigt, wie massiv die emotionale Belastung für Platter war. Die Projektion des väterlichen Phantasmas ist für sich genommen schon erstaunlich. Platter teilt auf den ersten Seiten mit, daß er sich nicht erinnern kann, jemals seinen Vater gesehen zu haben.[165] Trotzdem fungieren Phantasien, die mit Vorstellungen vom Vater verknüpft sind, als wichtige Repräsentanten des guten Objekts. Wie bislang gezeigt wurde, scheint der Vater offensichtlich mehr Fürsorge für das Kind aufgewiesen zu haben, als bezüglich der Mutter nachweisbar ist. Platter scheint – womöglich auf frühen Erfahrungen mit dem Vater basierend – über gute väterliche Objektvorstellungen zu verfügen. In diesem Fall einer Trennung von einem wichtigen Objekt und den damit einhergehenden Gefühlen von Einsamkeit und Verlassenheit aktiviert Platter väterliche und nicht mütterliche Objektvorstellungen. Auch dies spricht für die bislang zusammengetragene Evidenz einer äußerst mangelhaften Mutter-Kind-Beziehung, während auf den Vater bezogene Phantasien zwar idealisiert sind, aber auf einer rekonstruierbaren, vermutlich von Platter erlebten tatsächlichen Fürsorge basieren.
Als letzte Bemerkung zu Platters Erfahrungen mit Bacchanten sei hier angemerkt, daß sich Platter nach der Trennung von Paulus einer anderen Gruppe Bacchanten als Schütze anbietet mit der Hoffnung, von ihnen Wissen gelehrt zu bekommen.[166] Dies tun sie aber genauso wenig wie Paulus.

2.3.4
Exkurs: Zur These Bumillers

Der hier folgende Exkurs stellt eine Erwiderung auf eine These Bumillers bezüglich der emotionalen Qualität der Mutter-Kind-Beziehung von Platter dar. Die detailreiche Auseinandersetzung Bumillers mit der Autobiographie Platters wird an dieser Stelle zum Anlaß genommen, um einen davon abweichenden Standpunkt genauer zu skizzieren. Bumillers Ansichten ergeben mit der folgenden Betrachtung einen Kontrast, der möglicherweise ein differenzierteres und exakteres Bild erlaubt, als es sich durch die Kenntnis der jeweiligen Interpretation alleine ergeben würde. Zudem erlaubt gerade die sich ergebende Proponent-Opponent-Struktur das Herauspräparieren relevanter Argumentationsfiguren.

Bumiller meint, daß Platter „wahrscheinlich ein willkommenes, ein angenommenes Kind" gewesen sei, und daß Platter die elterliche Liebe durch den Tod des Vaters und dessen Folgen verlor.[167] Die Mutter habe bei den Interaktionen mit ihrem Sohn ihre Liebe hinter einer rauhen Schale versteckt.[168] Dieser Auffassung von der mütterlichen Einstellung wird im folgenden widersprochen. Es sei zunächst an dieser Stelle zusammengefaßt, daß (a) Platter über sein Leben schreibt, daß er es in *„großer Armut von Mutterleib an"*[169] begonnen habe und damit Deprivation in einem Zug mit der Mutter nennt; daß (b) Platter sofort nach der Geburt von der Mutter getrennt wurde; daß (c) Platter infolgedessen nicht gestillt wurde; daß (d) Platters Vater seinen Sohn noch zu Lebzeiten seiner Schwester, Platters Tante Franzi, anvertraute; daß (e) Platter große Teile seiner frühen Kindheit nicht bei seiner Mutter, sondern bei Verwandten, meist Tanten väterlicherseits verbrachte und daß (f) sich lediglich fürsorgliche Interventionen der Tante Franzi, nicht aber der Mutter nachweisen lassen. Letztlich ist unklar, wann genau Platter von seiner Mutter getrennt wurde; möglicherweise verbrachte er auch die Zeit vor dem dritten Lebensjahr meist ohne seine Mutter.

Für eine bezogene, fürsorgliche emotionale Einstellung der Mutter spricht, wie Bumiller richtig meint, (1.) evt. die Tatsache, daß die Mutter ihrem Sohn *mitteilt,* daß sie ihn nicht Stillen konnte und (2.) daß sie weinte als ihr Sohn wieder loszog. Zudem ist (3.) in der Autobiographie eine Szene geschildert, in der die Mutter fürsorglich zu Platter ist. Dazu jeweils eine Anmerkung:

Ad 1.: Das Mitteilen des reinen Sachverhalts zum Thema Stillen kann als Offenheit und Ehrlichkeit der Mutter interpretiert werden, nicht aber im Sinne einer emotionalen Zugewandtheit. Diese Mutter, die der alles andere als wehleidige Platter als *„tapfer männlich Weib, aber rauh"* [170] bezeichnete, verbarg einfach nicht ihre Ablehnung bzw. ihr Desinteresse gegenüber ihren Kindern. Platter schreibt, daß die Mutter gegen ihre Kinder aus erster Ehe „gar rauh" war und daß die Kinder deshalb *„selten zu ihr ins Haus kamen."* [171] Als Beleg für diese abweisende Haltung läßt sich auch die Szene anführen, in der Platter zu viele gefrorene Trauben aß und sich daraufhin unter Bauchschmerzen krümmte. Die Mutter lachte ihn deswegen aus und sagte: *„Willst du gern, so zerspring! Warum hast du gessen?"*[172] Auch hier wird ein orales Thema, evt. basierend auf oralem Neid der Mutter, zur Darstellung ihrer Distanziertheit gewählt.

Wie zuvor gezeigt wurde, kann nicht einfach von einer physiologischen Unfähigkeit der Mutter zu stillen ausgegangen werden. Statt dessen zeichnet sich der Eindruck ab, daß diese Frau ihre Mutterrolle, zumindest gegenüber ihrem Sohn Thomas, ablehnte und entsprechende Aufgaben anderen Verwandten, besonders der Tante Franzi, überließ.

Ad 2.: Das Weinen der Mutter über das Wegziehen ihres Sohnes gilt einem erwachsenen Menschen (Platter war über 18 Jahre alt). Platter schreibt, daß er seine Mutter niemals vorher weinen sah. Dem Kind Platter zeigte die Mutter somit derartige Gefühle nicht. Platter schreibt über die Reaktion seiner Mutter:

> *„Als wir der Mutter wollten Lebwohl sagen, da weinte sie und sprach: Daß Gott müsse erbarmen, daß ich da drei Söhne muß sehen ins Elend gehen.“*[173]

Diese Mutter bezieht sich dabei ihren *erwachsenen* Sohn, um den sie sich zuvor niemals gekümmert hat. Die Fürsorge für Platter als Kind ging, wie bereits gesagt, von der Tante Franzi aus, nicht von der Mutter. Die Formulierung die Platter niederschrieb, sagt wörtlich genommen aus, daß es Gott erbarmen müsse, daß sie – die Mutter – etwas Schlimmes sehen muß. Das Erbarmen Gottes wird somit zunächst für die Mutter selbst erbeten – es gilt nur sekundär den Söhnen, denen Elend droht. Die direkte, eher für Empathie sprechende Formulierung wäre: *„Daß Gott müsse erbarmen, daß meine 3 Söhne ins Elend gehen.“* Man kann daraus vorsichtig schließen, daß die Mutter in obiger Szene mehr sich selbst bedauert, als ihre Kinder. Die mittlerweile erwachsenen Söhne bedürfen jetzt tatsächlich nicht mehr der mütterlichen Fürsorge. Vielmehr könnten sie jetzt die Mutter mit praktischer Hilfeleistung materiell und emotional versorgen. Der bislang nur vermutete Wunsch, von den Kindern versorgt zu werden und die entsprechende Umkehr-Reaktion, drückt sich direkter in der kurz darauf geschilderten Szene und den Formulierungen aus. Die Mutter sagt zu dem zurückkehrenden Sohn Thomas:

> *„...es verdrießt mich, daß du so hin und herschlampest und ohne Zweifel nichts lernst. Lerntest du werken, wie dein Vater selig auch getan hat! Du wirst doch kein Priester, ich bin nicht so selig, daß ich einen Priester erziehe.“*[174]

Die Mutter delegiert ihren Sohn im Sinne Stierlins.[175] Diese Delegation erfolgt allerdings unter starker Beteiligung des Ausstossungsmodus und nur unter sehr geringer Beteiligung des Bindungsmodus. Platter soll, ohne jede Hilfe durch die Mutter, fleißig sein, arbeiten und sogar ein Priester werden. Wieder bedauert sich die Mutter selbst, und zwar weil sie nicht das Glück hat, einen Priester zum Sohn zu haben. Die Mutter verlangt also eine Karriere, kümmert sich aber nicht um ihren Sohn. Zum Vorwurf der Faulheit ist anzumerken, daß Platter schon als Kind den genau umgekehrten Eindruck macht: Er erscheint fleißig und pflichtbewußt, führt seine Aufträge (bzw. Delegationen) sorgfältig aus und macht später ja auch Karriere, wie die Mutter von ihm verlangte.[176]

Ad 3.: Es gibt nur eine in der Autobiographie geschilderte, fürsorgliche Handlung der Mutter gegenüber Platter. Der etwa 20jährige Platter, der sich innerlich dem Protestantismus zugewandt hatte und begann, in seinem Heimatdorf durch entsprechende Äußerungen aufzufallen, wird von den örtlichen Kirchenhonoratioren nicht zum Essen eingeladen.[177] Daraufhin macht ihm die Mutter eine Suppe. Der längst erwachsene Platter betont dieses orale Befriedigungserlebnis durch die Mutter auffällig. Diese Szene widerlegt allerdings nicht die These einer kleinkindlichen emotionalen Deprivation. Sie kann im Gegenteil als Versuch des Ungeschehenmachens verstanden werden. Die hier gezeigte Fürsorge gilt einem erwachsenen Menschen. Es läßt sich also eine fürsorgliche Handlung der Mutter gegenüber ihrem Kind rekonstruieren, und die gilt dem *erwachsenen* Sohn. Es läßt sich keine fürsorgliche Handlungen gegenüber dem Kleinkind rekonstruieren.
Hier wird also ein Vergleich sozusagen zwischen Platters Mutter und Platters Mutter vorgenommen. Anders ausgedrückt: Hier werden Handlungen einer Person mit anderen Handlungen derselben Person kontrastiert. Ein derartiger Vergleich muß wissenschaftlich legitim sein, ansonsten zerfiele das wissenschaftliche Erkennen in unzusammenhängende Einzelteile. Ein häufiger geäußerter Einwand gegen Beurteilungen der affektiven Qualität *historischer* Kindheiten basiert meist auf der Zurückweisung von Vergleichen heutiger und früherer Auffassungen von Kindheit. An Stellen wie der obigen läßt sich aber zeigen, daß ein strenger Relativismus nicht durchzuhalten ist, ohne gravierende Konsequenzen für das Verständnis historischer Handlungen mit sich zu bringen – unabhängig von Vergleichen mit heutigen Handlungsweisen.
Platter hatte aufgrund seiner deprivierten Kindheit durchaus regressive Tendenzen. So beschreibt etwa sein Sohn Felix in seiner Autobiographie einen gemeinsamen Besuch in der Heimat des Vaters.[178] Die Ehefrau eines Bekannten des Vaters begrüßt Vater und Sohn Platter unfreundlich, sodaß der Gastgeber beschwichtigend eingreift. Während Felix die Szene sehr distanziert schildert, sagt ihm sein Vater später, daß er sich hier gut bewirtet fühle. Offensichtlich teilt Felix diese Ansicht nicht. Platter scheint die Gastfreundschaft seiner Heimat zu idealisieren und die aggressive Begrüßung zu ignorieren.
Die von Bumiller konstatierte basale Erfahrung eines Angenommenseins zeigt sich in der teilweise erstaunlichen Energie und Lebensfähigkeit des kleinen Platter. Vermutlich spielt aber die Erfahrung mit der Tante Franzi die entscheidende Rolle bei der Ausbildung von Platters Qualitäten. Platter konnte scheinbar als kleines Kind die Tante davon überzeugen, daß er Begabungen und Talente hatte. Dies führte u. a. dazu, daß eine weitere Intervention der Tante zum Ziel hatte, Platter das Lesen beibringen zu lassen.[179]

Platter hat auch eine gewisse Fürsorge von seinem Vater erhalten, der dafür sorgte, daß seine Schwester sich um Platter kümmerns sollte. Phantasien, die auf den Vater bezogen und mit Vorstellungen von einem guten Objekt verknüpft waren, wurden bereits anhand der Szene mit dem Bauern dargestellt. Auf die Mutter bezogenen Phantasien scheinen dagegen keine derartige Rolle als interne Objektrepräsentanzen zu spielen, obwohl Platter in späterer Kindheit seine Mutter erlebt hat und sie zu dem beschrieben Zeitpunkt noch lebte. Weitere fürsorgliche Handlungen ergaben sich für Platter durch das Verwandtschaftssystem. Die Unterbringung bei den Tanten ergab zumindest eine rudimentäre, basale Versorgung. Diese Erfahrungen machen die Basis für positive Objektbeziehungen aus. Die Mutter selbst scheint dabei nur eine äußerst geringe Rolle gespielt zu haben. Die Mutter lieferte durch ihr hartes ehrliches Verhalten allerdings für ihren Sohn die Möglichkeit, die Situation zu verlassen. Platter wird von ihr nicht mystifiziert, was im Falle Butzbachs eine erschwerende Rolle spielt, oder gebunden, sondern per Ausstossungsmodus im Sinne Stierlins in eine frühreife Autonomie entlassen. Diese früh eingeübte Autonomie war für Platter überlebensnotwendig. Das hier beschriebene Beziehungsgeschehen spricht eher gegen Bumillers These eines basalen Angenommenseins Platters durch seine Mutter.

2.3.5 Gemeinsamkeiten der Erlebnisse von Butzbach und Platter als fahrende Schüler

Die Form des Schulbesuchs der sogenannten „fahrenden Schüler“ scheint eine primitive Form institutionalisierter Weggabe zu sein. Wie Butzbach wurde Platter von seinem Bacchanten ausgebeutet, dabei lernten beide bezogen auf schulische Inhalte so gut wie nichts. Der Schulbesuch der fahrenden „Schüler“ scheint in Wirklichkeit ein nebensächlicher Aspekt der Reisen gewesen zu sein. Er lieferte natürlich eine gute Rationalisierung für die Eltern der Kinder bezüglich der Begründung der Weggabe.

Butzbach und Platter waren während ihrer ausgedehnten Reisen zahlreichen Gefahren ausgesetzt, erlebten Strapazen und Hunger, Begegnungen mit Räubern. Beide wurden von ihren „Betreuern“ ausgebeutet und ernährten diese. In beiden Autobiographien wird erwähnt, daß den kleineren „Schützen“

der Mund mit Wasser ausgespült wurde, damit die älteren Bacchanten sehen konnten, ob die Schützen etwa selbst das erbettelte Essen gegessen hatten. Dies zeigt, daß die Bacchanten eine *Tradition* von Überprüfungsmethoden und Zwangsmaßnahmen weitergaben. Vermutlich wurden viele der ehemaligen Schützen später Bacchanten und konnten in vertauschten Rollen jetzt Nutznießer des Ausbeutungsverhältnisses werden.

Butzbach und Platter erlebten eine Trennung von ihrer Familie, die nicht von außen erzwungen wurde, sondern wesentlich auf elterlichem Desinteresse beruhte. Die Eltern, die ihr Kind einem Bacchanten anvertrauten, konnten keinerlei Kontrolle über diesen ausüben und ließen sich keine Referenzen zeigen. Die Institution der fahrenden Schüler in der hier skizzierten Form korrespondierte der emotionalen Distanz zahlreicher damaliger Eltern zu ihren Kindern. Ohne diese Distanz hätte es eine derartige Institution nicht geben können. Niemand, der eine enge emotionale Bindung an sein Kind hat, würde einen derartigen Pseudo-Schulbesuch erlauben.

2.4
Hermann von Weinsberg (1518-1597)

2.4.1
Weinsbergs Beziehung zu seinen Eltern

Weinsberg wurde 1518 in Köln geboren. Sein Vater war unter anderem Wirt, Brauer und Färber. Weinsberg war katholischen Glaubens. Seine Autobiographie enthält Darstellungen von Szenen seiner Kindheit, die – vor allem bezogen auf das Vater-Sohn-Verhältnis – die Rekonstruktion einiger ausgesprochen zugewandter Elemente erlaubt.

Weinsberg schreibt darüber, daß er wegen einer gesundheitlichen Schwäche der Mutter entwöhnt wird.[180] Er führt aus, wie er mit 1$^1/_2$ Jahren eine Kinderkrankheit hat, dabei unruhig ist und nachts nicht schläft:

> „*...und wie mir gesacht worden ist, war ich domails so ungedultlich und lestich gewesen, das min fatter nachtz duck* (= oft) *hat moissen uffstain, mir uff einem becken gespilt und gepfiffen, das ich swigen sulte.*“[181]

Diese Aussagen sind – bezogen auf die bislang untersuchten Autobiographien – sehr außergewöhnlich. Zunächst ist auffällig, daß sich hier der *Vater* um das kranke Kind kümmert. Er zeigt damit eine Fürsorge, die in den anderen Autobiographien für Väter nicht nachzuweisen ist. Zudem geht er auch auf das kranke, von Juckreiz geplagte Kind ein und spielt ihm etwas auf einem Instrument vor. Diese Szene mutet geradezu modern an und ist unter den hier untersuchten Autobiographien singulär.

Auffällig ist aber auch, daß nur der Vater erwähnt wird als derjenige, der sich um das kranke Kind kümmert. Hier wie an diversen Stellen der Autobiographie lassen sich fürsorgliche und zugewandte Handlungen meist nur bezogen auf den Vater rekonstruieren, während die Handlungen der Mutter gar nicht oder unklar dargestellt werden. Als eine erste zu überprüfende Hypothese drängt sicht auf, daß das Verhältnis von Weinsberg und seiner Mutter von Ambivalenz und einer gewissen Distanz geprägt war, die so nicht für das Vater-Sohn-Verhältnis gilt. Weinsberg schreibt darüber, wie seine Mutter sein kindliches Aussehen empfand:

> *„Fillicht, do ich miner motter eirste kint war, dochte sei, ich were seir schoin; dan ein jeder dunket sin ulgin (= Eulchen) ein deufgin (= Täubchen) sin.“*[182]

Weinsberg stellt hier sowohl eine zugewandte Einstellung seiner Mutter dar, der er unterstellt, daß sie ihn als Kind hübsch fand, als auch die erwachsene Sicht darauf, die eine humoristische Selbstdistanzierung enthält. Auch diese Art, die Mutter und deren Verhältnis zum kleinen Kind zu schildern, ist völlig anders als in den übrigen Autobiographien und weist auf Zugewandtheit und Normalität hin. An dieser Stelle läßt sich keine emotionale Distanziertheit zwischen Mutter und Kind erkennen. Allerdings wird hierbei auch keine Interaktion untersucht, sondern lediglich eine Stellungnahme der Mutter zu ihrem Kind.

Die Familie Weinsberg scheint Kindern erheblich stärker zugewandt zu sein als andere Familien innnerhalb ihrer sozialen Umgebung. Weinsberg schreibt, daß die Familie die 4jährige Tochter eines Bruders der Mutter aufnimmt, ohne daß dafür Zahlungen geleistet wurden.[183] Während die meisten Familien, die in der vorliegenden Arbeit beschrieben werden, *eigene* Kinder außer Haus gaben, nimmt diese Familie sogar ein fremdes Kind auf. An späterer Stelle der Autobiographie schreibt Weinsberg, daß 4 weitere Kinder aus der Verwandtschaft aufgenommen wurden.[184]

Weinsberg und seine beiden ältesten Schwestern erkranken an den *„kinderpocken“*.[185] Die Mädchen im Alter von 1 und 3 Jahren sterben an dieser Krankheit, der der 4jährige Weinsberg überlebt. Diese beiden Mädchen sind die einzigen der 11 Geschwister (darunter eine Halbschwester Weinsbergs), die im Kindesalter sterben. Die Kindersterblichkeit in dieser Familie ist damit vergleichsweise gering. Dies hängt u. a. auch mit der elterlichen Fürsorge zusammen: Bei einer Seuche verlassen die Eltern zusammen mit allen Kindern die Stadt.[186] Weinsberg selbst scheint während seiner Krankheit sehr unduldsam zu sein und wird damit getröstet, daß Gott die Freunde versuchen würde, die er lieb hätte. Darauf antwortet der Junge: *„...hie hat mich nit leif (= lieb), hie ist ein boif (= Spitzbube).“*[187] Die unverhohlene, wütende Äußerung, die sich gegen Gott und gegen die Tröstung richtet, wird anscheinend geduldet und später offenbar sogar weitererzählt. Dies verweist auf einen erheblichen Spielraum für kindliche Agressionen.

Als Weinsberg beim Spielen in eine wassergefüllte Wanne fällt, bemerkt ihn das umherstehende Personal nicht. Dagegen sieht der weiter entfernte Vater den Unfall, schreit und bewirkt so, daß Weinsberg aus der Wanne gezogen wird.[188] Das Kind war nicht unbeaufsichtigt gelassen worden, aber so leise in das Wasser gefallen, daß man kein Geräusch hörte. Die Szene spricht für eine Aufmerksamkeit des Vaters für das Kind und seine sofortige zugewandte Reaktion. Als Baby wurde Weinsberg von einer Hausangestellten fallen gelassen und trug eine große Kopfwunde davon.[189] Die Hausangestellten scheinen auch hierbei weniger aufmerksam zu sein als die Eltern, besonders der Vater. Zudem zeigt sich hier, daß das kleine Kind häufiger der Pflege von familienexternen Personen anvertraut wurde. Eine gewisse emotionale Distanz zwischen Mutter und Kind scheint wiederum deutlich zu werden; dieser Punkt bedarf weiterer Beachtung.
Wie bereits erwähnt wurde hatte Weinsberg zwei Unfälle und zwei Kinderkrankheiten; zudem wurde er häufig von Läusen geplagt. Im Alter von 4 Jahren leidet Weinsberg an einem starken Wurmbefall.[190] Die Erwachsenen wollen ihn dazu bringen Wurmkraut als Medizin dagegen einzunehmen; aber er läßt sich weder mit freundlichen Worten noch mit Drohungen dazu bringen. Auch hier scheint eine relativ große Toleranz gegenüber dem kindlichen Eigenwillen zu herrschen. Weinsberg schildert sehr viele Erkrankungen und Gebrechen. Neben einer physiologischen Disposition oder Schwäche drängt sich die Vermutung eines psychosomatischen Zusammenhangs auf.[191]
Als die Großmutter den 6jährigen beim Spielen mit den Nachbarskindern sieht, wie die Freunde zusammen mit entblößtem Gesäß auf der Straße liegen, schimpft sie Weinsberg aus und verlangt von den Eltern, daß er nicht so verzärtelt behandelt wird.[191] Er solle, so die Großmutter zur Schule gehen, wo er

still sitzen lernt. Die Eltern versuchten, so Weinsberg, den Jungen im Hause zu halten, aber er geht weiterhin zu den Nachbarskindern spielen. Wieder erfährt man nichts von Zwangsmaßnahmen. Im nächsten Absatz schreibt Weinsberg allerdings über Schläge, die er von seiner Mutter erhalten hatte. Von beiden Eltern sagt Weinsberg, daß sie ihm „*uff das mail zapten*",[193] vor allem die Mutter habe ihn oft geschlagen. Er fügt hinzu, daß er ihr dazu Anlaß gab. Als sie ihn einmal „*weilich gesclagen*" [194] hat, rennt er zum Vater und beklagt sich darüber. Weinsberg schildert die Interaktion folgendermaßen:

> *„...und wie ich ihm [dem Vater] mein ellend clagte, das ich gesclagen worden war, hoif er an sin kurtzweil und scherz mit mir zu triben und sagt zu mir: wolan, was reitzu darzu, willen wir din moder uis dem haus triben ader willen mir oben uff dem sael wonen und laissen din moder unden im haus wonen? Daruff sagt ich: laist sei unden wonen und uns oben. Und dies gefeil minem fatter wol, das ich sei nit wolt laissen vertriben umb ein wenich sclains willen."* [195]

Wiederum scheint das Mutter-Sohn-Verhältnis konfliktreicher als das Vater-Sohn-Verhältnis zu sein. Letzteres weist in dieser Szene allerdings wieder geradezu moderne Züge auf. Zunächst fällt auf, daß Weinsberg nach dem Konflikt mit der Mutter und nach ihren Schlägen sich an den Vater wendet und ihm den Vorfall erzählt. Damit ist klar, daß Weinsberg Unterstützung und Verständnis erwarten kann. Andernfalls würde er so etwas gar nicht erst versuchen. Die Szene zeigt weiter, daß Weinsberg sich nicht einfach mit den Handlungsweisen der Mutter identifiziert, sondern sie zurückweist und versucht, sich von ihnen zu distanzieren. Die Aufrechterhaltung dieser Distanzierung wird durch die Reaktion des Vaters ermöglicht. Weinsberg wird dadurch nicht gezwungen, generell den Standpunkt der Erwachsenen einzunehmen, sondern erlebt, daß es *mehr als eine* Sichtweise auf die Dinge gibt. Genau darin liegen die Möglichkeiten der Triangulierung, die wechselseitige Distanzierung und Solidarisierung erlaubt. Wird das Kind aber immer den Erwachsenen untergeordnet, erlebt es die Eltern als gewissermaßen „homogenes" Gebilde – die Triangulierung degeneriert zu einer Konfrontation zwischen Eltern einerseits und Kind andererseits. Sind dagegen die Eltern gegeneinander gerichtet, so lernt das Kind jeweils den anderen für seine Zwecke einzuspannen evt. auch gegeneinander auszuspielen. Bei beiden starren Verhaltensweisen, die gemeinsam haben, daß jeweils ein Partner der Triade das Nachsehen hat, wird die dialektische Spannung der ödipalen Triade zerrissen.

Der Vater von Weinsberg geht mit der Konfliktsituation innerhalb der Triade relativ souverän um. Konkret hat er es mit seinem Sohn zu tun, der sich mit einem Vertrauensvorschuß an ihn wendet. Die Erwartung von Verständnis auf seiten des Sohnes erfüllt der Vater, indem er scherzend zwei phantasmatische Lösungen anbietet: Die „radikale" Lösung bestünde darin, die Mutter als Übeltäterin aus dem Haus zu treiben, die weniger radikale beinhaltet, daß Vater und Sohn im weiteren ohne die Mutter in den Saal ziehen. Damit bietet sich der Vater als Freund an, mit dem sich der Sohn identifizieren kann und mit dem dieser sich gegen das phantasierte „Mutter-Ungeheuer" verbündet. Der Vater erfaßt damit die Phantasie, mit dem der Sohn zu ihm kommt, nämlich die Bestrafung der Mutter, die zuvor ihn bestraft hat. Gleichzeitig kann der Sohn sehen, daß eine radikale Bestrafung der Mutter ihm selbst sogar als zu massive Maßnahme erscheint. Er kann ohne narzißtische Kränkung seine Aggressionen reduzieren und kontrollieren, begnügt sich mit einer kleinen Bestrafung und erreicht gleichzeitig größere emotionale Nähe zum Vater. Wahrscheinlich kann er wenige Minuten später die Sache auf sich beruhen lassen.

Zur weiteren Klarifikation der hier realisierten Szene kann man gedankenexperimentell zwei Kontrastfolien herstellen, die ein Mißlingen der Bearbeitung dieses Konfliktes innerhalb der ödipalen Triade darstellen würden. Der Vater kann so reagieren, daß er völlig den Standpunkt der Mutter übernimmt, evt. dabei sogar das Kind noch einmal bestraft. Momentan wird dann das Kind mit gesteigerter Aggression reagieren, die es allerdings unterdrücken muß. In Zukunft wird es kein Verständnis vom Vater erwarten und wird derartige Interaktionen nicht mehr versuchen.

Die andere Option gestaltet sich idealtypisch folgendermaßen: Der Vater ergreift die Partei des Kindes und geht real – und nicht phantasmatisch – gegen die Mutter vor, macht ihr eine Szene und inthronisiert ausschließlich die Ansprüche des Kindes. Die Folgen sind: (1.) der (zumindest momentane) Verlust der Solidarität der Gatten, (2.) möglicherweise die Instrumentalisierung der Ansichten des Kindes zum Zweck der Austragung ehelicher Konflikte und (3.) die Folgereaktionen des Kindes, daß zwar momentan Verständnis für sein Problem haben will, aber durch die weiterlaufende väterliche Intervention wieder gezwungen wird, sich mit der nun prekären Situation der Mutter zu identifizieren und damit seinen ursprünglichen Standpunkt radikal aufzugeben.

Beide hier skizzierten Optionen möglicher Reaktionen des Vaters zerstören die dialektische wechselseitige Beziehungslogik der ödipalen Triade. Der realisierte Umgang mit Konflikten innerhalb des ödipalen Beziehungsdreicks ist erheblich reifer. Der Vater von Weinsberg erlaubt dem Kind, seinen Standpunkt und seine Aggression zu artikulieren, strukturiert die angestaute

Wut, indem er Optionen aggressiver Handlungen skizziert und erlaubt. Der Vater nimmt die emotionale Situation des Kindes ernst und scherzt über die phantasierten Optionen.

Die Reaktionen des Vaters müssen nicht als die „optimale“ Lösung des Konflikts angesehen werden, aber sein Verhalten zeigt, daß er die emotionale Lage seines Sohnes erfaßt, daß er das Erleben von Aggressionen gestattet und sich als Kumpan anbietet. Weinsberg lernt dabei, daß es zwei unterschiedliche Sichtweisen auf die Dinge gibt, die zwar zu radikal unterschiedlichen Folgen führen, daß aber die Vertreter dieser Sichtweisen solidarische Beziehung aufrechterhalten. Die Aufrechterhaltung der solidarischen Gattenbeziehung ergibt sich daraus, daß die Szene nicht in einen Ehestreit mündet. Möglicherweise überbetont Weinsbergs Vater in der dargestellten Szene die Solidarität mit seinem Sohn aufgrund einer gewissen Instrumentalisierung. Weinsberg schreibt, daß die Eltern häufiger Streit wegen eines unehelichen Kindes des Vaters hatten.[196]

Warum die Mutter ihren Sohn damals schlug, gibt Weinsberg nicht an. Auch der Vater greift zu dieser drastischen Erziehungsmaßnahme: Als seinem Sohn beim Spielen eine Jacke gestohlen wird, schlägt er seinen Sohn dafür.[197] Die Tatsache, daß die Eltern ihren Sohn nicht nur in Folge eines momentanen Kontrollverlusts impulsiv schlagen, sondern auch anscheinend verprügeln, spricht ingesamt stärker für den intrusiven Modus. Jeder der beiden Elternteile könnte dafür Sorge tragen, daß der jeweils andere nicht zu dieser Maßnahme greift. Nach den Darstellungen Weinsbergs scheint das Verprügeln allerdings eher selten gewesen zu sein.

Die elterliche Nähe zeigt sich an anderen Stellen. Weinsberg schreibt, daß viele seiner Mitschüler bei ihren Lehrern in die Kost gingen, d. h. sie lebten dauerhaft getrennt von den Eltern bei den Lehrern und wurden von diesen gegen Bezahlung ernährt.[198] Weinsberg dagegen wohnt in dieser Zeit, also von seinem 10. bis 12. Lebensjahr, weiter bei seinen Eltern. Noch deutlicher wird das Verlangen der Eltern, die Kinder in ihrer Nähe zu haben, an einer anderen Stelle. Darin erwähnt Weinsberg beiläufig, daß ein spanischer Geschäftsfreund des Vaters diesen bittet, daß der 13jährige Weinsberg mit ihm nach Spanien kommt.[199] Der Vater lehnt dieses Ansinnen ab; Weinsberg selbst war auch nicht mit dem Vorschlag einverstanden. Vergleicht man dieses Verhalten mit dem der Eltern von Butzbach oder der Mutter von Platter, kann man relevante Unterschiede in der elterlichen Fürsorgeauffassung rekonstruieren. Während etwa der 11jährige Butzbach einem Jugendlichen auf Gedeih und Verderb überantwortet wird, kommt eine derartige Delegation der Fürsorge für den den zwei Jahre älteren Weinsberg nicht in Frage. Dabei gilt, das der Geschäftsmann aus Spanien erheblich vertrauenserweckender wirkt als ein jugendlicher fahrender Schüler.

Weinsberg arbeitet sowohl im Geschäft des Vaters als Weinzapfer mit als auch im Haushalt, wo er der Mutter hilft, Leinenstoff herzustellen.[200] Weinsberg sagt, daß die Eltern versuchten, ihn mit der Arbeit von der Straße wegzuhalten. Nachbarn, die zu Besuch waren, sagten über den Jungen, daß er im Vergleich mit anderen Jungen ein *„engel“* [201] sei. Die Mutter sagt vor den Nachbarn dazu nichts, nennt ihn aber einen *„junk duvel (=Teufel)“* [202] als diese weg sind. Weinsberg beschreibt in diesem Zusammenhang, daß er häufiger seine Schwestern ärgerte, ihnen etwas weggenommen oder sie geschlagen hätte und gibt zu, daß er wohl ein *„rau engel“* [203] gewesen ist. Weinsberg stellt die Mutter auch hier wieder in einer gewissen Opposition zu ihm dar, während er derartige Darstellungen bezogen auf seinem Vater weitgehend unterläßt. Zentral ist hier jedoch, daß auch all diese Interaktionen nicht nach extremer Idealisierung klingen; die Darstellungen zeigen, daß er als Erwachsener zu den Geschehnissen eine emotionale Distanz hat und seine eigene Rolle in diesen Interaktionen durchaus kritisch und realistisch beschreiben kann.

Weinsberg schreibt über seine Kinderspiele und Streiche. Er gibt an, daß er wenig mit anderen Kindern spielte. Dies muß sich also geändert haben, da er zuvor erzählte, daß er gerne mit anderen Kindern spielte. Sein Vater lobt ihn dafür – vermutlich, weil dies als gesteigertes Interesse an erwachseneren Betätigungen interpretiert wurde.[204] An derartigen Stellen zeigen sich wiederum intrusivere Formen elterlicher Erziehungsinterventionen.

Andererseits gesteht der Vater dem 11jährigen Weinsberg ein eigenes Zimmer zu, läßt ein Fenster und eine Tür einbauen und hilft seinem Sohn beim Einrichten.[205] Weinsberg bringt alle seine Sachen in diese von ihm verschließbare Kammer und verbringt dort zusammen mit einem Freund viel Zeit mit Malen und Lesen. Als Weinsberg später außerhalb Kölns auf die Schule geht, sorgt der Vater dafür, daß diese Kammer verschlossen bleibt und die Sachen von Weinsberg nicht angerührt werden. Er darf über diesen privaten Raum innerhalb des Hauses selbständig verfügen. Dem 11jährigen Weinsberg wird hier eine Intimsphäre zugestanden, die wiederum an moderne Auffassungen denken läßt. Derartige Mitteilungen sind in dieser Art, bezogen auf die hier referierten Autobiographien, einzigartig.

Aus Gründen der Begrenzung des vorliegenden Artikels soll die Analyse der Autobiographie Weinsbergs an dieser Stelle nicht weiter verfolgt werden. Zusammenfassend läßt sich sagen: Die Beziehung zwischen Vater und Sohn ist, bezogen auf den Zeitraum bis zum etwa 14. Lebensjahr sehr intensiv. Der Vater ist zugewandt und scheint durchaus in der Lage, auf Bedürfnisse des Kindes zum Teil emphatisch reagieren zu können. An späterer Stelle zeigen sich aggressivere und problematischere Elemente in dieser Beziehung. Die Mutter-Kind-Beziehung wird nur undetailliert geschildert. Weinsberg hat psychosomatische Probleme, die in der Zeit der ersten längeren Trennung von den Eltern deutlich hervortreten.[206] Trotzdem scheint das familiale Beziehungsgefüge Weinsbergs stabil. Die von Weinsberg beschriebenen Interaktionen und elterlichen Haltungen stellen bezogen auf die hier referierten Kindheiten die weitaus reifsten und normalsten dar. Das Vater-Sohn-Verhältnis ist keineswegs konfliktfrei. In der späteren Pubertät zeigt sich, daß der Vater seinen Sohn dazu delegiert, die Bildung zu erwerben, die ihm selbst verwehrt war. Der wohl nur mittelmäßig begabte und wenig ehrgeizige Weinsberg hat mit den väterlichen Anforderungen Probleme. In dieser Zeit zeigt der Vater sehr intrusive Formen der Erziehung, mit denen Weinsberg nur schwer umgehen kann.[207]

Die bisher zusammengetragenen Details zu Weinsbergs Kindheit können trotz all dieser noch genauer auszuarbeitenden Punkte, dazu verwendet werden, mit den Details aus den Kindheiten etwa von Butzbach und Platter kontrastiert zu werden. Weinsberg läuft niemals Gefahr, außer Haus gegeben zu werden; die Familie nimmt sogar weitere Kinder auf. Weinsberg findet in seinem Vater eine familien-interne Figur, die Interesse und Fürsorge für ihn zeigt. Weinsberg stellt auch seine Konflikte mit seinem Vater erheblich realistischer dar als etwa Butzbach, der seine Weggabe derart idealisiert, daß sie zum prototypischen Erlebnis elterlicher Liebe wird. Auch Weinsberg idealisiert seinen Vater. Diese Idealisierungen basieren aber auf nachvollziehbarer väterlicher Zugewandtheit.

2.5
Johann Beer (1655-1700)

2.5.1
Beers Beziehung zu seinen Eltern

Beer wurde 7 Jahre nach Ende des Dreißigjährigen Krieges in St. Georgen am Attersee (Ober-Österreich) geboren. Sein Vater war Gastwirt.[208] Beer, der protestantischen Glaubens war, arbeitete als Musiktheoretiker und Schriftsteller. Seine literarisch gesehen sicher enttäuschende Autobiographie enthält Einzelheiten einer Kindheit, die auf eine sehr problematische Eltern-Kind-Beziehung schließen lassen.

Die Autobiographie beginnt mit der Erwähnung der eigenen Geburt, der Eltern und der Großeltern. Als erste Begebenheit schildert Beer:

> „*Ich bin in meiner frühzeitigen Jugend, etwan im fünfften Jahr meines Alters bey ihr [der Großmutter] aufgezogen und in die Schule geschickt worden, das ABC zu lernen. Hätte in solcher Zeit, wenn Gott nicht sonderlich verhüttet, ein grosses Unglück haben können, dann als Ich ihr einstmahls aus dem Cabinet ihre Pantoffel (fehlende Stelle) jähen Lauf gegen das Schloß der Thür, so, daß ich fast mit der Stirne daran hangen bliebe. Nach etwan verflossenem Jahr nahmen mich meine Eltern wieder zu sich nach St. Geörgen...*"[209]

Schon an dieser Stelle könnte man – bei Einsatz einer gewissen Spekulation – deuten, daß der Unfall motiviert war und mit der Trennung von den Eltern zusammenhing. Beer bringt den Aufenthalt bei der Großmutter und die Trennung von den Eltern in seiner Darstellung eng zusammen. Dabei schildert er als erste Szene seines Lebens diesen Aufenthalt bei der Großmutter und den Unfall bzw. Beinahe-Unfall. Eine Beschreibung der Gefühle oder Erklärung von Handlungsweisen werden nicht gegeben. Den Retter in der Not sieht Beer nicht in einem Menschen, sondern in Gott. Obige Spekulation über unbewußte Motive, die dem Unfall zugrunde lagen, wird zu einer belegbaren Deutung erhärtet werden können.

Beer beschreibt innerhalb seiner Autobiographie unzählige Unfälle, sowie Nachrichten über Morde und Selbstmorde, Hinrichtungen, Kindstötungen, Brandkatastrophen etc. Die exzessive Beschäftigung mit derartigen Themen fällt auf. Die Erklärung für diese Beschäftigung ergibt sich aus einer der an die Autobiographie angeschlossenen Geschichten, in denen Beer folgendes Kindheitserlebnis vor dem Aufenthalt bei der Großmutter schildert:[210] Als Beer 4 oder 5 Jahre alt ist, spielen er und seine beiden jüngeren Brüder im Garten. Sie finden Früchte, die aussehen wie Kuchen, die allerdings giftig sind. Während seine Brüder die Früchte essen, wirft er sie hinter sich. Beide Brüder sterben am nächsten Tag an den Folgen der Vergiftung. Beer verwendet das Präteritum zur Schilderung des Szene, wechselt aber bei der Darstellung seiner Reaktion auf den Tod der Brüder zum Präsens über:

> *„O ihr seelige Hertzen, die ihr Gott anschauet habet mich zurückgelassen in einem Hause voll Jammer und Thränen, alwo Ich von Grund der seelen seuffze und wünsche bald bey euch zu seyn, auf daß Ich samt euch loben möge Gott den Vater,(...).“*[211]

Diese Darstellung im Präsens stellt nicht einfach die erwachsene Sichtweise des Dramas dar. Vielmehr stellt Beer hier, wie auch in einem direkt angeschlossen Gedicht, den Tod der Brüder aus der Sicht des 4 oder 5 Jahre alten Kindes dar.[212] Beer drückt mit dem Wunsch nach dem eigenen Tod seine überwältigenden Schuldgefühle wegen des Todes der Brüder aus.

Der Aufenthalt bei der Großmutter findet unmittelbar nach dem Tod der Brüder statt. Die Eltern konnten den emotionalen Schock offensichtlich nicht anders verarbeiten als durch die Weggabe ihres Sohnes Johannes, der an dem Unfall beteiligt war. Dadurch verstärkten sie die ohnehin enormen Schuldgefühle Beers noch weiter. Die Eltern scheinen Beer, bewußt oder unbewußt, eine (Mit-) Schuld am Tod seiner Brüder gegeben zu haben. Die exzessive Beschäftigung Beers mit Unglücken aller Art in der Autobiographie und der (Beinahe-) Unfall bei der Großmutter lassen sich deuten als Ausdruck eines überwältigenden Schuldgefühls (bzw. eines damit verbundenen Strafbedürfnisses). Beer stirbt im Alter von 45 Jahren an den Folgen eines Jagdunfalls.[213] Hinweise darauf, daß auch dieser Unfall motiviert war, liefert beispielsweise die Tatsache, daß Beer einen Tod stirbt, den er in dieser Form in einem seiner Romane *dem Vater* des Protagonisten angedichtet hatte. Die Darstellung dieses Vaters hängt sinnlogisch mit den Erlebnissen Beers zusammen. Der reale Vater starb ein Jahr vor Beer. Im Jahr nach dem Tod des Vaters arbeitet Beer verstärkt an den Geschichten der Autobiographie, die die Darstellung wesentlicher Kindheitserlebnisse enthalten. Die erneute Beschäftigung mit dem kindlichen Trauma ging dem Unfalltod zeitlich knapp voraus.[214]

Das unemphatische Verhalten der Eltern – die zeitlich begrenzte Entfernung des Kindes aus der Familie – ist nicht alleine durch das traumatisierende

Geschehen durch den Tod der beiden Kinder zu erklären. Beer lebt in *„frühzeitiger Jugend"* [215] bei dem Mann seiner Tante väterlicherseits, unter anderem um das Baderhandwerk zu erlernen. Somit ist Beer in dieser Zeit dauerhaft von der Familie getrennt. Die Ehe der Tante ist kinderlos (wie im Falle der Ehe von Butzbachs Tante). Der Vater Beers gerät während eines Besuchs bei seiner Schwester mit dieser in Streit. Sie sagt im Verlauf des Streits den Satz: *„Du hast gut Kinder zeugen, wan dirs andere Leute ernehren.* "[216] An dieser Aussage kann man sehen, daß die Aufgabe der Realisierung der elterlichen Sozialbeziehung nicht dazu führt, daß die „Adoptiv-Eltern" eine vollgültige elterliche Sozialbeziehung zu dem Kind aufnehmen. Die Tante drückt offensichtlich aus, daß sie Beer ernährt, weil ihr Bruder dazu nicht in der Lage sei. Damit wird aber Beer nicht als ihr Adoptiv-Sohn aufgefaßt, zu dem sie in der Position einer Elternfigur steht. Vielmehr wird hier Beer als eine Art Gast exponiert, der sein Handwerk lernt. Im Falle eines Streits wird seine Position dargestellt als Folge einer Art Gefälligkeit gegenüber dem Bruder. So befindet sich Beer in der Situation, daß er einerseits nicht bei seinen Eltern lebt und damit keine (oder nur eine unzureichende) Realisierung der elterlichen Sozialbeziehung erlebt und andererseits auch nicht wirklich adoptiert wird, was eine vollständige Übernahme elterlicher Pflichten beinhalten würde. Beer lebt als Kind in einer emotional ungeklärten Situation; weder Eltern noch Adoptiv-Eltern geben sich voll verantwortlich. Der Vater reagiert auf den Ausruf der Schwester folgendermaßen:

> *„Augenblüklich steth mein Vater vom Tische auf, laufft hinunter in das Bad, ergreifft mich, als ich schon ausgezogen war und auf dem Bette sass, nahme mich auf die Arme, u: als wir an die Brüken des Baches kamen, füelle er mit mir in den Schnee hinab, daß ich Pfützen naß wurde. Er eillete nachdem mit mir nach Hause...* "[217]

Der Vater *reaktiviert* also aufgrund eines Streits seine väterliche Position. Er nimmt die Rechte, die mit der elterlichen Sozialbeziehung verbunden sind, wieder in Anspruch. Er handelt auf diese Weise aber nicht, weil er emphatische Reaktionen für seinen Sohn zeigt, sondern weil er einen Streit mit seiner Schwester hat. Die Interessen des Sohnes sind für die Entscheidungen, verbunden mit dramatischen Erzeugungen und Beendigungen intimer Sozialbeziehungen, völlig irrelevant. Die Entscheidung, den Sohn wieder heimzuholen, wird völlig impulsiv getroffen. In der Szene spielt Beer die Rolle eines transportablen Faustpfandes geschwisterlicher Konflikte.
Wie schon zur Autobiographie von Platter muß auch hier folgendes angemerkt werden: Es zeigt sich, daß die Aufenthalte außer Haus nicht notwendig sind und sehr einfach beendet werden können. Somit läßt sich ein

Möglichkeitsspielraum in bezug auf den Umgang mit Kindern rekonstruieren, für den die Eltern Verantwortung zugeschrieben bekommen können. Die Rekonstruktion derartiger Handlungsoptionen zeigt sich in der Analyse des Falles und beruht nicht auf heutigen Kenntnissen und erweiterter Bildung. Die Annahme der Verantwortlichkeit der Eltern von Beer stellt somit nicht eine simple Projektion heutiger Einstellungen auf frühere Verhältnisse dar, sondern läßt sich an den Handlungen der damals Beteiligten ablesen. In der gesamten Autobiographie von Beer findet sich kein Hinweis auf emphatische Reaktionen der Eltern ihrem Sohn gegenüber.

Am Ende der Autobiographie kann man verstehen, warum Beer die Schilderung der Szene bei der Großmutter an den Beginn setzt: Sie enthält alle Elemente, die sein Leben prägten, in verdichteter Form: emotionale Distanz zu den Eltern, einen vermutlich motivierten, selbst herbeigeführten Unfall und die Tröstung durch Gott (nicht etwa durch einen Menschen). Die ganze Autobiographie kann analog einem neurotischen Symptom aufgefaßt werden: Beer scheint gleichzeitig den Impuls zu haben, seine Geschichte vollständig und in ihren emotional relevanten Anteilen erzählen *und* verstecken zu wollen. Die Darstellung des eigenen Lebens wird kryptisch ausgeführt. Die relevanten, zusammengehörigen Teile werden räumlich innerhalb des Textes weit getrennt.[218] Aber die Kindheitserlebnisse werden immerhin genannt. Die Wünsche nach Verbergen und Darstellen bestehen gleichzeitig. Aus dieser widersprüchlichen Situation heraus entsteht Beers literarisch enttäuschende Autobiographie, die aber gerade in ihrem künstlerischen Mißlingen die volle Wucht der unverarbeiteten Kindheitserlebnisse enthält.

Der Umgang der Eltern Beers mit dem Thema der Weggabe kleiner Kinder aus der Familie läßt sich anhand einer Episode verdeutlichen, die mit dem Titel „*Von der Weh-Klage*“ überschrieben ist.[219] 1669 sitzen Beer, seine Mutter und zwei Geschwister in der Stube und hören ein klagendes Geräusch. Beer schreibt: „*Wir hielten es für Katzen Geschrey, klange aber so natürlich, als heuleten etliche Kinder unterschiedliches Alters miteinander.*“[220] Beer erzählt, daß niemand der Anwesenden sich vor die Tür traut um nachzusehen. Am nächsten Morgen erreicht die Familie die Nachricht, daß eine Schwester Beers, die sich bei der Großmutter Achleitner aufgehalten hatte, im Alter von 4 Jahren gestorben ist. Das klagende Geräusch ertönte zu der Stunde als die Schwester starb.

Diese Geschichte zeigt, daß nicht nur Beer außerhalb der Herkunftsfamilie untergebracht war. Die 4jährige Schwester wird ebenfalls dort untergebracht, während etwa Beer, zum genannten Zeitpunkt 14 Jahre alt, bei seinen Eltern ist. Nur zwei weitere der insgesamt 15 Geschwister sind ebenfalls dort. Diese Schwester war wohl schwer krank. Beer hätte sicher vermerkt, wenn sie an den

Folgen eines Unglücks gestorben wäre. Trotz einer Erkrankung befindet sich das Mädchen bei der Großmutter. Sicher war es dort, wie Beer, über einen längeren Zeitraum untergebracht. Beer erwähnt, daß ein Bote von Schörfling, wo die Großmutter wohnte, am nächsten Morgen die Nachricht vom Todes des Mädchens überbrachte. Man hätte also auch im Falle einer schweren Erkrankung unverzüglich die Eltern herbeirufen können.
Die von Beer angedeutete Interpretation des Geräusches als Klage eines Kindes, also der sterbenden Schwester, zeigt die Präsenz von Schuldgefühlen in der Familie. Das Mädchen starb nicht in der Anwesenheit der Eltern. Die Schuldgefühle beeinflussen die Interpretation der Wahrnehmung eines Geräuschs. Eventuell wußte die Familie von der Erkrankung des Kindes und interpretierte das Schreien von Katzen als Versuch des Kindes, eine elterliche oder familiale Hilfeleistung zu erlangen.

2.5.2 Beers Aufenthalte ausserhalb der Familie

Im Herbst 1662 – also im Alter von 7 Jahren – wird Beer von seinem Vater nach Lambach gebracht, wo er zum Musiker ausgebildet werden soll.[221] Dieser Aufenthalt ist wiederum mit einer Trennung von der Familie verbunden. Beer kam mit 6 Jahren von der Großmutter zurück in seine Herkunftsfamilie und geht mit 7 1/2 Jahren nach Lambach. Der Aufenthalt bei dem Bader kann zwischen diesen beiden Ereignissen oder vorher stattgefunden haben. Da das Unglück mit den beiden Brüdern sich ereignete als Beer 4 oder 5 Jahre alt war, und Beer damals zusammen mit seinen Brüdern bei den Eltern lebte, ist es wohl plausibler anzunehmen, daß der Aufenthalt beim Bader nach dem Aufenthalt bei der Großmutter stattfand. Somit ergibt sich, daß Beer im Alter vom 5. bis zum 6. Lebensjahr bei der Großmutter lebte, dann eine Zeit bei den Eltern verbrachte, unterbrochen vom Aufenthalt beim Bader und schließlich mit 7 Jahren nach Lambach gebracht wurde. Von dort wechselt Beer im Alter von 10 Jahren nach Reichersperg in Bayern. Er unternimmt während des Aufenthaltes dort eine Reise zusammen mit seinem Vater zu dessen Bruder.[222] Der Vater kümmert sich also zumindest zeitweise um seinen Sohn.
1669 besucht Beer die Lateinschule in Passau; 1670 kommt er im Alter von 15 Jahren nach Regensburg, wo er 6 Jahre studiert. Vermutlich lebt er in dieser Zeit wieder bei seinen Eltern, die inzwischen nach Regensburg gezogen waren.

223 Ähnlich wie Platter und Butzbach lebte Beer in seiner Kindheit nicht durchgängig bei seiner Herkunftsfamilie. Der Kontakt zu den Eltern riß zwar nicht völlig ab, die Aufenthalte innerhalb der Familie waren jedoch häufig von längeren Aufenthalten bei familienexternen Personen bzw. Institutionen unterbrochen. Es wird deutlich, daß Beers Kindheit wesentlich von der Weggabe-Thematik beeinflußt wurde.

3. Diskussion

Im folgenden werden einige der wesentlichen Ergebnisse der vorgelegten Rekonstruktionen historischer Eltern-Kind-Beziehungen diskutiert. Wegen der erforderlichen Kürze können nur besonders relevante Aspekte dargestellt werden. Der Schwerpunkt soll hierbei auf Fragen der empirischen Überprüfung des psychogenetischen Ansatzes liegen.
Zunächst sei betont, daß die Gültigkeit der Rekonstruktionen in der Form, wie sie hier vorgestellt wurden, unabhängig von ihrer Bedeutung für den psychogenetischen Ansatz diskutiert werden kann. Bei der Diskussion einer empirischen Überprüfung des psychogenetischen Ansatzes werden Annahmen wie etwa die einer evolutionären Höherentwicklung der Eltern-Kind-Beziehungen zunächst zurückgestellt.

3.1 Gemeinsamkeiten der rekonstruierten Kindheiten

Alle 5 rekonstruierten Kindheiten haben gemeinsam, daß die leiblichen Eltern die wesentlichen Bezugspersonen der Autobiographen waren. Dieses Ergebnis scheint nicht trivial angesichts der Tatsache, daß gehäuft nicht-elterliche, teilweise familienexterne Personen wichtige Fürsorgeaufgaben gegenüber den Kindern wahrnahmen. Man könnte ja versucht sein, den damit korrespondierenden, distanzierten Umgang der leiblichen Eltern mit ihren Kindern dadurch zu erklären, daß in den untersuchten Gesellschaften die wesentlichen Sozialisationsaufgaben nicht Sache der Eltern waren. In diesem Fall bliebe

aber die Darstellung der Eltern als die zentralen kindlichen Bezugspersonen – trotz der rekonstruierten Nicht-Realisierung entsprechender Fürsorgeaufgaben – in allen 5 Autobiographien weitgehend unverständlich. Anhand der Untersuchung der 5 Autobiographien läßt sich klar erkennen, daß die Eltern als die wichtigsten Objekte der Kinder fungieren; die Autobiographen thematisieren wesentlich ihre Eltern – und nicht etwa andere Beziehungsfiguren. Selbst Platter setzt sich stärker mit seiner Mutter auseinander als mit seiner Tante Franzi, obwohl die Tante erheblich größeren Anteil an wichtigen Entscheidungen bezüglich Platters Leben hatte.
Die Familie in der Darstellung der 5 vorliegenden Autobiographien imponiert also nicht primär als Produktionstätte etwa im Sinne des „ganzen Hauses" oder als Großfamilie mit zahlreichen Beziehungsangeboten.[224] Statt dessen schildern alle 5 Autobiographen, die höchst unterschiedlichen Schichten und Epochen angehören, ihre Erfahrungen mit der Kernfamilie (Mutter, Vater, Kind und auch, allerdings unterschwelliger, Geschwister) bzw. innerhalb der ödipalen Triade. Dieses Ergebnis gilt es zu erklären. Ohne darauf hier ausführlich eingehen zu können sei angemerkt, daß dieses Ergebnis mit sozialgeschichtlichen Untersuchungen zu kontrastieren ist, die die relevante Beeinflussung familialer Strukturen vor allem in makrostrukturellen, meist ökonomischen Bedingungen sehen. Die vorliegende Analyse zeigt bezogen auf den hier untersuchten Zeitabschnitt quer durch verschiedene Schichten, daß generell ödipale Strukturen relevante Sozialisationsbedingungen darstellen. Neben der Universalität der ödipalen Triangulation läßt sich aber auch zeigen, daß die hier untersuchten historischen Eltern z. T. gravierend von einer adäquaten Realisierung derartiger Beziehungen, die ihnen offensichtlich von ihren Kindern angesonnen wurden, abweichen. Eine solche Abweichung zeigt etwa ein Vater, der wie in bezug auf Seuses Vater vermutet werden kann, die Eltern-Kind-Beziehung massiv kontaminiert mit Verhaltenselementen aus der Gattenbeziehung (sexuelle Verhaltensweisen). Eine andere Abweichung von der eingeforderten Eltern-Kind-Beziehung stellt die Weggabe dar, die eine paradoxe Mischung aus Realisierung und Nicht-Realisierung der elterlichen Beziehung darstellt. So entscheidet der Vater Butzbachs die Weggabe (Wahrnehmung der elterlichen Beziehung im Sinne der Bestimmung gravierender Lebensentscheidungen für das Kind); gleichzeitig beendet er damit diese Beziehung und die eigene Fürsorge, die er an einen Jugendlichen delegiert (Nicht-Wahrnehmung bzw. Beendigung der elterlichen Beziehung).
Eine derartig widersprüchliche Impulssituation auf seiten der Eltern kann in der nächsten Generation wiederholt werden, was einer Strukturreproduktion,

in diesem Falle einem Wiederholungszwang, entspricht. Die Widersprüche können auch verringert werden, wobei ein Versuch, die kindlichen Bedürfnisse adäquater zu befriedigen, als Strukturtransformation (hier im Sinne einer Verbesserung) aufgefaßt werden kann. Die dialektische Mischung der Realisierung und Nicht-Realisierung elterlicher Aufgaben etwa im Falle von Butzbachs Vater kann mit deMause als bizarre oder unreife elterliche Einstellung bezeichnet werden. Man ist versucht zu formulieren, daß die Kinder durch ihr Verhalten und ihre emotionalen Reaktionen deutlicher die elterlichen Rollen einfordern, als die Eltern diese erfassen und erfüllen. Im Kontext der psychogenetischen Theorie würde eine Strukturtransformation damit einhergehen, daß die Eltern ihre von den Kindern unbewußt eingeforderten und angesonnenen Aufgaben unverzerrter erkennen und erfüllen und dabei ihre emotional motivierten Hinderungen überwinden. Am Beispiel Platters wurde bereits ausgeführt, daß entsprechende Handlungsoptionen immerhin umrißhaft von der Tante erkannt wurden. Die stärkere Realisierung derartiger Bedürfnisse ergäbe eine gerichtete Strukturtransformation familialer Strukturen, die zunächst in der Zunahme von Empathie auf seiten des Erwachsenen bestünde und damit zu Veränderungen der Persönlichkeitsstruktur führen könnte.[225]

3.2 Differenzen der rekonstruierten Kindheiten

Seuses Kindheit scheint von extremer emotionaler Deprivation geprägt gewesen zu sein. Die Annahme sexuellen Mißbrauchs basiert auf einer Rekonstruktion und beinhaltet Analysen der Persönlichkeit Seuses und religiöser Praktiken, deren Symptomcharakter hervorgehoben wird. Zur Analyse werden Ergebnisse empirischer Untersuchungen heutiger Selbstbeschädiger verwendet. Seuses Autobiographie stellt zudem einen anderen Typ dar als die anderen Autobiographien, in denen Kindheit und Interaktionen *direkt* geschildert werden. Die Vergleichbarkeit von Seuses Autobiographie mit den übrigen ist dadurch erschwert.

Schwierig ist auch eine Einordnung der Eltern-Kind-Beziehungen bei Seuse in das Schema des psychogenetischen Ansatzes. Seuse wurde im Alter von 13 Jahren dauerhaft von seiner Familie getrennt. Das Alter bei der Trennung ist höher als bei Butzbach (mit 9 Monaten und mit 10 Jahren), Platter (wahrscheinlich sehr frühe Trennung, zumindest ab 3 Jahren dauerhaft von der

Mutter getrennt) und Beer (mit 5 Jahren Aufenthalt bei der Großmutter, dann weitere längere Unterbrechungen). Trotzdem scheint Seuses Kindheit erheblich problematischer gewesen zu sein als alle anderen hier dargestellten.
Gesteht man den hier vorgelegten Deutungen Gültigkeit zu und geht damit von real erfahrenen, gravierenden Deprivationen und Traumatisierungen aus, muß die Kindheit Seuses als diejenige bezeichnet werden, innerhalb derer die emotionale Distanz zum Kind und die emotionale Unreife beider Eltern die größten psychischen Auswirkungen hatte. Seuses Kindheit entspricht demnach deMause' These einer Kindheit als Alptraum – unabhängig von Vergleichen mit den anderen Autobiographien.
Die Autobiographien von Butzbach, Platter und Beer scheinen untereinander durchaus vergleichbar. Sie sind durch große emotionale Distanz der Eltern zu ihren Kindern gekennzeichnet. Der erfahrene Modus ist wesentlich der der Weggabe: Die Kinder erfahren Trennungen von ihren Herkunftsfamilien, die nicht durch äußere Ereignisse erzwungen wurden, sondern direkt mit dem mangelnden Interesse der Bezugspersonen bzw. deren emotionaler Distanziertheit verknüpft sind.
Butzbach erfuhr Desinteresse von beiden Eltern und neigte – verglichen mit Platter und Beer – zu den überschießensten Idealisierungen. Diese Tatsache spricht für die Erfahrung der vergleichsweise gravierensten Traumata, die nicht integriert wurden, sondern zu Reaktionsbildungen führten. Auch das Verhältnis zur Tante, die immerhin zugewandter als die Eltern war, muß von massiven Ambivalenzen geprägt gewesen sein. Butzbachs Erfahrungen mit der Tante scheinen eher auf intrusive Praktiken wie nächtliches Beten mit dem Kind und rigide Kontrolle hinzuweisen.
Platter und Beer neigten in weit geringerem Maße zur Idealisierung ihrer Eltern als Butzbach. Platter hat Fürsorge durch den eigenen früh verstorbenen Vater erfahren und fand in seiner Tante Franzi eine Bezugsperson, die sein Talent erkannte und die fürsorgliche Handlungen ihm gegenüber zeigte. Beer verbrachte wiederum mehr Zeit innerhalb seiner Familie als Platter und hat zwar Weggabe erfahren, wurde aber offensichtlich nicht den extremen Bedingungen eines Lebens als fahrender Schüler ausgesetzt. Beers emotionales Problem bestand in den enormen Schuldgefühlen, die auf dem Unfalltod der Brüder zurückgehen. Dieses Ereignis zusammen mit den darauf erfogenden elterlichen Reaktionen überschattete sein ganzes Leben.

Die klar zugewandtesten elterlichen Erfahrungen hat Weinsberg gemacht. Weinsberg beschreibt plausibel einen Vater, der sich für seinen Sohn interessierte, ihn ernst nahm und angemessene Fürsorge gegenüber dem Kind zeig-

te. Weinsberg lief keine Gefahr weggegeben zu werden; sein Aufenthalt innerhalb der Familie war sicher. Emotionale Probleme mit dem Vater ergaben sich allerdings in der Pubertät. Dann finden sich auch stärker intrusive Elemente, die hier jedoch nicht weiter diskutiert werden sollen. Das Verhältnis zur Mutter wird nicht klar dargestellt. Die Hinweise, die Weinsberg gibt, sprechen für Probleme in der Früherfahrung. Aber es ist an dieser Stelle nochmals zu betonen, daß die Familie nicht nur für einen sicheren Aufenthalt der eigenen Kinder sorgte, sondern sogar fremde Kinder aufnahm. Auch die Mutter muß mit diesem Familienzuwachs einverstanden gewesen sein, was wiederum eher für eine gewisse Akzeptanz gegenüber Kindern spricht.
In bezug auf einen Falsifikationsversuch des psychogenetischen Ansatzes stellt ausschließlich die Autobiographie Weinsbergs eine Herausforderung dar. DeMause bestimmte zunächst den Beginn des „intrusiven Modus" als im 18. Jahrhundert gelegen, revidierte später die Datierung und verlegte sie auf das späte 16. Jahrhundert.[226] Weist man Weinsbergs Beziehungserfahrungen mit dem Vater dem intrusiven Modus zu, würde dies entweder eine Falsifikation der Theorie bedeuten oder erzwingen, den Beginn des intrusiven Modus auf den Beginn des 16. Jahrhunderts zu verlegen. Da durch eine derartige Vorverlegung der Datierung des intrusiven Modus die psychogenetische Theorie nicht in ihrer Struktur verändert wird, sollte in diesem Fall das empirische Ergebnis nicht als Falsifikation, sondern, je nach Ausmaß der notwendigen theoretischen Veränderungen, eher als Exhaustation, Korrektur oder Revision aufgefaßt werden.
Die Einordnungsprobleme sind allerdings im Falle Weinsbergs im Grunde gravierender. Bestimmte Interaktionen verweisen nicht auf den intrusiven Modus, sondern auf den „sozialisatorischen" oder sogar den „unterstützenden". Der Modus der Intrusion ist gekennzeichnet durch die Absicht der Eltern, in den Geist des Kindes einzudringen, seine emotionalen Äußerungen (etwa aus den Bereichen Aggression und Sexualität) unter massive Kontrolle zu bringen. Dagegen ist der Modus der Sozialisation nicht auf die exzessive Kontrolle des kindlichen Willens ausgerichtet, sondern von der Absicht geprägt, das Kind an gesellschaftliche Gegebenheiten anzupassen und auf den rechten Weg zu bringen. Demgegenüber basiert der Modus der Unterstützung primär auf der elterlichen Einstellung, dem Kind dabei zu helfen, seinen eigenen Weg zu finden.[227] Die oben erwähnte Szene, in der Weinsberg sich an seinen Vater wendet und dieser ihm Unterstützung gegen die Mutter andient, scheint keine intrusiven, sondern eben diese sozialisatorischen oder sogar unterstützenden Momente aufzuweisen.

3·3
Überprüfungsprobleme des psychogenetischen Ansatzes

Es zeigt sich an dieser Stelle ein generelles Überprüfungsproblem des psychogenetischen Ansatzes. Die Erfahrungen der Kinder sind nicht homogen, sondern erlauben die Rekonstruktion verschiedener Beziehungsmodi – sogar mit der selben Person. Darum stellt eine subsumptionslogische Zuweisung der Rekonstruktion einer historisch-konkreten Eltern-Kind-Beziehung zu einem Kategorienschema wie dem hier diskutierten eine Verkürzung dar, die nicht immer legitimiert werden kann. Um größere Homogenität der Zuweisung zu erreichen, bietet sich an, den Beziehungsmodus nicht anhand der gesamten Beziehungerfahrungen des konkreten Kindes zu diskutieren, sondern die Interakte mit der jeweiligen Eltern- bzw. Erwachsenenfigur separat einzuordnen. Dadurch erreicht man zumindest, daß die Unterschiedlichkeit der Erziehungsformen beider Elternteile die Subsumption nicht erschwert. Es bleibt aber eine Tatsache, daß auch eine einzelne Person sich nicht einheitlich zum Kind verhält. Insofern muß hinsichtlich der vorliegenden Untersuchung klar unterschieden werden zwischen der Ebene der Einzefallrekonstruktion einer Kindheit und der Ebene der übergeordneten theoretischen Einordnung etwa im Sinne einer psychogenetischen Geschichte der Kindheit. In der Einzelfallrekonstruktion sind Nuancen und Eigenheiten der Eltern-Kind-Beziehung thematisch, die z. T. irrelevant für die Subsumption sind. Die genaue Analyse des Einzelfalles gestattet aber die Entdeckung neuer oder bislang vernachlässigter Themen, die bei der wissenschaftlichen Erfassung des Gegenstands Kindheit und dessen theoretischer Diskussion eine wichtige Rolle erhalten können. Die Ebene der Einzelfallrekonstruktion stellt damit einen Beitrag zur Geschichte der Kindheit dar, der in weitgehender Unabhängigkeit von den theoretischen Konstruktionen und Annahmen zum Gesamtgeschehen Kindheit diskutiert werden kann und muß.

Im Unterschied zur Einzelfallrekonstruktion stellen Konstruktionen wie der psychogenetische Ansatz Aussagensysteme dar, die ein erheblich höheres Abstraktionsniveau aufweisen. Dieses wird erreicht, indem konkrete Kindheiten anhand gewisser Merkmalsbündel subsumiert und damit einem Kategorienschema zugewiesen werden können, das für eine Beschreibung größerer Zeiträume gedacht ist. Der Vorteil einer derartigen Subsumtion besteht in der Systematisierung und in der Beschreibung einer ansonsten verwirrenden Vielfalt von Erfahrungen, die Kinder in der Geschichte machten. Der Nachteil oder besser: das Problem bei derartigen Zuweisungen besteht im Vernachlässigen von Details der Rekonstruktionen, die aber ihrerseits die Erfahrung von Kindern exakter charakterisieren als eine einfache Kategorie. Kinder erfahren eben nicht den „Modus der Intrusion", sondern die konkrete, möglicherweise sehr diverse Beziehungsrealität.

Die Ebene der Einzelfallrekonstruktion beinhaltet empirische Überprüfungsprobleme, die unabhängig von umfassenderen Konstruktionen einen abtrennbaren Diskussionszusammenhang bilden. Die Zuweisung von Einzelfällen zu Kategorien, die der Beschreibung des umfassenden Gegenstands Kindheit dienen, weist demgegenüber eigene Probleme auf. Die Gültigkeit der Zuweisung hängt u. a. auch von der Komplexität der Beziehungsrealität ab: Je inhomogener und diverser die Beziehungsrealität zwischen einem konkreten Erwachsenen und einem Kind ist, desto schwerer fällt die Subsumption und desto mehr Information geht dabei verloren. Die weitere wissenschaftliche Erforschung der Kindheit bedarf einer klärenden Diskussion der hermeneutischen Probleme bei der Rekonstruktion der Einzelfälle und der Adäquatheit der bislang vorgeschlagenen Kategorien zur Beschreibung des Gegenstandes Kindheit wie sie etwa im Rahmen des psychogenetischen Ansatzes vorgeschlagen wurden.

Zurückkehrend zur Diskussion der Einordnung der Einzelfallrekonstruktionen in das Schema des psychogenetischen Ansatzes kann festgestellt werden, daß – mit Ausnahme der Kindheit von Weinsberg – die Rekonstruktionen bemerkenswert gut in die generelle Beschreibung historischer Kindheiten und deren zugrundeliegender Beziehungsrealität einzuordnen sind. Die Einordnungsprobleme im Falle Weinsbergs bedürfen der weitergehenden Untersuchung der Quelle. Da eine einzige Ausnahme die Widerlegung von Allsätzen nach sich zieht, könnte im Zuge der Untersuchung der Autobiographie Weinsbergs eine Revison theoretischer Annahmen des psychogenetischen Ansatzes erzwungen werden.

Die heuristische Brauchbarkeit des psychogenetischen Ansatzes zur Beschreibung historischer Kindheiten scheint unter Berücksichtigung des vorliegenden Beitrags evident. Die weitere Untersuchung von Autobiographien und von weiterem geeignetem Quellenmaterial kann Aufschluß darüber geben, was der psychogenetische Ansatz für die Erklärung historischer Eltern-Kind-Beziehungen leisten kann – und was nicht.

Literatur

Primärliteratur

Beer, Johann (1965). Sein Leben von ihm selbst erzählt. Hrsg. v. Adolf Schmiedecke. Göttingen: Vandenhoek & Ruprecht.

Beer, Johann (1981). Sämtliche Werke. Band 1. Hrsg. v. Ferdinand van Ingen u. Hans-Gert Roloff. Bern, Frankfurt am Main, Las Vegas: Lang.

Blannbekin, Agnes (1994). Leben und Offenbarungen der Wiener Begine Agnes Blannbekin. Edition und Übersetzung von Peter Dinzelbacher und Renate Vogler. Göppingen: Kümmerle.

Butzbach, Johannes (1912, unveränderter Nachdruck 1984). Des Johannes Butzbach Wanderbüchlein: Chronika eines fahrenden Schülers. Hrsg. v. D. J. Becker. Neustadt an der Aisch: Schmidt.

Butzbach, Johannes (1991). Odeporicon: eine Autobiographie aus dem Jahre 1506. Einleitung, Übersetzung und Kommentar von Andreas Beriger. Zweisprachige Ausgabe. Weinheim: VCH, Acta Humaniora.

Konrad von Megenberg (1861). Das Buch der Natur: die erste deutsche Naturgeschichte in deutscher Sprache. Hrsg. v. Franz Pfeiffer. Stuttgart (Nachdruck 1971. Hildesheim, New York: Olms).

Konrad von Megenberg (1897). Das Buch der Natur. Bearb. v. Hugo Schulz. Greifswald: Abel. (Neuhochdeutsch)

Mechthild von Magdeburg (1955). Das fliessende Licht der Gottheit. Einsiedeln, Zürich, Köln: Benzinger.

Platter, Felix (1976). Tagebuch (Lebensbeschreibung) 1536-1567. Hrsg. v. Valentin Lötscher. Basel, Stuttgart: Schwabe.

Platter, Thomas (1878). Thomas und Felix Platter: Zur Sittengeschichte des 16. Jahrhunderts. Hrsg. v. Heinrich Boos. Leipzig: Hirzel.

Platter, Thomas (1911). Thomas und Felix Platters und Agrippa d'Aubignés Lebensbeschreibungen. Hrsg. v. Otto Fischer, München: Mörike.

Platter, Thomas (1944). Thomas Platter: Lebensbeschreibung. Hrsg. v. Alfred Hartmann. Klosterberg, Basel: Schwabe.

Seuse, Heinrich (1907). Deutsche Schriften. Hrsg. v. Karl Bihlmeyer. Stuttgart: Kohlhammer. (unveränderter Nachdruck 1961. Frankfurt am Main: Minerva).

Seuse, Heinrich (1911). Heinrich Seuses deutsche Schriften. Übertr. u. eingel. v. Walter Lehmann. Jena: Diederichs.

Seuse, Heinrich (1966). Deutsche mystische Schriften. Hrsg. v. Georg Hofmann. Düsseldorf: Patmos.

Seuse, Heinrich (1977). Horologium sapientiae. Erste kritische Ausgabe unter Benützung der Vorarbeiten von Dominikus Pflanzer OP. Hrsg. v. Pius Künzle OP. Freiburg/Schweiz: Universitätsverlag.

Strauch, Philipp (1882). Margaretha Ebner und Heinrich von Nördlingen: ein Beitrag zur Geschichte der deutschen Mystik. Freiburg im Breisgau, Tübingen: Mohr. (Nachdruck 1966. Amsterdam: Schippers).

Weinsberg, Hermann von (1886). Das Buch Weinsberg: Kölner Denkwürdigkeiten aus dem 16. Jahrhundert. 1. Band. Bearb. v. Konstantin Höhlbaum. Leipzig: Dürr.

Sekundärliteratur

Arnold, Klaus (1980). Kindheit und Gesellschaft in Mittelalter und Renaissance: Beiträge und Texte zur Geschichte der Kindheit. (= Sammlung Zebra: Reihe B, Bücher für die Ausbildung und Weiterbildung der Erzieher; Band 2). Paderborn: Schöningh; München: Lurz.

Bumiller, Casimir (1993). Die Autobiographie von Thomas Platter (1499-1582): ein psychoanalytischer Beitrag zur Biographik des 16. Jahrhunderts. In: Hedwig Röckelein (Hrsg.). Forum Psychohistorie, Band 1: Biographie als Geschichte. Tübingen: Edition diskord. (S. 248-279).

Calof, David L. (1995). Chronic self-injury in adult survivors of childhood abuse: sources, motivations, and functions of self-injury (part II). In: Treading abuse today, 5 (4/5), S. 31-36.

DeMause, Lloyd (1989 a). Evolution der Kindheit. In: Lloyd deMause (Hrsg.). Hört ihr die Kinder weinen: eine psychogenetische Geschichte der Kindheit. (6. Auflage). (Originaltitel: The history of childhood). Frankfurt am Main: Suhrkamp.

DeMause, Lloyd (1989 b). Die fötalen Ursprünge der Geschichte. In: Lloyd deMause. Grundlagen der Psychohistorie. Hrsg. v. Aurel Ende. Frankfurt am Main: Suhrkamp. (S. 230-349).

DeMause, Lloyd (1990). The history of child assault. In: The Journal of psychohistory, 18 (1), S. 1-29.

DeYoung, Mary (1982). Self-injurious behavior in incest victims: a research note. In: Child welfare, Vol. 61 (8), S. 577-584.

Dinzelbacher, Peter (1994). Christliche Mystik im Abendland: ihre Geschichte von den Anfängen bis zum Ende des Mittelalters. Paderborn, München, Wien, Zürich: Schöningh.

Freud, Sigmund (1901). Zur Psychopathologie des Alltagslebens. In: G. W. IV. Frankfurt am Main: Fischer.

Freud, Sigmund (1911). Psychoanalytische Bemerkungen über einen autobiographisch beschriebenen Fall von Paranoia („Der Fall Schreber"). In: G. W. VIII.

Freud, Sigmund (1917). Allgemeine Neurosenlehre: die Wege der Symptombildung. In: G. W. XI.

Freud, Sigmund (1918). Aus der Geschichte einer infantilen Neurose („Der Wolfsmann"). In: G. W. XII.

Freud, Sigmund (1923). Das Ich und das Es. In: G. W. XIII.

Hartmann, Christine (1993). Milchstau und Mastitis. In: Stillen und Stillprobleme. Hrsg. v. d. Arbeitsgemeinschaft freier Stillgruppen (AFS). Redaktion: Utta Reich-Schottky. Stuttgart: Enke. (S. 110-117).

Hirsch, Mathias (1978). Realer Inzest: Psychodynamik des sexuellen Mißbrauchs in der Familie. Berlin, Heidelberg, New York, London, Tokyo, Paris: Springer.

Hirsch, Mathias (1989). Der eigene Körper als Übergangsobjekt. In: Mathias Hirsch (Hrsg.). Der eigene Körper als Objekt: zur Psychodynamik selbstdestruktiven Körperagierens. Berlin, Heidelberg, New York, London, Paris, Tokyo, Hong Kong: Springer. (S. 9-32).

Hirsch, Mathias (1994). The body as a transitional object. In: Psychotherapy and psychosomatics, 62, S. 78-81.

Johansen, Erna (1986). Betrogene Kinder: eine Sozialgeschichte der Kindheit. Frankfurt am Main: Fischer.

Jüttemann, Gerd (1988). Vorbemerkungen des Herausgebers. In: Gerd Jüttemann (Hrsg.). Wegbereiter der historischen Psychologie. München, Weinheim: Beltz, Psychologie-Verl.-Union. (S. 1-20).

Kafka, John S. (1969). The body as transitional object: a psychoanalytic study of a self-mutilating patient. In: British journal of medical psychology, 42, S. 207-212.

Kaiser, R.; Martius, G. (1985). Wochenbett und Laktation. In: Gerhard Martius (Hrsg.). Lehrbuch der Geburtshilfe: einschließlich der geburtshilflichen Operationen. 11. neubearbeitete Auflage. Stuttgart, New York: Thieme. (S. 415-443)

Keck, C.; Breckwoldt, M. (1995). Physiologie und Pathophysiologie der Laktation: Therapie der Mastitis puerperalis. In: Geburtshilfe und Frauenheilkunde, 55, S. M17-M19.

Kersting, Martin (1987). Text und Bild im Werk Heinrich Seuses: Untersuchungen zu den illustrierten Handschriften des Exemplars. (Dissertation). Mainz.

Klein, Melanie (1987). Die Psychoanalyse des Kindes. Frankfurt am Main: Fischer.

Klein, Melanie (1994). Das Seelenleben des Kleinkindes und andere Beiträge zur Psychoanalyse. Hrsg. v. Hans A. Thorner. (5. Auflage). Stuttgart: Klett-Cotta.

Leuner, Hanscarl (1962). Die experimentelle Psychose: ihre Pharmakologie, Phänomenologie und Dynamik in Beziehung zur Person. Berlin, Göttingen, Heidelberg: Springer.

Mitzka, Walter (1954). Trübners Deutsches Wörterbuch. Berlin: de Gruyter.

Niederland, William G. (1978). Der Fall Schreber: das psychoanalytische Profil einer paranoiden Persönlichkeit. Frankfurt am Main: Suhrkamp.

Pao, Ping Nie (1969). The syndrome of delicate self-cutting. In: British journal of medical psychology, 42, S. 195-206.

Peiper, Albrecht (1958). Chronik der Kinderheilkunde. Leipzig: Thieme.

Petschauer, Peter (1984). Review in: The journal of psychohistory, 12 (2), S. 259-261.

Plassmann, Reinhard; Wolff, B.; Freyberger, H. (1986). Die heimliche Selbstmißhandlung, eine psychosomatische Krankheit. In: Zeitschrift für psychosomatische Medizin, 32, S. 316-336.

Priskil, Peter (1985). Die rechtliche Sonderstellung des Hundes im christlichen Spätmittelalter. In: System ubw, 3 (1), S. 66-79.

Putnam, Frank W. (1989). Diagnosis and treatment of multiple personality disorder. New York, London: Guilford Press.

Rohde-Dachser, Christa (1986). Ringen um Empathie: ein Interpretationsversuch masochistischer Phantasien. In: Forum der Psychoanalyse, 2, S. 44-58.

Rosenbaum, Heidi (1982). Die Bedeutung historischer Forschung für die Erkenntnis der Gegenwart – dargestellt am Beispiel der Familiensoziologie. In: Michael Mitterauer; Reinhard Sieder (Hrsg.). Historische Familienforschung. Frankfurt am Main: Suhrkamp. (S. 40-63).

Rutschky, Katharina (1983). Deutsche Kinderchronik. Köln: Kiepenheuer & Witsch.

Sachsse, U. (1989). „Blut tut gut": Genese, Psychodynamik und Psychotherapie offener Selbstbeschädigung der Haut. In: Mathias Hirsch (Hrsg.). Der eigene Körper als Objekt: zur Psychodynamik selbstdestruktiven Körperagierens. Berlin, Heidelberg, New York, London, Paris, Tokyo, Hong Kong: Springer. (S. 94-117).

Schatzman, Morton (1978). Die Angst vor dem Vater: Langzeitwirkungen einer Erziehungsmethode. (Originaltitel: Soul murder: persecution in the family). Reinbek bei Hamburg: Rowohlt.
Schneider, H. P. G. (1986). Physiologie des Stillens. In: Adolf E. Schindler (Hrsg.) Prävention in Gynäkologie und Geburtshilfe. Überlingen: terramed-Verlag. (S. 575-589).
Shapiro, Shanti (1987). Self-mutilation and self-blame in incest victims. In: American journal of psychotherapy, Vol. 41 (1), S. 46-54.
Stegner, Egon (1981). Gynäkologie und Geburtshilfe. Stuttgart: Enke.
Stierlin, Helm (1980). Eltern und Kinder: Das Drama von Trennung und Versöhnung im Jugendalter. Frankfurt am Main: Suhrkamp.
Stierlin, Helm (1982). Delegation und Familie: Beiträge zum Heidelberger familiendynamischen Konzept. Frankfurt am Main: Suhrkamp.
Stippig, Margarete (1993). Psychologische und psychophysiologische Aspekte des Stillens. In: Stillen und Stillprobleme. Hrsg. v. d. Arbeitsgemeinschaft freier Stillgruppen. Redaktion: Utta Reich-Schottky. Stuttgart: Enke. (S. 4-9).
van der Hart, Onno; Lierens, Ruth; Goodwin, Jean (1996). Jeanne Fery: A sixteenth-century case of Dissociative Identity Disorder. In: The Journal of Psychohistory, 24 (1), S. 18-35
Weber-Kellermann, Ingeborg (1974). Die deutsche Familie: Versuch einer Sozialgeschichte. Frankfurt am Main: Suhrkamp.

Anmerkungen

1 DeMause (1989 a).
2 So etwa bei Arnold (1980); Rutschky (1983); Jüttemann (1988).
3 Vgl. Freud (1917), S. 372 ff.
4 DeMause (1989 a), S. 35.
5 Vgl. Arnold (1980), S. 86.
6 Vgl. hierzu auch die Stellungnahme von Petschauer (1984).
7 Vgl. deMause (1989 b), S. 285.
8 Arnold (1980), S.38. In der Geschichte kommt tatsächlich nur eine zugewandte Stelle vor. Gott sagt über Isaac, daß er Abrahams einziger Sohn sei, den Abraham lieb habe. Das sagt Gott – und nicht etwa Abraham, der den Aufforderungen Gottes zum Sohnesopfer kommentarlos Folge leistet. Abraham führt Isaac zudem in die Irre, denn auf dessen Frage, wo das Schaf für die Opferung sei, antwortet Abraham ausweichend und falsch, daß Gott sich ein Schaf ausersehen werde, obwohl Abraham zu dieser Zeit glaubt, daß Gott seinen Sohn Isaac als Opfer haben wolle. Die biblische Geschichte ist ohnehin nur bedingt geeignet, historisch konkrete Eltern-Kind-Beziehungen zu analysieren, weil bei der Entstehung derartiger Mythen kulturelle Umbildungsprozesse und kollektive Phantasien eingearbeitet wurden. Da aber kollektive Phantasien auch individuelle widerspiegeln, scheint es legitim, zumindest Aspekte historisch-konkreter Eltern-Kind-Beziehungen anhand dieser Geschichte abzugreifen. Eine ausführliche Diskussion des hier nur angeschnittenen Problems würde den Rahmen des Artikel allerdings überschreiten.

9 Vgl. hierzu deMause (1989 a), S. 82 ff. sowie die Revision der entsprechenden Periodisierung in: deMause (1990), S. 13 ff. Die höheren Modi traten demnach tendenziell früher auf als zuvor angenommen.

10 Vgl. die Ausführungen von Bihlmeyer in: Seuse (1907), S. 68*.

11 Der hier gewählte Begriff „Erschaffung" soll nicht präsupponieren, daß Seuse bewußt und aktiv dieses Objekt bildet. Man muß davon ausgehen, daß Seuse selbst die Erschaffung eher als eine Entdeckung oder ein Finden erlebt. Seuse glaubt natürlich, in direktem Kontakt mit der religiösen Sphäre zu stehen. Die Strukturen dieser „Sphäre" sind dabei in großen Teilen seinen infantilen Objektbeziehungen entlehnt.

12 Vgl. Seuse (1907), S. 14; Seuse (1911), S. 13. Alle Zitate werden nach der neuhochdeutschen Übertragung von Lehmann wiedergegeben [zitiert als Seuse (1911)]. Es wird allerdings auch jeweils die Referenzstelle der Ausgabe von Bihlmeyer angegeben [zitiert als Seuse (1907)].

13 Vgl. Seuse (1907), S. 11; Seuse (1911), S. 11.

14 Vgl. Seuse (1907), S. 14; Seuse (1911), S. 14. Seuse bezeichnet die ewige Weisheit hier als „Jungfrau" und auch als „Jüngling".

15 Vgl. Seuse (1907), S. 15; Seuse (1911), S. 14.

16 Vgl. hierzu auch Bihlmeyer in: Seuse (1907), S. 74*.

17 Vgl. Seuse (1907), S. 39 ff.; Seuse (1911), S. 33 ff. Seuse beschreibt derartige Praktiken vor allem in den Kapiteln 15 bis 18. Die Selbstgeißelungen führt Seuse offensichtlich häufig aus, u. a. auch an seinem Geburtstag [vgl. Seuse (1907), S. 44; Seuse (1911), S. 37]. Zu derartigen *anniversary reactions* vgl. auch van der Hart et al. (1996).

18 Vgl. Seuse (1907), S. 39; Seuse (1911), S. 33.

19 Vgl. Seuse (1907), S. 46 ff.; Seuse (1911), S. 39 ff.

20 Vgl. Seuse (1907), S. 47; Seuse (1911), S. 40.

21 Vgl. Seuse (1907), S. 40; Seuse (1911), S. 34.

22 Vgl. Seuse (1907), S. 52; Seuse (1911), S. 44.

23 Vgl. Seuse (1907), S. 15; Seuse (1911), S. 14.

24 Vgl. Seuse (1907), S. 15 f; Seuse (1911), S. 14 f. Lehmann ersetzt „zarter got" bei Bihlmeyer (Seuse (1907), S. 15 f) durch „großer Gott" [Seuse (1911), S. 14]; Hofmann ersetzt durch „lieber Gott" [Seuse (1966), S. 26]. Beiden Übersetzern scheint der körperbetonende, erotisch gefärbte Begriff „zart" offenbar so anstößig, daß er durch sinnentstellende Adjektive ausgetauscht wird. Die hier vorliegende Sinnveränderungen wurde vom Verfasser der vorliegenden Arbeit rückgängig gemacht; die Korrektur ist durch Unterstreichung markiert.

25 Vgl. Kafka (1969), S. 207-212.

26 Die Interpretation des fließenden Blutes als symbolisierte Milch basiert auf einer Bemerkung von deMause (1989 a), S. 94, Fußnote 102. Seit der Antike war die Vorstellung verbreitet, daß Milch umgewandeltes Blut sei [vgl. Peiper (1958), S. 20]. Mechthild von Magdeburg, eine Mystikerin des 13 Jahrhunderts, formuliert die Gleichsetzung von Blut und Milch (sowie von Wunden und Brüsten) folgendermaßen: „Da waren seine [Jesu] Wunden und ihre [Mariae] Brüste offen. Die Wunden gossen und die Brüste flossen, und die Seele ward lebendig und gesund, da er in ihren roten Mund den lauteren purpurnen Wein ergoß." [Mechthild von Magdeburg (1955), S. 67].

27 DeYoung geht davon aus, daß bei Selbstbeschädigern häufig der visuelle Anblick des destruktiven Geschehens im Vordergrund steht. Die Selbstbeschädigungen werden dabei etwa vor dem Spiegel ausgeführt. Das austretende Blut wird dabei häufig als „Beweis" der

eigenen Lebendigkeit erlebt [vgl. deYoung (1982), S. 582; ähnlich äußert sich auch Calof (1995), S. 33].

28 Vgl. Hirsch (1994), S. 78-81. Hirsch sieht in den Phänomenen der Selbstbeschädigung (hier vor allem Schmerzen und fließendes Blut) die Erschaffung eines mütterlichen Objektes im Sinne eines pathologischen Übergangsojektes. Dabei wird der Körper als nicht zum Selbst gehörig erlebt, er wird dadurch manipulierbar wie ein externes Objekt und liefert dabei einen erleichterten Umgang mit inneren Spannungen und Angst.

29 „IHS" bedeutet Iesus hominum salvator (Jesus, Retter der Menschen) bzw. Jesus Heiland Seligmacher [vgl. Dinzelbacher (1994), S. 301]. Auffällig ist zudem, daß die Initialen Seuses (HS) ebenfalls in dem Zeichen vorkommen. Es kann hier nur erwähnt werden, daß Seuses Akt der Selbstbeschädigung auch die phantasmatische Thematik der Selbstzeugung aufweist.

30 Die Verwendung der eigenen Brust als Übergangsobjekt kann noch anhand einer weiteren Stelle demonstriert werden. Eine Schülerin Seuses war von dem Zeichen IHS so angetan, daß sie kleine Läppchen herstellte mit diesem Emblem. Diese Läppchen legte sich Seuse auf seine Narbe und verschickte sie an „geistliche Kinder" (vgl. Seuse (1907), S. 154 f.; Seuse (1911), S. 133). Die Mystikerin Margaretha Ebner (ca. 1291-1351) berichtet über einen selbstdestruktiven Umgang mit ihrer Brust, der dem Seuses ähnelt. Sie preßte ein Kreuz so lange auf ihre Brust, bis „totmale" (=Totenmale, d. h. wohl Hämatome) zu sehen waren (vgl. Strauch (1882), S. 88).

31 Pao (1969), S. 195.

32 Vgl. Pao (1969), S. 196.

33 Vgl. Pao (1969), S. 198.

34 Vgl. Kafka (1969), S. 209. Seuse beschreibt an einer Stelle ebenfalls ein Bad in Blut, das erlebt wird sowohl als Reminiszenz an gute Körpererfahrung beim Bad eines kleinen Kindes als auch – religiös gedeutet – als eine Reinigung von Sünden (vgl. hierzu Seuse (1907), S. 134 f.; Seuse (1911), S. 117).

35 Hirsch (1994), S. 80.

36 Vgl. Hirsch (1994), S. 80.

37 Vgl. DeYoung (1982), S. 578 f.

38 Vgl. Shapiro (1987), S. 49.

39 Vgl. etwa Hirsch (1989), S. 26. Ähnlich äußern sich auch Sachsse (1989), S. 97 und Plassmann et al. (1986), S. 324. Letztere weisen darauf hin, daß bestimmte Patienten z. T. exakte Wiederholungen ihrer Körpermißhandlung ausführen, ohne einen Zusammenhang zwischen Trauma und Symptom zu erkennen.

40 Vgl. Seuse (1907), S. 56; Seuse (1911), S. 48.

41 Vgl. Seuse (1907), S. 142 f.; Seuse (1911), S. 124 f.

42 Vgl. Bihlmeyer in: Seuse (1907), S. 66*.

43 Vgl. Seuse (1907), S. 23 f.; Seuse (1911), S. 20.

44 Vgl. Seuse (1907), S. 23 f.; Seuse (1911), S. 21.

45 Vgl. Seuse (1907), S. 24; Seuse (1911), S. 21.

46 Vgl. Seuse (1907), S. 55 ff.; Seuse (1911), S. 46.

47 Vgl. Seuse (1907), S. 61; Seuse (1911), S. 51.

48 Vgl. Seuse (1907), S. 61; Seuse (1911), S. 52. Nach Bihlmeyer schreibt Seuse die Worte „Adhuc escae eorum erant etc.", (= Noch war der Bissen in ihrem Munde...), die die Person zu Seuse sagt. Bihlmeyer gibt an, daß dies Psalm 77, 30 sei. Nach geläufigerer

Zählung handelt es sich um Psalm 78, 30. (Die Zählung verschiebt sich, wenn Psalm 9 und 10 als Einheit aufgefaßt werden.) Dort wird eine Szene aus dem Auszug des Volkes Israel beschrieben, das den Luxus besonders guter Nahrung begehrt. Gott gerät darüber in Wut und tötet die Vornehmen Israels.

49 Vgl. Seuse (1907), S. 61; Seuse (1911), S. 52.

50 Vgl. Seuse (1907), S. 61; Seuse (1911), S. 52.

51 Patienten mit Mißbrauchserfahrungen zeigen häufig die Tendenz, sich selbst für das Geschehen verantwortlich zu machen. Shapiro sieht in den Phänomenen der Selbstbeschädigung die Kulmination der Selbstanklage [vgl. Shapiro (1987), S. 46].

52 Seuse gibt auch an, eine Vision gehabt zu haben, in der er von der Jungfrau Maria gestillt wurde (vgl. Seuse (1907), S. 50; Seuse (1911), S. 42 f.). Dieses Thema ist häufig in der religiösen Literatur der damaligen Zeit. Auch Seuses Denken kreiste um Vereinigung mit einem extrem idealisierten Objekt, eingekleidet in infantile Muster des Gestilltwerdens, des Geborgenseins und der Zuwendung.

53 Vgl. Seuse (1907), S. 58; Seuse (1911), S. 49.

54 Die Analyse der Bilder des Exemplars stützt sich auf die Anmerkungen Bihlmeyers und die Dissertation von Kersting (vgl. Bihlmeyer in: Seuse (1907), S. 45*-62* und Kersting (1987)). Nach Bihlmeyer stattete Seuse sein Exemplar anscheinend eigenhändig mit Bildern aus. Zumindest der Entwurf dieser Bilder geht demnach direkt auf Seuse zurück. Kersting (1987), S. 56 ff. äußert sich vorsichtiger und verweist auf die generelle Problematik des Nachweises der Echtheit der Vita. Kersting meint, daß bestimmte Teile der Bilder vor Abfassung der Vita existiert haben, wobei diese Bilder zunächst nicht in einem Verwendungszusammenhang zur Vita standen. Kersting nennt hierzu etwa, daß Teile der Bilder die Kapelle Seuses ausgeschmückt haben könnten und seiner „persönlichen Andacht“ gedient haben könnten (vgl. Kersting (1987), S. 60).

55 Kersting (1987), S. 23. Vgl. hierzu auch Bihlmeyer in: Seuse (1907), S. 48* f.

56 Vgl. hierzu die Bildbeschreibung bei Kersting (1987), S. 23 ff. Kerstings Beschreibung trifft in verschiedenen Aspekten nicht zu. Der Angriff mit dem Bohrer ist gegen den Mund gerichtet, nicht auf die Augen, wie Kersting angibt; der Rabe zerrt nicht an den Kleidern und eine rote Flüssigkeit kann nicht als Pech aufgefaßt werden. Kersting läßt zudem u. a. folgende Bildelemente unberücksichtigt: (1.) Seuses Kleid ist befleckt und die Flüssigkeit bildet einen Schwall zu Füßen Seuses; (2.) der Affe dreht Seuse eine Nase, macht sich lustig über ihn und (3.) Hund, Löwe und Strauß beißen in die Kleider, (4.) die Teufelsfiguren haben rote Augen und rote, herausgestreckte oder -hängende Zungen.

57 Vgl. Kersting (1987), S. 23.

58 Vgl. Seuse (1977), S. 478 ff., vor allem S. 480 f.

59 Seuse (1977), S. 481. Für die Übersetzung aus dem lateinischen Text bin ich Herrn Michael Baumann zu Dank verpflichtet. [Vgl. hierzu auch Kersting (1987), S. 104. Kersting übersetzt „übelriechender Atem“.] Zur Kennzeichnung der Verwendung einer nicht-veröffentlichten Übersetzung wurden Kapitälchen verwendet.

60 Denkbar wäre auch, daß mit dem Verweis auf den stinkenden Atem der Schlange eine Erinnerungsspur an den Atem des Aggressors verbunden ist. Damit stünde die Schlange pars pro toto für den Aggressor; ihre Gestalt verwiese auf den Penis dieses damit als männlich exponierten Agressors. Natürlich kann auch eine Kombination dieser Elemente in der Erfahrung Seuses vorliegen, die überdeterminierend zur Bildung der Symbole führt.

61 Putnam verweist auf Fälle von Kindesmißhandlung, bei denen über das Kind uriniert

wurde (vgl. Putnam (1989), S. 49). Putnam versucht die Entstehung der MPD (Multiple Personality Disorder) mit gravierendem Kindesmißbrauch, meist inzestuöser Art zu erklären. Es wäre zu untersuchen, ob Seuses Persönlichkeitstruktur einen Fall einer Multiplen Persönlichkeit darstellt. (Mittlerweile wurde die Bezeichnung MPD durch DID (Dissociative Identity Disorder) abgelöst).

62 Die Szene mit dem Fußtuch befindet sich in Kapitel 20 [Seuse (1907), S. 58; Seuse (1911), S. 45]. Die Szene mit Seuse als Kadaver ist in Kapitel 38 beschrieben [Seuse (1907), S. 125; Seuse (1911), S. 108].

63 Vgl. Priskil (1985), S. 66 ff. Im Spätmittelalter konnte beispielsweise die Tötung eines Hundes zum Ausschluß aus einer Zunft führen. Gleichzeitig waren Hunde verachtet, wie damals übliche Schimpfwörter zeigen. Diese und ähnliche Belege für eine gesteigerte Ambivalenz gegenüber dem Hund deutet Priskil als Folge der Projektion väterlicher Vorstellungen auf den Hund. Der Hund repräsentiert aggressive und inzestuös-sexualisierte Tendenzen, die zu einem ambivalenten, tabuisierten Umgang mit ihm führten. Priskil zeigt darüber hinaus, daß ähnliche Projektionen auch in bezug auf das Schwein herrschten. In dem oben genannten Bild wird somit das Schwein, das einen Pfeil auf Seuses Kopf abschießt, ebenfalls als aggressiv-sexualisierte Vaterfigur erkennbar. Zur Rekonstruktion von realen Erlebnissen in der frühen Kindheit und deren phantasmatischer Bearbeitung sowie zur Rolle der Wolfsthematik vgl. Freud (1918). Bei Mechthild von Magdeburg steht der Wolf für aggressivierte Gier (vgl. Mechthild von Magdeburg (1955), S. 75).

64 Vgl. Konrad (1861); Konrad (1897). Die Veröffentlichung von Seuses Exemplar und die damit einhergehende Erstellung der endgültigen Fassung der Vita gibt Bihlmeyer mit etwa 1362 an. Seuse könnte Konrads Buch der Natur gekannt haben (vgl. Bihlmeyer in: Seuse (1907), S. 133*).

65 Vgl. Konrad (1897), S. 146 f.

66 Vgl. Konrad (1861), S. 223 f. Ein Hinweis auf die Darstellung des Selbst durch die Eule findet sich bereits bei Kersting (1987), S. 228.

67 Den Namen Amandus (= der Liebenswerte) erwähnt Seuse selten; vgl. Bihlmeyer in: Seuse (1907), S. 72*.

68 Vgl. Konrad (1897), S. 146 f.

69 Vgl hierzu Mitzka (1956), Stichwort „Rabe".

70 Vgl. Seuse (1907); S. 16; Seuse (19011), S. 15.

71 Vgl. Seuse (1907), S. 110; Seuse (1911), S. 94 f.

72 Zur Kuß-Thematik in der Mystik vgl. Dinzelbacher (1994), S. 113 (ferner S. 119 ff.). Dinzelbacher schreibt auch über die Thematik der „Süße", die von den Mystikern in zahllosen Varianten berichtet wird. Diese Süße-Empfindungen verweisen deutlich auf die Empfindung des Babys der Milch beim Stillen [vgl. etwa Dinzelbacher (1994), S. 104, 128, 132 Fußnote 245]. Daneben beschreibt Dinzelbacher auch die Wünsche der Mystiker nach dem Trinken und Schmecken des Blutes Jesu (vgl. S. 100, 128). All das entspricht einem Kuß-Milch-Blut-Komplex, dem der unbewußte Wunsch nach dem Widergewinnen guter Objekterfahrungen zugrundeliegt. Seuses Problem besteht darin, daß für ihn orale Erfahrungen sowohl mit idealisiert guten als auch mit extrem traumatischen Objekterfahrungen verbunden sind.

73 Die Begine Agnes Blannbekin erlebt bei Betrachtungen bezüglich der Beschneidung Jesu dessen Vorhaut im Mund, die sie verschluckt (vgl. Blannbekin (1994), S. 117 f.).

Anders als Seuse hegt diese Mystikerin Fellatio-Wünsche, die auf göttliche Objekte gerichtet sind, während Seuse derartiges befürchtet. Das Interesse der Mystikerin Margaretha Ebener richtet sich ebenfalls auf das Geschlechtsteil Jesu; sie läßt sich vom (halluzinierten) Jesuskind über seine Beschneidung informieren (vgl. Ebner in: Strauch (1882), S. 100).

74 Vgl. Seuse (1907), S. 79; Seuse (1911), S. 67. Anzumerken ist, daß Seuse die extrem aggressivierte ödipale Struktur sowohl in der positiven Form als auch in der negativen darstellt (vgl. Freud (1923), S.261 ff.) Die „Verlobte" aus dem Horologium ist unschwer als Mutterfigur zu erkennnen. Von dieser Verlobten wird gesagt, daß sie Seuse den geliebten Vater entrissen hätte (vgl. Seuse (1977), S. 479 f). Künzle deutet die Geschichte im Horologium wohl als phantasmatisch-symbolische Einkleidung von Seuses Erfahrung mit der Kirche und den Auseinandersetzungen um den Prozeß von Seuses Lehrer Meister Eckhart (vgl. Künzle in: Seuse (1977), S. 479, Fußnote). Derartige Deutungen mögen zutreffen, widerlegen aber nicht die These von unbewußt operierenden Phantasiestrukturen bei der Produktion symbolischer Einkleidungen, sondern sind damit kompatibel.

75 Vgl. Seuse (1907), S. 120 f.; Seuse (1911), S. 104.

76 Vgl. Klein (1994), S. 131 ff.

77 Rohde-Dachser schreibt über derartige Inszenierungen in ihrem Artikel „Ringen um Empathie": „Gleichzeitig beinhaltet die scheinbar auto-erotische Phantasie einen sozialen Akt. Sie ist als Mehrpersonenstück kreiert, in welchem Kommunikation stattfindet, wenigstens mit einem phantasierten Partner und einem phantasierten Publikum. (...). Er [der Patient] versteht – wenn vielleicht auch nur unbewußt – den Sinn der Inszenierung; er gibt sich also die emphatische Antwort, mit den Mitteln, die ihm verfügbar sind. In diesem Erlebnis scheint die Ohnmacht aufgehoben; sie kehrt sich um im orgiastischen Triumph." [Rohde-Dachser (1986), S. 52].

78 Vgl. Stierlin (1982), vor allem S. 78 ff.

79 Vgl. Hirsch (1987), S. 148 ff. zum Vater-Sohn-Inzest. Die extreme Wut des Opfers richtet sich, anders als beim Vater-Tochter-Inzest häufig gefunden wird, auf den mißbrauchenden Elternteil, also auf den Vater. Außerdem richtet sich Wut auf die eigene Person; Hirsch nennt Selbstdestruktion als häufige Folgereaktion seitens des Inzestopfers. Hirsch ist der Meinung, daß im Allgemeinen die Ähnlichkeiten bezüglich der zugrundeliegenden Familiendynamik bei Vater-Sohn-Inzest und Vater-Tochter-Inzest überwiegen. Demnach spielt bei beiden Inzestformen das kollusive Agieren des manifest nicht direkt beteiligten Elterteils eine wichtige Rolle.

80 Vgl. Freud (1911).

81 Vgl. Niederland (1978); Schatzman (1978).

82 Leuner (1962) beschreibt halluzinative Erlebnisse von Probanden unter LSD-Einfluß, die strukturelle Ähnlichkeiten mit „mystischen" und religösen Erfahrungen aufweisen (vgl. etwa S. 28, 129 u. 150). Leuners Erklärung der von ihm gefundenen, hochkomplexen Erlebnisstrukturen seiner Probanden verlangt nicht die Akzeptanz eines Weltbildes, daß Annahmen über transzendente Wirklichkeitssphären enthält. Statt dessen betont Leuner mehrfach den biographisch determinierten Sinnbezug der Rauscherlebnisse innerhalb der Halluzinose (vgl. S. 214 f.).

83 Vgl. Butzbach (1991), S. 243.

84 Butzbach (1991), S. 135.

85 Vgl. hierzu Beriger in: Butzbach (1991), S. 6. Beriger geht davon aus, daß die Geburt Butzbachs in das Jahr 1477 fällt.
86 Vgl. Klein (1987) u. (1994).
87 Vgl. hierzu Butzbach (1991), S. 256, wo Butzbach das Wort „gravidus" zur Beschreibung seiner schwangeren Mutter verwendet. Das Thema Schwangerschaft ist im Satz zweimal enthalten. Es geht offensichtlich um die Schwangerschaft der Mutter mit der Schwester Butzbachs. Der Zeitpunkt des „Dickwerdens" des mütterlichen Bauches wird mit „neun Monaten nach meiner Geburt" datiert. Obwohl diese visuelle Veränderung des Bauches ein kontinuierlicher, zeitlich nicht scharf abgrenzbarer Vorgang ist, datiert ihn Butzbach. Die Datierung mit der Zeitangabe „neun Monate" verdoppelt gleichsam das Thema Schwangerschaft.
88 Vgl. die Ausführungen von Beriger in: Butzbach (1991), S. 18.
89 Butzbach (1991), S. 135.
90 Vgl. Butzbach (1991), S. 141.
91 Butzbach (1991), S. 141.
92 Später (S. 193) bezeichnet Butzbach seinem Halbbruder Philipp gegenüber die Schulzeit vom 7. bis zum 12. Lebensjahr als Elend, das durch die Rute der Schulmeister (und die Quälereien seines Beanus) geprägt war. Umso ambivalenter erscheint die Formulierung, daß die Tante ihn „liebevoll und zärtlich" als Schüler betreut habe (vgl. Butzbach (1991), S. 193).
93 Butzbach (1991), S. 145.
94 Vgl. hierzu Butzbach (1991), S. 141.
95 Butzbach (1991), S. 143. Becker übersetzt die Stelle falsch, indem er schreibt, daß die Tante „ein kleines Mädchen bei sich schlafen ließ" (vgl. Butzbach (1912), S. 14). Becker übersetzt diverse Passagen entstellend und verkürzt und ist für eine Interpretation weitgehend unbrauchbar.
96 Vgl. Beriger in: Butzbach (1991), S. 6.
97 Butzbach (1991), S. 145
98 Vgl. hierzu Butzbach (1991), S. 147 f.
99 Platter bezeichnet diesen älteren Schüler als Bacchanten.
100 Vgl. Butzbach (1991), S. 155.
101 Auch Beriger geht davon aus, daß Butzbach diese Rede seinem Vater in den Mund legt. Dabei, so Beriger, stimmt die Rede mit damals gängigen Moralkatalogen überein, ohne daß Butzbach aber wörtliche Anleihen mache (vgl. hierzu Beriger in: Butzbach (1991), S. 152, Fußnote). In einer Vorrede rahmt Butzbach die Darstellung seiner Lebensgeschichte. Diese Vorrede ist direkt an seinen Halbbruder Philipp gerichtet (vgl. Butzbach (1991), S. 129-133.) Vermutlich stellt der wesentliche Teil dieser väterlichen Rede eine Gestaltung Butzbachs dar, die als Apell an Philipp gerichtet ist, der außerhalb seines Heimatortes eine Schule besuchen soll.
102 Butzbach (1991), S. 153.
103 Vgl. hierzu Butzbach (1991), S. 155.
104 Butzbach (1991), S. 159.
105 Vgl. Butzbach (1991), S. 149.
106 Zum Begriff der projektiven Fürsorge vgl. deMause (1989 a), S. 32 ff. DeMause schreibt: *„Bei der projektiven Fürsorge besteht der erste Schritt immer in der Projektion des Unbewußten des Erwachsenen auf das Kind; sie kann von der emphatischen Fürsorge dadurch unterschieden werden,*

daß sie in bezug auf die eigentlichen Bedürfnisse des Kindes entweder unangemessen oder unzureichend ist." Die Mutter Butzbachs ist beteiligt an der Weggabe Butzbachs, versorgt ihn aber für die kommende Reise, statt die Trennung zu verhindern. Die projektive Fürsorge der Mutter verhindert zudem, daß Butzbach einen klaren, distanzierten Zugriff auf das reale Geschehen entwickeln kann. Aus Gründen der Abwehr fokussiert Butzbach seine Darstellung der Trennung immer auf die Schilderung der projektiv-fürsorglichen Handlungen, ohne die gesamte Interaktion und Handlung der Eltern kritisieren zu können. Hier entwickelt sich die passive Haltung Butzbachs in bezug auf das Ertragen von Unglück. In der Vorrede empfiehlt er seinem Halbbruder Philipp, er möge sein Unglück aushalten in Anbetracht des größeren Unglücks Butzbachs, wie es in der Autobiographie dargestellt ist. Dagegen wird nicht darüber nachgedacht, wie sich „Unglück" vermeiden läßt.

107 Butzbach (1991), S. 159.

108 Butzbach (1991), S. 143.

109 Vgl. hierzu Stierlin (1980), S. 171 ff. und (1982), S. 71 ff. Dem Thema der Trennung, einem zentralen Aspekt im Erleben eines Kindes, das den Ausstoßungsmodus erlebt, widmet Butzbach ein eigenes Kapitel. Darin beschäftigt er sich mit drei Formen der Trennung, die er in einer Rangskala der Schmerzhaftigkeit ordnet. Butzbach wendet sich direkt an seinene Halbbruder Philipp und schreibt, daß der Schmerz beim Verlust der Eltern zwar groß ist, daß aber der Schmerz im Tod – bei der Trennung von Körper und Seele – größer sei. Der größte Schmerz schließlich ergebe sich, wenn man infolge seiner Sünden von Gott getrennt wwerde. Butzbach versucht auch hier, denn Umgang mit Trennung psychisch einzuordnen. Dabei wertet er das dramatische Trennungsgeschehen von seinen Eltern erstaunlich ab. Er schreibt, daß der Tod furchterregender sei als die Trennung von Geliebten und gelangt so zu einer ausgeprägt narzißtischen und un-sozialen Sichtweise. Obige Programmatik dient offensichtlich der Angstabwehr und der Abwehr von Gefühlen, die mit dem Trennungsgeschehen einhergehen. Die Rolle des Phantasmas Gott als Übergangsobjekt kann hier nur erwähnt werden (vgl. Butzbach (1991), S. 159 f.).

110 Butzbach (1991), S. 163.

111 Vgl. Butzbach (1991), S. 165.

112 Vgl. Butzbach (1991), S. 177.

113 Vgl. Butzbach (1991), S. 177.

114 Vgl. Butzbach (1991), S. 189 f.

115 Vgl. Butzbach (1991), S. 191.

116 Platter (1911), S. 18.

117 Platter schreibt hier über seine Mutter, verwendet aber in der Adressierung nur das Personalpronom, obwohl zuletzt über die Mutter ungefähr eine halbe Druckseite davor geschrieben wurde. Dies kann als Hinweis darauf gewertet werden, wie intensiv sich Platter mit den weit zurückliegenden Vorgängen bei der Abfassung beschäftigt hat. Er übersieht das sprachliche Darstellungsproblem bei unklarer Referenz. Fischer ersetzte in seiner Ausgabe der Autobiographie von 1911 das Personalpronom glättend durch „die Mutter". Im folgenden Zitat wird diese Glättung vom Verfasser der vorliegenden Arbeit rückgängig gemacht.

118 Das Zitat entspricht bis auf die Ersetzung von „die Mutter" durch das Personalpronom „sie" der Übertragung von Fischer in: Platter (1911), S. 19. Vgl. auch Platter (1949), S. 25.

119 Ähnlich ist zu vermuten, daß es einen großen Unterschied macht, ob im Falle eines Heimaufenthaltes eines Kindes äußere Umstände dies erzwingen oder mangelnde Bindung der Eltern an das Kind eine Rolle spielt. Die real vorliegenden familial-sozialen Umstände der sich ergebenden Sozialisationsbedingungen spielen eine wesentliche Rolle bei der Erklärung der Auswirkung frühkindlicher Deprivationen und Traumatisierungen. Der rein physisch konstatierbare Output, wie er beispielsweise in Variablen wie „Heimaufenthalt" bzw. „Stilldauer" ausgedrückt wird, spielt eine „einzuordnende" Rolle. Die Beurteilung derartiger Fakten muß die emotionale Gesamtsituation berücksichtigen.

120 Vgl. Keck u. Breckwoldt (1995).

121 Vgl. Keck u. Breckwoldt (1995), S. M 17.

122 Vgl. Keck u. Breckwoldt (1995), S. M 18. Stegner nennt als Übertragungsweg auch allgemein mangelnde Stillhygiene der Wöchnerin. Die Bakterien können nach Stegner, wie gesagt, dem Nasen-Rachen-Raum des Neugeborenen, aber auch dem der Mutter und des Pflegepersonals entstammen (vgl. Stegner (1981), S. 342). Kaiser u. Martius (1985), S. 438 gehen wie Keck u. Breckwoldt davon aus, daß der Infektionsweg gewöhnlich über den Nasen-Rachen-Raum des Kindes erfolgt. Die Bakterien können dabei auch ursprünglich von Pflegepersonal stammen, werden aber auf die Brust vom Kind übertragen.

123 Vgl. Keck u. Breckwoldt (1995), S. M 18.

124 Vgl. Keck u. Breckwoldt (1995), S. M 18. Brehm (1985), S. 446 gibt sogar an, daß wenige Stunden nach erfolgter Infektion neben hohem Fieber auch Schüttelfrost auftritt. Stegner (1981), S. 342 nennt ebenfalls hohes Fieber und gelegentlich Schüttelfrost und die örtlichen Zeichen einer Entzündung Rötung der Haut, Schmerz und lokale Temeperaturerhöhung. Auch darüber berichtet Platter nichts.

125 Vgl. Hartmann (1985), S. 110.

126 Vgl. Schneider (1986), S. 577.

127 Vgl. Schneider (1986), S. 577; Keck u. Breckwoldt (1995), S. M 18.

128 Vgl. Schneider (1986), S. 576, der angibt, daß sogar nach einem Abort ab der 20. Schwangerschaftswoche die Laktation einsetzen kann.

129 Vgl. hierzu Keck u. Breckwoldt (1995), S. M 18.

130 Vgl. Kaiser u. Martius (1985), S. 438.

131 Vgl. hierzu Hartmann (1993), S. 113 f.

132 Davon geht etwa Bumiller (1993), S. 250 f. aus.

133 Vgl. Stippig (1993), S. 4 ff.

134 Vgl. Platter (1911), S. 19.

135 Vgl. Platter (1911), S. 20.

136 Platter (1911), S. 20.

137 Platter macht keine genauen Zeitangaben. Er schreibt aber, daß er mit ungefähr 3 Jahren gefirmt wurde. Zwischen der davor erfolgten erneuten Heirat der Mutter und der Erwähnung der Firmung mit 3 Jahren liegen mehrere Ereignisse (Aufenthalt bei Tanten, Weglaufen aus dem Haus, Bekanntschaft mit Geschwistern). Somit wird wahrscheinlich, daß Platter lange vor dem 3. Lebensjahr von der Mutter getrennt wurde [vgl. Platter (1911), S. 20 f.]. Bumiller (1993), S. 250 geht zwar davon aus, daß der Vater starb als Platter im 3. Lebensjahr war; es scheint aber plausibler, daß Platter erst im 1. Lebensjahr war. Sicher ist nur, daß die Wiederverheiratung die endgültige Trennung von der Mutter nach sich zog. Bumiller begründet seine Datierung nicht.

138 Vgl. Platter (1911), S. 20.
139 Vgl. Platter (1911), S. 26.
140 Vgl. Platter (1911), S. 22.
141 Vgl. Platter (1911), S. 24 f.
142 Vgl. Platter (1911), S. 25.
143 Vgl. Platter (1911), S. 22.
144 Vgl. Platter (1911), S. 26.
145 Zur materiellen Situation sei angemerkt, daß Platter selbst schreibt, daß er „reichlich" zu essen hatte (vgl. Platter (1911), S. 30). Diese Situation galt sicher nicht für alle Teile der Landbevölkerung. Für Platter als Kind bestand das Hauptproblem jedoch in der emotionalen Deprivation, die nach sich zog, daß er gefährliche Arbeit zugewiesen bekam.
146 Vgl. etwa Platter (1911), S. 26 ff. Platter schildert später (S. 28 f.), daß er auch zuvor schon Gefahrensituationen erlebt hat.
147 Platter (1911), S. 31.
148 Vgl. Platter (1911), S. 32.
149 Vgl. Platter (1911), S. 34.
150 Vgl. Platter (1911), S. 38.
151 Vgl. Platter (1911), S. 39.
152 Platter (1911), S. 47.
153 Platter (1911), S. 57 f.
154 Vgl. Butzbach (1991), S. 177.
155 Vgl. Platter (1911), S. 48.
156 Vgl. Platter (1911), S. 48.
157 Vgl. deMause (1989 a), S. 20 f.
158 Platter nennt als zugewandt den Fugger, der ihn adoptieren will [vgl. Platter (1911), S. 41], eine Witwe in München, der er den Hund versorgt (S. 46), die Witwe Rehling, die ihm die Füße wärmt (S. 49) und vor allem eine Metzgerin, die ihn wohl auf die Idee bringt, von seinem Bacchanten zu fliehen (S. 50).
159 Vgl. Platter (1911), S. 49.
160 Vgl. Platter (1911), S. 50.
161 Vgl. Platter (1911), S. 51. Der Bacchant redete Platter mit „Schütze" an. Diese Verwendung der Bezeichnung einer sozialen Rolle zeigt, wie sehr sich dieser Bacchant von Platter distanzierte. Butzbach schreibt ebenfalls, daß er von seinem Beanus nur mit „Schütze" angeredet wurde (vgl. Butzbach (1991), S. 233).
162 Platters Erfahrung mit der Metzgerin ähnelt der von Butzbach mit der Familie seines Schülers [vgl. Butzbach (1991), S. 189 ff.]. Nach einer zugewandten Erfahrung in dieser Familie entwickelt Butzbach die handlungsleitende Vorstellung eines Lebens ohne seinen Beanus und vollzieht die Trennung.
163 Vgl. Platter (1911), S. 52.
164 Platter (1911), S. 52.
165 Vgl. Platter (1911), S. 19.
166 Vgl. Platter (1911), S. 54.
167 Vgl. Bumiller (1993), S. 252.
168 Vgl. Bumiller (1993), S. 251 f.
169 Platter (1911), S. 17.
170 Platter (1911), S. 57.

171 Platter (1912), S. 57.
172 Platter (1911), S. 58.
173 Platter (1911), S. 57.
174 Platter (1911), S. 58.
175 Vgl. Stierlin (1982).
176 Vgl. hierzu auch Platter (1911), S. 26 wo Platter schreibt, daß bei einem Besuch im Wallis als erwachsener Mann sein ehemaliger Arbeitgeber ihm gesagt hätte, daß er niemals „ein besser Dienstlein" gehabt hätte.
177 Vgl. Platter (1911), S. 67.
178 Vgl. Felix Platter (1976), S. 414 schreibt. *„Nach dem kamen wier in deß Hansen in der Bünde hauß; deßen böß weib zu ihme sagte: 'Bringest mir aber (=wieder) gäst; wol inhin ins teüfels nammen!' Er antwortet: 'Biß (= sei) z'friden, biß z'friden!' Sie rüstet uns ettwas von milch zu, darein pfeffer geworfen wardt, der mich sehr im hals brennet, und tranken guten Augstaller wein. Nach dem nachteßen streüwet man uns in die stuben und lagen wier darauf. Da saget mein vatter: 'Sihestu, Felix, wie man mich so woll alhie empfanget!'"* Die Begrüßung der Frau scheint aggressiv und nicht humorvoll-derb zu sein, sonst würde der Gastgeber nicht so intervenieren. Auch Felix Platters Bezeichnung „böß weib" weist darauf hin. Unklar ist, ob der Pfeffer in der Suppe zu der Speise gehört hat. Die Wortwahl der Begrüßung erinnert an Platters Mutter.
179 Vgl. Platter (1911), S. 31.
180 Vgl. Weinsberg (1886), S. 25. Dieses Ereignis wird vom Herausgeber Höhlbaum lediglich in paraphrasierter Form wiedergegeben. Man kann hier nur vorsichtig schließen, daß diese Trennung des Kindes von der Mutter zwar problematisch war, daß aber die Eltern anscheinend versuchen, ihrem Kind eine Amme zu besorgen. Dieser Versuch entspricht vermutlich einer zugewandten Absicht, zumal nicht von vornherein eine Amme angestellt wurde. Das Baby nimmt diese aber nicht an und wird schließlich mit Brei und Getränk ernährt. Genauere Untersuchungen können nur mit dem vollständigen Material durchgeführt werden.
181 Weinsberg (1886), S. 26.
182 Weinsberg (1886), S. 28.
183 Vgl. Weinsberg (1886), S. 32.
184 Vgl. Weinsberg (1886), S. 49. Es handelte sich um vier Geschwister.
185 Weinsberg (1886), S. 33.
186 Vgl. Weinsberg (1986), S. 63.
187 Weinsberg (1886), S. 33. Zur Übersetzung von boif durch den Herausgeber Höhlbaum vgl. S. 73.
188 Weinsberg (1886), S. 34.
189 Vgl. hierzu Weinsberg (1886), S. 27.
190 Vgl. Weinsberg (1886), S. 34.
191 Weinsberg litt an exzessivem Nasenbluten [vgl. Weinsberg (1886), S. 36], Rotwerden (S. 36), Zahnfleischentzündungen (S. 49) und einem nicht-heilbaren Leistenbruch (S. 50). Deutlichere psychosomatische Zusammenhänge treten in der Pubertät auf, besonders hervortretend in Form einer schweren fiebrigen Erkrankung bei enger Koinzidenz mit schweren Konflikten mit den Eltern (vgl. S. 72 ff.).
192 Vgl. Weinsberg (1886), S. 37.
193 Weinsberg (1886), S. 37.

194 Weinsberg (1886), S. 37.
195 Weinsberg (1886), S. 37
196 Vgl. Weinsberg (1886), S. 32. Das uneheliche Kind des Vaters, das 1517, also vor dem ältesten Sohn Hermann, zur Welt kam, wuchs ab dem Alter von vier Jahren bei der Großmutter von Weinsberg in Dormagen auf. Für das Mädchen wurde also gesorgt, lebte aber außerhalb der Familie Weinsbergs. Die Eheleute hatten wegen dieses unehelichen Kindes des Vaters häufiger Streit.
197 Vgl. Weinsberg (1886), S. 49.
198 Vgl. Weinsberg (1886), S. 53.
199 Vgl. hierzu Weinsberg (1886), S. 71.
200 Vgl. Weinsberg (1886), S. 57.
201 Weinsberg (1886), S. 57.
202 Weinsberg (1886), S. 57.
203 Weinsberg (1886), S. 57.
204 Vgl. hierzu Weinsberg (1886), S. 57 f.
205 Vgl. Weinsberg (1886), S. 63.
206 Vgl. hierzu Weinsbergs Darstellung seines Schulbesuchs außerhalb Kölns ab 1531 (S. 72 ff.).
207 Vgl. hierzu etwa den Brief des Vaters an seinen Sohn, den Weinsberg aufbewahrt und in seine Autobiographie eingefügt hat (Weinsberg (1886), S. 89 ff).
208 Vgl. Beer (1965), S. 16.
209 Beer (1965), S. 16 f.
210 Vgl. Beer (1965), S. 128 f.
211 Beer (1965), S. 128.
212 Beer schreibt:

„Ihr werthe Seelen ihr,
Ihr schauet nunmehr Gottes Angesicht,
Ich aber siz' im fünstern hir
Und was ihr sehet seh ich nicht
doch werd ich mit d. Zeit
auch gleich wie ihr, durch Gottes Gütigkeit
in jenen Himmels Auen,
diß was ihr schauet schauen!“ (vgl. Beer (1965), S. 129.)

Der Anblick Gottes durch die Brüder erfolgt unmittelbar nach deren Tod; Beer schildert also seine damalige, nicht seine heutige Situation

213 Vgl. Schmiedecke in: Beer (1965), S. 11.
214 Im Jan Rebhu, einem Roman, der autobiographische Darstellungen enthält und dessen Held viele Züge mit Beer teilt, schreibt der Protagonist über seine Kindheit: *„Ich ward vom 5ten biß ins 9te Jahr bey einem meiner Freunde im Tyrolischen Gebirge auferzogen / als mir die Botschaft kame / mein Vater wäre in dem damahligen Ungerischen Kriege / vor Neutra / einer Vestung mit einer Stück-Kugel zu tode geschossen worden / welches / weil ichs als ein Jung nicht erwegen können / liesse ich mir dessen Hintritt wenig zu Hertzen gehen / sondern freuete mich / wie man zu sagen pfleget viel mehr / daß ich ein schwarzes Kleid anzulegen hatte.“* [Beer (1981), S. 16]. Dieser Roman stellt klarerweise nicht die exakte Geschichte von Beer dar, aber die Parallelen werden deutlich. Beer selbst starb an einer Kugel [vgl. zu derartigen Fehlleistungen Freud (1901)].
215 Beer (1965), S. 148.

216 Beer (1965), S. 148.
217 Beer (1965), S. 148.
218 Die Darstellung des frühen Aufenthaltes bei der Großmutter findet sich auf S. 16 f. Die Schilderung des Unfalltodes der Brüder steht auf S. 128, obwohl der Unfall zeitlich vor dem Aufenthalt bei der Großmutter stattfand.
219 Vgl. Beer (1965), S. 113 f.
220 Beer (1965), S. 114.
221 Vgl. Schmiedecke in: Beer (1965), S. 11 sowie Beer (1965), S. 17. Lambach liegt ca. 33 km Luftlinie von St. Georgen entfernt.
222 Vgl. Beer (1965), S. 18.
223 Beer (1965), S. 16.
224 Vgl. Weber-Kellermann (1974), S. 73 ff. Zur Heraushebung der Bedeutung der Ökonomie bei der Ausformung und Strukturierung von Verwandtschaftssystemen vgl. auch S. 17 ff. Zur Kritik an der Vorstellung einer größeren Bedeutung der Großfamilie in der Frühen Neuzeit vgl. Johansen (1986), S. 48 ff. und Rosenbaum (1982), S. 46 ff.
225 Vgl. hierzu deMause (1989 a), S. 14 f. Obige Ausführungen stellen eine Umformulierung der Hypothesen von deMause zur historischen Verringerung der emotionalen Distanz zwischen Eltern und Kindern dar. Obige Umformulierung verweist auf die enge Verwobenheit kindlicher und elterlicher Anteile bei der Transformation familialer Strukturen, die sich am Beispiel etwa von Butzbachs Vater konkret an der Weggabesituation rekonstruieren läßt. Die hier mikrostrukturell rekonstruierbaren Kräftefelder können den vorherrschenden Annahmen makrostruktureller Einflüsse gegenübergestellt werden. Eine gegenseitige Ergänzung der verschiedenen Perspektiven erscheint dabei fruchtbar. Ziel der vorliegenden Ausführungen ist allerdings, den seltener verfolgten Weg der Untersuchung mikrostruktureller – hier: psychogenetischer – Annahmen einzuschlagen.
226 Vgl. deMause(1989 a), S. 83 f., deMause (1990), S. 14 f.
227 Vgl. deMause (1989 a), S. 83 f. Es ist zu betonen, daß der Modus der Unterstützung weniger ein erforschtes Phänomen als vielmehr eine Verlängerung der zuvor beschriebenen, auf empirischen Untersuchungen basierenden Modi darstellt. Offensichtlich eignet sich der Terminus „Unterstützung" zur Beschreibung von Interakten, die eine adäquate Bedürfnisbefriedigung eines Kindes darstellen. Dagegen ist völlig offen, ob eine konkrete Sozialisation und die entsprechende Kindheit angemessen mit diesem Terminus beschrieben werden kann. Das Thema der elterlichen Beeinflussung des Kindes ist zentral für jede Sozialisation. Die an diese Aussage sich anschließenden Fragen bezüglich des Modus der Unterstützung sind allerdings für obige Diskussion schon alleine deswegen sekundär, weil dieser Modus innerhalb der theoretischen Annahmen des psychogenetischen Ansatzes keine tragende Rolle spielt.

ERÖFFNUNG EINES NEU ENTECKTEN KAPITELS ZUR GESCHICHTE DER KINDHEIT: KINDERHEXEN-FORSCHUNG

Friedhelm Nyssen

ANMERKUNGEN ZU HARTWIG WEBER: „VON DER VERFÜHRTEN KINDER ZAUBEREI" – HEXENPROZESSE GEGEN KINDER IM ALTEN WÜRTTEMBERG[1]

In der psychoanalytischen Literatur hat es Auseinandersetzungen über die Frage gegeben, inwiefern kindliche – etwa „ödipale" – Phantasien oder eher realtraumatische Verletzungen, die den Kindern zugefügt werden, psychisch krank machen.[2] Welche Stellung man in diesem Streit auch beziehen mag, die im folgenden zu behandelnde Thematik der historischen „Kinderhexenprozesse" zeigt zumindest eines überdeutlich: *Allein* an Phantasien erkrankt niemand. Daß immer irgendeine reale Ursache, Mißbrauch, Schlagen, Ausbeutung, etc. vorhanden sein muß – für diesen Kontext ist die Geschichte der Kindheit als eine Geschichte der Kindesmißhandlung eine Art Riesenbeleg, von dem wiederum die „Kindernhexenprozesse" einen Teilbeleg darstellen.
Zu dem Wort „Kinderhexen" haben wahrscheinlich die meisten von uns keinen spontanen Zugang; wir ahnen nur, was damit gemeint sein könnte bzw. was darunter einmal in vergangenen Zeiten verstanden wurde. So wie Hartwig Weber das Wort in dem vorliegenden Band benutzt, müssen wir uns unter

[1] Hartwig Weber: Von der verführten Kinder Zauberei – Hexenprozesse gegen Kinder im alten Württemberg, Sigmaringen: 1996.

[2] Vgl. Alice Miller: Du sollst nicht merken, Frankfurt am Main: 1981.

„Kinderhexen" Kinder etwa zwischen vier und siebzehn Jahren, die sich im 17. Jahrhundert meistens selbst der Hexerei bezichtigten, vorstellen. Bekanntlich war das 17. Jahrhundert die Hoch-Zeit des Hexenwahns und der Hexenverfolgung. Diese Worte wiederum führen bei uns durchaus zu spontanen Assoziationen, etwa solchen von Folter und Scheiterhaufen. Aber wie sollte das möglich sein, daß in der damaligen Zeit Kinder sich solcher Handlungen bezichtigten, von denen sie wissen mußten, daß ihnen eben jene „Folter und Scheiterhaufen" drohen konnten? Ob wir nun Bücher über die Hexenverfolgung gelesen haben oder nicht, irgendwie wissen wir alle, anders ausgedrückt: Es gehört heute zu einer Art allgemeiner historischer Bildung zu wissen, daß in der damaligen Schreckenszeit Menschen von anderen Menschen der Hexerei beschuldigt wurden. Hexerei, das bedeutet, mit dem Teufel einen Pakt geschlossen zu haben; aufgrund dessen die Macht zu haben, anderen Menschen Schaden zuzufügen, etwa durch Herbeizaubern von schlechtem Wetter, was zum Verderben der Ernte führte, oder durch Herbeizaubern von Krankheiten bei Mensch und Tier. Entscheidend in unserem Zusammenhang ist, daß auf jeden Fall der Vorwurf solchen schädlichen Treibens immer von außen gegen andere Erwachsene gerichtet wurde und die so Beschuldigten sich gegen einen solchen Vorwurf verteidigten. Zur Folter kam es dann eben gerade deshalb, weil die Beschuldigten sich nicht als „schuldig" bekannten. *Ganz anders verhält es sich bei den „Kinderhexen" im Sinne dieses Wortes wie es von H. Weber gebraucht wird. Sie wurden nicht von außen angeklagt, sondern – nach H. Webers Interpretation der Akten von Kinderhexenprozessen – bezichtigten sich die Kinder selbst der genannten Verbrechen.* Dies am historischen Quellenmaterial herausgefunden zu haben, ist H. Webers originärer Forschungsbeitrag.

Um die oben gestellte Frage noch einmal zu wiederholen: Wie war das möglich ? Anders ausgedrückt: Welche Motive führten die Kinder zu solchen doch zunächst ganz unverständlichen, weil überaus selbstgefährdenden Bezichtigungen gegen die eigene Person?

Man kann nun das Buch von H. Weber als Versuch einer Antwort auf diese motivations-psychologische Rätselfrage lesen. Diese Antwort läßt sich in dem Wort „Rache" zusammen-fassen. Indem die Kinder sich selbst als Hexen bezichtigen, können sie im Anschluß daran auch andere, Erwachsene und Kinder, ebenfalls der Hexerei bezichtigen. Diese Logik ist aus der damaligen Zeit zu verstehen. Man ging davon aus, daß die Hexen in Gruppen ihr gemeinschaft-gefährdendes und sündiges Unwesen treiben. Sichtbar wurde dieses jedoch eben nur für die Beteiligten selbst. Auf diese Weise konnte ein Kind, das den Nachweis führen konnte, selbst eine Hexe, also dem Teufel verschrieben zu sein, ebenfalls beanspruchen, die anderen an der Hexengemeinschaft Beteiligten erkannt zu haben. Nach Webers Untersuchungen von 39 Akten über „Kinderhexenprozesse" handelte es sich nun bei den von Kindern Beschuldigten durchweg um Personen, die im Leben der Kinder als Eltern, Geschwister, sonstige Verwandte, Lehrer, Pfarrer eine bedeutende Rolle spielten, und zwar in der Regel eine repressive Rolle.

„Verstoßung, Hunger, Verwahrlosung, Ausbeutung und Mißbrauch waren äußerliche Gründe genug für den Haß der Kinder auf Personen, die ihnen nahe standen." (S. 153).

Indem nun die Kinder diese Personen der Teilnahme an Hexenzusammenkünften beschuldigten, konnten sie sie der Strafverfolgung aussetzen. Weber führt in seinem Buch aus, daß dieses Verfahren, sich an ihren pädagogischen Peinigern zu rächen, in der damaligen Zeit die einzige Möglichkeit für Kinder darstellte, ihren Haß zu artikulieren. Dabei handelte es sich um einen unbewußt gesteuerten Vorgang, in dem die Kindern die erlernten Kenntnisse über das Hexenwesen anwandten.

Nach Weber war die damalige Gesellschaft durchdrungen von diesen Kenntnissen. Schon jedes kleinste Kind nahm jene wahnhaften Lehren auf, die von den theologischen Eliten über den Teufel, den Widersacher Christi, sowie über die Hexen, seine Gehilfen, verbreitet wurden. In der alltäglichen Umgebung, in Kirche und Schule wurden diese Lehren immer wieder erneut in die Vorstellungswelt der Kinder transportiert, so daß sie bald wußten, was typischerweise geschah, wenn eine Hexe ihre Funktionen im Dienste des Teufels vollzog; was typischerweise geschah, wenn es zu einer Anklage und Verurteilung wegen Hexerei kam. Gelang es ihnen, sich nach den von der Gesellschaft bereitgestellten Mustern zu verhalten, konnten sie damit rechnen, als Hexen „anerkannt" zu werden.

„Die Geschichte der Kindheit ist ein Alptraum, aus dem wir gerade erst erwachen." [3]

Diese These des Psychohistorikers Lloyd deMause fiel mir ein, als ich das Buch von Hartwig Weber las. Denn, so meine ich, Weber hat hier ein neues, in den historischen Sozialwissenschaften unbewußt gebliebenens Kapitel jenes Alptraums eröffnet und zugleich damit – eine weitere Anstrengung zum Erwachen aus ihm geleistet.

Bereits 1991 legte Weber die erste Untersuchung über Kinderhexenprozesse in der frühen Neuzeit vor.[4] Das Phänomen des Hexenwahns ist schon lange vorher erforscht worden – daß in ihm auf vielfältige Weise auch Kinder einbezogen waren, *dies tritt jedoch erst durch Webers Untersuchungen nachdrücklich in*

[3] Lloyd deMause: Evolution der Kindheit, in L. deMause (Hrsg.): Hört ihr die Kinder weinen: eine psychogenetische Geschichte der Kindheit, Frankfurt am Main: 1978, S. 12.

[4] Hartwig Weber: Kinderhexenprozesse, Frankfurt am Main: 1991.

unser Bewußtsein. Zwar finden wir auch andernorts Hinweise auf Funktionalisierungen von Kindern durch Erwachsene im Kontext von Hexenverfolgungen – ausgeführt und im einzelnen erforscht werden diese Phänomene jedoch erst in den Untersuchungen von Weber. Zusammen mit seinen MitarbeiterInnen hat er erhalten gebliebene Gerichtsakten zu Kinderhexenprozessen der frühen Neuzeit transkribiert; eine Originalseite aus einer Akte von 1677/78 findet sich auf S. 96. Die so auch für unseren Sprachgebrauch wieder verfügbar gemachten historischen Quellen unterzieht Hartwig Weber einer ausführlichen Analyse.
Im 16. und 17. Jahrhundert erhielt der Glaube an Dämonen, böse Geister und Unholde einen Auftrieb und – konzentrierte sich zugleich immer mehr auf ein Böses: den Teufel, den Widersacher Christi. In der Vorstellungswelt unserer teufelsgläubigen Vorfahren waren vor allem Kinder Opfer der teufelsgesteuerten Hexen. Die Schädigung von Kindern galt als häufigstes Verbrechen der erwachsenen Hexen (S. 72). Kinder, so lautete die Anklage, würden von den Hexen getötet, gekocht und zu Salben verarbeitet. Kinder würden mit zu Hexensabbaten genommen. Kinder würden zu sexuellen Ausschweifungen verführt. Will man sich der Vorstellungswelt unserer Vorfahren nähern, so ist es nützlich, sich die pädagogischen Hilfsmittel anzuschauen, mit denen sie das kinderfeindliche Treiben der Hexen bekämpfen wollten. Es wird dabei eine polarisierte Vorstellungswelt deutlich, in der „fromme gottesfürchtige Eltern" „verdampten Geistern", die sie bekämpfen sollen, gegenüberstehen. Es lohnt sich, hier die Überschrift jener Erziehungsschrift aus dem Jahre 1629, aus der H. Weber auch den Titel seines Buches entnimmt, im vollen Wortlaut zu zitieren. Sie lautet:

> *„Von der verführten Kinder Zauberey.*
> *In welchen mit reifflichem Discurs und muthmässigem Bedenken vorgehalten wirdt, auß was Ursachen viel unerwachsene und unmündige Kinder, so noch zur zeit scheinen unschuldig zu seyn, zu der verdampten Geister und Zauberer Gesellschaft gebracht und unerhörter weiß verführt werden.*
> *Frommen Gottesfürchtigen Eltern und der blühenden unverfälschten Jugendt zur Abschreckung vom abschwelichen Zauberey Laster zu lieb und gefallen auß Lateinischer in die Teutsche Sprache übersetzt und in Truck gegeben."* (Abb. 17)

Dadurch, daß es überhaupt eine Erziehungsliteratur solcher Art gab, gewinnt man einen Eindruck von den damals vorherrschenden Wahnvorstellungen. Mir scheint hier die psychohistorische These naheliegend, daß sich dahinter Verführungen und Mißbrauchshandlungen eben jener frommen Eltern selbst an ihren Kindern verbergen und daß der Teufelsglaube zu deren Projektion auf ein Anderes, eben auf die Hexen, diente. Damit konnten sexueller Mißbrauch, körperliche und seelische Mißhandlung sowie die verbreitete Weggabe oder sogar Verstoßung von Kindern durch ihre Eltern als selbstverschuldete Handlungen psychisch ungeschehen gemacht und auf die Hexen verschoben werden.

In seinem Kapitel „Hexenglauben psychoanalytisch deuten?“ steht auch Hartwig Weber solchen Gedanken nicht fern. Daß er dennoch ein Fragezeichen hinter diese Kapitelüberschrift setzt, hat gleichwohl seine Berechtigung. Ich verstehe dieses Fragezeichen so, daß damit trotz der von Weber akzeptierten Brauchbarkeit psychoanalytischer Bergriffe für das Verständnis des Hexenwahns dennoch eine gewisse Skepsis gegenüber diesen Begriffen angesagt bleibt, insofern sie bei zu schneller Anwendung den historischen Charakter der Phänomene verfehlen können.

Nehmen wir jedoch den oben angedeuteten Gedanken wieder auf, so können wir ihn mit Hartwig Weber jetzt fortsetzen. Es war die Rede von den Übergriffen Erwachsener auf Kinder, die dann den Hexen angelastet und an ihnen verfolgt wurden. Hartwig Weber wendet diesen Gedanken auch auf die psychischen Mechanismen der „Kinderhexen“ an. Diese nehmen die Zuschreibungen der frommen Erwachsenen an die „verdampten Erwachsenen“ auf, schreiben sie sich selbst zu, d.h. bezichtigen sich selbst der Hexerei und geben dann die Zuschreibungen durch ihre Anklagen und „Besagungen“ an die Frommen zurück und erreichen dadurch, daß sie sich „an den Erwachsenen für vergangenes Leid und Elend rächen.“ (S. 153)

Die sehr häufig vorkommenden Selbstbezichtigungen von Kindern erklärt Weber eben hiermit, daß sie so auch ihre pädagogischen Peiniger der Verfolgung aussetzen konnten. Entscheidend ist hier, daß Webers Material eindeutig belegt, daß die Kinderhexen selbst real schwersten Verletzungen ausgesetzt gewesen sind. In den von Weber ausgewerteten Akten über Kinderhexenprozesse wird nachvollziehbar, daß das Phänomen der „Verfolgung“, das die Zeit des Hexenwahns so sehr charakterisiert, nicht erst mit öffentlicher Verfolgung von Hexen beginnt, sondern, daß es im privaten Raum der Familien seine tieferen Wurzeln hat. Und hier sind es die Eltern, die ihre Kinder verfolgen – wegen ihrer Abweichungen von der Norm, wegen ihrer Sünden, ihres Ungehorsams und ihres Glücksverlangens. H. Weber hat schon in seinem ersten Buch gezeigt und zeigt auch hier wieder, daß die Eltern selbst unter dem fortwährenden Druck religiöser Disziplinierungsanforderungen stehen. Das Zeitalter der Reformation und die es konstituierende konfessionelle Rivalität von Katholizismus und Protestantismus steigerte diese Anforderungen bis zur vollständigen „Überwindung“ (S. 70) des „von Natur aus bösen Charakters des Kindes“ (S. 70). Mit Blick auf diesen psychohistorischen Nährboden erst kann man verstehen, daß *„in den Jahren 1627 und 1629 ... allein in Würzburg mehr als zwanzig Kinder unter zehn Jahren wegen Hexerei verbrannt“* wurden (S. 85).

Wenn ich mir vorstelle, daß in dem Vorort einer Großstadt, in dem ich lebe, und der etwa die Größe von Würzburg der damaligen Zeit haben mag, in einer dreijährigen Periode öffentlich pro Jahr durchschnittlich sieben unter 10-jährige Kinder verbrannt würden und dazu noch die vielen anderen Bestrafungen an Kindern und Erwachsenen, wie sie damals üblich waren, miterlebt werden müßten, so wird mir die an L. deMause anknüpfende These von Ludwig Janus verständlich: „Die historischen Gesellschaften und die in ihnen lebenden Menschen waren viel ‘kränker’ als man sich überlicherweise eingesteht. Die Kindheiten waren viel traumatischer und die gesellschaftlichen Lösungen viel abwehrbestimmter als die üblichen Sozialwissenschaften anerkennen.“[5]

Nach dieser Anschauung müssen wir den Hexenwahn als Krankheitsphänomen betrachten.[6] Krankheit kann möglicherweise aber auch „geheilt" werden. Tatsächlich fand die Hexenverfolgung – bei regionalen Unterschieden – zwischen dem Ende des 17. und dem Ende des 18. Jahrhunderts eine Beendigung. Hypothesen, die diese Beendigung auf das Erstarken von „Aufklärung“ zurückführen, kommen der „Heilungs“-Annahme wohl am nächsten.[7] Bei Weber finden wir wenig Bestätigung hierfür. Zur Beendigungsproblematik führt Weber aus, daß es „aufgeklärte” Stimmen, Gegner der Hexenverfolgung, schon vor und während der Verfolgungsperiode gegeben habe, daß diese aber nicht vermocht hätten, die „Lawine von Verfolgungen“ (S. 235) zu verhindern. Die Beendigung der Hexenverfolgung

[5] Ludwig Janus: Besprechung von: Hollweg, W.H.: Von der Wahrheit, die frei macht, in: The International Journal of Prenatal and Perinatal Psychology and Medicine, June 1995, S. 261.

[6] Es handelt sich um Krankheit der Verfolger. Dies hat Evelyn Heinemann in ihrem Buch „Hexen und Hexenangst: eine psychoanalytische Studie”, Frankfurt a.M. 1989 nachzuweisen versucht. Sie versucht, die Vermutung zu erhärten, daß die Verfolger infolge eigener frühkindlicher Deprivationen bei Säugammen, zu denen sie von ihren Eltern weggegeben wurden, psychische Dispositionen zu mitleidloser „narzißtischer Rache“ (Heinz Kohnt) ausbildeten, die sie dann an den „Hexen“ als ihren Opfern ausagierten.

[7] In diese Richtung weist der Psychoanalytiker und Theologe O. Pfister. (S. 150 und S. 151, Anm. 191)

[8] Zu der auf S. Bernfeld zurückgehenden Theorie von einer historischen Tendenz zur „Humanisierung der Aggressionsäußerungen” siehe: Ute Schuster-Keim: Psychoanalyse und Geschichte der Kindheit, eine Diskussion der Hypothesen zur psychogenetischen Theorie von Lloyd deMause, in: U. Schuster-Keim; A. Keim: Zur Geschichte der Kindheit bei Lloyd deMause: Psychoanalytische Reflexion, Frankfurt a. M. 1984, S. 26.

erscheint bei Weber weniger als ein evolutionärer psychohistorischer Schritt in der Weiterentwicklung von Menschen und mehr als ein Wandel von Herrschaftsmethoden des Staates – an die Stelle von Folter und Scheiterhaufen treten mehr und mehr Gefängnisse und psychiatrische Anstalten, in denen nicht gefügige Untertanen interniert werden (S. 35).
In einer Anmerkung verborgen finden wir allerdings auch bei Weber eine – wenigstens implizite – Vermutung, die Beendigung des Hexenprozesse könne auch irgend etwas mit einer historischen Tendenz zu einer „Humanisierung der Aggressionsäußerungen" zu tun haben.[8] Er stellt nämlich fest, daß die Kinderhexenprozesse vermehrt in der Endphase der Hexenverfolgung auftraten und fährt dann fort: „Vielleicht war die Zunahme der Kinderhexenprozesse in der Endphase der Hexenverfolgungen ein Motiv für die Beendigung der Hexenjagden überhaupt." (S. 234, Anm. 12) Also doch ein Stück „Evolution der Kindheit"?

Speikinder – Gedeihkinder.

Säuglingsversorgung und lokaler Lebenszusammenhang im 19. Jahrhundert.

Uta Ottmüller

I remember that old coat
My grandma used to wear
Made of weasels
Biting each others tails
A vicious circle. An endless ride
On the back of an old woman.

Laurie Anderson. Speechless

Viele heutige Eltern glauben noch immer, daß ohne eine regelmäßige Anwendung von Zwang und Strafe aus ihren Kindern nichts werden kann. An dieser Überzeugung halten sie oft trotz gegenläufiger Informationen durch Massenmedien und Erziehungsberater hartnäckig fest. Andere sind gegenüber diesen Informationen aufgeschlossener, üben aber dennoch unbewußt gravierende Zwänge auf ihre Kinder aus. Noch andere verlieren immer wieder die Beherrschung und mißhandeln sie dann.

Der folgende Aufsatz untersucht psychogenetische Entstehungsbedingungen dieser Verhaltensweisen im vormodernen, ländlichen Lebenszusammenhang und läßt diese möglichst ausführlich in der Sprache zeitgenössischer Berichterstatter zu Wort kommen. Im ersten Teil konzentriere ich mich dazu auf vormoderne Verhaltens- und Kommunikationsmuster von Eltern im Umgang mit ihren Säuglingen und beschreibe die interaktiven Wechselwirkungen, die deren mehrgenerationale Dauer erklären können. Diese frühkindlichen Sozialisationsmuster betrachte ich aufgrund ihrer prägenden Funktion als vertikale Schlüsselsituationen der psychogenetischen Entwicklung.

Ein umfassendes Verständnis dieser Entwicklung verlangt jedoch auch die Rekonstruktion der aus familientheoretischer Sicht horizontalen, d.h. unter Angehörigen der gleichen Generation zirkulierenden Kommunikationsmuster, die die Einstellung zu neugeborenen Kindern und den sozial definierten Handlungsspielraum der Mütter und anderen Haushaltsmitglieder aktuell beeinflußten. Auch diese horizontale Ebene psychogenetisch relevanter Kommunikation enthält zwischenmenschliche Schlüsselsituationen, in denen Emotionen und ihr körpersprachlich regulierter Austausch neue einfühlsamere Verständigungsmöglichkeiten schaffen oder auch blockieren können. Diese Schlüsselsituationen sind in einem zusätzlichen umgangssprachlichen Sinne horizontal, nämlich sexuell. Sexualität ist der unmittelbarste Ausdruck der elterlichen Partnerbeziehung und hat großen Einfluß auf das körpersprachlich-emotionale Verhältnis der Mutter zu ihrem Kind. Die Gesamtheit der im weiteren und engeren Sinne horizontalen Sozialisationsbedingungen sind Thema des zweiten Teils dieses Aufsatzes.

Vorab soll der historische Schauplatz erläutert werden. Im 19. Jahrhundert lebte die Mehrzahl der Bevölkerung noch auf dem Lande als Bauern, Pächter oder landlose Tagelöhner. Im bis heute andauernden Prozeß der Urbanisierung, der auch als Modernisierung zu verstehen ist, bildete die ländliche Bevölkerung – meist die mit wenig oder keinem Grundbesitz ausgestatteten „Landarmen" und jüngeren Bauernkinder – auch den Nachschub für die städtische Bevölkerung. Insofern haben die ländlichen Formen des Umgangs mit Kindern auch die modernenen städtischen Sozialisationsmuster beeinflußt und die meisten heutigen Familien haben Vorfahren aus ländlichen Lebenszusammenhängen. Im 20. Jahrhundert wurde zwar eine Vielzahl medizinisch, psychologisch und pädagogisch begründeter Neuerungen im Umgang mit Kindern propagiert und auch in beträchtlichem Umfang umgesetzt. Trotzdem gibt es noch immer die oben beschriebenen, zwanghaften familienspezifischen Muster, die durch die hier vorgeschlagene historische Anamnese weniger sinnlos erscheinen werden, als dies sonst der Fall wäre. Dieser verborgene Sinn kann, so hoffe ich, durch die Aufklärung seiner Entstehungsbedingungen zur Disposition gestellt werden.
Das stärkste Argument gegen eine beschönigende Romantisierung ländlicher Kindheitsmuster bildet die hohe Säuglingssterblichkeit. Man versteht darunter die statistisch ermittelte Quote der Kinder, die vor Ablauf des ersten Lebensjahres starben. Diese wurde (und wird bis heute) gesondert ermittelt, weil sie gegenüber anderen Alterstufen deutlich erhöht war. Im europäischen Vergleich des 19. Jahrhunderts war die Säuglingssterblichkeit im deutschspra-

chigen Raum besonders hoch. In bestimmten Regionen und wirtschaftlichen Härtephasen erreichte sie bis zu 50% aller geborenen Kinder. Dabei zeichnete sich ein deutliches Nord-Süd-Gefälle ab, wobei in Norddeutschland, grob geschätzt, doppelt so viele Kinder diese besonders gefährdete Zeit überlebten als in Süddeutschland.[1]

Diese besondere Gefährdung menschlicher Säuglinge läßt sich dadurch erklären, daß sie im Vergleich zu anderen Säugetieren zu früh geboren werden. Während diese meist in wenigen Tagen die Fähigkeit zur eigenen Nahrungsbeschaffung erlangen, sind menschliche Kinder über viele Monate hinweg von umfassender Versorgung abhängig. In diesem Zustand der physiologischen Unreife ereignen sich bereits intensive geistige und emotionale Lernprozesse, die wesentlich von der emotionalen Qualität und physiologischen Angemessenheit der Zuwendung abhängig sind, die das kindliche Überleben gewährleisten. In diesem Aufsatz werde ich mich deshalb auf diese Frühphase ländlich-traditioneller Kindheitsgestaltung und ihre interaktiven Voraussetzungen konzentrieren.

Dabei spielt die Ernährung eine besondere Rolle. Vor der Entwicklung moderner Säuglingsnahrung war die Ernährung mit Muttermilch mit Abstand die beste Überlebensvoraussetzung und zwar sowohl wegen ihrer immunitätsbildenden Inhaltsstoffe als auch wegen der entwicklungsfördernden emotionalen Austauschprozesse, die mit ihr verbunden sind.

Wie DeMause monierte, wurde die früheste Phase der Kindheit in kindheitsgeschichtlichen Darstellungen oft zu Unrecht bagatellisiert und vernachlässigt.[2] Dies liegt daran, daß die Versorgung dieser noch nicht sprechenden Kinder von den jeweiligen Zeitgenossen meist nicht als Erziehung, sondern als bloße biologische Aufzucht – wie die von Tieren – begriffen wurde. In meiner Darstellung kann ich mich jedoch auf ein reichhaltiges Quellenmaterial stützen. Gegen Ende des 19. Jahrhunderts wurde die hohe Säuglingssterblichkeit – nicht zuletzt auch wegen des schlechten Gesundheitszustands der überlebenden Kinder – als nationales Problem betrachtet. Zahlreiche Ärzte, Pfarrer und Lehrer fertigten Berichte über Brauchtum, Sitten und Gewohnheiten der aus ihrer Sicht rückständigen Landbevölkerung an. Auch die ärztliche Ratgeberliteratur enthält zur Begründung ihrer Reformvorschläge eindringliche Beschreibungen unangemessener Säuglingsversorgung.[3]

I
Vertikale Sozialisationsbedingungen

Stillen und (Über-)füttern

Bereits gegen Ende des 19. Jahrhunderts erkannten Ärzte und Medizinstatistiker in der Alternative Stillen oder „künstliche Ernährung" die wichtigste Variable für das frühkindliche Überleben. Das fast überall übliche, sehr früh begonnene Zufüttern erhöhte auch bei gestillten Säuglingen die Sterblichkeitsquote, die nirgends unter 10% lag. Die Stilldauer mußte dabei mindestens acht Monate umfassen, um einen wirksamen Infektionsschutz zu bieten. In Norddeutschland betrug sie zumeist mindestens ein Jahr, in einigen Gebieten auch zwei bis drei Jahre. Gar nicht oder nur wenige Wochen wurde dagegen in vielen Gebieten Süddeutschlands gestillt. Die großräumigen Ernährungsmuster deckten sich dabei auffällig mit den Sterblichkeitsmustern.

Einen Eindruck davon, wie die übliche Entwicklung in Gebieten mit hoher Säuglingssterblichkeit verlaufen sein mag, liefert die nachfolgende, vielleicht übertriebene, aber aus Gründen der Glaubwürdigkeit sicherlich an realen Problemen orientierte Beschreibung eines Sigmaringer Arztes: „Mit großen Köpfen, dicken Bäuchen, abgezehrten Gliedern, mit blasser, widerlich weißer Haut, großen blauen Augen, ganz weißen wenigen feinen Haaren und einem großen Schnuller in dem Munde, zahnen sie, wie die Leute sagen, durch die Glieder (d.h. unter Krämpfen, U.O.) und leiden größtenteils an Atrophie und Gelenksucht. Sie lernen sehr schwer und lange nicht gehen und reden; haben blaue Adern auf den Schläfen, aufgeworfene Lippen, breite Nasen, zusammengedrückte Brust, schwache Füße, Heißhunger, grindige Köpfe, angeloffene Drüsen um den Hals, und alle zusammen eine unerträgliche Laune, bei der jede Äußerung ihres Willens in einem viertelstündigen Weinen besteht..."[4]

Die Ärzte ermittelten als Hauptgrund für die überhöhte Säuglingssterblichkeit die „Überfütterung" mit Brei, der entweder als alleinige Nahrung oder zusätzlich zur Muttermilch von Geburt an per Löffel verabreicht wurde. Neben dem mangelnden Infektionsschutz war ein besonderes Problem dabei, daß das gegenüber Erwachsenen erhöhte Flüssigkeitsbedürfnis der Kinder nicht erkannt wurde und bei den Kindern sogar weniger Durst als bei Erwachsenen angenommen wurde: „Wenn ein Kind unruhig ist, so greift die Umgebung nach Nahrung und denkt sehr selten an ein Getränk, obgleich man wohl wis-

Otto Günther (1838-1884) Tagelöhner in Thüringen

sen könnte, daß unter gleichen Verhältnissen ein erwachsener Mensch öfters Wasserbedürfnis fühlen müßte."[5]

Die dennoch früher oder später offenkundigen Saugbedürfnisse der Kinder wurden zu deren Beruhigung mit einem „Zutzel" oder „Schlotzer" gestillt. Dies war ein mit Brot gefülltes, zusammengebundenes Tuch, das in Milch oder Zuckerwasser, häufig aber auch in Schnaps getaucht wurde. Nach ärztlichen Berichten führte es häufig aufgrund von Gärungsprozessen und Verschmutzung zu Soorinfektionen, die man Schwämmchen nannte.[6]

Auch die zu feste Konsistenz und die zu große Menge des gefütterten Breis wurde häufig kritisiert: „Denn ich sahe Kinder mit Breien stopfen, in welchen, daß ich mich dieses Ausdrucks bediene, ohne Mühe der Löffel stehen konnte. Wie ist es möglich, daß eine solch zähe und klebrige Speise in dem zarten Magen verarbeitet, und von den feinen Gefäsen als Nahrung eingesogen werden kann? – Es ist notwendig, daß bei dem fortgesetzten Gebrauch solcher Breie, die Drüsen in dem Gekröse verstopft, der Nahrungssaft scharf, die Ernährung verhindert und dadurch endlich der Grund zu der sogenannten englischen Krankheit gelegt werden muß."

Eine traditionelle, mit anderen Folgeproblemen belastete Form der Flüssigkeitszufuhr beschreibt der zitierte Autor Kruenitz im Anschluß: „Es ist Pflicht für die Mutter, die Nahrung dem Kinde selbst zu geben, und dieses Geschäfte nicht immer den Wartfrauen zu überlassen, die dabei meistenteils die unausstehlichste Verfahrungsart beobachten. Denn jeder Löffel Suppe, oder was es auch sey, wird erst in dem eckelhaften Munde einer solchen alten Frau, der ganze Reihen angefressener Zähne enthält, herumbewegt, und dann mit faulen, wohl auch venerischen oder anderen kränklichen Speichel auf das innigste vermischt, dem aus Hunger und Unwissenheit gedultigen Kind, um mich ihrer Verfahrensart gemäß auszudrücken, eingeschmiert!"[7]

Die unverdauliche Konsistenz des Breis, der vorrangig aus gemahlenem Getreide bestand und auch „Papp" genannt wurde, zeigte sich deutlich bei den Obduktionen verstorbener Säuglinge, die im 18. Jahrhundert zu einer zentralen Quelle ärztlichen Wissens wurde. Dabei zeigten sich Verhärtungen im gesamten Verdauungstrakt, Wurmbefall und Verstopfung mit einer „harten Materie, welche eine vollkommene Ähnlichkeit mit kleinsten Stücken weißer Stärke gehabt."[8]

Die Fehldeutung der mengenmäßigen Nahrungsbedürfnisse eines Kindes veranschaulicht ein Zitat des Schweizer Landpfarrers und Romanciers Jeremias Gotthelf. Es zeigt, wie selbst bei einem von der Mutter (Meyeli) gestillten Kind zusätzlich Großmutter und Magd um die Ehre der größten Fürsorglichkeit wetteifern, die für sie in der größtmöglichen Nahrungszufuhr besteht: „Das Kind war ein munterer Bube, aber handlich. Tat der das Maul auf, so meinte man, er wolle essen oder saugen; alle Augenblicke brachte man ihn Meyeli und sagte: *„Seh, nimm e und gib ihm, dä tusigs Bueb is geng hungrig."* Wenn er dann nicht saugen wollte, so sagte man, er werde Brei wollen, er müsse geschwing gwärmt sein. War er gwärmt, so nahm man den Buben übers Knie und strich ihm Brei ein, desto strenger, je mehr er brüllte. Natürlich kam ihm der Brei in den letzen Hals, daß er husten mußte, oft költschblau wurde; dann hob man ihn wohl auf, sprang mit ihm in der Stube herum und sackete ihm runter, was ihm im Halse steckengeblieben war."

Die offenkundigen Würgereflexe der Kinder konnte man mit Redewendungen wie Husten sei gut für die Lunge oder dem bekannten Spruch „Speikinder – Gedeihkinder" bagatellisieren.

Fragt man nach den Motiven für diesen Fütterungseifer, so drückt die Großmutter im obigen Zusammenhang ganz offen ihre Angst vor späteren Schuldgefühlen (und damit wohl auch deren latente Präsenz) aus: „... genug zu essen muß es haben, versünge (versündigen, U.O.) will ich mich nicht. Man weiß bei solchen kleinen Kindern nie, was es gibt; man sollte zwar nicht

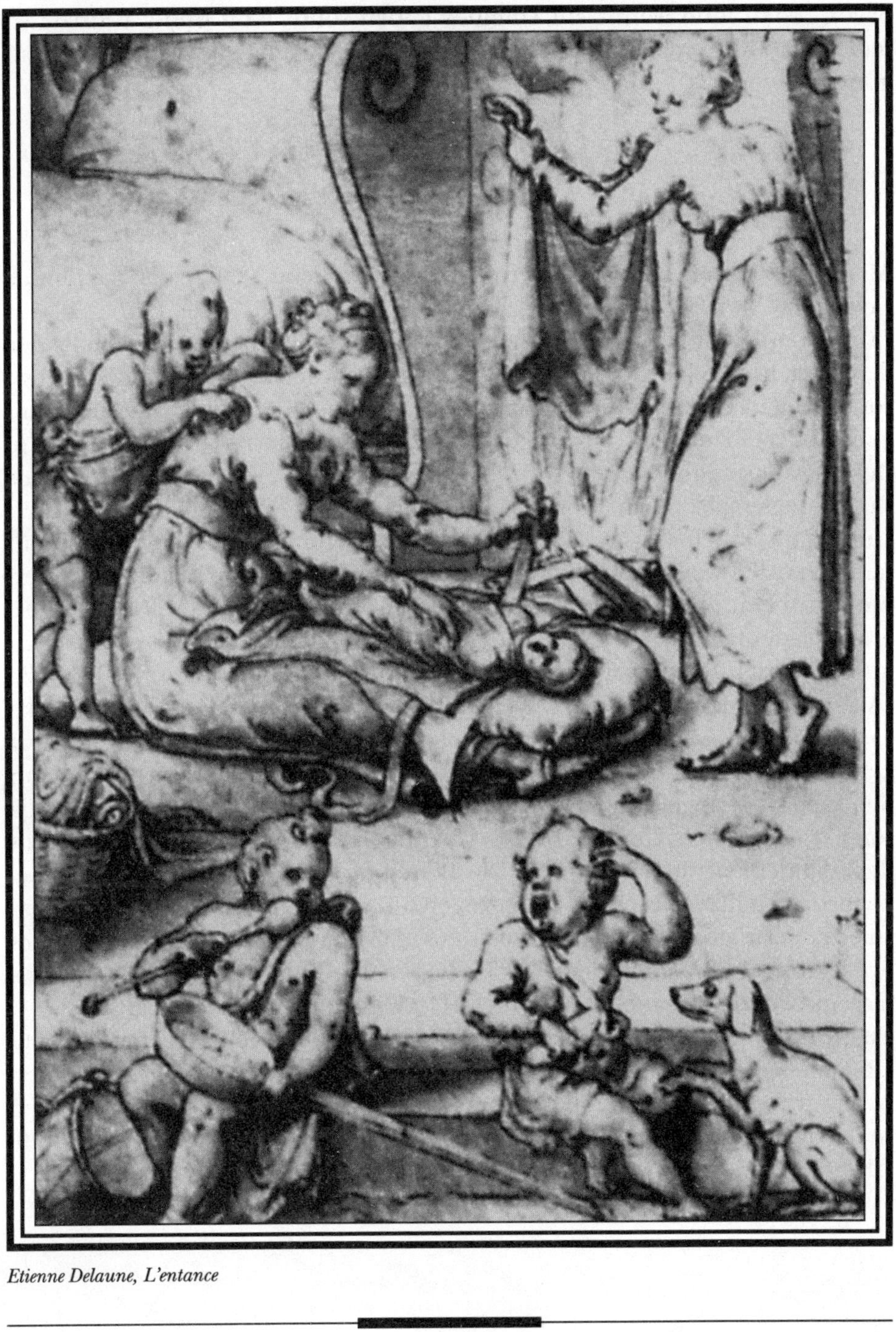

Etienne Delaune, L'entance

davon reden, und wenns ein Unglück geben sollte, Gott bhüet is drvor, so möchte ich nicht, daß das arm King em liebe Gott gieng ga chlage, es hätt nit gnue z esse gha."[9]

Wickelkinder

Als ein profanerer Grund für übermäßiges Füttern kann gelten, daß die Kinder vielerorten von Geburt an am ganzen Körper und oft unter Einbezug von Armen und Kopf fest gewickelt wurden. Der alte Ausdruck „Wickelkind", der dem erst um die Jahrhundertwende publik gewordenen Ausdruck „Säugling" vorausging, erinnert an diese Praxis. Die Umhüllung der Kinder mit meterlangen Wickelbändern verhinderte andere, nicht nahrungsbezogene Beruhigungsmöglichkeiten durch Körperkontakt wie Streicheln oder Berührungsspiele. Auch mochte das „Brüllen" des Kindes in dieser dicken Umhüllung durch Wärmestau, mangelnde Bewegungsfreiheit oder Wundsein hervorgerufen worden sein, denn die aufwendige Wickelprozedur wurde vermutlich selten öfter als morgens und abends durchgeführt. Auf diese Weise erklärt jedenfall ein norddeutscher Arzt die Wirksamkeit einer als magisch interpretierten Baucheinreibung bei langanhaltend schreienden Kindern, die „Afstriken" genannt wurde: „Gleich nach der Geburt wird das Kind in dicke *Luren* und Windeln gepackt, die so befestigt werden, daß die kleine Kreatur kein Glied rühren kann. Überdies wird ein dickes handbreites Wickelband um den Leib straff angelegt, damit das Kind *Stän* (Unterstützung) hat; es würde ja sonst schief werden. Um das *Afstriken* vorzunehmen, wird der kleine Patient aus den Windeln herausgenommen. Die Befreiung des Kindes aus seiner unbehaglichen Lage, die ihm durch den angehäuften Schmutz noch peinlicher und zuletzt unerträglich wird, bewirkt meistens, daß sein Schreien verstummt und es wohlgemut die Brust nimmt. – Das Einreiben von Thran auf den Leib hilft aus diesem Grunde oft zauberhaft schnell (Hervorhebungen des Autors)."[10]
Das Wickeln war seit der Antike von Ärzten als notwendige Korrektur der frühkindlichen Körperform empfohlen worden. Im 19. Jahrhundert erkannten bereits viele Ärzte die Unnötigkeit und Hemmungsfunktion dieser Maßnahme und polemisierten dagegen, während einzelne unter ihnen sich bis in's 20. Jahrhundert dafür einsetzten.[11]

Georges de La Tour, Le nouveau né

Wichtige Aufschlüsse darüber, wie die beschriebenen Fütterungspraktiken von einer Generation zur nächsten weitervermittelt worden sein könnten, liefert eine neuere „psychiatrischen Untersuchung von Eltern, die Säuglinge und Kleinkinder mißhandelt haben“ [12] Auch die Landkinder im 19. Jahrhundert wurden in späteren Kindheitsjahren von ihren Eltern harten und grausamen Strafen ausgesetzt und zwar vorzugsweise deshalb, weil sie aus elterlicher Sicht zu langsam arbeiteten.[13] In ihrem Forschungsbericht haben B.F. Steele und C.B. Pollock beobachtet, daß das Erziehungsverhalten der von ihnen untersuchten Eltern „in drei aufeinanderfolgenden Generationen auftritt und sich ab der Säuglingszeit äußert.“[14] Die Zahl drei steht dabei für das Maximum der im therapeutischen Prozeß kooperierenden Generationen. Dies spricht jedoch nicht dagegen, daß es sich tatsächlich um noch ältere, traditionelle Muster handelt, die den hier beschriebenen auf frappierende Weise ähnlich sind. Gemeinsam ist dem von Steele und Pollock beschriebenen Erziehungsverhalten nämlich, daß die Eltern ihre Kinder mit Erwartungen und Leistungsansprüchen konfrontieren, die, gemessen an ihrem Entwicklungsstand zu hoch und verfrüht sind. Dieses Merkmal trifft jedenfalls auf die im deutschsprachigen Raum des 19. Jahrhunderts üblichen Fütterungsmuster zu, denn nach heutigem Wissen ist ein Kind frühestens im vierten Monat in der Lage, feste Nahrung zu verdauen und in sinnvoller Weise mit der fütternden Person zu kooperieren.

Die frühzeitige Projektion von Erwachseneneigenschaften in ganz kleine Kinder soll hier noch einmal anhand einer Oberamtsbeschreibung aus dem schwäbischen Rottenburg im Jahre 1899 verdeutlicht werden: „Oft kann man sehen...wie Kinder mit 3/4 Jahren und noch jüngere am gemeinsamen Familientisch mit Suppe, Kaffee, Spätzlen, ja Kartoffeln vollgestopft werden... Mütter, welche mehrere Monate ihr Kind selbst ernähren, sind schon selten. Die Mehrzahl glaubt, ihre Schuldigkeit getan zu haben, wenn sie dem Kinde kaum einen Monat die Brust gereicht haben.“[15]

In der Interpretation ihrer Forschungsergebnisse knüpfen Steele und Pollock an T. Benedek an, die „die Wiederkehr der Kindheitserinnerungen beschreibt, zu der es kommt, wenn der Erwachsene selbst Vater oder Mutter wird.“16 Die wesentlichen emotionalen Transferprozesse beschreiben die Autoren wie folgt: „Man darf nicht vergessen, daß dann, wenn der Erwachsene dem Kleinkind mit Forderungen und Angriffen gegenübertritt, damit zugleich einige der grundlegendsten Bedürfnisse des Kleinkindes nach Zuwendung und

Einfühlung frustriert werden. Diese Frustrationen sind Reize für den grundlegenden Aggressionstrieb. Eine Reizung des Aggressionstriebes und die ihn begleitende Wut gegenüber der frustrierenden Person, verbunden mit der parallel dazu verlaufenden Entwicklung der Rudimente eines strengen Über-Ich, führen unweigerlich zu starken Schuldgefühlen. Dieses weitgehend unbewußte und überwiegend auf die Mutter bezogene Schuldgefühl bleibt während des Lebens des Patienten bestehen und bewirkt, daß ein Großteil der Aggressionen nach innen, gegen diesen selbst gerichtet wird. Es ist die Ursache dafür, daß beim Erwachsenen häufige Perioden der Depression auftreten, und trägt zu einem tief verwurzelten Gefühl der Minderwertigkeit und einer geringen Selbstachtung bei. Wenn die Mutter oder der Vater das Kleinkind als Verkörperung des eigenen schlechten Selbst fehlidentifizieren, so kann die volle Aggression des bestrafenden Über-Ich nach außen, auf das Kind gelenkt werden."[17]

Manipulationen

Im hier untersuchten historischen Kontext konnten sich solche Umkehrprojektionen über die Fütterungspraxis hinaus in einer Reihe schmerzhafter Körpermanipulationen niederschlagen, mit denen scheinbare Besonderheiten des neugeborenen Körpers korrigiert wurden. Entscheidungsträger und Ausführende waren hier allerdings nicht immer die Eltern, sondern auch andere Beteiligte, die nicht nur frühkindliche Projektionen, sondern auch professionelle Interessen an das Kind herantrugen. So wurden leichte Schwellungen „in den Brüsten" oder Flüssigkeit in den Brustwarzen der Neugeborenen als „Hexenmilch" gedeutet. Zur Vorbeugung magischer Einflüsse wurden sie von „Hebammen und Großmüttern" häufig auf eine Weise ausgedrückt, die zu Entzündungen führten und eine nachhaltige Schädigung der Brustwarzen bewirken konnten.[18] Bei weiblichen Kindern konnte dies das spätere Stillvermögen beeinträchtigen. Auch jungen Mädchen wurden von ihren Müttern die Brüste abgebunden oder abgedrückt. Sofern es dabei nicht um die Unterdrückung sexueller Attribute ging, handelte es sich wahrscheinlich um eine Vorbeugungsmaßnahme, da die Frauen glaubten, daß das Stillen zu Schwindsucht und vorzeitiger Alterung („häßlich werden") führen würde.[19]

Stillhindernisse wurden nicht nur auf Seiten der Mütter, sondern auch auf Seiten neugeborener Kinder gesehen, die der Erfahrung nach nicht saugen konnten. Als Ursache dieser Saugunfähigkeit betrachtete man die Tatsache, daß das Zungenbändchen, das die Zunge mit dem Unterkiefer verbindet, bei Neugeborenen in der Regel weiter nach vorn zur Zungenspitze als bei Erwachsenen und älteren Kindern reicht. Zur Behebung dieses scheinbaren Defizits diente ein häufig gleich nach der Geburt von der Hebamme vorgenommener Eingriff im Mund des Kindes, der Zungenlösen genannt wurde. Dabei wurde das Zungenband, ein- oder durchgeschnitten.

Im spätem 18. Jahrhundert galten Stillschwierigkeiten noch als ausreichender Grund für den Eingriff, wie das nachfolgende Zitat aus einem ärztlichen Ratgeberhandbuch belegt: „Es ist freilich keine Kleinigkeit, wenn das Zungenbändchen zu kurz angewachsen ist. Es verrät sich dieser Umstand gar bald dadurch, daß das Kind nicht an der Brust saugen kann. In diesem Fall aber ist es allzeit besser, diese kleine Operation durch einen Wundarzt vornehmen zu lassen, als daß die Hebamme mit scharfen Nägeln oder einer stumpfen Schere auf höchst ungeschickte Art dieses verrichtet.“[20]

Man darf sich fragen, welche Folgen solch ein gewiß schmerzhafter Schnitt als Auftakt der oralen Entwickung hatte. Da arme Familien sich selten die Hinzuziehung eines Wundarztes leisten konnten, ist anzunehmen, daß die beschriebene, sicherlich unsteril durchgeführte Form des Eingriffs die Regel war. Auch unter Ärzten gab es noch kein klares Wissen über Wundinfektionen, so daß Eiterungen und Geschwulstbildungen im Mund des Kindes sicher häufig auftraten und die Saughemmung, die durch den Eingriff verhindert werden sollte, stattdessen tatsächlich begünstigt wurde. In den Quellen bleibt unklar, ob und in welchem Umfang die Mütter an der Entscheidung für diese, wie ich meine doch schwerwiegende Verletztung ihres Kindes beteiligt waren. Festzuhalten ist, daß die Ärzte als aufstrebender und an der Ausweitung ihres Tätigkeitsfeldes interessierter Berufsstand diese Praxis mit ihrer Autorität unterstützten und vermutlich aktiv an ihrer Verbreitung beteiligt waren. Neben diesem Professionalisierungsinteresse mochten auch bei den Ärzten Projektionen aus frühkindlichen Erfahrungen eine Rolle spielen. Gegenüber der bei DeMause betonten ausschließlich innerfamilialen, vertikalen Projektionslinie, zeigt sich hier ein horizontaler, aus dem Umfeld der Familie stammender Einfluß auf die Behandlung des Kindes.

Daß auch neuerlangtes besseres Wissen die Ärzte nicht unbedingt von der Nutzung dieser Zugriffsmöglichkeit abhielt, belegt ein ärztliches Statement von 1900: „Wenige Erscheinungen werden dem Arzt so oft beim Neugeborenen geklagt wie die Verkürzung des Zungenbändchens. „Das Kind muß das Züngchen gelöst haben“, sagen die Leute, oft im Auftrag der Hebamme. Zur Beruhigung der Gemüter mag der Arzt die kleine und ungefährliche

Operation ruhig vornehmen; wirklich nöthig ist sie nur in einzelnen Fällen. Denn sachlich bleibt für die Beurteilung, ob eine fehlerhafte Verkürzung der bekannten Schleimhautverdoppelung vorliegt, nur zu entscheiden, ob das Kind die Zungenspitze nicht bis zum Kieferrande und demgemäß auch nicht bis zur Unterlippe bringen kann; ist ihm dies möglich, so kann es auch saugen, und damit fällt ein sachlicher Grund zum Eingriffe fort; denn das frühere Bedenken, das Kind würde später im Sprechen behindert sein, hat sich als ganz hinfällig erwiesen....“[21]

Das Kind als Wechselbalg

Die bislang referierten Manipulationen richteten sich ausschließlich auf die in der Stillfunktion bedeutsamen Körperteile Brust und Mund. Eine massivere, das ganze Kind angreifende Projektion der als böse erlebten Mutter – oder nach Steele und Pollock des eigenen frühkindlichen bösen Selbst – wurde durch das traditionelle Deutungsmuster des Wechselbalgs möglich. Das Sammelwerk Vergleichende Volksmedizin von 1909 gibt folgendes Bild: „Ein Wechselbalg wird niemals satt, ist immer dürre und hat einen großen Kopf. Da er sehr viel saugt, so geht die Mutter an Abzehrung zugrunde, oder sie fühlt wenigstens Stechen in der Brust bis zum Tod. Auch läßt der Wechselbalg niemanden Ruhe, wächst nicht, lebt kurze Zeit, und erst nach dem Tod erhält er die seinem Alter entsprechende Länge.“[22] In diesem Deutungsmuster wurde ursprünglich Kretinismus dadurch erklärt, daß das Kind von lokal unterschiedlich benannten Naturwesen oder Hexen gegen deren eigenes Kind ausgetauscht wurde.[23] Diese Deutung rechtfertigte den weitgehenden Abbruch der Pflegehandlungen und aggressive Rücktauschmaßnahmen bis hin zum Verprügeln des Kindes auf dem Misthaufen. Das überlieferte, kollektiv beglaubigte Brauchtum erlaubte hier den Eltern, brutalste Abwertung unter dem Etikett von Zuwendung am eigenen Kind auszuagieren, denn dieses sollte nach der Austreibung des falschen Kindes in den geschundenen Körper zurückkehren.
Für die Popularität des Wechselbalgbildes spricht, daß nach manchen volkskundlichen Darstellungen jedes Kind zumindest bis zur Taufe intensiv vor Auswechselung geschützt wurde[24] und daß andererseits nach dem Zeugnis von Kriminologen des späten 19. Jahrhunderts auch Kinder ohne entsprechende Symptome als Wechselbalg be- und mißhandelt wurden.[25] Die Schutzmaßnahmen reichten vom Anbringen geweihter oder im Bezugssystem

„heidnischer" Mythologien „kraftvoller" Gegenstände an der Wiege des Kindes über das Brennenlassen eines Lichtes oder die Anwesenheit eines Haustieres bis hin zur Anwesenheit einer erwachsenen Person. Diese Maßnahmen zeigen allerdings eine deutliche – wenn auch vielleicht nur vorläufige – Parteinahme für das Kind und die Bereitschaft, den eigenen Ängsten entgegenzutreten.

Himmeln

Als eine positiv besetzte, in ihren Auswirkungen jedoch fatale Umkehrprojektion der guten und hilfreichen Mutter auf das Kind läßt sich die Bezeichnung „Himmeln" deuten, die für den Tod früh und damit noch „unschuldig" verstorbener Kinder in Schwaben und Bayern verbreitet war. Von diesen Kindern, auf deren Taufe man größten Wert legte, sagte man, sie kämen direkt in den Himmel und würden dort in besonders erfolgreicher Weise für ihre Eltern Fürbitte leisten. Demnach sollten „drei verstorbene Kinder im Himmel eine solche Macht (haben), daß das Seelenheil auch von Vater und Mutter gerettet wurde."[26] Für eine elterliche Umkehrprojektion spricht neben der Hilfeerwartung auch, daß der Himmel im christlichen Bewußtsein der Ort von (Gott-)Vater und Mutter (Maria) ist.
Eine praktisch destruktive Wirkung der Redeweise des Himmelns ist jedoch deshalb anzunehmen, weil die unterstellte Heilswirkung des Kindestods im Rahmen der christlichen Moral die bewußte Förderung dieses Todes ausschließt. Die zum Himmeln führende Art der Kindesversorgung mußte also im häuslichen und möglichst auch im lokalen nachbarschaftlichen Kontext als angemessene Versorgung gerechtfertigt werden und dies konnte am besten dadurch geschehen, daß die anderen Kinder genauso behandelt werden.

Berufen, Beschreien

Bei Zweifeln daran, ob der eigene Umgang mit dem Kind diesem auch zuträglich (gewesen) sei, stand schließlich noch ein weiteres traditionelles Deutungsmuster zur Verfügung, das die von den kindlichen Nahrungs- und Betreuungsforderungen ausgelösten bzw. wiedererweckten Aggressionen in

Votivtafel aus der Wallfahrtskirche Maria Treus in Südtirol, 1791 (Die Kreuze über den Köpfen der Kinder markieren, daß sie im Kindesalter verstorben sind.

den sozialen Kontext übertrug. Man nahm dann – um einen heute noch geläufigen Ausdruck zu gebrauchen – an, eine Person aus der Nachbarschaft habe das Kind behext, d.h., seine tödliche Krankheit absichtlich oder unabsichtlich verursacht. Die wohl häufigste zeitgenössische Bezeichnung des damit unterstellten Übertragungsvorgangs lautete „berufen" oder „beschreien". Daneben existierten eine Vielzahl lokaler Bezeichnungen wie das nordwestdeutsche „Andonwäsen".[27] Es spricht für die Aufklärungsresistenz dieses Deutungsmusters, daß noch 1942 (mit „völkisch" erweiterter Aktualität) berichtet wurde: „Die Sorge vor dem Neid der Götter und Menschen, vor dem

Berufen und Beschreien, die Angst vor dem „bösen Blick" drängt sich fast mit der Gewalt eines Instinkts in den Vordergrund und sucht begierig nach Abwehrmitteln. Die Furcht vor dem neidischen Lobeswort, vor dem – wenn auch unbewußt – neidischen Blick ist so tief in der Menschenseele verwurzelt, daß wir ihre Spur bei allen Völkern der Erde finden..."[28]

Das ab 1928 erschienene Handwörterbuch des deutschen Aberglaubens notiert unter dem Stichwort *Berufen, Beschreien:*

„Berufen werden kann jedermann und alles. Ganz besonders gefährdet erscheinen Kinder, vor allem Neugeborene und im Schlafe befindliche, dann Wöchnerinnen, Verlobte, Brautleute, wie überhaupt Personen in Übergangsstadien... Die Wirkungen des Berufenseins machen sich rasch bemerkbar. Kleine Kinder beginnen abzunehmen, gähnen viel und weinen häufig, werden immer schwächer und siechen endlich ganz dahin." Und weiter unter der Fragestellung: *„Wer beruft?* Besonders verstehen es die Hexen, zu deren Haupttätigkeiten es gehört, sowie jene Menschen, die mit dem bösen Blick behaftet sind...Mitunter erscheint diese Tätigkeit an besondere Umstände geknüpft: so beschreit, wer in ein fremdes Haus tritt und unter der Stubentür stehenbleibt, alle Menschen, deren er drinnen ansichtig wird, kann berufen, wer zweimal Muttermilch getrunken hat (d.h., nach einer Pause von mindestens 24 Stunden erneut an die Brust gelegt wurde, U.O.)."[29] Das Stehenbleiben unter der Stubentür mag dabei bereits von der Angst vor einer derartigen Beschuldigung veranlaßt worden sein.

Unter der Frage *„Wie wird berufen?"* zählt das Handwörterbuch schließlich die folgenden sprachlichen und nichtsprachlichen Mitteilungsformen auf, wobei der bereits im frühkindlichen Dialog wichtige Augenkontakt besonders hervorgehoben wird: „Das B. kann durch böse Worte (Zaubersprüche, abfällige Bemerkungen u.ä.m.), aber auch durch gute Wort, insbes. durch Lob und unvorsichtiges Bewundern erfolgen. Es geschieht also absichtlich wie auch unabsichtlich, ja wider Willen der lobenden Person. Zur Verhütung von Unheil pflegt man daher bei rühmendem Hervorheben von Glück, Gesundheit, Schönheit, Kraft oder guten Eigenschaften irgendwelcher Art, sei es bei den anderen oder sich selbst, meist ein „unberufen, unbeschrien" ... hinzuzufügen. Erfolgt das Berufen durch bloßes (blinzelndes, von der Seite her, düsteres, scharfes, feindseliges, aber auch bewunderndes) Anschauen, so wird es gleichsam als Ausfluß des bösen Blicks betrachtet, als der gewissermaßen in Worte übersetzte böse Blick. Die Verbindung von Wort- und Blickzauber ist beim B. die denkbar engste."

Die übernatürlichen und konträren Wirkungen, die die Angehörigen eines gesundheitsgefährdeten Kindes gerade den lobenden, im Alltagsverständnis freundschaftlichen Äußerungen zuschreiben, läßt auf eine tiefverwurzelte Angst vor Unterlegenheit und Mißverstehen schließen, wie sie durch die oben geschilderten frühkindlichen Alltagssituationen zu erklären ist. Ich vermute deshalb, daß diese Angst auch und sogar vorrangig die Beziehung zum Kind und unter den übrigen Haushaltsmitgliedern behinderte, deren Kooperation für die temporäre Entlastung der Mutter von laufenden Arbeiten und damit für die Versorgung des Kindes von großer Bedeutung war. Da der Beschreiens-Vorwurf nach meiner Literaturübersicht so gut wie nie innerhalb einer Familie erhoben wurde, bietet sich die Erklärung an, daß solche innerhäuslichen Störungen der Kommunikation das Unglück begünstigten, dessen Verursachung man – oft nachträglich – der oder dem mutmaßlich Beschreienden vorwarf.

Auch bei der Befürchtung solcher, im modernen Sinne psychosomatischen Schädigungen gab es eine direkt auf das Kind gerichtete Schutzmaßnahme. Diese Schutzmaßnahme läßt sich vielleicht als intuitive Rückgewinnung der sonst überall behinderten, lebenswichtigen Körpernähe von Mutter und Kind verstehen: „Will eine Mutter wissen, ob ihr Kind beschrien ist, so lecke sie seine Stirn; ist es beschrien, so schmeckt die Stirn salzig. Daher lecken Mütter jeden Morgen die Stirn des Kindes.“[30] In einer anderen Quelle wird das Belecken der Stirn des Kindes nicht nur als Diagnose- und Vorbeugungsmittel, sondern sogar als Heil- bzw. Abwehrmittel nach bereits erfolgtem „Verschreien“ beschrieben: es „benimmt die schlimme Wirkung“.[31] Der Kinderarzt Roland Busch stellte kürzlich einen historischen und geographischen Überblick über die Verbreitung dieses „Aberglaubens“ zusammen, den er mit dem heute als Mukoviszidose bekannten Krankheitsbild in Verbindung bringt.[32]

II
Horizontale Sozialisationsbedingungen

Nachbarschaft

Häufig allerdings scheinen sich die Schutzmaßnahmen auch gegen die oder den mutmaßlichen Schädiger(in) gerichtet zu haben. Wenn die als Krankheitsverursacher oder Hexe verdächtigte Person, wie es wohl am häufigsten geschah, eine Nachbarin war, so wurde mit Vorsichtsmaßnahmen wie einem beiläufig gemurmelten „unbeschrien" oder auch der Antwort mit obszönen Flüchen wie: „leck mich am Arsch und b'schrei mirs niad"[33] zugleich ein brauchtumsmäßig verankertes Hilfsangebot zurückgewiesen, das für die Entlastung der Mutter von großer Bedeutung sein konnte. Mehr als heute, wo man ausgegangene oder verdorbene Gebrauchsgüter und Lebensmittel im nächsten Laden nachkauft und eine breitgefächertes Versicherungswesen diverse Alltagskrisen auffängt, waren die traditionell lebenden Bauern auf bedarfsgerechte nachbarschaftliche Hilfeleistung angewiesen. Die gegenseitige Unterstützung der Frauen bei Geburt und Wochenbett war ein im jeweiligen lokalen Brauchtum ritualisiertes Kernstück dieses interfamilialen Systems. Auch bei der Ausrichtung von Familienfesten, der Haltbarmachung von Lebensmitteln, der Textilherstellung und in diversen Krankheitsfällen halfen Frauen einander lange Zeit selbstverständlich aus.[34] Ebenso waren die Männer bei verdorbenem Saatgut, zerbrochenem Ackergerät, erkrankten Zugtieren oder auch beim Hausbau auf gegenseitige Hilfe angewiesen.

Bei ungleichen Voraussetzungen an Besitz und Haushaltsmitgliedern konnte dieses System nur auf der Grundlage gegenseitigen Vertrauens in die Uneigennützigkeit der wechselseitigen Motive langfristig funktionieren. Eben dieses Vertrauen verlangte aus kommunikationstheoretischer Sicht eine körpersprachliche Offenheit, die durch die beschriebenen Abwehrmaßnahmen unterbunden bzw. mehrdeutig gemacht wurde. Dies gilt auch dann, wenn diese Abwehrmaßnahmen mit zunehmender Aufklärung in einer Grauzone von Dranglauben und Nicht-Dranglauben zirkulierten. Ein Ergebnis dieses Verunsicherungsprozesses beschreibt ein Agrarsoziologe 1941 wie folgt: „So haben denn alle Äußerungen des Nachbarschaftsverhältnisses den Ton freundlicher Gemessenheit und kluger Zurückhaltung. Nicht selten finden wir typische vorgeschriebene Grußformeln und traditionelle Fragen nach Befinden und Wohlergehen.[35]

Wie sich diese Entwicklung fortschreitender Distanzierung auf das geburtsbegleitende und die Säuglingsversorgung sicherstellende Brauchtum ausgewirkt haben mag, sei im folgenden skizziert. Während um 1500 die Geburt eines Kindes in Nord- und Süddeutschland gleichermaßen mit allen Nachbarinnen gefeiert wurde, sind solche Feste für die zweite Hälfte des 19. Jahrhunderts nur noch aus Nord- und Westdeutschland dokumentiert:

„Gleich nach der Entbindung, das heißt, etwa eine halbe Stunde nach Ankunft des Kindes wird in Ostfriesland der Frau ein sogenannter Frauentag gegeben (Wiewedag), das heißt, Verwandte, Freunde und Nachbarn werden sofort zum Kaffee eingeladen, so daß das Haus voll ist! ...In Holstein werden die Nachbarinnen verpflichtet, das Neugeborene täglich zweimal zu „bünzeln" (wickeln, U.O.), die Hebamme kümmert sich nicht mehr um das Kind. Auch in Hessen werden alsbald nach Ankunft des Kindes Wochenbesuche ausschließlich von Frauen abgestattet, 'um der Wöchnerin und dem Kinde Glück zu wünschen' "[36]

Auch die um 1930 erfolgten Umfragen des Atlas der deutschen Volkskunde[37] und ein um die Jahrhundertwende erschienenes „Marschenbuch"[38] belegen die hier aufrechterhaltene nachbarschaftliche Öffentlichkeit familialer Ereignisse und Feste.

In Süddeutschland scheint dagegen im 19. Jahrhundert eher eine Tradition von Einzelbesuchen bestanden zu haben, bei denen die mitzubringenden Geschenke, Lebensmittel und „Mahlzeiten" mengenmäßig sehr genau – und damit wahrscheinlich unabhängig vom Bedarf und den Möglichkeiten der Beteiligten – festgelegt waren.[39] Die im folgenden ausführlich zitierte Regionaldarstellung aus Schwaben im beginnenden 20. Jahrhundert berichtet, daß Mahlzeiten „geschickt", d.h. nicht gemeinsam verzehrt wurden. Die Sitte des „Vorkostens durch den Überbringer" weist darüber hinaus auf Angst vor Vergiftung hin. Das folgende Zitat aus der Sammlung „Volkstümliche Überlieferungen in Württemberg" charakterisiert die Situation in den Tagen nach der Geburt:

„Hexenfurcht ist es auch, wenn man das ungetaufte Kind vor dem Anblick von Frauen, namentlich alten, die besonders, früher noch häufiger als heute, als Hexen verdächtigt werden, behüten will. Es ist schon schlimm, wenn nach der Geburt zuerst ein Frauenzimmer das Haus betritt (OA Gerabronn). Wird ein Kind nach dem Besuch einer Frau krank, so wird das Unwohlsein auf die Frau zurückgeführt und diese für eine Hexe gehalten (allgemein). Vor der Taufe oder wenigstens innerhalb drei Tagen soll überhaupt (vielfach) bei der Wöchnerin und ihrem Kind kein Besuch gemacht werden, wenigstens nicht von verwandtschaftlich Fernerstehenden. Verdächtige Personen soll man das Kind ja nicht sehen lassen (allgemein). Es könnte ihm etwas Böses angewünscht werden. (OA Welzheim) oder der Blick (OA. Weinsberg) oder das Beschreien, Berasseln (OA. Freudenstadt und sonst) könnte ihm schaden. Ein Kind, dem letzteres angetan worden war, gab Milch wie eine Amme und konnte nur durch den Hexenbanner von seinem Übel befreit werden (OA. Freudenstadt). Man soll deshalb nicht darauf eingehen, wenn ein Kind gelobt wird. Im OA. Marbach zum Beispiel kann das Fragen nach Gesundheit und Gedeihen des Säuglings zur Folge haben, daß die Muttermilch der Wöchnerin versiegt. Den Namen des Kindes soll man vor der Taufe ja niemand sagen! das Kleine muß sonst sterben (OA. Freudenstadt) oder kann ihm sonst ein Unglück zustoßen (OA. Geislingen, Öhringen)."[40]

Die örtliche Vielfalt der Vorsichtsmaßnahmen und Deutungsmuster, die bereits mit der Hochzeit begannen und in der Schwangerschaft der Frau zahlreiche praktische Verrichtungen betrafen, konnte sich bei der Heirat in fremde Dörfer oder Oberamtsgebiete als besonders problematisch erweisen, wenn sich die Traditionen des einheiratenden Ehepartners, also zumeist der Frau, von dem seiner/ihrer neuen Familie unterschieden. Auch nach der Geburt beschränkten diese Deutungsmuster den Aktionsradius von Mutter und Kind, da Gegenstände, insbesondere auch die Wäsche des Kindes als Übertragungsmedien schädlicher Einflüsse gesehen wurden: „Ins Freie darf das Kind vor der Taufe oder vor sechs Wochen (OA. Laupheim), der Frist für den ersten Ausgang in die Kirche, nicht gebracht werden (allgemein), nicht einmal aus dem Geburtszimmer (OA. Aalen, Eßlingen). Es wird gelbsüchtig, wenn es vor sechs Wochen ans Licht kommt (OA. Crailsheim). Die Wäsche des Säuglings darf vor der Taufe (allgemein) oder vor sechs Wochen (OA. Laupheim, Geislingen, Öhringen) nicht ins Freie gehängt werden. Das Kind könnte Bauchweh bekommen (OA. Backnang, Crailsheim), namentlich, wenn die Wäsche an Gartenzäune gehängt wird (OA. Öhringen), oder schwer zahnen (OA. Weinsberg). Auch entlehnen oder herleihen soll man aus einem Hause, in dem ein Kind geboren wurde, nichts vor der Taufe oder wenigstens innerhalb drei Tage nach der Geburt (allgemein), namentlich auch nicht am Mittwoch oder Freitag (z.B. OA. Reutlingen) Wer doch etwas entlehnt, kommt in den Verdacht der Hexerei."[41]

In all diesen Vorsichtsmaßnahmen drückt sich eine starke Isolationstendenz der einzelnen (Geburts-)Haushalte aus. Die ihr zugrunde liegenden Ängste lassen sich vertikal auf frühkindliche Erfahrungen der Eltern und anderen Kindesversorgerinnen zurückführen, in denen die lebenserhaltende Nahrungszufuhr oft ununterscheidbar mit schmerzhaften und lebensbedrohlichen Aggressionen vermengt war. Horizontal, d.h. innerhalb derselben Generation läßt sich diese Isolationstendenz sowohl als Folge als auch als Bedingung der beschriebenen hastigen Fütterungspraktiken verstehen, da sie zum einen durch die beständige Erfahrung solcher Todesfälle in ihrer (imaginierten) Notwendigkeit bestätigt wurde, zum anderen aber durch den Entzug gegenseitiger nachbarlicher Unterstützung die Belastung der Mütter erhöhte.

Welche alltäglichen Rahmenbedingungen bildeten die Grundlage dieser Belastung? Aus sozialhistorischer Sicht ist hier zuerst auf die wirtschaftliche Knappheit hinzuweisen, die im 19. Jahrhundert in den meisten ländlichen Gebieten trotz Aufhebung der alten Feudalrechte eher zu- als abnahm und besonders den Frauen immer neue Arbeitsbereiche abverlangte.[42] Die wichtigsten allgemeinen Gründe für diese Verschlechterung waren die deutsche Form der Bauernbefreiung, bei der sich die Bauern – anders als in der französischen Revolution – das von ihnen bestellte Land durch Ablösungszahlungen erwerben mußten oder durften und die Ausweitung der städtischen und internationalen Märkte, die zu einer Monetarisierung und Pauperisierung der ländlichen Lebensbedingungen führte.[43]

Die Soziologin Heidi Rosenbaum beschrieb außerdem, warum selbst für Bauern, die von allen nichtadligen Landbewohnern wirtschaftlich am besten gestellt waren, die familienzyklische Zeit der Kleinkindversorgung besonders schwierig war: „Im zeitlichen Ablauf der bäuerlichen Ehe waren die ersten Ehejahre die schlimmsten. Häufig wurde die Ehe mit Schulden begonnen. Wo, wie in den Realteilungsgebieten, nicht ein bestehender Hof übernommen werden konnte, mußten erst ein neuer Hausstand gegründet und die Betriebsausstattung erworben bzw. komplettiert werden. Wurde ein Hof geerbt, wie in den Gebieten mit Anerbenrecht, mußten die weichenden Erben ausgezahlt und das Altenteil ausgestattet werden. Für Bauer und Bäuerin bedeuteten diese Jahre somit vermehrte Anstrengungen, um die Belastungen tragen zu können, d.h. viel schwere und lange Arbeit. Die Frau wurde zusätzlich durch die vielen Schwangerschaften beansprucht. Für sie gab es während der Schwangerschaft und nach der Geburt kaum eine Schonung."[44] Auch in der haushaltsinternen Aufteilung neuer, zum Überleben notwendiger Erwerbsquellen wurden Frauen zunehmend benachteiligt. Der auf Württemberg spezialisierte Sozialhistoriker David Sabean resumiert: „Wenn man nach einem Begriff sucht, um diese Bauersfrauen zu charakterisieren, so drängt sich das Wort *Eile* auf... Auch heute noch erzählen viele Bauersfrauen in Württemberg, daß ihr ganzes Leben von Eile beherrscht gewesen sei..."[45] Bezogen auf die Phänomene Stillschwierigkeiten und hastiges Füttern bietet es sich an, das Wort Eile in Streß zu übersetzen. Als physiologischer Dauerzustand erklärt Streß am besten sowohl die Unmöglichkeit, sich beim Stillvorgang zu entspannen und den Milchfluß-Reflex zuzulassen, als auch die Schwierigkeit, beim Füttern einfühlsam darauf zu achten, welche Nahrung das Kind in welcher Menge und Geschwindigkeit vertragen kann.

Postnatale Geburtenkontrolle?

Sozial- und Bevölkerungshistoriker wiesen darauf hin, daß die Vielzahl der geborenen Kinder bei der Begrenztheit des bestellbaren Landes und den üblichen Hofgrößen in Süddeutschland das Überleben ihrer gesamten Familien gefährdeten. Sie vermuten, daß Eltern sich insofern gezwungen sahen, den Tod eines Teils ihrer Kinder aktiv zu fördern oder jedenfalls billigend in Kauf zu nehmen. Indem sie dies als rational planendes Verhalten deuten, sprechen sie von „postnataler Geburtenkontrolle.“[46] Nach einer neueren, sehr gründlichen dorfgeschichtlichen Untersuchung von Carola Lipp im schwäbischen Kiebingen scheint sich diese Zwangslage paradoxerweise am stärksten bei den tatsächlich landbesitzenden dörflichen „Oberschichten“ ausgewirkt zu haben, unter denen sich auch die wenigsten stillenden Mütter befanden.[47] Hier war es also gerade nicht die blanke Not, die die angemessene Versorgung der Kleinstkinder verhinderte, sondern – wenn der unterstellte Planungszusammenhang für die historischen Subjekte überhaupt bedeutsam war – eher das Streben nach Erhalt und Absicherung eines im örtlichen Vergleich überlegenen Besitzes. Die bislang referierten Vorsichtsmaßnahmen und Projektionsmuster weisen außerdem darauf hin, daß diese Art der Besitzstandswahrung häufig nicht ohne Ambivalenzen und Schuldgefühle gelebt werden konnte, deren Spuren sich als unbeabsichtigte Beigabe zu dem ererbten Besitz in die Familiengeschichte einschrieb.

Die zitierte Untersuchung beschreibt jedoch eine Reihe weiterer Begleiterscheinungen der hohen Säuglingssterblichkeit der Kiebinger Oberschicht, die andere oder jedenfalls zusätzliche Erklärungen zulassen. Dazu gehört eine hohe Geburtendichte, die nach demographischen Untersuchungen überall mit hoher Säuglingssterblichkeit einhergeht.[48] Die kaum über einem Jahr liegenden Geburtenabstände werden durch das Ausbleiben der „Lactationsamenorrhoe“ erklärt, die stillende Mütter über einen gewissen Zeitraum vor erneuter Schwangerschaft schützt. So waren im historischen Gegenbeispiel der norddeutschen Gebiete die Geburtenintervalle mit einer üblichen Stilldauer von 2 – 3 Jahren deutlich verzögert, was sich positiv auf Gesundheit, Lebensdauer und sicher auch auf die emotionale Belastbarkeit der Mütter auswirkte.[49]

Ein bedeutsamer Faktor für die mangelnde Stillbereitschaft oder -fähigkeit der Oberschicht-Mütter war vermutlich ihre emotionale Distanz zu den Vätern ihrer Kinder. Dafür spricht die Tatsache, daß Ehen hier überwiegend unter Gesichtspunkten der Besitzstandswahrung oder -vermehrung geschlossen und zumeist von den Eltern arrangiert und erzwungen wurden. Lipp beschreibt ausführlich den Verlauf einer solchen „Sachehe“:

„Robert Langheinz, Bauer und Sohn des Oberschichtbauern Konrad L., heiratete 1840 seine Cousine Magdalena, die ein Kind von ihm erwartete. Magdalena war sechs Jahre älter, aber eine gute Partie, denn sie brachte ein beträchtliches Vermögen mit in die Ehe. Dennoch war die Konstellation unglücklich. Nachdem das erste Kind innerhalb eines Jahres gestorben war, hatte Magdalena noch vier Totgeburten und schließlich zu trinken angefangen. Trotz zweier nachgeborener Söhne war in den 1850er Jahren das Klima der Ehe auf einem Tiefpunkt angelangt. Magdalena klagte beim Kirchenkonvent gegen ihren Ehemann, ‘daß er sie öfters mißhandelt habe, daß er mit der Magd die Haushaltung führe, und daß er Alles, das Getränke und das Geld verschließe, daß er, wenn er Früchte und sonst etwas verkaufe, ihr nichts davon sage, da sie auch wissen müßte, wo das Geld hinkommt.’ Ihr Mann gab zu, ‘daß er das Geld und Getränk vor ihr verschließe, weil sie öfters betrunken sey, und schon morgens um 6 Uhr, und dieses wieder alle Tage werden könne, wenn er den Keller offen ließe. Er habe sie allerdings geschlagen, aber nicht bloß wegen ihrer Trunkliebe, sondern weil Feuergefahr durch sie vorhanden gewesen sey,... da sie in betrunkenem Zustand abends mit dem Licht aus der Stube gehen wollte...’ “[50]

Das dörfliche „Sittengericht“ verhängte darauf die so zusammengefaßte Entscheidung: „Die Frau sollte aufhören zu trinken, ihre Haushaltsführung ordentlich versehen und Rechenschaft über die Verwendung des Haushaltsgeldes ablegen. Die bisherige Magd, mit der sich der Ehemann so gut verstand, und die die Hausfrau auslachte, wenn diese ihr einen Befehl gab, würde entlassen und ‘der Ehemann ... überläßt es seiner Frau für die Haus- und Feldgeschäfte eine ihr entsprechende Magd zu dingen.’ “ Regelmäßig wiederkehrende Klagen zeigten jedoch, daß die Ehe mit dieser ökonomischen Lösung nicht gerettet war.

Mit dem aktenkundigen Alkoholismus einer reichen Bäuerin (und nicht eines Bauern, dem man das eher nachgesehen hätte) mag dies ein extremes Beispiel für den Verlauf einer süddeutschen Bauernehe sein. David Sabean zeigte jedoch in einer Breitenuntersuchung der Gerichtsprotokolle des schwäbischen Dorfes Neckarhausen, daß hier allgemein „die ersten Ehejahre häufig von zahlreichen Konflikten getrübt waren.“ Als Scheidungsgründe seitens der Frauen wurde vor allem angegeben, daß die Männer das Geld monopolisierten und in's Wirtshaus trugen, auf seiten der Männer, daß ihnen das Essen nicht schmeckte, weil die Frauen die ganze Woche „Spätzle“ kochten.[51] Auch diese formalen Gründe lassen auf tieferliegende Störungen der ehelichen Kommunikation und auf die emotional begründete Unfähigkeit schließen, die wechselseitige Bedingtheit der jeweiligen Kritikpunkte zu erkennen.

Hochzeitsbrauchtum

Für die Verbreitung solcher Machtkämpfe spricht auch das lokale Hochzeitsbrauchtum und die darin ausgedrückten Erwartungen an die künftige Ehebeziehung. In der bereits zitierten Sammlung „Volkstümliche Überlieferungen in Württemberg“ heißt es dazu: „Beim Zusammengeben will jedes die Hand oben hinbringen (allgemein, weniger häufig in Franken), namentlich die Braut sieht es darauf ab, weil sie dann die Herrschaft im Hause erhält. Manchmal entsteht ein förmlicher Ringkampf. Teilweise ist der Gedanke dabei, daß die Hand von dem einsegnenden Pfarrer vorzugsweise berührt werde (O.A. Böblingen, Neuenbürg). Um die Herrschaft im Haus zu erhalten, soll sich im Oberamt Backnang einmal eine Braut sogar auf den Platz des Bräutigams gestellt haben und der Bräutigam ihr gewichen sein. Eigentümlich ist der Glaube in Pfalzgrafenweiler ..., daß dasjenige von den Brautleuten, welches beim Zusammengeben den Ellbogen am weitesten nach hinten strecke, Meister im Haus werde. In Hermaringen (Heidenheim) hat der Bräutigam auch vor dem Altar sein Messer in der Tasche...Wer zuerst niederkniet, muß zuerst sterben (OA. Nagold, Calw), ebenso, wer zuletzt (OA. Freudenstadt, Öhringen; zuerst = Flözlingen-Rottweil) vom Trauschemel aufsteht und vom Altar weggeht (Untersontheim-Hall). Meist herrscht der Glaube, daß dasjenige, das sich zuerst von den Knien erhebt, Herr im Hause wird (Oberschwaben...) Die gleiche Hoffnung darf dasjenige haben, das auf dem Rock oder das Kleid des anderen kniet (OA. Freudenstadt, Künzelsau).“[52]

Natürlich weiß man nicht, wie häufig solche Vorsichtsmaßnahmen tatsächlich ausgeführt wurden. Jungverliebte Hochzeiter – so selten sie auch gewesen sein mögen – hatten bei der Eheschließung vermutlich anderes im Kopf, als ihre Machtposition zu sichern. Die Vielfalt der regionalen Verhaltensvarianten zur immer gleichen, durch die Sterbereihenfolge lediglich auf die Spitze getriebenen Zielvorstellung läßt allerdings auf reichhaltiges Anschauungsmaterial schließen und vermuten, daß die üblicherweise unter Gesichtspunkten der Besitzerhaltung und -vermehrung arrangierten Ehen häufig mit großen – sicherlich meist uneingestandenen – Unterlegenheitsängsten eingegangen wurden. Die referierten Fütterungspraktiken können diese gut erklären.

Ehe und Elternbeziehung

Aber auch die Art der Eheanbahnung – Sachehe versus Liebesheirat – und die daraus folgende Art ihres „Vollzugs“ konnte von entscheidender Bedeutung für das Schicksal der daraus geborenen Kinder sein. In Sachehen wurde mit großer Wahrscheinlichkeit – d.h. wo nicht spontane Sympathie dazwischenfunkte – eine rein männlich gesteuerte, zeugungsorientierte Sexualität praktiziert, die ein lustvolles „Vorspiel“ ebenso wie die Vorstellung oder Realisierung eines gemeinsamen Orgasmus weitgehend ausschloß. Im Unterschied zu anderen SozialhistorikerInnen bin ich allerdings nicht der Ansicht, daß diese „traditionelle europäische Sexualität“[53] den männlichen Bedürfnissen wesentlich besser entsprach als den weiblichen. In Anlehnung an Wilhelm Reich nehme ich vielmehr an, daß dabei beiden Partnern eine zentrale „Funktion des Orgasmus“[54] entging, nämlich die tiefgreifende Spannungsabfuhr. Unter den beschriebenen Sozialisationsbedingungen und Lebensumständen, in denen kaum andere Entspannungsmöglichkeiten zur Verfügung standen, war der alltägliche Spannungspegel vermutlich besonders hoch. Die oben zitierten alltäglichen Zänkereien lassen sich unter diesem Gesichtspunkt aus Angst vor Unterlegenheit und Übervorteilung, das ständige Gefühl der Eile bei der Arbeit aus der Angst, nicht fertig zu werden, erklären. Chronische und latente Angst beschränkt aber die Übersicht über real verfügbare Ressourcen und Fähigkeiten und verschärft damit reale Probleme.

Wenn die bislang beschriebene „traditionelle europäische Sexualität“ durch die Blockierung notwendiger Spannungsabfuhr eine derart kontraproduktive Funktion im oben skizzierten bäuerlichen Lebenszusammenhang erfüllte, scheint es lohnend, sich näher mit ihr zu beschäftigen. Diese Art der Sexualität wurde seit Jahrhunderten von der kirchlichen Moraltheologie begünstigt, die in der Ehe ein notwendiges Übel zur Vermehrung christlicher Seelen sah und jede dazu unnötige Lust als Sünde brandmarkte. Der Katholizismus als vorherrschende Religion Süddeutschlands war mit seiner regelmäßigen

Beichtpflicht und seinen zwangszölibatären Seelenhirten besonders aktiv in der Verteufelung sexueller Lust. Der lutherische Protestantismus war hier tendentiell positiver eingestellt, was als Grund für die längeren Geburtenabstände und langen Stillzeiten in Norddeutschland diskutiert wird.[55] Als Hinweis auf eine zwanglosere und positiv besetzte Sexualität läßt sich auch der ethnographisch dokumentierte „Glauben der norddeutschen Frauen" deuten, „daß auf dem Schoß des Mannes leichter zu gebären sei".[56] Wahrscheinlich erklärt diese positivere Einstellung auch eine positivere Einstellung zu den frühkindlichen Bedürfnissen, wie sie ein norddeutscher Arzt folgendermaßen dokumentierte: „Das Kind weinen zu lassen, wäre barbarisch. Die Mutter, die das über sich gewänne, käme in den schlechtesten Ruf bei allen Frauen des gesamten Dorfes."[57]

Die württembergische Variante des „in der Lehre" lutherischen Protestantismus war jedoch „im Kultus" stark vom Calvinismus beeinflußt[58], der in seiner Einstellung zur Sexualität – und auch allen anderen Vergnügungen – sehr viel unduldsamer war.[59] Die Disziplinierungsmittel beider Kirchen waren Schuldgefühle und die Angst vor Hölle und Fegefeuer. Im ehelichen Beischlaf traten deshalb vermutlich bei den Männern nicht selten frustrationsbedingte sadistische Impulse an die Stelle der verbotenen libidinösen, während die Frauen sich in angstvoller Verweigerung versteiften. Steifleinene Nachthemden mit einem eingefaßten Loch in der Höhe der Geschlechtsorgane mochten ein Übriges zur Gestaltung des Beischlafes beitragen. Für Frustrationen in der Hochzeitsnacht spricht auch, daß bei solchen Eheschließungen oft Trauer und Wut über den erzwungenen Verzicht eines heimlichen, gesellschaftlich nicht akzeptablen Liebes- oder Wunschpartners zu verschmerzen waren. Dafür spricht unter anderem das weitverbreitete Brauchtum des „Spreuens", bei dem die Dorfjugend in warnender Absicht den Weg zum Haus dieses früheren, spontan gewählten Liebespartners – oder der Partnerin – mit Spreu markierten.[60]

Aus der Perspektive der Untersuchung von Steele und Pollock ist hier anzumerken, daß restriktiv und zwanghaft sozialisierte Eltern dazu neigen, ihre Kinder auf unbewußter Ebene sexuell an sich zu binden und deren libidinöse Bindung an einen neuen Partner der eigenen Altersgruppe zu hintertreiben.[61] Die Gleichgültigkeit und sogar Feindseligkeit bäuerlicher Eltern gegenüber den Partnerwünschen und Glücksansprüchen ihrer Kinder drückte sich in Süddeutschland unter anderem darin aus, daß sie die Eheanbahnung gewerbsmäßigen „Kupplern" übertrugen, die in ihrem Hauptberuf Viehhändler waren.[62] Auch die aus der erzählenden Literatur bekannte Brutalität, mit der „gefallene", d.h., unehelich schwangere Bauerntöchter von ihren Vätern verprügelt und vom Hof gejagt wurden, spricht für unsichtbare Bindungen zwischen den Generationen, die die jeweils folgende Generation auf die Beziehungsstagnation[63] der vorausgegangenen verpflichteten. Selbst die wirtschaftliche Gestaltung der ersten Ehejahre, die Rosenbaum oben als „von allen Ehejahren die schlimmsten" beschrieb, läßt auf kollektiver Ebene auf ein eher mißgünstiges Verhältnis der Eltern zu ihren erwachsenen Kindern schließen. Diese emotionale Komponente widerspricht nicht dem erklärten Ziel der „Sachehe" – sie perpetuierte den status quo möglicherweise sogar über den rein materiellen Vorgang der Besitzübertragung hinaus. Wenn unter allgemein harten Überlebensbedingungen die reicheren Bauern sich gegenüber hungernden Häusler- und Taglöhnerfamilien emotional abschotteten, so gelang ihnen dies vermutlich am Besten, wenn sie das eigene Leben als verbissene, freudlose Schinderei gestalteten und auch in der Sexualität nicht mit ihren sensibleren Gefühlen konfrontiert wurden. Auch Schuldgefühle über unzureichend bekämpfte unzüchtige Gedanken oder Gefühle konnten womöglich von der Frage nach der Gerechtigkeit der dörflichen Besitzverteilung ablenken.

Ein unter solchen Umständen gezeugtes Kind rief bei seiner Mutter mit einiger Wahrscheinlichkeit heftige Distanzierungswünsche hervor. Diese konnten schon die Schwangerschaft belasten, vor allem aber würde die Frau Abscheu oder Angst davor empfinden, das Kind des Aggressors, das nach der aristotelischen Zeugungslehre ausschließlich von diesem in seiner Wesensart bestimmt wurde, an ihrer empfindlichen Brust saugen zu lassen. Die neuesten Forschungsergebnisse der praenatalen Psychologie lassen darüber hinaus eine psychische Prägung des Kindes durch die Eltern vom Moment der Zeugung an vermuten.[64]

Wurde das Kind dagegen im doppelten Sinne – d.h. bei der Zeugung und nach der Geburt – von der Mutter angstfrei empfangen, so konnte der im Stillprozeß biologisch vorgesehene frühkindliche Dialog seine eigendynamische Wirkung entfalten. In diesem Dialog spielt das neugeborene, in seinen Erwartungen unvoreingenommene Kind von Anfang an eine aktive Rolle,[65] die in günstigen Fällen bewirken kann, daß die Mutter und auch der Vater und andere Angehörige einen Teil ihrer im eigenen Sozialisationsprozeß erlernten Wahrnehmungseinschränkungen und aggressiven Verhaltensmuster abbauen können. Diese Möglichkeit der Rückgewinnung von Spontaneität und wechselseitiger Einfühlung war und ist immer gegeben.

Heirats- und Partnerschaftsmuster der ländlichen Unterschichten

Aus spontaner Neigung fanden sich im 19. Jahrhundert vor allem Angehörige der ländlichen Unterschichten zusammen. Betrachtet man die Liebesverhältnisse und -heiraten der ländlichen Unterschichten als Gegenmodell zu den bäuerlichen Heiratsmustern, so konnte diese Liebe sich sicherlich als auch trügerisch erweisen. Lipp zeigt dies am Beispiel junger weiblicher Dienstboten, die in von ihrem Heimatort entfernten Dienststellen vermutlich aus emotionaler Vereinsamung leichter zu sexuellen Beziehungen bereit waren als ihre zu Hause lebenden Altersgenossinnen.[66] Trotzdem scheint die selbstgewählte Verbindung ein günstigerer Auftakt für die Familiengründung gewesen zu sein als die elterlich befohlene oder aus Besitzgründen erzwungene. Die generativen Daten der unteren Sozialschichten lassen sich jedenfalls im Sinne einer dynamischeren, den materiellen und zwischenmenschlichen Gegebenheiten gegenüber aufgeschlosseneren Beziehungsstruktur interpretieren. Im katholischen Kiebingen wurden immerhin 44% der Unterschichtkinder von ihren Müttern gestillt.[67] Diesen wurde oft von den lokalen Autoritäten die Heiratserlaubnis verweigert, weil ihnen der zur Gründung eines Hausstandes für notwendig erachtete Besitz fehlte. Obwohl Frauen für illegitime Geburten häufig mit Arrest bestraft wurden, gab es langfristig stabile illegitime Partnerschaften mit mehreren Kindern[68] und es gab Familien, die dieses Muster über fünf Generationen praktizierten.[69]

Interessanterweise überlebten der Kiebinger Untersuchung zufolge in diesen Familien „fast doppelt so viele Kinder wie in den anderen."[70] Carola Lipp führte diesen Vorsprung auf ein „kindergünstiges Klima" zurück, „obwohl angesichts des fehlenden ökonomischen Fundaments der Familien Kinder eine nicht unerhebliche Belastung darstellten..."[71] Worin bestand dieses kindergünstige Klima? Zunächst ist anzunehmen, daß die illegitimen Mütter wie andere Kiebinger Unterschichtmütter ihre Kinder an der Brust nährten. Über die Dauer des Stillens gibt es keine verläßlichen Daten, aber vermutlich waren die illegitimen Mütter hier erfolgreicher, weil sie weniger an Ehre zu verlieren hatten und deshalb auch in Kauf nehmen konnten, mit entblößter Brust gesehen zu werden.

Wie groß die diesbezügliche Scheu war, geht aus der Beobachtung eines zeitgenössischen Medizinalrats hervor: „So wird vielfach berichtet, daß aus Scheu vor den älteren Kindern das Stillgeschäft im Stall besorgt wird. Von Riedlingen und Tettnang wird berichtet, daß manche das Stillgeschäft als eine Schweinerei ansehen, als ein Geschäft für Zigeunerinnen, man werde ausgelacht, wenn man stille."[72] Das beschämende „Auslachen" kann hier sicherlich als Abwehrmechanismus gewertet werden, wenn der Anblick des an der Brust trinkenden Kindes die unfreiwilligen oder auch voyeuristisch neugierigen Beobachter an latente orale Frustrationen erinnerte.

Auch andere, im psychoanalytischen Sinne genitale Frustrationen trugen wahrscheinlich bei den „anständigen" Familien zu einem weniger „kindergünstigen Klima" als bei den illegitimen bei. Die letzteren suchten nämlich „sehr viel früher sexuelle Kontakte und Beziehungen ... als die Ledigen, die noch stärker in den Erb- und Sachverband der Familie gebunden waren."[73] Viele von diesen mußten auch aus mangelnden Heiratschancen ein lebenslanges Zölibat in Kauf nehmen. Von Demographen wird ein später Zeitpunkt der Eheschließung oder Erstgeburt allgemein als Indikator für lokale Normen des „Triebaufschubs und der Triebkontrolle" gewertet. Im 19. Jahrhundert wurde die geltende Norm mit medizinischer Autorität verkündet: „Nach einem (Tübinger, U.O.) „Handbuch der sozialen Hygiene "... tritt ... der „Zeitpunkt der völligen Geschlechtsreife ... für das männliche Geschlecht etwa mit dem 20. bis 25., für das weibliche mit dem 18. Lebensjahr ein." Der Autor, ein Mediziner, empfiehlt „im Interesse der Kinder und deren Gesundheit", daß sich deshalb „in unseren Climaten wenigstens – kein Mann vor dem 27. bis 30., kein Mädchen vor dem 18. bis 20. Lebensjahr verheirathen" sollte"[74]

Die lange lebenszyklische Dauer des geforderten Triebaufschubs und Liebesverzichts wird heute rückblickend durch die ökonomische Notwendigkeit einer Beschränkung der Kinderzahl durch Verkürzung der Fertilitätsperiode begründet. Eine Empfängnisverhütung während der Ehe, wie sie in anderen sozialen Gruppen bereits mehr und mit gewissem Erfolg (durch coitus interruptus und diverse lokale Ovulationshemmer) betrieben wurde, wurde auf dem Land vor allem durch die kirchliche Sexualmoral behindert. Als einzig legitimes Mittel der Geburtenbeschränkung wurde hier Enthaltsamkeit gepredigt, andererseits wurden die Frauen jedoch zum „ehelichen Gehorsam" angehalten.[75]

Rügebräuche

Die abgewehrten Sexualtriebe oder Liebeswünsche wurden jedoch häufig in unmittelbar sadistischer Weise in den lokalen Rügebräuchen ausgelebt. In

Altbayern gibt es eine Fülle von aktenkundigen und folkloristischen Belegen über das dort verbreitete „Haberfeldtreiben“ das sich von einer Art allgemeiner Femegerichtsbarkeit zu einer Institution wandelte, die „lediglich sexuelle Vergehen“ ahndete.[76] 1911 berichtete ein bayerischer Chronist:

„ ...Dies geschieht durch lautes Ablesen einer derben, gewöhnlich in Reimen verfaßten Spott- und Strafrede, welche gegen diese Person, nicht ohne gelegentliche Ausfälle auch auf manche andere gerichtet ist. Die zu so einer Aktion miteinander Verstandenen, meist jüngeren Leute der Gegend, die, oft Hunderte an der Zahl, den Anordnungen Eines von ihnen gehorchen, kommen, nachdem sie sich, um unerkannt zu bleiben, im Angesicht gehörig entstellt haben, gegen die Mitternachtsstunde in die Nähe des Hauses, in welchem jene Person wohnt, zusammen, und lassen derselben förmlich bedeuten, daß das, was nun erfolgen wird, ihr vermeint sey, mit Formalien, wie zum Beispiel:

‘Baua, steh auf, es hat ailfe gschlagn,
jetzt wolln wir dei Hur eis Haberfeld jagn.’ “

Während die „Treiber“ gewöhnlich aus „drei bis vier Stunden Entfernung“ stammten, mußte der einheimische Liebhaber der Beschuldigten auf dem Weg ins Haberfeld und zurück „selber mit auspeitschen helfen.“[77]
Eine Reihe anderer Rügesitten begnügten sich mit der öffentlichen Anprangerung des Hauses der mutmaßlichen Sünderin und stachelten damit vermutlich den ansässigen Hausherrn zu direkt-handgreiflichen Strafmaßnahmen, oder im falle eigener Beteiligung, zur Entlassung der Magd an:
„Eine Rügesitte recht profaner Art ist das Mauermachen, das heute noch blüht, wohl deswegen, weil es keinen Aufwand an Dichtkunst und keine zeremoniellen Schwierigkeiten fordert. Es handelt sich lediglich darum, die Front eines Hauses mit Menschenkot zu verschmieren, möglichst ausgiebig allerdings.
Das unappetitliche Werk verkündet eine Ehebrecherin im Hause...
Das Sägespänestreuen verfolgt den gleichen Rügezweck. Man munkelt von einem Ehebruch. Der am meisten Ärgernis daran nehmen zu müssen glaubt oder der Boshafteste füllt seinen Schurz mit Sägemehl... oder schiebt gleich einen tüchtigen Karren davon vom Hause des Ehebrechers zur Ehebrecherin und streut fleißig aus „daß der Sünder weicher geht“. Zumeist mündet der weiße Weg dicht unter der Schlafkammer des in frage kommenden Weibes. Da sich die dicht gestreuten Sägespäne nur mit Schwierigkeiten völlig entfernen lassen, bleiben Vergehen und Spaß wochenlang in aller Munde – die

Amtsgerichte legen demgemäß (zu Beginn des 20. Jahrhunderts, U.O.) dem Sägespänestreuer ganz empfindliche Strafen auf.
Hierher gehört auch eine höchst merkwürdige Sitte, die einiges an Zeit und Kraft heischt: Das Mistwagenstellen. Da hat sich ein Bauer mit der Magd vergangen und die Schande ist ruchbar geworden. Man muß sie „auf den Kamin hinaufschreiben" oder „die Titel auf's Dach stecken". Zu diesem Zwecke wird des Nachts ein Mistwagen aus des Bauern Stadel zerlegt, die Teile mühselig auf das Dach des Wohnhauses geschleppt und oben wieder zusammengesetzt. Das alles wird wohl kaum geräuschlos zu machen sein; aber die Inwohner hüten sich, die Täter in ihrem Werk zu stören: es könnte ein Stück vom Dach herabfallen... Wenn der Wagen oben wieder zusammengesetzt ist, beginnt der zweite Teil der Arbeit: das Beladen mit Mist. Nicht selten wird eine ganz tüchtige Fuhre Mist des Morgens auf dem Dach eines Hauses gefunden, über deren Beschaffung und Bedeutung nirgends Zweifel laut werden."[78]
In Orten, in denen solche Rügebräuche eifrig gepflegt wurden, hatten Frauen vermutlich Grund, sich beim Stillen besonders vor zufälligen Beobachtern zu schützen. Auch wenn dieses wahrscheinlich nicht direkt als Vergehen bezeichnet wurde, mochte es Anlaß zu lokalem „Gerede" geben, bei dem dann eins zu anderen kommen und der Rest dazuerfunden werden konnte.

Schluss

Lloyd DeMause sah im Abbau von Angst zwischen Eltern und Kindern das entscheidende Antriebsmoment der psychohistorischen Entwicklung, die er zuversichtlich als psychogenetische Evolution begriff. Mit den hier vorgetragenen Berichten wurde gezeigt, wie eng dieser Abbau und auch sein immer wieder neu aktiviertes Gegenteil, der Aufbau von Angst, mit der Angst im Geschlechterverhältnis verzahnt ist. Die Geschichte der Kindheit ist auch die Geschichte der Sexualität.

Anmerkungen

1 Imhof, A.E., „Unterschiedliche Säuglingssterblichkeit in Deutschland, 19. bis 20. Jahrhundert – Warum?“ In: Zeitschrift für Bevölkerungswissenschaft, Bd. 7, 1981, S. 343-382.

2 DeMause, L., Hört ihr die Kinder weinen? Eine psychogenetische Geschichte der Kindheit. Frankfurt/M. 1978, S. 17.

3 S. auch Ottmüller, U., Speikinder – Gedeihkinder. Körpersprachliche Voraussetzungen der Moderne. Tübingen 1991. dies., „Mutterpflichten“ – Die Wandlungen ihrer inhaltlichen Ausformung durch die akademische Medizin.“ In: Gesellschaft. Beiträge zur Marx`schen Theorie 14, Frankfurt a.Main 1981, S. 97 – 138.

4 Mezler, F.X., Versuch einer medizinischen Topographie der Stadt Sigmaringen. Freiburg i. Br. 1822, S. 158f.

5 Flügel, Volksmedizin und Aberglaube im Frankenwalde. München 1863, S. 51

6 z.B. Walther, P., Schwäbische Volkskunde, Leipzig 1929 S. 102.

7 Kruenitz, J.G., Oekonomische Enzyklopädie oder allgemeines System der Staats-, Haus- und Landwirtschaft in alphabetischer Ordnung, Berlin 1773ff., S. 14-15.

8 Zückert, F.A., Unterricht für rechtschaffene Eltern, zur diätischen Pflege ihrer Säuglinge. Berlin 1764, S. 11.

9 Gotthelf, J. Wie Anne Bäbi Jowäger haushaltet und wie es ihm mit dem Doktern geht. Zweiter Teil, Basel 1978, S. 130f.

10 Goldschmidt, J., Volksmedizin im nordwestlichen Deutschland, Leer 1978 (Neudr. v. 1954), S. 140.

11 Steudel, J., „Abschied vom Wickelkind“. In: Grünenthalwaage 2 (1961/62), S. 3 – 11.

12 Steele, B.F. und Pollock, C.B., zit. Titel In: Helfer, R.E. und Kempe, C.H. (Hrsg.), Das geschlagene Kind. Frankfurt/Main 1978, S. 161 – 243.

13 Schlumbohm, J., (Hrsg.), Kinderstuben. Wie Kinder zu Bauern, Bürgern, Aristokraten wurden 1700 – 1850. München 1983, S. 69f.

14 S. Anm. 12 S. 186.

15 Zit. nach Lipp, C., Dörfliche Formen generativer und sozialer Reproduktion. In: Kaschuba, W. und Lipp, C., Dörfliches Überleben. Zur Geschichte materieller und sozialer Reproduktion ländlicher Gesellschaft im 19. und frühen 20. Jahrhundert. Tübingen 1982, S. 551f.

16 Steele, B.F. u. Pollock, C.B., a.a.O., S. 185

17 Ebd., S. 198.

18 Hovorka, O.v. und Kronfeld A., Vergleichende Volksmedizin Bd. 2, Stuttgart 1909, S. 705 und 714, Ploß, H.H., Das Kind in Brauch unf Sitte der Völker, Anthropologische Studien, 1. Band, Stuttgart 1976, S. 264 f.

19 Buck, M.R, Medizinischer Volksglauben und Volksaberglauben aus Schwaben. Riedlingen 1980, Neudr. v. 1865, S.10.

20 Busch, J.D., Anführung des Landvolks zu der körperlichen Erzeihung der Kinder. Marburg 1787, S. 56.

21 Rumpe, R. (Dr.Med.), Wie das Volk denkt. Allerlei Anschauungen über Gesundheit und Kranksein. Braunschweig 1900, S. 9.

22 Hovorka, O.v. und Kronfeld A., a.a.O., S. 650.

23 Piaschewski, G., Der Wechselbalg. Ein Beitrag zum Aberglauben der nordeuropäischen Völker, Breslau 1935, S.102ff.

24 Ploß H.H., Das Kind in Brauch und Sitte der Völker, Anthropologische Studien, Stuttgart 1876. S. 95ff.

25 Hellwig, A., Verbrechen und Aberglaube. Skizzen aus der volkskundlichen Kriminalistik. Leipzig 1908, S. 38ff.

26 Imhof, A.E., s. Anm.1, S. 378 f.

27 Goldschmidt, J, s. Anm. 10, S. 43.

28 Beitl, R., Der Kinderbaum, Brauchtum und Glauben um Mutter und Kind, Berlin 1942, S. 77.

29 Bächtold-Stäubli: Handwörterbuch des deutschen Aberglaubens. Berlin 1928 (Artikel Berufen, Beschreien).

30 Ebd.

31 Hovorka, O.v. und Kronfeld, A., a.a.O., S. 708.

32 Busch, R., Geschichtliches über die Mukoviszidose. Festschrift zum 30jährigen Bestehen der Deutschen Gesellschaft zur Bekämpfung der Mukoviszidose e.V., Hannover 1995 (copy-right: Kali-Chemie Pharma)

33 Beitl, R., a.a.O., S. 80.

34 Verdier, Y., Drei Frauen. Das Leben auf dem Dorf. Stuttgart 1982.

35 Bomann, Bäuerliches Hauswesen und Tagewerk im alten Niedersachsen, Weimar 1941.

36 Ploß, H.H. a.a.O., S. 226.

37 Atlas der deutschen Volkskunde, N.F., Marburg 1958 ff.

38 Allmers, H. Marschenbuch, 1891

39 Ploß, H.H., a.a.O., S. 208ff.

40 Bohnenberger, K., Volkstümliche Überlieferungen in Württemberg, Stuttgart 1963, Neudr. von 1904 ff, S. 76.

41 Ebd.

42 Sabean, D., „Intensivierung der Arbeit und Alltagserfahrungen auf dem Lande." In: SoWi, Bd. 6, 1977, H. 4, S.150

43 Schlumbohm, J. s. Anm. 13, S. 65ff.

44 Rosenbaum H., Formen der Familie. Untersuchungen zum Zusammenhang von Famillienverhältnissen, Sozialstruktur und sozialem Wandel in der deutschen Gesellschaft des 19. Jahrhunderts. Frankfurt/Main 1982

45 Sabean, D., „Intensivierung der Arbeit und Alltagserfahrungen auf dem Lande." In: SoWi, Bd. 6, 1977, H. 4, S.150

46 Pointiert bei Heinsohn, G. und Knieper, G., Theorie des Familienrechts. Geschlechtsrollenaufhebung, Kindesvernachlässigung, Geburtenrückgang. Frankfurt/Main, 1974.

47 Lipp, C., Dörfliche Formen generativer und sozialer Reproduktion. In: Kaschuba, W. und Lipp, C.: Dörfliches Überleben. Zur Geschichte materieller und sozialer Reproduktion ländlicher Gesellschaft im 19. und frühen 20. Jahrhundert. Tübingen 1982. S. 555.

48 Imhof, A.E., Einführung in die historische Demographie. München 1977. S. 88

49 Imhof, A.E., 1981, S. Anm. 1.

50 Lipp, C., a.a.O., S. 453.

51 Sabean, D. a.a.O., S. 150.

52 Bohnenberger, K., a.a.O., S. 144.
53 Shorter, E.: Die Geburt der modernen Familie. Hamburg 1977. Rosenbaum, H., s. Anm. 44, S. 87.
54 Reich, W., Die Funktion des Orgasmus, Köln, 1969.
55 Duhamelle, C., „Les deux Allemagnes de`l enfance (fin XVIIIe siÈcle – dÈbut XIXe)". In: Institut de l`histoire économique et sociale de l`Université de Paris I, Panthéon-Sorbonne, Bulletin no 16, déc. 1987, S. 9 – 65.
56 Flügel, s. Anm. 5, S. 48.
57 Goldschmidt, J., Volksmedizin im nordwestlichen Deutschland, Leer 1978, (Neudruck v. 1854) S. 33.
58 Hauber, Fr.A., Recht und Brauch der evangelisch-lutherischen Kirche Württembergs in Sachen des Kirchenregiments , des Gottesdienstes und der Zucht. Stuttgart 1854, S. IV.
59 Taylor, G.R., Wandlungen der Sexualität. Düsseldorf 1957.
60 Bohnenberger, K. a.a.O. S. 128.
61 Steele, B.F. u. Pollock, C.B., a.a.O., s. 207f.
62 Atlas der deutschen Volkskunde, 1958ff., N.F. 1, Karten 5-8, Erl. Band 1, S. 85 – 152.
63 Boszormenyi-Nagy, I. und Spark, G.M., Unsichtbare Bindungen. Die Dynamik familiärer Systeme. Stuttgart 1993, S. 163.
64 Chamberlain, D., Woran Babys sich erinnern. München 1994. Piontelli, A., Vom Fetus zum Kleinkind. Stuttgart, 1996. Janus, L., Wie die Seele entsteht. München 1993
65 Stern, D., Mutter und Kind. Die erste Beziehung. Stuttgart 1979.
66 Lipp, C., a.a.O., S. 433 und passim.
67 Ebd. S. 554.
68 Ebd. S. 394.
69 Ebd. S. 435.
70 Ebd. S. 431.
71 Ebd. S. 432.
72 Zit. nach Lipp, C., Ebd. S. 563.
73 Ebd. S. 405.
74 Ebd. S. 388.
75 Ebd. S. 523 ff.
76 Queri, G., Bauernerotik und Bauernfeme in Oberbayern, München 1911. S. 60ff.
77 Ebd.
78 Ebd. S. 9 – 10.

V

Anhang

Abriss der psychogenetischen Theorie nach Lloyd deMause

Ralph Frenken

Im folgenden wird ein sehr stark verkürzter Abriß der psychogenetischen Theorie erstellt, der auf den wichtigsten Passagen aus den relevanten Essays von deMause basiert. Diese Kurzfassung soll dem Leser dazu dienen, eine erste theoretische Orientierung zu erlangen. Die zentralen theoretischen Begriffe werden kurz skizziert. Dieser Abriß ersetzt natürlich nicht die Lektüre der Originalliteratur, zumal die empirischen Befunde und die Aufbereitung des Quellenmaterials hier weitgehend weggelassen werden. Die Zitate werden jeweils eingeleitet von einem kurzen Hinweis auf den Kontext. Die im Original vorhandenen Fußnoten, die auf relevante Literatur hinweisen, werden weggelassen.

1. Die These einer Geschichte der Kindheit als Alptraum

DeMause leitete seinen Essay *Evolution der Kindheit* mit folgenden Sätzen ein:

> *„Die Geschichte der Kindheit ist ein Alptraum aus dem wir gerade erst erwachen. Je weiter wir in der Geschichte der Kindheit zurückgehen, desto unzureichender wird die Pflege der Kinder, die Fürsorge für sie, und desto größer wird die Wahrscheinlichkeit, daß Kinder getötet, ausgesetzt, geschlagen, gequält und sexuell mißbraucht wurden."* [1]

[1] DeMause, Lloyd (1989). Evolution der Kindheit. In: Lloyd deMause (Hrsg.). Hört ihr die Kinder weinen: eine psychogenetische Geschichte der Kindheit. Frankfurt am Main: Suhrkamp, S. 12.

2.
Der Projektvorschlag als Ausgangspunkt des Buches History of Childhood (1974) und die 5 zentralen Hypothesen der psychogenetischen Theorie

Der folgende Projektvorschlag war der Auftakt zu einer empirischen Untersuchung der Geschichte der Kindheit, die von der *Association for applied Psychoanalysis* ausging; das Buch *History of Childhood* war das Ergebnis. Darin stellt deMause in seinem einleitenden Essay *Evolution der Kindheit* die wesentlichen theoretischen Überlegungen zur psychogenetischen Geschichte der Kindheit vor. Die übrigen 9 Essays der Autoren weisen allerdings eine große Eigenständigkeit auf und sind nicht unmittelbar auf diesen Essay bezogen.

> *„Die in meinem Projektvorschlag skizzierte 'psychogenetische Theorie der Geschichte' ging von einer umfassenden Theorie des historischen Wandels aus und machte die Voraussetzung, daß die zentrale Antriebskraft historischen Wandels weder in der Technologie noch in der Ökonomie zu finden ist, sondern in den 'psychogenen' Veränderungen der Persönlichkeits- oder Charakterstruktur, die sich aufgrund der Generationenfolge der Interaktionen zwischen Eltern und Kindern ergeben. Diese Theorie schloß mehrere Hypothesen ein, von denen jede durch empirische historische Zeugnisse beweisbar oder widerlegbar ist:*
>
> 1. *Die Evolution der Eltern-Kind-Beziehungen bildet eine unabhängige Quelle historischen Wandels. Der Ursprung dieser Evolution liegt in der Fähigkeit der jeweils nachfolgenden Elterngeneration, sich in das psychische Alter ihrer Kinder zurückzuversetzen und die Ängste dieses Alters, wenn sie ihnen zum zweiten Mal begegnen, besser zu bewältigen, als es ihnen in der eigenen Kindheit gelungen ist. Dieser Prozeß gleicht dem der Psychoanalyse, zu dessen charakteristischen Merkmalen ebenfalls Regression und eine zweite Gelegenheit, sich mit den Ängsten der Kindheit auseinanderzusetzen, gehören.*
>
> 2. *Diese von der Generationenfolge abhängende Tendenz zu psychischem Wandel ist nicht nur spontan – aus dem Bedürfnis des Erwachsenen nach Regression und dem Streben des Kindes nach Beziehungen zu anderen Menschen entspringend –, sondern tritt auch unabhängig von sozialem und technologischem Wandel auf. Daher findet sie sich auch in Zeiten sozialer und technologischer Stagnation.*

3. Die Geschichte der Kindheit ist eine Kette von immer engeren Beziehungen zwischen dem Erwachsenen und dem Kind, wobei jede Verringerung der psychischen Distanz neue Angst hervorruft. Die Verminderung dieser Angst der Erwachsenen ist der entscheidende Bereich, der die Praktiken der Kindererziehung eines jeden Zeitalters neu bestimmt.

4. Die Kehrseite der Hypothese, die Geschichte der Kindheit sei durch eine allgemeine Verbesserung der Kinderfürsorge gekennzeichnet, besteht darin, daß, je weiter man in der Geschichte zurückgeht, die Eltern immer weniger in der Lage sind, den sich entwickelnden Bedürfnissen des Kindes zu entsprechen. Das würde zum Beispiel bedeuten, daß, wenn die Zahl der in Amerika mißhandelten Kinder unter einer Million liegt, es irgendwann in der Geschichte eine Zeit gegeben hat, in der die meisten Kinder – nach unseren heutigen Vorstellungen – mißhandelt wurden.

5. Weil die psychische Struktur von Generation zu Generation durch den Engpaß der Kindheit weitergegeben werden muß, sind die Praktiken der Kindererziehung in einer Gesellschaft mehr als ein beliebiges kulturelles Merkmal neben anderen. Sie stellen vielmehr die entscheidenden Bedingung für die Überlieferung und Entwicklung aller anderen Merkmale der Kultur dar und legen definitive Grenzen für das in den verschiedenen Bereichen der Geschichte Erreichbare fest. Es bedarf spezifischer Kindheitserfahrungen, um spezifische Merkmale einer Kultur aufrechtzuerhalten; sobald die betreffenden Erfahrungen fehlen, verschwindet auch das entsprechende kulturelle Merkmal.

Es ist klar, daß eine evolutionistische psychologische Theorie, die so anspruchsvoll ist wie die hier skizzierte, nicht in einem einzigen Buch getestet werden kann. Unser Ziel in diesem Buch ist denn auch ein viel bescheideneres, nämlich aus den uns vorliegenden Zeugnissen zu rekonstruieren, was es in der Vergangenheit bedeutet hat, Kind oder Eltern zu sein. Das Beweismaterial für die Evolution der Kindheit in der Vergangenheit wird nur dann zum Vorschein kommen, wenn wir die in unserer bisherigen Arbeit entdeckte fragmentarische und oft verwirrende Geschichte des Lebens der Kinder in den letzten zweitausend Jahren wiedergeben.“ [2]

[2] DeMause (1989), S. 14 f.

3.
Psychologische Prinzipien der Geschichte der Kindheit: Projektive und Umkehr-Reaktionen

DeMause skizziert hier bestimmte Verhaltens- oder Reaktionsweisen der Eltern auf ihre aktuelle Wahrnehmung der Bedürfnisse ihrer Kinder. Historische Manifestationen elterlichen Verhaltens werden mit Hilfe dieser Begriffe analysiert.

> *„Bei der Untersuchung der Kindheit über viele Generationen hinweg ist es vor allem wichtig, sich auf jene Momente zu konzentrieren, die die Psyche der nächsten Generation am meisten beeinflussen. Das heißt: man muß zuerst einmal untersuchen, was geschieht, wenn ein Erwachsener einem Kind gegenübersteht, das bestimmte Bedürfnisse hat. Dem Erwachsenen stehen dabei meiner Ansicht nach drei Reaktionen zur Verfügung: (1) Er kann das Kind als ein Vehikel für die Projektion von Inhalten seines eigenen Unbewußten benutzen (projektive Reaktion / projective reaction); (2) er kann das Kind als Substitut für eine Erwachsenenfigur benutzen, die in seiner eigenen Kindheit wichtig war (Umkehr-Reaktion/reversal reaction); oder er kann sich in die Bedürfnisse des Kindes einfühlen und sie zu befriedigen suchen (emphatische Reaktion/empathic reaction).*
>
> *Die projektive Reaktion ist Psychoanalytikern natürlich bekannt unter Begriffen, die von 'Projektion' bis zu 'projektiver Identifikation' reichen, einer konkreteren, eindringlicheren Form der Übertragung der eigenen Gefühle auf andere. Für den Psychoanalytiker ist es zum Beispiel eine vertraute Erfahrung, daß der Patient ihn als 'toilet-lap' für seine massiven Projektionen benutzt. Genau dies, nämlich als Vehikel für Projektionenen beutzt zu werden, war das, was Kindern in der Vergangenheit in der Regel geschah.*
>
> *Auch die Umkehr-Reaktion ist Psychologen vertraut, die sich mit der Untersuchung von Eltern befassen, die ihre Kinder schlagen. Das Kind ist in solchen Fällen nur dazu da, die Bedürfnisse der Eltern zu befriedigen, und jedesmal, wenn das als Eltern-Substitut fungierende Kind die von ihm erwartete Liebe nicht gibt, wird es geschlagen. Eine ihr Kind schlagenden Mutter drückte das einmal so aus: 'Ich habe mich in meinem ganzen Leben nicht geliebt gefühlt. Als das Baby kam, dachte ich, es würde mich lieben. Als es schrie, bedeutete das, es liebte mich nicht. Deshalb habe ich es geschlagen.'*

Der dritte Begriff – emphatische Reaktion – wird hier in einem engeren Sinne benutzt als dem, den die Definition im Lexikon angibt. Er bezeichnet die Fähigkeit des Erwachsenen, auf die Stufe der kindlichen Bedürfnisse zurückzugehen und sie richtig einzuschätzen, ohne ihnen Projektionen beizumischen. Der Erwachsene muß aber gleichzeitig in der Lage sein, genügend Distanz zu dem kindlichen Bedürfnis zu bewahren, um es befriedigen zu können. Diese Fähigkeit ist identisch mit dem Gebrauch, den der Psychoanalytiker von seinem Unbewußten macht, und der als 'gleichschwebende Aufmerksamkeit' – wie Theodor Reik es ausdrückt – als 'Hören mit dem dritten Ohr' bezeichnet wird.“ [3]

3.1 Die Doppelvorstellung

Das Zusammenspiel von projektiver Reaktion und Umkehr-Reaktion führt zu zunächst schwer verständlichen elterlichen Reaktionsformen. Das Kind wird dabei gleichzeitig als Projektionsfläche für Selbstanteile (projektive Reaktion) und für Phantasien von Elternfiguren (Umkehr-Reaktion) benutzt.

„Projektive und Umkehr-Reaktion sind bei Eltern in der Vergangenheit oft gleichzeitig aufgetreten und haben zu einer 'Doppelvorstellung' geführt. Dabei erscheint das Kind einerseits als eine aus den in es hineinprojizierten Wünschen, Feindseligkeiten und sexuellen Gedanken des Erwachsenen bestehende Figur, andererseits als eine Mutter- oder Vaterfigur. Das heißt, es ist sowohl schlecht als auch liebevoll. Hinzu kommt: je weiter man in die Geschichte zurückgeht, desto stärker ist die 'Konkretisierung' oder Vergegenständlichung dieser projektiven und Umkehr-Reaktionen, zu desto bizarreren Einstellungen gegenüber den Kindern haben sie geführt.“ [4]

„Es sind eben diese projektiven und Umkehr-Reaktionen, die es unmöglich machen, bei den schweren Züchtigungen, denen wir in der Vergangenheit so oft begegnen, von Schuld zu sprechen. Denn es ist ja nicht das wirkliche Kind, das geschlagen wird; geschlagen werden entweder die Projektionen des Erwachsenen ('Sehen Sie, wie sie Sie anblickt! Damit fängt sie die Männer – sie ist eine richtige Verführerin!', sagte eine Mutter von ihrer mißhandelten zweijährigen Tochter) oder die Personen, als deren Substitut die Kinder dienen

---

[3] DeMause (1989), S. 20 f.

[4] DeMause (1989), S. 21.

('Er glaubt, er wäre der Boß – ständig versucht er, alles zu bestimmen – aber ich habe ihm gezeigt, wer hier zu sagen hat!' sagt ein Vater von seinem neun Monate alten Jungen, dessen Schädel er zerschlagen hat). Man trifft in den historischen Quellen oft auf Beispiele, in denen der Schlagende mit dem Geschlagenen verschmilzt und so etwas wie Schuld daher nicht vorkommt.“ [5]

„Der ständige Wechsel zwischen projektiver und Umkehr-Reaktion, zwischen dem Kind als Bösewicht und dem Kind Erwachsenem, bringt eine Doppelvorstellung (double image) hervor, die für einen großen Teil des bizarren Charakters der Kindheit in vergangenen Zeiten verantwortlich ist.“ [6]

3.2 Historische Manifestationen von elterlichen Praktiken, die auf projektiver und Umkehr-Reaktion beruhen

Die folgenden empirisch belegbaren Manifestationen elterlichen Umgangs mit Kindern analysiert bzw. erklärt deMause mit Hilfe der oben skizzierten Begriffe:
Kindstötung; sexueller Mißbrauch; Weggabe des Kindes außer Haus (ins Kloster, zur Amme); Verstümmelungen von Kindern, häufig im Genitalbereich; Abhärtung des Kleinkindes etwa mit kaltem Wasser; magische Praktiken mit Kindern; religiöse Vorstellungen von Kindern; schlechte oder mangelhafte Ernährung von Kleinkindern; Erschrecken von Kindern als Erziehunsgmaßnahme; enges Wickeln, das zur Immobilisierung des kindlichen Körpers führt; Reinlichkeitserziehung; regelmäßige Verabreichung von Einläufen; körperliche Bestrafungen, vor allem Schläge; Einsperren von Kindern; Erweckung von Schuldgefühlen; rigide Kontrolle des kindlichen Willens und Disziplinierung; Kontrolle kindlicher Sexualität (Masturbationsverbot).

[5] DeMause (1989), S. 22 f.
[6] DeMause (1989), S. 40

3·3
Projektive Fürsorge

Projektive Fürsorge kann nach deMause von echter Fürsorge unterschieden werden. DeMause zitiert die Beschreibung einer Szene, in der ein Vater seine 11jährigen Tochter zur Besichtigung von Leichen mitnimmt:

> *„Das Bild des freundlichen Vaters, der seiner Tochter hilft, ihre Angst vor Leichen zu überwinden, ist ein Beispiel für das, was ich 'projektive Fürsorge' nenne, im Unterschied zur wahren emphatischen Fürsorge, die das Ergebnis einer emphatischen Reaktion ist. Bei der projektiven Fürsorge besteht der erste Schritt immer in der Projektion des Unbewußten des Erwachsenen auf das Kind; sie kann von der emphatischen Fürsorge dadurch unterschieden werden, daß sie in bezug auf die eigentlichen Bedürfnisse des Kindes entweder unangemessen oder unzureichend ist. Die Mutter, die auf jegliches Unbehagen ihres Kindes mit Hätscheleien reagiert; die Mutter, die sorgfältig auf die Kleidung ihres Babys achtet, wenn sie es zur Säugamme bringen läßt; die Mutter, die eine volle Stunde braucht, um das Baby in Windeln zu wickeln – dies alles sind Beispiele für projektive Fürsorge.“* [7]

3·4
Zugewandte Gefühle der Eltern zu ihren Kindern: „Liebe" versus „emotionale Reife"

DeMause macht eine wichtige Unterscheidung zwischen positiven elterlichen Reaktionen einerseits und emphatischen Reaktionen andererseits. Positive Reaktionen auf das Kind lassen sich demnach für alle Zeiten nachweisen, emphatische Reaktionen dagegen nicht. Von zentraler Bedeutung ist nach deMause die Einbettung zugewandter elterlicher Reaktionen in Handlungszusammenhänge, die für das Kind realerweise und nicht nur phantasmatisch funktional sind. DeMause führt dazu aus:

> *„All das [die Ausführung von traumatisierenden elterlichen Praktiken] besagt indes nicht, daß in der Vergangenheit Eltern ihre Kinder nicht liebten; sie haben ihre Kinder sogar durchaus geliebt. Sogar diejenigen, die heutzutage ihre Kinder*

[7] DeMause (1989), S. 32.

schlagen, sind keine Sadisten. Sie lieben ihre Kinder sogar zuzeiten, und zwar auf ihre eigene Weise, und sind manchmal fähig, zärtliche Gefühle zu äußern, besonders dann, wenn die Kinder nichts fordern. Dasselbe gilt für die Eltern der Vergangenheit: Äußerungen von Zärtlichkeit gegenüber Kindern zeigen sich meist dann, wenn das Kind nichts fordert, insbesondere wenn das Kind schläft oder tot ist. (...) Was den Eltern in der Vergangenheit fehlte war nicht Liebe, sondern eher die emotionale Reife, die nötig ist, um das Kind als eigenständige Person anzuerkennen. Es ist schwer einzuschätzen, wie groß heute der Anteil jener Eltern ist, die mit einer gewissen Konsistenz die Stufe der Empathie erreicht haben." [8]

4. Periodisierung der unterschiedlichen Formen der Eltern-Kind-Beziehungen

Das folgende Periodisierungsschema stellt eine Deskription des Wandels elterlicher Praktiken gegenüber Kindern dar. Dieses Schema wurde von deMause anhand der Untersuchung von westlichem Quellenmaterial seit der der Antike bis heute erstellt. Diese Systematisierung wurde von Kritikern des psychogenetischen Ansatzes häufig dahingehend mißverstanden, daß hier behauptet würde, daß in der jeweiligen Epoche lediglich ein einziger Modus existiere und vom folgenden abgelöst werde. Das im weiteren beschriebene Schema geht aber nicht von einer Ablösung aus, sondern behauptet eine zunehmende Differenzierung der Formen der Eltern-Kind-Beziehungen im Sinne einer Ko-Existenz der Modi. Die früheren Modi bleiben existent, es enstehen aber zusätzlich neue. Angaben über prozentuale Anteile der Modi fehlen. Bezogen auf die Deskription der heutigen Situation sei betont, daß der psychogenetische Ansatz die Existenz aller sechs Modi der Eltern-Kind-Beziehung behauptet.

„*Da auch heute Kinder getötet, geschlagen und sexuell mißbraucht werden, muß jeder Versuch einer Periodisierung der Formen der Kinderaufzucht berücksichtigen, daß die psychogenetische Evolution in verschiedenen Familienbahnen mit unterschiedlicher Geschwindigkeit voranschreitet und daß viele Eltern anscheinend in früheren historischen Formen 'steckengeblieben' sind. Außerdem gibt es wesentliche Klassen- und Gebietsunterschiede, besonders seit der Neuzeit, als die oberen Klassen ihre Säuglinge nicht mehr zu Säugammen schickten, sondern ihre Kinder selbst*

[8] DeMause (1989), S. 35.

aufzuziehen begannen. Die folgende Periodisierung ist als eine Charakterisierung jener Formen der Eltern-Kind-Beziehung aufzufassen, die sich bei dem psychogenetisch jeweils fortgeschrittensten Teil der Bevölkerung in den fortgeschrittensten Ländern finden; die dabei angegebenen Daten beziehen sich auf den frühesten Zeitpunkt, für den ich in den Quellen Beispiele der betreffenden Beziehungsform fand. Die Reihe von sechs Formen stellt eine kontinuierliche Abfolge zunehmend engerer Beziehungen zwischen Eltern und Kindern dar, die dadurch zustande kommt, daß jede neue Elterngeneration ihre Ängste allmählich überwindet und die Fähigkeit entwickelt, die Bedürfnisse ihrer Kinder zu erkennen und zu befriedigen. (…)

1. Form: Kindesmord (Antike bis viertes Jahrhundert n. Chr.): In der Antike schwebt das Bild der Medea über der Kindheit, denn der Mythos spiegelt hier nur die Realität. Einige Tatsachen sind bedeutsamer als andere, und wenn Eltern sich von ihren Ängsten hinsichtlich der Fürsorge für die Kinder regelmäßig dadurch befreiten, daß sie sie töteten, so hatte das entscheidenden Einfluß auf die überlebenden Kinder. Für die, die heranwachsen durften, war die projektive Reaktion von überwältigender Bedeutung, und die Konkretheit der Umkehr-Reaktion zeigte sich in dem weitverbreiteten sexuellen Gebrauch von Kindern.

2. Form: Weggabe (viertes bis dreizehntes Jahrhundert n. Chr.): Sobald die Eltern anerkannt hatten, daß Kinder eine Seele haben, bestand für sie die einzige Möglichkeit, den Gefahren ihrer eigenen Projektionen zu entrinnen, darin, die Kinder wegzugeben zu einer Säugamme, ins Kloster, zu Pflegeeltern, als Diener oder Geisel zu anderen hochgestellten Familien, oder auch darin, sie einfach zu Hause der völligen emotionalen Vereinsamung zu überlassen. (…) Die Projektion war immer noch sehr stark, denn das Kind war noch immer voll des Bösen und mußte immer noch geschlagen werden; der Rückgang des sexuellen Gebrauchs von Kindern zeigt jedoch, daß die Umkehr-Reaktion sich beträchtlich vermindert hatte.

3. Form: Ambivalenz (vierzehntes bis siebzehntes Jahrhundert): Weil das Kind, als es in das Leben der Eltern eintreten durfte, immer noch ein Abladeplatz für gefährliche Projektionen war, bestand die Aufgabe der Eltern jetzt darin, es in die rechte Form zu bringen. Von Dominici bis Locke war die Vorstellung von der körperlichen Formung des Kindes sehr verbereitet; man stellte sich vor, das Kind sei wie aus Wachs, Gips oder Lehm und müsse erst in eine Form gebracht werden. Dieser Modus der Eltern-Kind-Beziehung ist durch eine außerordentliche Ambivalenz gekennzeichnet. (…)

4. Form: Intrusion (Eindringen) (achtzehntes Jahrhundert): Ein enormer Rückgang der Projektion und das Aufhören der Umkehr-Reaktion kennzeichnen den großen Wandel in den Eltern-Kind-Beziehungen, der im achtzehnten Jahrhundert eintrat. Das Kind wurde nicht mehr als voll von gefährlichen Projektionen angesehen, und statt bloß sein Inneres mit einem Klistier zu prüfen, rückten die Eltern ihm jetzt noch näher zuleibe und versuchten, in seinen Geist einzudringen, um sein Inneres, seinen Zorn, seine Bedürfnisse, seine Masturbation, ja selbst seinen Willen unter Kontrolle zu bekommen. Das von intrusiven Eltern großgezogene Kind wurde von der Mutter gestillt, wurde nicht gewickelt, erhielt keine regelmäßigen Einläufe, wurde früh zur Reinlichkeit erzogen, betete mit den anderen statt mit ihnen zu spielen, wurde geschlagen, aber nicht mehr regelmäßig gepeitscht, wurde wegen Masturbation bestraft und wurde mit Drohungen und der Erzeugung von Schuldgefühlen ebenso wie mit anderen Methoden der Bestrafung zu promptem Gehorsam erzogen. (...)

5. Form: Sozialisation (neunzehntes Jahrhundert bis Mitte des zwanzigsten Jahrhunderts): In dem Maße, in dem die Projektionen des Eltern sich weiter verminderten, bestand die Erziehung eines Kindes immer weniger in der Unterwerfung seines Willens, sondern vielmehr darin, es auszubilden, es auf den rechten Weg zu bringen, es anzupassen, es zu sozialisieren. Die meisten halten die Beziehungsform Sozialisation noch immer für das einzige Modell, in dessen Rahmen die Diskussion über die Fürsorge der Kinder weitergeführt werden kann. Es ist der Ursprung aller psychologischen Modelle des zwanzigsten Jahrhunderts, von Freuds 'Triebeinschränkung' bis Skinners Behaviorismus. Insbesondere stellt es das Modell des soziologischen Funktionalismus dar. Im neunzehnten Jahrhundert beginnt der Vater zum ersten Mal, mehr als gelegentliches Interesse an seinem Kind zu zeigen, es zu erziehen und manchmal sogar der Mutter bei der das Kind betreffenden Hausarbeit zu helfen.

6. Form Unterstützung (ab Mitte des zwanzigsten Jahrhunderts): Die Beziehungsform Unterstützung beruht auf der Auffassung, daß das Kind besser als eine Eltern weiß, was es zu jedem Stadium seine Lebens braucht. Sie bezieht beide Eltern in das Leben des Kindes ein; die Eltern versuchen, sich in die sich erweiternden und besonderen Bedürfnisse des Kindes einzufühlen und sie zu erfüllen. Bei dieser Beziehungsform fehlt jeglicher Versuch der Disziplinierung oder der Formung von 'Gewohnheiten'. Die Kinder werden weder geschlagen noch gescholten, und man entschuldigt sich bei ihnen, wenn sie einmal unter großem Streß angeschrieen werden. Diese Form verlangt von beiden Eltern außerordentlich viel Zeit, Energie und Diskussionsbereitschaft, insbesondere während der ersten sechs Jahre, denn einem kleinen Kind dabei zu helfen, seine täglichen Ziele zu erreichen, bedeutet, ständig auf es einzugehen, mit ihm zu spielen, seine Regressionen zu tolerieren, ihm zu dienen, statt sich von ihm bedienen zu lassen, seine emotionalen Konflikte zu interpretieren und ihm die für seine sich entwickelnden Interessen erforderlichen Gegenstände zur Verfügung zu stellen. (...).“ [9]

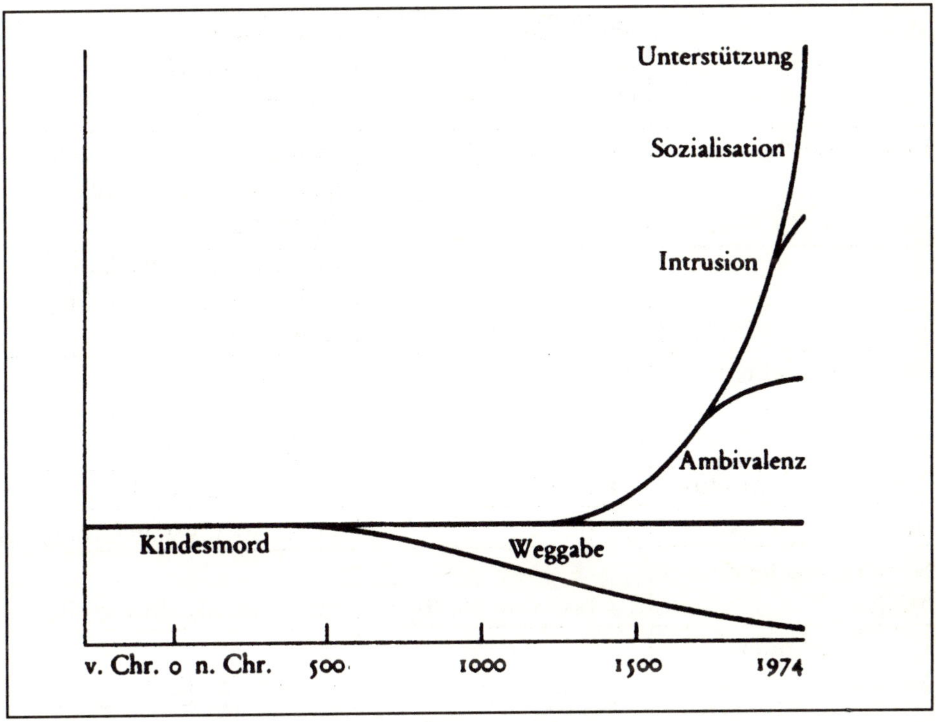

Abb. 1. Die Evolution der Formen der Eltern-Kind-Beziehungen (aus: deMause (1989), S. 85)

[9] DeMause (1989), S. 82 ff.

4.1
Revison des Periodisierungschemas

Im folgenden wird tabellarisch eine Revision des Periodisierungsschemas zusammengestellt, die auf einem Essay von deMause von 1990 basiert.[10] DeMause geht mittlerweile von einem früheren Auftreten der höheren Modi aus als 1974 noch angenommen.

Modus	**alte Datierung** (= *„Evolution of childhood"*, *1974*)	**neue Datierung** (= *„History of child assault"*, *1990*)
Infantizider Modus	Antike bis 4. Jh.	früher infantizider Modus: kleine Verwandtschafts-gruppcn
		später infantizider Modus: frühe Hochkulturen bis Antike
Wcggabe-Modus	4. bis 13 Jh.	beginnt mit der christlichen Ära bis 12. Jahrhundert
Ambivalenter Modus	14. bis 17. Jh.	12. bis spätes 16. Jh.
Intrusiver Modus	18. Jh.	spätes 16. bis spätes 18. Jh.
Sozialisierender Modus	19. bis Mitte 20. Jh	spätes 18. bis Mitte 20 Jh.
Unterstützender Modus	ab Mitte 20. Jh	ab Mitte 20. Jh

[10] Vgl. deMause, Lloyd (1990). The history of child assault. In: The Journal of Psychohistory, 18 (1), S. 1-29; hier S. 13 f.

4.2
Rückentwicklung (*Devolution*) der Kindheit

Abschließend wird auf eine Möglichkeit der Entwicklung der Eltern-Kind-Beziehungen hingewiesen, die deMause einräumt: die Rückentwicklung (*devolution*) von Kindheit, die mit einer Verschlechterung des psychogenetischen Niveaus einhergeht. Kritiker werfen deMause z. T. vor, daß er einem evolutionistischen bzw. utopistischen Optimismus huldige. Tatsächlich betont deMause gewöhnlich die psychischen *Verbesserungen* bei der Entwicklung bzw. evolutionären Höherentwicklung der psychogenetischen Modi. Letztlich sind derartige Behauptungen aber immer der empirischen Überprüfung unterziehbar, die alleine entscheidet, ob ein einfacher Wandel, eine Höher- oder eine Niederentwicklung im konkreten Fall vorliegt. Zur Möglichkeit der Rückentwicklung schreibt deMause:

> *„Obwohl meine psychogenetische Theorie evolutionär ist, schließt sie nicht die Möglichkeit der Rückentwicklung (devolution) aus, weder bezogen auf kulturelle Niveaus noch bezogen auf die Modi der Eltern-Kind-Beziehung. (...) Tatsächlich ereignet sich Evolution und Rückentwicklung innerhalb von Familienlinien in allen Gruppen, da individuelle Umstände manchmal Psychogenese erlauben und manchmal nicht; die Balance zwischen beiden determiniert das evolutionäre Schicksal der Gruppe."*[11]

[11] DeMause (1990), S. 27, Fußnote 62 (Übersetzung R. F.). DeMause gibt hier auch Literatur bezüglich klarer Fälle von Devolution der Eltern-Kind-Modi an. Eine genauere Untersuchung von Bedingungen für Evolution und Devolution erscheint von großer Bedeutung für den psychogenetischen Ansatz zu sein.

Kurzbiographien der Autorinnen und Autoren

Nina Simone Becker, geb. 1968

Diplom-Pädagogin (Fachrichtung: Erwachsenenbildung), Interessenschwerpunkte: Geschichte der Kindheit; Geschlechterverhältnis.

Ralph Frenken, geb. 1965

Diplom-Psychologe, wissenschaftlicher Mitarbeiter am Fachbereich Erziehungswissenschaften der Universität Frankfur/M. Arbeitet zur Zeit an einer Dissertation zur „Geschichte der Kindheit". Forschungsschwerpunkte: Geschichte der Kindheit, Tiefenpsychologie.

Edmund Hermsen, geb. 1953

Dr. phil., studierte Religionswissenschaft, Ägyptologie, Kirchengeschichte und Psychologie in Marburg. Seit 1979 ist er als Lehrbeauftragter im Fachgebiet Religionswissenschaften an der Philipps-Universität Marburg tätig. 1991 veröffentlichte er seine Dissertation „Die zwei Wege des Jenseits: Das altägyptische Zweiwegebuch und seine Topographie" (Göttingen 1991). 1989-1991 Ausbildung zum Therapeuten durch das Institut für Personenzentrierte Psychologe in Heidelberg. Habilitiert zur Zeit über die Geschichte der Kindheit im Rahmen der Religionspsychologie.

Ludwig Janus, geb. 1939

Dr. med, arbeitet seit 1975 in Heidelberg als psychoanalytischer Psychotherapeut in eigener Praxis. Mitglied der „Deutschen Gesellschaft für Psychohistorische Forschung" und der „Internationalen Studiengemeinschaft für Pränatale Psychologie". Lehrauftrag an der Universität Frankfurt/M. Veröffentlichungen zur Psychoanalyse und zur Pränatalen Psychologie.

Peter Jüngst, geb. 1942

Hochschullehrer für Angewandte Geographie und Sozialgeographie am Fachbereich Angewandte Souialwissenschaften, Rechtswissenschaft an der Universität Kassel. Forschungsaktivitäten zu psychogeographischen und psychohistorischen Fragestellungen. Autor u.a. von „Psychodynamik und Stadtgestaltung. Zum Wandel präsentativer Symbolik und Territorialität von der Moderne zur Postmoderne" (Franz Steiner Verlag, Stuttgart 1995) und (zusammen mit Oskar Meder): „Territorialität und präsentative Sybolik der römischen Welten und die psychosoziale Kompromißfähigkeit ihrer Eliten" (Urbs et Regio, Kassel 1992).

Friedhelm Nyssen, geb. 1938

Prof. Dr. phil., Diplom-Soziologe, Promotion in Pädagogik, zur Zeit Hochschullehrer am Fachbereich Erziehungswissenschaften der Universität Frankfurt/M. Hauptbeschäftigungsgebiete in den letzten Jahre: Psychoanalyse und Geschichte der Kindheit; bis Mitte der 70er Jahre verschiedene Veröffentlichungen zum Zusammenhang von Erziehung, Geschichte der Erziehung, politischer Sozialisation und Gesellschaft; danach ausschließlich zu Themen der Geschichte der Kindheit.

Uta Ottmüller, geb. 1949

Dr. phil., studierte Geschichte, Germanistik und Soziologie in Erlangen, Heidelberg und Berlin. Kindheitstheoretische Forschungsarbeit, Promotionsstipendium am Max Planck-Institut für Bildungsforschung. Lehraufträge in Soziologie und Politologie an der Freien Universität Berlin. Ausbildung in körper- und familientherapeutischen Verfahren. Veröffentlichung u. a. *Die Dienstbotenfrage: Zur Sozialgeschichte der doppelten Ausnutzung von Dienstmädchen im Kaiserreich (Münster, 1978); Speikinder – Gedeihkinder. Körpersprachliche Voraussetzungen der Moderne (Tübingen 1991).*

Jutta Pivecka, geb. 1965

Studierte Germanistik, Kunstgeschichte, Politikwissenschaft und Erziehungswissenschaft in Gießen und Frankfurt / M. Magisterabschluß 1989; danach einige Jahre berufstätig in Buchhandel und Verlag, 1. Staatsexamen für das Lehramt an Gymnasien 1995; arbeitet z. Zt. an einer Dissertation zum Verhältnis von Kunst- und Literaturproduktion und Öffentlichkeit im 18. Jahrhundert.

Wolfgang Prieß, geb 1959

Diplom-Pädagoge, arbeitet derzeit als Erzieher. Interessenschwerpunkt: Sozialisation, Geschichte der Kindheit.